KB218358

한국의
종교교단과
콘텍스트

아시아종교연구원 총서 02

한국의 종교교단과 콘텍스트

윤용복 저

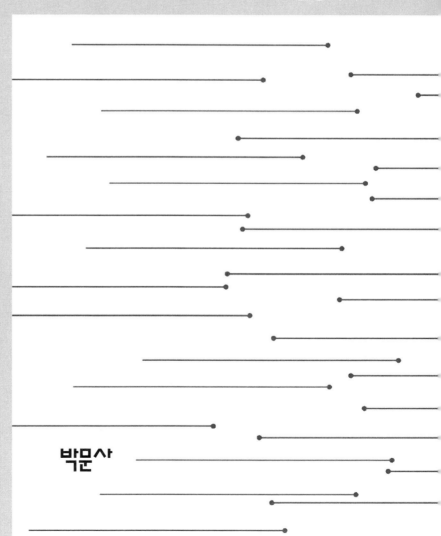

박문사

머리말

　인생의 반 이상을 종교연구로 보냈지만, 아직도 내가 제대로 종교를 연구하고 있는 사람인지 의문이 든다. 다양한 종교학 이론들을 접하면서 열심히 종교학에 매진하고 있는 후학들을 보면 더욱 그런 마음이다. 그런 면에서 나는 매우 게으른 공부를 해왔다고 고백하지 않을 수 없다.

　지난 30여 년간 여러 논문집에 수록하거나 공동저작에 이름을 올린 글, 그리고 발표는 하였지만, 아직 어디에도 수록하지 않은 글들이 있어 그것들을 두 권의 책으로 묶어 내려 한다. 글을 정리하며 과거 발표된 글들을 보니 썩 마음에 들지 않은 것들이 있어 다소 불편한 느낌이 들었다. 그것들을 제외할까도 생각하였지만, 그것도 나의 연구 과정의 일부로 생각하여 그대로 함께 넣기로 하였다. 처음 1권으로 생각하였지만, 쪽수가 너무 많은 관계로 부득이 2권으로 나누어 출판하게 되었다. 그런데도 발표한 글을 모두 담지는 못하여 일부는 제외하였다.

　종교학 연구자들의 관심은 매우 다양하지만 크게 종교전통과 이론으로 구분된다. 종교전통의 연구자들은 특정 종교, 예를 들어 유교, 불교, 기독교 가운데 어느 하나의 종교를 가지고 다양한 측면에서 접근하여 그 종교를 이해하는 것이다. 이론 연구자들은 다양한 종교들을 특정 이론과 방법, 예를 들어 사회학, 심리학, 현상학 등의 이론을 빌려서 종교 전체를 이해하려 한다. 어느 것이 옳다거나 바른 관점이라고 할 수는 없고 각각 장단점이 있지만, 종교학을 위해서는 모두 필요한 분야들이다.

이런 면에서 보자면 그간 나의 연구는 어느 쪽에도 속하지 않은 것 같다. 굳이 분류하자면 종교전통이라고 해야겠으나, 내가 어느 특정 종교만을 전문으로 연구한 것도 아니기에 그렇게 말하는 것도 어울리지 않는다. 그저 여러 종교에 관한 관심으로 인해 깊게 한 우물을 파지 못하고 수박 겉핥기식의 공부가 되었다. 발표된 글 가운데 천주교와 신종교 관련 연구들이 우세를 보이기는 하지만, 그래도 당신 전공이 뭐냐고 묻는다면 딱히 내세울 것이 없다. 그런 면에서 자신을 소개할 때 관심이 무엇이고 전문분야가 무엇이라고 자신 있게 말하는 동료 선후배를 보면 부럽기까지 하다.

제1권인 '근현대 천주교의 실천과 삶'에는 천주교에 관한 글이 주를 이루면서 기독교, 즉 천주교와 개신교를 함께 논한 글도 포함하였다. 제2권인 '한국의 종교교단과 콘텍스트'에는 한국 사회에서 활동하고 있는 종교 교단들에 관해 연구한 글들과 한국 사회 안에서의 종교에 관한 연구들을 수록하고 있다. 중국에 있는 한국종교들에 관한 글들과 부록으로 한국의 근대와 비교될 수 있는 근대 인도의 종교운동에 관한 글도 수록하였다. 교정을 하면서 글을 읽다 보니 중복되는 내용들도 많아서 과연 그대로 내도 좋은가 또 한 번 망설였지만, 역시 이것도 나의 모습이라고 생각되어 그대로 진행하였다.

6

이 책을 계획하게 된 것은 필자 자신의 의지가 아니라 거의 주변의 강권에 의한 것이었다고 할 수 있다. 나 스스로는 과거 발표된 글들을 모아 책을 펴낸다는 생각을 전혀 갖고 있지 않았다. 특히 이렇게 묶어서 책을 낸다는 것은 그만큼 또 하나의 나를 드러내는 일이기 때문에 평소의 내 성격과 어울리지도 않았고 특정 주제만을 전문으로 연구한 것도 아니기에 더욱 그러하다. 그러나 지난해 어느 날 차선근 선생이 그간의 글을 모아서 아시아종교연구원 총서로 책을 내는 것이 좋다고 바람을 넣고 뒤이어 강돈구 형도 맞장구를 치는 바람에 결국 용기를 얻어 책을 내기로 결정하였다. 일을 진행하는 과정에서는 박상규 박사가 계속해서 챙기면서 도움을 주었고, 책의 편집과 여러 가지 주요한 작업, 그리고 출판의 구체적인 과정에 대해서는 고병철 박사가 적극적으로 도움을 주었다. 아마도 이분들이 아니라면 혼자서는 감히 꿈도 꾸지 못했을 것이라고 생각한다. 그러므로 지면을 빌어 이분들께 감사의 말씀을 드린다. 그러나 전체적인 책의 내용은 모두 필자가 쓴 글들이기 때문에, 혹시 있을지도 모를 오류를 비롯한 여러 가지 문제들에 대한 책임은 오롯이 필자의 몫이다. 출판사의 재정에는 전혀 도움이 되지 않는 책을 기꺼이 맡아 출판해 주신 윤석현 대표께 진심으로 감사드린다.

2022. 7.25.

윤용복

목차 ─────────────────────────────────────

제1부

한국
종교교단의
텍스트

제1장

대종교의 역사와 특성

—————●—————

I. 들어가는 말

대종교는 단군 신앙을 바탕으로 한 종교로 알려져 있다. 단군 신앙을 바탕으로 한 종교는 대종교 이외에 한얼교, 천상환인미륵대도, 선불교, 삼신교, 삼성궁 등이 있는데, 이 가운데 대종교가 가장 오랜 전통을 지니고 있다. 개천절과 단군 신앙을 바탕으로 하고 있다는 것 외에 일반인들에게 대종교라고 하면 항일투쟁을 떠올리게 한다. 왜냐하면, 대종교가 창시될 무렵은 바로 일제가 우리나라를 병합해 가는 과정의 거의 마지막 단계에 있었던 1909년이었으며, 대종교를 창시한 나철의 대종교 창교 의도에서도 그러한 점들이 분명하게 나타나고 있기 때문이다.[1] 또

---

1 나철이 일본에 빼앗기게 된 나라를 구하기 위해 일본을 수차례 왕래하며 한창 활동을 할 무렵, 일본에 있던 나철에게 두일백(杜一白)이라는 노인이 찾아와서 "국운은 이미 다하였는데 어찌 이 바쁜 시기에 쓸데없는 일로 다니시오. 곧 귀국하여 단군대황조의 교화를 펴시오. 이 한마디 부탁뿐이니 빨리 떠나시오"라는 충고에 나철이 깨달은 바가 있었다고 한다. 그리하여 나철은 "국운의 회복은 어느 애국 정객 몇 사람의 힘으로 되는 것이 아니오 전 민족이 거족적으로 일치 단합하여 생명

한, 해방될 때까지 대종교는 다른 어떤 민족종교보다도 줄기차게 독립운동을 전개했으며, 그것은 우리의 민족의식이 거의 말살 직전에 이를 때까지도 이어졌다. 그렇기에 근대사에 대한 지식이 어느 정도만 있어도 대종교와 민족 독립운동을 연결하는 것은 어렵지 않다.

한편, 최근까지도 각 학교에 단군상을 설치하는 문제로 인해 종교계, 특히 기독교계가 반발하는 등의 일이 있었다. 그러한 사회적 논란이 일어난 배경도 단군을 신앙의 대상으로 삼는 종교들이 있기 때문이다. 반발하는 측의 논리는 특정 종교의 신앙대상이 국립 교육기관에 설치되는 것은 정교분리에도 어긋나도, 미신적 요소도 있기 때문이라고 한다. 그러나 이런 문제는 단순히 종교적인 시각으로만 볼 것이 아니라 단군이 우리 민족의 시조로 받들어지고 있다는 사실도 고려해야 할 것으로 생각된다. 여기에 대해서도 좀 더 논의를 진전시켜야 하겠지만, 그것은 이 글의 주제에서 벗어나는 것이기에 피하기로 하겠다.

대종교에 관한 기존의 연구 성과들은 우선 일제강점기의 활동이나 민족운동, 또는 독립운동과 관련된 것이 다수를 차지하고 있다.[2]

의 근본체인 단군대황조를 지성 숭봉하고, 그 교화의 대은 아래에서 신화의 대력 (大力)이 없는 한 성취될 수 없음"을 절실히 깨달았다고 하여 대종교의 창시 의도가 나라의 주권회복에 있음을 알려주고 있다. 대종교종경종사편수위원회 편,『대종교중광 60년사』, 대종교총본사, 1970, 78~79쪽.

2 이러한 성격의 연구들 가운데 일부만을 소개하겠다. 김용국,「대종교와 독립운동」,『민족문화논총 : 노산이은상박사고희기념논문집』, 삼중당, 1973. 박영석,「대종교와 민족의식과 항일민족독립운동」,『한국학보』9-2, 일지사, 1983. 박영석,「대종교」,『한민족독립운동사』, 국사편찬위원회, 1987. 이현희,「대종교의 민족사적 위치」,『종교신학연구』2, 서강대학교 신학연구소, 1989. 이현희,「대종교의 광복

또한, 대종교 자체의 교리나 경전, 그리고 의례에 관한 연구들이 있으며, 대종교와 타종교, 특히 유교와 비교한 연구들이 있다.[3] 또 다른 연구로는 대종교의 창시자인 나철의 대종교 창시 이전의 활동을 연구한 논문[4]이 있으며, 대종교의 활동을 부분적으로 다루거나 대종교의 창교과정을 연구한 논문들이 있는데, 특히 삿사 미츠아키(佐佐充昭)는 일제강점기에 만주로 이주한 이후에도 국내에 남아 활동했던 대종교의 남도본사에 대해 조명하고 있으며, 서영대는 한말의 단군운동이 발생하게 된 상황과 이 운동이 대종교의 창교로 이어지는 과정을 조명하고 있다.[5]

　　투쟁과 임정주석 이동녕」, 『류병덕화갑기념한국철학종교사상사』, 원광대학교 종교문제연구소, 1990. 조원섭, 「항일투쟁과 민족교육가운데서의 대종교의 역할」, 『연변문사료』 8, 연변조선족자치주위원회 문서사료위원회, 1997. 김호일, 「나철의 민족종교 중광과 항일독립운동」, 『인문학연구』 34, 중앙대학교 인문학연구소, 2002. 최혜경, 「우천(藕泉) 조완구(趙琬九)와 민족독립운동」, 『경주사학』 24·25합집, 경주사학회, 2006.

3　우성조, 「대종교는 어떤 종교인가?」, 『한민족문화연구』 3, 한민족문화학회, 1998. 정영훈, 「대종교와 유교」, 『동양철학연구』 29, 동양철학연구회, 2002. 이욱, 「대종교의 선의식과 단군의례」, 『신종교연구』 8, 한국신종교학회, 2003. 박미라, 「이병헌의 사상과 민족종교의 관계에 대한 연구－대종교와 천도교의 교리를 중심으로」, 『한국사상과 문화』 24, 한국사상문화학회, 2004. 박미라, 「근대유교의 단군국조론연구」, 『한국사상과 문화』 28, 한국사상문화학회, 2005. 원영진, 「신종교의 수행 : 대종교의 수행」, 『신종교연구』 14, 한국신종교학회, 2006. 윤승용, 「한국 신종교의 형성과 전개 그리고 전망」, 『신종교연구』 15, 한국신종교학회, 2006. 윤관동, 「근대 한국선도의 제천의례 연구－대종교를 중심으로」, 『도교문화연구』 24, 한국도교문화학회, 2006. 나정길, 「대종교와 천부경」, 『신종교연구』 16, 한국신종교학회, 2007.

4　박환, 「나철의 인물과 활동－대종교 창시 이전을 중심으로」, 『동아연구』 17, 서강대학교 동아연구소, 1989.

5　삿사 미츠아키(佐佐充昭), 「일제하 대종교 남도본사의 활동」, 『종교학연구』 22, 서울대학교 종교학연구회, 2003. 서영대, 「한말의 단군운동과 대종교」, 『한국사연구』 114, 한국사연구회, 2001.

이러한 연구들에 의해 잘 알려지지 않은 대종교 관련 사실들이 밝혀졌고, 또한 의례나 경전, 타종교와 연관성, 또는 민족의식 등등 일부분으로 떼어내서 연구하는 것도 큰 의미가 있다. 그러한 연구들은 그 부분에 관한 상세한 연구를 진행할 수 있으며, 또 새로운 시각을 제공하는 역할도 하기 때문이다. 그렇지만, 다소 세밀하지 못하더라도 대종교 일반에 대한 총체적인 인식도 필요한 부분이다.

여기에서는 아직 대종교 일반에 관한 연구가 없는 상황에서 대종교를 객관적으로 바라볼 수 있는 계기를 제공하고자 한다. 그것은 과거 활발하게 전개되던 대종교가 해방 이후 급격하게 교세가 기울게 된 원인을 찾는 실마리도 제공할 수 있으리라 생각한다. 따라서 대종교에 대한 종합적이고도 개괄적인 이해가 필요하다. 그것은 특정 종교나 시각에 얽매이지 않으면서 객관적인 입장에서 진행되어야 할 것이다. 그러나 종교의 특성상 객관적이라는 것이 얼마나 유지될 수 있는가는 또 다른 문제이다. 왜냐하면, 어떤 종교를 알기 위해서는 내가 중심이 되는 것이 아니라 그 종교의 입장에서 바라보아야 할 것이기 때문이다. 이러한 상황을 고려하면서 이 글을 전개할 것이다. 처음에는 대종교의 역사를 소개하고, 다음으로 대종교의 교리와 의례, 그리고 대종교의 현재 상황을 모두 검토한 뒤에 이를 바탕으로 대종교의 특성을 파악해 보고자 한다.

Ⅱ. 홍암(弘巖) 나철(羅喆)과 대종교

1. 홍암 나철의 생애

홍암은 1863년 12월 2일 전남 낙안군 남산면 금곡리(현 보성군 벌교 읍 칠동리 금곡부락)에서 출생하였다. 본관은 나주이며, 그의 선조는 고려 시대에 일부 벼슬을 하였지만, 조선 시대에 진사, 생원을 배출한 17세기 이후 아무도 벼슬길에 오른 자가 없었다. 따라서 그의 집안은 몰락한 양반 가문이었고, 경제적으로도 가난한 집안이었다고 한다.[6] 그의 자는 문경(文卿), 호는 경전(耕田, 또는 經田)이며, 어린 시절의 이름은 두영(斗永)이었지만, 후일 인영(寅永)이란 이름을 사용하였다. 나철이라는 이름은 대종교를 창교하면서 바꾸어 불렀고, 이때 호도 홍암으로 바꾸었다.

홍암은 9세 때 한학당에 입학하여 당시 호남지역의 유명한 한학자인 왕석보(王錫輔)의 문하에서 한학을 공부하였다. 21세(또는 22세) 무렵에 당시 외부대신이었던 김윤식의 문인이 되어 그의 지도를 받았다. 특히 김윤식은 유학자이면서도 개화사상가로 알려져 있었기에 홍암은 김윤식의 영향도 많이 받았을 것으로 추측된다.[7]

29세 때인 1891년 문과에 장원급제한 홍암은 그해 11월 25일 승정원의 주서(注書)로 관직의 첫발을 내디뎠다. 1893년에는 승문원 권지부정자(權知副正字)가 되었다가 다시 징세서장(徵稅署長)이 되었지만, 스스로 관직을 사임하고 낙향하였다. 1897년 김윤식이 제주도로

---

6 대종교종경종사편수위원회 편, 앞의 책, 691쪽.

7 위의 책, 692~693쪽.

유배를 떠나자 홍암은 김윤식을 따라 제주도로 갔다. 이 시기 동안에도 홍암은 김윤식에게 여러 가지 가르침을 받았을 것으로 생각된다.

1901년 서울로 온 홍암은 이후부터 1905년 을사늑약이 체결된 직후까지 활발한 민간외교활동을 벌인다. 그는 국제공법과 한·일 양국 사이에 맺어진 조약에 호소하거나 동양평화론을 주창하는 방법으로 한국의 독립을 일본에 호소하였다. 1904년에는 유신회(維新會)라는 비밀단체를 조직하여 구국운동을 시작하였다. 1905년 그는 이기(李沂), 오기호(吳基鎬) 등과 함께 일본으로 건너가 한국과 일본, 청나라 사이의 평화를 이루는 방안과 주한일본공사의 횡포를 지적하는 내용의 글을 일본의 총리를 비롯한 정계 요로에 보냈다. 이에 대한 일본 정계의 반응이 없자, 이들은 일본 궁성 앞에서 3일간 단식투쟁을 하였다. 그러나 이들의 노력은 아무런 보람도 없이 1905년 11월 18일 을사늑약이 체결되었다. 침략 원흉인 이토 히로부미(伊藤博文)와 일본 천황에게 조약체결의 부당성을 주장하는 항의서한을 보냈지만, 별 성과를 거두지 못하였다. 1906년 1월 일단 귀국하였던 홍암은 5월에 다시 도일하였지만, 바로 귀국하였다. 10월 20일 강기환(姜基煥)과 함께 일본으로 건너간 홍암은 일제의 한국침략이 동양평화를 위협하는 요인임을 역설하며 일본 정계에서 한국의 독립을 보장받기 위해 노력하였다. 이러한 여러 가지 노력에도 불구하고 일제의 침략이 더욱 노골화되자 홍암은 투쟁방식을 바꾸기로 하였다. 일본에서 귀국한 홍암은 오기호(吳基鎬), 김인식(金寅植) 등 동지들과 함께 자신회(自新會)를 조직하여 을사늑약을 인정한 5적 암살을 기도했다.[8] 그러나 이것마저 실패로 끝나 1907년 6월 10년 형을 선고받고 지도(智島)에서 유배 생활을 하다가 그해 10월 고종의 특사로 풀려나게 되었다.[9] 지도에서 돌아온 홍암은 1908년 11월 다시 독립운동을 위해 일본으로 건너가기도 하였다.

한편 홍암은 1906년 1월 일본에서 귀국한 직후, 백봉(白峰)의 제자인 백전(白佺)이라는 노인으로부터 『삼일신고(三一神誥)』와 『신사기(神事紀)』라는 두 권의 책을 받았다고 한다. 백전은 백봉의 명으로 홍암에게 이 책들을 전해주었다고 한다. 그러나 당시는 홍암이 오로지 독립활동을 하고 있을 때여서 큰 관심을 보이지 않고 그냥 내버려 두고 있었다.[10] 이어서 1908년 12월 일본에 있을 때 다시 백봉의 제자라고 하는 두일백(杜一白)이라는 노인으로부터 『단군교포명서(檀君敎佈明書)』와, 『고본신가집(古本神歌集)』, 그리고 『입교절차(入敎節次)』 등의 책을 받았다. 그리고 두일백으로부터 '국운이 이미 다하였으니 빨리 귀국하여 단군대황조의 교화를 펴라'라는 재촉을 받자 홍암은 드디어 깨닫는 바가 있어 일본에서 귀국하였다. 그리고 1909년 1월 15일 서울 재동에서 '단군대황조신위(檀君大皇祖神位)'를 모시고 제천의식을 거행한 뒤 '단군교포명서'를 공포하면서 단군교의 출발을 알렸다.[11] 단군교라는 종교의 명칭을 사용한 것은 새로운 종교를 만든 것이 아니라 단군 이래의 신교(神敎) 전통을 부활한다는 의미였다. 즉, 단군에서 비롯된 고유종교가 있었지만, 이것이 불교·유교의 침투로

---

8 서영대, 앞의 글, 240쪽.

9 김교헌 엮음, 윤세복 번역, 『홍암신형조천기』, 대종교출판사, 2002, 18쪽.

10 대종교종경종사편수위원회 편, 앞의 책, 9~10쪽.

11 위의 책, 77~80쪽.

명맥만 유지하다가 이때 다시 부흥되었다는 것이다. 그래서 개창이나 창교가 아닌 중광(重光)이라고 표현했다.[12]

단군교가 세상에 알려지자 사람들이 모여들게 되었다. 당시와 같은 상황에서 국가와 민족이 사라지게 될 운명에 처했을 때, 사람들은 국가와 민족의 근원을 밝히고 그것을 뒷받침해줄 수 있는 종교에 대한 필요성을 가지게 된다. 단군교가 이러한 필요성에서 출범했기 때문에 사람들의 관심을 끌기에 충분했다고 생각된다.

단군교가 국가와 민족에 대한 사상을 전파하게 되자, 일제의 주목을 받게 된다. 그리하여 종교를 창시한 지 채 1년도 되기 전인 1909년 7월 경시청은 단군교에 대한 조사에 착수한다. 이에 1910년 홍암은 교단 명칭을 단군교에서 '대종교(大倧敎)'로 바꾸었다. 교단 명칭을 대종교로 바꾸면서 교단이 분열하게 되는데, 정훈모 등을 비롯한 명칭을 고수하려는 사람들이 이에 반대해서 단군교라는 이름으로 분리해 나갔다.

일제가 점점 더 압박을 가해오자 홍암은 활동무대를 만주지역으로 확장하였다. 1911년 홍암은 백두산 북록 청호에 총본사와 고경각을 설치하였다. 총본사가 만주로 이전한 것을 계기로 서울에는 남도본사, 만주에는 동도본사를 설치하고, 백두산을 중심으로 동서남북 4도 교구와, 외도교구를 설치해서 교구제도를 마련하였다. 서울의 남도본사는 그 이후에도 만주와 지속적으로 연락하며 활동하였지만, 결국 1930년 문을 닫게 된다.

---

12 서영대, 앞의 글, 241쪽.

1915년 일제는 조선총독부령 제83호로 「포교규칙」을 공표하였다. 이에 따르면 조선총독부는 종교의 범위를 신도, 불교, 기독교로 한정하고 이에 들지 못하는 종교는 종교 유사단체로 분류하였다. 「포교규칙」이 공표되자 홍암은 총본사에서 돌아와 「포교규칙」에 따른 서류를 제출하였다. 홍암이 이에 응한 것은 이 규칙에 따라 대종교를 종교로 공인받고, 정당한 종교활동을 하기 위함이었다. 그러나 일제는 대종교를 종교로 공인하는 것을 기각했다. 독립활동에 이어 종교의 지위를 확보하는 것도 벽에 부닥친 홍암은 좌절하여 급기야 순교의 길을 택하게 되었다.

1916년 4월, 홍암은 종통을 김교헌에게 물려주고, 8월 15일, 54세의 나이로 구월산 삼성사에서 자결하였다. 그는 죽기 전 '순명삼조(殉命三條)'라는 유서를 남겼는데, 그 내용은 다음과 같다.

"첫째로는 나는 죄가 무겁고 덕이 없어서 능히 한배님의 큰 도를 빛내지 못하며 능히 한겨레의 망케됨을 건지지 못하고 도리혀 오늘의 없우임을 받는지라. 이에 한 오리의 목숨을 끊음은 대종교를 위하여 죽는 것이다. 둘째로는 내가 대종교를 받든 지 여덟 해에 빌고 원하는 대로 한얼의 사랑과 도움을 여러 번 입어서 장차 뭇 사람을 구원할 듯 하더니 마침내 정성이 적어서 갸륵하신 은혜를 만에 하나도 갚지 못할지라. 이에 한 오리의 목숨을 끊음은 한배님을 위하여 죽는 것이다. 셋째로는 내가 이제 온 천하의 많은 동포가 가달길에서 떨어지는 이들의 죄를 대신으로 받을지라. 이에 한 오리의 목숨을 끊음은 천하를 위하여 죽는 것이다."[13]

이 유서를 보면 대종교를 제대로 펼치지 못한 것에 대한 한을 나타내고 있으며, 홍암의 한배검에 대한 철저한 신앙과 강인한 민족정신이 응축되어 있음을 알 수 있다.

2. 대종교의 전개

홍암 나철이 대종교를 창교하게 된 배경은 앞에서 알려진 대로 백전으로부터 『삼일신고』와 『신사기』를 받은 것과 두일백으로부터 『단군교포명서』를 받고 단군사상을 기반으로 구국운동을 전개하기 위함이었다. 백전과 두일백은 백봉의 제자로 백봉의 명을 받아 전달했기에 결국 이것은 백봉으로부터 비롯되어 홍암이 대종교를 창립한 것이다. 홍암도 처음에는 별로 관심을 두지 않다가 후일 생각을 고쳐서 대종교를 열었다. 즉, 외교적 방법을 비롯한 일반적인 방법으로는 일본으로부터 나라를 구하기 어려움을 깨닫고 방향을 바꾼 것이다.

대종교를 창립한 이후 일제는 대종교의 포교를 금지하고 여러 가지로 박해를 가하였다. 일제는 중앙총부는 물론 지방교구에도 상시 헌병을 파견하여 감시하고, 매월 재산 상황을 보고하게 하며 대종교 간부들의 일거일동과 교도의 일상출입까지도 자유를 속박하고 강연, 집회, 출판 등을 정지시켰다. 일제는 대종교를 '유사종교단체'로 규정하여 종교로 인정하지 않았다.[14]

조선총독부는 1915년 부령 83호로 「포교규칙」을 공포했다. 홍암

---

13 신철호, 『한국중흥종교 교조론 : 홍암 라철 대종사』, 대종교총본사, 1992, 15~16쪽.
14 대종교종경종사편수위원회 편, 앞의 책, 181쪽.

은 여기에 대해 종교활동 신청서를 총독부에 제출했지만, 총독부는 다른 종교와 달리 오직 대종교만을 신교(神敎)가 아니라는 이유로 신청서류를 기각하고 종교활동을 방해하였다. 결국, 홍암은 그의 유서에서 밝혔듯이 종교의 뜻을 제대로 이루지 못하고 자결하고 말았다.

대종교는 1911년부터 만주에서 포교 활동을 시작했지만, 국내에서의 활동이 일제에 의해 어려움을 겪자 총본사를 백두산 지역으로 옮겼다. 총본사를 백두산 지역으로 옮긴 이유는 백두산이 과거 환웅이 내려온 지역이며, 또한 백봉이 수도를 한 장소였기 때문이었다. 총본사를 옮기고 난 후 홍암은 대대적인 제천의식을 거행하였고, 제천의(祭天儀)와 제산의(祭山儀)도 거행하였다. 또한, 전 포교지역을 5개 교구로 나누었는데, 한반도 전 지역을 남도교구로 하여 경성에 본부를 두었고, 남만주에서 중국 산해관까지를 서도교구로 해서 중국 상해에 본부를 두었다. 또 동만주 일대와 노령 연해주 지역을 동도교구로 해서 북간도 왕청현의 독립군 기지에 두었으며, 북만주 일대를 북도교구로 해서 마령 소학령에 두었다. 이외에 중국과 일본 및 구미지역을 외도교구로 나누어 조직을 정비하였다.

이처럼 체계를 갖추고 나서 포교를 전개하자 대종교의 교세는 급속하게 팽창되어 만주에서의 대종교 활동이 활발해지게 되었다. 특히 2대 교주인 김교헌이 재임하는 동안, 대종교는 종리연구와 교서, 교단사 편찬과 아울러 포교 활동을 전개하였다. 그 결과 1923년에는 만주지역에 34개소, 한국에 6개소, 노령지역에 3개소, 중국본토에 3개소 등 총 46개의 교당을 설립하였다. 이러한 교세의 확장과 함께 이 시기 대종교의 활동은 안팎으로 다양한 갈등과 투쟁의 역사로 점철되었다. 밖으로는 일본의 압력을 받은 만주 정부의 대종교 해산명령이 내려졌고, 일제와의 전투 이외에, 중국본토의 마적들과의 전투도 있었으며, 안으로는 보수 대 진보, 공산주의와 민주주의, 지역감정, 노년 대 청장년과의 갈등이 끊임없이 생겨났다.[15]

그렇지만, 이러한 갈등 상황 속에서도 대종교의 종교활동과 교육은 모두 항일독립운동에 중심을 두었다. 1918년 봄에는 서일, 김동삼, 김좌진, 유동열 등을 비롯한 대종교인 39인이 서명한 임오독립선언서를 발표하였다.[16] 1910년부터 남만주에서 신흥강습소, 신흥중학교로 운영하던 군사학교는 1919년 5월 이시영 등이 주도하여 신흥무관학교로 발족하고 독립군을 길러내기 시작하였다. 1920년 8월까지 1년여 동안 이 학교의 졸업생 수가 2천 수백여 명에 달했다.[17]

서일이 조직한 중광단은 나중에 '북로군정서'로 바뀌었으며, 윤세복이 조직한 흥업단도 무장 반일 투쟁 조직이었는데, 이러한 것들이 모두 대종교 지도자들에 의해 전개되었다. 특히 북로군정서는 청산리 전투를 승리로 이끈 것으로 유명하다. 그러나 대종교인들의 이러한 무장독립투쟁에 대해 일제는 1921년 일본군을 보내 대종교를 토벌하여 대종교인 수천 명이 학살되었다.

1923년에는 영안에서 2대 교주 김교헌이 사망하자 윤세복이 3대 교주가 되었다. 윤세복도 이전의 지도자들과 마찬가지로 대종교의 종교활동이 곧 독립운동이라고 보고 항일투쟁을 전개하였다.

---

15 위의 책, 300쪽.
16 위의 책, 301쪽.
17 위의 책, 383쪽.

1925년 일제는 한국의 독립운동가들과 독립군을 체포할 목적으로 중국의 동북지방 군벌과 미쓰야 협약을 체결하였다. 이 협정으로 인해 1926년 만주에서의 대종교 포교금지령이 내렸다. 1929년 포교금지령이 해제되기는 하였지만, 이 기간 일본에서 내건 현상금을 타기 위한 중국 동북 군벌에 의해 수많은 대종교인들이 독립운동가들과 더불어 희생되었으며, 이로 인해 대종교의 활동이 크게 위축되기도 하였다.

　　1931년 만주사변이 일어나자 일제에 의해 만주에서 대종교 활동이 금지되었으며, 1937년 중일전쟁으로 대종교가 활동할 곳은 완전히 사라지게 되었다. 이후 만주에서 대종교의 종교활동은 지하로 숨어들지 않을 수 없었다. 1942년의 임오교변은 대종교에 막대한 피해를 입혔다. 이때 교주 윤세복을 비롯한 20여 명의 대종교 간부가 투옥되었으며, 그 가운데 10여 명이 목숨을 잃었다. 국내에서는 조선어학회의 국학자들을 검거하였는데, 회장 이극로를 비롯한 이희승, 장지영, 정열모, 이병기 등 여러 대종교 국학자들이 검거되어 옥에 갇혔다. 이후 해방이 될 때까지 대종교는 고사 직전의 상태가 되었고, 부분적인 활동도 모두 은밀히 진행될 뿐이었다.

　　대종교는 국내에 뿌리를 둔 다른 어떤 신종교 교단보다도 지속적인 독립운동을 전개하였지만, 그에 못지않게 지속적인 탄압을 받고, 수많은 교인이 희생되기도 하였다. 대종교 총본사도 일제의 끊임없는 압박과 간섭으로 인해 화룡, 영안, 밀산 등지로 계속해서 옮겨 다녀야 했다.

　　해방 이후인 1946년 2월, 만주로 총본사를 옮긴 지 35년 만에 3대

교주 윤세복을 비롯한 대종교인들이 만주에서 환국하였다. 그리고 서울 중구 저동의 천대사(千代寺)를 총본사로 정하고, 장교동의 남도 본사도 총본사로 합류시켰다. 서울, 개성, 대구, 이리, 대전, 광주에 이어 안양, 시흥, 상주, 김천, 부여, 부산 등 여러 곳에 교당을 신설하여 포교 활동을 전개하며 교세 확충을 꾀하였다. 『삼일신고』, 『신리대전』, 『신사기』, 『회삼경』 등의 대종교 경전을 한글로 번역하여 보급하는 데에도 심혈을 기울였다. 정부 수립과 함께 초대 정부에 초대 부통령인 이시영을 비롯한 대종교 출신 인사들이 많이 포함되었다. 그 가운데 초대 문교부 장관이 된 안호상은 개천절을 국경일로 정하는 데 앞장섰으며, 홍익인간 이념을 교육의 기본이념으로 정하였다.

1949년 6월 홍익대학을 설립하여 교육사업에도 진출하였다. 같은 해 8월, 양력으로는 10월 3일 대종교에서 경축해 온 개천절을 양력으로 바꾸어서 국경일로 하기로 국회에서 결정함으로써 국가적으로도 대종교의 위상이 높아지는 듯하였다. 1950년에는 제7회 교우회를 개최하여 홍범 조항을 개정하였다. 이 홍범 조항을 통해 교주가 도통을 전수하여 차기 교주로 삼던 것을 선거제로 전환하고, 교주의 명칭도 도사교(都司敎)에서 총전교(總典敎)로, 그리고 과거 도사교가 전권을 행사하던 것을 행정(行政), 의회(議會), 도원(道園)의 삼권분립체제로 변환시키고 초대 총전교로 윤세복이 취임하였다.

이처럼 교단이 활성화되는 듯하였으나 6.25로 인해 대종교는 다시 어려움에 직면하였다. 교주 윤세복이 대종교의 중흥을 위해 노력하였지만, 1960년 사망한 뒤로는 과거의 교세를 만회하기 어려워지게 되었다. 1957년 8월 총본사를 종로구 당주동으로 옮겼고, 그리고 다시 1965년에는 홍제동으로 옮겼으며, 1981년에는 홍은동의 현 총본사 자리로 옮겨갔다. 이처럼 총본사가 계속 도심에서 주변으로 옮겨가는 것은 대종교의 상황을 웅변하고 있는 것이기도 하다. 1958년에 재단법인 대종교유지재단을 설립하였으며, 1966년에는 대종고등공민학교를 설립하면서 학교법인 대종학원이 생겨났고, 1969년에는 「대종교보」라는 자체 기관지도 발행하였다.

3. 대종교의 현재

대종교는 서울 홍은동에 총본사를 두고, 강원, 경남, 충남, 대구 등 4곳에 시도본사가 있고, 일본 고베에 외도본사가 있으며, 전국에 27개의 시교당과, 21개 수도원에서 종교활동을 펼치고 있다. 대종교의 조직은 총전교를 중심으로 이루어진다. 총전교는 대종교의 행정 전체를 총괄하는 위치에 있다. 총전교는 부전교와 함께 대일각에 상주하며 천진전을 수호한다. 따라서 대일각은 대종교의 모든 교정을 통솔하는 최고기관이다. 원로원은 대일각의 자문기관이며, 삼일원은 대종교의 교리와 수도, 수행을 연구, 교육하는 기관으로 성직자를 양성한다. 삼일원 안에는 종리원과 선도원, 수도원의 세 기구가 있다. 종무원은 대종교의 중추행정기관으로 종무원장의 책임 아래 각 교사(敎司)를 지휘 감독한다. 종무원에는 전리실, 전범실, 전강실을 두고 있다.

Ⅲ. 대종교의 교리와 의례

1. 교리
1) 경전

대종교의 경전은 『삼일신고(三一神誥)』, 『천부경(天符經)』, 『팔리훈(八理訓)』, 『신사기(神事記)』, 『신리대전(神理大全)』, 『회삼경(會三經)』, 『삼법회통(三法會通)』, 『신단실기(神檀實記)』 등이 있다. 이 가운데 『천부경』, 『삼일신고』는 단군계열의 모든 종파에서 기본 경전으로 삼고 있으며, 대종교는 여기에 『팔리훈』을 더해서 3대 경전으로 하고 있다. 특히 『삼일신고』를 기본이 되는 유일한 경전으로 보고, 나머지는 『삼일신고』를 위해 존재하는 경전으로 본다.[18]

발해의 문왕이 기록한 것으로 전해지는 『삼일신고』 봉장기(奉藏記)에 따르면, 『삼일신고』는 처음 단군 한배검이 가르친 것이다. 그것이 기자조선과 위만조선, 그리고 부여에까지 전해졌는데, 전란으로 소실되었던 것을 고구려에서 번역하여 발해까지 전해졌다. 발해 문왕은 이것이 다시 소실될 것을 염려하여 앞부분에 붙여진 『삼일신고』 예찬론과 함께 태백산(지금의 백두산)의 보본단(報本壇) 돌집 속에 간직하게 되었다고 한다.[19] 그 뒤 오랜 세월 동안 아무에게도 알려지지 않다가 구한말에 백봉신사가 백두산에서 10년 동안 수련을 한 후 하늘의 계시를 받아 석실에서 찾아내어 홍암에게 전해주었다.

---

18 우성조, 앞의 글, 276쪽.
19 정열모 간편, 「삼일신고」 봉장기(奉藏記), 『역해종경사부합편』, 대종교총본사, 1949, 42쪽.

『삼일신고』는 총 366자의 한자로 기록된 것으로, 천훈(天訓), 신훈(神訓), 천궁훈(天宮訓), 세계훈(世界訓), 진리훈(眞理訓)의 다섯 가지 가르침으로 구성되어 있다. 천훈은 하늘(天)의 무한성과 천리(天理), 천도(天道)를 설명한 것으로, 이를 통해 대종교의 우주관을 밝혀주고 있다. 신훈은 대종교의 신앙대상인 하느님(한얼님)이 유일무이하고 전지전능한 절대적 신(神)임을 밝혀놓은 부분이며, 천궁훈은 인간이 추구해야 할 궁극적 이상세계에 대한 설명이다. 세계훈은 하느님(한얼님)의 우주 창조 과정을 설명하고 있으며, 진리훈은 인간이 수행하고 따라야 할 가르침을 중심내용으로 하고 있다.

『천부경』은 단군이 우주 창조의 이치를 가르친 것인데, 신라 시대 최치원이 그 뜻을 풀어서 묘향산의 돌벽에 새겨놓았다고 한다. 그 뒤 아무에게도 발견되지 않다가 1917년 계연수, 이태즙 등이 발견하여 대종교에 전해지게 되었다. 『천부경』은 모두 81자로 이루어져 있는데, 1부터 10까지의 숫자를 통해 천지창조와 그 운행 법칙, 그리고 만물 생장성쇠(生長盛衰)의 원리를 설명하고 있다.[20]

『팔리훈』은 단군이 인간의 366가지 일을 주관하면서, 인간의 모든 생활 규범과 예의범절을 종교 철학적인 진리로 규범 지어 놓은 수양 경전이며, 동시에 인간세계를 잘 다스리기 위한 치화(治化) 경전이다. 『팔리훈』이란 성(誠), 신(信), 애(愛), 제(濟), 화(禍), 복(福), 보(報), 응(應)의 8가지 이치를 기본 강령으로 하여 인간의 수양과 인간세계의 치화를 설명했기에 그 본뜻에 맞추어서 부르는 것이다.[21]

20 강천봉 엮음,『대종경전총람(大倧經典總覽)』, 대종교총본사, 1986, 28쪽
21 강수원 엮음,『대종교요감』, 대종교총본사, 1991, 29쪽.

『신사기』는 단군 한배검의 역사에 대한 경전으로, 나철이 백전으로부터 『삼일신고』를 전달받을 때 함께 전한 것인데, 작자는 미상이다. 그 내용은 하느님이 우주를 창조한 과정을 나타낸 조화기(造化記), 단군이 이 세상에 내려와 인간을 가르친 교화기(敎化記), 그리고 인간 세상을 다스리며, 여러 가지 가르침과 제도 등을 마련한 내용을 담은 치화기(治化記)로 구성되어 있다.

이외에 『신리대전』은 나철이 계시를 받아 지은 경전으로 환인, 환웅, 환검의 3위에 대한 가르침과 대종교의 이치에 관한 내용으로 이루어져 있다. 『회삼경』은 서일이 계시를 받고 지은 경전으로 『삼일신고』의 해설서 격이며, 『삼법회통』은 윤세복이 대종교의 수행법인 삼법을 수행한 체험에 대해 그 수행 방법을 적은 수행서이고, 『신단실기』는 김교헌이 단군의 사적과 고유 신교의 자취를 여러 문헌에서 뽑아 대종교의 역사를 밝히고 입증한 대종교 역사의 기본이 되는 역사 성전이다.[22]

2) 우주관

『삼일신고』에 따르면, 하늘은 무한해서 없는 곳이 없고, 모든 것을 다 감싸고 있다. 인간의 위치를 중심으로 보면 상하좌우, 동서남북이 있을 수 있지만, 하늘 자체로 본다면 이런 구분이 없고, 시작이나 끝도 없다. 모든 것은 하늘에 싸여 있기에 그 안에서 일어나는 모든 이치를 천리(天理)라 하고, 그 천리에 따라 일정하게 순환, 운행하는

---

22 우성조, 앞의 글, 276~288쪽.

것을 천운(天運)이라 하며, 이 천운에 따라 생성 변화하는 원칙을 천도(天道)라고 한다.[23]

대종교에서 말하고 있는 우주는 삼계(三界, 세 누리)로 이루어져 있다. 그 가운데 하느님의 세계는 윗 누리(上界)가 되고, 마귀의 세계는 아랫 누리(下界)가 된다. 상계는 크고, 밝고, 즐겁고, 하계는 작고, 어둡고, 괴로운 세계이다. 인간계는 이 두 세계와 이웃해 있으면서 양쪽으로 다 연결되어 있다. 위로 1만 개의 섬돌이 놓여 있고, 아래로도 1만 개의 섬돌이 놓여 있다. 그런데 한얼님의 도는 온전히 착하고, 마귀의 업은 온전히 악하고, 인간은 착한 측면도 있고, 악한 측면도 있다. 인간이 마음으로부터 착함을 끌어내어 착한 일을 할 때마다, 한 계단(섬돌)씩 상계로 다가가고, 악행을 한 가지씩 할 때마다, 한 계단(섬돌)씩 하계로 떨어진다.[24]

하늘에는 하느님의 사랑을 보여주는 세 마을(三府)이 있고, 하느님의 형벌을 시행하는 여섯 옥(六獄)이 있다. 세 마을은 첫 번째가 하느님 마을이고, 두 번째가 신령들의 마을이고, 세 번째가 밝은 이들의 마을인데, 이 가운데 하느님의 마을이 가장 높고, 엄숙하고, 화려하고, 장엄하며, 상서로운 빛이 비치는 곳으로 말로 다 표현하기 어려운 곳이다. 여섯 옥은 형벌로 갖가지 고통을 당하는 곳이다.

하늘은 하느님의 나라이면서 천궁(天宮)이 있는 곳이다. 천궁에는 악이나 재앙이 없고 선과 복만이 가득한 이 세상과는 구분되는 곳으로, 대종교의 유토피아적 세계, 내지는 기독교에서 말하는 천국이

---

23 『대종경전총람(大倧經典總覽)』, 47쪽.
24 대종교총본사, 『대종교요감』, 296~297쪽.

나, 불교에서 말하는 극락과 같은 세계라고 할 수 있다. 천궁은 하느님이 거처하는 곳으로 여러 신령과 모든 밝은 이들이 함께 하느님을 모시고 있다고 한다.[25]

이렇게 본다면 하늘에 있는 세 마을은 다름 아닌 천궁이라고 할 수 있다. 세 마을이 각기 하느님과 신령, 그리고 밝은 이들의 마을인데, 천궁은 하느님의 처소로서 신령과 밝은 이들이 함께 있기에 그렇게 보는 것이다. 다만 각각 거소의 차이가 있을 뿐이다.

그런데 대종교의 교리에 의하면 천궁은 하늘에만 있는 것은 아니다. 천궁은 땅 위에도 있고 인간의 몸 안에도 있다. 백두산의 남북이 하늘이라면 단군이 내린 곳은 천궁이며, 인간의 몸이 하늘이면, 그 머리가 천궁에 해당된다. 따라서 천궁이란 어떤 고정된 장소가 아니라는 것을 알 수 있다.

3) 신앙대상과 교리

대종교의 신앙대상은 삼신일체(三神一體)의 신이다. 삼신은 환인, 환웅, 단군이고, 환인은 조화주, 환웅은 교화주, 단군은 치화주인데, 직접 인간을 다스린 이는 단군 한배검(天祖神)이다.[26] 한배검은 하늘에서는 조화주(造化主)인 한님(桓因)이고, 치화주(治化主)인 환검(桓儉)이며, 인간사회에서는 어버이, 스승, 이리검이기에, 세검한몸(三神一體)으로서 한배검이라고 한다. 신으로서 인간이 된 한배검은 홍익인간의 이념을 세워 이 세상을 다스리기 위해 왔다고 한다.

---

25 『대종경전총람(大倧經典總覽)』, 49쪽.
26 서영대, 앞의 글, 246쪽.

종교로서 대종교의 궁극적 목적은 삼진귀일(三眞歸一)에 있다. 인간은 나면서 조화주로부터 성품, 목숨, 정기의 삼진(三眞)을 받았다. 그러나 육체로 살아가면서 마음(心), 김(氣), 몸(身)이라는 3가지에 의존하게 되어 조화주로부터 받은 삼진이 흐려져서 욕심이 생기고, 병이 나고, 죄를 짓고, 늙고, 죽는 5가지 고통에 빠지게 된다는 것이다. 따라서 지(止), 조(調), 금(禁)의 삼법을 수행하면 삼진이 회복되어 본래의 인간으로 돌아가고, 이 본래의 인간이 참사람이며, 이렇게 되면 하느님과 일체가 된다고 한다.[27]

대종교의 신화를 따른다면 백두산은 인류의 시원지이다. 대종교의 경전인 『신사기』에는 맨 처음 나반(那般)과 아만(何漫)의 두 남녀가 있었는데, 처음에는 천하(天河, 송화강)의 동쪽과 서쪽에서 서로 떨어져서 살았다고 되어있다. 이들이 후일 만나 함께 살면서 자손을 낳았다. 그 자손들이 황(黃), 백(白), 현(玄), 적(赤), 남(藍)의 오색인종을 이루었고, 다시 황인종이 퍼져서 4개 지파가 되었는데, 이 모두를 합쳐서 구족(九族), 구민(九民), 구이(九夷)로 불렀다고 한다.

이러한 대종교의 생각은 종교에도 그대로 적용된다. 대종교는 스스로를 모든 종교의 근원이라고 보고 있다. 다시 말해서 세상의 모든 종교는 다 대종교로부터 분화되어 나갔다고 본다.

우리 神敎는 한 옛날에 삼신일체이신 한배검께서 三眞이 귀일하는 倧理를 밝히어 베프셨으니, 이로부터 우주의 진리가 처음 열리고 만법

---

27 윤승용, 앞의 글, 128쪽.

의 연원이 비롯하였다. …… 천여 년이 지나 부처님은 明心·見性과 慈愛
로써 善德을 내어 내세극락의 법을 주장하고, 노자님은 ……, 공자님은
…… 우리 신교의 체용적 현묘가 이 3대 법문에서 표현되었다.[28]

과거에 이미 한배검이 밝힌 교리가 후일 유불선 삼교에서 다시 표
현되고 있음을 말하고 있는 것이다. 그렇지만, 이 유불선 삼교는 대
종교 교리의 일부분만을 표현하고 있을 뿐이다. 이러한 입장을 확대
해서 대종교에서는 이 세계의 모든 종교가 다 대종교에서 분리되어
나갔다고 본다.

> 道淵源 찾아보라 가닥가닥 한배빛 / 仙家에 天仙宗祖 석가에 帝釋
> 尊崇 / 儒氏의 上帝臨汝 耶蘇의 耶和華와 / 回回의 天主信奉 실상은 한
> 한배님[29]

> 天竺道 들어올제 檀檀脱脱 부르며 / 宋儒學說 오더니 忘本敬他 可笑
> 라 / 倧理를 廢할손가 歐美의 上帝敬奉 / 不謨同 各門戶에 皇皇하신 一
> 神빛[30]

불교나 유교, 기독교, 이슬람에서 말하는 절대자를 서로 달리 석
가모니, 상제, 야훼, 알라 등으로 부르지만 사실은 모두 동일한 하나

28 김영숙, 「신교원류」, 『임오십현순교실록』, 대종교총본사 편, 1971, 81~83쪽.
29 대종교종경종사편수위원회 편, 앞의 책, 223쪽.
30 위의 책, 229쪽.

의 절대자, 즉 한배검을 가리키는 것이다. 그런데 사람들은 불교가 들어오고, 유교가 들어오고, 구미의 종교가 들어오자 근본을 잊고 그 종교의 절대자를 숭배하고 있다. 사람들은 그들이 숭배하는 근본 대상이 사실은 모두 같은 '한배빛(一神빛)'임을 모르고 있는 것이다.

동학을 위시한 한국 자생 신종교들의 일반적 특징 가운데 하나는 유불선 삼교의 통합을 나타내고 있다는 것이다. 이 종교들은 대부분 과거로부터 전해오던 유불선을 통합해서 새로운 교리를 가르치고 있다고 말한다. 그러나 대종교의 경우는 이미 고대부터 대종교는 존재했었고, 또한 교리도 이미 있었던 것인데, 후일 불교, 유교, 그리고 기독교 등이 들어오면서 본래의 종교와 교리가 파묻혀 있던 것이다. 즉, 대종교는 나중에 유불선을 종합한 것이 아니라 유불선에서 가르치는 교리는 대종교 교리의 일부분이라고 하고 있다.

2. 의례

대종교의 의례는 선의식(示薑儀式), 경하식(慶賀式), 경배식(敬拜式), 원단참알례(元旦參謁禮), 조배식(早拜式) 등이 있다. 선의식은 대종교의 제천의례로 국조 단군에게 드리는 제사이다. 선의식은 대종교의 4대 경절인 개천절[31], 어천절[32], 중광절, 가경절[33] 아침 6시에 행한다.[34]

---

31 단군이 하늘에서 인간세계로 내려온 날이면서, 고조선을 건국한 날이다. 현재 우리나라는 양력 10월 3일을 개천절로 지내고 있지만, 대종교에서는 음력 10월 3일을 개천절로 해서 선의식을 행한다.

32 단군이 황해도 구월산에서 신으로 화한 음력 3월 15일을 기념하는 행사이며, 승천기념제라고도 했다. 이것이 처음 기념된 것은 1910년 4월 24일(음력 3월 15일)이었다. 처음 대종교는 개천절과 어천절의 두 경축일이 있었다. 서영대, 앞의 글, 249쪽.

33 중광절은 음력 1월 15로 나철이 처음 의식을 거행하고 대종교를 창시한 날이고,

경하식은 4대 경절을 축하하는 경축 행사이고, 경배식은 경일과 특정한 날에 드리는 의례이며, 원단참알례는 1월1일에 천전(天殿)에 드리는 배례이다. 또 조배식은 매일 아침 6시에 천전에 참배하는 의례이다. 이외에 입교의례인 봉교식이 있고, 자신식, 주유식 등 여러 의식이 있다.

우리나라는 예로부터 10월이 되면 나라의 사람들이 모두 모여서 한얼님께 제사를 지냈다. 이것이 우리 고유의 제천의식이다. 대종교의 선의식은 바로 이러한 한민족 고유의 제천의식을 계승 발전시킨 것으로 국조숭배, 천신숭배와 연결되어 있다. 선의식은 단군 한배검에 대한 보본의식과 보은의식, 그리고 천손으로서의 의무를 제대로 하지 못한 뉘우침, 민족과 인류의 평화와 번영을 위한 청원 등등에 대한 의례로서의 의미가 있다.

경배식은 매주 일요일 오전 11시에 행해지는, 기독교식으로 말하자면 주일예배와 같은 것이라고 하겠다. 전체 의례의 진행은 크게 복잡하지 않고 단순하다. 그 순서를 보면 다음과 같다.

> 1. 개식 : 도식[35]이 천고를 세 번 울리면 경배가 시작됩니다.
> 2. 천진참알(분향4배) : 총전교님께서 분향을 하시고 모두 함께 천진에 대하여 4번 절하는 예식을 합니다.
> 3. 깨닫는 말씀(꿇어앉음) : 모두 꿇어앉아서 깨닫는 말씀 <세검한몸

　　가경절은 음력 8월 15일로 나철이 스스로 목숨을 끊은 날이다.
34　선의식에 대한 보다 더 자세한 내용은 이욱, 앞의 글 참조.
35　의식을 진행하고 관장하는 사람. 의식의 사회자라고 할 수 있다.

이신 우리 한배검이시여, 가만히 위에 계시사 한으로 듣고 보시며 낳아 살리시고 늘 내려 주소서!>를 세 번 외웁니다.

4. 원도(꿇어앉음) : 원도란 기도를 말하며 예원이 경건하게 비는 시간입니다. 원도 끝에 "거룩하시고 웅검하옵신 우리 한배검이시여!"를 세 번 함께 합니다.

5. 한얼노래 : 모두 함께 부릅니다.

6. 천경신고봉독(각사, 찬부경, 삼일신고) : 모두 꿇어앉아서 예원의 인도에 따라 <각사>, <천부경>, <삼일신고>를 정성드려 외웁니다.

7. 한얼노래 : 모두 함께 부릅니다.

8. 한얼말씀(講道) : 선도사님의 대종교 교리 설명 시간입니다.

9. 포고 및 소개 : 예원이 포고(공지사항)합니다.

10. 부루 성금(한얼노래 17장 또는 15장) : 모두 함께 정성된 예물을 바치는 시간입니다.

11. 송도(꿇어앉음) : 예원이 한배검의 큰 덕을 기리는 시간입니다.

12. 읍례 및 폐식 : 모두 함께 천진전에 읍례를 하고 마칩니다.

이상의 순서에서 대종교 특유의 종교적 독특성은 잘 나타나지 않는다. 타종교와 비교해 볼 때, '깨닫는 말씀'의 순서는 일종의 신앙고백과 함께 일반적 기원을 나타낸다고 말할 수 있다. '원도'의 순서는 예원이 어떤 기도를 먼저 하면(원도), 후렴조로 나머지 신도들이 행하는 것이다. '천경신고봉독'이란 의식을 통해서 과거의 신화를 재현하면서 자긍심을 높여주는 계기가 될 것이다. 민족종교 계열의 다른 신종교들도 그렇지만, 이러한 신화 읽기에 모든 신도가 참여한다는 것도 눈에 띄는 부분이다.

VI. 대종교의 역사적, 종교적 특성

단군을 신앙대상으로 하는 종교들은 단군교본부, 한얼교, 단군마니숭조회 등 몇몇 곳이 되지만, 대부분 교세가 많이 약한 것이 사실이다. 그 가운데 교세로 치자면 한얼교가 그나마 좀 나은 형편에 있다. 물론 이것은 우리나라에서 자생한 민족종교 계열 종단 대부분의 모습이기도 하다. 원불교의 경우는 확실한 체계가 잡혀있다고 할 수 있다. 다른 종교들과 달리 원불교는 초기부터 큰 흔들림 없이 꾸준한 성장세를 보였고, 현재는 종교연합 활동이나 사회사업 분야에도 활발한 활동을 벌이고 있으며, 교단 내부의 결속도 높은 것으로 보인다. 그리하여 2006년에는 신종교 교단으로는 처음으로 군종장교를 배출하기도 하였다. 증산계 종단인 대순진리회도 외형적으로는 큰 성장을 하였고, 교리적 체계도 잡혀있지만, 내부의 갈등이 아직 봉합되지 않고 있다.

과거 대종교는 천도교와 마찬가지로 폭발적 성장세를 나타낸 적도 있지만, 해방 이후 교세는 급격히 위축되었다. 대종교가 이러한 상황에 부닥친 이유는 무엇일까? 가장 큰 이유로 사람들이 인식하는 대종교의 종교적 특성에서 기인한다고 생각된다. 대종교의 일반적 인식은 민족운동 종교, 독립운동 종교, 국수주의적 종교라는 것이다. 그것은 일제강점기 많은 대종교 인사들이 독립운동에 관여했다는 사실에서도 알 수 있다. 또한, 학계의 많은 연구가 주로 대종교의 독립운동에 초점이 맞추어져 있는 것도 대종교의 그러한 성격을 더욱 고착화한 측면이 있다. 그러나 이는 대종교의 종교적 성격을 잘 파악하지 못한 것에서 나타난 오류라고 할 수 있다.

1909년 12월 30일 홍암은 대종교를 창시하고 보내는 한 해를 마무리하는 세모소감(歲暮所感)에서 "종교와 정치는 서로 간섭하지 않고 엄정 분리하는 것이 정론이다."[36]라고 하였다. 과거 홍암의 행적은 오로지 조국의 독립을 위한 것이었지만, 대종교를 창시한 이후에는 국가의 독립보다 종교적 활동을 우선시하였다. 이것은 정교분리를 원칙으로 하면서 종단을 일제의 박해로부터 지키려 한 것으로 생각된다. 홍암이 정교분리에 대한 원칙을 재차 강조한 것은 1910년 8월 10일 교중(敎中)에 포고(布告)한 사신(四愼)[37]을 통해서도 알 수 있다. 4가지 조항 가운데 1번 조항은 정치와 종교가 관계없으니 관계하지 말고, 2번 조항은 새로운 법을 잘 준수해서 범법자가 되지 말며, 3번째 조항은 재산에 관해서도 법률에 따르도록 하고 있다. 일제의 법이라도 잘 준수하도록 교인들에게 당부함으로써 적어도 표면적으로는 일제의 행정에 협조하도록 하고 있다.

대종교는 『천부경』을 비롯한 여러 경전이 있는데, 다른 종교와 달리 경전의 기틀을 정하는데 매우 오랜 시간이 걸렸다. 대종교의 경

---

36 대종교종경종사편수위원회 편, 앞의 책, , 154쪽.
37 1. 敎는 時局에 無關하니 安身立命함. 2. 新法에 注意하여 犯科가 無케 함. 3. 財産保管은 所有權과 法律을 信賴함. 4. 或 冤枉을 被하면 誠心으로 解決함. 위의 책, 159쪽.

전 가운데『천부경』과『팔리훈』은 1975년에, 그리고 가장 늦은『삼
법회통』은 1983년이 되어서야 경전에 편입되었다. 그러므로 그에
따른 교리의 연구나 체계화는 상대적으로 매우 미진할 수밖에 없다.
이러한 것이 대종교를 연구하는 데 있어서 종교 외적인 측면이 더 많
이 조망되는 원인이 되었다고 할 수 있다.[38]

대종교의 경전인『신사기』에는 인류의 기원에 대해 구체적으로
설명하고 있다. 이 기원신화의 내용을 살펴보면, 모든 인류는 나반
(那般)과 아만(何漫)이라는 최초의 남녀 인간으로부터 갈려져 나왔다.
그리고 황인종, 백인종의 모든 조상들이 한얼님의 후손이라[39]하여
모든 인류가 다 한얼님으로부터 나온 신의 핏줄이고, 동시에 평등하
다는 보편적 사고도 가지고 있다. 다시 말해서 대종교의 신화 속에
는 단순한 민족 중심주의가 아니라 모든 인류에 대한 보편적 사상이
담겨있다고 할 수 있다.

우리나라 신종교의 기원은 동학을 출발점으로 삼고 있다. 그런데
동학을 위시한 대부분의 신종교에서는 후천개벽 사상을 강조한다.
종단마다 선천과 후천의 개념에 대한 해석의 차이는 있지만, 대부분
후천개벽이 되면 평화세계가 구축될 것이고, 그 중심에 한민족이 있
다고 한다. 그러나 대종교의 후천이란 다만 다가오는 세상이다.

'지금세상(現世)'을 이르되 '몸앞(身前)'이오, '오는 세상(來世)'을 이
르되 '몸뒤(身後)'이니, '몸앞'이 '뜨어 사는 지경(浮生界)'이 되고, '몸

---

38 강돈구,『한국 근대종교와 민족주의』, 집문당, 1992, 139~140쪽.
39 나철 지음, 서일 주석,「신리대전」,『대종경전총람』, 대종교총본사, 1986, 61쪽.

뒤''가 '길게 사는 지경(永生界)'이 되니라 [40]

대종교에서는 우주를 삼계(三界)로 나누어 보고 있는데, 상계는 한얼님의 세계요, 하계는 마귀의 세계이다. 인류의 세계는 그 중간에 있다. 인류는 그 행위 여하에 따라 상계로도 갈 수 있고, 하계로도 갈 수 있다. 그러나 한얼님의 세계가 모두 낙원으로 이루어져 있는 것은 아니다. 한울에는 한얼님의 마을, 신령의 마을, 밝은 이의 마을과 같이 착한 사람이 갈 수 있는 세 마을이 있고, 악업을 쌓으면 온갖 육체적 고통을 당하는 여섯 옥이 있다. 악업을 쌓아서 여섯 옥에 떨어지거나, 아니면 마귀의 세계로 떨어졌다고 해서 구원이 포기되는 것은 아니다. 착한 도를 행하면 마귀 누리에서 곧 세 마을을 볼 것이고, 여섯 옥의 괴로움을 벗어나고자 하는 이는 반드시 마땅히 마귀를 변화시킬 것이다.[41] 따라서 가톨릭의 천국과 연옥, 지옥을 연상시키면서도, 지옥에서도 구원될 수 있다는 구원론은 대종교만의 독특성이라고 할 수 있다. 대종교의 후천세계는 다른 신종교들과 달리 누구나 맞게 되는 내세, 그리고 내세에서 어떤 환경에 처하게 될 것인가는 각자의 업에 달려있다는 것 등이 특색이라고 하겠다.

---

40 정열모 간편, 「회삼경」, 『역해종경사부합편』, 대종교총본사, 1949, 220쪽.
41 위의 책, 233~234쪽.

V. 나가는 말

대종교 교단을 방문했을 때 첫 느낌은 그곳의 주소지가 서울이었지만, 시골의 한적한 산자락 밑을 찾아간 듯하였다. 수도 생활을 하기에는 좋은 장소일지 모르지만, 사람들이 찾아가기는 어려운 곳이었다. 총본사의 중심인 천진전에 들어가서도 왠지 모를 한산함이 느껴졌다. 필자가 느끼는 이러한 외형적 모습은 바로 대종교의 현주소를 말해주는 것일지도 모른다.

어쨌건 홍암이 대종교를 창시하기 이전에는 독립운동을 활발히 하였지만, 대종교를 창시한 이후에는 정교분리와 국법의 준수 등을 설파하며 종교에 매진하는 모습을 보였다. 그러나 홍암의 조천 이후 대종교의 성격은 일제에 대한 투쟁일변도로 변하였다. 많은 대종교인들이 독립운동, 독립전쟁에 참가하면서 일제의 주목을 받았고, 그로 인해 1930년이 되면 서울의 남도본사가 폐쇄되었고, 해방 직전에는 만주의 대종교도 거의 고사 직전에까지 이르렀기에 종교활동이나 독립활동은 대부분 지하로 잠복하지 않으면 안 되었다. 이처럼 홍암의 사후 대종교는 종교활동과 함께 일제에 대한 투쟁의 역사로 점철되었다. 이처럼 대종교가 고사 직전까지 간 상황은 해방 이후의 재건을 어렵게 하는 하나의 요인이었다고 생각된다.

해방 이후 건국 초기 내각에 대종교 출신 인사들이 기용되어 대종교의 부활에 청신호가 오는 듯하였다. 그러나 이것은 대종교인들을 우대하기 위한 것이 아니라 대종교측 인사들이 상해임시정부를 위시한 독립운동에 투신한 인물이 많았기 때문이었던 것으로 생각된다. 개천절을 국경일로 하거나, 홍익인간을 교육의 목표로 정하는 등의 여러 가지 긍정적인 면들도 있었다. 그러나 이승만 정권은 얼마 지나지 않아 이들 대부분을 실각시키고 자기 뜻에 부합하는 인사들을 전면 배치하였다. 그러면서 기독교 우대정책도 나타나게 된다. 이런 것도 발전의 속도를 늦춘 하나의 요인으로 지적될 수 있다.

대종교의 교리가 뒤늦게 체계화된 것도 발전을 저해하는 요인이었다. 다른 종교들이 체계화된 교리를 알리며 포교 활동에 진력할 때에도 대종교는 기틀이 채 마련되지 않았다. 여기에 더하여 학계의 연구도 대종교의 종교적 성격을 왜곡시키는 데 일조했다고 할 수 있다. 물론 학계가 의도한 것은 아니지만, 대종교와 독립운동을 연결하면 할수록 대종교의 종교성은 희석될 수밖에 없다. 독립운동사도 우리의 역사로서 매우 중요하지만, 그에 못지않게 대종교 일반, 대종교 자체의 종교적 성격을 조망하는 학계의 더 많은 연구가 요청된다. 이 글의 개괄적 서술은 그것을 위한 밑받침이라고 생각한다. 다만 너무 개괄적으로 알리는 데 치중하다 보니 교리나 특성을 소개할 때 다소 정리되지 못하고 산만한 느낌이 있는데 그것은 필자의 한계로 돌린다.

❖『한국 종교교단 연구』4, 한국학중앙연구원, 2008.

제2장

대순진리회의 조상의례와 그 특징

Ⅰ. 들어가는 말

사람이 태어나서 살아가는 동안 성인이 되고, 결혼과 죽음 등의 과정을 거치게 된다. 이처럼 인간이 거치게 되는 각각의 단계들에서 한 개인은 이제껏 살아온 삶이 사라지고 과거와는 다른 새로운 삶을 살게 된다. 다시 말해서 한 개인은 과거와 달리 사회적으로 새로운 신분과 역할을 습득하게 된다. 대부분 사회에서는 개인이 지니게 되는 이러한 신분과 역할이 지닌 의미를 공표하기 위해 각각의 단계에 해당하는 의례를 지낸다. 아놀드 반 게넵(Arnold van Gennep)은 이와 같은 인생의 단계별 의례를 다른 의례와 구분해서 통과의례(rites of passage)라고 불렀다. 통과의례들 가운데 한 개인의 죽음 이후에 이루어지는 상장례나 제례는 여타 의례들과는 다른 특성이 있다. 왜냐하면, 상장례와 제례, 즉 제사는 한 개인의 죽음 이후의 존재에 대한 것을 내포하는 종교적 성격이 있기 때문이다.[1] 물론 성인식이나 결혼식도 종교적 의례를 동반할 수는 있겠지만, 필수적인 것은 아니기에 차별성을 갖는 것이다.

한 개인이 죽고 나면 일정한 절차를 거쳐 그의 후손에 의해 조상의 지위에 오르게 된다. 그러한 절차가 바로 상례와 제례, 즉 제사이다. 그러나 모든 사람이 조상의 지위에 오를 수 있는 것이 아니라 정상적인 삶의 과정을 거쳐서 죽음을 맞이해야 하고 자신의 혈족이 있어야 한다는 전제가 있다. 혈족으로서의 후손 없이 죽음을 맞게 되면 가계혈통은 단절되고 조상으로 받들어 줄 후손이 없기에 조상이 될 수 없는 것이다. 그러므로 과거 한국 사회에서는 가계를 이을 자손이 없을 경우, 양자를 맞아들여 후손으로 삼기도 하였다.

이렇게 본다면 조상의례라는 개념은 죽은 혈족에 대한 의례와 신앙을 나타내는 것이라 하겠다. 조상의례는 개인적 기도, 가정의례, 죽은 조상의 기일을 맞아 행하는 후손의 정기적 의례를 포함한 친족집단의 조상에 대한 의례, 그리고 전체 조상을 위한 연중의례 등을 포함한다. 물론 혈연적으로 관계되지 않은 죽은 사람에 대한 의례는 조상의례라고 하기 어렵다. 따라서 그것은 여기서 제외한다. 조상의례는 우주관과 세계관, 그리고 영혼과 죽음 이후의 삶에 대한 개념과 밀접히 관련된다. 동아시아에서 조상의례는 유교 의례가 기본을 형성하고 있지만, 불교 의례와 관련되어 나타나기도 한다.[2]

---

1 제사는 종교적 의례가 아니라 효의 실천이며 인간이 행해야 할 윤리적 규범으로 보는 입장도 있다. 제사의 종교성에 대한 것으로는 이욱, 「제사의 종교적 의미에 대한 고찰」, 『유교사상연구』 16, 한국유교학회, 2002 참조.

2 Helen Hardacre, "ancestor worship", *Encyclopedia of Religion,* 2nd ed., Lindsay Jones, Editor in Chief, Macmillan Reference USA, Michigan, 2005. pp.320~321.

한국 사회에 알려진 조상의례도 유교 의례가 기본을 이루고 있지만, 이러한 현상은 사실상 조선 시대 이후의 일이다. 조선 시대 이전 한국인들의 조상의례가 어떠했는가에 대해서 정확하게 알기란 어렵다. 다만 과거 한민족의 조상의례는 아마도 한민족 고유의 사상을 바탕으로 불교가 혼합된 형태였을 것으로 추정해 볼 수 있다.

이 글은 이러한 인식을 바탕으로 한국의 대표적 신종교 가운데 하나인 대순진리회의 조상의례를 고찰해보고자 한다. 대순진리회는 증산 강일순을 신앙대상으로 하며, 정산 조철제, 그리고 우당 박한경으로 이어지는 종통을 가지고 있다고 한다.[3] 증산 강일순을 신앙대상으로 하는 증산계열의 신종교들은 100여 개 이상 되는 것으로 알려져 있다. 이 증산계열의 신종교들은 비슷하면서도 조금씩 차이가 나는 경전, 교리, 의례, 신앙대상을 각각 지니고 있다.

이 글은 증산계 신종교 가운데 하나인 대순진리회의 조상의례를 파악하는 것이 연구의 목적이다. 따라서 증산 강일순과 관련된 것은 대순진리회에서 경전으로 삼고 있는 『전경(典經)』을 기본 자료로 할 것이다. 교리나 의례 등도 대순진리회에서 행하고 있는 것을 중심으로 파악할 것이다. 연구의 순서는 대순진리회의 교리적 특징을 조상의례와 관련된 것을 중심으로 간단하게 개괄하고, 대순진리회 조상의례와 관련된 생사관, 및 조상의례의 모습들을 살펴볼 것이다. 그리고 마지막으로 대순진리회 조상의례의 특징을 파악해 볼 것이다.

---

3 대순진리회의 역사 및 기원에 관해서는 고병철, 「대순진리회의 전개와 특징」, 『한국종교교단연구』 II, 한국학중앙연구원 문화와종교연구소, 2007, 187~195쪽 참조.

Ⅱ. 대순진리회의 교리적 특징

강증산은 대순진리회의 신앙대상으로 구천응원뇌성보화천존강
성상제(九天應元雷聲普化天尊姜聖上帝, 줄여서 九天上帝)[4]라는 명칭으로 불린
다. 계시를 통해 강증산의 뒤를 이었다고 하는 정산 조철제는 무극도
라고 하는 종단을 창설하면서 오늘날 대순진리회 교리의 핵심이라
고 할 수 있는 종지를 공표하였다. 종지를 포함한 대순진리회 교리
의 개요를 보며 다음과 같다.

> 음양합덕(陰陽合德) 신인조화(神人調化) 해원상생(解冤相生) 도통진경
> (道通眞境)의 대순진리(大巡眞理)를 종지(宗旨)로 하여 성(誠) 경(敬) 신(信)
> 의 삼법언(三法言)으로 수도(修道)의 요체(要諦)를 삼고, 안심(安心) 안신
> (安身) 이율령(二律令)으로 수행(修行)의 훈전(訓典)을 삼아 윤리도덕(倫理
> 道德)을 숭상(崇尙)하고 무자기(無自欺)를 근본(根本)으로 하여 인간개조
> (人間改造)와 정신개벽(精神開闢)으로 포덕천하(布德天下) 구제창생(救濟
> 蒼生) 보국안민(輔國安民) 지상천국건설(地上天國建設)을 이룩한다.[5]

위의 교리 개요 가운데 음양합덕, 신인조화, 해원상생, 도통진경

---

4 신앙대상의 이름과 관련된 자세한 내용은 강돈구, 「대순진리회의 종교교육」,『한
  국종교교단연구』Ⅶ, 한국학중앙연구원 출판부, 2012, 19~23쪽 참조.
5 대순진리회는 1996년 도전(都典)인 우당 박한경의 사후 분열이 시작되었는데, 분
  열의 가장 핵심적인 원인은 우당의 신격화 여부였다. 또한, 우당을 신격화시킨 측
  도 우당을 미륵불로 볼 것인가의 여부로 인해 또다시 분열되어 현재에 이르고 있
  다. 그러나 정산 조철제와 우당 박한경이 인간들을 후천선경으로 인도하는 존재
  라고 인식하는 것은 공통으로 나타나고 있다. 위의 글, 25~26쪽.

이라고 하는 종지는 핵심적인 교의로서 대순진리회에서는 이 종지를 모든 사상적 측면의 근간으로 삼고 있다.[6] 교리 개요 가운데 마지막 부분인 포덕천하, 구제창생, 보국안민, 지상천국건설이란 부분은 대순진리회가 이룩해야 할 궁극적 목적에 해당한다. 종지 다음에 나타나는 부분인 삼법언과 이율령은 수도의 요체와 수행의 훈전으로 목적을 이루는 방법에 해당한다고 할 수 있다. 교리 개요의 모든 부분을 다 살펴보아야 하겠지만 여기에서는 교리의 근본이 되는 종지만을 간단히 살펴보기로 한다.

대순진리회의 시간적 세계관은 과거 우주의 탄생 이전부터 현재까지의 세계를 선천(先天)세계로, 그리고 앞으로 다가올 유토피아와 같은 이상세계를 후천(後天)세계로 본다. 증산이 천지공사를 행한 이유도 바로 이러한 후천세계를 이루기 위해서이다. 종지의 내용에는 이러한 미래 후천세계에 대한 기대와 동시에 예언적 성격도 들어있다고 할 수 있다. 그 가운데 음양합덕이란 바로 미래 후천세계에서 이루어질 것이다. 과거 선천세계는 음양의 차별과 불균형으로 인해 덕이 발현되지 못한 시대로 본다. 선천세계는 양을 중심으로 도에 근원한 음양의 작용을 통해 만물이 분화된 시대이지만, 인간 사물은 모두 상극에 지배되는 난도난법(亂道亂法)의 시대이기도 하다. 그러나 앞으로 올 후천세계는 이러한 것들이 모두 바로 잡히는 시대가 될 것이다. 그래서 음양의 합덕과 조화가 이루어지는 세계가 된다는 것이다. 따라서 후천선경은 정음정양(正陰正陽)과 만유의 조화가 실현되어

---

6 이경원, 「대순진리회의 교리 체계와 사상적 특징에 관한 연구」, 『대순사상논총』 16, 대진대학교 대순사상학술원, 2003, 136쪽.

차별이 없는 완성세계가 되는 것이다.[7] 그러나 후천세계라고 해서 음양이 서로 아래위가 바뀌거나 수직관계가 바뀐다는 것을 의미하지는 않는다. 둘은 상합(相合)관계가 되어 서로 상생하게 된다. 과거 하늘과 땅, 남녀, 주인과 하인 등은 서로 상하, 또는 수직관계로서 하나가 다른 하나를 지배했다면 이제는 그러한 관계가 아니라 서로 대등하면서도 상호 의존하는 관계라고 이해될 수 있다. 다시 말해서 선천세계에서는 신분이 낮은 계층의 인간들은 음으로, 신분이 높은 계층은 양으로 이해하고 역시 음을 억압하거나 지배하는 세계였다. 남존여비 사상과 같은 것도 동일한 의미로 설명할 수 있다. 그러나 후천시대에는 양반과 천민, 남녀 등의 차별이 없는 세계로 서로 합하여 덕을 이루는 세계가 된다는 것이다. 이것이 대순진리회에서 말하는 음양합덕의 이치라고 할 수 있다.

신인조화의 개념도 음양합덕의 논리가 그대로 적용된다. 앞에서 언급했듯이 후천에서와 달리 선천에서 음인 신과 양인 인간은 서로 지배하거나 지배받는 것이 아니라 상합관계로 서로 조화를 이루어야 한다는 것이다. 신과 인간이 조화를 이루어야 하는 이유는 신과 인간이 밀접하게 관련된다는 인식 때문이다.[8] 예를 들어 증산은 '사람들끼리의 싸움은 천상에서 선령신들 사이의 싸움을 일으키며 천상싸움이 끝나야 인간싸움이 결정된다'[9]라고 하면서 신과 인간이 밀접히 관련되어 있음을 말하고 있다.

---

7 대순종학 교재연구회, 『대순사상의 이해』, 대진대학교 출판부, 2003, 147~148쪽.
8 고병철, 앞의 글, 199쪽.
9 『전경(典經)』 교법 1장 45절.

해원상생이란 해원해서 상생하자는 의미이다. 증산은 '삼계가 개벽되지 아니함은 선천에서 상극이 인간지사를 지배하였으므로 원한이 세상에 쌓이고 따라서 천·지·인(天地人) 삼계가 서로 통하지 못하여 이 세상에 참혹한 재화가 생겼다'[10]고 규정하였다. 세상의 모든 고통이 바로 원한으로 인해 생긴 것이니, 바로 이 원한을 모두 풀고 (解寃) 함께 상생하여야 한다는 것이다. 대순진리회에서 볼 때 후천시대는 증산의 천지공사로 인해 모든 원한이 풀려서 해원시대가 되고 완전히 상생하는 시대가 되는 후천선경이 될 것으로 믿고 있다.[11]

도통진경에서 도통은 도를 꿰뚫어 본다는 의미로 해석된다. 대순진리회에서 말하는 도는 인간의 본질과 삶, 그리고 우주만물의 이치에 대한 진리를 말한다. 대순진리회에서는 이러한 것들을 증산이 밝혀 놓았다고 본다. 도통진경은 대순진리회에서 추구하는 후천시대의 모습이다. 지상천국, 지상선경, 후천선경, 진경 등으로도 불리는 도통진경은 음양합덕, 신인조화, 해원상생을 이루어 인간이 신선이 되어 무병장수하는 세계로 인식된다. 이 시대는 '사람마다 불로불사하여 장생을 얻으며 궤합을 열면 옷과 밥이 나오며 만국이 화평하여 시기·질투와 전쟁이 끊어지는[12] 시대이다. 또한, 후천세계는 '천하가 한 집안이 되어 위무와 형벌을 쓰지 않고도 조화로써 창생을 법리에 맞도록 다스릴 것이며, 벼슬하는 자는 화권이 열려 분에 넘치는 법이 없고 백성은 원울과 탐음의 모든 번뇌가 없을 것이며 병들어 괴

---

10 『전경(典經)』예시 1장 8절.
11 대순종학 교재연구회, 앞의 책, 164쪽.
12 『전경(典經)』예시 1장 80절.

롭고 죽어 장사하는 것을 면하여 불로불사하며 빈부의 차별이 없고 마음대로 왕래하고 하늘이 낮아서 오르고 내리는 것이 뜻대로 되며 지혜가 밝아져 과거와 현재와 미래와 시방세계에 통달하고 세상에 수·화·풍(水火風)의 삼재가 없어져서 상서가 무르녹는 지상선경[13]의 시대이다.

후천개벽이 되면 상극과 원(冤)이 없이 오직 상생(解冤相生)만이 존재하고 음과 양이 바르게 정립되어 합덕을 이룬(陰陽合德) 세계이며, 동시에 양(陽)인 인간과 음(陰)인 신(神)이 서로 조화(神人調化)를 이루는 세계다. 이러한 세계는 도통을 이룬 신선[14]들이 사는 지상선경의 세계로 바로 대순진리회가 추구하는 세계이다. 이 세계는 대순진리회의 목적인 포덕천하, 구제창생, 보국안민, 지상천국건설이 실현될 때 이루어지는 세계라고 할 수 있다. 이렇게 본다면 종지에 해당되는 내용은 목적이 이루어질 때의 세계를 설명하고 있는 것으로 이해될 수 있다.

한국의 근대 신종교들이 출현하면서 각 종교를 주창한 인물들이 제시한 공통된 사상은 후천개벽론(後天開闢論)이다. 그런데 타력에 의존한 다른 종교사상가들과 달리 증산 강일순은 스스로 개벽을 여는 절대자라고 선언하였다. 강증산은 이제까지의 시대를 '선천'으로,

---

13 『전경(典經)』예시 1장 81절.
14 도통군자, 지상신선을 말하며 보통 중국에서 말하는 신선의 의미와는 차이가 있다. 이에 관한 자세한 내용은 차선근, 「근대 한국의 신선 관념 변용」, 『종교연구』 62, 한국종교학회, 2011, 151~162쪽. 차선근, 「근·현대 한국의 신선세계론 - 대순진리회의 신선세계를 중심으로」, 『東亞道文化國際學術研討會論文集』, 北京大學 宗敎文化研究院, 2012, 330~339쪽 참조.

그리고 다가올 미래의 역사를 후천으로 규정지었다. 선천은 인간 사물이 모두 '상극(相剋)'의 원리가 지배하여 원한이 쌓이게 되고 이로 인해 온갖 재화가 발생하는 참혹한 시대이고 다가올 후천은 그러한 원한을 모두 풀고 상극이 아닌 상생의 후천선경의 세계가 된다. 그런데 바로 증산이 그것을 해결할 절대 권능자로서 새로운 질서를 구축하는 대역사를 행하였으니, 이러한 대역사를 일러서 대순진리회에서는 증산이 천하(天下)를 대순(大巡)하여 천지공사(天地公事)를 행한 것이라고 본다.[15]

Ⅲ. 대순진리회에서의 조상인식과 조상의례

1. 생사관(生死觀)

인간은 어디서부터 왔으며 어떻게 태어날까? 증산에 의하면 사람의 출생은 하늘의 공력으로부터 비롯된 것이다. 즉, 하늘이 많은 공력을 들임으로써 사람은 태어난다.

상제께서 종도들에게 가르치시기를 「하늘이 사람을 낼 때에 헤아릴 수 없는 공력을 들이나니라. 그러므로 모든 사람의 선령신들은 六十년 동안 공에 공을 쌓아 쓸 만한 자손 하나를 타 내되 그렇게 공을 들여도 자손 하나를 얻지 못하는 선령신들도 많으니라. 이같이 공을 들여 어

---

15 강증산의 후천개벽에 대한 내용은 이경원, 「강증산의 후천개벽론」, 『한국종교』 35, 원광대학교 종교문제연구소, 2012 참조.

렵게 태어난 것을 생각할 때 꿈같은 한 세상을 어찌 잠시인들 헛되게 보내리오」하셨도다.[16]

인간의 탄생은 하늘의 의도에 의해 이루어지지만 다른 힘, 즉 선령신의 힘도 작용한다. 사람은 태어나면 누군가의 자손이 된다. 그런데 증산에 의하면 누군가의 자손이 되기 위해서는 하늘의 선령신들이 60년간 공을 쌓아야 가능한 것이다. 선령신들이란 인간의 조상, 즉 선조신을 의미한다. 선조신들은 계속해서 자손들을 얻어야 하고, 그 자손들을 지켜주는 수호신의 역할을 하고 있다고 한다.[17] 인간이 태어난다는 것은 선령신들이 자손을 얻기 위해 많은 노력을 기울인 결과이다. 다시 말하면 인간의 출생은 하늘의 의도도 있지만, 조상신의 작용으로 이루어지는 것이기도 하다. 그러므로 인간은 하늘과, 다시 말해 신들과 연결되어 있다고 할 수 있다. 또한, 인간은 하늘의 별 또는 오행의 기운과 관계가 있음을 나타내기도 하는데, '구령삼정주(九靈三精呪)'와 '오장주(五臟呪)'를 통해 그 내용을 확인할 수 있다.[18] 이것은 곧 하늘과 인간이 그 근본에서는 같은 것임을 나타내는 것으로 이해된다.

한편 60년간 공을 들인다고 모든 선령신들이 자손을 얻을 수 있는 것은 아니다. 어렵고 힘들게 공을 들이면서도 자손을 얻지 못하는

---

16 대순진리회교무부 편, 『전경』, 대순진리회출판부, 2010, 교법 2장 36절(이하 『전경』으로 함).
17 장병길, 『대순종교사상』, 대순진리회출판부, 1989, 79쪽.
18 이에 관한 자세한 내용은 고남식, 「대순진리회의 생사관 연구」, 『신종교연구』 23, 한국신종교학회, 2010, 79쪽 참조.

선령신들도 많다. 그러면 선령신들은 왜 힘들게 자손을 얻어야 하고 얻으려고 하는 것일까? 선령신들이 자손을 얻기 위해 노력하는 이유는 자손이 도를 구하도록 하기 위해서이다. 자손이 도를 닦아서 지상신선이 되면 하늘의 조상들도 역시 자손의 도에 힘입어 후천세계에서 신선이 될 수 있기 때문이다. 따라서 선령신들이 자손을 얻는다고 하더라도 다 같은 자손은 아닌 것이다. 왜냐하면, 쓸 만한 자손이어야 하기 때문이다. 쓸 만한 자손이란 어떤 자손일까? 그것은 도를 구하기 위해 수행에 힘쓰는 자손을 의미하는 것으로 보인다. 대순진리회의 설명에 따르면 선령신들에게는 도를 구하여 도통을 하게 되는 자손이 필요하다.[19] 그러므로 도를 구하기 위해 잠시라도 허송세월을 해서는 안 되며, 도통을 목표로 열심히 매진해야 하는 것이다. 다시 말해서 후천세계에서 도통군자가 되기 위해 자손은 열심히 도를 구하여야 한다.

　인간의 탄생이 하늘로부터 비롯되었지만, 저절로 무에서 탄생하는 것은 아닌 것으로 보인다. 왜냐하면, 사람에게는 혼과 백이 있는데 죽으면 그 둘이 갈라져서 하늘과 땅으로 되돌아가기 때문이다.

　　김송환이 사후 일을 여쭈어 물으니 상제께서 가라사대 「사람에게 혼과 백이 있나니 사람이 죽으면 혼은 하늘에 올라가 신이 되어 후손들의 제사를 받다가 사대(四代)를 넘긴 후로 영도 되고 선도 되니라. 백은 땅으로 돌아가서 사대가 지나면 귀가 되니라」 하셨도다.[20]

---

19 대순진리회 본부도장에서 40대 남자 선감과 2012년 8월 2일 10~12시까지 면담함.
20 『전경(典經)』교법 1장 50절,

백이 땅으로 '돌아간다'고 하는 것은 '원래 있던 곳으로 다시 간다'는 의미이기에 백은 땅으로부터 왔음을 뜻한다. 그러므로 혼은 하늘로부터 내려온 것이고 백은 땅으로부터 와서 인간이 되기 위해 결합한 것이다. 하늘에서 혼이 내려오고 백이 땅으로부터 와서 결합하여 인간이 되는데, 그것은 하늘의 작용과 조상의 공덕으로 가능한 것이다. 즉 인간은 단순히 물질적으로 부모에 의해 탄생한 것이 아니라 하늘과 조상신과 관련이 있다고 본다.

여기에서 증산은 죽음을 언급하고 있다. 증산은 인간은 혼(魂)과 백(魄)으로 구성되어 있는데, 인간이 죽음을 맞게 되면 이들이 서로 갈라져 하늘과 땅으로 간다고 하였다.[21] 죽음이란 바로 이 혼과 백이 서로 갈라져 본래 왔던 곳으로 되돌아감을 의미하는 것이다. 인간이 죽은 후 혼과 백으로 분리되어 하늘과 땅으로 돌아가기는 하지만, 증산에 의하면 땅으로 돌아가는 백과 달리 혼은 서로 다른 과정을 겪는다. 백은 땅으로 돌아가서 4대가 지나면 귀가 되지만 혼은 하늘로 올라가 신이 되어 자손들의 제사를 받다가 4대가 지나면 영이 되거나 선이 된다. 그러면 영은 무엇이고 선은 무엇일까? 대순진리회에서는 인간은 윤회하는 존재라고 본다. 그리고 하늘로 올라간 혼이 4대가 지나서 영이 된다는 것은 현세에서 다시 인간으로 태어나는 것이라고 설명한다. 그러나 선이 되는 혼은 윤회하지 않아도 되는 존재이다.

---

21 인간에게 혼백이 있고 사후에 분리되어 하늘과 땅으로 간다는 관념은 이미 중국 고대부터 전해 내려오는 것으로 유교의 생사관에 해당된다. 금장태, 『유교사상과 종교문화』, 서울대학교출판부, 1994, 199~200쪽 참조.

그러므로 현세에 태어난 인간은 혼, 다시 말해서 하늘에서 영이 된 존재인 혼이 백과 합쳐서 생겨난 존재이다. 그런데 인간에게 혼백이 있기는 하지만 살아있는 사람을 혼백이라고 하지는 않는다. 그렇기에 증산은 "사람이란 귀(鬼)와 신(神)이 모이는 처소이며 죽으면 혼백이라 하고 살아있으면 정기(精氣)라 한다."[22]라고 하였다. 다시 말해서 사람이 살아있을 때의 것을 정기(精氣)라고 한다면 죽은 이후에는 그것이 혼백(魂魄)이 되어 하늘과 땅으로 돌아가서 혼은 신이 되어 하늘에, 그리고 백은 땅에 머문다. 이후 4대가 지나면 신이 된 혼은 영이 되거나 선이 되고, 백은 귀, 또는 귀신이 되는 과정을 거친다고 볼 수 있다. 증산은 살아있는 사람에게 정기가 있음을 반복해서 말하고 있다.

> 상제께서 경석에게 이르시니라. 「네가 모든 일에 귀찮고 뜻에 맞지 아니하니 내가 이 세상을 버릴 수밖에 없다. 세상을 떠나기는 극히 쉬운 일이라. 몸에 있는 정기를 흩으면 불티가 사라지듯이 되나니라.」[23]

> 상제께서 누워 가라사대 「사람이 죽고 사는 것은 쉬우니라. 몸에 있는 정기만 흩으면 죽고 다시 합하면 사나니라」 하셨도다.[24]

우리의 몸에는 정기가 있는데, 죽으면 이것이 흩어지는 것이며,

---

22 人者 鬼神之會也 ……死則謂魂魄 生則精氣,『중화경』4장, 장재진,『근대 동아시아의 종교다원주의와 유토피아』, 산지니, 2011, 258쪽에서 인용.
23 『전경(典經)』행록 4장 57절.
24 『전경(典經)』행록 5장 32절.

합쳐 있으면 살아있는 것이다. 정기가 죽으면 흩어지는데, 이때가 되면 정기를 혼백이라고 하는 것이다. 그러므로 정기가 흩어진다는 것은 혼백이 서로 분리된다는 것이고 이것이 하늘과 땅으로 가는 것이다.

2. 조상에 대한 인식

증산은 인간이 조상들의 공력으로 태어난다고 말하고 있다. 인간이 조상들의 공력으로 태어나면 그 조상의 자손이 된다. 그런데 이렇게 태어난 자손들 가운데 제대로 된 자손은 바로 도를 닦아 후천세계에서 구원을 얻는, 다시 말해 신선이 되는 자손이라고 믿는다. 조상신들이 후손을 태어나도록 하는 목적은 후손이 도를 닦아서 신선에 오르기를 희망하기 때문이다. 현재 대순진리회의 신도 가운데 조상에 대한 체험을 한 사람은 조상의 공덕에 의해, 그리고 조상의 인도에 의해 입도했다고 믿고 있다.

> 선천개벽(노아의 홍수)때에도 인류의 씨는 살았다는 데 역사가 실증하는 3대 성인의 말씀 중에도 육신과 영혼이 함께 새 세상에 나갈 수 있는 방법은 없었다. 찾지 못할 것만 같았다. 여러 갈래의 사잇길을 방황하면서 자아상실의 생활로 끌려가던 중 어느날 비몽사몽간에 조상님이 나타나 네가 찾는 것이 중곡동에 있으니 그곳으로 가라"는 말씀을 듣고 혹시나 하고 찾은 곳이 대순진리회이다. 아! 그토록 찾던 답이 바로 이것이구나. 바로 지금까지 접해보지 못한 새로운 진리를 접하는 계기가 되었다. 이렇게 조상께서 맺어주신 인연 따라 접어든 길에서

대덕의 빛을 발견하였다. 놀랍게도 대순진리회는 세상 무엇에도 모순 없는 완벽한 상생의 방법을 제시하고 있었던 것이다. 그것은 바로 진정한 사람이라면 마땅히 걸어야 하는 숙명의 길이었다. 도무지 몰랐던 자의 세상 모든 갈증이 말끔히 씻어진 청정의 길이었다.[25]

도문에 들어와 수도를 하면서 알게 된 사실이지만, 내가 입도하기 전에 겪었던 그런 모든 일들은 나의 조상님들께서 나를 도문에 들여보내기 위해서 꿈에서나마 그렇게 보여주셨다는 것을 알게 되었다.

나는 입도를 하고 나서 회관생활을 하기 시작했다. 그런데 조상님들께서는 그래도 마음을 못 놓으시겠던지 자주 꿈에 나타나셔서 수도생활을 하는데 있어서의 생활태도나 마음 자세 등을 알려주시곤 하였다.

사실 수도생활을 시작한지 3년이 다 되었지만 처음 2년은 순전히 조상님이 이끌어 주시는 대로 도를 닦았다는 생각이 든다. 그리고 나머지 1년은 내가 선무 임명을 모시고 난 후부터는 신기하게도 조상님의 가르침이 꿈에서 사라져서 다시는 그런 꿈을 꿀 수 없었다.[26]

조상이 이끈 덕택으로 후손이 대순진리회에 입도하여 도를 닦게 되었다고 하는 체험을 보면 대순진리회의 신도들이 조상을 어떻게 생각하는지 알 수 있다. 보통 조상의 은덕이란 집안이 번창한다던지 자손 가운데 누가 성공한다던지, 아니면 적어도 집안에 화가 미치지

---

25 대순진리회 교무부 편, 『대순회보』7, 대순진리회 출판부, 1987, 13쪽.(이하『대순회보』)
26 『대순회보』28, 1991, 14쪽.

않도록 하는 것으로 생각하는 것이 일반적이다. 그러나 대순진리회의 신도들은 이런 현세적인 것보다는 흔히 말하는 내세에서 구원을 받을 수 있도록 하는 것이 조상의 은덕이라고 생각하는 것이다. 따라서 조상이 원하기 때문에, 그리고 본인 스스로도 도통을 통해 후천세계에서 지상신선이 되기 위해 열심히 도를 구하는 데 전념해야 한다. 이렇게 하는 것은 자신을 태어나도록 해서 도에 입문하도록 이끌어 준 조상의 은덕에 보답하는 길이기도 하다.

한편 선령신들이 자손을 태어나도록 하고 그 자손이 도통하게 하려고 노력한 것이 조상의 은덕이라고 할 때, 조상들은 자손만을 위해서 그렇게 하는 것일까? 그토록 죽은 조상들이 힘들여 자손을 내는 목적은 자손이 도를 닦아 후천세계에서 불로장생할 수 있도록 하는 것 이외에 또 다른 이유가 있다고 한다. 대순진리회는 자손이 도통을 하게 되면 많은 사람들로부터 추앙을 받게 되며, 도통의 결과로서 받게 되는 복록을 가족, 그리고 조상과 함께 누리게 된다고 가르친다.[27] 다시 말해서 가족 가운데 누군가 한 사람이 도통을 하게 되면 나머지 가족과 이미 죽은 조상이 모두 그 혜택을 본다는 것이다.

2장에서 보았듯이 증산의 가르침이나 대순진리회의 교리에 따른다면 과거는 선천시대이다. 선천시대는 사라질 세계이고 앞으로 다가올 후천시대가 구원의 시대라고 할 수 있다. 그런데 모든 사람이 구원되는 것이 아니라 도를 닦아 지상신선이 되는 사람이 바로 후천

---

27 차선근, 「근대 한국의 신선 관념 변용」, 155쪽.

시대에 구원될 사람이다. 그렇다면 이전 시대의 사람들은 어찌되는 가? 대순진리회의 교리를 그대로 따른다면 사실 선천시대의 조상은 모두 도와 무관한 사람들이었다. 천상에 있는 조상들도 구원을 받아 야 한다. 앞의 교리 설명에서 보았듯이 하늘과 땅은 밀접히 연관되 어 있다. 그들이 다가올 후천세계에서 구원을 받기 위해서는, 다시 말해서 지상신선이 되기 위해서는 자손 가운데 누군가가 도를 닦아 도통을 해야 한다. 그 자손의 도통은 바로 조상도 구원해주기 때문이 다. 즉 조상은 자신들의 구원을 위해서도 자손을 내어 도에 입문하 도록 해야 한다. 이것으로 조상과 자손의 관계를 파악할 수 있다. 자 손이 조상의 은혜를 입은 것은 사실이며, 그 은혜에 보답하기 위해 서 도를 닦아야 하지만, 한편으로는 조상과 가족들이 모두 신선이 되도록 하기 위한 의무에서도 도를 닦아야 하는 것이다.

　조상은 후손을 태어나게 한 존재이기도 하지만, 한편으로 후손이 없으면, 또는 후손이 있어도 도통을 이루지 못한다면 신선이 되지 못하고, 끊임없이 윤회하는 삶을 살아가야 하는 존재이기도 하다. 선령신에게도 도통은 절대적 구원의 길이다. 도통은 후손들이 스스 로 노력해서 이룩하여야 한다.

　공우가 어느 날 상제를 찾아뵈옵고 도통을 베풀어 주시기를 청하니 라. 상제께서 이 청을 꾸짖고 가라사대 「각 성(姓)의 선령신이 한 명씩 천상 공정에 참여하여 기다리고 있는 중이니 이제 만일 한 사람에게 도 통을 베풀면 모든 선령신들이 모여 편벽됨을 힐난하리라. 그러므로 나 는 사정을 볼 수 없도다. 도통은 이후 각기 닦은 바에 따라 열리리라」

하셨도다.[28]

　누구든 도통의 경지에 이른다면 그는 본인뿐만 아니라 가족과 조상까지 모두 후천세계의 도통군자요, 무병장수하는 존재가 될 것이다. 그런데 누군가가 정상적인 노력을 하지 않고 특별히 도통의 은혜를 입는다면 그의 가족과 조상을 제외한 하늘의 다른 가족의 조상들이 불만을 토로할 수밖에 없다. 따라서 정상적인 방법을 통해 도를 추구해야 할 것이다. 그만큼 후손의 도통은 조상에게 중요한 것이다.

Ⅳ. 대순진리회의 조상의례와 그 특징

1. 조상의례

　일반적인 한국사회의 경우와 마찬가지로 대순진리회에서도 4대 조상에게까지 제사를 지내도록 하고 있다. 증산이 『전경』에서도 언급했지만, 조상은 4대까지 제사를 받고 그 이후에 영이나 선이 되는 것이다. 죽은 후 신이 된 조상은 후손의 제사를 받고 바로 이 제사를 흠향하면서 내세에서 영적인 생명력을 유지할 수 있다고 한다. 『예기』의 규정에 따르면 본래 신분에 따라 조상신도 생명을 유지하는 기간이 달랐다고 한다. 그것은 신분에 따라서 제사의 기간이 서로

---

28 『전경(典經)』 교운 1장 33절.

다른 것(천자:7대, 제후:5대, 대부: 3대, 사: 2대, 서인: 1대)에서 볼 수 있다. 그러
나 후대에는 일반적으로 4대까지 제사를 지내는 것이 관행으로 되
었다.[29]

증산은 4대까지 제사를 지내는 관행을 그대로 받아들였지만 4대
이후 소멸한다고 보는 유교와 달리 조상신은 4대가 지나면 영이 되
어 다시 현세에서 인간으로 태어나거나 선이 될 것이라고 말하였다.
대순진리회에서는 조상에 대한 효도를 위해서, 그리고 조상의 은덕
으로 도에 입문하게 되었기 때문에 그 은덕에 보답하기 위해서도 후
손은 조상에게 제사를 드려야 한다고 가르친다. 그러나 조상에게 제
사를 드려야 하는 더 중요한 이유는 죽은 후의 조상은 후손의 제사
로 내세에서 생명을 유지할 수 있기 때문이다. 그러므로 죽어서 혼
백이 된 이후에도 조상이 계속 생명력을 유지하기 위해서는 자손이
제사를 지내야 한다. 이런 이유로 대순진리회에서는 조상에 대한 제
사를 중요하게 생각한다.

> 상제께서 어느 날 종도들에게 「중천신은 후사를 못 둔 신명이니라.
> 그러므로 중천신은 의탁할 곳을 두지 못하여 황천신으로부터 물과 밥
> 을 얻어먹고 왔기에 원한을 품고 있었느니라. 이제 그 신이 나에게 하
> 소연하므로 이로부터는 중천신에게 복을 주어 원한을 없게 하려 하노
> 라」는 말씀을 하셨도다.[30]

---

29 금장태, 「조상숭배의 유교적 근거와 의미」, 『한국문화인류학』 18, 한국문화인류
학회, 1986, 75쪽.
30 『전경(典經)』 공사 1장 29절.

자손을 두지 못한 조상신인 중천신은 자손이 없기 때문에 아무도 돌봐주지 않는다. 증산은 이러한 원한도 모두 풀어야 함을 말하고 있다. 후천세계에는 모두가 원이 없는 세계여야 하기 때문이다. 중천신은 자손을 두고 있는 황천신에게 의지하여 물과 밥을 얻어먹으면서 하늘에서 그럭저럭 생명을 유지하고 있는 신이다. 중천신의 개념으로 볼 때 자손이 있더라도 조상에게 제사를 지내지 않는다면 내세에서 영적인 생명력을 유지할 수 없기 때문에 자손은 조상에게 제사를 지내야 함을 의미하는 것이기도 하다. 그렇기 때문에 대순진리회에서는 조상을 위해 열심히 도를 구해야 함은 물론 4대에 이르도록 조상이 내세에서 생명력을 유지하도록 하기 위해 제사를 지내야 함을 말하고 있다.

증산은 제사를 지낼 때 죽은 조상들을 대접하기 위해 살아있는 후손들이 밥을 몇 숟갈 떠서 물에 마는 행위에 대해 실제로 신적인 존재들이 그 기운을 먹고 산다고 표현했다. 이는 제사를 지내는 행위가 단순히 인간들 사이의 의례로 그치는 것이 아니라 신적인 존재들을 대접하는 구체적인 일로 믿는 것이다.[31] 신은 사람이 먹는 대로 흠향하기[32]에 후손의 제사행위는 더없이 중요한 것이 된다.

조상을 잘 섬겨야 한다는 것은 증산의 기본적 입장이다. 조상을 잘 받들지 못하면 죽음을 맞게 될 것임을 인정한다.

광찬에게 가라사대 「이 일은 생사의 길을 정함이니 잘 생각하여 말

---

31 김탁, 「한국 신종교의 조상숭배」, 『종교연구』 20, 한국종교학회, 2000, 114쪽.
32 『전경(典經)』 교법 1장 49절.

하라」고 하시니 광찬이 「선령신을 섬길 줄 모르는 자는 살지 못하리이다」고 여쭈니 상제께서 말씀이 없으시다가 잠시 후에 「네 말이 가하다」하시고 접시를 종이에 싸서 주사(朱砂)를 묻혀 책장마다 찍으셨도다. 「이것이 곧 마패(馬牌)라」고 이르셨도다.(공사 3장 9절)

선령신이란 곧 조상신이다. 그런데 선령신인 조상신을 제대로 섬겨야지, 그렇지 않으면 죽을 것이라고 제자가 말하자 그것을 증산이 인정한 것은 조상의례의 중요성을 강조한 것으로 해석될 수 있다. 대순진리회에서도 조상의 중요성이 강조되는데 그 이유는 앞에서 언급한 바와 같이 나를 세상에 태어나도록 하고 도를 닦도록 한 조상의 은혜에 보답하기 위한 것이다.

우리들은 조상의 공덕으로 도문에 들어온 것이고 자손이 도를 잘 믿어 닦아나가면 조상도 가족도 모두 후천선경에 함께 갈 수 있는 것이므로 나 자신의 마음에서 우러나오는 진실한 믿음과 노력이 중요합니다.[33]

조상의 공덕으로 대순진리회에 입도하여 도를 닦게 되었으니 조상과 가족이 모두 후천세계에서 신선들의 세계인 선경에 가서 살 수 있도록 정성스럽게 노력하자는 것이다. 그런데 여기에서는 조상의 공덕뿐만 아니라 도인의 의무도 함께 강조되고 있음을 알 수 있다.

---

33 『대순회보』 29, 1992, 2쪽.

다시 말해서 대순진리회에 입도한 신도들은 조상과 가족을 구원한다는 의무감을 가지고 열심히 종교생활을 해야 한다는 입장인 것이다.

한편 대순진리회의 장례 및 제사절차를 보면 다음과 같다. 부모를 비롯한 가족이 죽음을 맞게 되면 보통의 장례절차를 따른다. 다만 사망 24시간 이후, 그리고 3일을 넘지 않은 시간에 장례를 치르도록 하고 또한 매장하되 화장을 금하는 것을 원칙으로 한다. 그 이외 다른 절차는 일반적인 상례와 비슷하다. 조상제사의 과정은 대순진리회의 치성의식 절차에 따르도록 하고 있는데, 치성의식 자체가 전통적인 방식과 비슷해서 제수를 진설하고 초헌, 아헌, 삼헌 등을 거친다. 다만 그 과정에서 대순진리회의 주문을 외우는 것에서 다소 차이가 있다. 치성을 마치면 마지막으로 제수로 쓰였던 술과 음식으로 음복을 하는데, 이것은 제사에서도 마찬가지이다. 음복은 조상과 함께 음식을 나누고 있다는 의미 외에 조상의 신령스러움이 깃든 음식을 함께 나눔으로서 조상신의 기와 합쳐진다는 뜻도 있다.

대순진리회의 조상의례에서 한 가지 지적해야 할 사항은 제사에 있어서, 즉 조상을 모심에 있어서 남녀의 차별이 없다는 것이다. 남녀차별의 철폐는 이미 증산에게서도 나타나는 말이다. 사람을 쓸 때는 남녀 노약을 구별하지 않아야[34] 함을 강조하였으며, 그것은 이제 해원시대이기 때문에 그간의 잘못된 것을 바로잡는다고 선언하고 있다.

---

34 『전경(典經)』 교법 2장 40절.

상제께서 「이제는 해원시대니라. 남녀의 분별을 틔워 제각기 하고 싶은 대로 하도록 풀어놓았으나 이후에는 건곤의 위치를 바로잡아 예법을 다시 세우리라」고 박공우에게 말씀하시니라.[35]

과거 남존여비의 세계를 바로 잡아 남녀차별을 근본적으로 없애는 것도 해원이다. 남자에 얽매여 살아온 여성이 원한을 쌓아온 시대가 선천이라면 후천시대에는 그런 원한을 모두 없애는 해원의 시대이기 때문에 남녀의 차별이 있어서는 안 되는 것이다. 후천시대에는 남녀노소, 신분의 차이 등이 모두 사라진 평등의 시대여야 하는 것이다. 사회구조 상 시집을 가면 시댁의 자식이 되어 시댁의 조상을 모셔야 한다. 그렇지만 친정 조상에 대한 숭배도 할 수 있기 때문에 유교에서 보듯 제사상에서도 근본적 남녀차별은 없다고 보아야 할 것이다. 대순진리회의 조직구조에서도 남녀차별 없이 스승과 제자라고 할 수 있는 선각과 후각이 있을 뿐이며, 남자 신도를 외수, 여자 신도를 내수라 하여 남녀의 차별이 아닌 차이만을 나타내고 있다.

2. 조상의례의 특징

대순진리회에서의 조상의례는 기본적으로 한국의 전통적인 의례를 중심으로 하고 있다. 4대 봉사를 한다거나 제사의 차례나 상차림에서도 뚜렷한 차이점이 드러나지는 않는다. 다만 대순진리회 관계자의 면담에 따른다면 상황에 따라서 제사를 지내지 않아도 된다고

---

35 『전경(典經)』공사 1장 32절.

한다. 그러나 개인적인 사유가 아니라 대순진리회의 치성일자와 관련되었을 때 특히 그러한 예외가 적용된다. 이러한 이유는 대순진리회 도장에서 치성으로 대신한다는 의미도 있겠지만, 치성의 중요성도 무시할 수 없기 때문이다. 다시 말해서 조상제사를 드리지 않는다는 것이 완전히 조상에 대한 의례가 중요하지 않아서가 아니라, 즉 대순진리회의 종교적 의례인 치성이 조상제사보다도 우위에 있기 때문으로 보인다. 이러한 점은 천주교에서 제사 대신 기일에 미사나 연도를 바치는 모습을 연상시킨다. 다만 천주교에서 하는 미사나 연도는 죽은 조상을 위해서 하는 것이지만, 대순진리회의 치성은 상제와 신명에게 올리는 종교의례이기 때문에 한 번의 제사보다 궁극적으로 다가올 미래 후천세계가 더 중요하기 때문이 아닌가 한다.

유교에서는 인간이 죽은 다음 신(鬼神)이 되면 육체가 소멸되는 것과 마찬가지로 그 영혼도 서서히 사라진다고 보는 것이 일반적이다. 그러므로 조상신도 영원히 존재하는 것이 아니라 일정기간, 즉 4대가 지나면 소멸하는 것으로 보고 있다. 제사를 4대까지만 행하는 것이 바로 여기에 해당한다. 다만 시조가 되는 신이나 문화적으로 공훈이 큰 사람의 신은 소멸하지 않는 것으로 보아 제사를 폐지하지는 않는다.[36]

대순진리회에서도 이와 비슷하게 4대 봉사를 기본으로 한다. 증산도 사후의 조상이 4대까지는 후손이 드리는 제사로 생명을 유지한다고 말하고 있다. 그러나 유교에서와는 달리 4대 이후 조상신은

---

36 금장태, 앞의 글.

소멸하는 것이 아니라 영이 되거나 선이 된다고 본다. 대순진리회에서는 불교와 같이 인간은 윤회한다는 관념도 받아들이고 있다. 물론 윤회의 주체에 대한 불교의 설명은 이것과는 다르다. 다만 선령신의 존재를 언급하고 있는 것으로 볼 때 증산도 시조신은 사라지지 않고 있는 것으로 보는 듯하다.

한편 대순진리회 신도들은 도를 구하기 위해 열심히 노력해야 하며 잠시라도 게으름을 피워서는 안 된다. 그러한 이유는 조상의 은혜로 대순진리회에 입문했기 때문에 조상의 은덕에 보답하고 동시에 조상에 효도한다는 의미도 있을 것이다. 그렇지만 보다 중요한 이유는 다른 곳에 있다고 생각된다.

> 저의부모 몰랐으니 남의부모 어이알며 저의선령 다버리고 남의조상 어이알리[37]

> 천상공덕 선령신들 자손찾아 내려올제 나를보고 반기하며 춤을추고 노래할 때 적선일세 적선일세 만대영화 적선일세 백조일손 그가운데 자손줄을 찾아가니 어떤사람 이러하고 어떤사람 저러하고 자손줄이 떨어지면 선령신도 멸망된다 희희낙락 기뻐할제 한모퉁이 통곡이라 뼈도없고 싹도없다 영혼인들 있을소냐 화인적악 되었던가 너의운수 가소롭다 복연선경 되었으니 이내운수 장할시구 자손을 잘못두면 욕급선조 된다하고 자손을 잘만두면 조상여음 송덕이라[38]

---

37 『채지가』, 대순진리회 교무부, 1978년, 12쪽.
38 위의 책, 16~17쪽.

금수행동 어떠한고 충복충장 그가운데 계집자식 뿐이로다 뿌리없
는 저나무가 지엽어찌 무성할까 근원없는 저물줄기 건천되기 쉬우리
라 복록은 우로와같이 위에서 내려온다 복록은 물과같이 올라오지 못
하느니 선령신을 잊지말고 부모공경 지성하라[39]

　　부모와 조상을 잊지 말고 잘 공경해야 한다는 내용이지만, 남의 조
상이 아닌 자신의 조상을 제대로 공경해야 한다는 의미도 함께 담겨
있다. 뿌리 없는 나무가 제대로 성장을 못 하듯이 자신의 근본이 조
상에 있으며 조상으로부터 비롯된다는 것을 잊지 않아야 함도 강조
하고 있다. 그런데 자손이 없으면 선령신, 즉 조상신도 멸망된다고
하여 핏줄의 중요성 또한 강조되고 있다. 다시 말해서 후손은 현재의
자신이 조상에게서 왔으니 그 은덕을 잊지 않고 조상을 잘 받들어 모
셔야 함을 나타내지만, 한편으로 후손이 없으면 조상 또한 내세에서
생명을 유지할 수 없음을 말하고 있다.
　　그런데 자손을 잘못 두는 것과 자손을 잘 두는 것을 구별하고 있
다. 즉, 자손이 있으되 제대로 된 자손, 다시 말한다면 도를 구함에
있어서 게으르거나 도를 외면하는 그런 자손이 아니라 도를 열심히
구하는 자손이라야 제대로 된 자손이라는 것을 말하고 있다. 이것은
조상이 후손에게 복을 준다는(물론 경우에 따라 조상신이 해를 끼치기도 한다)
일반적인 관념에서 벗어나 후손이 조상을 구원할 수 있다는 의미가
내포되어 있다. 후손이 열심히 도를 구하여 도통하게 되면 그것은

39　위의 책, 29쪽.

후손뿐만 아니라 조상에게도 복이 되어 조상도 도통하여 신선이 될 수 있는 길을 열어주기 때문이다. 따라서 여기에서는 일방적인 조상의 시혜가 아니라 후손과 상호 협력하여 도를 추구해야 함을 나타낸 것으로도 볼 수 있다.

　여기에서 알 수 있는 것은 다른 종교와 달리 대순진리회에서 구원에 대한 입장은 자신뿐만 아니라 가족, 조상과 함께 구원된다는 특징을 보여주고 있다. 대부분 종교에서의 구원은 사실상 그 종교를 신봉하는 개인에게 초점이 맞추어져 있다. 불교에서의 해탈도 깨달음을 얻은 개인의 해탈일 뿐 내가 해탈한다고 해서 내 가족도 해탈하는 것은 아니다. 기독교 전통의 구원 관념도 마찬가지다. 천국에 가는 것은 죄가 없는 자기 자신일 뿐 내가 천국에 간다고 해서 내 가족도 함께 갈 수 있는 것은 아니다. 그렇지만 대순진리회에서 추구하는 지상신선은 조상의 공덕에 의해 수도를 시작했으며, 이후 신선의 경지까지 되는 것이지만, 그렇게 되고 난 이후에는 조상과 가족 모두 같은 경지에 이르는 것이다. 한 개인이 신선이 되었다고 해서 혼자서만 복록을 향유하는 것이 아니다.[40] 대순진리회에서의 구원은 비록 출발은 개인이라고 할지라도 개인이 아닌 한 가문에 이르는 것이다. 그러므로 조상이나 가족과의 유대는 매우 강하게 나타날 수밖에 없고, 더불어 혈연의 중요성도 매우 강조되는 것으로 생각된다. 혈연의 중요성은 이미 증산도 언급한 바 있어 자손이 없는 중천신은 자손이 있는 황천신에게 얻어먹으며 생명을 유지한다고까지 한 것이다.

40　차선근, 앞의 글, 163~164쪽.

다만 여기에서 자손이란 남녀를 불문하고 있다는 점이 아들로 대를 잇는 전통적 의미의 혈연관계는 아니라고 볼 수 있다.

대순진리회에서 나타나는 조상의례의 기본정신은 조상을 궁극적으로 구원에 이르게 한다는 것이다. 다시 말해서 조상신이 지상선경에서 신선이 되도록 하는 것이다. 그렇게 본다면 제사와 같은 의례는 부차적인 요소일 것이다. 제사를 열심히 드려봐야 결국 4대가 지나면 다시 인간이 될 것이고, 그것이 조상을 구원하는 근본적 요소가 되지는 못하기 때문이다. 보다 근본적으로 추구해야 할 것은 조상을 빨리 구원해주어야 하며, 그것은 도를 열심히 닦아 도통을 이루고 후천선경을 빨리 여는 것이다.

한편 증산은 조상의례에서 지나친 의례주의를 비판하고 정신의 중요성을 강조했는데, 이것은 당시 지나친 의례 중심의 유교적 요소를 비판한 것으로 보인다.

V. 나가는 말

한국의 조상의례는 유교적 요소가 중심을 이루고 있다. 그러나 지역마다 집안마다 차이가 있는 것으로 미루어 유교적 요소만이 아니라 한국 고유의 요소들도 포함되어 있을 것이다. 증산이나 대순진리회에서 받아들이는 조상의례도 한국의 전통적 요소를 받아들이고 있지만, 세부적인 내용이나 지향하는 바는 다르다고 하겠다. 유교적 내용은 주로 효도와 근본을 강조하며 조상의 은혜에 보답하는 보본

반시(報本反始)의 성격이지만, 대순진리회의 경우에는 여기에 더하여 후손으로서 조상과 집안을 구원해야 한다는 의무감이 더해진 것이 다르다. 한국의 전통적인 조상의례를 외연적으로는 그대로 받아들이면서도 독자적인 종교적 해석을 제시했다는 점이 특징이라고 할 수 있다.

그렇지만 종교란 시대와 상황에 따라 변화하게 마련이다. 대부분의 종교 역사가 이를 입증해주고 있다. 증산의 가르침은 전통을 중시하면서도 한편으로 당시로써는 파격적인 내용이었지만, 사회가 끊임없이 변화하고 있기에 앞으로 언젠가 변화가 불가피할 수도 있다.

한 가지 예로 현재 대순진리회에서는 화장을 금하는 것을 원칙으로 하고 있다. 불과 20여 년 전후만 하더라도 각종 매스컴에서는 전국토가 묘지로 변한다며 화장을 독려하는 데 힘을 쏟았었다. 그렇지만 현재 사회는 매장보다는 화장 쪽으로 그 중심이 옮겨가고 있다. 2011년 통계청에서 선호하는 장례 방법(19세 이상)을 조사한 결과, 화장 후 자연장(수목장 등)이 41.1%, 화장 후 봉안(납골당, 납골묘 등)이 39.3%를 차지해[41] 화장을 원하는 비율이 80%를 넘어섰다. 이러한 사회적 변화는 대순진리회에서도 무시할 수 없는 압력으로 작용할 것이다. 대순진리회 내부에서도 상황에 따라 화장을 하는 사례도 나타나고 있기에 이러한 원칙은 바뀔 것으로 보인다.

한편 후천세계에서는 남녀차별이 철폐되는 시대라고 하는 것은 가부장적 사회였던 당시로서는 파격적인 의미를 지닌다. 증산은 후

---

41 통계청, 『2011 사회조사 결과』, 2011, 10쪽.

천세계에서는 남녀가 차별없이 평등하게 된다고 하였는데 이것은 현대 한국 사회에 적용될 수 있기 때문이다. 과거 한국 사회에서 혈연은 아들을 중심으로 전해졌으며, 따라서 대부분 가정에서는 딸보다 아들을 선호하였다. 그러나 현대 한국 사회에서는 1~2명의 자녀를 출산하는 것이 대세로 굳어지고 있으며, 딸과 아들을 구별하지 않고 있다. 자녀들이 모두 딸이라고 하더라도 과거와 달리 굳이 아들을 낳기 위한 노력을 하지 않는다. 적어도 자녀에 대해서는 남녀평등이 이루어지고 있는 셈이다. 그런데 전통 한국사회의 조상의례에는 남성만이 참여할 수 있을 뿐 여성은 참여할 수가 없었다. 그러므로 딸만 있는 집안에서는 조상의례가 단절될 것이다. 그러나 증산의 말대로라면 제사를 지내는 것은 아들이나 딸을 가릴 필요가 없다. 따라서 조상제사의 단절을 고민하지 않아도 되며, 또한 그것은 여성도 조상과 가족(결혼 이전의 친정)의 대를 이을 수 있다는 사고로도 연결될 수 있기 때문이다. 단순히 남녀평등이라는 이념만을 제시한 것에 그친 것이 아니라 조상의례에서도 궁극적인 남녀평등의 의미를 실천할 수 있음을 제시한 것이라 하겠다.

4대 봉사와 같은 한국사회의 전통적 제사 관행을 외연적으로 받아들이면서도 여기에 윤회관이라는 불교적 요소도 포함되어 있음도 특징이다. 죽은 조상은 4대 이후에 다시 태어날 수 있음을 제시한 것은 불교의 윤회와는 다르지만, 다시 현세에 태어날 수 있다는 점에서는 유사성을 지닌다.

이상으로 대순진리회의 조상의례와 관련해서 생사관, 조상에 대한 인식, 그리고 조상의례의 특징 등을 살펴보았다. 증산계 종교 전체를 파악하는 데 있어 김탁의 연구를 참고하였지만, 증산을 중심으로 한 연구이며 개별 종단에 대한 파악은 거의 이루어지지 않았기에 대순진리회만을 중심으로 보기에는 한계가 있을 수밖에 없었다. 이 글은 증산계 종교 전체가 아니라 대순진리회를 중심으로 보았고 따라서 관련 참고문헌도 대순진리회를 중심으로 하였다.

❖『종교연구』 69집, 한국종교학회, 2012.12.

대순진리회 신관념(神觀念)의 특성

Ⅰ. 들어가는 말

종교를 이해하는 여러 가지 방법 가운데 하나는 각 종교에서 신봉하는 신앙대상을 살펴보는 것이다. 대부분 종교에서 신앙의 대상은 신(神)이란 존재이다. 신에 대한 믿음을 지닌 종교에서 신이란 그 종교의 핵심적 현상의 하나이며, 각 종교 신도들이 보여주는 신앙의 모습은 자신들이 믿는 신을 어떻게 인식하고 있는가에 따라 나타나게 된다. 그러므로 각 종교에서 믿는 신(神)에 대한 관념을 파악하는 것은 그 종교를 가장 깊게 이해하는 방법 가운데 하나일 것이다.

그렇다면 신은 어떤 존재들일까? 다시 말한다면 사람들이 신이라고 부르는 존재들은 사람들에게 어떻게 인식되고 있을까? 궁극적 실재를 신이라고 부르는가, 아니면 인간의 능력을 초월한 존재, 또는 영원히 죽지 않는 존재를 신이라고 부르는가? 여러 가지로 이야기할 수 있겠지만, 사실 이러한 기준들은 모호하다. 종교에 따라 이들 모두가 신일 수도 있고 아닐 수도 있기 때문이다. 기독교를 예로 든다면 궁극적 실재가 바로 하느님을 뜻하므로 신이라고 부른다. 그러나 일반적으로 힌두교의 궁극적 실재인 브라흐만이나 노장의 도(道)는 신이라고 부르지 않는다.[1] 인간의 능력을 초월한, 예를 들어 영원히 죽지 않는 존재를 신이라고 부를 경우에도 마찬가지다. 기독교에서 사후에 영생을 얻은 사람은 앞으로 영원히 죽지 않을 것이다. 그러나 적어도 기독교적 관점에서 그들은 신이 아니다. 살아있는 인간을 신으로 믿는 사례들도 있다[2]는 것을 고려한다면, 신에 대한 관념은 믿는 사람의 입장에서 살펴볼 수밖에 없다는 결론에 이른다.

종교를 믿는 사람이건 아니건 간에 사람들은 어떤 존재를 상정해서 신이라고 부른다. 그러면서 마치 모두가 신이 어떤 존재인지 합의된 것처럼 여기고 있다. 그것은 신의 존재를 부정하는 불교이거나, 신의 존재를 인정하는 종교이거나 간에 모두 마찬가지인 듯하다. 그러나 앞에서도 알 수 있듯이 사실상 모두가 인정하는 공통된 신에 대한 개념이란 존재하지 않는다. 각 종교에서 신이라고 부르는 존재들의 모습은 다양하며, 또한 신들에 대한 호칭도 서로 다르다. 흔히 종교 정의의 어려움은 종교가 다양하기 때문에 나타나는 현상이라

---

1 윤이흠은 신관의 유형을 10가지로 분류하면서 힌두교의 브라흐만과 아트만, 그리고 불교의 보살과 여래, 자연과 우주의 규범으로서의 천(天)을 지칭하는 중국의 상제(上帝) 등을 우주규범이 내재된 내재신으로 분류하고 있다. 윤이흠, 「신관의 유형」, 서울대학교 종교문제연구소 편, 『신화와 역사』, 서울대학교 출판부, 2003, 26~31쪽 참조.

2 예를 들면 네팔에서는 쿠마리는 살아있는 어린 소녀를 여신으로 믿는다. 일본에서도 살아있는 인간을 신으로 믿고 있는 경우도 있다. 박규태, 「일본인의 신관념 - 생신(生神)관념을 중심으로」, 한국종교연구회 편, 『한국종교연구회보』 7, 한국종교연구회, 1996, 59~62쪽.

고 한다. 그런데 종교가 다양하다는 것은 이렇듯 신에 대한 다양한 관점으로부터 시작된다고 할 수 있다. 다양한 종교적 현상들이란 사람들이 신을 어떻게 인식하는가에 따라 나타나는 것이기 때문이다.

한편, 사람들은 어떤 과정을 거쳐 신을 인식할까? 신을 인식하는 과정은 사람에 따라 다르겠지만, 종교에서 신을 이해하는 출발점은 신에 대한 경험으로부터 비롯된다. 예를 들면 이슬람교 신도들이 인식하는 알라에 대한 이해는 무함마드의 경험에서 출발한다. 그들은 무함마드의 경험을 전해 듣고 그의 가르침에 따른 종교 행위를 하며, 그것에서 벗어나는 행위는 바른 종교 행위로 인정하지 않는다. 그러나 무함마드의 경험이란 유대기독교적 세계관과 아랍인들의 사유의 맥락, 즉 당시 아라비아반도에 있었던 문화와 세계관 안에서 이루어진 것이다. 이것은 다른 종교들에도 마찬가지로 적용될 수 있다.

이 글은 이런 관점에서 시작하려 한다. 현재 한국 사회에는 유교, 불교, 기독교를 비롯한 여러 신종교가 활동하고 있다. 여기에서는 이 가운데 한국 사회의 대표적 신종교 가운데 하나인 대순진리회에서 신봉하고 있는 신에 대해서 살펴볼 것이다. 대순진리회는 구한말 증산 강일순으로부터 비롯되는 증산계열의 대표적 신종교 교단 가운데 하나이다.[3] 증산계열의 교단은 증산 사후 생겨나기 시작하여 2000년대까지 100여 개에 이를 정도로 많은 분열 양상을 보였다. 한국의 신종교 계열 가운데 가장 많은 교단을 형성하고 있다고 해도 과

---

3 이 글은 대순진리회의 창교과정이나 발전사를 거론하는 것이 목적이 아니기에 대순진리회의 역사과정에 대한 자세한 언급은 생략하기로 한다. 대순진리회에 대한 개괄적 이해와 특징은 다음의 글을 참조할 것. 고병철, 「대순진리회의 전개와 특징」, 한국학중앙연구원 문화와종교연구소 편, 『한국 종교교단 연구 II』, 한국학중앙연구원, 2007.

언이 아니다. 그런데 이처럼 많은 교단에서 신봉하는 신에 대한 관념은 차이가 있을 수 있다. 각 교단은 분열하면서 독자적으로 교리체계를 발전시켜왔기 때문이다.

여기에서는 이런 이유로 모든 증산계열 교단들의 신관념을 살펴보기보다는 대순진리회라는 특정 교단에서 신봉하고 있는 신을 중심으로 신에 대한 관념을 바라보려 한다. 따라서 연구 자료는 대순진리회와 관련된 연구와 대순진리회에서 발행되는 문헌을 중심으로 하되, 부수적으로 필요할 경우 다른 자료를 사용할 것이다.[4] 한 가지 더 언급할 것은 현재 대순진리회도 크게 3개의 교단으로 분열되어 있는데, 각 교단에서 신봉하는 신앙의 대상에 차이가 있다는 점이다.[5] 그러므로 논란의 여지를 없애기 위해 여기에서는 각 교단이 공통으로 인정하는 신앙대상만을 중심으로 검토할 것이다.

연구의 순서는 우선 신관의 유형들을 살펴보되, 특히 기존의 학자들이 분류한 신관의 유형들을 자세히 검토할 것이다. 이러한 유형 검토는 대순진리회에서 신봉하는 신관의 특징을 드러낼 수 있기 때문에 필요하다. 다음으로 대순진리회의 신관을 검토할 것이다. 대순진리회에서 신봉하는 신적 존재들은 매우 다양하다. 그러나 여기에서는 다양한 신적 존재들을 모두 검토하기보다는 총체적인 안목에

---

4 경전의 경우를 예로 든다할지라도, 『대순전경』, 『선도진경』, 『증산대도전경』 등 여러 가지가 있지만, 여기에서는 대순진리회에서 발행된 『전경』을 중심으로 살펴볼 것이다.

5 대순진리회는 증산 강일순, 정산 조철제, 우당 박한경으로 이어지는 종통을 지니고 있다. 그런데 증산만을 신앙의 대상으로 삼아야 한다는 주장과 증산뿐만 아니라, 정산, 우당을 모두 신앙의 대상으로 삼아야 한다는 주장이 있다.

서 검토하려 한다. 즉, 다양한 신적 존재들을 최고신과 관련해서 검토하고, 이 최고신에 대한 관념을 다른 종교들의 신관념, 그리고 앞부분에서 언급했던 신관의 유형들과 비교 검토해서 대순진리회만의 신관념의 특성은 무엇인지를 알아볼 것이다. 이런 순서대로 진행된다면 다른 종교의 신들과 구별되는 대순진리회만의 신관념의 독특성이 나타나리라 생각된다.

Ⅱ. 신관념의 유형과 기능

서론에서도 언급했듯이 사람들이 신이라고 인식하고 있는 존재의 유형은 매우 다양하다. 같은 존재를 놓고도 어떤 사람은 신이라고 할 수도 있고, 또 다른 사람은 신이 아니라고 할 수도 있다. 다시 말해서 신관의 유형을 나타내는 것은 사람들이 인식하는 신에 대한 관념을 정리하는 것이다. 그렇다면 사람들이 신이라고 부르는 존재들에 대한 관념은 도대체 어떻게 분류할 수 있을까?

신을 정리해서 분류하는 방법은 매우 다양하다. 가장 널리 알려진 유형으로는 신의 숫자에 따라 일신교와 다신교 등으로 구분하는 것이다. 일신교나 다신교도 모두 같은 모습을 하고 있지 않다. 다신교의 경우 고대 그리스나 로마, 고대 근동과 이집트, 그리고 인도의 다신교[6]가 서로 다른 특성을 보이며, 범신론도 다신교적이면서 또 다

---

6 인도의 힌두교는 다신교 가운데서도 단일신교(henotheism), 또는 교체신교(kathenotheism)라고 하는데, 교체신교는 고대인도의 종교를 가리키는 말로 다양

른 특성을 보여준다. 그리고 유대교, 기독교, 및 이슬람교를 중심으로 하는 일신교도 모두 동일한 형태를 가지고 있는 것은 아니다. 이 외에 신을 인격적(형태적) 존재와 비인격적 존재(비형태적 존재)로 나누거나 고차원적 신과 저차원적 신으로 나누는 분류도 있다.[7]

윤이흠은 신관을 존재론적 관점과 해설적 관점에 따라 10개의 유형으로 분류하고 있다. 그에 따르면 세상에서 부르는 신이라는 존재는 사실상 궁극적 실재(Ultimate Reality)를 지칭하는 경우가 대부분인데, 이 궁극적 실재는 마나(mana)와 같은 초월적 힘으로 경험되고, 그 경험을 해석하는 과정에서 존재(Being)와 규범(Norm)으로 나뉜다고 한다. 존재는 다름 아닌 인격적이며 인간 외적인 신을 말하고 규범이란 우주적 규범(Cosmic Norm)으로 중국에서 말하는 천(天)으로서의 상제나 인도의 브라흐만과 아트만을 말한다. 그는 이러한 규범적 원리를 인간에 내재된 신으로 분류하고 있다.[8]

이미지 혹은 메타포에 따른 유형 구분이 있는데, 이것은 기독교 전통에서 잘 드러날 수 있는 구분이다. 그 첫 번째가 군주론적 모델(monarchical model)로서 기독교의 가장 오래된 신 담론인데, 이에 따르

한 신들을 숭배하되, 그 가운데 특별히 어떤 하나의 신이 제사 때에 중심신이 되는 것을 가리킨다. 제사가 끝나면 그 신은 다시 다른 신들과 마찬가지로 여러 신 가운데 하나가 되며, 다음 제사 때에는 또 다른 신이 중심신이 될 수 있다. 즉, 제사 때마다 매번 새로운 신이 주신으로 교체된다는 의미에서 교체신교라고 한다.

7 안진태, 『신화학 강의』, 도서출판 열린 책들, 2001, 25~26쪽.
8 그는 존재론적 관점을 다시 인간외적 존재와 인간내적 존재로 구분하고 인간외적 존재는 1. 직접 경험신, 2. 원격신, 3. 유일신, 인간내적 존재는 4. 내재신으로 분류하였다. 해설적 관점은 사물 기원의 존재와 일상 경험적 존재의 둘로 구분하고, 사물 기원의 존재는 5. 질료신으로, 일상 경험적 존재는 6. 귀신, 7. 기능신, 8. 영물신, 9. 영웅신, 10. 도인신격(신선, 도사 등)으로 분류하고 있다. 윤이흠, 앞의 글, 12쪽.

면 신은 왕, 아버지, 심판자 등으로서 인간은 신의 결정에 절대적으로 복종하는 수동적이며 종속적인 위치에 있는 존재이다. 두 번째는 이신론적 모델(deistic model)이라고 하는 것인데 이 모델에 따르면 신은 이 세계를 시계처럼 설계하고 만들었으며, 이 세계는 시계처럼 그 부속이 전체로서 조화를 이루어 나가는 것이라고 한다. 여기에서 신의 역할은 아무것도 없다. 신은 단지 세상을 창조했을 뿐 더는 관여하지도, 관여할 필요도 없기 때문이다. 세 번째는 대화적 모델(dialogic model)이다. 이 유형의 신관은 신의 지고성이나 능력보다는 인간과의 관계에 초점을 맞춘 인격성이 강조된다. 마지막으로 유기적 모델이라는 유형이 있는데, 이에 따르면 이 세계는 상호의존적인 살아있는 거대 유기체로 비유되며, 신도 일방적으로 무엇을 하는 존재라기보다는 이 세상과 상호 의존하는 존재이다.[9]

증산계열 종교들의 신들을 유형별로 분류하는 몇몇 연구들도 있지만, 이들은 대체로 증산신학적인 입장에서 연구된 것들로 객관성과 엄밀성이 부족하다는 한계를 지닌다.[10] 한편 이경원은 『전경』에 언급되고 있는 신들의 유형을 크게 네 가지 기준에서 분류하고 있다. 그는 신들을 위계상의 분류, 거주 영역상의 분류, 기능상의 분류, 가치개념상의 분류로 나누고 이들을 다시 그 특성에 따라 하위 개념으로 나누고 있다.[11] 이 분류에서는 신들이 각각의 분류에 맞추어 모두

---

9 신재식, 「기독교 역사 속의 신 담론」, 서울대학교 종교문제연구소 편,『종교와 역사』, 서울대학교 출판부, 2006 참조.

10 이에 관해서는 김탁, 「증산교의 신관」,『증산교학』, 미래향문화, 1992, 52~55쪽 참조.

11 이경원,『한국의 종교사상 - 궁극적 실재의 문제』, 도서출판 문사철, 2010, 387~391쪽.

제3장 대순진리회 신관념(神觀念)의 특성 85

나뉠 수 있는 것인지, 아니면 중첩되는 예도 있는지 명확하지 않고, 기능상의 분류를 제외한다면 나머지 기준들도 다소 모호한 측면이 있다. 예를 들어 가치개념이란 인간의 의식이 발달하는 과정에서 나타난다고 했는데, 그 가치개념이 무엇을 말하는 것인지 기준 자체가 명확하지 않다. 이것은 증산계열 종교들의 경우에만 적용될 수 있을 뿐 다른 종교에까지 확대되기 곤란한 면도 있기에 한계를 지닌다.

　이처럼 신의 유형을 분류한 여러 사례를 볼 때 각각의 한계점은 있지만, 좀처럼 이해의 가닥을 잡을 수 없는 다양하면서도 난해한 신관념에 대해 어느 정도 인식의 범위를 제공해 준다. 특히 특정 종교의 신에 대한 관념을 파악할 때 다면적으로 인식할 수 있는 틀을 마련해 준다. 그러나 언제나 그렇듯이 이런 유형화의 문제점은 이 안에 신에 대한 모든 관념을 다 담기가 어렵거나 아니면 중복을 피할 수 없다는 것이다. 딱히 어느 범주에만 들어간다고 단정할 수 없는 것이 신의 속성이기 때문이다. 더욱이 사람에 따라서는 동일한 대상에 대해서도 서로 신이라거나 또는 신이 아니라는 상반된 견해를 나타내기에 더욱 어려움을 느끼게 한다. 따라서 유형이란 것도 상황에 따라서 작업가설적으로 이해를 위한 유형에 그쳐야 할 것이다. 어떤 현상을 범주화하고 유형별로 구분하는 것은 유형이나 범주 자체가 중요해서가 아니라 그 현상을 더 쉽게 이해하기 위한 것이기 때문이다. 필자는 여기서 새로운 유형을 제시하기보다는 앞에서 제시된 유형들을 기준으로 대순진리회의 신관념을 파악해 볼 것이다.

Ⅲ. 대순진리회의 신관념

대순진리회의 최고 신앙대상은 구천응원뢰성보화천존강성상제 (九天應元雷聲普化天尊姜聖上帝, 이하 증산상제, 또는 상제로 함)[12]라고 한다. 여기에서 상제란 바로 증산 강일순을 지칭하는데, 신앙대상에 대한 이런 명칭부여는 후일 증산의 종통을 이어받았다고 하는 정산 조철제에 의해서였다.[13]

대순진리회에서는 매년 일정한 날이 되면 정기적으로 의례를 지낸다. 이때 지내는 의례를 치성이라고 하는데, 치성을 올리는 대상에는 증산상제 이외에도 다른 많은 신이 포함되어 있다. 이 신들은 다양한 이름으로 불리며 그 기능에서도 차이를 보이는데, 대순진리회의 경전인 『전경(典經)』에 보이는 신과 관계된 용어로는 신명(神明), 신장(神將), 신(神), 귀신 등이 있다. 우선 이 용어의 의미들에 대해 먼저 알아보기로 하겠다.

일반적으로 신명의 의미는 두 가지로 나타난다. 하나는 무속 등에서 주로 사용되는 것으로 신들림의 상태가 최고조에 이르는 것을 말한다. '신명 난다', '신바람 난다'라고 할 때 주로 이러한 의미로 사용

---

12 이러한 명칭의 기원이나 의미를 설명하는 것은 이 글의 주제에서 벗어나기에 여기서는 논하지 않기로 한다. 대순진리회 홈페이지에서 명칭의 유래나 의미 등을 확인할 수 있다(http://www.daesoon.org). 대순진리회에서는 이 명칭을 줄여서 간단히 구천상제, 또는 상제라고 칭한다. 상제란 증산 강일순을 말하는데, 종파에 따라서는 상제와 함께 도주인 정산 조철제와 도전인 우당 박한경도 신앙대상으로 삼는 곳도 있지만, 논란을 피하기 위해 여기에서는 상제만을 신앙의 대상으로 논할 것이다.

13 박마리아, 「대순진리회와 도교의 신앙체계에 관한 비교」, 『신종교연구』 24, 한국신종교학회, 2011, 137쪽.

하는 것인데 본래 무속 등에서 주로 사용되던 것이 현대세계에서는 종교적인 의미와 무관하게 일상생활 어디에서나 흥겨운 감정이 고조에 이르는 것을 '신명이 난다', '신난다', '신바람 난다'라고 한다. 이 때 '신바람', '신', '신명' 등은 모두 같은 의미로 사용되는 것이다. 그러나 다른 한편으로 신명은 천신(天神)과 지기(地氣), 즉 하늘과 땅의 신령이라는 존재를 의미한다. 천지신명이라고 할 때의 그 신명이 바로 여기에 해당한다고 할 것이다.

『전경』에 보이는 신명의 의미는 두 번째 의미인 존재로서의 신명이라고 본다. 신명과 신의 용례는 범위상의 차이로써, 신명은 일반적이고 포괄적 개념인데 비하여 신은 기능적, 세부적, 구체적으로 쓰이고 있다. 신명이라는 용어는 인간과 대칭적으로 사용되는 총체적인 개념으로서 천지신명이라 일컫기도 한다. 신은 황극신, 선령신, 중천신, 지방신 등과 같이 개별적인 개념으로 부르고 있다.[14]

중천신은 후사를 못 둔 신명이니라. 그러므로 중천신은 의탁할 곳을 두지 못하여 황천신으로부터 물과 밥을 얻어먹고 왔기에 원한을 품고 있었느니라.[15]

천지에 신명이 가득 차 있으니 비록 풀잎 하나라도 신이 떠나면 마를 것이며 흙 바른 벽이라도 신이 옮겨가면 무너지리라.[16]

---

14 辛一鎬,「神明에 대한 小攷」, 대순진리회연구위원 편, 『대순논집』, 대순진리회 출판부, 1992, 19쪽.
15 대순진리회 교무부 편, 『전경』, 대순진리회 출판부, 1974, 공사 1장 29절.
16 위의 책, 교법 3장 2절.

다시 말해서 신명은 현재 우리가 보통명사로 부르는 신과 같은 개념으로 사용하는 것이라면, 신은 앞에 기능이나, 지역, 유래, 특성 등의 의미를 붙여서 고유명사처럼 사용하는 것으로 이해해도 될 것이다. 그렇다면 신명이란 신, 신장, 귀신을 모두 포괄하는 의미라고 이해해야 할 것이다. 이러한 논리에 따른다면 신앙대상인 상제도 마찬가지여서 상제도 신명의 하나라고 설명될 수 있다. 따라서 대순진리회의 신관이란 곧 대순진리회의 신명관이며, 여기에서도 마찬가지로 신명을 신이라는 의미와 동의어로 사용할 것이다.

한편 『전경』에는 다양한 신장들이 등장한다. 오방신장(五方神將)[17], 육정(六丁)신장[18], 괴질신장[19], 동서남북 중앙신장(東西南北中央神將)[20] 등 명칭도 다양하다. 이외에 이십사장(二十四將)과 이십팔장(二十八將), 등도 신장으로 언급되며,[21] 사십팔장(四十八將)이 있는데, 이들도 마찬가지로 신장으로 이해된다. 또한 개벽주(開闢呪)[22]에도 많은 신장이 등장하고 있어 신장들은 신명계에서 중요한 위치를 차지하고 있는 것으로 보인다. 이십사장과 이십팔장의 기원[23]을 보면 신장이란 신명들의 세계에서 장수의 역할을 하는 것으로 보인다.

---

17 위의 책, 행록 2장 10절.
18 위의 책, 교운 2장 34절.
19 위의 책, 제생 1장 23절.
20 위의 책, 제생 1장 11절.
21 辛一鎬, 앞의 글, 25쪽. 장병길, 『대순진리의 진의』, 대순진리회 출판부, 1989, 165~166쪽.
22 『전경』, 교운 2장 42절.
23 이십사장은 당 태종의 24명의 신하에서, 그리고 이십팔장은 후한 명제 때 28명의 무장에서 비롯된다고 한다. 김탁, 앞의 글, 72~73쪽 참조.

귀신은 죽은 사람의 백(魄)으로 일정한 곳에 머물지 못하고 떠돌아 다니면서 사람들에게 여러 가지로 영향을 주는 존재이다. 귀신은 사람들에게 해를 끼치기도 하고 도움을 주기도 하는데, 사람의 능력을 초월한 행위를 한다는 면에서 신적 존재로 의례의 대상이 된다. 대순진리회에서 신이나 신장, 귀신 등은 각기 독립적으로 숭배되지 않고 모두 한꺼번에 의례를 통해 숭배되고 있다. 앞에서도 언급했듯이 이들을 모두 신명으로 통칭해서 언급할 것이다.

그런데 대순진리회에서 말하는 신명들은 천지에 가득 차 있어서 없는 곳이 없다. 신명들은 우주에 자리만 차지하고 있는 것이 아니라 자신의 자리에서 우주가 운행될 수 있도록 자신의 능력을 발휘한다. 다시 말해서 신명은 온 우주에서 벌어지는 모든 일에 관련된다고 할 수가 있다. 그것은 사람에게도 마찬가지여서 인간도 모두 신명의 도움을 받는 존재이다. 그러나 신명은 무조건 사람이 이롭도록 도움을 주는 존재는 아니다. 왜냐하면, 신명은 정해진 바대로 움직이기 때문이다.

> 신명은 탐내어 부당한 자리에 앉거나 일들을 편벽되게 처사하는 자들의 덜미를 쳐서 물리치나니라.[24]

> 분에 이기지 못하여 어울려 싸우는 자는 하등 사람이니 신명의 도움을 받지 못하리라.[25]

---

24 『전경』, 교법 1장 29절.
25 위의 책, 교법 1장 55절.

남을 미워하지 말라. 사람은 몰라도 신명은 먼저 알고 척이 되어 갚나니라.[26]

나는 용서하고자 하나 신명들이 듣지 아니하는도다...........그대의 성심이 신명에 사무쳤으니 오색 채운이 달을 끼고 있는 그 증거를 보라고 하셨다.[27]

신명이 작용하는 것은 모두 이치에 정해진 바대로 움직이는 것이다. 따라서 이치에 벗어난 행동을 하면 상제라도 신명의 작용을 어찌할 수 없다. 신명은 자신이 맡은 바 임무를 한 치의 오차도 없이, 즉 이치에 어긋나지 않게 수행할 것이기 때문이다. 따라서 신명의 고유기능은 누구도 간섭할 수 없다는 것이 대순진리회에서 바라보는 신관념의 하나라고 할 수 있다. 이것을 다른 말로 하면 신명의 기능은 제한적이라고 할 수 있다. 왜냐하면, 신명들이 사람들에게 영향을 끼칠 수는 있지만 자기의 고유한 능력만을 가지는 존재이기 때문이다. 도통신은 도통의 능력만을, 병과 관계된 신명들은 병을 고치는 능력만을 지닐 뿐이다.[28]

그렇기에 지역이나 기능 등의 측면에서 자신의 능력을 벗어나서 어떤 행위를 하는 것은 아니다. 다시 말해서 신명들은 각기 자신만의 고유한 기능을 지닌 기능신들이며, 모두 상제의 관장 아래 있다.

---

26 위의 책, 교법 2장 44절.
27 위의 책, 행록 1장 29절.
28 대순종교문화연구소, 『대순진리 講話[Ⅱ]』, 대순진리회 출판부, 1989, 160~162쪽.

신명이 어느 곳, 어떤 것에도 다 편재해 있는 존재라는 측면에서 보자면, 대순진리회의 신관은 범신론적인 성격을 지니고 있다. 그러나 신명이 상제의 영향을 받는 존재라는 면에서는 차이를 보인다. 상제라도 신명의 작용을 어찌할 수 없다면서 영향을 받는다는 것이 무엇일까? 그것은 상제에 대해 알아보면 드러날 것이다.

앞에서도 언급했듯이 대순진리회의 신앙대상은 상제이다. 대순진리회의 교리에 따른다면 상제는 우주 삼라만상을 주재하면서 온 세계를 두로 살피는 전지전능한 신으로 숭배된다. 상제는 그 명칭 그대로 구천(九天)의 가장 존귀한 최고의 존재(天尊)이다. 본래 상제는 구천에 있었지만, 혼란에 빠진 천지를 바로 잡기 위해 현세에 하강한 존재이다. 『전경』에 나타난 상제의 하강 이유는 천지신명이나 모든 신성과 불과 보살이 모여서 상제가 아니면 혼란에 빠진 천지를 바로 잡을 수 없다고 하소연하기에 세상에 내려오게 되었다는 것이다.[29]

따라서 상제로서의 증산이 인간 세상으로 하강한 이유는 혼란에 빠져 멸망에 이르게 된 인류를 구원하고 새로운 세상을 열기 위함이다. 증산은 인류를 구원하기 위해 천지공사라는 대역사를 행하게 되는데 대순진리회에서는 증산의 천지공사 이전을 선천, 그리고 이후를 후천시대라고 보고 있다. 그런데 상제는 이처럼 핵심적 사업인 천지공사를 행하려 할 때 천지대신문을 열고 신명들을 모이거나 흩어지게 하고, 신명들을 회집해서 그들의 영(슈)을 듣고, 또한 사람들이 신명으로부터 호위를 받도록 하는 일도 하였다. 서양세력을 물리

---

29 『전경』, 공사 1장 9절, 교운 1장 9절, 예시 1절.

치기 위해서 49일 동안 동남풍을 일으키도록 하게 한 것도 상제의 의지에 따라 신명들이 움직이도록 한 것이라 한다.[30]

> 조선 신명을 서양에 건너보내어 역사를 일으키리니 이 뒤로는 외인들이 주인이 없는 빈집 들듯 하리라. 그러나 그 신명들이 일을 마치고 돌아오면 제 집의 일을 제가 다시 주장하리라.[31]

> 이제부터 동학 신명들을 모두 경석에게 붙여 보냈으니 이 자리로부터 왕후장상(王侯將相)의 해원이 되리라」하시고 종이에 글을 쓰시며 외인의 출입을 금하고 「훗날에 보라. 금전소비가 많아질 것이며 사람도 갑오년보다 많아지리라. 풀어 두어야 후천에 아무 거리낌이 없느니라」고 말씀을 맺으셨도다.[32]

> 상제께서 모든 도통신과 문명신을 거느리고 각 민족들 사이에 나타난 여러 갈래 문화(文化)의 정수(精髓)를 뽑아 통일하시고 물샐틈없이 도수를 짜 놓으시니라.[33]

이처럼 신명들은 상제의 지휘를 받는 신적 존재들이다. 또한, 신성, 불, 보살 등도 천지의 여러 신명과 동일시되고 있다. 그들의 능력으로는 세상을 바로 잡을 수 없기에 상제에게 하소연한 것이다. 특

---

30 대순종교문화연구소,『대순진리 講話[Ⅰ]』, 대순진리회 출판부, 1987, 174쪽.
31 『전경』, 예시 1장 25절.
32 위의 책, 공사 2장 19절.
33 위의 책, 예시 12절.

히 상제는 처음부터 자신이 세상의 혼란을 바로 잡으려 한 것이 아니라, 먼저 최제우를 시켜 바로잡아보려 했지만, 그것이 제대로 실현되지 않자 결국 스스로 이 일을 떠맡게 되었음을 말하고 있다.[34] 이를 종합하면 결국 상제는 모든 신적 존재들 가운데서도 가장 높은 존재로 다른 신명들을 지휘하면서 명령을 내리는 존재이다.

한편 상제는 삼라만상을 주재하는 최고의 신이기는 하지만, 스스로 모든 것을 행하지는 않는 존재이다. 직접 어떤 일이 이루어지도록 하는 것은 신명들의 몫이다. 『전경』에 나타나는 상제와 신명의 관계를 보여주는 내용은 다음과 같은 것들이다.

> 상제께서 교훈하시기를 「인간은 욕망을 채우지 못하면 분통이 터져 큰 병에 걸리느니라. ………… 이제 신명으로 하여금 사람에게 임하여 마음에 먹줄을 겨누게 하고 사정의 감정을 번갯불에 붙이리라. 마음을 바로 잡지 못하고 사곡을 행하는 자는 지기가 내릴 때에 심장이 터지고 뼈마디가 퉁겨지리라. ……」[35]

> 상제께서 이런 말씀을 종도들 앞에서 하신 적이 있느니라. 「내가 출세할 때에는 하루 저녁에 주루 보각(珠樓寶閣) 十만 간을 지어 각자가 닦은 공덕에 따라 앉을 자리에 앉혀서 신명으로 하여금 각자의 옷과 밥을 마련하게 하리라. 못 앉을 자리에 앉은 자는 신명들이 그 목을 끌어 내리라.」[36]

---

34 위의 책, 예시 1절.
35 위의 책, 교법 3장 24절.
36 위의 책, 교법 3장 44절.

상제가 직접 어떤 일을 하는 것이 아니라 신명이 어떤 일을 하도록 하는 것이다. 그러나 앞에서도 언급되었듯이 신명이 능력을 행사함에서는 자신 고유의 능력만을 행사할 수 있을 뿐 다른 능력을 발휘할 수는 없다. 그것은 상제의 명령이 있더라도 마찬가지다. 따라서 상제가 어떠한 능력이 필요한 경우에는 그에 맞는 신명을 골라서 재배치해서 쓰게 된다. 상제는 신명계를 지키는 신명을 배정하는 데 선도의 종장(宗長)으로 최수운을 세우고, 불도의 종장으로는 진묵을 세우고, 유도의 종장에는 주회암을, 그리고 서도의 종장으로는 이마두를 세웠다고 한다.[37] 또한 명부(冥府)의 신명들을 주관하여, 요동을 일으키지 못하도록 그 명부를 주관하는 주관자가 세워졌다. 전명숙에게 조선국 명부, 김일부에게 청국명부를, 최수운에게 일본국 명부를 맡겼다는 것이다.[38] 상제에 의해 유불선뿐만 아니라 기독교까지도 새로운 책임자가 임명되었으며, 명부에서도 마찬가지로 국가별로 새롭게 책임자가 임명된 것이다. 이것은 모든 종교와 국가까지도 아우르고 있다는 상제의 권위를 나타내는 것으로 보인다. 한편으로 신명계에도 위계질서가 있음을 보여주는 것이기도 하다.

신명계에 위계질서가 있기는 하지만, 해당 기능이나 역할에 대해서는 그 신명의 역할이 절대적이기도 하다. 그것은 상제의 경우에도 마찬가지이다.

내가 어려서 서당에 다닐 때 이웃 아이와 먹으로 장난을 하다가 그

---

37 위의 책, 교운 1장 65절.
38 위의 책, 공사 1장 7절.

아이가 나에게 지고 울며 돌아가서는 다시 그 서당에 오지 않고 다른 서당에 가서 글을 읽다가 얼마 후 병들어 죽었도다. 그 신이 원한을 품었다가 이제 나에게 해원을 구하므로 그럼 어찌 하여야 하겠느냐 물은 즉 그 신명이 나에게 왜복을 입으라 하므로 내가 그 신명을 위로하고자 입은 것이니라.[39]

원한을 푸는데 있어 상제의 절대권능으로 저절로 풀어지는 것이 아니다. 상제가 모든 신명의 최고 정점에 있는 지고적 존재라 할지라도 바로 그 신명이 원하는 대로 해야 함을 보여준다. 상제는 천지공사, 다시 말해 우주의 전체적인 틀을 새롭게 짜 맞추어 새 세계를 열었지만, 구체적으로 발생하는 일은 모두 신명에 의해 이루어지는 것이다.

상제께서 「선천에서는 인간 사물이 모두 상극에 지배되어 세상이 원한이 쌓이고 맺혀 삼계를 채웠으니 천지가 상도(常道)를 잃어 갖가지의 재화가 일어나고 세상은 참혹하게 되었도다. 그러므로 내가 천지의 도수를 정리하고 신명을 조화하여 만고의 원한을 풀고 상생(相生)의 도로 후천의 선경을 세워서 세계의 민생을 건지려 하노라.[40]

상제께서 「나는 하늘도 뜯어고치고 땅도 뜯어고치고 사람에게도 신명으로 하여금 가슴 속에 드나들게 하여 다 고쳐 쓰리라. 그러므로 나는 약하고 병들고 가난하고 천하고 어리석은 자를 쓰리니 이는 비록

---

39 위의 책, 행록 4장 54절.
40 위의 책, 공사 1장 3절.

초목이라도 기운을 붙이면 쓰게 되는 연고이니라」 말씀하셨도다.[41]

    이제 하늘도 뜯어고치고 땅도 뜯어고쳐 물샐틈없이 도수를 짜 놓았으니 제 한도에 돌아 닿는 대로 새 기틀이 열리리라. 또 신명으로 하여금 사람의 뱃속에 출입케 하여 그 체질과 성격을 고쳐 쓰리니 이는 비록 말뚝이라도 기운을 붙이면 쓰임이 되는 연고니라.[42]

    상제는 신명계를 재배치하고, 신명계의 책임자를 새롭게 임명할 뿐만 아니라, 우주의 도수를 새롭게 고쳐서 철저하게 재배치한 것으로 설명될 수 있다. 그런데 여기서 도수란 무엇을 의미할까? 간단하게 말하기는 어렵겠지만, 힌두교의 다르마, 불교의 법, 노장사상에서 말하는 도, 유교에서 말하는 천리(天理) 등으로 비유할 수도 있으리라 생각된다. 그러나 다르마나 법, 도는 그 자체 우주 자연의 법칙이므로 초월적 신을 비롯한 누군가가 뜯어고칠 수 있는 것들이 아니라는 점에서 차이를 보인다. 그러므로 천지의 도수를 조금 더 쉽게 말한다면 우주의 질서, 자연의 질서라고 하는 것이 적절할 것이다.

    이러한 근거에 따라 설명한다면 과거 선천의 도수는 인간과 신명 모두에게 해를 끼치고 멸망에 이르게 하는 우주적 질서이다. 이것을 천상, 지상, 인간 등 삼계의 모든 대권을 지닌 상제가 나서서 과거의 잘못된 질서를 바로잡아 새로운 질서를 확립한 것이다. 상제는 하늘, 땅, 인간계, 즉 삼계의 대권을 쥐고 뜯고, 조화하고, 풀고, 세우는

---

41 위의 책, 교법 3장 1절.
42 위의 책, 교법 3장 4절.

일을 한 것이다. 신명들이 조화할 때는 천권(天權)을, 땅의 기운을 돌릴 때는 지권(地權)을, 그리고 인간의 원을 풀기 위해 인간계의 권력을 행사하는 일을 수행한 것이다.[43] 이것은 어느 한 세계, 즉 하늘이나 땅, 인간계 가운데 어느 하나만의 질서를 잡아서는 인간의 구원이 이루어질 수 없고, 삼계의 질서가 모두 바로 잡혀야 함을 보여준다. 그 이유는 신명계와 인간계가 상호영향을 주고받고 있기 때문이다. 인간이 신명의 영향만을 받는 것이 아니라 신명이 인간의 영향을 받기도 한다.

  사람들끼리의 싸움은 천상에서 선령신들 사이의 싸움을 일으키나니 천상 싸움이 끝난 뒤에 인간 싸움이 결정되나니라[44]

선령신이란 각 성이나 씨족의 선조가 되는 신명을 말한다. 그런데 인간의 싸움이 선령신들의 싸움이 되고, 다시 선령신들의 싸움의 결과가 인간들의 싸움에 영향을 준다. 이것은 신명과 인간은 상호영향을 미친다는 것을 단적으로 보여주는 말이다. 결국, 신명과 인간은 상호 교류하여 존재하는 주체들이고, 인간행위의 근간이 되는 것은 신명이며, 인간은 또한 신명의 의지를 실현할 수 있는 현실적 주체로서 신명이 의탁해야 하는 대상이 된다. 따라서 신명과 인간은 서로 화합하고 상통함으로써 만사가 이루어지고 모든 가치가 실현될 수 있으며, 이러한 관계를 잘 나타내고 있는 것이 대순진리회의 종지

---

43 대순종교문화연구소, 『대순진리 講話[II]』, 145~146쪽.
44 『전경』, 교법 1장 54절.

의 하나인 신인조화(神人調化)이다.[45]

이렇듯 대순진리회에서 보는 신에 대한 관념은 최고신인 구천상제를 중심으로 하위의 신명들이 각각의 자리에서 고유의 능력을 발휘하는 형태를 취하고 있다. 신명들은 초월적인 능력을 발휘하지만, 아무렇게나 하는 것이 아니라 일정한 질서 아래 움직이고 있다. 초월적 능력을 발휘하면서도 독자적으로 행동하는 것이 아니라 인간의 영향을 받기도 한다.

Ⅳ. 대순진리회 신관의 특성

대순진리회에서는 다양한 신적 존재들을 신봉하고 있다. 그러면서도 신앙의 대상은 구천상제만을 지칭하고 있다는 점은 대순진리회만의 교리적 독특성이라고 할 수 있다. 그러면 대순진리회에서 바라보는 신들의 특성에는 어떠한 면들이 있을까? 여러 가지를 언급할 수 있겠지만, 우선 앞에서 언급한 신관의 유형들을 중심으로 검토해 볼 것이다.

가장 평면적인 분석으로 대순진리회의 신관념의 유형은 다신교의 전형적인 모습을 보이고 있다. 최고신이 있고 그 아래 하위신들(다양한 신명들)이 분포해 있으며, 각각의 신명은 고유의 위치에서 자신의 능력을 발휘하고 있는 모습이다. 그러나 각각의 신명들을 이동시

---

45 이경원, 『한국 신종교와 대순사상』, 도서출판 문사철, 2011, 125~127쪽.

킨다거나, 최고신인 상제의 권한으로 신명들을 이용해 이적을 보인다는 점[46]에서는 다소 다른 면을 보인다. 우주의 질서를 최고신이 스스로 새롭게 변화시킨다는 점도 차이라고 본다. 이런 점들은 주로 유일신교 등에서 나타나는 현상이다. 최고신의 자리가 수시로 바뀔 수 있다는 인도의 힌두교와도 다른 모습을 보인다. 상제는 항상 최고신으로 그 자리에 있을 뿐 누구도 그 자리를 대신할 수 없다.

대순진리회의 신관념을 윤이흠의 신관유형으로 검토해 보면 다소 모순된 내용이 나타나고 있다. 윤이흠은 브라흐만과 같은 우주적 규범도 신의 한 유형으로 보면서 그것을 최고신으로 상정하고 있다. 그러나 대순진리회의 최고신은 상제이지만, 상제가 우주적 규범은 아니다. 상제는 어디까지나 인격적 신이면서 인간과 소통하는 존재이다. 상제가 변혁을 시도해서 새롭게 재배치한 도수라는 것이 우주적 규범에 해당한다. 대순진리회의 신관에 따른다면 이런 우주적 규범도 상제의 권능 앞에서는 새롭게 재편될 수 있는 구조를 지닌다. 대순진리회에서 이런 규범을 신명이라고 보지는 않는다는 점에서 차이가 있다고 본다.

이미지 혹은 메타포에 따른 유형 구분에 따른다면 대순진리회의 신관은 유기적 모델의 유형에 잘 들어맞는다고 할 수 있다. 이 세계는 상호의존적인 살아있는 거대 유기체이며 신명도 일방적인 것이 아니라 인간의 영향을 받는다는 면에서 그러하다. 그렇지만, 최고신

---

46 상제는 눈비를 내리게 하거나, 해가 떠오르는 것을 멈추게 하거나 구름을 흩어지게 했다가 다시 모으거나 번개가 치는 것을 마음먹은 대로 하는, 즉 일기를 자유자재로 변화시키는 등의 행위를 하였다고 한다. 대순진리회 교무부 편, 『大巡聖蹟圖解要覽』, 7~8쪽.

인 상제에 의해 자연의 질서가 변화될 수 있다는 점에서 차이를 보이며, 다양한 신적 존재들이 위계질서를 지닌다는 점에서도 다른 면을 볼 수 있다.

한편 이와 같은 유형적인 특징 이외에 대순진리회의 신관념에서 나타나는 일반적인 특징들을 몇 가지로 나타낼 수 있다.

첫 번째, 가장 눈에 띄는 것은 대순진리회에서 신봉하는 신명들의 기원은 우리 민족이 믿어왔던 유불선의 종교들은 물론이고 무속과 같은 민간신앙에 이르기까지 다양하게 찾아볼 수 있다. 더구나 당시 우리나라에 전래된 서교, 즉 천주교의 이마두[47]까지도 망라한 것은 증산이 모든 종교의 신앙을 다 아우르려 했음을 보여준다. 그것은 다음의 『전경』 구절에서도 알 수 있다.

신도(神道)로써 크고 작은 일을 다스리면 현묘 불측한 공이 이룩되나니 이것이 곧 무위화니라. 신도를 바로잡아 모든 일을 도의에 맞추어서 한량없는 선경의 운수를 정하리니 제 도수가 돌아 닿는 대로 새 기틀이 열리리라.

지나간 임진란을 최 풍헌(崔風憲)이 맡았으면 사흘에 불과하고, 진묵(震默)이 당하였으면 석 달이 넘지 않고, 송 구봉(宋龜峰)이 맡았으면 여덟 달에 평란하였으리라. 이것은 다만 선·불·유의 법술이 다른 까닭이니라. 옛적에는 판이 좁고 일이 간단하므로 한 가지만 써도 능히 광란을 바로잡을 수 있었으되 오늘날은 동서가 교류하여 판이 넓어지고 일

---

47 서양 선교사였던 마테오 리치를 말한다.

이 복잡하여져서 모든 법을 합하여 쓰지 않고는 혼란을 능히 바로잡지 못하리라.[48]

동서양의 교류로 세계가 한 집안이 되어 신도(神道)를 써야 세상의 질서를 바로잡을 수 있다는 것이다. 과거에는 유불선 가운데 하나의 법술만을 사용해도 문제가 해결되었지만, 이제는 동서양을 망라하는 차원에서 교류가 일어나 그로부터 야기되는 문제의 양상도 다양하고 하나의 문제가 여럿에 걸쳐 있기도 하다.[49] 이런 이유로 증산은 기존의 유불선 뿐만 아니라 서교의 법까지도 다 포함해야 함을 역설하고 있다. 그러므로 대순진리회에서 지닌 신에 대한 관념은 기본적으로 도교적인 요소를 중심으로 하고 있지만, 도교 이외에도 다양한 신앙을 수용하고 있다고 본다.

두 번째로 대순진리회의 신관념에는 궁극적 실재의 인격적 요소가 비인격적 요소보다 우위에 있다. 예컨대 유대교나 기독교, 및 이슬람의 경우 궁극적 실재는 유일신인 하느님으로 인격적 존재이다. 그렇기에 우주적 규범이 언급될 필요가 없으며, 모든 것은 유일신인 하느님의 의지에 좌우된다. 그러나 인도나 중국, 그리고 한국과 같은 지역에서는 인격적 요소를 갖춘 신들의 존재를 받아들이면서도 그보다도 더 근원적인 힘이나 존재, 즉 궁극적 실재인 브라흐만, 다르마, 도와 같은 비인격적인 우주적 규범이 있다. 그런데 이런 우주

---

48 『전경』, 예시 73절.
49 고남식, 「한국인의 정체성과 대순사상의 종교교육」, 『종교교육학연구』 16, 한국 종교교육학회, 2003, 75쪽.

적 규범은 누구도 어길 수 없는 엄격한 법칙이다. 초월적 존재인 붓다나 보살도 그 규범에서 벗어날 수 없음은 마찬가지이다. 이때 우주적 규범은 보통 말하는 인격적 신들을 초월하는, 또는 그보다도 더 우위에 있는 힘이라고 해야 한다. 그렇게 본다면 유일신 종교에서의 궁극적 실재는 인격적인 존재이고, 다신교적 종교에서 궁극적 실재는, - 모든 다신교가 그런 것은 아니지만 - 비인격적인 우주적 규범이라고 해야 할 것이다.

그런데 대순진리회의 신관은 비인격적 실재로서의 우주적 규범을 인정하면서도 인격적 존재인 상제가 그 규범을 재배치한다는 독특성을 지니고 있다. 비인격적 실재로서의 우주적 규범을 재배치한다는 것은 앞에서도 언급되었지만, 상제가 우주적 질서를 재배치한 것, 즉 하늘과 땅의 도수를 뜯어고쳐서 새롭게 짜놓았다는 것을 말한다. 이것을 다시 말하면 비인격적인 궁극적 실재인 우주적 규범을 상정한 종교에서는 신들이 그 규범을 초월할 수 없었지만, 대순진리회의 신앙대상인 상제는 천지도수를 재배치하는 역할을 함으로써 어떤 다른 종교에서도 볼 수 없는 상제의 권능을 보여주었다고 본다. 아마도 이것이 가장 독특한 대순진리회만의 신관이 아닐까 여겨진다.[50]

세 번째의 특징은 대순진리회의 신명들은 다양한 기원을 가지고

---

50 물론 도수가 꼭 천지도수만을 말하는 것은 아니다. 『전경』에는 도수에 관한 여러 가지 사례가 있는데, 그것은 증산의 경우에만 있는 것은 아니고 정산에 있어서도 여러 가지 도수를 행하였음을 보여주고 있다. 증산의 경우 해원도수, 음양도수, 문왕의 도수, 무당도수 등의 용례로 사용하였고, 정산의 경우에는 백일도수, 담뱃대도수, 인덕도수, 잠복도수, 납월도수 등의 용례로 사용하였다. 전후의 문맥으로 보면 주로 법, 또는 방법, 방식 등으로 이해될 수 있는데, 여기에서는 천지도수로 사용된 증산의 후천개벽 공사를 중심으로 이해하였다.

있지만, 그 가운데서도 인간적 기원을 지닌 신명들이 많으며, 특히 인간이 신격화되는데 아무런 거부감도 없다는 것이다. 예를 들어 앞에서 언급된 이십사, 또는 이십팔 신장의 기원을 보면 이런 사실이 명확하게 나타나고 있다.[51] 그렇기에 신명의 존재는 다분히 인격적이며, 신명들은 상제의 주재하에 천지공사에 참여하고 있는 존재로 믿어진다. 상제의 주재하에 있으면서도 신명은 또한 인간이나 상제로부터 일정한 예우를 받는 존재이기도 하다.[52] 이런 근거로 인해 신명계와 인간계가 따로 떨어져 있는 것이 아니라 서로 밀접하게 연관되어 영향을 줄 수 있다는 해석도 가능하다고 본다.

네 번째로 신명이 인간의 영향을 받는다는 점에서 또 하나의 특징을 발견할 수 있다. 앞에서도 보았듯이[53] 인간계에서 벌어진 사건이 신명계에도 그대로 영향을 주고 있다고 한다. 인간이 신명을 어떻게 대하는 가에 따라 인간계의 운명이 변화될 수도 있고 신명계도 변화될 수 있음을 보여주고 있으며, 따라서 증산은 인간이 신명을 잘 대접해야 함을 말하고 있다.

서교는 신명의 박대가 심하니 감히 성공하지 못하리라.[54]

조선과 같이 신명을 잘 대접하는 곳이 이 세상에 없도다. 신명들이 그 은혜를 갚고자 제각기 소원에 따라 부족함이 없이 받들어 줄 것이므

---

51 각주 23 참조.
52 辛一鎬, 앞의 글, 22쪽.
53 각주 44 참조.
54 『전경』, 교법 1장 66절.

로 도인들은 천하사에만 아무 거리낌 없이 종사하게 되리라.[55]

  이런 일이 있은 후 어느 날에 상제께서 종도들에게 「오늘 청국 만리
창 신명이 오리니 잘 대접하여야 하리라」고 이르셨도다.[56]

  그렇기에 대순진리회에서 언급한 신앙의 대상은 구천상제이지만,
의례를 할 때면 구천상제뿐만 아니라 모든 신명이 대상이 된다. 이
것은 바꾸어 말하면 인간이 신명을 제대로 대접하지 않으면 신명은
정해진 바대로 움직이지 않을 수도 있다고 보기 때문이라고 해석된
다. 그것은 제사 중심의 종교인 고대 인도의 브라만교를 연상시킨
다.[57] 그러나 대순진리회와 브라만교와의 차이는 살아있는 인간을
신명으로 부르지는 않는다는 점이다.

  한편 신명이 인간의 영향을 받는 결정적인 것은 선령신들이 자손
을 얻기 위해 공을 들인다는 것에서도 알 수 있다.[58] 대순진리회의 교
리에 따른다면 선령신들이 자손을 얻기 위해 노력하는 이유는 자손
이 도를 닦도록 하기 위해서이다. 자손이 도를 통해서 지상신선이 되
면 하늘의 조상신들도 후천세계에서 신선이 될 수 있기 때문이다.[59]

---

55 위의 책, 교법 3장 22절.
56 위의 책, 예시 69절.
57 제사중심의 고대 인도종교에서는 브라만들이 제대로 제사를 드리지 않으면 신들
   조차도 제대로 기능을 수행하지 못한다는 믿음이 있었다. 따라서 브라만들은 신
   들을 움직이는 존재, 즉 살아있는 신으로도 불렸다.
58 앞의 책, 교법 2장 36절.
59 윤용복, 「대순진리회의 조상의례와 특징」, 『종교연구』 69, 한국종교학회, 2012,
   156~157쪽.

다시 말해서 선령신이 비록 하늘의 신명이지만 후손들이 어떻게 하는가에 따라 신선이 될 수도 있고 되지 않을 수도 있다는 것도 신명계가 인간의 영향을 받는 것이라고 본다. 이것은 신들이 초월적 능력을 행사하고 있음에도 인간의 영향을 받을 수밖에 없는 존재임을 말하며, 또한 신명과 인간의 관계가 상하관계보다는 상호평등을 말하고 있는 것이며, 이를 통해 대순진리회가 인간 중심의 종교라는 것을 보여주는 모습이기도 하다.

마지막으로 언급될 수 있는 특징으로는 대순진리회의 신명관은 범신론적으로 이해될 수도 있다는 점이다. 신명들이 각자 고유의 자리에서 고유의 주어진 기능만을 행하면서도 정해진 바대로 움직이기 때문이다. 그렇지만, 이런 법칙이 때로는 상제에 의해 변할 수도 있고, 인간계의 영향도 받는다는 점에서 차이점을 보인다. 다시 말해서 신명의 움직임에 예외가 있을 수 있다는 점에서 차이가 있다.

Ⅴ. 나가는 말

종교마다 초월적 존재, 또는 성스런 힘에 대해 부르는 명칭은 다양하다. 2장에서 보았듯이 그러한 힘이나 존재들을 대부분 신으로 분류하고 있다. 그러나 종교학의 가장 기본적 입장은 믿는 자의 관점에서 신앙을 조망해 보는 것이다. 불교에서 신의 존재를 부정한다면, 그것은 그들의 관점에서 존중해줘야 할 것이다. 비록 필자도 보살이나 행동하는 붇다는 신적 존재라고 부르고 싶지만, 그것은 내 주장을 그들에게 강요하는 것일 뿐이다. 대부분의 종교에서 우주적 규범은 신으로 받아들이지 않는다. 다만 그 규범에 순응하려 할 뿐 우주적 규범에 대해서는 어떠한 종교적 의례도 필요하지 않다. 다만 그 이외의 인격적 신의 존재를 믿는 종교에서 그 신들에 대한 의례를 행하고 있을 뿐이다. 여기에서는 기본적으로 이러한 입장에 서서 논의를 전개하였다.

대순진리회에서는 다양한 신명들의 존재를 인정하고 있지만, 우주적 규범도 인식하고 있다. 그런데 우주적 규범을 인식하면서도 신의 존재를 동시에 믿고 있는 종교에서 신들은 대부분 그 규범에 예속되어 있다. 기독교를 비롯한 유일신 종교에서는 그러한 우주적 규범보다는 유일한 신에 의해 모든 것이 결정된다는 인식을 지니고 있다. 그러나 대순진리회에서 신봉하는 상제는 그러한 우주적 규범도 초월한 존재로 인식된다는 것이 사실상 이 글의 가장 중요한 포인트라 할 만하다. 물론 앞에서 여러 가지 특징을 거론했기에 그들이 모두 대순진리회만의 특징이기는 하지만, 그 가운데서도 모든 우주적 규범을 초월한 상제의 권위가 가장 독특한 모습이라고 본다.

그렇지만 상제가 삼계의 대권을 쥐고 있는 지고적 존재임에도 불구하고 그 관할 아래 있는 신명에게도 예를 다한다고 하는 특징도 있다. 이러한 논리가 그대로 인간에게도 적용되어 신명이나 인간 모두에게 예를 다하도록 함으로써 인간 중심의 종교라는 대순진리회의 독특성이 나타나고 있는 것이 아닌가 여겨진다.

한 가지 요청되는 점은 대순진리회의 신학적인 부분이다. 현재 대순진리회에서 믿고 있는 신명들은 그 기원도 다양하고 기능도 다양하다. 도교적 신명, 유교적 신명, 불교적 신명, 기독교적 신명, 그리고 증산 이전의 동학과 관련된 신명과 함께 우리 전통 무속과 관련된 신명들까지 다양하다. 신명들만을 놓고 보면 당시 전해진 모든 종교와 관련된 신들이 망라되어 있다. 이것은 유불선을 종합한 최제우의 동학과 비슷하게 거의 모든 종교를 종합하려 한 시도로 생각된다. 그렇지만, 모든 종교의 신들이 망라되어 있다고 해서 곧 이것이 모든 종교를 하나로 합일한 것이라고 하는 것은 무리라고 할 수 있다. 따라서 적어도 신관, 즉 대순진리회의 신학적 측면을 좀 더 발전시켜 다양한 종교들을 포섭한 하나의 종교라는 틀을 형성시켜야 한다고 본다.

현재 우리가 사용하는, 이글에서 사용된 신이라는 말의 의미는 영어 god의 번역어이다. 우리가 인식하는 신에 대한 의미는 서구에서 사용하는 god의 의미가 더 많이 내포되어 있다고 본다. 따라서 종교라는 말의 의미뿐만 아니라 일상적으로 사용하는 신에 대한 의미도 더 명확한 규명이 필요하다. 신의 의미를 단순히 유형별로 나누어 설명하기보다는 동양에서 사용하는 신의 의미와 번역어로서의 서구에서 사용하는 신의 의미를 명확히 비교 규명하는 작업이 필요하다. 이러한 작업이 이루어졌을 때 일반적으로 사용하는 신에 대한 인식이 더 정확히 드러날 것이라고 본다.

❖『대순사상논총』 21권, 대진대학교 대순사상학술원, 2013.12.

제4장

대순진리회의 후천개벽(後天開闢) 세계관

Ⅰ. 들어가는 말

종교의 세계관은 종교의 숫자만큼이나 다양하다고 할 수 있다. 같은 뿌리를 두고 있는 종교라 할지라도 종파마다 제시하는 세계관은 차이를 보이게 마련이다. 이러한 관점들은 다양해서 세계와 나와의 관계, 또는 그 세계와 인간과의 관계, 출생, 죽음, 사후세계, 그리고 그 세계를 구성하는 원리, 또는 힘(신적 존재) 등등 다양한 면에서 차이점들을 보인다. 유대교, 기독교, 이슬람교는 신 중심 세계관을 지니고 있다. 이 종교들에서는 모든 것이 유일신에 의해 결정되고, 유일신에 의해 창조되거나 소멸하거나 움직인다. 그러나 이것은 다만 유대기독교 전통에서만 볼 수 있는 것이다.

다른 종교들은 신적 존재를 받아들이면서도 보다 근원적인 힘, 또는 원리가 있음을 가르친다. 힌두교는 수많은 신을 말하지만, 그 신들보다도 더 근원적인 원리가 있음을 주장한다. 힌두교의 영향으로 탄생한 불교도 비슷하다. 다만 힌두교와 달리 불교의 붓다는 신이 아니다. 불교 가운데 타력 신앙이 강한 대승불교에서도 붓다의 영향력을 믿지만, 근원적인 원리(윤회, 업, 인과율 등)도 동시에 받아들인다. 근원적인 원리는 초월 존재인 붓다도 어찌할 수 없는 것으로 인간은 그 법칙에 따라 살아갈 수밖에 없다.

구한말의 동학을 시작으로 한국에서 생겨난 여러 신종교의 경우에는 유교, 도교, 불교, 그리고 한국의 전통신앙 등의 영향을 받았을 것이다. 대순진리회의 세계관도 마찬가지로 동양종교들의 영향을 받았다. 그러나 이들 종교의 영향을 받았으면서도 또한 대순진리회만의 독특성도 지니고 있을 것이다.

한편 대부분의 종교들은 현세에 대해 부정적인 관념을 가르치거나 아니면 적어도 내세나 앞으로 다가올 미래는 현세보다 낫다는 관념을 제시한다. 내세나 미래가 현세보다 나은 세계가 되려면 조건이 있으니 그것은 각 종교에서 제시하는 가르침을 제대로 수행하는 것이다. 인간에 대한 관념도 마찬가지여서 종교적 가르침을 따르기만 하면 다가올 내세나 미래에는 적어도 현재보다는 나은 삶이 있을 수 있다는 가르침을 전하고 있다. 기독교에서는 내세에 영원한 삶을 살 수 있는 천국을 제시하고 한편으로 지옥에 대한 관념도 가르친다. 불교에서는 윤회의 삶에서 벗어난 부처의 모습을 최고의 목적으로 삼고 있지만, 지옥과 같은 부정적인 모습의 공간을 말하기도 한다. 그렇지만 불교적 가르침을 잘 따르면 적어도 다음 세계에서는 더 나은 모습으로 태어나거나 극락정토에 이를 수 있다.

1860년 창시된 동학을 비롯한 많은 한국의 신종교들은 후천개벽

(後天開闢) 사상을 제시하고 있다. 후천개벽 사상도 역시 현세, 또는 현재까지의 세계를 부정적인 선천의 세계로, 그리고 앞으로 다가올 후천은 선천과는 달리 살기 좋은 새 세상이 될 것이라는 미래상을 표현하는 것이다.

이처럼 종교들은 현세, 또는 현재까지의 세계를 부정적인 것으로 보는 반면 내세, 또는 미래에는 현세보다 나은 세계를 제시하거나 그런 세계가 올 수 있다고 보고 있다. 종교들이 현재를 부정적으로 보고 내세나 혹은 미래가 더 나을 것이라는 가르침을 전하는 가장 큰 이유는 유한한 인간의 삶과 현세에서 겪게 되는 다양한 인간의 고통 등이 원인일 것이다. 유한한 삶에서 벗어나고 고통을 행복으로 바꾸고 싶은 인간의 욕구에 의한 것이다.

대순진리회에서는 다른 한국의 신종교들과 마찬가지로 후천개벽 사상을 제시하고 있다. 대순진리회의 종지와 목적에는 대순진리회에서 가르치고 있는 후천세계의 모습이 나타나 있다.[1] 이 종지와 목적을 통해 대순진리회는 현재를 어떻게 보고 있으며 미래의 이상적 세계가 어떤 세계를 말하는 것인지를 파악할 수 있다. 특히 대순진리회의 종지는 대순진리회 사상의 요지와 대순사상이 지향하는 이념, 즉 중심개념에 해당된다.[2]

---

1 대순진리회의 후천개벽 사상은 종지(宗旨)와 목적에서 잘 드러난다. 대순진리회의 종지는 "음양합덕(陰陽合德)·신인조화(神人調化)·해원상생(解冤相生)·도통진경(道通眞境)이고, 목적은 무자기(無自欺)−정신개벽(精神開闢)·지상신선실현(至上神仙實現)−인간개조(人間改造)·지상천국건설(地上天國建設)−세계개벽(世界開闢)이다. 대순진리회 교무부, 『대순진리회요람』, 2003, 14~17쪽.
2 정대진, 「대순사상 연구를 위한 제언」, 『대순사상논총』 1, 대진대학교 대순사상학술원, 1996, 2쪽.

대순진리회에서 지향하는 이상적 세계관을 파악하기 위해서는 선천과 후천이라는 두 시간적 개념을 알아야 한다. 대순진리회에서는 선천, 혹은 현재의 세계를 부정적으로 보고 그것을 극복하고 나아가야 할 후천 세계가 바로 이상적 세계이기 때문이다. 그러므로 선천의 세계에서 벗어나 이상적인 후천 세계로 가도록 하는 것이 대순진리회라는 종교의 목적이다. 즉, 대순진리회의 세계관은 선천과 후천의 세계를 파악하는 것이 중심이다. 따라서 이 글에서는 대순진리회에서 바라보는 선천, 또는 현재의 세계가 어떤 것인가, 그리고 후천의 이상적인 세계는 어떤 세계인가에 대해서 알아볼 것이다.[3]

Ⅱ. 세계의 구조

종교에서 바라보는 세계, 또는 우주는 과학이나 현실과는 다르다. 과학이나 현실은 눈에 보이는 대로(또는 과학기기의 도움을 받아서 볼 수 있는 대로) 세계와 우주를 설명하고 묘사한다. 따라서 이것은 세계관이라기보다는 그냥 세계에 대한 설명이나 묘사에 불과하다. 그러나 종교에서는 단순히 눈에 보이는 세계만을 말하는 것이 아니라, 그 너머 어딘가에 존재하는 또 다른 세계를 말하는 것이 일반적이다. 기독교

---

3 이러한 작업을 위해 대순진리회의 경전인 『전경(典經)』을 중심으로 하면서 대순진리회에서 출판된 서적과, 대순진리회 관련 논문들을 참고할 것이다. 다양한 증산계열의 종단들과 그 종단들에서 발행한 여러 서적들, 그리고 관련 논문들도 많이 있지만 이들은 대순진리회의 시각이라기보다는 그 종단의 시각 등이 포함되어 있기 때문에 본 연구에서는 배제될 것이다. 어떤 한 종교에 대한 파악은 오로지 그 종교의 입장에서 파악해야 하는 것은 가장 기본적인 종교연구의 자세일 것이다.

에서 천국과 지옥, 불교에서 극락, 도솔천, 지옥 등을 말하는 것이 그 것이다. 대순진리회의 우주관은 바로 대순진리회가 세계, 또는 우주 를 어떻게 바라보는가에 대한 것이다.

대순진리회에서 보는 세계에 대한 가장 복잡한, 그리고 말 그대로 저 너머에 있는 세계는 바로 하늘(天)에 대한 관념일 것이다. 그렇다 면 대순진리회에서는 하늘을 어떻게 바라보고 있는가? 이에 대한 가 장 기본적인 시각은 『전경』에 나타난 다음의 구절을 통해서 파악할 수 있다.

> 하루는 김 송환(金松煥)이 상제께 여쭈기를 「하늘 위에 또 하늘이 있 나이까」 상제께서 「있느니라」고 대답하시니라。또 그가 여쭈기를 「그 위에 또 있나이까。」 상제께서 「또 있느니라」고 대답하셨도다。이와 같 이 아홉 번을 대답하시고 「그만 알아두라」고 이르셨도다.[4]

『전경』의 이러한 언급으로 볼 때 대순진리회에서 보는 하늘은 적 어도 아홉 개가 있으며 그 하늘은 수평적이 아닌 수직적으로 층을 이 루고 있다고 생각한다. 뒤는 더 이상의 언급이 없으니 더 있는지 없는 지 알 수 없다. 『전경』 교운편에는 상제의 구체적인 명칭이 나타난다.

> 을축년에 구태인 도창현(舊泰仁道昌峴)에 도장이 이룩되니 이때 도주 께서 무극도(无極道)를 창도하시고 상제를 구천응원뇌성보화천존상제

---

4 『전경』 행록 4장 4절.

(九天應元雷聲普化天尊上帝)로 봉안하시고 종지(宗旨) 및 신조(信條)와 목적(目的)을 정하셨도다.[5]

대순진리회에서는 증산을 구천응원뇌성보화천존강성상제(九天應元雷聲普化天尊姜聖上帝)[6]라고 호칭하며, 줄여서 구천상제라고도 한다. 구천상제는 대순진리회에서 모시는 최고신이므로 하늘의 가장 높은 곳에서 모든 우주를 다스려야 할 것으로 생각된다. 그렇다면 상제는 수직으로 쌓여있는 아홉 개의 하늘 가운데 가장 높은 곳인 9번째 천에서 모든 천과 인간세계를 주재하고 있다고 생각할 수 있다. 그런데『전경』교운편의 다른 부분에 보면 하늘에 대한 또 다른 설명이 등장한다.

> 하늘은 삼십육천(三十六天)이 있어 상제께서 통솔하시며 전기를 맡으셔서 천지 만물을 지배 자양하시니 뇌성 보화 천존 상제(雷聲普化天尊上帝)이시니라.[7]

이 내용을 앞에서 인용한『전경』행록 4장 4절의 내용과 연결 지어보면 36개의 하늘이 맨 밑에서부터 맨 위까지 층층이 쌓여있는 구조라고 설명된다. 대순진리회 요람에서 말하는 구천은 '상제께서 삼계(三界)를 통찰(統察)하사 건곤(乾坤)을 조리(調理)하고 운화(運化)를 조

---

5 『전경』교운 2장 32절.
6 『전경』교운에 나타나는 용어와 비교해 볼 때 강성(姜聖)이 추가되어 있다.
7 『전경』교운 2장 55절.

련(調練)하시고 계시는 가장 높은 위(位)임을 뜻'하는 것이다. 이상을 종합하면 하늘은 36천이 있고, 상제는 이 가운데 가장 높은 곳에서 전 우주를 주재하고 있는 것이라고 생각한다. 다시 말해서 구천이란 단순히 아홉 겹의 하늘 가운데 제일 위에 있는 하늘을 일컫는 것이 아니라 삼십육천을 총괄함[8]을 말하는, 즉 전체를 말하고 있는 것으로서 모든 천의 상제라고 설명될 수 있다.

삼십육천의 제일 상위에 존재하는 상제를 구천상제라고 부를 때 숫자 9는 상징으로 사용된 것으로 볼 수 있다. 동양전통에서 9라는 숫자는 양을 상징하는 홀수로서 완전한 수라고 여겨왔다. 그 사용례를 보면 구중궁궐(九重宮闕), 구사일생(九死一生), 구곡간장(九曲肝腸) 등이 있고, 천하를 의미하는 구주(九州)라는 용어도 사용했다. 따라서 9라는 숫자는 최고, 전체, 또는 극과 같은 의미로 받아들여진다.

대순진리회의 삼십육천설은 도교에서 말하는 삼십육천설과 마찬가지지만, 도교에서는 그것에 대한 설명이 다양[9]하기 때문에 한마디로 설명하기는 어렵다. 또한, 각각의 천을 누가 주재하는가? 그리고

---

8 「九天應元雷聲普化天尊玉樞寶經集注」卷上, 『道藏』, 第22册, p.569. 위귀칭(于国庆), 「대순진리회 구천상제(九天上帝) 신앙과 도교 보화천존(普化天尊) 신앙비교」, 『대순사상논총』 21, 대진대학교 대순사상학술원, 2013, 165쪽에서 재인용.

9 고대 도교에서는 삼천(三天), 구천(九天)설, 삼십이천(三十二天)설, 삼십육천(三十六天)설 등으로 발전하다가 나중에 삼십육천설로 고정되었다고 한다. 삼십육천설도 수직적, 혹은 수평적 삼십육천설 등이 있는데, 수직적 삼십육천은 대개 욕계 6천, 색계 18천, 무색계 4천의 3계설에 기초한 28천에, 사종민천(四種民天)과 삼청천(三淸天), 그리고 대라천(大羅天)을 더한 삼십육천을 말하며, 수평적 삼십육천은 동서남북 4방향의 9천설, 혹은 8천설에 4천을 더하는 등으로 다양하게 나타난다. 천에 대한 이런 관념은 불교로부터 영향을 받았다. 최수빈, 「도교에서 바라보는 저세상 : 신선(神仙)과 사자(死者)들의 세계에 반영된 도교적 세계관과 구원」, 『도교문화연구』 41, 한국도교문화학회, 2014 참조.

누가 그곳으로 가는가에 대해서도 많은 차이가 존재한다.

한편『전경』에는 여러 곳에서 '삼계'를 언급하는 내용들이 등장한다.[10] 그 내용들은 '삼계대권(三界大權)', '삼계공사(三界公事)', '삼계대순(三界大巡)' 등이며 그 외에도 여러 곳에서 '삼계'라는 용어가 나타나는데,『전경』에 등장하는 '삼계'란 우주 전체를 의미하는 것으로 사용되고 있다. 그 가운데 삼계를 가장 구체적으로 나타낸 것은 다음의 구절이다.

> 그 삼계공사는 곧 천·지·인의 삼계를 개벽함이요 이 개벽은 남이 만들어 놓은 것을 따라 하는 일이 아니고 새로 만들어지는 것이니 예전에도 없었고 이제도 없으며 남에게서 이어받은 것도 아니요 운수에 있는 일도 아니요 다만 상제에 의해 지어져야 되는 일이로다.[11]

> 삼계가 개벽되지 아니함은 선천에서 상극이 인간지사를 지배하였으므로 원한이 세상에 쌓이고 따라서 천·지·인 삼계가 서로 통하지 못하여 이 세상에 참혹한 재화가 생겼나니라.[12]

『전경』에서 보듯이 삼계란 다름 아닌 천계, 지계, 인계의 세 세계를 말한다. 천계는 앞에서 언급한 36천을 나타낸다. 인계란 사람이 살아가는 세계인 인간계를 말하고 지계란 땅과 지하의 세계를 말하

---

10 『전경』공사 1장 1~4절, 교운 1장 9절, 17절, 2장 6절, 권지 1장 11절, 21절, 예시 1절, 4절, 5절, 7절, 8절 등.
11 『전경』예시 5절.
12 『전경』예시 8절.

는 것으로 생각된다.

> 김 송환이 사후 일을 여쭈어 물으니 상제께서 가라사대 「사람에게 혼과 백이 있나니 사람이 죽으면 혼은 하늘에 올라가 신이 되어 후손들의 제사를 받다가 사대(四代)를 넘긴 후로 영도 되고 선도 되니라. 백은 땅으로 돌아가서 사대가 지나면 귀가 되니라」 하셨도다.[13]

  사람은 혼과 백으로 이루어져 있는데, 살아있을 때는 이 둘이 함께 있다가 죽으면 둘이 분리되는 것이다. 그리고 혼과 분리된 백이 가는 곳은 바로 땅이다. 지계란 바로 이 땅을 말하는 것으로 보인다. 그러나 지계는 백이 가는 곳으로서의 땅뿐만이 아니라 인간이 현실에서 딛고 있는 곳으로서의 땅도 함께 말하는 것으로 보아야 할 것이다. 사실 인간이 죽으면 몸으로서의 육체는 땅속에 묻히는데, 백은 바로 그 육체와 함께 땅에 묻힌다고 언급한 것으로 생각되기 때문이다. 그렇기에 여기서 말하는 지계는 도교나 불교에서 말하는 지하세계, 즉 삼도(三塗)와 같은 것을 말하는 것은 아니라고 본다.
  귀가 무엇인지, 또는 어떤 형태이며 어떤 식으로 존재하는지, 그리고 계속해서 존재하는 것인지, 아니면 언젠가 사라질 것인지에 대해서는 명확하지 않다. 도교나 불교에서 말하는 지옥과 같은 지하세계는 고통의 세계인데 『전경』에서는 고통의 세계와 같은 관념도 분명하지 않다. 더욱이 사람의 백은 모두 땅으로 가기 때문에 살아있

---

13 『전경』 교법 1장 50절.

는 동안의 죄로 인해 고통을 당하게 된다는 의미에서의 지하세계와
는 논리상 어울리지 않기 때문에 지계란 일반적 의미에서의 땅을 말
하는 것으로 생각된다. 그런데『전경』에 지하세계를 언급하는 대목
이 나온다.

> 상제께서 어느 날 김형렬에게 가라사대「서양인 이마두(利瑪竇)가
> 동양에 와서 지상 천국을 세우려 하였으되 오랫동안 뿌리를 박은 유교
> 의 폐습으로 쉽사리 개혁할 수 없어 그 뜻을 이루지 못하였도다. 다만
> 천상과 지하의 경계를 개방하여 제각기의 지역을 굳게 지켜 서로 넘나
> 들지 못하던 신명을 서로 왕래케 하고 그가 사후에 동양의 문명신(文明
> 神)을 거느리고 서양에 가서 문운(文運)을 열었느니라. 이로부터 지하신
> 은 천상의 모든 묘법을 본받아 인세에 그것을 베풀었노라.[14]

천상과 지하세계를 따로 구분하고 있으며 지하세계의 신들도 따
로 존재한다. 그렇다면 이것은 또 다른 세계일까? 아마도 땅 밑의 세
계를 언급한 것으로 보이는데, 역시 기독교나 불교가 말한 지옥과
같은 세계는 아니라고 생각된다. 지하신이 '천상의 모든 묘법을 본
받아 인세에' 그것을 실행하였기 때문이다. 과거에는 고유의 영역에
서 활동하였던 것인데, 이제 그 경계가 개방되어 지하세계의 신들이
인간세계에 천상의 묘법을 베풀었다는 것이다. 지계는 땅과 그 밑의
세계를 함께 말하는 것이며, 또한 지계에도 서로 다른 공간이 있을

---

14 『전경』교운 1장 9절.

터이지만 정확하게 파악하기는 어렵다고 본다. 그런데『전경』에 보면 명부라는 곳이 등장한다.

> 이를 들으시고 상제께서 그에게 가라사대「오늘 밤은 명부사자(冥府使者)가 병실에 침입하여 나의 사자의 빈틈을 타서 환자를 해할 것이니 병실을 비우지 말고 꼭 한 사람이 방을 지키면서 밤을 새우라」하시니라. 보경이 이르심을 좇아 가족 한 사람씩 교대로 잠자지 않고 밤을 새우기로 하고 가족들을 단속하였느니라. 여러 날이 계속되매 식구들이 졸음에 못 이겨 상제의 이르심을 잊어 갔도다. 이날 밤 보경이 깨어 방을 지키다가 깜박 잠에 빠졌던바 이때 상제께서 외당에서 급히 소리쳐 부르시니라. 그가 놀라 깨어 보니 벌써 모친은 운명하여 있었도다. 상제께서 말씀하신 나의 사자는 바로 병자를 간호하는 사람을 가리키신 것이로되 식구들이 그것을 깨닫지 못하였도다.[15]

명부란 죽은 사람들이 가서 사는 세상이다. 사람들이 죽으면 명부에 가서 명부대왕의 심판을 받고 죽은 이후의 삶을 살아가게 된다. 그렇다면 명부는 지계와 인계가 아닌 천계, 즉 삼십육천으로 나뉜 곳 가운데 한 곳일 것이다. 바로 명부라는 천은 명부사자의 인도로 죽은 인간의 혼이 가는 곳이며, 이곳에서 인간은 살아있을 때의 행적에 따라 심판을 받는 것으로 생각된다. 죽은 이후의 인간은 혼과 백으로 분리되어 혼이 바로 삼십육천 가운데 한 곳인 명부로 가고 그곳에서

---

15 『전경』행록 1장 34절.

여러 신, 또는 신명이 되며, 인간계에 영향을 주고받는 것이다. 다만 명부에도 조선명부, 일본명부, 서양명부 등으로 나뉘어 있는 것으로 나타나고 있다.[16]

그러므로 대순진리회에서 바라보는 우주 및 세계에 대한 관념은 크게 천·지·인 삼계를 중심으로 구천 상제의 주재 장소로서의 천, 명부가 있는 곳으로서의 천 등을 포함한 삼십육천인 하늘, 우리가 딛고 있는 땅과 지하세계를 포함한 죽은 사람의 백이 가는 곳으로서의 땅인 지계, 그리고 우리가 살아가고 있는 현실세계인 인간계로 파악할 수 있다. 그러나 불교나 기독교 등에서 말하는 지옥과 같은 곳이 존재하는지는 명확하지 않다.

Ⅲ. 선천에서의 세계관

그렇다면 이러한 세계 구조는 어떻게 발생한 것인가? 『전경』을 통해서 우주가 어떻게 비롯되었는가를 파악하기는 어렵다. 그러나 대략 추측은 가능하다.

상제께서 화천하시기 전해 섣달 어느 날 백지에 二十四방위를 돌려

---

16 『전경』 공사 1장 7절. 상제께서 김 형렬의 집에서 그의 시종을 받아 명부공사를 행하시니라. 상제께서 형렬에게 「조선명부(朝鮮冥府)를 전 명숙(全明淑)으로, 청국명부(淸國冥府)를 김 일부(金一夫)로, 일본명부(日本冥府)를 최 수운(崔水雲)으로 하여금 주장하게 하노라」고 말씀하시고 곧 「하룻밤 사이에 대세가 돌려 잡히리라」고 말씀을 잇고 글을 써서 불사르셨도다.

쓰고 복판에 혈식천추 도덕군자(血食千秋道德君子)를 쓰시고 「천지가 간방(艮方)으로부터 시작되었다고 하나 二十四방위에서 한꺼번에 이루워졌느니라」고 하시고,[17]

유대기독교 전통에서처럼 절대 유일자가 창조했다거나 아니면 힌두교에서와 같이 근원적 일자(一者)로부터 하나하나 비롯된 것이 아니라 24방위에서 동시에 천지가 생성되었음을 나타내고 있다. 그런데 『전경』을 보면 도수(度數)라는 말이 등장하고 음양도수, 선천의 도수, 천지의 도수, 고부 도수 등 다양한 곳에 도수라는 용어를 사용하고 있다. 이러한 용례로 보면 도수라고 하는 것은 고정적인 하나의 원리가 아니라 여러 가지 상황에 맞는 법칙이나 프로그램 같은 것으로 해석되며, 따라서 세계도 각 영역의 도수에 따라 형성되었다고 추론해 볼 수 있다.

상제는 각각의 도수를 뜯어고쳐서 새롭게 하는 공사를 하고 있다. 그렇게 본다면 도수는 상제에 의해 주관되는 것이다. 따라서 처음의 도수도 상제에 의해 이루어졌을 것으로 생각된다. 기독교의 유일신처럼 상제가 구체적으로 세상을 창조하지는 않았다 하더라도 각각의 영역에 도수를 정하여 놓았기 때문에 그 도수에 따라 우주 구조가 형성되었고, 또 운행되어 가고 있는 것이 아닌가 생각된다.

그런데 동학(천도교)을 비롯한 대부분의 한국 신종교들이 그러하듯 대순진리회에서 가장 중심이 되는 개념이 후천개벽이다. 이것은 역

---

17 『전경』 예시 50.

사를 시간적으로 나누어 과거 시대를 선천, 그리고 미래 시대를 후천으로 구분한다. 후천개벽의 핵심은 이제까지의 세계를 선천으로 보고 선천시대의 세계를 잘못된 세계로 규정하는 것이다. 처음 개벽 이후의 세계는 제대로 운행되었는지 모르지만, 현세는 잘못된 세계가 되었다. 그러한 원인은 여러 가지지만, 대순진리회에서 보는 선천의 잘못은 상극의 지배로 인해 원한이 삼계를 채웠기 때문이다.

세계가 위와 같은 과정을 거쳐서 이루어졌지만, 선천 개벽 직후의 천계, 지계, 인계는 본래 서로 통하는 세계였을 것이다. 그러나 상극이 세계에 만연하여 원한으로 인해 삼계가 서로 막힌 것이다.

삼계가 개벽되지 아니함은 선천에서 상극이 인간지사를 지배하였으므로 원한이 세상에 쌓이고 따라서 천·지·인(天地人) 삼계가 서로 통하지 못하여 이 세상에 참혹한 재화가 생겼나니라.[18]

상제께서 삼계가 착란하는 까닭은 명부의 착란에 있으므로 명부에서의 상극도수를 뜯어고치셨도다. 이로써 비겁에 쌓인 신명과 창생이 서로 상생하게 되었으니 대세가 돌려 잡히리라.[19]

상제께서 「선천에서는 인간 사물이 모두 상극에 지배되어 세상이 원한이 쌓이고 맺혀 삼계를 채웠으니 천지가 상도(常道)를 잃어 갖가지의 재화가 일어나고 세상은 참혹하게 되었도다. 그러므로 내가 천지의

---

18 『전경』 예시 8.
19 『전경』 예시 10.

도수를 정리하고 신명을 조화하여 만고의 원한을 풀고 상생(相生)의 도
로 후천의 선경을 세워서 세계의 민생을 건지려 하노라.[20]

상제께서 어느 날 종도들이 모여 있는 자리에서 「묵은 하늘은 사람
을 죽이는 공사만 보고 있었도다. 이후에 일용 백물이 모두 핍절하여
살아 나갈 수 없게 되리니 이제 뜯어고치지 못하면 안 되느니라」 하시
고 사흘 동안 공사를 보셨도다.[21]

상극이 인간지사를 지배하게 된 근본 원인은 하늘의 한 곳인 명부
에서 비롯된 것이다. 이로 인해 인간 사물이 상극의 지배를 받게 되
고 그로부터 갖가지 재난이 발행하고 온갖 고통이 만연하는 세계가
된 것이라고 할 수 있다. 그래서 선천의 개벽, 즉 세계가 시작된 이후
부터 세상의 온갖 재화와 고통도 함께 시작한 것이다.

선천개벽 이후부터 수한(水旱)과 난리의 겁재가 번갈아 끊임없이 이
세상을 진탕하여 왔으나 아직 병겁은 크게 없었나니 앞으로는 병겁이
온 세상을 뒤엎어 누리에게 참상을 입히되 거기에서 구해낼 방책이 없
으리니 모든 기이한 법과 진귀한 약품을 중히 여기지 말고 의통을 잘
알아 두라.[22]

---

20 『전경』 공사 1장 3절.
21 『전경』 공사 1장 11절.
22 『전경』 공사 1장 36절.

이렇듯 대순진리회에서는 개벽 이후부터 현재까지를 선천으로 규정하고 선천세계는 문제점이 있는 부정적 세계로 묘사하였고, 후천을 선천의 문제점을 극복한 이상적인 세계로 설명하고 있다.[23]

Ⅳ. 후천세계의 세계관

대순진리회가 신봉하는 최고신인 상제가 현세에 강림한 목적은 '삼계를 개벽하여 선경을 열고 사멸에 빠진 세계 창생들을 건지려'[24]는 것이다. 이 목적을 위해 상제는 그 권능을 드러내어 천지공사를 행한다. 천지공사는 만고에 쌓인 원을 풀어서 영원한 선경의 낙원을 누리기 위해 상제의 권능을 발휘한 역사이다. 천지공사는 대순진리회에서 하나의 신앙체계로 제시된 것이다. 그것은 새로운 세계를 여는 변혁된 세계관을 담고 있는 것이다.[25]

천지공사는 선천과 후천의 역사를 가름하는 분기점이다. 선천은 상극원리에 지배되어 인간사물이 원을 맺은 시대이며 후천은 그러한 원이 해소된 지상낙원의 세계인 것이다.[26] 즉, 선천과 후천의 분기점은 상제에 의해 행해진 천지공사 시기(1901~1909)이다. 천지공사 이전은 과거의 역사로 선천시대이고, 이후는 미래의 역사로 후천시대가 되는 것이다.

---

23 대순종학 교재연구회, 『대순사상의 이해』, 대진대학교 출판부, 2013, 142쪽.
24 『전경』 권지 1장 11절.
25 이경원, 『한국 신종교와 대순사상』, 도서출판 문사철, 2011, 271~272쪽.
26 위의 책, 276쪽.

그렇다면 후천개벽의 시대는 어떤 세계일까? 아마도 우주의 구조적 변화가 크게 일어나지는 않을 것이다. 그보다는 후천 시대가 되면 천지인 삼계가 서로 통하는 시대가 될 것이다. 선천은 상극에 지배되어 원한이 쌓이고 삼계가 서로 통하지 못한 세계였다. 그래서 인간계와 신명계가 분리되고 신명계의 천계와 지계가 분리되어 있는 세상이다. 따라서 천국은 신명계의 특정 장소에만 국한되고 특정한 사람만 갈 수 있는 곳이므로 모두가 공유할 수 있는 영역이 아니다. 그러나 후천은 신명계와 인간계가 하나의 영역으로 통일되고 천지인이 합일하여 완전한 상생을 이루는 세계이다.[27]

먼저 서양인 이마두는 천상과 지하의 경계를 없애고 각각의 신명이 왕래케 하였다. 이것은 막혀있는 경계를 풀어 서로 통하게 하는 좋은 사건이다. 그러나 이것이 근본적 해결책은 아니다. 그래서 상제의 천지공사라는 보다 더 확실한 사건이 행해졌다. 천지공사 이후 후천선경이 도래하게 되었다. 그래서 미래에는 더는 사람들이 고통을 받지 않고 낙원과 같은 세계에서 살아가게 되는 것이다.

> 후천에는 또 천하가 한 집안이 되어 위무와 형벌을 쓰지 않고도 조화로써 창생을 법리에 맞도록 다스리리라. 벼슬하는 자는 화권이 열려 분에 넘치는 법이 없고 백성은 원울과 탐음의 모든 번뇌가 없을 것이며 병들어 괴롭고 죽어 장사하는 것을 면하여 불로불사하며 빈부의 차별이 없고 마음대로 왕래하고 하늘이 낮아서 오르고 내리는 것이 뜻대

---

27 대순종학교재연구회, 앞의 책, 143쪽.

로 되며 지혜가 밝아져 과거와 현재와 미래와 시방 세계에 통달하고 세상에 수·화·풍(水火風)의 삼재가 없어져서 상서가 무르녹는 지상선경으로 화하리라.[28]

후천세계에서는 모든 것이 다 통하는 세계로 하늘에도 마음대로 오르고 내릴 수 있는 세계이다. 과거 극히 일부에게만 허용되던 하늘의 문호가 모두에게 개방된 세계인 것이다. 이에 따라 과거 인간을 억압한 모든 제약에서 벗어나 생로병사가 사라지고 사해가 평등한 세계가 되는 것이다.

이러한 세계는 상제의 천지공사를 통해 시작된다. 공사란 '혼란하기 짝이 없는 말대의 천지를 뜯어고쳐서 새 세상을 열고 비겁에 빠진 인간과 신명을 광제(廣濟)하여서 각기 안정을 누리게 하고자 천지를 개벽하고 새로운 배포를 꾸미는 진법'을 말함이다.[29] 천지공사란 천지인 삼계의 공사를 말함이다. 삼계의 공사도 각각의 영역이나 대상, 예를 들면 하늘의 명부에 해당하는 명부공사나 신명들을 위한 신명공사 등으로 다양하게 나타난다.[30]

천지공사를 간단하게 설명하기란 어렵지만 아마도 각각의 도수를 뜯어고쳐서 새롭게 하는 것으로 생각된다. 도수는 영역일 수도 있고, 구체적으로 인물이나 신명에 해당되는 도수일 수도 있고, 방법에 관한 도수일 수도 있다. 이러한 도수는 상제에 의해 주관되며,

---

28 『전경』 예시 81.
29 장병길, 『대순종교사상』, 대순종교문화연구소, 1989, 95쪽.
30 천지공사에 대한 구체적인 내용은 다음을 참고할 것. 장병길 편, 『천지공사론』, 대순종교문화연구소, 1989.

하나하나 여러 가지 도수를 고쳐야 하는 것이다. 이렇게 하는 이유는 과거 세계는 간단하지만, 현재 세계는 복잡해서 다양한 도수를 쓰지 않으면 안 되기 때문이다. 하나의 도수를 해봐야 그곳에서만 적용될 뿐 사해를 구하는 것이 아니다. 모든 영역, 방법, 대상에 따라 각기 다른 도수를 뜯어고쳐야 한다.

> 선천에서는 판이 좁고 일이 간단하여 한가지 도(道)만을 따로 써서 난국을 능히 바로 잡을 수 있었으나 후천에서는 판이 넓고 일이 복잡하므로 모든 도법을 합(合)하여 쓰지 않고는 혼란을 바로 잡지 못하리라.[31]

따라서 상제는 다양한 측면에서 도수를 행하여 뜯어고치는 공사를 단행하였다. 이러한 공사를 통해 대순진리회가 추구하는 궁극적인 세계는 지상천국이다. 대순진리회의 종지에 잘 드러나듯이 '지상천국건설'은 대순진리회의 목적이다. 지상천국건설은 말 그대로 현실세계에서 이상세계를 건설한다는 것이다. 극락세계나 해탈의 추구, 사후세계의 천국 등을 내세우는 여타 세계적인 종교들과 달리 우리가 살고 있는 지금 현실세계에서 이루어지는 이상세계인 것이다.

후천개벽 시대의 주요한 이념으로 이경원은 원시반본(原始返本), 상생, 해원, 인존 등으로 꼽고 있다.[32] 선천의 시대가 상극에 지배되는 세계였기에 상생을, 그리고 원한이 가득 차 삼계를 채웠으니 그 원을 푸는 해원의 시대여야 한다. 참된 이상세계의 원형을 태초의 근

---

31 『전경』 예시 13.
32 이경원, 앞의 책, 291~298쪽.

원 세계에서 찾는 것으로 해석된다. 이러한 것들이 대순진리회의 독특성을 드러내는 이념들일 것이다. 그러나 다른 종교와 비교할 때 더욱 독특성을 나타내는 것으로는 인존이라는 이념을 들 수 있다.

선천에서는 하늘만 높이고 땅은 높이지 아니하였으되 이것은 지덕(地德)이 큰 것을 모름이라. 이 뒤로는 하늘과 땅을 일체로 받들어야 하느니라.[33]

천존과 지존보다 인존이 크니 이제는 인존시대라. 마음을 부지런히 하라.[34]

신명은 탐내어 부당한 자리에 앉거나 일들을 편벽되게 처사하는 자들의 덜미를 쳐서 물리치나니라. 자리를 탐내지 말며 편벽된 처사를 삼가고 덕을 닦기에 힘쓰고 마음을 올바르게 가지라. 신명들이 자리를 정하여 서로 받들어 앉히리라.[35]

조선과 같이 신명을 잘 대접하는 곳이 이 세상에 없도다. 신명들이 그 은혜를 갚고자 제각기 소원에 따라 부족함이 없이 받들어 줄 것이므로 도인들은 천하사에만 아무 거리낌 없이 종사하게 되리라.[36]

---

33 『전경』교법 1장 62절.
34 『전경』교법 2장 56절.
35 『전경』교법 1장 29절.
36 『전경』교법 3장 22절.

선천세계에서는 하늘의 신들만을 떠받들었지만, 이제는 땅의 신들도 받들어야 함을 말한다. 그러나 여기에 그치지 않고 인존, 즉 사람도 받들어야 하는 시대이다. 이 말은 단순히 인간의 존엄성만을 이야기하는 것이 아니라 인간이 신들과 등등한 위치, 또는 그보다도 더 우위에 속한 존재로 묘사되는 것이기도 하다. 그러나 인간 스스로 신적인 존재가 되어 어떤 초능력을 발휘하는 것은 아니다. 신명들이 인간을 대신해서, 또는 인간을 도와서 그렇게 하는 것이다.

그런데 상제의 천지공사 시기 이전과 이후를 선천과 후천으로 구분하여 선천의 시대가 가고 후천의 세계가 온 것으로 이야기되고 있다. 그렇다면 후천개벽이 이루어진 것인가? 만일 후천개벽이 이루어졌다면 모든 사람이 생로병사에서 벗어나서 더 이상 어떤 고통도 겪지 않는 세계가 되어야 하지 않는가?

> 또 가라사대 「앞으로 오는 좋은 세상에서는 불을 때지 않고서도 밥을 지을 것이고 손에 흙을 묻히지 않고서도 농사를 지을 것이며 도인의 집집마다 등대 한 개씩 세워지리니 온 동리가 햇빛과 같이 밝아지리라. 전등은 그 표본에 지나지 않도다. 문고리나 옷걸이도 황금으로 만들어질 것이고 금 당혜를 신으리라」 하셨도다.[37]

그런데 현실은 아직도 인간은 죽음을 맞이하고 현실에서 다양한 고통을 겪고 있다. 이것은 어찌된 일인가? 대순진리회에서 목표로

---

37 『전경』 공사 1장 31절.

삼고 있는 것 가운데 하나가 또한 지상신선의 실현이다.[38] 이것이 이루어졌다고 할 수 있는가? 그것은 아직 이루어지지 않았다. 다만 선천의 시대는 이미 갔다. 그러나 아직 후천개벽의 시대는 오지 않은 것으로 볼 수 있다. 신선, 불로불사 등 다양한 지상천국적 요소들이 현재는 보이지 않기 때문이다. 현재는 선천의 시대에서 후천개벽의 시대로 넘어가는 과도기라고 생각된다. 그렇다면 후천개벽의 시대는 어떻게 오는 것인가?『전경』의 다음 구절을 보면 추론할 수 있으리라 생각된다.

> 공우가 어느 날 상제를 찾아뵈옵고 도통을 베풀어 주시기를 청하니라. 상제께서 이 청을 꾸짖고 가라사대「각 성(姓)의 선령신이 한 명씩 천상 공정에 참여하여 기다리고 있는 중이니 이제 만일 한 사람에게 도통을 베풀면 모든 선령신들이 모여 편벽됨을 힐난하리라. 그러므로 나는 사정을 볼 수 없도다. 도통은 이후 각기 닦은 바에 따라 열리리라」하셨도다.[39]

지상신선의 실현이나 지상천국의 건설은 외부의 누구, 심지어 상제에 의해서도 이루어지는 것이 아니라 인간 스스로의 노력, 즉 수도에 기초해 있다는 것이다. 궁극적 목적인 도통도 자신이 평소에 닦은 바, 즉 노력 여부에 따라 궁극적인 목적의 실현이 가능하다는 말

---

38 지상신선에 대한 자세한 논의는 차선근,「근대 한국의 신선 관념 변용」,『종교연구』62, 한국종교학회, 2011을 참고할 것.
39 『전경』교운 1장 33절.

이다. 인간 자신 내부에 존재하는 인간성을 완전히 실현함으로써 초인간적인 능력을 실현한다는 것이고, 그로부터 완전한 자유를 획득한 존재가 되는 것이다.[40]

상제에 의해 근본 프로그램인 도수가 뜯어 고쳐져 새로운 세계인 개벽의 시대가 될 수 있는 바탕이 마련되었다. 그러나 지상천국 건설의 최종적 임무는 인간 자신에게 달린 것이다. 인간에 의해 이러한 목적이 완수되었을 때 지상천국이 건설되고 지상신선이 출현하는 것이라고 본다. 그러므로 아직 후천개벽은 완성된 것이 아니라 현재 진행 중이라고 할 수 있다.

이러한 과정이 제대로 진행되었을 때 도통한 인간이 되고 지상신선도 출현하고, 지상천국도 이루어지는 것이다. 또한, 그런 사람이라야 인존시대를 맞게 되는 것이다. 즉, 다른 누구도 아닌 인간 스스로 그러한 인존시대가 되도록 해야 한다.

후천세계가 되면 남녀가 평등해지고 과거와는 달리 오히려 여성의 능력이 경우에 따라 더 뛰어날 수도 있다.

> 후천에서는 그 닦은 바에 따라 여인도 공덕이 서게 되리니 이것으로써 예부터 내려오는 남존여비의 관습은 무너지리라.[41]

종도들의 음양 도수를 끝내신 상제께서 이번에는 후천 五만 년 첫

---

40 김재천, 「지상천국건설에 나타난 세계관 연구」, 『대순사상논총』 15, 대진대학교 대순사상학술원, 2002, 253~254쪽.
41 『전경』 교법 1장 68절.

공사를 행하시려고 어느 날 박 공우에게 「깊이 생각하여 중대한 것을 들어 말하라」하시니라. 공우가 지식이 없다고 사양하다가 문득 생각이 떠올라 아뢰기를 「선천에는 청춘과부가 수절한다 하여 공방에서 쓸쓸히 늙어 일생을 헛되게 보내는 것이 불가하오니 후천에서는 이 폐단을 고쳐 젊은 과부는 젊은 홀아비를, 늙은 과부는 늙은 홀아비를 각각 가려서 친족과 친구들을 청하고 공식으로 예를 갖추어 개가케 하는 것이 옳을 줄로 아나이다」고 여쭈니 상제께서 「네가 아니면 이 공사를 처결하지 못할 것이므로 너에게 맡겼더니 잘 처결하였노라」고 이르시고 「이 결정의 공사가 五만 년을 가리라」고 말씀하셨도다.[42]

상제께서 태인 도창현에 있는 우물을 가리켜 「이것이 젖(乳) 샘이라」고 하시고 「도는 장차 금강산 일만 이천 봉을 응기하여 일만 이천의 도통군자로 창성하리라. 그러나 후천의 도통군자에는 여자가 많으리라」하시고 「상유 도창 중유 태인 하유 대각(上有道昌中有泰仁下有大覺)」이라고 말씀하셨도다.[43]

비록 개화기이기는 하지만 당시는 아직도 남녀의 차별이 극심한 시대였음에도 불구하고 앞을 내다보는 선각자적인 면모로 남존여비에서 벗어나 미래세계의 남녀평등을 선언한 것이다. 과부의 수절도 옳지 않게 여겨 재가할 수 있다는 선언이나 후천에는 도통한 군자에 여성이 많을 것이라고 예언한 대목은 여성의 능력을 꿰뚫어 본 것으

---

42 『전경』 공사 2장 17절.
43 『전경』 예시 45절.

로 생각할 수 있다.

상제께서 모든 도통신과 문명신을 거느리고 각 민족들 사이에 나타
난 여러 갈래 문화(文化)의 정수(精髓)를 뽑아 통일하시고 물 샐 틈 없이
도수를 짜 놓으시니라.[44]

신도(神道)로써 크고 작은 일을 다스리면 현묘 불측한 공이 이룩되나
니 이것이 곧 무위화니라. 신도를 바로잡아 모든 일을 도의에 맞추어
서 한량없는 선경의 운수를 정하리니 제 도수가 돌아 닿는 대로 새 기
틀이 열리리라.

지나간 임진란을 최 풍헌(崔風憲)이 맡았으면 사흘에 불과하고, 진묵
(震默)이 당하였으면 석 달이 넘지 않고, 송 구봉(宋龜峰)이 맡았으면 여
덟 달에 평란하였으리라. 이것은 다만 선·불·유의 법술이 다른 까닭이
니라. 옛적에는 판이 좁고 일이 간단하므로 한 가지만 써도 능히 광란
을 바로 잡을 수 있었으되 오늘날은 동서가 교류하여 판이 넓어지고
일이 복잡하여져서 모든 법을 합하여 쓰지 않고는 혼란을 능히 바로 잡
지 못하리라.[45]

상제께서 하루는 공우에게 말씀하시길 「동학 신자는 최 수운의 갱
생을 기다리고, 불교 신자는 미륵의 출세를 기다리고, 예수 신자는 예
수의 재림을 기다리나, 누구 한 사람만 오면 다 저의 스승이라 따르리

---

44 『전경』 예시 12절.
45 『전경』 예시 73절.

라」고 하셨도다[46]

　　상제께서 구천에 계시자 신성·불·보살 등이 상제가 아니면 혼란에
빠진 천지를 바로잡을 수 없다고 호소하므로 서양(西洋) 대법국 천계탑
에 내려오셔서 삼계를 둘러보고 천하를 대순하시다가 동토에 그쳐 모
악산 금산사 미륵금상에 임하여 三十년을 지내시면서 최 수운에게 천
명과 신교를 내려 대도를 세우게 하셨다가 갑자년에 천명과 신교를 거
두고 신미년에 스스로 세상에 내리기로 정하셨도다.[47]

　　여러 갈래의 문화의 정수를 뽑아 통일했다는 것은 여러 종교의 정
수를 받아들여 통합했음을 의미한다고 보아도 무리는 없다고 본다.
그러면서도 상제에 의한 하나의 종교가 아닌 여러 종교의 역할을 인
정하고 있다. 임진란의 비유로 볼 때 선도와 불교, 유교의 다른 능력
을 말한 것은 여러 종교 가운데서도 선도가 중심임을 보여준 것이라
고 본다. 구천상제에게 신성·불·보살 등이 하소연한 것도 또한 여러
종교를 인정한 것으로 본다. 다만 그 능력이 상제에 미치지 못하기
에 그런 행동을 한 것이라고 설명할 수 있다. 그러나 위의 내용을 종
합해보면 다른 무엇보다도 다종교에 대한 인식을 나타내는 것이라
고 본다. 비록 능력의 차이는 있을지언정 타종교에 대한 믿음도 인
정하고 있다. 그렇다면 이것은 다종교적 상황임을 인식하고 그에 어
울리는 종교적 태도를 보여준 것이다. 선도를 중심으로 하면서도 그

---

46 『전경』 예시 79절.
47 『전경』 예시 1절.

의 열린 종교적 태도는 자신을 미륵으로 언급하고 있기도 하다.

그리고 상제께서 어느 날에 가라사대 「나는 곧 미륵이라. 금산사(金山寺) 미륵전(彌勒殿) 육장금신(六丈金神)은 여의주를 손에 받았으되 나는 입에 물었노라」고 하셨도다. 그리고 상제께서 종도들에게 아래 입술을 내어 보이시니 거기에 붉은 점이 있고 상제의 용안은 금산사의 미륵금신과 흡사하시며 양미간에 둥근 백호주(白毫珠)가 있고 왼 손바닥에 임(壬)자와 오른 손바닥에 무(戊)자가 있음을 종도들이 보았도다.[48]

상제께서 가라사대 「내가 금산사로 들어가리니 나를 보고 싶거든 금산사로 오너라」고 하셨도다.[49]

상제께서 임인년 어느 날 김 형렬과 함께 금산사(金山寺) 부근의 마을에 가서 계셨도다. 이 부근의 오동정(梧桐亭)에 살고 있던 김 경안(金京安)이란 사람이 기독교의 신약전서를 가지고 있었던 바 상제께서 어느 날 김 형렬에게 신약전서 한권을 구하게 하시니라. 그는 이르신 대로 그로부터 책을 빌려다 상제께 드렸더니 상제께서 그것을 불사르셨도다.[50]

타종교에 대한 인정은 동양의 종교만이 아니라 서양의 종교에 대해서도 마찬가지이다. 성경책을 통해서 기독교에서 취할 바가 있는

---

48 『전경』 행록 2장 16절.
49 『전경』 행록 5장 29절.
50 『전경』 행록 1장 27절.

가를 보았지만 도움이 되지 않는다고 여겼을 것이다. 따라서 비록 성경책을 불살랐다고는 하더라도 이것은 기독교를 폄훼한 것이라기보다는 이미 상제가 알고 있는 내용이거나 자신의 생각에 맞지 않기에 더 이상 거기에서 배울 것이 없다는 의미로 보아야 할 것이다.

> 상제께서 병오(丙午)년 十월 어느 날 예수교당에 가셔서 모든 의식과 교의를 문견하시고 「족히 취할 것이 없다」고 말씀하셨도다.[51]

> 또 상제께서 말씀하시길 「선도(仙道)와 불도(佛道)와 유도(儒道)와 서도(西道)는 세계 각 족속의 문화의 바탕이 되었나니 이제 최 수운(崔水雲)을 선도(仙道)의 종장(宗長)으로, 진묵(震黙)을 불교(佛敎)의 종장(宗長)으로, 주 회암(朱晦庵)을 유교(儒敎)의 종장(宗長)으로, 이마두(利瑪竇)를 서도(西道)의 종장(宗長)으로 각각 세우노라」고 하셨도다.[52]

상제에 의한 천지공사가 모든 종교를 아우르는 종교이지만 그렇다고 기존의 종교가 소용없는 것이 아니었다. 따라서 각 종교는 종교대로 그 역할을 해야 한다는 의미에서 각 종교의 종장들을 별도로 삼은 것이다. 기존의 유불선의 종교뿐만 아니라 서도, 즉 천주교를 포함한 기독교도 또 하나의 종교로서 그 역할을 인정한다는 의미라고 본다. 그러므로 이러한 각 종교에 대한 시각은 모든 종교가 다양하고 조화롭게 각자의 역할을 하고 어울려 살아가야 한다는 당위성

---

51 『전경』 행록 3장 33절.
52 『전경』 교운 1장 65절.

까지도 포함한다고 하겠다. 현대의 다종교상황에 대한 시대를 앞선 예언적 성격도 있다고 하겠다.

> 상제께서 김 형렬의 집에서 그의 시종을 받아 명부공사를 행하시니라. 상제께서 형렬에게 「조선명부(朝鮮冥府)를 전 명숙(全明淑)으로, 청국명부(淸國冥府)를 김 일부(金一夫)로, 일본명부(日本冥府)를 최 수운(崔水雲)으로 하여금 주장하게 하노라」고 말씀하시고 곧 「하룻밤 사이에 대세가 돌려 잡히리라」고 말씀을 잇고 글을 써서 불사르셨도다.[53]

비록 한반도로부터 상제의 천지공사가 시작되고 한반도에서 이루어지는 것이기는 하지만 그것은 단지 조선인만을 위한 공사는 아닌 것이다. 여기서 조선명부, 청국명부, 일본명부를 언급하나 이는 모든 인류를 위한 공사를 시행하고 있음을 나타낸 것이다. 서양은 서도의 종장 이마두에 의해 천상과 지하의 경계가 열렸기 때문이다. 따라서 후천세계의 중심이념은 조선인만을 위한 지상천국건설이 아닌 온 인류를 위한 지상천국건설에 있는 것이다.

V. 나가는 말

대부분의 종교가 현세의 삶을 고통, 또는 잠깐의 삶으로 여기고 궁극적으로 내세에서의 영생이나 행복을 모색한다. 대순진리회에

---

53 『전경』 공사 1장 7절.

서도 현세의 삶을 고통으로 진단하지만, 내세가 아닌 현실 세계의 개벽을 통한 지상천국건설을 목적으로 한다. 천계, 지계, 인계의 모습은 여러 층으로 나타나지만, 다른 세계로의 도피가 아닌 인간계 안에서의 해결을 모색하는 것이다. 현세에서의 영생, 또는 장수를 기원하는 도교조차도 신선의 세계가 따로 존재하고 내세의 불사를 추구하는 모습이 나타나는 것과 비교된다고 하겠다. 그래서 나타난 것이 후천선경과 함께 등장하는 지상신선의 개념이다. 상제에 의해 근원적 프로그램은 고쳐졌지만 이런 후천세계는 인간이 스스로 이룩해야 하는 것으로 다른 어느 누가 해줄 수 있는 것이 아니다.

본문에서는 언급하지 않았지만, 한국 신종교들의 특색은 한국중심, 그리고 세계의 지도자 역할 등 한반도의 중심적 역할을 강조하는 선민사상을 펼치고 있다. 예를 들면 원불교의 경우 후천개벽시대에 한반도는 도덕의 부모국, 정신적 지도국으로 세계의 중심적 역할을 강조하는 세계관을 펼치고 있다.[54] 그러나 『전경』의 내용을 살펴보면 조선인이 이런 역할을 해야 하는 것은 상제의 조선국 강림이기 때문이지 오로지 조선인이어서 그렇다고 강조하는 대목이 보이지 않는다는 것이다. 오로지 전 인류가 구원대상일 뿐이다.

종교적 다양성을 수용하는 모습도 언급될 필요가 있다. 당시로써는 파격적으로 유불선은 물론 기독교까지도 취할 것이 있으면 취하려는 태도와 함께 그것을 배척하지 않고 각각의 역할을 기대하는 모습은 오늘날 한국의 다종교사회에 대해 시사점을 줄 수 있는 모습이

---

54 박광수, 「원불교의 후천개벽(後天開闢) 세계관」, 『원불교사상과 종교문화』 44, 원광대학교 원불교사상연구원, 2010, 83쪽.

다. 후천 세계에서의 남녀평등, 반상의 철폐 등은 말 그대로 먼 미래를 내다본 후천세계의 모습이 아닐 수 없다.

그러나 선천시대는 갔지만, 아직 후천개벽의 시대는 오지 않았으며 그 세계로 가고 있는 진행형의 모습이다. 오늘날 남존여비나 반상의 구별 등이 사라진 것이 오로지 신앙의 힘만으로 나타난 것은 아니겠지만, 미래를 보는 상제의 혜안이며 또한 후천세계로 가는 진행형의 증거가 아닐까 여겨진다.

천존, 지존이 아닌 인존의 시대라는 것은 우리 고유의 인간 중심의 개념과 통한다. 많은 신화전설을 보면 동물이나 신적 존재가 인간이 되려고 애쓰는 모습이 등장한다. 인간의 우월성을 나타내는 것이기도 하지만 한편으로 인간 중심적인 개념을 보여주는 것이기도 하다. 특히 단군신화를 보더라도 곰과 호랑이가 인간이 되기 위해 노력함은 물론 천상의 신적 존재인 환웅이 인간계로 내려와 삶을 살아가려는 모습은 인간 중심의 우리의 전통적 사고를 보여주는 것이다. 현실세계의 개벽과 인존이라는 대순진리회의 개념이 바로 여기에 부합하는 것이 아닐까 한다.

이와 더불어 후천세계는 천계와 인계의 구별이 있기는 하지만 사실상 통합된 세계로 이루어졌다고 여겨진다. 인간이 마음대로 천상을 오르내릴 수 있기 때문이다. 이런 개념은 선천에서 지옥과 같은 개념이 제대로 드러나지 않은 것, 그리고 후천에서의 인존과 함께 대순진리회의 후천 세계 인간 중심적 개념을 잘 드러내고 있다고 생각된다.

❖『대순사상논총』 27권, 대진대학교 대순사상학술원, 2016.12.

제5장

유교와 대순진리회의 심성론(心性論) 비교 연구

———•———•———

Ⅰ. 들어가는 말

심성론(心性論)이란 말 그대로 인간이 지닌 마음의 본성에 대한 것을 설명하는 것이다. 다시 말해서 인간은 마음이란 것을 지니고 있는데, 그것이 과연 무엇인가, 그리고 어떤 성품을 지녔는가를 알아보는 것이다. 심성에 대한 논의는 곧 인간 이해의 여러 측면 가운데 한 부분을 차지한다. 심성론은 인간관이라는 넓은 주제에 비해 더 세분화된 영역에 속하지만, 몸이 마음의 지배를 받는다는 일반적 견해에 동조한다면 심성론은 인간 이해의 중심적 부분을 차지한다고 볼 수 있다. 현대 사회 들어서 마음, 또는 심리의 중요성이 부각되면서 심리학이나 철학뿐만 아니라 교육, 스포츠, 예술 등 다양한 분야에서 마음에 관한 연구들이 행해지고 있다. 이는 종교도 예외가 아니어서 심성론의 대표주자인 유교는 물론이고 불교, 기독교 등의 전통종교들과 원불교와 같은 신종교들에서도 마음에 관한 연구들이 활발히 이루어지고 있다. 대순진리회에서도 마음은 중요한 주제 가운데 하나이다.

따라서 여기에서는 유교 심성론과의 비교를 통해 대순진리회의 심성론을 이해해 보려고 한다. 대순진리회의 심성론 자체만을 놓고 이해하는 방법도 있겠지만, 다른 종교와 비교한다면 대순진리회 심성론이 좀 더 명확하게 드러나리라 생각하기 때문이다.

대순진리회 심성론의 이해를 위해 다른 종교의 심성론이 아닌 유교의 심성론을 검토하는 이유는 첫 번째로 대순진리회가 한국에서 시작된 종교이기 때문에 어떤 형태로든 유교의 영향이 있을 수밖에 없기 때문이며, 두 번째는 한국에서 심성론을 거론할 때 유교가 지니는 성격 때문이다. 적어도 마음, 또는 심성에 관한 문제는 유교에서 자유로울 수 없는데, 이는 불교나 도교도 마찬가지이지만 특히 유교의 영향이 훨씬 크다고 보기 때문이다.

유교에서의 심성론은 맹자로부터 비롯된 것으로 알려져 있다.[1] 이후에도 유교에서 심성이라는 주제는 항상 중심적 논의의 대상이었다. 송대의 성리학은 물론이고 성리학을 국가의 지도이념으로 삼았던 조선 시대에도 심성은 중요한 주제였다. 물론 심성이 유교에서만 다루어졌었던 것은 아니었다. 불교와 도교에서도 마음, 또는

---

1 공자도 마음에 관한 언급을 하지만 『논어』 전체를 통하여 '심'은 6회를 언급하는 데 그치고 있다. 공자에게 있어서 마음이란 인간의 자각이나 주체의식 정도를 가리키는 것으로 이해된다. 이상은, 「선진유학의 근본문제와 전승관계에 관한 고찰 ─공자·맹자·순자의 천인관, 심성론을 중심으로」, 『동양철학연구』 17, 동양철학연구회, 1997, 278~279쪽.

심성에 대한 논의나 가르침들이 있었지만, 유교와는 다소 다른 차원이라고 생각된다. 심성에 대해 역사적으로 전개된 논의들도 그렇지만 현대 한국 학계의 연구 성과만을 보더라도 다양한 주제의 심성 연구가 유교를 중심으로 이루어지고 있다. 그런 점에서도 유교와의 비교가 대순진리회 심성론을 이해하는 데 도움이 될 수 있다고 판단하였다.

연구의 순서는 심성론에 대한 이해를 위해 유교의 심성론을 파악해보고 다음으로 대순진리회에서 제시하는 마음에 대해 알아볼 것이다. 그리고 유교와의 유사점이나 차이점 등을 토대로 대순진리회 심성론의 특성과 검토되어야 할 문제 등을 중심으로 논의를 진행할 것이다. 유교의 심성론은 맹자를 시작으로 주자와 퇴계, 그리고 율곡의 논의를 검토해 나갈 것이다. 대순진리회에서 제시하는 마음에 대한 논의는『전경』의 내용을 중심으로 살펴보되『대순진리회 요람』과『대순지침』, 그리고 대순진리회의 마음과 관련된 연구들을 검토할 것이다. 그리고 앞에서 제시된 유교의 심성론과 대순진리회의 마음에 관한 논의를 비교하여 대순진리회 심성론의 특성과 함께 검토되어야 할 문제 등도 논의할 예정이다.

대순진리회의 마음과 관련된 기존의 연구들은 매우 많아서 모두를 언급하기에는 무리가 따른다. 다만 기존 연구의 내용들은 대부분 대동소이한데, 주로 마음의 구조와 기능을 설명하는 데 중점을 두고 있다. 대체로 거론되는 것이 전경의 내용을 인용하여 마음은 신이 임하는 통로이며 몸과 우주를 주관한다는 것에 초점을 맞추고 있다. 이러한 대순진리회 마음 관련 연구의 경향을 차선근은 인간적 차원

과 우주적 차원의 두 가지로 나누고 있다.[2] 여기에서는 이러한 선행
연구들의 입장을 받아들이면서 여기에 더하여 마음의 본성, 즉 심성
에 대한 논의까지 접근해 보려고 한다.

Ⅱ. 유교의 심성론

마음(心)에 대한 문제를 구체적으로 지적하고 확장한 것은 맹자부
터이다. 맹자 이전 마음에 대한 논의는 『서경(書經)』에 순임금이 우임
금에게 인심(人心)과 도심(道心)을 구분하여 논하고 있지만[3] 맹자에 이
르러 마음에 대한 논의가 구체화하였다.

맹자는 인(仁), 의(義), 예(禮), 지(智)의 단서(端緒)로서의 네 가지 마음
이 인간에게 있음을 말하면서 이를 성선설(性善說)의 근거로 제시한다.

사람이 모두 사람에게 차마하지 못하는 마음이 있다고 하는 것은 어
린이가 우물에 들어가는 것을 지금 사람이 마침 보고 모두 놀라서 측
은한 마음이 있게 될 것인데, 그 이유는 어린이의 부모와 교제를 맺으
려는 것도 아니고, 자기마을의 친구들에게 명예를 요구하려는 것도 아
니며, 그 비난의 소리를 싫어해서 그런 것도 아니다. 이로써 본다면, 측
은한 마음이 없으면 사람이 아니고, 수오하는 마음이 없으면 사람이

---

2 차선근, 「대순진리회 마음관 연구 서설 – 해원과 감응을 중심으로」, 『신종교연구』
36, 한국신종교학회, 2017, 115쪽.
3 『書經』, 「虞書 大禹謨」, "舜曰 人心惟危 道心惟微 惟精惟一 允執厥中." 『中庸』,
「章句序」, "人心惟危 道心惟微 惟精惟一 允執厥中者 舜之所以授禹也."

아니며, 사양하는 마음이 없으면 사람이 아니고, 시비하는 마음이 없으면 사람이 아니다. 측은한 마음은 인의 단서이고, 수오하는 마음은 의의 단서이고 사양하는 마음은 예의 단서이며, 시비하는 마음은 지의 단서이다. 사람에게 이 사단이 있는 것은 마치 그에게 사체가 있는 것과 같다.[4]

　사람에게 있어서 누구나 어찌하지 못하는 마음이 있는데 그것은 누구나 본래부터 가지고 있는 것으로 육체에 있어 수족과 같은 것이다. 그것은 측은한 마음, 부끄러워하거나 미워하는 마음, 사양하는 마음, 옳고 그름을 판단하는 마음으로, 이러한 마음이 차례대로 인의예지를 발현시키는 출발점이 된다. 그것은 누구에게나 있는 것인데 만일 사람에게 그러한 마음이 없다면 인간이라고 부를 수 없는 것이다. 그런 점에서 맹자는 인간과 금수를 대비시켜 설명하고 있다.

　　사람이 금수와 다른 점은 아주 적다. 서민은 그것을 버리고 군자는 그것을 가지고 있다. 순임금이 모든 서물(庶物)을 밝히고 인륜을 자세히 살핀 것은 인의(仁義)에서 비롯된 것이지 인의를 실제로 행한 것은 아니다.[5]

---

4 『孟子』, 「公孫丑上」, "所以謂人皆有不忍人之心者 今人乍見孺子將入於井 皆有怵惕惻隱之心 非所以內交於孺子之父母也 非所以要譽於鄉黨朋友也 非惡其聲而然也. 由是觀之 無惻隱之心 非人也 無羞惡之心 非人也 無辭讓之心 非人也 無是非之心 非人也. 惻隱之心 仁之端也 羞惡之心 義之端也 辭讓之心 禮之端也 是非之心 智之端也."

5 『孟子』, 「離婁下」, "孟子曰 人之所以異於禽獸者 幾希 庶民去之 君子存之. 舜明於庶物 察於人倫 由仁義行 非行仁義也."

맹자에 의하면 인간과 짐승의 차이점은 아주 미세할 뿐이다. 그런데 그 미세한 차이, 즉 인간만이 가지고 있는 본성이 마음에서 비롯되는 인의(仁義)이다. 마음에서 비롯되는 본성은 인의만이 아니라 인의예지(仁義禮智) 모두에 해당된다. 맹자는 인간과 짐승의 차이점을 근거로 인간 고유의 도덕적 본질인 성(性)을 이야기하면서 인간의 본성을 선(善)으로 규정하고 있다.[6] 인간의 본성에 대해 주자(朱子)는 사람과 사물이 모두 하늘과 땅의 이치를 얻어서 성품이 되고 하늘과 땅의 기운을 얻어 형체가 되었지만, 사람만이 그 사이에 있는 형체와 기운의 바른 것을 얻어서 그 성품을 완전하게 한 것이 차이점이라고 하였다.[7]

마음은 사람들만이, 그리고 모든 사람이 가지고 있는 것인데, 그것이 인의예지의 출발점이 된다. 그렇기에 맹자는 인간의 도덕적 행위나 선의 가능성을 마음(心)으로부터 찾는다. 따라서 맹자에게 인간의 마음은 도덕의 본심이다. 마음은 동시에 본성이 되며 그것은 도덕심이고 도덕 본성이다. 마음이란 주관적 측면이고 성은 객관적 측면이므로 결국 마음과 성은 같은 것을 다른 측면에서 말하는 것이 된다.[8] 맹자의 성선설은 결국 마음의 본성이 선한 것으로 연결된다. 그렇다면 인간의 본성이 선하다는 것을 인간의 심성이 선하다고 바꾸어 말할 수 있을 것이다. 즉 성선을 심선으로 바꾸어 말할 수 있다.

---

6 윤지원, 「선진유가인성론소고」, 『공사논문집』 65, 공군사관학교, 2014, 145~146쪽.

7 『孟子集註』, 「離婁下」, "人物之生 同得天地之理 以爲性 同得天地之氣 以爲形 其不同者 獨人於其間 得形氣之正 而能有以全其性 爲少異耳."

8 윤지원, 앞의 글.

맹자의 성선설에 대해 풍우란은 진례(陳澧)의 말을 빌려 "성이 선하다는 맹자의 말은 모든 사람이 생래적으로 한결같이 도덕적으로 완전하다는 말이 아니라 그의 본성 속에 선한 요소나 원칙이 있다는 말"[9]이라고 하였다.

송대 성리학에서 마음의 문제는 수양론의 중요 주제이다. 주자(朱子)는 『서경(書經)』에 나오는 인심도심의 발생근원을 사사로운 형기(形氣)인 육신과 올바른 성명(性命)이라는 두 근원의 대비구도로 설명한다.[10]

> 마음의 허령지각(虛靈知覺)은 하나일 뿐인데 인심과 도심의 다름이 있다고 하는 것은 혹은 형기의 사사로움에서 생겨나고 혹은 성명의 바름에서 근원하기 때문에 다르게 지각되는 것이다. 그래서 혹은 위태롭기에 불안하며 혹은 미묘하여 보기가 어려운 것이다. 그러나 사람은 이 형체를 가지고 있지 않은 이가 없으므로 비록 상지(上智)라도 인심이 없을 수 없고, 또한 이 성품을 가지고 있지 않은 이가 없으므로 하우(下愚)라도 도심이 없을 수 없다. 그 두 가지가 마음 사이에 섞여 있어 다스릴 바를 알지 못하면, 위태로운 것은 더욱 위태로워지고, 미묘한 것은 더욱 미묘해져서 천리의 공변됨이 마침내 인욕의 사사로움을 이기지 못할 것이다 …… 반드시 도심으로 항상 한 몸의 주체를 삼고 인심이 언제나 그 명령을 따르게 한다면 위태로운 것이 편안해지고 미묘

9 馮友蘭, 박성규 옮김, 『중국철학사』상권, 까치글방, 2013, 199쪽.
10 임부연, 「정약용 마음론의 구조와 쟁점 - 주희와의 비교를 중심으로」, 『종교학연구』20, 서울대학교 종교학연구회, 2001, 94~95쪽.

한 것이 드러나서 동정(動靜)과 운위(云爲)가 저절로 지나치거나 미치지 못하는 잘못이 없을 것이다.[11]

모든 사람에게는 도심과 인심이 내재해 있는데, 도심은 육체의 주재자이어야 하고 인심은 도심에 종속되어야 한다. 주자는 정이천이 인심을 인욕(人欲), 도심을 천리(天理)라고 하는 설을 옳다고 하면서 다만 그것이 두 가지가 아니고 마음의 도리에 합하면 천리이고 정욕을 따르면 그것이 인욕이라고 하였다.[12] 마음이라는 것이 인심과 도심의 두 가지로 나뉘어 있는 것이 아니고 어떤 마음을 가지고 행동하는가에 따라 도심도 되고 인심도 될 수 있는데, 인심은 인욕, 즉 육체의 욕구에 따라 행할 때 나타나며 도심은 더욱 상세히 살펴서 하늘의 이치에 맞게 따라 할 때 나타나는 것이다. 성인(聖人)에게도 인심이 있으나 성인은 완전히 도심이 주관하므로 위태롭지 않다. 다만 성인도 인심뿐이라면 위태롭기 때문에 생각하지 않으면 광인(狂人)이 된다.[13] 주자에게 있어 맹자의 성선, 심선의 근원은 인심이 아니라 도심인 것이다.

한편 맹자가 심성을 분리하지 않고 같은 것으로 보는 것과 달리 주

---

11 朱熹,『中庸章句序』, "心之虛靈知覺 一而已矣 而以爲有人心道心之異者 則以其或生於形氣之私 或原於性命之正 而所以爲知覺者 不同 是以 或危殆而不安 或微妙而難見耳. 然人莫不有是形 故雖上智 不能無人心 亦莫不有是性 故雖下愚 不能無道心 二者 雜於方寸之間 而不知所以治之 則危者愈危 微者愈微 而天理之公 卒無以勝夫人欲之私矣.... 必使道心 常爲一身之主 而人心 每聽命焉 則危者安 微者著 而動靜云爲 自無過不及之差矣."

12 성백효 역주,『역주 심경부주』, 사단법인 전통문화연구회, 2018, 40쪽.

13 위의 책, 43쪽.

자는 심에 대해 매우 분석적인 태도를 취하며 심(心)·성(性)·정(情)을 각기 다른 것으로 보고 있다. 주자에 의하면 성은 곧 이(理)이다.[14] 또한, 주자는 심을 기(氣)의 정상(精爽), 그리고 앞에 인용된 것에서 알 수 있듯이 허령지각 등으로 묘사한다. 육체의 주체인 심에는 천리가 가장 온전하게 갖추어져 있는데, 그 심의 본체가 성이다. 즉 마음은 모두 이(理)를 갖추고 있는데 마음이 갖춘 이가 바로 성이며 그 이의 원천이 하늘인 것이다.[15] 정에 대해서는 "성이란 심의 이요, 정이란 성의 동이요, 심이란 성과 정의 주(主)다"[16]라고 구분하고 있다. 즉 심이 주가 되어 그 이치를 말할 때 성이고, 움직임으로 나타날 때 정이라는 의미이다. 결국, 인심도심에서의 도심은 성(이)을 일컫는 것이고 그것이 밖으로 드러날 때 정이 되는 것이다.

인격적 완성을 추구하는 수양론에 초점이 맞춰져 있는 퇴계에게도 심·성의 문제는 중요한 학문적 관심사였다. 퇴계는 이기론에 입각해서 마음이 이와 기가 합쳐진 것으로 보았다. 개체의 마음에서 이는 성(본성)이 되고 기는 이(성)를 싣는 그릇이다. 이기가 합해짐으로써 허령지각이라는 마음의 기능이 있게 된다고 보고 있다.[17] 또한, 퇴계는 인간의 인심과 도심을 기와 이로 나누고 다시 정(情)을 사단과 칠정으로 구분하여 사단을 이, 칠정을 기로 나누고 있다. 그리고

14 朱熹, 『中庸章句一』, "性卽理也."
15 임헌규, 「유가의 인성론과 심성론」, 『동방학』 5, 한서대학교 동양고전연구소, 1999, 436쪽.
16 이동희, 「주자 심성론의 특징과 그 계승성」, 『공자학』 1, 한국공자학회, 1995, 208쪽.
17 김낙진, 「퇴계 이황과 율곡 이이의 심성론 비교」, 『율곡학연구』 12, 율곡학회, 2006, 57쪽.

사단은 순수하게 선이지만, 칠정은 선악이 혼재하고 있다고 한다.[18]

인간의 선악이 왜 존재하는가에 대한 문제에 있어 퇴계는 이기호발설(理氣互發說)을 근거로 해명한다. 사단과 칠정에 모두 이와 기가 있지만, 어느 것이 주가 되는가에 따라 이와 기가 되고 그것이 선과 악을 판별하는 기준이 된다. 이렇게 본다면 앞에서 말한 사단이 순수하게 선하다는 것과 모순이 된다. 그러나 이것은 주가 이와 기 가운데 어디에 있느냐에 따라 달라진다는 것이다. 즉, 이의 주재(主宰)가 강하면 기는 약하여 이가 나타나고 이것이 주리(主理)이며 선이 나타나게 되고, 반대로 이의 주재가 약하면 기가 강해져서 기가 나타나고 이가 감추어지므로 선이 감추어지게 된다는 것이다.[19] 따라서 사단은 이가 주재하므로 기가 약한 주리의 현상이며, 칠정은 기가 주재하므로 이가 약한 주기의 현상이라고 할 수 있다. 또한, 기 자체가 악이 아니라 기가 어떻게 작용하는가에 따라 악이 발생한다고 보고 있다.

이기 관계로 볼 때 퇴계가 마음은 구조적으로 이와 기가 합해진 것이라고 본다면 율곡은 마음이 기라고 보고 있다. 율곡에게 성은 천리가 사람에게 부여된 것이며, 성이 기와 결합하여 일신을 주재하는 마음이 되고 마음이 사물에 응대하여 외부로 드러나는 것이 정이다.[20] 퇴계와 다르게 율곡에게 마음이란 성과 기가 결합한 것이다. 천리가 부여된 성은 그 자체로 어떤 활동성이나 물질적 특성이 있는

---

18 서용화, 「퇴계의 인간관 연구」, 『퇴계학보』 70, 퇴계학연구원, 1991, 37~38쪽.
19 위의 글, 39쪽.
20 李珥, 「人心道心圖說」, 『栗谷全書』 卷 14, "天理之賦於人者謂之性 合性與氣而爲主宰於一身者謂之心 心應事物而發於外者謂之情."

것이 아니다. 인간의 본질을 이루고 있는 성은 곧 천리가 물리적, 육체적 한계를 지니면서도 성명(性命)이라는 비물리적인 특성이 결합된 인간을 구성하는 원리이다. 인간의 본질적 특성을 이루는 성은 그 자체로 운동의 특성을 갖는 것이 아니기 때문에 기의 조력을 필요로 하는 것이다.[21] 즉 움직여서 성을 외부로 드러내는 동력을 담당하는 것은 기이기 때문에 이이는 마음의 움직임을 기라고 한 것이다.

율곡은 인심과 도심, 그리고 사단과 칠정에서도 퇴계와 다른 태도를 보인다. 퇴계는 인심과 도심, 그리고 사단과 칠정을 이와 기로 나누어 두 가지로 보고 있다. 그러나 율곡은 사단과 칠정을 서로 분리되지 않은 것으로 보고 있다. 즉 칠정 안에 사단이 포함되어 있다는 것이다. 인심과 도심도 개념상 상대적으로 독립적일 뿐 드러나는 서로 다른 성격의 마음을 규정한 것이다. 모두 한 마음에서 유래하는 것은 마찬가지이다. 선악의 문제에서도 율곡에게 도심과 사단은 지선(至善)에 해당하고 칠정과 인심을 선이나 불선(不善)으로 나누지 않고 있다.[22]

이처럼 유교에서는 맹자에서 마음의 문제를 거론한 이후 송대 성리학을 거치며 마음에 대해 매우 분석적인 태도를 보이며, 마음의 선한 근거를 찾기 위해 노력하였다. 그것은 곧 인간이 왜 도덕적이어야 하는가, 어떻게 성인에 이를 수 있는가를 찾는 노력이며 퇴계나 율곡의 수양론은 그 결과에 해당된다고 할 수 있다.

---

21 김경호, 「율곡학파의 심학과 실학」, 『한국실학연구』 28, 한국실학학회, 2014, 56~57쪽.
22 조장연, 「율곡의 인성론 연구-사단칠정과 인심도심의 관계를 중심으로」, 『한문고전연구』 12, 한국한문고전학회, 2006, 286~290쪽.

Ⅲ. 대순진리회에서의 마음

증산이 마음(또는 心이나 一心)을 언급하는 내용은 『전경』에 백여 차례 이상 등장한다. 그것을 모두 언급하기에는 중복되는 것도 있고, 다른 목적에서 사용한 것도 있기에 부분적으로 중요하다고 생각되는 몇 가지를 중심으로 살펴볼 것이다. 증산이 마음에 대해 어떻게 생각하는가를 파악해 볼 수 있는 가장 기본적인 가르침은 다음과 같다.

> 하늘이 비와 이슬을 박하게 베풀면 반드시 만방의 원이 생길 것이며, 땅이 물과 흙을 박하게 베풀면 반드시 만물의 원이 생길 것이고, 사람이 덕화를 박하게 베풀면 반드시 만사의 원한이 생겨나게 된다. 하늘이 베풀고, 땅이 베풀고, 사람이 베푸는 것은 모두 마음에 달려있는 것이다. 마음이란 귀신의 추기(樞機)이며 드나드는 문이며 다니는 도로이다. 추기를 열고 닫으며 문으로 드나들며 도로를 왕래하는 신은 혹은 선하기도 하고 혹은 악하기도 하니, 선한 것은 그대로 따르고 악한 것은 고쳐야 한다. 내 마음의 추기와 문과 도로는 천지보다도 더 크다.[23]

이 설명에 따른다면 세상의 모든 원한은 마음에 달려있다. 마음을 어떻게 사용하는가에 따라 그것을 행동으로 옮기기도 하고 그 결과 원이 생기기도 하고 그렇지 않기도 하는 것이다. 마음은 신이 드나드

---

23 대순진리회 교무부, 『전경』, 「행록」 3-44. "天用雨露之薄則必有萬方之怨 地用水土之薄則必有萬物之怨 人用德化之薄則必有萬事之怨 天用地用人用統在於心 心也者鬼神之樞機也門戶也道路也 開閉樞機出入門戶往來道路神 或有善或有惡 善者師之惡者改之 吾心之樞機門戶道路大於天地."

는 문이며 도로인데, 그곳에는 다양한 신들이 왕래한다. 그 신들 가운데는 선한 신도 있고 악한 신도 있다. 신의 의지에 따라 그대로 행동하게 되면 선한 신이 들어올 때는 선한 행동을 하게 되고 악한 신이 들어오면 악한 행동을 하게 된다. 따라서 사람들은 그것을 잘 알아서 선한 것은 그대로 따르되 악한 신의 작용이 생기면 잘 고쳐서 선하게 되도록 이끌어야 하는 것이다. 즉, 마음의 작용에 따라 악이 될 수도 있고 선이 될 수도 있는 것이다. 이러한 모든 것은 바로 마음에 좌우되는 것으로 그 영향은 사람에게만 해당하는 것은 아니다. 내 마음의 추기와 문과 도로는 천지보다도 더 큰, 즉 천지를 능가하는 것이기 때문이다. 따라서 내가 어떤 마음을 갖느냐에 따라서 온 천하에 영향을 끼치는 것으로 이해할 수 있다.

장병길은『전경』에 나와 있는 현무경의 도면[24]과 위의 설명을 연결해서 마음이 영(靈)이나 신을 감응할 수 있는 자리이기 때문에 심령신대(心靈神臺)라고 하였다.[25] 심령은 지극한 보배로 그것을 통하면 귀신과도 서로 통하고 만물과도 함께 질서를 구할 수 있는 것이다.[26] 장병길에 의하면 상제로부터 심령신대를 갖추어서 태어난 인간이 선천에서는 도수가 그릇되고 신명계에서 상극지리에 지배되었기 때문에 허물을 저지르게 되었다. 특히 그런 중에서도 인간들은 스스로의 삶의 자리를 깨닫지 못하는 무지에 빠져서 탐욕 속에서 헤매고 있었다.[27] 상제로부터 심령신대를 갖춘 인간들이라면 도덕적으로

---

24 『전경』, 187쪽.

25 장병길, 『증산종교사상』, 한국종교문화연구소, 1976, 93쪽.

26 『전경』, 「교운」, 2-41, "心靈通則鬼神可與酬酢萬物可與俱序…"

27 장병길, 앞의 책, 94쪽.

선하거나 지극히 공평한 존재가 되어야 한다. 그러나 선천에서는 도수가 그릇되었기 때문에, 그리고 신명계의 상극하는 이치에 지배되었기 때문에 그럴 수 없었다고 이해할 수 있다.

한편 장병길은 다른 곳에서는 '심령을 신대로 삼고…'라고 하여 심령과 심대를 나누어서 보고 있다.[28] 이것은 마음을 심령이라고 하고 그 심령은 신들이 거하는 곳, 앞의 인용문에서 보듯이 '귀신들의 추기이며 신들이 드나드는 문'으로 이해할 수 있다. 다시 말해서 심령신대란 마음을 심령으로, 그리고 그 심령이 신들과 관계하는 이치를 신대로 이해하는 것이다.

세상의 모든 원한이 마음에 달려있다는 것은 마음이 세상에서 차지하는 위치를 말하기도 한다.

> 천지의 중심은 마음이다. 고로 동서남북과 몸이 마음에 의존한다.[29]

마음이 온 우주 전체의 중심이며 그 안에 있는 모든 것이 마음에 의존하는 것이다. 여기에서 천지란 단순히 물리적 공간만을 의미하기보다는 그 안에 있는 모든 것을 일컫는 것으로 보아야 한다. 일체의 모든 사물도 마음에 의존하며, 신들도 결국 마음에 의존하게 되는 것이다. 따라서 선한 신이 들어오는 것은 그냥 우연히 들어오는 것이 아니라 내 마음의 작용 때문이요, 악한 신이 들어오는 것도 내 마음이 작용하기 때문이다. 우주 전체뿐만 아니라 몸도 마음에 의존

---

28 장병길,『대순종교사상』, 대순종교문화연구소, 1989,
29 天地之中央心也 故東西南北身依於心.『전경』,「교운」1-66.

한다고 하고 있으며 이는 인간의 신체가 마음에 따라 좌우됨을 말한다. 이렇게 본다면 마음을 움직이는 주체는 바로 마음 자신이며 스스로 하는 행동에 따라 그 결과가 나타나는 것이다. 조금 더 적극적으로 해석하면 내가 마음을 먹는 기준에 따라 어떤 신이 들어오고 나가는지 결정된다. 내가 악한 마음을 먹으면 악신이, 선한 마음을 먹으면 선한 신이 내 마음에 들어오게 된다. 그 결과 나의 행동이 선하게 나타나거나 악하게 나타나는 것이다. 즉 좋은 마음을 먹으면 좋은 신이 들어와 그 사람을 지배하게 될 것이며 나쁜 마음을 먹으면 나쁜 신이 들어와 그 사람을 지배하게 된다. 사람이 생각하고 마음먹음에 따라 신이 그 사람에게 응하게 되는 것이다.[30]

신인조화(神人調化)의 세계에서도 이것은 같은 의미로 연결된다. 대순진리회에 의하면 다가올 후천세계는 인존시대(人尊時代)이다. 따라서 신인의 조화는 인간이 신에게 가는 것이 아니라 신이 인간에게 오는 것이다. 그리고 그 신이 인간과 만나는 접점이 바로 마음이 된다. 마음은 우주 전체의 중심이므로 모두가 마음에 의존한다. 따라서 마음의 모습에 따라, 조금 다른 말로 하면 마음을 어떻게 먹느냐에 따라 다가올 신의 모습이 결정된다. 작은 마음을 가지면 작은 신이, 큰마음을 가지면 큰 신이, 네모의 마음이면 네모의 신이 응하는 것이다.[31] 따라서 선과 악도 결국 마음의 작용에 따라 결정되는 것이다. 선한 행동을 하기 위해서는 선한 마음을 갖기 위해 끊임없이 노

---

30 정대진, 「안심 안신의 이해」, 『대순사상논총』 7, 대진대학교 대순사상학술원, 1999, 7쪽.
31 차선근, 「근대 한국의 신선 관념 변용」, 158쪽.

력해야 하며 부지런히 마음을 닦는 수밖에 없는 것이다.

> 악장제거 무비초 호취간래 총시화(惡將除去無非草 好取看來總是花)라 말은 마음의 외침이고 행실은 마음의 자취로다.[32]

외부의 상태가 어떠하든 간에 자신이 마음을 먹는 바에 따라 결과는 달라질 수 있다는 것이다. 다시 말해서 억울한 일이나 악독한 일을 당하더라도 마음을 좋게 먹는다면 선한 결과를 얻게 되는 것이다. 이러한 과정을 끊임없이 해나가게 되면 누구를 대하더라도 어여삐 여기고 사랑하게 된다. 대순진리회에서 제시하는 사강령 가운데 하나인 안심(安心)은 이렇게 자신의 마음속으로 들어오는 나쁜 신을 차단하고 이를 고쳐 써서 어떤 경우에도 악한 쪽으로 마음이 기울지 않는 것을 말한다. 어떤 사람이 유혹을 하고 위협을 가해도 굴하지 않고 끝까지 자신의 바른 도를 지켜나가는 것이 곧 안심인 것이다. 이처럼 마음이 안정되었을 때 마음을 감싸고 있는 몸도 안정되는 안신(安身)을 이루게 된다.[33]

마음을 어떻게 먹느냐는 것은 결국 한순간에 되는 것은 아니고 지속적인 노력을 기울여야 한다. 그래서 증산은 마음을 어떻게 닦는가에 따라 결과가 달라질 수 있음도 강조하고 있다.

> 공자(孔子)는 七十二명만 통예시켰고 석가는 五百명을 통케 하였으

---

32 『전경』, 교법 1-11.
33 정대진, 앞의 글, 11쪽.

나 도통을 얻지 못한 자는 다 원을 품었도다. 나는 마음을 닦은 바에 따라 누구에게나 마음을 밝혀 주리니 상재는 七일이요, 중재는 十四일이요, 하재는 二十一일이면 각기 성도하리니 상등은 만사를 임의로 행하게 되고 중등은 용사에 제한이 있고 하등은 알기만 하고 용사를 뜻대로 못하므로 모든 일을 행하지 못하느니라.[34]

마음은 성인의 바탕으로 닦고 일은 영웅의 도략을 취하여야 되느니라.[35]

사람마다 그 닦은 바와 기국에 따라 그 사람의 임무를 감당할 신명의 호위를 받느니라. 남의 자격과 공부만 추앙하고 부러워하고 자기 일에 해태한 마음을 품으면 나의 신명이 그에게 옮겨가느니라.[36]

마음은 그것을 닦은 바에 따라 도통을 이룰 수 있고, 신명의 호위도 받을 수 있는 것이다. 그러나 마음을 게을리하고 제대로 닦지 못한다면 나를 호위하는 신명조차도 다른 사람에게 옮겨갈 수 있다고 하여 마음의 주재성을 강조함으로써 수양, 또는 수도를 통해 마음을 닦아야 함을 나타내고 있다고 볼 수 있다. 이것을 마음의 본성적 측면에서 생각해 본다면 마음을 닦은 바에 따라 도통의 상중하가 결정될 것이지만, 다른 식으로 이해하자면 본성을 얼마나 회복시켰는가

---

34 『전경』, 교운 1-34.
35 『전경』, 교법 1-23.
36 『전경』, 교법 2-17.

에 따라 결정되는 것으로 비유해볼 수 있다.

이와 같이『전경』에서는 마음이 중요하며, 그러므로 마음을 잘 닦아야 함을 강조하고, 또한 마음의 기능이나 개념[37] 등을 언급하고 있기는 하지만 마음의 본성이나 구조에 대해서 구체적으로 언급하지는 않았다. 대순진리회에서 마음을 잘 닦아야 한다는 수도의 중요성은『전경』뿐만 아니라 이후에도 지속해서 강조되고 있다. 우당은 "주문만 읽는다고 되는 것이 아니며 마음을 고치고 수도해 나가는 것이 제일 중요한 일이다"라고 하여 주문 수련에 앞서 마음을 먼저 닦을 것을 강조하고 있다. 또한 "자고로 '마음이 참되지 못하면 뜻이 참답지 못하고, 뜻이 참되지 못하면 행동이 참답지 못하고, 행동이 참되지 못하면 도통진경에 이르지 못할 것이라(心不誠 意不誠 意不誠 身不誠 身不誠 道不誠)'하심을 깊이 깨달으라"고 하여 수도의 목적이 마음을 참답게 만드는 데 있음을 분명히 했다.[38]

그러나 이런 논의는 결국, 마음의 여하에 따라 선이 되고 악도 가능하다는 논리가 된다. 마음의 본성이 어떠하기에 선과 악이 모두 가능할까, 또는 왜 마음은 선도 되고 악도 가능한 걸까에 대해 보다 구체적인 근거가 필요하다. 그 근거는『대순진리회요람』의 열 번째 항목인 훈회에 나타나 있다.

---

37 이경원은『전경』에 근거를 두고 마음의 개념을 네 가지로 정리하였는데, 1) 천·지·인을 통제 제어하는 중추기구, 2) 신과의 교섭 장소, 3) 심령(心靈)으로서의 마음, 4) 몸의 주인으로서의 마음이 그것이다. 이경원,「안심 안신에 관한 심성론적 해석」,『대순사상논총』7, 대진대학교 대순사상학술원, 1999, 531~535쪽.
38 차선근, 앞의 글, 160쪽.

마음은 일신(一身)의 주(主)이니 사람의 모든 언어 행동은 마음의 표현이다. 그 마음에는 양심(良心) 사심(私心)의 두 가지가 있다. 양심은 천성 그대로의 본심이요, 사심은 물욕에 의하여 발동하는 욕심이다. 원래 인성의 본질은 양심인데, 사심에 사로잡혀 도리에 어긋나는 언동을 감행하게 됨이니 사심을 버리고 양심인 천성을 되찾기에 전념하라. 인간의 모든 죄악의 근원은 마음을 속이는 데서 비롯하여 일어나는 것인즉 인성의 본질인 정직과 진실로써 일체의 죄악을 근절하라.[39]

마음에는 양심과 사심의 두 가지가 있는데, 마음의 본바탕은 양심이고 사심은 물욕, 즉 우리가 감각기관을 통해 사물이나 주변의 환경을 받아들여서 생겨난 욕심을 말한 것으로 보인다. 그렇게 본다면 본래 마음은 육체를 지배하고 육체는 마음에 종속되어야 하지만, 감각기관인 육체에 의해 전송된 정보를 바탕으로 그 영향을 받아서 도리어 육체인 감각기관에 좌우되는 것이라고 볼 수 있다. 그런데 육체는 마음의 지배를 받기 때문에 감각기관에 좌우된 마음에 따라 육체의 말과 행동이 밖으로 드러나게 된다. 즉 감각기관에 의해 들어온 정보의 지배를 받는 사심이 작동하는가, 아니면 천성 그대로의 양심이 작동하는가에 따라 육체의 행동이 나타난다. 사심을 이기고 양심에 따른 행동을 한다면 선한 행동이, 반대로 사심이 양심에 앞장선다면 도리에 어긋나는 악한 행동이 나타나는 것이다.[40] 사심은

---

39 대순진리회 교무부, 『대순진리회요람』, 2003, 18~19쪽.
40 이경원은 일심(一心)을 논하면서 양심과 사심이 양립하여 가치의 혼돈이 생긴 것을 두 마음으로 설명하면서 양심과 사심을 설명하고 있다. 이경원, 「대순사상의 심체론 연구」, 『신종교연구』 6, 한국신종교학회, 2002, 214쪽.

인욕의 사사로움에 이끌려 생기는 것으로 천성에 반하는 마음의 작용이다.

마음에 대한 또 하나의 근거가 『대순지침』에 나타난다.

> 사(私)는 인심이요 공(公)은 도심(道心)이니, 도심이 지극하면 사심(私心)은 일어나지 못하느니라.[41]

양심과 사심이라는 주제는 여기에서 도심과 인심으로 언급되고 있다. 최치봉은 이를 지각의 기능으로 보고 주자의 주장을 근거로 하여 마음의 온전한 본체는 텅 비어 있고 밝아서 온갖 이치가 모두 갖추어져 있으며 조금의 사사로운 욕망도 끼어들지 않기 때문이라고 하였다.[42] 사는 사사로운 욕망, 그리고 공은 공공의 도덕성으로 이해되는데, 그런 점에서 차선근의 연구는 논의를 조금 더 복잡하게 전개할 수 있다. 차선근은 욕망에 긍정적인 욕망과 부정적인 욕망이 있음을 설명하면서 욕망은 무조건 충족되어야 함을 주장한다. 다만 부정적인 욕망을 충족시킬 경우 불행한 미래가 기다리고 있을 뿐이다.[43] 부정적인 욕망이 사사로운 욕망이라면 긍정적인 욕망은 무엇인가라는 의문이 생긴다.

대순진리회의 입장에서 보자면 사심은 무조건 멀리하거나 일어

---

41 대순진리회 교무부 편, 『대순지침』, 대순진리회 출판부, 1984, 93쪽.
42 최치봉, 「주자학으로 본 대순사상의 마음에 관한 연구─허령, 지각, 신명을 중심으로」, 『대순사상논총』 31, 대진대학교 대순사상학술원, 2018, 251쪽.
43 차선근, 「대순진리회 마음관 연구 서설─해원과 감응을 중심으로」, 『신종교연구』 36, 한국신종교학회, 2017, 121쪽.

나지 못하도록 해야 한다. 그런데 그것은 사심이 물질과 연결되어 있을 경우이다. 물질과 연결되지 않은 사심도 있을까 하는 의문이 든다. 만약 그렇다면 사심은 무조건 일어나지 못하게 하거나 피해야 하는 것은 아니기 때문이다. 물질과 연결되지 않은 사심을 긍정적 욕망으로 볼 수 있을지도 모르겠다. 아마도 이 부분은 단순하게 인심도심론과 사심양심론으로 설명할 수 없는 부분이 될 것이다. 그것은 또 다른 문제인 인심이나 사심을 바로 인욕, 즉 인간의 욕망으로 귀결시킬 수 있는가의 문제와 관련된다. 마음 자체와 그 마음에서 생성되는 욕망은 또 다른 문제이기 때문이다. 그렇다고 하더라도 위의 인용문에서 도심이 지극하면 사심이 일어나지 못한다는 것으로 보아 도심의 지극함을 양심의 발현으로 이해할 수도 있지 않을까 한다.

그런 면을 고려하더라도 양심이나 도심의 문제는 분명한 것으로 보인다. 모든 죄악의 근원이 마음을 속이는 것에서 비롯된다는 것도 천성 그대로의 본심인 양심이나 도심을 속이는 것으로 설명되기 때문이다. 그러하기에 양심을 회복시키기 위해 노력해야 하며 사심에 얽매이지 않아야 하는 것이다. 그렇게 하도록 수도의 중요성이 강조되고 있다. 수도를 통해 마음을 드러내야 하며 그것이 완전히 발현되었을 때 대순진리회의 최종 목적인 지상신선, 지상천국이 가능한 것이다. 다시 말해서 수도의 목적이 지상신선이지만, 보다 구체적으로 들어가면 마음의 선한 본성, 즉 천성인 양심을 일깨워서 그것을 온전히 드러내서 도덕성을 회복하는 것이 바로 목적이라고 할 수 있다. 대순진리회의 목적이 지상천국인데 그것은 결국 이러한 작용의 결과물이라고 생각할 수 있다.

Ⅳ. 대순진리회의 심성론

유교와 마찬가지로 대순진리회에서도 마음에 관한 문제는 중요한 주제이다. 『전경』에서 제시한 마음에 대한 개념은 신과 연결되어 있다. 마음은 신을 맞이하며 신들이 드나드는 통로인데 어떤 신을 맞이하는가에 따라서 마음이 그에 따르게 되며 그것이 행동으로 나타나게 된다. 따라서 여기에서는 마음이 선하거나 악하다는 전제가 마련되어 있지 않다. 마음 자체의 본성이 어떠한가에 대해 구체적으로 드러난 것은 아니다. 다만 마음은 인간과 우주의 중심이며 모든 사물이 마음에 의존하고 있다는 의미를 제시하고 있다. 마음은 육체와 온 우주의 주재자로서의 위치에 있다. 따라서 마음의 작용에 따라 선과 악이 드러나는 구조라고 이해된다.

맹자는 마음의 본성이 선하다고 보았는데, 그 근거로 사단을 제시하고 있다. 선한 본성을 지닌 인간이 악을 저지르는 이유는 마음에 내재된 본성에 따라 생각하지 않고 육체가 주는 정보에만 의존하여 그것에 맞게 행동하기에 악을 저지를 수 있는 것이다. 주자는 맹자의 이런 입장을 받아들이면서도 맹자가 심과 성을 구분하지 않고 같은 것으로 보는 것과 달리 마음을 심·성·정의 세 측면으로 분석하여 심에 내재된 리(理, 또는 天理)로서의 성과 심이 행동으로 나타난 측면인 정, 그리고 성과 정을 주관하는 마음이란 측면으로 보았다. 인간이 선이나 악을 행할 수 있는 이유로 선진시대 이심도심론을 설명하면서 도심을 따르면 선, 이심을 따르면 악을 저지를 수 있다고 보았다. 또한 성을 천명지성(天命之性), 또는 본연지성(本然之性)과 기질지성(氣質

之性)으로 구분하고 있다. 그러나 대개 지선(至善)한 본연지성과 기질 지성은 별개의 성이 아니라고 말하고 있다.[44]

퇴계의 경우는 다소 달라서 도심과 인심, 그리고 사단과 칠정을 이와 기로 나누고 이기론을 통해 마음을 설명하려 한다. 다만 그의 경우 사단은 선이고 칠정은 악이라는 전제가 다를 뿐이다. 물론 이는 선에 해당하지만, 기는 선도 악도 아니다. 율곡의 경우에는 사단과 칠정에 있어 퇴계와 다른 입장에 선다. 칠정이 사단을 포함하는 입장이다. 유교의 입장에서 설명되는 마음은 천리가 개입되어 있기는 하지만 구조적 요소일 뿐 인격적이거나 신적인 속성이 제시된 것은 아니다.[45] 하늘을 언급하고 있지만, 이때의 하늘은 신적인 존재라기보다는 우주적 규범, 내지 이치로서의 하늘이기 때문이다.

한편 정산이 무극도를 창도한 이후 종지와 신조를 발표하면서 사강령으로서 안심, 안신, 경천, 수도, 그리고 목적에 무자기가 포함된 것은 이전에 강조되었던 마음의 중요성을 계승한 것이다. 마음의 흔들림없는 안정을 통해 몸도 안정된다는 의미로 마음의 주재성을 다시 한번 강조한 것이다. 경천과 수도의 의미도 마음을 다하여 하늘을 숭배하고 마음을 수도(또는 수련)한다는 의미가 있다고 본다.

『대순진리회 요람』에 있는 마음에 대한 보다 분석적인 내용을 통해 마음의 본성적 측면, 즉 심성에 대한 보다 심화된 논의를 진행시

---

44 이동희, 앞의 글, 210~212쪽.
45 물론 정약용의 경우에는 설명이 다소 다르다. 그에게 도심이란 형이상학적으로 정초되는 도덕원리이거나 태생부터 지닌 천성이 아니라 상제인 하늘이 일상의 시시각각 모든 순간에 자신의 명령을 지속적으로 전해주는 것으로 보았다. 임부연, 앞의 글, 96쪽 참조.

킬 수 있다. 그것은 바로 양심과 사심에 대한 언급이다. 양심을 천성 그대로의 본심이라고 하는 것은 하늘의 이치를 받은 것, 곧 유교의 천리라고 할 수 있다. 천리는 인간의 사사로운 욕심인 인욕에 의해 생겨나는 사심과는 다른 의미로서 '극진함이 털끝만 한 인욕의 사가 없는'[46] 공정한 것이다. 따라서 유교의 도심이나 사단, 주자의 '성즉리'와 본연지성 등은 대순진리회의 심성을 이해하는 데 도움을 줄 수 있다. 양심을 공자의 인(仁), 또는 맹자의 양지(良知)로 이해한다면 보다 발전된 논의가 이루어질 수 있다고 본다. 그렇게 본다면 양심이 바로 마음의 본성이 되며 또한 인간, 또는 마음의 본성은 선하다는 결론에 이를 수 있다. 그러한 마음의 본성을 드러내서 선을 완성하는 것, 그리고 공공의 도덕을 확충하는 것이 바로 수도의 목적임도 명확히 할 수 있다.

최치봉은 주자가 설명하고 있는 도심, 인심을 양심, 사심과 관련시키고 있다. 주자학에서의 도심은 양심을, 그리고 인심은 사심을 말한다는 것이다.[47]『대순지침』에 등장하는 인심도심의 구분은 바로 사심과 양심의 논리와 다름이 없기 때문이다. 다만 그 해석에서는 어느 한 가지로 간명하게 규명될 수 있는 것은 아니라고 생각한다. 유교에서도 시대에 따라 해석에 차이점을 보이고 있으므로 어떤 것이 대순진리회의 교리에 부합하는가의 문제가 제기될 수 있기 때문이다.

---

46 『전경』, 행록 2-17.
47 최치봉, 앞의 글, 250~251쪽. 여기에서 주자학에서의 도심과 인심을 대순진리회의 양심과 사심으로 바로 연결하고 있는데, 주자학이라기보다는 주자의 설명이라고 하는 것이 더 적절할 것이다.

대순진리회의 심성에 관한 논의는 증산이 지속적으로 강조하고 있는 일심(一心)이라는 주제와 관련해서도 설명될 수 있다. 마음의 본성은 천성으로 본래 하나의 마음이지만, 감각기관에 의해 들어온 외부의 자극으로 잠시 허상인 사심이 생겨나고 마음은 마치 그것이 본심인 양, 그에 순응하여 행동하게 된다는 논리이다. 즉 양심과 사심이라는 두 가지 마음을 제시하지만, 본래의 마음이란 천성으로서의 양심일 뿐 사심은 허상에 불과한 것으로 성인(聖人)도 생각하지 않으면 광인이 된다는 주자의 설명처럼 자세히 살펴 그것이 허상에 불과함을 깨달아야 한다. 그래서 본래의 일심인 양심으로 돌아올 때 증산이 강조한 일심이 되며 "일심을 가진 자는 한 손가락을 튕겨도 능히 만 리 밖에 있는 군함을 물리칠"⁴⁸ 정도의 능력을 발휘하는 것이다. 만일 사심이 실제로 인간이 가진 두 가지 마음의 하나라면 인간의 마음 안에는 선과 악이 공존할 것이기 때문에 훈회에서 설명하는 '양심은….본심이요, 사심은… 발동하는 욕심이다'라고 하는 전제에 부합하지 않게 된다. 말하자면 사심이란 본래 없다가 물욕으로 인해 생겨나는 욕심이기 때문이다.

앞에서 보았듯이 인심도심론은 선진시대로부터 이후의 성리학에 이르기까지 마음을 이해하는 주요한 설명체계 가운데 하나였다. 도심은 선천적인 천성, 천리로부터 비롯된 것으로 순수하게 도덕적이고 선하다는 것이 주자의 도심에 대한 이해이다. 이에 비해 인심은 그 자체가 불선은 아니지만, 감각기관에 의해 나타나는 모습과 욕구

---

48 『전경』, 교법 3-20.

에 따라 불선으로 발현될 수도 있는 것이다. 그런 면에서 보자면 양심을 도심으로 바꾸어도 차이는 없겠으나 사심을 바로 인심으로 대치하는 것은 다소 무리가 있어 보인다. 다만 사심이 허상에 불과하다거나 아니면 마음이 정으로 드러날 때 사적인 욕심의 영향으로 드러나는가, 본래적 도심이나 양심으로 드러나는가에 따라 달리 드러날뿐 본래 마음은 하나라고 이해한다면 가능하다.

V. 나가는 말

유교는 인간이 왜 도덕적이어야 하고 성인이 될 수 있는 방법이 무엇인가에 대한 문제가 주요 관심사였다. 인격적 자아의 완성, 군자, 성인에 이르는 방법인 수양론을 위해 맹자, 주자, 퇴계, 율곡 등에게 마음이나 본성의 문제는 중요한 주제였다. 그들의 목적은 그 자체가 아니라 완성된 인격을 바탕으로 여러 가지 사회문제를 해결하고 도덕적 이상사회를 구축하려는 것이 목적이었다. 즉, 인간이 도덕적이어야 하는 문제는 인간의 본성이 선하기 때문이라는 맹자의 성선설을 바탕으로 논의가 전개되지만 결국 인간과 사회 모두에게 그것이 이롭기 때문인 것이다. 즉, 인간은 선한 존재이기 때문에 당연히 선할 수밖에 없고 또 그래야 한다는 주장이 유교적 논리이지만 그 결과로 나타나는 것은 인간사회의 복지인 것이다.

방법론의 차이는 있지만, 대부분의 종교에서 목적으로 삼는 것도 결국은 현세, 또는 내세에서의 인간 복지이다. 다만 그 방법론에서,

그리고 세계나 인간을 바라보는 관점에서의 차이들이 존재할 뿐이다. 그런 면에서 대순진리회가 목적으로 삼는 지상신선의 세계, 지상천국의 세계, 후천개벽의 세계는 이상향의 세계이면서 모든 사람들이 꿈꾸는 세계이다. 마음을 수도하고 선을 추구하는 것도 결국은 후천개벽의 세계를 만들기 위함이다. 온 우주의 중심이 마음이며 마음의 행동에 따라 세계의 변화도 이루어질 수 있다는 점에서 대순진리회에서도 마음은 중요한 문제가 아닐 수 없다. 그렇지만 대순진리회에서 아직 독립적으로 심성에 대한 논의를 전개한 연구는 많지 않다. 앞에서 언급한 이경원 교수의 심체론 연구도 실제로는 심체 자체에 대한 논의보다는 심체의 기능과 현현, 그리고 수행적인 측면에 초점이 맞추어져 있다.[49]

심성론과 심체론은 마음의 구조와 작용 말고도 마음의 본성 등을 밝히는 문제로의 접근도 필요하다. 이것은 선과 악, 그리고 도덕의 문제로 연결되며, 그것을 위한 수양의 문제, 즉 수도의 문제와 연결되기 때문이다. 다시 말해서 대순진리회에서 가르치는 마음의 근원, 본성 등에 대한 이해를 통해 수도의 중요성이 함께 이해될 수 있고 이는 결국 종교적 신앙, 믿음에 대한 확실한 근거를 제시할 수 있다. 물론 그렇다고 해서 마음의 구조와 작용이 중요하지 않다는 것은 아니다. 본성 못지않게 그 부분도 중요하지만 여기에서는 마음의 구조

---

49 이외에 앞의 각주 43에서 본 차선근의 연구도 있다. 그는 해원과 감응이라는 용어를 사용하며 마음에 대한 논의를 전개한다. 차선근이 규정한 마음이란 1)의지를 일으키는 기관, 2) 욕망을 일으키는 기관, 3) 외재적 신명이 감응하는 기관이다. 이러한 마음관을 전개하면서 강조되는 것은 역시 마음수련, 또는 수행이다. 이 글에서 양심사심론을 별도의 소제목으로 할애하고 있지만, 구체적인 분석보다는 기능이나 수행의 문제로 접근하고 있다. 차선근, 앞의 글 참조.

와 작용 외에 본성에 대해 조금 더 접근했을 뿐이다. 그래도 아직 확실하게 선과 악의 근거, 도덕의 근거에 대한 제시에 이르지는 못했다고 생각한다. 이것은 사실 필자가 제시할 수 있는 부분은 아니라고 본다.

이에 덧붙여 증산이 언급한 마음의 내용도 기초를 이루겠지만, 여기에서 조금 더 나아가서 현재 대순진리회의 뼈대인 종지, 신조, 사강령, 삼요체, 목적 등이 모두 도주인 정산에 의해서 이루어졌기 때문에 그것들과 관련된 심성 연구의 폭을 넓혀볼 필요가 있다.『전경』에서 언급된 마음을 중심으로 한 연구에서 대순진리회 이후의 내용을 중심으로 우당의 훈시나 요람, 그리고『대순지침』등을 근거로 더 발전된 연구가 있어야 하리라고 본다. 그럼으로써 마음에 대한 이해의 지평을 넓혀 나가면 그것은 또한 수도의 중요성과도 연결될 수 있다고 생각된다.

❖『대순사상논총』32권, 대진대학교 대순사상학술원, 2019.6.

제6장

갱정유도의 역사와 사상

Ⅰ. 들어가며

　한국 사회의 신종교 운동은 1860년의 동학을 그 출발점으로 삼고 있지만, 많은 신종교들이 새롭게 창교되고, 활발한 활동을 펼친 시기는 1900년대로 접어들면서부터이다. 실제로 20세기 초, 우리나라는 기존의 유교 중심의 사회에서, 서구의 기독교 전통이 들어와 자리를 잡아가고 있었고, 조선조에 위축되었던 불교도 다시 부흥되고 있었다. 이러한 가운데 다양한 신종교들이 출현하게 되면서, 비로소 한국 사회에서도 유교 일변도의 일원적 종교가 아닌, 여러 종교의 시대가 되었다. 이러한 현상은 이미 19세기 유교적 지배질서가 붕괴되면서 예견된 것이기도 하였다. 기존의 유교적 이념에 한계를 느끼고 새로운 이념에 갈증을 느낄 무렵, 서구의 천주교가 전래되면서 조선 사회를 소용돌이로 몰고 가게 되었고, 이러한 사회적 혼란은 최제우의 동학이 출현하는 계기가 되었으며, 이후 다음 세기에는 여러 신종교들이 차례차례 등장하여 서로 다양한 활동을 펼쳐 나갔다.

　20세기 이후 등장한 한국의 신종교들은 서로 다양한 교리와 사상을 주장하였지만, 기독교나 불교적 세계관을 핵심사상으로 주장하지 않은 경우의 대부분은, 한민족의 뿌리를 중시하고 주체적인 모습을 드러내려 한다는 특징을 지니고 있다. 그렇기에 이러한 특징을 지닌 신종교들을 다른 신종교들과 구분해서 "민족종교"라는 이름으로 별도로 부르고 있기도 하다. 이 글에서 살펴보게 될 갱정유도(更定儒道)[1] 역시 그런 특징이 있기에 이 범주에 해당한다고 할 수 있다.

　그런데 과거의 신종교연구들은 각 종교단체를 특정계통이나 범주에 묶어놓고 파악하는 것이 일반적이었다.[2] 물론 이런 연구방법도

1　창교 당시, 도조인 강대성은 교명으로 시운기화유불선동서학합일대도대명다경대길유도갱정교화일심(時運氣和儒佛仙東西學合一大道大明多慶大吉儒道更定教化一心)이라는 명칭을 붙였고, 이것을 줄여서 일심교(一心教)로 부르기도 하나, 현재는 갱정유도로 부르는 것이 일반적이다. 갱정유도에 대한 연구는 교단 자체에서는 거의 이루어지지 못하고 있다. 학계의 연구로는 김홍철에 의해 발표된, 「갱정유도－그 역사와 사상」(『주간종교』, 1989, 15회 연재), 「갱정유도의 새세계건설이념과 방향」, (『평화와 통일』, 도서출판 늘ᄒ늘, 2001; 「회문산과 갱정유도」, 『순창의 역사와 문화』, 전북전통문화연구소, 2002; 「영신당의 개벽사상과 한국의 미래」, 『민족종교의 개벽사상과 한국의 미래』, 한국민족종교협의회, 2004) 등이 있다. 이외에 노길명의 「근대 민족사에 대한 갱정유도의 대응」(『평화와 통일』, 도서출판 늘ᄒ늘, 2001)이 있다. 여기에서는 이상의 글들과 함께, 갱정유도본부에서 발간한 기본 자료들이 중심이 되어 글이 전개될 것이다.

2　한국의 신종교들을 계통이나 유형별로 분류한 것은 일제강점기 무라야마지준(村山智順)에서부터 비롯되었다. 그는 유교, 불교, 기독교, 신도(神道)를 제외한 모든 한국의 종교들을 유사종교로 분류하고, 이들을 다시 동학계, 훔치계(증산계), 불교계, 숭신계, 유교계, 계통불명 교단 등으로 나누어서 설명하고 있다. 村山智順, 『朝鮮の類似宗教』, 朝鮮總督府, 1935 참조. 이러한 경향은 해방 이후에도 유지되어 1970년 문화공보부에서 실시한 신종교 관련 실태조사 종합보고서에는 동학계, 단군계, 증산계, 정역계, 명신계, 무속계, 역효계(易爻系), 관성계(關聖系), 불교계, 유교계, 기독교계, 일본계 등으로 분류해서 소개하고 있으며, 김홍철은 단군

나름대로 장점이 있지만, 그렇게 할 경우, 다양한 종교적 현상들을 너무 지나치게 단순화할 수 있는 위험을 내포하고 있다. 이렇게 하나의 특정 개념이나 범주 안에 묶어두기에는 개개 신종교들의 특성이 너무 다양하고, 주장하는 바도 다르기 때문이다. 따라서 여기에서는 갱정유도라는 신종교를 특정계통이나 범주에 넣어 파악하거나, 아니면 특정의 의례나 교리가 어떤 종교적 특성, 예를 들어 유교나 불교, 기독교, 또는 동학의 특성을 보인다고 주장하지 않을 것이다.

그러한 주장을 한다면, 벌써 갱정유도라는 종교를, 그 종교 자체가 아닌, 다른 종교의 시각으로 볼 수 있다고 판단되기 때문이다. 여기에서는 이런 전제를 바탕으로 갱정유도의 창교 과정, 교리와 의례, 그리고 역사적 전개 과정과 대사회적 반응을 파악해 볼 것이다. 특히 갱정유도의 사회참여 활동이 시간을 거치면서 종교 내부와 외부의 영향을 받아 변모해 가는 모습도 고찰해 보려 한다.

계, 수운계, 일부계, 증산계, 봉남계, 각세도계, 무속계, 유교계, 불교계, 기독교계, 외래계, 계통불명 등으로 분류하고 있다. 1990년대 이전까지의 경향은 대체로 위와 같은 분류법을 통해 12~13계통으로 나누어서 각각의 신종교들을 소개하고 있다. 문화공보부, 『한국 신흥 및 유사종교 실태조사보고서』(문화공보부, 1970), 김홍철, 『한국신종교 사상의 연구』(집문당, 1989) 참조. 이외에 1997년 원광대학교 종교문제연구소에서 문화체육부의 의뢰로 진행한 조사보고서에는 34계열로 보다 세분해서 분류해 놓고 있다. 김홍철, 류병덕, 양은용, 『한국 신종교 실태조사보고서』(원광대학교 종교문제연구소, 1997) 참조.

Ⅱ. 창교과정과 현황

1. 영신당 강대성의 생애

전북 남원시 도통동에 본부를 둔 갱정유도(更定儒道)는, 1929년 영신당(迎新堂) 강대성(姜大成)이 도(道)를 이루면서 시작된 종교이다. 영신당은 1889년 9월 17일 전북 순창군 구암면 봉곡리에서 부친 강덕진(姜德津)과 모친 정(丁)씨의 3남매 가운데 차남으로 출생하였다. 5세부터 부친에게 글을 배우고 익혔지만, 9세에 부친이 사망하자 글 배우기를 싫어하게 되었다. 20여 세가 지나면서부터 그는 천리에만 몰두하게 되었다. 그러던 중 29세에 문씨와 결혼해서 이듬해 아들을 낳으니, 바로 용학(龍鶴)이었다. 1919년 3.1운동이 일어났을 때, 영신당은 항일투쟁에 참여했다가 검거되어 옥살이를 하기도 하였다. 그해에 모친마저 세상을 떠나자, 영신당은 모친의 3년 상을 마치고 봉곡리를 떠나, 정읍군 산내면 진삼동으로 이주하였다. 이곳에서 그는 이름을 기동(基東)으로 바꾸어 부르고, 부인, 아들과 함께 도를 이루기 위한 수련을 시작하였다.

어느 날 영신당은 "때가 바쁘니 어서 화개산(花開山)에 가서 수도하라"라는 천신의 외침을 듣지만, 화개산이 어디인지 알 수가 없어서 순창군 쌍치면 묵산리 산정안(山亭安)의 처가 동네로 가서 셋방을 얻어 살면서 천신(天神)에게 기도와 수련을 계속했다. 이러한 생활을 하던 중 1924년이 지나면서부터는 심신이 맑아지고 심령이 생겨 인간의 길흉과 산리(山理)까지 걸림 없이 아는 경지에 이르게 된다.

39세 되던 1928년, "금강산 금강암에 가서 수도하라"라는 천신의 명령을 듣고 순창의 회문산 가운데 승강산이라는 골짜기에 있는 '금강암'에 초가 3간을 짓고 부부자(夫婦子) 삼인이 본격적으로 정진수련(精進修鍊)을 시작하였다. 이렇게 수련을 하던 중인 1929년 7월의 어느 날, 영신당은 천지가 진동하는 벽력같은 고함을 지르고 이상한 행동을 하기 시작하였다. 도통(道通)을 이룬 것이다.

도통을 한 영신당은, 그 후 7일간을 하늘에 올라가 천하무형세계(天下無形世界)의 도수(度數)를 다 보고, 상제(上帝)로부터 천지(天地)가 지천(地天)되었다가 다시 천지가 되는 대법정도(大法正道)와 노천노지(老天老地)를 신천신지(新天新地)로 변역시켜 부부자 3인이 광제창생(廣濟蒼生)하라는 대임을 받고 내려왔다고 한다. 그러나 영신당은 천심(天心)으로 생각하면 기쁘지만, 인심(人心)으로 생각하니 매우 슬프기에 통곡을 하지 않을 수 없었다. 이에 부인과 아들이 같이 따라서 3일 동안 울었다. 그들이 흘린 눈물을 수건으로 닦아서 짜 모으니 각각 한 그릇씩이 되어, 그 눈물을 서로 나누어 마시니 이것이 누건수도리(淚巾水道理)이다.

1930년에는 부부가 서로 영혼을 바꾸고, 그 아들은 황천상제(皇天上帝)와 영혼을 맞바꾸는 생사교역(生死交易)을 하게 되었다.[3]

이후 영신당은 4~5년간 여광여취(如狂如醉)의 생활을 한다. 그는 순창과 남원 사이의 여러 곳을 떠돌며, 병을 치료해주거나 동서양 간의 전쟁, 청일전쟁 등을 예언하기도 하였다고 한다. 또한, 길을 가다가 소리

---

3 갱정유도에서는 영신당의 부인 문씨의 죽음을 통해 생사교역이 이루어진 것으로 본다(자세한 내용은 3장 2절 누건수 교리와 생사교역 부분 참조). 영신당은 부인의 시체를 6개월간 매장하지 않고 방에 두고 계속해서 물로 씻어내렸는데, 그 시체를 씻은 물이 회문산 계곡에 흘러내려 도화유수(桃花流水)가 되었다고 한다. 갱정유도 본부 편, 『갱정유도 개설』, 갱정유도본부, 1989, 13~15쪽.

를 지른다거나 한겨울에도 여름에 입었던 옷을 입고 다니는 등, 기이한 행적을 계속하였다. 1934년, 영신당은 진안군 운장산으로 들어가 그곳에 머물면서 박경준을 비롯한 7인 제자를 얻고 여러 가지 공사를 벌이는 한편 갱정유도의 기본 경전인 「해인경(海印經)」을 내놓게 된다.

1942년에는 순창 회문산 도령동으로 가서 그곳에 최초의 성당(聖堂)을 짓고 제자들을 가르치기 시작하였다. 1944년 가을에 영신당은 일제로부터의 해방을 예언하였는데, 그 날짜를 정확히 맞추었다고 한다. 해방된 후인 1946년부터 영신당은 그간 필사로 기록해 놓았던 책 일부를 석판으로 발행하여 제자들에게 가르쳤다.

1950년 영신당은 본부를 남원읍 천거리로 옮겼다가, 다시 1951년 2월 김제군 광활면 학당리로 옮겼다. 이곳에서 영신당은 비로소 「시운기화유불선동서학합일대도대명다경대길유도갱정교화일심(時運氣和儒佛仙東西學合一大道大明多慶大吉儒道更定敎化一心)」이라는 28자로 된 교단의 명칭을 만들고 조직과 기구를 편성해서 본격적인 종교단체로서 활동하기 시작하였다. 1953년에는 수화기제(水火旣濟) 태극기라는 독자적인 교단의 기를 제작해서 본부에 게양하였다. 이러한 가운데 영신당은 제자들을 시켜서 미국 대통령을 비롯한 각국 대통령과 대사, 그리고 이승만 대통령과의 면담을 요청하도록 하였다. 그 이유는 이들에게 통일독립과 세계평화의 방법을 알려주기 위한 것이었다. 이를 위해 제자들이 여러 가지 방법을 동원하였지만, 모두 무위로 끝났다. 1954년 3월에는 영신당의 제자 4인이 서울에 와서 "세계평화하실 만고무비지대성인(萬古無比之大聖人)이 한국에 출세하였다"라는 소식을 정부에 전하려다 경찰에 체포되었으며, 동년 5월 16일

에는 15인의 갱정유도인들이 아시아 반공대회장에 깃발을 들고 참
석해서 같은 소식을 알리다가 체포되기도 하였다.

1954년 6월 1일 전북 경찰국으로부터 50여 명의 무장경찰이 갱정
유도 본부에 와서 도조(道祖) 영신당을 비롯한 갱정유도 신도들을 집
단으로 구타하고 그 가운데 57명을 경찰국으로 연행해 갔다.[4] 이 가
운데 도조 영신당을 비롯한 5인이 구속되었고, 영신당은 경찰로부
터 체포될 때 심한 구타를 당한 후유증으로 인해 병보석으로 풀려나
병원에 입원하였다. 그러나 입원한 지 3주 만인 1954년 8월 16일 영
신당은 선화(仙化)하였다. 영신당의 사후인 1958년 2월 계도선사 김
갑조가 도맥을 전수하여 2세 도주가 되었다.

2. 현황

전북 남원시 도통동 303번지에 본부를 두고 있는 갱정유도는 대
략 5만여 명의 신도가 있다고 이야기되고 있다. 갱정유도의 제도적
법률인 도헌(道憲)은 전문(前文)과 총 10장 14조로 구성되어 있다. 도
헌에 따르면 과거 28자로 된 긴 명칭을 기본사상으로 삼고, 갱정유
도를 공식명칭으로 사용하고 있다.

갱정유도의 조직은 도정(道正)을 대표로 하고 있으며, 그 밑으로 도
무원장이 도정을 보좌하며 각 부서의 업무를 조정하는 실질적인 역
할을 하고 있다. 도무원에는 총무부, 재무부, 교무부, 포덕부, 수련

---

4 경찰이 갱정유도인들을 구타하고 연행해 간 이유는 ㉠ 중흥국건립(中興國建立)
을 목표로 유사종교인 「일심교(一心敎)」를 만들어 혹세무민을 일삼고 ㉡ 대한민
국을 정복하고 계룡산에서 강대성으로 하여금 정씨왕(鄭氏王)으로 등극케 하려
했다는 혐의였다고 한다. 위의 책, 28쪽.

부, 부녀회, 청년회가 있으며, 각 부(회)에는 부장(회장)과 차장(부회장)을 두고 있다.

갱정유도의 도원(道員, 또는 道人이라고도 한다)들은 현대식 교육을 받지 않고 자체 서당에서 대체로 한문(漢文)을 공부한다. 서당은 숙당과 양당으로 나뉘는데, 숙당에서는 남학생, 양당에서는 여학생의 교육을 담당한다. 현재 남원 본부, 순천, 논산, 공주, 정읍, 지리산 청학동, 고창, 이천, 여주 등 전국 30여 곳에서 수백 명의 학생이 한문 공부를 하고 있다. 숙당의 선생은 그대로 선생이라 하나 양당의 선생은 여무사(女姆師)라 부른다. 신도 자녀가 아닌 일반 학생들을 1주 또는 2주 단위로 서당에 입소시켜 단기 한문교육 및 예절교육을 하는 프로그램을 운영하기도 하는데,[5] 일반 학생들의 방학 기간에는 많은 학생이 교육을 받기 위해 서당에 입소하고 있다.

현재 갱정유도는 한국민족종교협의회에서 주도적인 역할을 하고 있으며, '우리민족 서로돕기운동'이나 '환경보호운동' 등의 활동을 꾸준하게 펼치고 있다.

Ⅲ. 교리 및 의례

1. 신앙 및 교리

갱정유도의 신앙 대상은 선당궁(仙堂宮)이며, 기본 경전은『부응경

---

5 김홍철,「영신당의 개벽사상과 한국의 미래」, 311쪽.

(符應經)』[6]이다. 선당궁은 24 절후가 표시된 원형의 천문도(天文圖)에 선당궁(仙堂宮)이라는 글자를 중앙 상단에 쓰고 그 밑 좌우에 하재불멸(何災不滅) 하복부진(何福不臻), 또 그 밑 좌우에 곡(穀), 전(錢)의 두 글자를 써서 동향으로 모셔놓고 있다. 선당궁은 갱정유도에서 성스러운 법소(法所)이기 때문에 본부나 각 지부에서는 성당(聖堂)에 봉안하고, 신도들의 가정에서는 깨끗한 방의 동쪽에 모신다.

갱정유도의 경전인 『만민해원경(萬民解寃經)』[7]에서는 선당궁을 다음과 같이 표현하고 있다.

선(仙)이란 자는, 늙지 아니하고, 기리사는 자니, 수명(壽命)이 천지(天地)와 한가지라, 그런고로, 생리(生理)가 무궁(無窮)하야, 조화(造化)가 난측(難測)한 원기(元氣)라, 그 묘용(妙用)을 엇는 자는, 그 수명(壽命)을 더하니라, 당(堂)이란 자는, 고성(古聖)과 전현(前賢)의 신위(神位)나 진상(眞像)을 봉존(奉尊)하며, 대월(對越)하야, 혹 제사(或祭祀)하며, 혹(或) 기

---

6 『부응경』은 도조인 영신당이 4~5년간의 여광여취(如狂如醉) 기간과 운장산 은둔처에서 제자들과 지내면서, 그리고 도령동에서 갱정유도를 창교한 이후의 기간에 직접 작성한 것으로, 가사체, 일기체, 또는 감상문의 형태로 되어 있다. 1946년부터 그 가운데 일부를 석판으로 인쇄해 보급했다. 6.25전쟁 당시 미처 인쇄되지 않은 나머지 부분을 항아리에 담아 땅에 묻어두었는데, 대부분이 습기에 젖어 못 쓰게 되었다. 1980년에 기존에 인쇄된 것과, 땅에 묻어둔 것 가운데 남아있는 것을 모아 365권, 900여 쪽의 분량으로 상하 2책으로 인쇄해 현재에 전한다. 그 내용은 기록 당시의 문체를 그대로 사용했기 때문에 국한문 혼용, 한자숙어, 그리고 전라도 사투리가 고스란히 살아있고, 더구나 종교적 교리를 설명하기 때문에 해독하기가 어렵다. 위의 책, 193~194쪽.

7 이것은 2대 도주였던 김갑조(金甲祚)의 저술로 알려져 있다. 전반부는 『부응경』에 대한 주석 및 해석의 성격을 띤 내용과 동양전통 윤리 덕목들에 대한 해석과 풀이로 되어 있다. 후반부는 대사회적 입장을 밝힌 글과 갱정유도의 사상을 집약한 글로 이루어져 있다. 위의 책, 194~195쪽.

도나 공(供)드린 곳이라, 이로붓터 성현(聖賢)의, 신명(神明)이 내리시사, 이당(堂)에 합(合)하야 게시니, 그 심법(心法)을 닥는 자는, 도(道)를 몸밧고, 덕(德)을 발키니라, 궁(宮)이란 자는, 발근 인군(人君) 어진 신하가, 상통(上通)하며 하찰(下察)하야, 그 사업(事業)을 임(臨)함에, 안위(安危)와 존망(存亡)을, 논의(論議)한 바라, 이로붓터, 명현(明賢)의 영신(靈神)이 내리시사, 이궁(宮)에 합(合)하야 게시니, 그 경륜(經綸)을 뽄밧는 자는, 세계(世界)를 광제(廣濟)하며 백성(百姓)을 구제(救濟)하리라.[8]

선당궁(仙堂宮)에서의 선(仙)은 늙지 않고 오래도록 사는 존재, 즉 도교의 신선(神仙)과 같은 존재이다. 당(堂)은 성현의 위패나 상을 봉존하고 제사나 기도, 공을 드리는 곳, 즉 제사 장소나 기도처로서 성스러운 장소를 말하고 있다. 궁(宮)이란 정치의 장소, 즉 명현(明賢)의 경륜을 이어받아 세상과 백성을 구제할 수 있는 장소이다. 하재불멸(何災不滅) 하복부진(何福不臻)이란 재화(災禍)의 원인을 알아 미리 막으면 복이 온다는 뜻이며, 전(錢), 곡(穀)의 두 글자는 재물을 취해서 씀에 도(道)로써 하자는 의미이다.

이렇게 보면 선당궁에는 성현들의 신령에 힘입어 복되고 오래된 삶을 살기 위한 기도와 소망이 담겨있다고 볼 수 있다. 도덕에 기초

---

8 仙者는不老長生하니, 壽同天地라, 故로生理無窮하야, 造化難測之元氣라, 得其妙用者는, 益其壽命也니라, 堂者는, 古聖前賢之神位眞像을, 奉尊對越하야或祭祀或禱供之處라, 自是로聖賢降神而, 合有此堂이니修其心法者는, 體道明德也니라, 宮者는自上古以來로, 明君賢臣이, 上通下察하야, 臨其事業에, 論其安危存亡之所라, 自是로明賢降靈而, 合有此宮이니, 效其經綸者는濟世濟民也니라.『萬民解冤經』, 152~154쪽. 본래 경전에는 띄어쓰기가 되어있지 않지만, 필자가 편의상 띄어쓰기를 하였다.

해 그러한 삶을 살 수 있도록 하는 것이 세상을 구원하는 것이며, 성현에게 기도와 제사를 지내는 것도 바로 그러한 목적에 있다고 볼 수 있다. 궁극적으로 모든 재화가 사라지고 만복이 이루어지는 세상에 대한 모습인 것이다.

이 선당궁은 만선(萬仙)이 내립한 도회처(都會處)로서 제선(諸仙), 제불(諸佛), 제성(諸聖), 충효열(忠孝烈)의 일기(一氣)가 모두 모이는 곳이기 때문에 이곳에서 치성을 올리면 그 기운을 받아 신인합발(神人合發)되는 능력을 얻게 된다.

갱정유도 교리는 누건수(淚巾水)와 생사교역(生死交易)의 이치가 중심을 이루고 있고, 기본 경전은 『부응경』365권인데, 이 경전 가운데 핵심은 해인경(海印經)이다. 우선 누건수 교리와 생사교역의 이치부터 알아보고 다음으로 해인경에 대해 알아보기로 하겠다.

1929년 7월 도통(道通)을 이룬 영신당 강대성은 하늘에 올라가 7일간 머물렀는데, 이때 상제로부터 천지(天地)가 지천(地天)되었다가 다시 천지되는 대법정도(大法正道)와 노천노지(老天老地)를 신천신지(新天新地)로 변역(變易)시켜 부부자(夫婦子) 3인이 광제창생(廣濟蒼生)하라는 대임(大任)을 받게 되었다고 한다. 이로부터 영신당은 천황씨(天皇氏)가 되고, 부인 문씨는 지황씨(地皇氏)가 되고, 아들 용학은 인황씨(人皇氏)가 되었다. 천황씨는 천상일기(天上一氣)를 인간에 해원(解寃)시킬 책임을, 지황씨는 인간 죄악을 천상으로 몰아 없앨 책임을, 그리고 인황씨는 인수기별(人需奇別)을 붙여서 만민을 해원(解寃)시킬 책임을 맡게 되었다.

갱정유도의 교리에 따르면, 인간이 지나온 후천(後天) 음도세상(陰

道世上 : 地天時代)은 천상으로 모든 선이 모이고 악은 모두 지상에 모여 있던 세상이었다. 그래서 여러 성인이 출현해서, 불도(佛道)를 믿어 극락으로 가게 하고, 예수를 통해 천당에 이르게 하고, 주문(呪文)을 읽어서 천상으로 인도하였던 것이다. 그러나 돌아오는 선천(先天) 양도세상(陽道世上 : 天地時代)은 그간 천상에 모여 있던 선한 영(靈)들이 지상으로 내려와 살게 되고 지상에 있던 모든 악이 다 천상으로 올라가 소멸하는 변역천지(變易天地)가 되는 때이다.[9]

다시 말해서 지나온 과거 시대는 지상 세계가 인간에게 살기 어려운 고통의 세계이고 천상이 유토피아적인 세계였다고 할 수 있다. 그러나 다가올 미래의 세계는 지상의 고통이 사라지고 낙원과 같은 세계가 된다는 것이다. 그렇지만 지상에 있던 악이 소멸되는 것이 아니라 천상으로 올라가고 천상의 선이 지상으로 하강한다는 순환적 논리를 내세우는 것이 이 교리의 특징이라고 볼 수 있다.

그렇지만 이러한 변역의 시대는 시간이 지나면 저절로 다가오는 것이 아니다. 그러한 시대는 누군가가 천상의 선과 지상의 악이 서로 자리바꿈을 하도록 역할을 해야 한다. 바로 그 책임을 영신당 부부자(夫婦子) 삼인(三人)이 맡게 된 것이다. 그렇기에 천황씨(天皇氏)인 영신당(天皇氏)이 천상일기(天上一氣)를 인간에 하강시켜 해원시킬 책임을 맡게 된 것이며, 영신당의 부인 문씨(地皇氏)는 지상의 인간들에게 쌓여 있는 모든 죄악을 천상으로 보내는 일을 맡게 된 것이다. 그리

---

9 갱정유도본부 편, 앞의 책, 11쪽. 이를 간단히 나타낸다면 다음과 같이 될 것이다.
후천(後天)시대(過去, 陰道世上, 地天時代) : 천상(天上)＝선(善), 지상(地上)＝악(惡)
선천(先天)시대(未來, 陽道世上, 天地時代) : 천상(天上)＝악(惡), 지상(地上)＝선(善)

고 지상의 죄악을 천상으로 보내는 방법은 지황씨가 인간의 모든 죄악을 짊어지고 대신 죽는 것이다.

마지막으로 아들(人皇氏)은 이상과 같은 일들이 이루어진 후 지상에서 일기(一氣)를 지선지성(至善至聖)한 사람들에게 나누어주어 모두를 해원시킬 책임을 맡았다는 것이다. 그런데 이와 같은 천지공사를 완수하기 위해서는 살리고 죽이고, 죽이고 살리는 생사교역(生死交易)이 없이는 불가능한 것이었다. 즉, 영신당의 부인 문씨가 죽음으로써 천지공사가 시작된다는 것이다. 그래서 부부자 3인은 서로 위로하며 붙들고 울고 또 울기를 3일간 지속하였다. 그때 나온 눈물을 수건으로 닦고 짜 모으니 각기 한 그릇씩이 되었다고 한다. 이 눈물을 삼인이 서로 나누어 마셨는데, 갱정유도에서는 바로 이것을 누건수도리(淚巾水道理)라고 한다. 다시 말해서 세상을 구할 막중한 대임을 맡아 그 일을 수행하자니 3인이 서로 죽고 사는 어려운 일을 겪어야 하는 슬픔 때문에 울었는데, 흘린 눈물이 각기 한 그릇이 될 정도로 많았음을 나타낸 것이다.

이 일이 있고 난 다음 해인 1930년 5월 4일 영신당의 부인 문씨가 송백목(松栢木)에 목을 매고 사망하였다. 이와 같은 부인의 죽음을 갱정유도에서는 생사교역으로 본다. 즉, 영신당의 육체는 살아있지만, 영혼은 천상일기를 통솔해서 부인의 배속으로 들어와 죽고, 부인의 육체는 죽었지만, 영혼은 살아서 영신당의 몸에 들어오게 된, 즉 생체(生體)가 사체(死體)가 되고, 사체가 생체가 된 것이다. 그것은 바로 변역천지하여 천지가 지천되고, 다시 천지가 되는 것과 같은 것이다. 아들은 생사교역의 내막을 알지 못하고 모친의 죽음을 슬퍼해서 크게 통곡하니, 천상의 황제가 아들을 불러 서로 영혼을 바꾸자고 하여, 부부자 3인의 생사교역이 모두 이루어졌다.

따라서 갱정유도에서 누건수 교리와 생사교역의 이치는 따로 떼어서 볼 수 없는 것이다. 생사교역을 거쳐야 천지공사가 이루어지는데, 그 막중한 소임을 맡은 부부자 3인은 자신들이 행할 힘들고 어려운 일을 생각하며 그토록 많은 눈물을 흘리고 운 것이 누건수교리이기 때문이다. 생사교역이란 천지가 지천되고 지천이 다시 천지가 되는 과정을 나타난 것이며, 세상의 종말이란 세상이 끝나는 것이 아니라 새로운 세계, 다시 말해서 동양에서 말하는 전통적인 개벽의 세계를 말하고 있는 것으로 보인다.

그렇지만, 영신당이 말하는 개벽의 세계는 과거 중국에서 비롯된 개벽에 대한 개념이나, 영신당 이전 한국 민족종교 창시자들이 사용하던 개념과는 다르게 말하고 있다. 본래 중국에서 비롯된 개벽이란 개념은 천지가 처음 시작된 때를 말한다. 이 개벽을 기준으로 개벽 이전을 선천(先天), 그 이후를 후천(後天)이라고 보았다. 그런데 한국 신종교 사상가들인 수운(水雲), 일부(一夫), 증산(甑山), 소태산(少太山) 등은 모두 자신들을 기점으로 그 이전을 선천, 그 이후를 후천으로 구분하고 있다. 영신당은 이러한 기존의 개벽에 대한 개념을 다르게 적용해서, 문왕(文王)을 기점으로 그 이전 복희(伏羲) 시절을 선천, 그 이후부터 1930년을 전후한 시기까지를 후천으로 구분한다. 그리고 이 시기를 기준으로 다시 선천세계가 된다는 것이다.[10] 이러한 세계,

---

10 김홍철, 「영신당의 개벽사상과 한국의 미래」, 268~269쪽.

다시 말해서 지상에 선이 충만한 세계, 모든 재화가 사라지고 만복이 충만한 세계가 도래하기를 기원하며 갱정유도의 교인들은 선당궁에 치성을 드리는 것이다.

다음으로 해인경(海印經)에 대해 알아보자. 해인경은 갱정유도의 가장 기본이 되는 경전으로『부응경』의 맨 앞부분에 위치해 있다. 해인경 자체는 「우성재야천지부모궁을합덕음시감혜일심동력세계소립오주소립(牛性在野天地父母弓乙合德吽時感惠一心同力世界所立吾主所立)」의 28자로 된 짧은 글이지만, 갱정유도에서 신성시되고 있는 주문[11]이다.

해인경에서 해(海)는 모든 강물이 모이는 곳이고, 인(印)은 만인이 믿는 도장이다. 따라서 전 세계 모든 국가가 통일을 이루어 평화롭게 살 것을 인증한다는 의미이다. 해인경의 우성재야(牛性在野)란 하늘성품, 즉 제성(諸聖), 제불(諸佛), 제선(諸仙), 충효열(忠孝烈)의 천상일기(天上一氣)가 이 지상으로 온다는, 다시 말해서 천상에 있던 선이 지상으로 내려온다는 의미이다. 천지부모(天地父母)란 만물을 생육하신 부모가 계심으로써 만인이 화합하고 이 원리에 따라 억천만물이 생장되는 상생(相生)의 도(道)를 의미한다. 궁을합덕(弓乙合德)은 음양합덕과 천지합덕을 나타낸다. 궁은 음이요 지이며 을은 양이요 천이다. 아울러 음양과 천지가 합덕되어 생남생녀가 되는 이치를 나타내고 있다. 음시감혜(吽時感惠)는 천지음양과 덕과 부모님의 은혜로 천하만인과 천

---

11 이 주문은 각종 의례 때는 물론이고 일상생활 속에서도 계속 독송된다. 이 주문은 매우 신성한 것이기 때문에 읽는 사람은 반듯이 앉아 소리를 내서 읽되 정신을 똑바로 차리고 각 구절을 생각하며 한자한자 유의해가며 읽어야 한다. 이와같이 이 경을 잘 읽으면 대복(大福)을 받고 기운을 얻게 되어 자자손손 번영하게 된다. 뿐만 아니라 삼재팔란(三災八難)과 관재(官災), 구설(口說), 질악, 질병을 막아주고 마귀를 쫓아낸다고 한다. 갱정유도본부 편, 앞의 책, 18~19쪽.

하만물이 생존하고 있으니, 감사한 그 은혜를 잊지 않겠다는 의미이며, 일심동력(一心同力)은 일심으로 천지부모의 일기(一氣)에 합심동력(合心同力)하겠다는 뜻이다. 세계소립(世界所立)은 모든 사람이 다 천지부모님을 알아 각자가 자기 마음속에 모시게 될 때 이 세상이 평화로운 모습으로 건설된다는 의미이다. 오주소립(吾主所立)의 오주는 천주(天主)요 천주는 우성(牛性)이다. 그러므로 심화기화(心和氣和)한 사람에게 우성오주가 세워지게 된다는 뜻이다.[12]

해인경은 세상의 순환원리, 즉 하늘과 땅의 기운이 서로 바뀌는 시대가 도래한다는 예언적 성격과, 그것에 잘 순응해서 살아가려는 방법을 제시하고, 마지막으로 그러한 방법에 따라 살아가면, 온 세상이 평화롭게 되리라는 것을 나타내고 있다. 그렇기에 해인경은 비록 28자에 불과하지만, 갱정유도의 사상을 가장 핵심적으로 표현하고 있는 것이라고 할 수 있다.

2. 의례

갱정유도에서 외형적으로 드러나는 가장 큰 특색은 전통 한복을 착용하는 것과 두발을 기르는 것이다. 외출 시에는 두루마기를 입고 갓을 쓴다. 이러한 이유는 앞으로 다가올 세상은 우리나라가 세계의 중심국이며 부모의 나라가 될 것이므로, 우리의 한복이 세계인의 복장이 될 것이라고 여기기 때문이다. 또한, 그렇게 의관을 정제하고 다니면, 함부로 행동할 수 없으므로 수양에 도움이 될 것으로 판단

---

12 위의 책, 19~20쪽.

한다. 머리를 자르지 않고 기르다가 성인이 되면 성인식을 하고 남자들은 상투를 틀고, 여자들은 쪽을 쪄서 성인임을 나타낸다. 머리를 자르지 않는 이유는, 우선 우리나라의 전통이 그러했고, 부모에 대한 효성(身體髮膚 受之父母 不敢毀傷 孝之始也), 그리고 머리털이 자라는 것은 자연의 이치인데, 그것을 인위적으로 잘라버리는 것은 자연을 거스르는 것이기 때문이다. 이외에 식사를 비롯한 음식을 먹을 때, 천지부모님께 감사의 표현으로 음시감혜(吽時感惠)라고 먼저 심축(心祝)하고 먹는다. 금기의 음식으로는 담배와 개고기이며, 다른 음식은 별로 가리지 않고, 되도록 소식을 한다.

갱정유도인들의 하루는 새벽부터 시작된다. 그들은 일어나면서 영선도인법(月嬰仙導引法)이라는 신체운동을 한다. 그것은 목구멍을 통해 신선의 기운을 육체로 인도한다는 의미를 지니고 있다. 순서를 보면 먼저 눈을 감고 고요히 앉아서 두 손을 꼭 쥐고 정신을 안정시킨 다음, 치아로부터 귀, 머리, 입안의 운동, 그리고 손바닥으로 전신마찰, 팔다리운동, 침 삼키기 등 36가지 동작으로 이루어져 있다. 이 운동을 마치고 나면 머리를 손질하고 5시가 되면 선당궁 방향(동쪽)을 향해 앉아 아침 치성을 한다. 그 과정은 기본 경전인 해인경과 신조귀래경(神助歸來經)[13]을 각기 3회 암송하고, 축원문을 올린 뒤, 다시

---

13 天皇地皇人皇氏曰 三皇五帝다시산이 禹湯文武도라오고 文武將相英雄豪傑 吉人君子도라온이 孔孟程朱顔會와서 朝鮮運數回復이네 張良孔明韓信雲將 神明同心안이런가回復天地大明日月 朱元璋이更生하고 (중략)… 統一天地諸大神明咸皆一心朝鮮更生 檀君箕子朝鮮으로 大聖君子나시도다 (중략)… 釋迦如來老子解寃 西洋運數東洋와서 朝鮮運數大運이라 (중략)… 善竹橋上鄭圃隱과 無等山의 金德齡이 忠心不死사라오고 (중략)… 耶蘇水雲저사람도 忠孝烈을千秋코저 一氣再生世上왓네……(이하 생략)『符應經』, 10~11쪽.

래명경(來明經)을 3번 암송하고 이어서 일일기원문을 올린다. 잠자리에 들기 전에 하루의 일과를 무사히 마친 것에 대한 감사의 고축(告祝)을 한다.

갱정유도의 주요 연례 의례는 대제(大祭), 24절후치성, 그리고 산제(山祭)의 3가지로 크게 나뉜다. 대제는 음력 4월 초파일과 10월 8일에 하는 천지대제, 도조선화(음력 8월 16일), 탄강기념일(음력 9월 17일), 계도선사(2세 도주 金甲祚) 선화기념일(음력 6월 29일)이며, 24절후치성은 24절기에 올리는 치성, 그리고 산제는 지리산, 계룡산, 백운산, 그리고 회문산에서 드리는 산제들이다.

대제를 올릴 때 제관은 7일 전부터, 제원들은 3일 전부터 재계하고 참석한다. 제를 올리기 전날 밤에는 철야기도에 들어가며, 새벽 3시가 되면 제수를 진설하는 것으로 시작된다. 제수를 진설한 후 헌작을 하고, 독경을 시작한다. 독경의 순서는 매일의 의례와 비슷하지만, 천지동력경(天地同力經)[14]이 추가되고, 일일기원문이 없는 것 등이 차이가 있다. 마지막으로 학동들에 의해 갱정유도 특유의 춤과 노래가 이어지는데, 민요조의 노래와 우리 고유의 춤 율동으로 되어 있다.

이외에 갱정유도에서는 일 년에 한두 차례 특별수련을 행한다. 주로 농한기에 15일 혹은 100일을 정하여 이 수련을 한다. 일단 수련이 시작되면 독방에서 일체 묵언으로 말을 하지 아니하며 필요한 의사소통은 필답으로 한다.[15]

---

14 천지동력경은 산신과 용신을 여러 차례 반복해서 부르고, 그 신들에게 해원을 기원하는 등의 내용으로 구성되어 있다. 위의 책, 11~12쪽.
15 원광대학교 종교문제연구소 편, 『한국신종교실태조사보고서』, 369쪽.

갱정유도에서 행하는 이와 같은 의례는 대체로 자연에 순응한다는 원리에 충실히 따른다고 생각된다. 정기의례에서 1,2대 도주에 대한 기념일을 제외한다면, 나머지는 모두 자연에 대한 의례이기 때문이다. 그것은 두발을 자르지 않는다는 것에서도 확인될 수 있다.

Ⅳ. 사회 변화에 대한 갱정유도의 대응

갱정유도 창도과정의 독특성은 우선 교조에 대한 천재성을 나타내지 않았다는 것이며, 둘째로 창교자 1인이 아닌 3인의 공통 종교체험이 바탕이 되었고, 마지막으로 동서양의 종교 가운데 어떤 것도 부정하지 않고 있다는 점이다. 창교자 강대성은 어렸을 때 잠시 글을 배웠으나 부친이 사망한 이후에는 글 배우기를 싫어하였다. 그는 의협심이나 정의감은 남달랐던 것으로 보인다. 그러나 모친까지 세상을 뜨자, 이제까지의 삶을 버리고, 처자식과 함께 수도생활, 즉 종교적 생활로 삶의 방향을 바꾸었다. 그가 이렇게 삶의 방향을 바꾼 것은 모친에 대한 죄책감과 뉘우침, 그리고 삼일운동의 실패 등이 겹쳤기 때문으로 보인다. 진정으로 국가와 민중을 구하는 길은 새로운 도(道)를 얻어 큰 능력을 갖출 수밖에 없다는 생각으로 도를 구하기 위한 수련을 시작한 것이었다.

기도하던 중인 1928년 그는 천신의 음성을 듣는 종교적 체험을 하게 된다. 이후 새롭게 거처를 옮기고 새로운 수도생활을 하는데, 이번에는 혼자가 아니라 부인과 아들도 같이 수도생활을 하게 된다.

그러면서 3인이 각각 유불선 3도를 천지인에 비유하여 각각의 특징적인 수련법으로 수도를 계속했다. 그러면서 그는 도통을 이루고 "내가 요순이다, 석가여래다, 칠성이다, 상제다, 금불이다, 내가 고금성인이다, 신선이다, 야소다, 수운이다, 증산이다"라고 외치기도 하였다. 또한 "선심자(善心者)에 복을 주고 인간해원(人間解冤) 다 시키고 창생병독(蒼生病毒) 다 없애며 삼재팔란(三災八難) 다 없앨란다"[16]라고도 하였다.

강대성은 우선 일제 식민지의 혼란스러운 상황을 마감하려는 강한 의지를 지녔다고 생각된다. 그것은 삼일운동에 참여한 것도 그렇지만, 일제의 패망과 우리나라의 광복을 예언하였다는 것에서도 찾아볼 수 있다. 그것은 일제강점기에 창교된 많은 민족종교들의 외침에서 크게 벗어나는 것이 아니었다. 또한, 그는 동서양과 우리나라의 모든 종교와 모든 성인들을 관통하는 도를 깨우쳤음을 나타내고 있다. 이렇게 볼 때, 그는 어두운 식민지 시대를 마감하고, 우리 민족이 중심이 되는 세상을 구현하기 위해 배척하는 것 없이 모든 것을 다 받아들이기 위해 노력한 것이다. 다시 말해서 갱정유도의 창도과정은 식민시대의 혼란상을 벗어나기 위한 강한 의지의 표현이며, 이를 위해서 영신당은 동서양을 구분하지 않고 모든 것을 적극적으로 수용하려고 하였다. 이것은 수운이 동학을 창도하는 과정에서 서학을 배타적으로 극복하려는 것과 대비되는 대목이다. 이후 갱정유도의 여러 가지 활동은 이러한 창교자의 의지를 강하게 표현한 것들이

---

16 갱정유도본부 편, 앞의 책, 10쪽.

었다.

창교과정의 이러한 일련의 의지에도 불구하고, 부분적인 포교활동을 제외한다면, 창교초기 영신당이나 갱정유도의 대사회적 활동은 비교적 활발하지 않았다. 오히려 갱정유도인들의 대사회적 활동이 적극적으로 나타나는 것은 해방 이후였다.

우선 영신당은 6.25 전쟁 후 최초로「시운기화유불선동서학합일대도대명다경대길유도갱정교화일심(時運氣和儒佛仙東西學合一大道大明多慶大吉儒道更定敎化一心)」이라는 도명(道名)을 짓고 모든 조직과 기구를 편성하였다. 교단의 명칭에서도 알 수 있듯이 유도를 중심으로 갱정해서 유불선을 비롯한 모든 종교를 합일하겠다는 창교주의 의지가 나타나 있다.

1950년 영신당은 6.25를 막기 위해 이승만 대통령과의 면담을 요청하였지만, 끝내 성사되지 않자 "북적북적 끓는 물, 제주는 떴것만은, 남적을 어이할고"라며 6.25를 예언하였다고 한다. 1953년 전쟁이 아직 끝나지 않은 상황에서 영신당은 이승만 대통령을 비롯한 각국 대통령이나 각국 대사들과의 면담을 요청하였는데, 그 이유는 통일독립과 세계평화의 방법을 알려주기 위해서였다. 그리고 해인경과 누건수교리를 영역하여 미국 대통령을 비롯한 정치인들과 유엔사무총장에게까지 발송하였다.

이러한 상황은 비극적인 한민족의 분단 현실에 대한 인식과 그에 대한 적극적인 대응의 결과로 나타난 것이었다. 미래에 대한 영신당의 인식은 우리 민족 중심의 세계 평화건설이라는 원대한 목표를 지니고 있었다. 그것을 위해서는 통일 한국을 이루는 것이 출발점이었다. 이러한 모든 것의 기초는 도덕성을 회복하고, 물질문명 중심의 이기적인 사회를 벗어나는 것이었다.

1954년 6월에는 소위 대화중흥국사건(大和中興國事件)[17]이 발생하였다. 이러한 일이 발생하게 된 이유는 영신당이 계속해서 이승만 대통령을 만나려 했으나 뜻을 이루지 못했고, 미국 대통령을 비롯한 정치인 등에게 갱정유도를 알리는 편지를 보냈는데, 미국 정부로부터 한국 정부에 갱정유도라는 단체의 성격을 알아보라는 요청이 왔기 때문이었다. 1954년 5월 아시아 반공대회가 열리는 회의장에 영신당의 성인탄생을 알리는 유인물을 살포하다가 붙잡힌 사건 등, 갱정유도인들의 계속된 대사회적 포덕활동으로 인한 것이기도 하였다. 특히 일부 제자들이 강대성이 대한민국을 전복하려한다고 경찰에 밀고한 것이 결정적이었다.

그러나 이 중흥국이란 다른 것이 아니라 갱정유도의 도리인 삼강오륜(三綱五倫)과 인의예지(仁義禮智)의 인성(人性)을 밝혀 도덕문명으로 정신문화 창달이 되면 우리나라가 만국 중의 중흥된 국가가 된다는 의미였다. 그것이 당시의 어두운 시대상황과 맞물려 이러한 비극을 초래한 것이었다. 이러한 일련의 사건들은 모두가 영신당의 강력한 현실참여 의지에서 비롯된 것이라고 할 수 있다. 그것은 이 지상에서 이상세계를 추구하되 그 중심에 대한민국이 있다는 갱정유도 교리의 사회적 표현이었다고 생각된다.

갱정유도의 대사회적 포덕활동은 창교주 영신당의 도맥을 전승한

---

17 앞의 각주 3 참조.

계도선사 감갑조의 시대에도 계속 이어졌다. 1965년 6월 6일, 전국 각지의 신도 5백여 명이 서울로 집결하여 4개항[18]의 주장을 담은 유인물을 서울시민들에게 일제히 살포하였다. 그러나 유인물의 내용 가운데 용공적인 부분이 있다고 판단한 경찰은 유인물을 압수하고 신도들을 연행하기 시작하였다. 애초에는 유인물만 나누어주고 끝낼 예정이었지만, 일부 신도들이 경찰에 연행되자 남은 신도들은 일제히 "단군창업조선독립만세(檀君創業朝鮮獨立萬歲)"를 외치면서 중앙청을 향해 몰려가기 시작하면서 5백여 명의 군중시위로 변하게 되었다.[19]

당시 갱정유도인들이 주장한 4개 항의 내용은 ① 미국과 소련을 멀리하고 남과 북이 화합하자(遠美蘇遜하고 和南北民하자), ② 민족도의(民族道義, 仁義禮智와 忠孝의 정신)를 되살려야 통일이 되고 진정한 독립을 이룰 수 있다(民族道義라야 統一獨立된다), ③ 외국에서 들어온 오랑캐들의 망국 풍을 없애고 우리의 도의와 민속을 회복하자(攘夷狄風해야 化民良俗한다), ④ 우리길 우리집을 마음대로 못 가면 구름이나 물, 금수만도 못하니 삼팔선(휴전선)을 없애야 한다. 그것을 위해 우리는 남의 눈치를 보거나 남에게 의존하지 말고 우리의 정신을 되찾아 우리 힘으로

---

18 본래 초안은 5개 항으로 되어 있었지만, 뒤의 2개 항은 그때 당시의 상황에 적절치 않다고 해서 마지막 4번째 항을 추가해서 4개 항으로 하였다. 빠진 부분의 2개 항은 다음과 같다. 1. 만국회의를 통해서 약소국가가 보호를 받아야 한다(通萬國會하여 保護險弱하자). 2. 무력이 아닌 충과 효로서 백성을 가르치고 지도해야 진정한 세계평화가 온다(忠孝干城이라야 世界平和된다). 갱정유도본부 편, 앞의 책, 48~49쪽.

19 '조선독립만세'를 외치고, 미국과 소련을 멀리하라는 의미를 잘못 해석해서 미국을 멀리하고 소련을 가까이하라는 의미로 받아들인 정부는 갱정유도인들의 용공성을 의심해서 구속하였다. 그러나 구속된 사람들은 그해 8월에 모두 석방되었다. 위의 책, 56~57쪽.

해야 한다(三八線을 披開하고 우리 것을 찾는다)[20]는 것이었다.

　이 주장은 크게 두 가지로 나누어 볼 수 있다. 미국과 소련에 의해 우리나라의 남북이 갈라졌기 때문에 그들을 멀리하고 남과 북이 힘을 합쳐야 한다는 것과 외국의 문란한 문화가 들어와서 우리의 정신을 황폐화하고 있는데, 이를 물리치고 우리 고유의 문화와 도덕을 되살려야 한다는 것이 그것이다. 이렇게 되었을 때 남과 북이 합쳐져서 통일을 이룰 수 있다는 통일의 염원을 강하게 나타내고 있다.

　이후에도 갱정유도는 사회참여활동을 계속해서 1984년 3월 20일, 임진각에서 '남북평화통일세계평화기원대제', 1985년 3월 16일 '도의앙양실천대회' 등을 열어서 통일과 세계평화에 대한 염원과, 도덕성회복운동을 전개하였다. 이러한 것은 사람들이 일반적으로 인식하듯이 갱정유도가 그저 갓 쓰고 도포입고 시골에 은둔하며 시대에 뒤떨어진 종교단체가 아니라 사회개혁과 국가의 발전, 세계평화를 위해 끊임없이 자신의 의지를 표현해온 종교임을 나타내는 것이다.

　1985년에는 당시 갱정유도의 총무였던 한양원의 주도하에 한국에서 자생한 민족종교들의 모임인 '한국민족종교협의회'가 조직되었다. 이 협회는 종교 간의 대화와 화합을 위한 활동과 민족사상 학술대회와 강좌 등을 꾸준히 추진시켜오고 있다. 천주교, 불교를 비롯한 다른 종교들과도 협력하여 도덕성 회복운동을 벌이는 등, 같은 민족종교들뿐만 아니라 타 전통의 종교들과도 꾸준히 교류해 오고 있다.

20　갱정유도 운영위원회 편, 『평화와 통일』, 36~43쪽.

갱정유도의 대사회적 반응은 그 시대적 요청에 적극적으로 부응하려는 움직임이었다고 할 수 있다. 일제강점기에는 조국의 광복에 대한 염원을 나타냈으며, 해방 이후에는 남북통일에 관한 의지를 강력히 표명하였다. 우리의 미풍양속이 사라진 것이 물질문명을 앞세운 서구문화 때문이라고 하여, 앞장서서 고유의 문화를 보존하려 노력하였다. 일반적으로 인식하는 갱정유도는 유교전통의 종교단체이다. 그것은 갱정유도라는 명칭과 교인들의 복장과 차림새, 그리고 도덕윤리를 강조하는 모습에서 나타난다. 그러나 실제, 그 교리나 창교자의 종교경험 등을 토대로 본다면, 유교전통의 종교단체라고 단순화하기에는 무리가 따른다. 그보다는 오히려 다양한 종교전통을 받아들여 그것을 극복해 나가려는 모습을 나타내고 있다. 그렇기에, 강대성은 자신이 '요순이다, 석가여래다, 칠성이다, 상제다, 금불이다, 내가 고금성인이다, 신선이다, 야소다, 수운이다, 증산이다'라고 외친 것이다.

우리나라가 다가올 새로운 세계에서 중심 국가가 될 것이라는 한민족중심주의는 다른 여러 민족종교에서 나타난 내용과 마찬가지이다. 그러나 단지 창교자의 예언과 신도들의 기도생활에 머무는 것이 아니라, 그러한 예언을 이루기 위한 단계로, 민족통일을 실현하기 위한 적극적 활동과 세계평화를 위한 실질적 활동은, 현실을 개혁해 나가려는 의지의 표현이라고 할 수 있다.

Ⅴ. 나가며

이상으로 갱정유도의 창도과정과 교리 및 의례, 그리고 시대변화에 따른 대사회적 활동을 살펴보았다. 특히 창도과정은 창교주의 생애를 중심으로 파악해 보았다. 영신당 강대성이 처음 교단명칭을 지을 때 나타났듯이 갱정유도의 도리(道理, 교리)는 유불선과 동서학, 즉 동양과 서양의 종교를 통합한 새로운 도(道)를 창조하는 것이었다. 그가 그러한 도를 이루려 한 것은 '진정으로 국가를 위하고 민중을 구하고 큰일을 할 수 있는 길이 바로 새로운 도(道)를 얻어 큰 능력을 갖추어야 한다고 생각한 때문이었다.

영신당은 스스로 도를 깨우친 후, 자신이 지닌 생각을 구체적으로 실천에 옮겼다. 일제강점기에는 민족의 독립에 대한 의지를 해방에 대한 예언을 통해 표현하였다. 해방 이후에는 분단 현실을 극복하고자 노력하였다. 구체적인 방법이 무엇인가에 대해 자세히 알려진 것은 없지만, 남과 북을 하나로 만들기 위해 위정자들을 설득하려 하였다. 그러나 이러한 적극적인 활동이 원인이 되어 결국 영신당은 죽음을 맞게 된 것이다.

창교자의 정신은 그대로 후세에도 이어져 남북통일에 대한 운동을 주도하고 그것을 구체적으로 실천하는 방법을 제시하였지만, 급진, 좌경으로 몰리는 바람에 뜻을 이루지 못하였다. 그렇지만 아직도 남북통일과 세계평화를 이룩하자는 갱정유도의 기본방침에는 변함이 없다. 그것을 위해 그들은 현실사회에 참여하여 여러 운동을 벌이고 있다. 이러한 그들의 활동은 다른 민족종교 종단들의 활동과 더불어, 우리나라 민족종교로서의 위치를 확고히 해나가고 있다. 더불어 "시대에 뒤떨어진 종교" "현실 세계를 버리고 은둔하는 종교"가 아닌 "시대의 아픔을 해결하고자 적극적으로 노력하는 종교"이며, "현실사회에 참여하는 종교"로 스스로를 자리매김하고 있는 것이다.

그러나 이러한 그들의 활동에도 불구하고 몇 가지 검토해보아야 할 문제점도 있다. 첫 번째로 갱정유도인들이 제시하는 외세를 배격하고 우리만의 자주적인 통일국가를 이룩하자는 것이 과연 현실에 맞게 이루어질 수 있는가 하는 것이다. 당시의 주장은 미국과 소련을 배제하자는 것인데, 현재로 바꾸면 미국, 러시아, 중국, 일본의 간섭에서 벗어나자는 것과 같다고 하겠다. 그러나 현실적으로 이들을 배제하고 독자적인 자주 국가의 수립이 가능할 수 있을지는 의문이다. 정치, 경제적으로 이들을 배제할 수 없는 처지에 있기 때문이다.

두 번째는 서구의 문화, 구체적으로 물질문명을 배격하자는 것인데, 이제 와서 과연 그것이 가능할까 하는 것이다. 현대는 물질문명이 고도로 발달해가고 있는 시대이다. 자고 나면 새로운 기술업적이 발표되는 현실에서 이러한 것들을 모두 배격하고 과거 시대로 회귀할 수는 없는 것이다. 대기오염을 시키지 않기 위해 자동차를 타지 않겠다고 말할 수 없는 시대인 것이다. 그러므로 물질문명을 배격하기보다는 현재 상황에 맞는 대안을 찾는 것이 필요하다고 생각된다.

종교적 이상으로서의 미래를 바라보는 것은 분명 필요한 일이다. 우리나라가 통일되어 세계의 중심국이 될 것이라는 생각은 얼마든지 할 수 있고, 그것은 같은 민족에게도 기분 좋은 전망임은 분명하며, 여러 가지 면에서 희망을 품게 할 수 있다. 물질문명으로 인해 대기가 오염되고, 사회적 미덕이 사라지고 있다는 것도 옳은 지적일 수 있다. 그러나 구체적인 행동 방향, 대안은 너무 이상에 치우친 것이 아닌가? 종교로서의 이상세계는 얼마든지 꿈꿀 수 있지만, 현실적인 사회참여운동은 구분되어야 할 것으로 생각된다.

세 번째로 종교단체가 사회현실에 참여해서 사회적 모순해결을 위해 노력하는 것은 중요하다. 그러나 현실사회에 참여하는 것도 중요하지만, 종교적 이상을 실현하기 위한 종교적 노력에 더욱 힘을 기르는 것도 중요하다고 생각된다. 구체적인 것들로는 갱정유도 교리의 구체화 내지는 현대적 의미의 해석 등도 필요하다. 경전의 내용이 한문과 전라도 방언, 그것도 그 시기의 문체 그대로 되어 있기에 사람들에게 갱정유도의 사상을 전파하는데 장애가 될 것이다. 즉, 경전을 현대적으로 재해석하는 등의 일도 필요하며, 그것을 통해 갱정유도의 교리와 사상을 사회에 알리는 데도 힘써야 할 것이다.

마지막으로 과거의 전통을 되살리는 것도 중요하지만, 새로운 전통의 창조도 중요할 것이다. 전통이란 항상 없어지기도 하고 새롭게 창조되기도 한다. 과거의 것만을 고집할 것이 아니다. 예를 들면 현재 갱정유도인들의 복식도 조선 시대에 새롭게 나타난 복식이다. 현 시대에 맞는 새로운 종교적 전통을 만드는 것도 필요할 것이다.

❖『종교연구』43집, 한국종교학회, 2006.9.
　『한국 종교교단 연구 Ⅰ』, 한국학중앙연구원, 2007.5.

제7장

대한불교천태종의 역사와 특성

---●━━━━●---

I. 들어가며

이 글은 현대 한국의 불교계 신생종단 가운데 하나인 대한불교천
태종[1]의 창종 과정과 교리 및 특성 등을 파악해 보고자 한다. 천태종
은 1967년 정부에 종단 등록을 한 이후 비약적인 교세 확장을 통해
큰 규모로 성장하였다. 천태종 자체에서는 고려 시대 대각국사 의천
과 중국의 천태종에까지 그 연원을 소급해서 연결하고 있지만, 여기
에서는 그러한 부분은 제외하고 현대에 나타난 천태종의 역사와 교
리적 특성들을 중심으로 전개할 것이다.

사실 일반인들에게는 대한불교천태종이라는 공식명칭보다는 구
인사라는 엄청난 규모의 대사찰로 더 유명하다. 5층 높이의 대웅전

---

1 이 글에서 일반적으로 천태종이라고 지칭하는 것은 대한불교천태종을 나타낸다.
고려 시대의 천태종이나 중국의 천태종을 언급할 때는 반드시 '고려 천태종', 또는
'중국 천태종'이라고 할 것이다. 물론 문맥에 따라 이들 과거의 천태종과 구분하기
위해 대한불교천태종, 또는 현대 천태종이라고 지칭하기도 할 것이다.

과 많은 요사채로 소백산의 산골짜기를 가득 메우다시피 한 구인사는 그 자체로 많은 이들을 압도하기에 충분하다. 또한, 많은 사람─물론 대부분이 천태종 신도들이겠지만─이 수시로 찾아와 신앙의 열기를 뿜어내는 모습은 어떤 다른 사찰에서도 볼 수 없는 모습이라고 할 수 있다.

이처럼 짧은 시간에 비약적인 발전을 이루며 역동적인 활동을 보여주고 있는 현대 천태종에 대한 일반적 연구는 미흡한 실정이다. 천태종 종단의 산하기관인 천태불교문화연구원이 주축이 되어 천태학을 연구하고 있지만 대체로 천태종의 교의, 그것도 과거 고려시대 천태종과 중국의 천태종에 대한 연구가 일반적이다.[2] 이에 비하면 현대 천태종에 관한 일반적 연구는 상대적으로 취약하다고 할수 있다. 현대 천태종에 대한 일반적 연구, 특히 현대에 창종된 신종교로서의 천태종에 대한 연구가 좀 더 활성화되어야 할 것으로 생각된다.

현대 천태종과 관련된 논문은 「근세 천태종의 전개와 동향」(이봉춘, 『천태학연구』 창간호, 1998), 「상월화상의 한국불교사적 위상」(임영창, 『불교학논총』, 1999), 「천태종 중창의 역사적 의의」(이봉춘, 『천태학연구』 5, 2003), 「상월원각 대조사의 생애와 업적」(최기표, 『천태학연구』 5, 2003), 「차안의 구원론과 주문 중심주의」(이효원, 『종교연구』 33, 2003), 「현대 한국 천태

---

2 천태불교문화연구원은 1996년 6월 27일 개원하였으며 학술지 『천태학 연구』를 매년 발행하여 2006년 현재 8호가 발행되었다. 매년 두 차례의 학술대회를 개최하는데, 춘계학술대회는 국내학자들을 중심으로 천태학과 불교학에 대한 발표가 이루어지며, 추계학술대회는 해외의 학자들을 초청하여 국제학술대회로 치르고 있다.

종의 수행구조와 원융삼제의 적용」(최동순,『한국불교학』37, 2004) 등이다. 이 가운데 이봉춘의 글은 천태종의 창교과정에 관한 현대 천태종에 대한 일반적 연구이기는 하지만, 주로 천태종의 입장에서 서술되다 보니 객관성이란 측면에서 미흡한 점이 있다. 임영창과 최기표의 글은 천태종의 창시자인 상월의 행적과 그 의미를 서술하고 있지만, 천태종 창교에 대한 전반적인 서술은 아니다. 그러나 최기표의 글은 천태종의 창시자인 박상월의 행적에 대해 비교적 객관적으로 서술하려 했다는 점에 의의를 둘 수 있다. 그는 상월에 대한 기록을 검토하면서 불확실하거나 아니면 윤색이나 작위가 있는 부분은 되도록 피하려 하였다.[3] 이효원의 글은 종교학적인 입장에서 서술된 첫 글로 주로 천태종 관음신앙의 종교성에 중심을 두고 있다. 최동순의 글은 현대 천태종과 근본 천태의 교리적 연결점에 초점을 두고 있다. 이외에 종교학계에서 나온 자료는 신종교조사보고서가 일부 있는 정도이다.

따라서 교리나 의례, 그리고 천태종 일반에 대한 부분 등 각 주제에 맞는 연구들이 좀 더 진행되어야 할 것으로 생각된다. 여기에서는 이러한 실정에 따라 현대 천태종에 대한 개괄적 이해를 위한 쪽으로 진행할 것이다. 순서는 우선 천태종의 창종과정, 그리고 교리와 의례를 개괄적으로 서술하고, 다음으로 현대 천태종의 특성을 파악해 볼 것이다.

---

3 최기표,「상월원각 대조사의 생애와 업적」,『천태학연구』5, 천태불교문화연구원, 2003, 220~227 참조.

Ⅱ. 대한불교천태종의 창종과 이념

1. 기원과 전개

충북 단양의 소백산 자락에 있는 대한불교천태종은 박준동(朴準東)으로부터 비롯된다. 박준동[4]은 법명이 상월(上月), 법호는 원각(圓覺)이며, 1911년 11월 28일 강원도 삼척에서 밀양 박씨의 후손인 박영진(朴泳鎭)과 모친 김씨의 2대 독자로 출생하게 된다. 그는 5살이 되던 해부터 한문과 유학을 배우기 시작하여 15세가 채 되기 전에 이미 사서삼경(四書三經)에 통달하게 되었다고 한다.[5] 상월은 9세 때 조부의 별세를 경험하면서 생사의 문제에 대해 고민을 하게 되고, 14세 때 삼척유지공장에 취직하여 세상의 물정을 겪으면서 빈부격차나 상하의 계급에 대한 의문을 품게 되었다[6]고 한다.

상월은 결국 15세에 스스로 입산수도를 결심하고 제천의 한 사찰을 찾아가서 순관(順寬) 화상의 문하로 들어갔다.[7] 그러나 그는 사미

---

4 박준동은 본명인 준동보다는 법명인 상월(上月)로 더 잘 알려져 있으며, 천태종 신도들에게는 상월대조사(上月大祖師), 또는 상월원각대종사 등으로 불리고 있다. 여기에서는 박준동의 호칭을 법명인 상월로 통일해서 쓰도록 할 것이다.
5 박형철 편저, 『상월조사와 천태종』, 대한불교천태종, 1981, 93쪽.
6 김의숙, 『구인사의 달』, 북스힐, 1999, 49쪽.
7 일부 저술에서는 그가 15세에 삼척의 삼태(三台)산에 들어가 백일기도를 하고, 차력이나 축지법과 같은 우리 전래의 선도(仙道)를 연마하였는데, 선도가 현대과학을 능가하는 것이 불가능함을 깨닫고, 불문으로 발길을 돌렸다고도 한다(김의숙, 앞의 책, 천태학연구회, 『천태종통기』, 대한불교천태종총본산 구인사, 1983). 또 그가 찾은 제천의 사찰이 영암사(靈岩寺)라고도 하고 무암사(霧岩寺)라고도 하는데, 천태종에서 출판한 서적에 서로 다른 이름이 나와 여기서는 사찰의 이름을 기록하지 않았다. 종단 내부의 자료를 보다 정확히 하는 것이 중요하다고 생각된다. 천태종성전편찬회, 『천태종교전Ⅰ』, 대한불교천태종, 1972, 116쪽, 대한불교천태종총본산구인사 남대충 편, 『천태종약전』, 도서출판 불교사상사, 1979, 157쪽 참조.

생활에 만족하지 않고 수도를 위해 강원도를 거쳐 금강산으로 가던 중 법은(法恩)이라는 이승(異僧)을 만나 상월이라는 법명을 얻는데, 이후 법은은 상월의 사승(師僧)이 된다. 법은은 상월에게 많은 영향을 준 것으로 보이는데, 주경야선의 실천이나 관음신앙, 그리고『법화경』을 최상승경으로 여겨 천태종을 개창한 것들이 모두 그의 영향을 받은 것이라고 할 수 있다.[8] 상월은 스승이 죽은 후, 2년간 홀로 수행에 정진하다가 자신의 견문을 넓히기 위해 오대산 문수도량과 아미산 보현도량을 비롯한 중국의 여러 불교성지들을 두루 순방하였다.

1936년에 다시 귀국하여 전국을 돌며 수행을 하던 상월은 1945년에 충북 단양군 영춘면의 소백산 구봉팔문의 연화지에 몇몇 제자들과 함께 법당과 거실, 주방 등을 갖춘 사찰을 짓고 자리를 정하였으니, 이것이 오늘날 구인사의 시작이었다. 그는 사찰의 명칭을 "억조창생(億兆蒼生) 구제중생(救濟衆生) 구인사(救仁寺)"라고 하였는데, 이는 "수많은 백성과 중생을 자비로써 구제하는 절"이란 의미를 담고 있다.[9] 그는 이곳에서 몇몇 제자와 함께 수행을 시작하였다. 6·25전쟁 중에는 공주 마곡사에서 잠시 피난 생활을 하였다. 피난생활에서 소백산으로 되돌아와 수행에 전념하던 상월은 1951년 음력 12월 28일 드디어 큰 깨달음을 얻고, 오도송(悟道頌)[10]을 읊은 후, 3일 밤낮을 쉬

---

8 이효원, 「차안의 구원론과 주문 중심주의」,『종교연구』33, 한국종교학회, 2003, 304쪽 참조.

9 김의숙, 앞의 책, 51쪽.

10 오도송은 다음과 같다. "산색고금외(山色古今外) 수성유무중(水聲有無中) 일견파만겁(一見破萬劫) 성공시불모(性空是佛母) 산빛은 고금밖이요, 물소리는 있고 없는 중간이로다. 한번 보는 것이 만겁을 깨뜨리니, 성품 공한 것이 바로 부처님 어머니로다." 박형철, 앞의 책, 119쪽. 앞에서 언급한 최기표의 글에는 오도송을 다

지 않고 신도들에게 설법하였다고 한다.

이후 상월은 수행을 계속하면서 중생을 구제하는 일을 실천하기 시작하였다. 그는 불치병을 앓는 자를 고쳐주고, 재앙으로 고통받는 사람들은 그 재앙을 물리쳐주기도 하였다. 그러자 많은 사람들이 그의 가르침을 받고 고통에서 벗어나기 위해 몰려들었다. 그는 회삼귀일(會三歸一)과 원융삼제(圓融三諦)의 묘법을 사회정화와 국토통일의 이념으로 삼는 애국불교, 그리고 더러운 곳에 있으면서도 물들지 않는 연꽃이 되라는 『법화경』의 가르침을 생활불교의 지표로 삼아 새로운 불교운동을 전개하였다.[11] 『법화경』은 이후 천태종의 사상적 기반이 되었으며, 애국불교, 생활불교, 대중불교는 천태종의 3대 지표가 되었다.

신도들이 나날이 늘어나 많은 사람들이 구인사를 찾게 되자 상월은 이제 조직적인 종단의 구조로 탈바꿈되어야 할 필요를 느끼고 새로운 종단을 출범시키게 된다. 1966년 8월 30일 종의회에서 종헌·종법을 제정하여 천태종의 창종[12]을 선포하고 다음 해 1월 24일 문화부에 재단법인 종단 등록을 함으로써 그 공식적인 출발이 시작되었다. 상월은 천태종 초대 종정에 취임하여 수년간 지속적인 포교활

음과 같이 밝히고 있다. "연화극락(蓮華極樂) 다시 오니 내 하나가 제일(第一)이다 삼천대천(三千大千) 세계조화(世界造化) 어느 누가 제도(濟度)하랴 내하나가 제일(第一)이다 … 삼세구품(三世九品) 조화(造化)하니 무량겁(無量劫)이 가이없다 춘화추풍(春花秋風) 끝없으니 부처님이 제일(第一)이다" 최기표, 앞의 글, 231쪽.

11 김의숙, 앞의 책, 55쪽.

12 서론에서도 잠시 언급하였지만, 천태종 자체에서는 창종이 아니라 중창이라고 한다. 따라서 대각국사 의천을 종조로, 그리고 상월은 창시자가 아니라 중창조로 부르고 있다. 그러나 여기에서는 현대 천태종에만 초점을 맞추어 서술되기에 중창이 아닌 창종으로 언급한다.

동을 펼치고, 종단의 여러 가지 체계를 잡아나가게 된다. 그는 1974
년 6월 17일(음력 윤 4월 27일) 89(법랍 74)세의 나이로 입적하였다. 종단
이 조직된 이후 총본산 구인사 외에 여러 산하 사찰들이 전국적으로
생겨난다. 이후 종정은 2대 남대충, 3대 김도용을 거치면서 비약적
인 성장을 계속하여 오늘에 이른다.

2. 대한불교천태종의 창종이념

상월원각대조사가 소백산 자락을 수행처로 삼아 자리를 잡을 때,
몇 가지 큰 서원을 하였다고 한다. 그것은, ① 큰 법을 성취하고 이곳
에서 훌륭한 불사(佛事)를 펼치겠다. ② 반야지혜와 무애해탈을 증득
하지 않고서는 결코 대중 앞에 나서지 않겠다. ③ 스스로 성취한 공
덕은 만중생에게 회향하여 다 함께 무상보리도를 얻게 하겠다는 등
의 것이다.[13]

다시 말해서 수행을 통해 큰 깨달음을 얻고, 그것을 만인에게 전
파해 많은 사람들이 깨달음을 얻도록 도울 것이며, 더불어 그곳을
불교의 훌륭한 중심지로 삼을 것임을 다짐한 것이라고 하겠다.

이러한 정신을 바탕으로 수행에 정진하던 상월은 드디어 대도를
성취하게 된다. 이후 상월은 자신이 소백산에 들어와 처음 서원했던
대로 중생구제를 위한 행동을 실천하기 시작하였다. 그는 병에 걸린
사람들은 병을 고쳐주고, 재앙 등에 걸린 사람들은 그것으로부터 벗
어나도록 해주었다. 그러자 수많은 사람들이 소백산으로 몰려들었

---

13 이봉춘, 「근세 天台宗의 전개와 동향」, 『천태학 연구』 창간호, 천태불교문화연구
원, 1998, 195쪽.

다고 한다.

> 이미 법연(法緣)이 도래(到來)함을 한 대조사(大祖師)께서는 도제중생(度濟衆生)을 발원(發願)하시고 우선 근기(根器)와 민족풍토(民族風土)에 적응(適應)하여 치병도액(治病度厄)·피흉취길(避凶就吉)의 영험(靈驗)을 보이어 대중(大衆)을 인도(引導)하니 그 자비방편(慈悲方便)과 자재무애(自在無碍)한 법력(法力)을 향모(嚮慕)하여 경향각지(京鄉各地)와 절협도서(絕峽島嶼)에서까지 운집(雲集)하는 선남선녀(善男善女)가 소백산곡(小白山谷)을 메웠다.[14]

병을 고쳐주고, 재앙을 피하도록 하는 등의 법력이 알려지자 많은 사람들이 소백산으로 모여들었고, 그것은 다시 신앙운동으로 발전하기에 충분하다고 하겠다. 실제로 이후 사람들은 기본적인 불교신앙 외에 상월에 대한 신앙심도 생겨나게 된다.

사람들이 이처럼 모여들자 상월은 단순히 개인적, 현세적인 기복종교에서 벗어나 사회와 국가를 위한 실천운동을 목표로 정하였다.

> 그때에 대조사(大祖師)께서는 국토양단(國土兩斷)·민족분열(民族分裂)의 국난(國難)에 처(處)하여 흥법호국(興法護國)·구세제중(救世濟衆)의 사명(使命)을 수행(遂行)코저 회삼귀일(會三歸一)·원융삼제(圓融三諦)의 묘법(妙法)으로써 국토(國土)와 민족통일(民族統一)의 이념으로 삼고 진속

---

14 박형철, 앞의 책, 123쪽.

불이(眞俗不二)·처염상정(處染常淨)의 법화교지(法華敎旨)로써 생활불교(生活佛敎)의 지표(指標)로 삼아 새불교운동(佛敎運動)을 전개(展開)하신 지 수년(數年)에 교세(敎勢)가 욱일승천(旭日昇天)으로 신도(信徒)가 수십만(數十萬)에 이르니 불가사의(不可思議)한 묘법(妙法)의 위신력(威神力)임을 실증(實證)하게 되었다.[15]

일본의 식민지에서 벗어나자 이제는 국가가 양분되고 민족이 분열하고, 또한 그에 더하여 같은 민족끼리 총부리를 겨누고 6.25와 같은 동족상잔의 비극이 발생하였다. 이러한 것들이 모두 국가적 난국에 해당된다. 이에 불법을 중흥시켜서 나라를 구하고 이상사회를 건설해서 중생을 구원한다는 사명을 띠게 되었다는 것이다. 그리하여 회삼귀일과 원융삼제를 국토통일의 이념으로 삼아 민족통일을 우선 과제로 내세우고, 출가나 재가를 구분하지 않음을 생활불교의 모토로 하였다.

이러한 점들을 바탕으로 상월은 불교의 현대화, 생활화, 대중화를 위한 새불교운동을 전개하는데 그 대략적인 요강은 다음과 같다.

一, 미신적 기복불교(迷信的祈福佛敎)에서 신행적 수복불교(信行的修福佛敎)에로,

二, 소승적 둔세불교(小乘的遁世佛敎)에서 대승적 구세불교(大乘的救世佛敎)에로,

---

15 위의 책, 129~130쪽.

三, 출가중심적 산림불교(出家中心的山林佛敎)에서 사회적 대중불교(社會的大衆佛敎)에로,

四, 형식적 호국불교(形式的護國佛敎)에서 실질적 애국불교(實質的愛國佛敎)에로,

五, 관념적 우상불교(觀念的偶像佛敎)에서 실천적 생활불교(實踐的生活佛敎)에로,

六, 소비적 유한불교(消費的有閑佛敎)에서 자급적 생산불교(自給的生産佛敎)에로.[16]

새불교운동을 표방한 이러한 구체적 사항들은 현대 천태종 종단의 3대 지표로 정립되게 된다. 천태종에서 설정하고 있는 3대 지표는 애국불교, 생활불교, 대중불교이다.

애국불교란 과거 한국불교의 특징인 호국불교의 성격을 그대로 지니고 있지만, 단지 그것이 기도와 같은 종교적 수행에 머무는 것이 아니라 사회정화운동이나 국민도의앙양, 그리고 복지사회건설과 민족통일과 같은 구체적 사항들에 대해 현실적 노력을 추구한다는 의도가 담겨있다.

생활불교란 의례나 기도, 참선과 같은 종교적 수행만을 중심으로 하는 것에서 벗어나 현실생활 속에 들어가 구체적으로 행동하는 것을 나타낸다. 그리하여 천태종 사찰의 승려들은 낮에는 논이나 밭 등에서 일해서 스스로의 식량을 자급자족한다는 원칙을 따르며, 밤

---

16 위의 책, 141~142쪽.

에 종교 생활을 한다. 재가신도들의 경우에도 이러한 원칙은 변함이 없다.

　대중불교는 산중의 사찰을 중심으로 전개되는 종교가 아니라 대중, 민중 속으로 파고 들어가서 그들을 구제하는 것을 뜻한다. 다시 말해서 사찰만이 종교생활의 중심이 아니라 현실세계도 그와 같은 장이 될 수 있음을 의미한다고 하겠다.

　이와같이 천태종은 불교의 현대화, 생활화, 대중화를 통해 애국, 생활, 대중불교라는 3대지표를 설정하고 있는데, 이를 통해 알 수 있는 천태종의 이념은 불교를 중흥시켜 국가를 보호하고, 현실세계의 생활과 종교생활을 일치시키는 것이라고 할 수 있다. 다시 말해서 천태종은 출세간적 종교가 아니라 현실세계에서 대중과 같이 호흡하며 대중을 위해 활동하는 이념을 지닌 종교라고 하겠다.

Ⅲ. 천태종의 경전과 의례

1. 소의경전

　대한불교 천태종의 종헌(宗憲) 제3조를 보면 "본종(本宗)은 묘법연화경(妙法蓮華經)과 법화삼대부(法華三大部), 천태사교의(天台四敎儀)를 소의경전(所依經典)으로 한다. 다만, 기타(其他) 경전(經典)의 연구(硏究)와 염불지주(念佛持呪) 등(等)은 제한(制限)하지 아니한다."[17]고 되어있다.

17　대한불교천태종, 『宗憲宗法 및 宗令』, 1994, 11쪽.

이 가운데 『묘법연화경』은 대승불교 경전으로 일반적으로 『법화경 (法華經)』으로 불리며, 『법화삼대부』와 『천태사교의』는 후대의 저술이다. 『법화삼대부』란 『법화현의(法華玄義)』, 『법화문구(法華文句)』, 『마하지관(摩訶止觀)』을 말한다. 모두 중국의 천태지자대사(天台智者大師)가 『법화경』에 기초하여 한 강연을 그의 제자 관정(灌頂)이 모아서 만든 책이다. 말하자면 『법화경』의 해설서 또는 주석서라고 할 수 있다.

『천태사교의』는 고려 초기의 승려인 제관(諦觀)이 중국에 가서 천태종의 사상을 정리한 책이다. 제관은 살아있을 때 이 책을 저술해서 상자 안에 감추어두고 아무에게도 말하지 않았는데, 그가 죽은 후 상자 안에서 발견되었다고 한다.[18]

『묘법연화경(妙法蓮華經)』의 의미는 "진흙에 물들지 않는 하얀 연꽃과 같은 가르침"이다. 전체가 7권 28품[19]으로 이루어져 있으며, 1품부터 14품까지를 적문(迹門), 그 이하를 본문으로 나눌 수 있다.[20] 『법

---

18 이영자, 「천태사교의(天台四教儀)」, 『한국민족문화대백화사전』21, 한국정신문화연구원, 1991, 896쪽.

19 28품은 다음과 같다. 第一 서품(序品), 第二 방편품(方便品), 第三 비유품(譬喻品), 第四 신해품(信解品), 第五 약초유품(藥草喻品), 第六 수기품(授記品), 第七 화성유품(化城喻品), 第八 오백제자수기품(五百弟子受記品), 第九 수학무학인기품(數學無學人記品), 第十 법사품(法師品), 第十一 견보답품(見寶塔品), 第十二 제바달다품(提婆達多品), 第十三 권지품(勸持品), 第十四 안락행품(安樂行品), 第十五 종지용출품(從地涌出品), 第十六 여래수량품(如來壽量品), 第十七 분별공덕품(分別功德品), 第十八 수희공덕품(隨喜功德品), 第十九 법사공덕품(法師功德品), 第二十 상불경보살품(常不經普薩品), 第二十一 여래신력품(如來神力品), 第二十二 촉루품(囑累品), 第二十三 약왕보살본사품(藥王普薩本事品), 第二十四 묘음보살품(妙音菩薩品), 第二十五 관세음보살보문품(觀世音菩薩普門品), 第二十六 다라니품(陀羅尼品), 第二十七 묘장엄왕본사품(妙莊嚴王本事品), 第二十八 보현보살권발품(普賢菩薩勸發品). 우리나라에서는 이 가운데 특히 「관세음보살보문품」이 관음신앙의 근거가 되어 왔으며, 「관음경」으로 따로 편찬되어 많이 독송되어 왔다.

화경』은 『화엄경』과 함께 한국 불교사상의 확립에 가장 크게 영향을 미친 경전으로, 예로부터 모든 경전 중의 왕으로 인정받았고, 초기 대승경전 중에서도 가장 중요한 불경으로 알려져 있다. 『법화경』은 그 전체가 귀중한 교훈으로 되어있어서 28품 가운데 어느 한 품만을 특별히 다룰 수 없을 만큼 우열을 논하기 어렵다. 그러나 『법화경』에서 가장 중요한 사상으로 평가되고 전승된 것은 회삼귀일사상(會三歸一思想)으로, 그 의미는 삼승(三乘)이 결국 일승(一乘)으로 귀일(歸一)한다는 사상이다.[21]

『법화현의』는 『법화경』의 제목을 중심으로 설명하면서 전체 불교를 체계화한 것이고, 『법화문구』는 법화경의 전체 문구를 해석한 것이며, 『마하지관』은 지관법(止觀法)을 밝혀 놓은 것이다. 앞의 두 가지가 교학체계에 해당된다면 마지막의 것은 실천에 해당된다고 할 수 있다. 이것이 『법화삼대부』, 또는 『천태삼대부』라 하여 전통적으로 『법화경』에 대한 천태종의 핵심적 주석서에 해당한다.

『천태사교의』는 천태교학의 개론서의 성격을 지니고 있어서, 중국 불교에 심대한 영향을 끼쳤음은 물론이며, 우리나라에서는 고려·조선조 이래 교학의 입문서로 읽혔고, 15세기 이래 일본에도 많은 영향을 주었다. 이 책은 천태학을 교(敎)와 관(觀)의 2문(門)으로 보고 2문

---

20 『법화경』의 내용을 이처럼 적문과 본문의 두 부분으로 분류해서 본 것은 중국의 천태대사로부터 비롯된 것이다. 이외에 도생은 『묘법연화경소』 상권에서 법화경을 인과(因果)의 두 부분으로 분류하기도 하였다. 서인렬, 「법화경의 성립과 구성에 관한 고찰」, 『중앙승가대학논문집』 Vol.9, 중앙승가대학교, 2001, 86쪽 참조.
21 박상국, 「묘법연화경」, 『한국민족문화대백과사전』 8, 한국정신문화연구원, 1989, 110~111쪽.

의 대강을 설명하고 있다.『법화경』「신해품(信解品)」의 비유,『열반경』오미(五味)의 비유,『화엄경』삼조(三照)의 비유를 근거로 교학을 오시(五時)와 팔교(八敎)로 분류하였다. 오시는 화엄(華嚴)·녹원(鹿苑)·방등(放等)·반야(般若)·법화열반(法華涅槃)의 순서로 되어 있으며, 내용에 따라 모든 교법을 장(藏)·통(通)·별(別)·원(圓)의 4가지로 분류하였다. 관법은 관심문(觀心門)으로서『마하지관』의 이십오방편(二十五方便)과 십중관법(十重觀法)에 근거하여 약술하였다. 본래 상·하 두 권을 저술한 것으로 알려졌지만, 하권은 전하지 않아 그 구체적 내용을 알 수는 없다.[22]

대한불교천태종 소의 경전의 종류는 크게 3가지로 구분해 놓고 있지만, 근본 핵심은 결국『법화경』에 있음을 알 수 있다.『법화삼대부』가『법화경』의 해설서에 해당한다면,『천태사교의』는 천태사상을 개론적으로 알려주는 것이다. 그런데『천태사교의』에서 말하는 천태사상도 그 중심은 천태지자대사가 설명한『법화삼대부』에 있기 때문에 결국 천태종의 근본경전은『법화경』이라고 해도 좋은 것이다.

대한불교천태종에서 발행한『천태종성전』에서도 이러한 것이 뒷받침되고 있다.

중국천태종의 삼대부인「법화현의」는 법화경의 제목을 풀이한 것이요, 동(同) 문구(文句)는 법화경문을 해석한 것이요,「마하지관」은 지관법을 밝힌 것이니 다 천태대사가 말씀한 것을 그 제자 장안법사가 필

---

22 이영자, 앞의 글.

기한 것이다.

오소부(五小部)도 그러하다. 이에는 그것을 꼭 소의로 하지 않으므로 그 내용의 해설은 생략한다.[23]

즉, 대한불교천태종에서는 공식적으로 3가지를 소의경전으로 밝히고 있지만, 실상 그 핵심은 바로 『법화경』이라는 것을 뒷받침하고 있는 것이다.

2. 대한불교천태종의 중심사상

대한불교천태종의 종헌(宗憲)에는 삼제원융(三諦圓融)의 교리를 근본으로 삼아 종지(宗旨)를 세움을 밝히고 있다.[24] 대한불교천태종의 홈페이지의 천태종 소개 부분에서 종지를 설명한 것도 다음과 같다.

우주에 존재하는 모든 것은 공(空), 가(假), 중(中) 세개의 진리를 모두 가지고 있는데 이 세 개의 진리는 각각 나머지 두 개의 진리를 모두 그 속에 갖추고 있으므로 이를 삼제원융(三諦圓融)이라 한다.

---

23 천태종성전편찬회 편저, 『천태종성전』, 대한불교천태종, 1971, 575쪽.
24 종헌(宗憲)의 종지(宗旨)를 밝히는 전문은 다음과 같다.
第2條(宗旨) 本宗은 攝末歸本 法輪의 大乘思想에서 三諦圓融한 敎理로 다음의 3章을 宗旨로 한다.
  1. 個人完成은 革凡成聖이니 空觀으로 見思惑을 斷盡하고 體眞止에 머물러 自利自覺하는 것
  2. 佛國土 建設은 轉穢現淨이니 假觀으로 塵思惑을 斷盡하고 方便隨緣止에 머물러 利他他覺하는 것
  3. 法成體結合은 圓融無得이니 中道觀으로 無明惑은 斷盡하고 息二邊分別止에 머물러 自利利他覺行圓滿하는 것 (대한불교천태종, 『宗憲宗法 및 宗令』, 1994, 11쪽.)

이런 이치를 한마음 위에 관(觀)하는 것이 일심삼관(一心三觀)이다. 이 일심삼관이 천태 수행의 길이 되는 것이다. 이리하여 모든 제법(諸法)이 현실에 있는 그대로 실상(實相)이라는 법화경의 사상을 체득하는 것이다.

또 법화경에서 가르친 부처님 가르침의 최후 목적은 '모든 중생이 부처가 되게 하는 것'이라는 회삼귀일(會三歸一)의 정신과 '부처님의 깨달음은 구원실성(久遠實成)의 영원한 것'이라는 법화경의 사상이 천태종 교리의 주요 골자가 되는 것이다.[25]

대한불교천태종의 근본경전이 『법화경』임을 고려할 때, 『법화경』의 가장 중요한 사상으로 평가되고 있는 회삼귀일(會三歸一) 사상이 현대 천태종의 중심적 사상이라는 것은 당연한 것이다. 현대 한국의 천태종 모든 사찰의 법당에는 회삼귀일(會三歸一)과 삼제원융(三諦圓融)이라는 글귀가 있다. 또한, 오늘날 한국 천태종에서는 수행이념과 신앙이념으로 법화경의 회삼귀일(會三歸一)과 천태대사의 삼제원융(三諦圓融) 사상을 채택하고 있다.[26] 따라서 현대 한국 천태종의 사상은 여러 가지로 다양하게 말할 수도 있지만, 그 중심은 회삼귀일(會三歸一) 사상과 삼제원융(三諦圓融) 사상에 있다고 이야기해도 무리가 없을 것이다.

삼승(三乘)이 결국 일승(一乘)으로 귀일(歸一)한다는 사상이 회삼귀일

---

25 대한불교천태종
(http://www.cheontae.org/01_chentae/chentae001.html?hcode=001_03, 검색: 2006.8.20.).

26 최동순, 「현대 한국 천태종의 수행구조와 원융삼제의 적용」, 『한국불교학』, 한국불교학회, 2004, 166쪽.

(會三歸一) 사상임은 앞에서 잠시 언급하였다. 여기에서 삼승이란 성문승(聲聞乘), 연각승(緣覺乘, 獨覺乘, 또는 辟支弗乘), 그리고 보살승(菩薩乘)을 말한다.

『법화경』의 비유품에 보면 화택(火宅)의 비유가 있다. 집에 불이 난 것을 본 아버지가 자식들을 구하기 위해 여러 가지로 생각을 한다. 자신이 직접 아이들을 데리고 나올 수도 있었지만, 잘못해서 아이들을 위태롭게 할 것이 두려워 직접 나오도록 하는 것이 좋겠다고 생각한 나머지 밖에서 불러내기로 한다. 아버지는 아이들에게 불이 났으니 빨리 나오라고 소리치지만, 아이들은 장난감에 정신이 팔려 자신들에게 다가오는 위험을 모른 채 놀이에만 열중한다. 여러 가지로 생각한 끝에 아버지는 아이들에게, "너희들이 좋아하고 갖고 싶어하는 희귀하고 얻기 어려운 장난감이 있는데, 지금 너희들이 가지지 아니하면 이 뒤에 반드시 후회할 것이다. 양이 끄는 수레, 사슴이 끄는 수레, 소가 끄는 수레들이 지금 대문밖에 있으니, 너희들이 이 불타는 집에서 빨리 나오면 너희들이 달라는 대로 나누어 줄 것이다."라고 하여 무사히 아이들을 밖으로 불러내 구출한다는 내용이다.

이어서 붇다는 다음과 같이 삼승을 설명하고 있다.

어떤 중생이 지혜가 있어 세존의 법을 듣고 믿으며 꾸준히 정진하여 삼계(三界)에서 어서 벗어나려고 열반을 구하는 이가 있다면 이는 성문승(聲聞乘)이니, 양 메운 수레를 가지려고 불붙는 집에서 뛰어나온 아들들과 같으니라.

또 어떤 중생이 세존의 법을 듣고 믿으며 꾸준히 정진하여 자연의 지혜를 구하며 홀로 있기를 좋아하고 고요한 곳을 즐기며 모든 법의 인연을 깊이 알면 이는 벽지불승(辟支弗乘)이니, 사슴 메운 수레를 가지려고 불붙는 집에서 뛰어나온 아들들과 같으니라.

또 어떤 중생이 세존의 법을 듣고 믿으며 꾸준히 정진하여 온갖 지혜와 부처의 지혜와 자연히 아는 지혜(自然智)와 스스로 깨달은 지혜(無師智)와 여래의 지견(知見)과 힘과 두려움 없음을 구하며, 한량없는 중생을 가엾게 보고 안락하게 하며, 하늘 사람이나 인간 사람을 다 제도하려는 이는 대승보살(大乘菩薩)이요 마하살이니, 소 메운 수레를 가지려고 불붙는 집에서 뛰어나온 아들들과 같으니라.[27]

『법화경』에서 성문승은 부처님의 말씀(聲)을 알아듣고 사성제(四聖諦)의 도리를 깨달아 해탈을 얻은 사람을 말하고, 벽지불은 가르침이 없이 스스로 12연기(十二緣起)의 도리를 깨달아 해탈을 얻은 사람을 말한다. 보살은 대승불교의 이상으로, 6바라밀(六波羅蜜)에 의해 남을 도와 해탈하게 하고 본인도 해탈하여 부처님이 되는 존재이다.[28] 벽지불승은 연각승이라고도 하며 혼자서 스스로 깨닫기에 독각승이라고도 한다.

그런데 성문승은 양이 끄는 수레를 가지려고 나오는 아이와 같으며, 연각승은 사슴이 끄는 수레를 가지려고 나오는 아이와 같다는 것이 부처님의 말씀이다. 양이나 사슴은 모두 힘이 넉넉하지 못해서 그 수레에 많은 사람을 태우지 못한다. 물론 사슴이 좀 더 힘이 세서

---

27 천태종성전편찬회 편저, 『천태종 성전』, 99~100쪽.
28 위의 책, 40쪽.

양보다는 좀 더 태울 수 있지만, 그래도 많이 부족하다. 이에 비해 대승보살은 소가 끄는 수레를 가지려고 나오는 아이와 같다. 즉, 소는 다른 것들보다도 힘이 매우 세기 때문에 아주 많은 사람을 태울 수 있다. 그렇기에 이 가운데 보살이 더 많은 사람을 해탈의 길로 인도할 수 있다는 것이다.

그런데 이처럼 구분하는 것은 단지 그 방편일 뿐 그 궁극적 목적은 모두가 부처님이 되는 것이다. 방법은 서로 다르지만, 목적은 오직 하나, 결국 부처님이 되는 것이다. 따라서 셋은 결국 하나의 목적으로 돌아와야 한다는 의미라고 할 수 있다.

세상 사람들은 모두 깨닫는 능력이나 인생에서의 고뇌 등이 서로 다르다. 이처럼 제각각인 사람들에게 모두 동일한 가르침을 베푼다면, 그것을 제대로 받아들일 사람은 많지 않다. 다시 말해서 이것은 한 교실에 유치원생, 초등학생, 중학생, 고등학생, 대학생 등을 함께 모아놓고 가르친다거나, 아니면 각각의 서로 다른 직업을 가진 사람들을 모아놓고 똑같은 방식으로 가르치는 것과 같은 것이다. 따라서 부처님은 성문의 능력을 갖춘 자에게는 성문에 알맞은 가르침을, 연각의 능력을 갖춘 자에게는 연각에 맞는 가르침을, 그리고 마찬가지로 보살의 능력을 지닌 자에게는 보살에 맞는 가르침을 베풀었다고 해야 할 것이다.

이들 각각에게 베푼 가르침은 서로 다른 것 같지만, 실은 그것은 방편이 서로 다른 것뿐이다. 다시 말해서 '성문·연각·보살'의 삼승은 방편교의이며 진실의 가르침인 실교(實敎)는 일불승(一佛乘)이다. 이처럼 삼승을 모아서 일승으로 귀일시키므로 이것을 회삼귀일(會三

歸一)이라고 한다.[29]

삼제원융(三諦圓融)에서의 삼제(三諦)는 인도의 유명한 대승불교학자 용수(龍樹)의 대표 저서인 중론(中論)에 있는 공(空)·가(假)·중(中)의 세 진리이다. 세 진리란 소극적 부정적인 논리에 의해 표현되는 평등의 원리인 공제(空諦)와, 적극적 긍정적 논리에 의해 표현되는 차별의 원리인 가제(假諦)와, 또 이 부정과 긍정의 양극단이 결국 둘이 아닌 것임을 표현하는 차별즉평등(差別卽平等)의 원리인 중제(中諦) 등의 세 가지이다.[30]

그런데, 공·가·중 삼제는 완전히 고립된 것이 아니라 유기적인 관계를 지니고 서로 떨어지지 않는 관계에 있다. 다시 말해서 공제 안에는 공제만 있는 것이 아니라 가제와 중제가 포함되어 있으며, 마찬가지로 가제 안에는 공제와 중제가 있고, 중제 안에는 공제와 가제가 함께 포함되어 있다. 결국 공·가·중 삼제는 모두 각각 삼제의 묘리를 표현하고 있다고 보는 것이다. 따라서 삼제는 별개가 아니라 서로 원융(圓融)한다고 보아 이를 삼제원융(三諦圓融)이라고 한다.

대한불교천태종의 종기(宗旗)를 보면 둥근 원 3개를 중심점 위에 포개고 그 위에 금강저를 올려놓은 형상을 하고 있는데, 원 3개는 바로 삼제를 의미하고 그것을 같은 위치에 둔 것은 삼제가 원융한 것을 의미한다.

3. 의례와 현황

대한불교천태종에서 거행하는 여러 의례는 종단 차원의 의례와

---

29 박형철, 앞의 책, 134~135쪽.
30 천태종총본산구인사 남대충, 『천태종약전』, 천태종총무원, 1979, 79~80쪽.

216 제1부 한국 종교교단의 텍스트

각 사찰 차원의 의례로 나눌 수 있다. 여기에서는 다른 불교종단들에서도 일반적으로 거행되는 의례, 예를 들면 동안거, 하안거 등은 제외하고 매년 거행되는 천태종만의 의례를 중심으로 소개할 것이다.

천태종 종단에서 수행하는 년 중 주요 의례는, 천태종에서 종조로 삼고 있는 대각국사 의천의 열반대제(음력 10월 5일), 그리고 현대 천태종을 창건한 상월원각대조사[31]의 탄신일(음력 11월 28일)과 열반일(음력 4월 27일)에 하는 의례가 있다. 2대 종정인 남대충 대종사의 탄신일(음력 12월 5일)과 열반일(음력 9월 3일)에도 매년 종단 차원의 의례를 거행한다.

사찰별로 거행되는 의례는 사찰마다 다양하다. 신도들을 대상으로 하는 학생법회나 어린이법회, 가족법회, 자모회법회 초하루, 보름불공 등 여러 가지의 의례가 있지만, 이런 법회들이 행해지는 곳도 있고, 없는 곳도 있다. 다만 매월 한차례 사찰별로 정기법회를 열고 있다. 그러나 그 날짜는 사찰마다 다르다. 여기에서는 총본산 구인사의 의례만을 간략히 소개하기로 하겠다.

천태종에 입교하려면 반드시 구인사에서 절차를 밟아야 한다. 비록 구인사가 아닌 다른 말사에 신도등록이 되어있다 하더라도 구인사에서 입교절차를 거치지 않으면, 정식신도로 간주되지 않는다.

천태종에 입교하기 위해 구인사에 가면 일단 기도로부터 시작된다. 기도하다가 보면, "처음 온 사람은 입교법회에 참석하라"는 안내방송을 하는데, 이것은 3일에 한 번 정도 계속된다. 인광당에서 8시

---

31 대한불교천태종에서는 현대 천태종이 새롭게 창교된 것이 아니라 과거 고려 시대에 있었던 천태종을 상월이 다시 중창했다고 말하고 있다. 따라서 상월은 창교주가 아니라 중창조로 불리운다.

에 시작하는 법회는 1부와 2부로 짜여있다. 1부는 VTR 상영을 통해 구인사를 소개하고, 2부는 법사스님이 설법을 통해 천태종도로서 지켜야할 사항과 관음정신의 수행방법을 알려준다. 이때 불교 책자를 배부하고 신도카드를 작성하게 되는데 스스로 작성하여 제출하는 사람만 정식으로 천태종 신도가 된다.[32]

구인사에서의 기도를 위해 방문한 사람은 우선 총무원에서 접수하게 된다. 그리고 나면 기도실로 향하게 되는데 구인사에서의 본격적 의례는 오후부터 시작된다. 그렇지만, 기도에 큰 절차가 있는 것은 아니고 기도실에서 오로지 "관세음보살"을 반복해서 암송한다. 그리고 나서 저녁 7시~8시 사이에 큰스님을 만나고, 그 후 잠시 잠을 자다가 다시 밤 9시 50분부터 새벽 3시 30분까지 기도를 계속한다. 새벽 3시 50분에 기도가 끝나면, 잠자리에 들거나 아니면 자유의사에 따라 새벽예불에 참여하기도 한다.

새벽예불의 순서는 다른 종단의 사찰과 큰 차이가 없다. 그러나 뚜렷한 차이점은 정근 부분이다. 일반적으로 예불에서 정근은 석가모니불을 위주로 한다. 구인사에서는 새벽예불과 같은 상용의례에서 정근은 언제나 관세음보살이 위주이다. 이것은 천태종이 관음보살을 중요한 위치로 생각하고 있는 좋은 예라고 할 수 있다.[33]

대한불교천태종의 총본산은 충북 단양군 영춘면 백자리 132-1에 위치하고 있는 구인사이며, 서울의 관문사에 서울 사무소를 두고 있다. 2004년 현재 전국의 말사와 포교소가 400여개, 신도수 200만을

---

32 김의숙, 앞의 책, 177쪽.
33 이효원, 앞의 글, 311쪽.

헤아린다고 한다. 이외에 종립대학으로 금강대학교를 두고 있으며, 기관지로 월간『금강』, 주간『천태종보』를 발행하고 있다.

Ⅳ. 대한불교천태종의 특성

대한불교천태종을 창시한 상월 박준동은 다양한 경력의 소유자로 알려져 있다. 5살부터 조부로부터 한문과 유학을 배우고 13살 무렵에는 사서삼경을 읽을 정도였다. 그는 9살 때 조부의 죽음을 경험하고, 14살 때에는 삼척의 한 공장에 취직하여 세상의 물정도 알게 되었다. 그러나 그는 이러한 것들에 만족하지 못하고 15세를 전후하여 각지를 돌아다니며 선도를 비롯한 여러 가지 수행을 하게 된다. 16세 때 잠시 집으로 돌아오기는 하지만 다시 집을 나가 전국을 돌며 수행을 하게 된다.

그가 이렇듯 어린 나이에 구도의 길로 들어선 것은 여러 가지 이유가 있겠지만, 조부의 죽음을 경험하고, 이른 시기에 세상을 접한 점, 그리고 더욱이 당시는 일제 치하이기에 여러 가지 어려움도 겪었을 것이라는 점 등도 주요 이유라고 생각된다. 그렇기에 그는 후일 자신이 창교한 종단의 지표를 현실과 유리되지 않는 애국불교, 생활불교, 대중불교로 삼았던 것이라고 추측할 수 있다. 어떠한 종교라도 현실과 완전히 유리된 채 활동을 할 수는 없다. 그러나 천태종에서는 이를 공식화하고 그것을 종교생활의 지표로 삼고 있다는 것이 다른 종교들과 비교되는 모습이다.

깨달음을 얻은 이후의 상월의 행적에서도 그런 면이 두드러지게 나타나고 있다. 그를 찾아오는 사람들의 현실적 어려움을 해결하는 데 그는 적극적으로 나선 것이다. 상월의 사후에도 신도들은 이러한 믿음을 보여주고 있다. 병에 걸려 몸을 움직이지 못했던 사람이 구인사를 찾아가서 열심히 기도하고 몸을 완전히 치유했다는 이야기는 천태종 종단의 특색과 단기간에 많은 교세를 발전시킨 원동력이 어디에 있는가를 단적으로 보여준다.

하나의 사례를 들어보면 다음과 같다.

병에 걸려 온몸을 움직이지 못하던 사람이 있는데 그는 한의원을 전전하고 여러 가지 약을 썼지만, 차도가 없었다고 한다. 그래서 처제가 교회로 안내해서 안수기도(치유기도)를 받기도 했지만, 교인들이 이 사람은 주님께서 받지 않아서 안 되겠다고 하며 포기하였다는 것이다. 그는 중풍과 디스크, 혈압과 안면마비, 십이지장궤양 등의 병을 앓고 있었는데, 병에서 회복할 기미가 없고 경제적으로도 곤란하여 자살을 하기 위해 수면제를 준비하기도 하였다. 그러나 아내의 권유로 구인사에서 스님의 설법을 듣고 천태종 신도가 되기로 하였다. 그리고 구인사에서의 기도 중 큰스님(아마도 종정 스님을 말하는 것으로 보인다)을 만나서 큰스님의 지시로 구기자와 생강을 복용하고, 3차에 걸쳐서 구인사에 가서 계속 기도를 하였다고 한다. 그러던 어느 날 꿈속에서 노스님(아마도 상월을 말하는 것으로 생각된다)이 나타나 몸이 나을 것인데, 적멸보궁[34]에 백번 올라가면 팔다리도 다 나을 것이라고 일

---

34 천태종에서 말하는 적멸보궁은 구인사 뒤편 산위에 있는 상월의 묘소이다.

러주었다. 그 후 그는 허리의 통증이 사라지고 병이 다 나았다는 것이다. 그는 이러한 것이 부처님과 조사스님, 관음보살의 덕이라고 믿고 있다.[35]

이외에도 『신행수기모음집』에는 현실에서 부딪히는 다양한 문제들을 천태종, 특히 구인사라는 종교적 공간을 통해 해결한 사례들을 보여주고 있다. 신종교전통을 제외한 다른 종교들에서도 신도들의 현세적 고통에 대해 자문하고 여러 가지 해결책을 제시하려 하지만, 현세적이라기보다는 정신적 측면의 강조에 있다. 그런데 천태종은 현세적 고통을 해결함에 있어 매우 적극적이라는 점이다. 이는 천태종 총무원장이었던 전운덕의 말에서도 알 수 있다.

> 오늘의 총본산 소백산(小白山) 구인사(救仁寺)는 이미 현대 최고의 관음도량으로 국민들에게 훤전(喧傳)되고 있으리만큼 모든 종도들의 관음신앙 또한 도량에서의 기도정진하는 주력송(呪力誦)과 함께 많은 영험이 속출하고 있어 이 신앙수기의 여러 곳에서도 엿보이는 것이 우연한 일이 아니다.
>
> 그런 뜻에서 본종의 유일한 조사신앙(祖師信仰)을 고조하는 바, 이 수기의 곳곳에서 대조사님 재세시는 물론 입멸 후 오늘에 이르기까지 그 위신력의 응험(應驗)을 역력히 볼 수 있는 것이다.[36]

---

35 대한불교천태종 총무원 엮음, 『믿음으로 피운 연꽃, 대한불교천태종 신행수기모음』1, 도서출판 열린불교, 1997, 45~60쪽.
36 위의 책, 7~8쪽.

구인사의 중심은 관음신앙에 있고, 또한 그로 말미암아 많은 종교적 이적을 보이는데, 이는 물론 부처님이나 관음보살의 역할이기도 하지만, 특히 상월의 영적 능력을 보여주는 것으로 인식하고 있다. 결국, 이것은 천태종의 신앙이 상월 개인에 대한 신앙으로 발전하고 있음을 보여주는 것이다. 즉, 상월은 천태종에서 말하듯이 천태종의 중창조라기보다는 오히려 현대 천태종의 창시자로서 하나의 신앙대상으로 승격되고 있는 것이다. 그 종교를 창시한 창시자들이 신앙의 대상으로 받들어지는 것은 많은 신종교들의 특색이기도 하다.

과거 우리나라의 불교적 특성 가운데 하나가 호국불교라는 점이다. 천태종도 또한 이러한 특색을 보여주고 있다. 천태종의 3대 지표 가운데 하나가 애국불교인데, 그 구체적 실천으로 남북통일, 사회정화운동, 국민도의양양, 복지사회건설 등을 표방하고 있다. 이것은 천태종의 현실적 성격을 반영하는 것이기도 하지만, 한편에서는 천태종의 민족 종교적 특성도 보여준다고 말할 수 있다. 물론 천태종이 우리 민족 중심의 세계화를 말하지는 않았지만, 상월이 신앙대상으로 여겨지면서 그것은 자연스런 모습으로 다가오게 된다.

다음으로 언급할 것은 천태종에서 3대 지표의 구체적 실천방법으로 내세운 '기복불교에서 작복불교로'의 이해에 관한 것이다. 천태종에서는 과거의 기복불교적 특성을 버리고 작복불교를 지향하고 있다고 한다. 천태종의 기도 방법은 간단하다. 오로지 '관세음보살'만을 암송하며 자신의 소원을 기원하면 다 이루어질 것으로 여기며, 실제로 그러한 기도 방법을 통해 종교적 경험, 그리고 자신의 소원을 이루었다는 신도들이 많이 있다.

그러나 관세음보살에 의존하는 것은 불교의 대표적인 타력신앙의 형태로 볼 수 있다. 천태종에서는 이러한 과정을 '관음염불이 처음에는 관세음보살의 타력에 의지하지만, 수행자 자신이 그 과정에서 망념을 버리고 마음을 맑게 해서 괴로움에서 구제되고 여기서 지혜를 얻어 최후에는 신행자 스스로가 관세음보살이 되도록 인도한다'[37]라고 설명하고 있다. 즉 관음염불이 완전한 타력신앙이 아니라 타력적 자력신앙,[38] 다시 말해서 타력으로 출발하지만 결국에는 그것이 자력으로 변한다고 이해할 수 있다. 그러나 그것은 대승불교의 일반적 모습이기도 하다. 즉, 부처님이나 관음보살에 기원해서 도움을 받지만, 결국 해탈을 하는 것은 자기 자신이므로 이것이 곧 천태종만의 작복불교라고 하기에는 미흡하다고 하겠다. 더욱이 천태종 스스로 창시자인 상월을 신앙대상으로 받들고 있다는 점에서 더욱 그 성격이 강하게 나타난다고 생각된다. 물론 종교의 기복적 성격이 좋고 나쁨을 말하려는 것은 아니다. 어떤 종교라도 기복적인 요소가 있기 때문이다.

대중불교를 지향한다는 천태종의 또 다른 지표도 눈에 띄는 대목이다. 물론 모든 종교가 성직자들만이 존재하고 오로지 종교시설에서만 종교생활을 하는 것은 아니다. 그러나 천태종에서는 오로지 사찰만을 종교생활의 중심으로 놓지 않도록 지표를 설정했다는 것이다. 다시 말해서 사찰과 같은 성스런 공간이나 속세의 공간이나 모두 종교적 공간이 될 수 있다는 것이다. 사찰이나 교회, 성당이 종교

---

37 대한불교천태종 총무원, 『불교의 첫걸음』, 1994, 60~61쪽.
38 이효원, 앞의 글, 315쪽.

적 생활의 중심을 이루고 있는 다른 종단이나 종교전통들과 비교해 볼 때, 대중불교를 지향한다는 천태종의 지표가 달리 보이는 부분이 다. 그러나 현실적으로 그것이 얼마나 충분히 이루어지고 있는가 하는 것은 또 다른 문제이다. 입교절차나, 종교체험의 순간이 대부분 구인사를 통해서 이루어지고 있기 때문이며, 상월의 묘소도 또 하나의 성스런 공간으로 받들어지고 있기 때문이다.

V. 나가며

이 글은 현대에 창교된 대한불교천태종에 대해 창교자와 창교과 정, 그리고 교리, 의례와 같은 개괄적 부분을 중심으로 전개되었다. 이 가운데 천태종의 사상과 관련된 부분은 과거 고려 천태종까지도 소급 적용될 수 있지만, 현대 천태종이 회삼귀일과, 삼제원융이라는 개념을 종지로 삼고 있기에 부분적인 설명이 필요하다고 생각하였 다. 이외에 다른 개념들에 대한 설명도 필요하겠지만, 그것은 이 글 의 성격을 벗어날뿐더러, 교리를 중심으로 하는 논문에서 다룰 문제 라고 판단해서 제외하였다.

상월은 많은 수행을 거쳐서 깨달음을 얻고 천태종이라는 종단을 열었다. 상월은 고려 시대 이후 끊어졌던 천태종을 그대로 이어받아 천태종을 중창한다고 하였다. 그러나 고려 시대의 천태종과는 달리 현대 천태종의 이념이나 의례 등은 주로 현대에 맞게 재구성된 것이 라고 할 수 있다. 애국불교, 생활불교, 대중불교를 표방한 3대 지표는 이러한 점들을 분명히 보여주고 있다. 천태종의 신도가 되려면 반드시 총본산인 구인사의 입교절차를 거쳐야 한다거나, 종교적 체험이 구인사를 중심으로 이루어진다는 것을 보더라도 천태종이 과거의 천태종을 잇는다기보다는 현대적 성격이 더 강하다고 할 수 있다.

그러나 천태종의 성격이 현대성이 강하다고 해서 고려의 천태종과 완전히 다르다는 것은 아니다. 현대 천태종이 고려 천태종을 계승하고 있는가, 아니면 독자적인 종단인가의 판단은 다른 부분이며, 서론에서도 밝혔듯이 이 글은 그러한 판단을 하지 않기로 하였다. 도리어 현대적 성격이 강하다는 것은 천태종이 고려 천태종의 맥을 잇는 것과 상관없이 천태종 자체의 장점이라고 할 수 있다. 종교가 시대적 흐름을 잘 반영한다고 할 수 있기 때문이다.

천태종 자체에서는 고려 시대의 맥을 잇기 위해 여러 가지 연구를 활성화하고 있는데, 그것이 어떤 방향으로 연결될지는 아직 판단하기 어렵다. 과거 천태종의 경전인『법화경』을 중심 경전으로 삼는다거나, 그 종지를 그대로 따른다고 해서 바로 과거의 천태종과 연결되는 것은 아니기 때문이다.

그러나 과거 천태종 사상에 대한 연구를 활발히 하는 것 못지않게 현대의 천태종에 관한 연구도 역시 중요하다고 판단된다. 상월의 사상에 대한 집중적 조명, 그리고 현대 천태종의 의례에 대한 연구, 천태종에서의 종교적 체험의 특성, 신앙대상으로서의 상월에 대한 연구 등이 그 예가 될 것이다. 이러한 연구들이 뒷받침되고 그것이 과거와 어떤 관련을 지니는가 하는 것들이 조명될 때, 연결고리를 찾을 수 있을 것이다.

천태종에서 제시하고 있는 불교의 성격 가운데 '기복불교에서 작복불교로'라는 모토는 좀 달리 생각해야 한다고 판단된다. '기복'이라는 용어를 정의하기에 따라 달리 해석될 수 있기는 하지만, '기복'도 종교의 주요 성격의 하나이다. '기복'을 멀리해야 할 종교적 행위라기보다는 얼마나 그것을 슬기롭게 받아들여 종교생활에 적용하는 가의 문제로 파악할 수도 있기 때문이다. 그렇기에 이 부분에 대한 논의도 필요할 것이다.

마지막으로 언급할 것은 병을 얻은 사람들이 '관음염불'을 통해 치유라는 종교적 체험을 하였지만, 약으로 처방한 것이 거의 대동소이하게 피마자기름이라는 것이다. 그것은 병명에 상관없이 나타나고 있다. 피마자기름에 어떤 종교적 특성이 있는 것인지, 아니면 인체에 어떤 상관관계가 있는지의 문제도 다루어야 할 부분이라고 생각된다.

이 글은 이러한 것에 대한 시론적 성격의 글이라고 할 수 있다. 그렇기에 본격적인 연구라기보다는 천태종에 대한 개괄적 소개 차원에 머무르고 있다.

❖『한국 종교교단 연구 Ⅱ』, 한국학중앙연구원, 2007.5.

제8장

대한성공회(大韓聖公會)의 종교교육

I. 들어가는 말

1990년에 성공회(聖公會)[1]가 선교 백 주년을 맞이하였으니 올해로 한국에 성공회가 전래된 것은 120년 전의 일이라 하겠다. 한국 사회에서 120살이 된 성공회가 한국 사회에는 어떤 모습으로 비쳤을까? 일반적으로 성공회와 관련해서 연상되는 부분은 다소 진보적, 개혁

---

1 성공회(聖公會)라는 용어는 한국, 중국, 일본 등 한자권에서 영어의 Anglican Church를 옮겨서 일컫는 것으로, 거룩하고(聖) 공변된(公) 교회라는 의미를 가졌다고 한다. '거룩하다'는 것은 알겠는데, '공변되다'는 무슨 말일까? 이 말의 의미는 어느 한쪽에 치우치지 않고 공평하며 모든 사람, 모든 지역에 열려 있다는 의미라고 한다. 이 말은 '가톨릭(Catholic)'이란 말을 번역한 것으로 성공회는 천주교, 정교회와 더불어 가톨릭교회에 해당된다고 하고 있다. 물론 그 말의 의미로 본다면 이런 주장이 타당하기는 하지만, 현재 한국사회에서 통용되고 있는 것은 가톨릭을 천주교와 동일시하고, 여타 그리스도교는 이와 구분하기 위해 다른 명칭을 사용하고 있다. 따라서 명칭을 사용해서 부를 때에는 신중해야 하리라 생각한다. 한국에서 성공회를 가톨릭이라 부른다면, 대부분의 사람들이 어리둥절해 할 것이기 때문이다. 참고로 대한성공회 홈페이지의 영문 명칭은 The Anglican Church of Korea로 되어 있다. 이에 관해서는 김진만, 『거룩한 공회 – 대한성공회 교회 해설』, 맑은 울림, 2004 참조.

적 성향과 함께 다양성과 관용성의 측면도 지니고 있다. 이러한 인상은 아마도 성공회대학교의 일부 진보적 교수들의 연구 성과와 사회에 대한 진보적 발언들이 언론에 알려지고, 그것을 일반인들이 접하면서 나타난 것으로 주로 1980년대 이후의 현상들이라고 생각되며, 또한 그리스도교의 여러 교파들과 비교해서 타종교 전통에 대해 다소 유연한 태도를 보이는 등의 모습들도 있기 때문이 아닌가 생각한다. 그렇지만 일반적으로 성공회에 대해 알려진 것은 영국에 기원을 두고 있고, 개신교 가운데 가장 천주교와 유사한 교파라는 정도일 것이다.

다른 그리스도교 교단들과 비교해 볼 때 사실 성공회에 소속된 신자 수는 많지 않다. 그럼에도 불구하고 한국사회에서 성공회의 이름은 많이 알려진 편에 속한다. 종교의 특성도 있겠지만, 백여 년의 세월을 한국 사회에 자리하고 있기 때문이기도 할 것이다. 그러나 앞에서 제시한 내용들 이외에 한국 사회에서 성공회에 대한 정보는 그리 많지 않다고 보아야 할 것이다. 일반인들이 인식하고 있는 성공회의 특성이라면 천주교와 비슷한 면을 가지고 있고, 영국교회와 연결되어 있다는 것, 그리고 성직자가 결혼할 수 있다는 것 정도일 것이다. 필자의 경우를 본다면 덕수궁 옆의 성당과 강화도의 오래된 한국식 성당을 상상하게 된다. 특히 강화도의 성당은 초기의 것으로 비록 외연적 모습이기는 하지만 한국식의 성공회를 연상하는 것으로 다가오게 된다. 여기에서는 한국의 개신교 가운데 하나인 성공회에서 종교교육을 어떻게 시행하고 있는지를 검토함으로써 성공회에 대한 이해의 지평을 넓혀보려고 한다.

성공회 일반에 대한 특징 등을 검토한 글이 이미 나와 있지만,[2] 이 글은 이러한 개괄적 인식과 더불어 또 다른 하나의 모습, 즉 종교교육 부분을 추가해서 검토함으로써 성공회에 대한 이해의 또 다른 측면을 제공할 것이다. 이를 위해 우선 성공회의 역사와 교리를 간략히 살펴보고, 다음으로 성직자가 되기 위한 교육과 일반 신자에 대한 교육에 대해 알아볼 것이다. 다시 말해서 성직자는 어떠한 교육과정을 통해 성직자로 임명될 수 있는가, 그리고 일반 신자는 어떠한 교육과정을 거쳐 성공회에 입교하게 되었으며, 입교 후의 교육은 또 어떤 것들이 있는가를 살펴보는 것이 이 글의 중심 내용이 될 것이다.

Ⅱ. 역사와 교리

1. 기원

흔히 성공회의 시작을 16세기 영국의 국왕이었던 헨리 8세의 결혼문제로부터 끌어낸다. 헨리 8세가 첫 번째 왕비인 캐서린과 이혼하고 새로운 왕비를 얻으려 했지만, 로마교황청에서 이를 승인하지 않자 영국의 교회를 로마로부터 분리시켜 독자적인 교회를 세웠다는 것이다. 이러한 내용을 보자면 헨리8세는 오로지 개인적 문제로 인해 새로운 교회를 만든 것이다. 물론 이 내용이 틀린 것은 아니지만 그 내면을 좀 자세히 볼 필요가 있다.

---

2 이와 관련된 논문으로는 '조현범,「대한성공회의 역사와 특징」,『한국종교교단연구』Ⅱ, 한국학중앙연구원 문화와 종교연구소, 2007'이 있다.

헨리 8세의 부친인 헨리 7세는 첫 번째 왕자인 아서(Athur)를 왕위 계승권이 있는 황태자로 삼았다. 그리고 스페인과의 우호가 필요했던 헨리 7세는 아서를 아라곤의 왕 페르디난도(Ferdinand)와 카스티야의 여왕 이사벨라(Isabella) 사이에서 태어난 딸들 가운데 하나였던 캐서린(Catherine of Aragon)과 결혼시켰다. 따라서 이 결혼은 본래 정략적인 것이었다. 아서는 결혼 4개월 만에 요절하였기 때문에, 황태자의 자리는 동생인 헨리에게로 넘어갔다. 그러자 스페인은 캐서린과 헨리를 결혼시킬 것을 제안하였는데, 스페인과의 우호관계가 중요했던 헨리 7세는 이 혼인에 동의하였다.[3] 헨리 8세는 왕위에 오르기 직전에 캐서린과 결혼하게 된다. 그러나 의남매(형수와 시동생) 사이의 결혼이 교리상으로 문제가 되었기 때문에 헨리 7세는 교황 율리우스2세로부터 이전의 아더와 캐서린의 결혼은 무효였다는 관면을 얻어냈다.

1509년 헨리 7세가 사망하자 뒤를 이어 아들인 헨리 8세가 왕위를 계승하였는데, 이때 그의 나이가 18세였다. 왕위를 계승한 헨리 8세는 1520년대 초기까지는 교황에 충실한 왕이었다. 하나의 사례로 1520년 루터가 천주교회의 화체설을 비판하자, 헨리 8세는 『7성례에 관하여』(Assertoi septem sacramentorum)라는 책을 출판하여 루터를 반박하였다. 이에 교황청은 1521년 헨리 8세에게 '신앙의 옹호자'라는 칭호를 주었다. 적어도 이 무렵까지 그는 영국을 강력한 천주교회 국가로 만들려고 하였다.[4]

---

3 Gonzalez, Justo, 서영일 역, 『종교개혁사』, 은성, 1992, 118쪽.
4 오덕교, 『종교개혁사』, 합동신학대학원출판부, 2005, 380~381쪽.

그러나 문제는 이후부터 생겨나기 시작하였다. 헨리 8세는 캐서린과의 사이에 6명의 자녀를 낳았지만, 공주인 메리를 제외하고는 모두 사산하거나 유아기에 죽었다. 캐서린이 나이가 들어 더 이상 자식을 낳을 수 없게 되자 후계 문제를 고심하던 헨리 8세는 캐서린과 이혼하고 새로운 왕비를 얻어 왕자를 낳기를 바라고 있었다. 그래서 헨리 8세는 1527년부터 교황청에 이혼을 허가해 달라고 요청하였다. 이혼 사유는 헨리의 결혼이 의남매(형수와 시동생) 사이의 결혼을 금지하는 레위기의 규정을 위반한 것으로 처음부터 잘못되었다는 것이다. 그러나 교황 클레멘트 7세는 이혼을 허가해 줄 수 없는 처지였다. 이 잘못을 인정할 경우 결혼을 허가한 전임 교황의 오류를 시인하는 것이 되고, 현실적으로도 교황은 캐서린의 조카이면서 신성로마제국의 황제인 카알 5세의 영향력 안에 들어있었기 때문이었다.

이혼이 기각되자 헨리 8세는 결국 로마교황청과 결별하는 수순을 선택하였다. 1532년 주교회의를 통해 왕이 교회를 다스릴 수 있다고 결의하였으며, 1533년에는 교황에게 내는 성직자의 임직세를 내지 못하게 하였고, 교황에게 파문당한 성직자도 전례를 행할 수 있도록 하는 등의 조처를 하면서 교황청과의 단교를 위한 행동을 차례로 준비해 나갔다. 결국, 1534년 의회에서 수장령(Act of Supremacy)을 통과시킴으로써 교황이 영국교회의 지배권을 갖는 것을 부인하고 영국의 왕이 영국교회의 통수권을 갖도록 하였으며, 이에 반대하는 자들은 반역자로 규정하였다.

1535년 5월 몇몇 수도사들이 수장령을 거부한 이유로 처형되었으며, 6월과 7월에는 존 피셔(John Fisher) 주교와 토마스 모어(Thomas

More)가 같은 죄로 처형당하였다.[5] 그렇지만 이들을 제외하면 헨리 8세의 종교 혁명에 대한 상류계급의 반발은 의외라고 할 수 있을 만큼 미미하였다. 이러한 일련의 과정속에서 1531년 캐서린과 이혼한 헨리 8세는 캐서린의 시녀였던 앤 불린(Anne Boleyn)과 결혼했지만, 원하는 아들을 얻지는 못하였다. 그 이후 다시 이혼과 결혼을 반복하였지만, 원하던 아들은 5번째 부인이었던 제인 세이모어(Jane Seymour)로부터 에드워드 6세(Edward Ⅵ)를 얻는 것에 그쳤다.

한편 1536년 2월 크롬웰의 검사관들로부터 수도원들에 관한 보고를 받은 개혁의회는 제1차 (수도원)해산법(first Act of Dissolution)을 통과시켰다.[6] 처음에는 1년 수입이 200파운드 미만이 되는 수도원들을 폐쇄하였지만, 결국에는 나머지 대형 수도원들도 1540년에 이르기까지 모두 폐쇄되었다. 이후 19세기 중엽에 이르기까지 모든 수도원 활동이 중지되었다.

그렇지만 헨리 8세가 교황과 단절했다고 해서 당시 유럽에 불고 있는 종교개혁을 원했던 것은 아닌 것으로 보인다. 교황권을 단절시켰을 뿐 여전히 그는 천주교식의 전례와 교리를 지지하는 입장이었던 것 같다. 헨리 8세는 이제까지의 일련의 행위들, 그리고 크롬웰이 성경을 영어로 번역해서 보급하는 등의 급진적 개혁운동이 교황청과 지나치게 적대적인 관계로 흐를 것을 염려하였다. 따라서 이에 대한 대비책으로 그는 독일 개신교 세력의 지지를 얻기 위해 1536년

---

5 Walker, Williston, 이영헌 외 역, 『세계그리스도교회사』, 대한그리스도교서회, 1975, 305쪽.
6 Spitz, Lewis w., 서영일 역, 『종교개혁사』, 그리스도교문서선교회, 1989, 278쪽.

10개 신조[7]의 신앙고백을 작성하였지만, 다시 1539년 천주교회의 내용을 반영한 6개 신조[8]를 국회에서 통과시켜, 화체설을 강력하게 주장하고 성직자의 결혼을 반대하였다. 이것은 그가 죽을 때까지 강제로 유지시켰다.[9] 헨리 8세는 1547년 1월 27일 사망했는데, 유언을 통해서 자기의 영혼을 위하여 수많은 미사를 드려달라고 부탁하였다고 한다.[10] 이러한 여러 가지 사정에 비추어볼 때 당시 유럽의 개혁적 풍조에 비해 헨리 8세는 보수적 입장에 있었으며, 그것을 끝까지 유지했다고 보아야 할 것이다.

헨리 8세로부터 비롯된 영국의 종교개혁은 그의 아들 에드워드 6세 시기에 본격적인 개혁 성향을 보이게 된다. 왕위에 오른 에드워드는 아홉 살에 불과했기에 개신교적 입장에 있던 크랜머에 의해 개신교 쪽으로 개혁하는 작업을 한다. 성직자의 결혼 허용, 영어 기도서의 사용 등 생전에 헨리 8세가 금했던 내용들이 철폐되기에 이르렀다. 에드워드가 불과 6년 만에 병사하자, 헨리 8세와 캐서린의 딸인 메

---

7 10개 신조의 내용은 "(1) 신자의 신앙생활에서 권위 있는 기준은 성경, 3개의 초대 교회 신조, 그리고 최초의 4개 교회회의의 결정이다. (2) 성례는 세례, 참회, 성찬의 세 가지다. (3) 그리스도에 대한 믿음으로만 의로워지나, 고백과 사면, 자선 행위도 필요하다. (4) 그리스도는 성찬에 육체적으로 임하신다. (5) 성상은 존중되어야 하지만 예배의 대상은 아니다. (6) 성자들에게 기도할 수는 있으나 '주님보다 먼저 듣기 때문'은 아니다. (7) 죽은 자를 위한 미사는 바람직하나 로마 주교가 연옥으로부터 영혼을 구출한다는 생각은 옳지 않다." 등이다. 오덕교, 앞의 책, 389~390쪽.

8 6개 신조의 내용은 다음과 같다. "(1) 주 예수 그리스도의 피와 살이 떡과 포도주의 형태로 임하신다. (2) 성찬을 받을 때 '떡의 형태를 취하는 몸속에 있는 것이 피이므로' 교인들이 반드시 포도주를 마실 필요가 없다. (3) 성직자는 독신으로 살아야 한다. (4) 사제는 청빈 서약을 엄격히 지켜야 한다. (5) 개인적으로 미사를 드릴 수 있다. (6) 비밀 고해성사를 유지해야 한다." 등이다. 위의 책. 390쪽.

9 Walker, Williston, 앞의 책, 306~307쪽.

10 Spitz, Lewis w., 앞의 책, 283쪽.

리가 여왕이 되어 다시 천주교회로 복직시켰다. 그동안 교회 개혁에 앞장섰던 성직자들을 대거 처형하였고, 크랜머 대주교 역시 화형에 처하였다. 그러나 이 기간은 오래 가지 못하고 5년 만에 메리가 사망하고 헨리 8세의 또 다른 딸인 엘리자베스가 왕이 되었는데, 엘리자베스는 개신교의 편에 있었다. 엘리자베스 시대에 이르러 영국교회가 완전히 로마와 결별하였으며, 그 후 영국의 교회로 확실히 자리매김하게 되었다. 따라서 교회의 개혁은 헨리 8세로부터 비롯되었지만, 진정한 의미의 독립 영국 국교회는 엘리자베스 시대에 완성되었다.[11]

영국교회의 독립은 영국 내에서 로마교황의 정치, 경제, 사회적 영향력을 끊어내고 영국의 국력을 더욱 강화하려는 정치적, 민족적 동기에서 행해졌다고 할 수 있다. 그리하여 교황의 영향력에서 벗어나 영국의 독자적 교회로 탈바꿈하게 되었는데, 그것은 비록 일부의 반발이 있기는 하였지만, 성직자, 의회, 국민, 그리고 국왕이 서로 호응한 것이라고 볼 수 있다.

2. 한국 전래와 현재

성공회의 해외 선교는 본래 현지에 나가 있는 영국인들을 위한 것이 주된 목적이었다. 이런 목적 아래 최초의 성공회 해외 교회는 1612년 독일 함부르크에 세워졌다. 인도에도 식민정부와 함께 동인도회사가 설립되면서 성직자가 상주하게 되었다. 점차로 영연방의

---

11 김진만, 앞의 책, 23쪽 참조.

세력이 퍼져 나가면서 각지에서 펼쳐지는 선교 활동을 돕기 위한 모금운동과 선교사 파송운동이 벌어지게 되었다. 이러한 운동의 결과 브레이를 중심으로 한 복음주의자들은 1697년에 그리스도교이해증진협회(Society for Promoting Christian Knowledge : SPCK)라는 선교단체를 설립하기에 이른다. 1701년 6월 27일에는 본격적인 해외선교를 위한 해외복음전도협회(The Society for the Propagation of the Gospel in Forign Part : SPG)의 총회가 구성되었다. 이 선교단체의 목표 가운데 하나가 식민지에서 영국에 종속되는 비그리스도교인들을 귀화시키는 것이었는데, 이에 따라 처음에는 영어권에서만 선교 활동을 벌이다가 19세기에 와서 비영어권까지 활동을 확대하였다.[12]

스코틀랜드 성공회를 제외하면 해외 성공회는 1784년 미국성공회가 창설된 것이 최초의 일이었다. 그러나 미국성공회는 미국의 독립선언에 뒤이은 영국과 미국 사이의 갈등으로 인해 영국이 아닌 스코틀랜드 성공회로부터 승인을 얻게 된다.

성공회가 한국에 처음 전래된 시기는 1890년의 일이었다. 1889년 11월 1일, 조선선교를 목적으로 영국 웨스트민스터 대성당에서 주교 서품을 받는 고요한 주교(Charles John Corfe)는 한국 선교를 위하여 1890년 9월 29일 인천항에 도착하였다. 그는 동역자들과 함께 서울과 경기도 그리고 충청도 지방에서 전도를 시작하였다. 전도와 함께 이들은 한국에 신교육을 보급하기 위하여 각지에 신명학교를 설립하고 인천, 여주, 진천 등지에 병원을 설립하였으며, 수원과 안중에

---

12 이재정, 『대한성공회백년사』, 대한성공회출판부, 1990, 24~25쪽.

는 보육원을 개설하였다. 1923년경부터는 평안도와 황해도 지역으로 선교활동을 넓혀 갔다. 성공회는 전래 초기부터 토착화에 힘을 쏟았는데, 이들이 초창기에 한국 건축양식을 바탕으로 지은 성당들이 지금도 강화읍, 강화도 온수리, 진천, 청주 등에 남아 있는 것이 그 사례의 하나이다.

1914년에는 성직자 양성을 위해 성미가엘신학원(현 성공회대학교)을 설립하였고, 1925년에는 성가(聖架)수녀회를 설립하였다. 이러한 것들은 모두 영국인 선교사들을 중심으로 전개되었다. 성미가엘신학원이 생기기 이전에 이들은 한국인 전도사들의 필요성을 인식하여 1905년 10월에 10여 명을 대상으로 한국인 전도사 양성교육을 시작하였다. 그리하여 1908년 7월 8명의 첫 한국인 선교사들을 배출하여 본격적인 전도활동 체제를 갖추게 되었다.[13] 이 시기는 일제강점기로 한국인들은 일제 통치에 신음하고 있을 때였다. 외국인들에 의한 교회의 운영은 한국인들의 고통에 침묵 내지는 회피하는 태도였다. 그것은 이들이 한국인들이 아니기에 기본적인 인식에서 한계를 보여주는 것이기도 하였다. 1960년대까지 한국의 성공회는 영국인 주교들에 의해 운영되었다.

한국인이 처음으로 주교가 된 것은 1965년의 일이었다. 1965년 이천환 주교가 서품을 받고, 조선교구는 서울교구와 대전교구로 분할을 하였고, 다시 1974년에 대전교구는 대전교구와 부산교구로 분할되어 대한성공회는 현재의 3교구 체제가 되었다.

---

13 이재정, 앞의 책, 69~70쪽.

대한성공회는 1992년에 이제까지 영국 캔터베리 관구에 소속되었던 것에서 벗어나 독립적인 관구로 출범하게 되었다. 이해에 관구헌장 선포식을 가졌으며, 이듬해인 1993년 4월 16일 초대 관구장에 서울교구 교구장인 김성수 주교가 취임하였다.

현재 대한성공회는 성공회 한국관구로서 전국에 3개 교구, 121개의 교회, 그리고 4개 수도회가 있으며, 종합대학인 성공회대학교를 통한 교육, 선교교육원을 통한 선교교육과 나눔의 집을 통한 사회선교, 샬롬의 집을 통한 이주노동자 사역 등에 열정을 쏟고 있다.

3. 교리

성공회는 개신교에 속하지만, 많은 개신교 전통들 가운데 가장 천주교에 가깝다고 할 수 있다. 그런 면에서 성공회는 개신교로 분류되기는 하지만, 천주교와 여타 개신교의 중간적 위치에 있다고 하는 것이 더 적절할 것이다. 특히 대한성공회의 경우 한국에 전래될 때부터 한국 천주교의 용어를 빌려와서 성공회의 용어를 한국어로 대체해왔다. 현재는 이런 과거의 용어들과 타 개신교의 용어들이 뒤섞여 있지만, 전례를 비롯한 외견상 보이는 성공회의 모습은 그래도 가톨릭과 많이 유사하다고 해야 할 것이다.

교리를 파악하는 것에 있어서 기본적으로 살펴보아야 할 것은 성공회를 비롯한 여러 그리스도교에서 공통적으로 믿고 따르는 신조이다. 신조의 세부적 내용에서는 교파마다 조금씩 차이가 있지만, 전체적 맥락은 거의 비슷하다. 현재 대부분의 그리스도교에서 공통적으로 사용하고 있는 신조는 니케아신경과 사도신경이다. 이외에 아타나시우스 신경도 있지만, 현재는 거의 사용하지 않고 있다. 니케아 신경은 325년 니케아 공의회에서 확립된 것이며, 사도신경은 예수의 12사도가 만든 신경이라고 하지만, 사실상 그 내용으로 보나 역사적 사실로 볼 때 그렇게 믿기는 어렵다. 대체로 4세기경에 나타나서 8세기경에 확립된 것으로 알려져 있다. 그리스도교에서 신경을 사용하는 방법은 신경을 암송하는 것이다. 신경을 암송하는 것은 하느님께 그렇게 기도한다기보다 그리스도교 신자로서 신경의 내용을 무조건 믿는다는 믿음의 표현이다.

니케아 신경이나 사도신경의 내용은 거의 같은데, 기본적인 구조는 삼위일체, 즉 성부, 성자, 성령에 대한 믿음을 표현한 것이다. 성부에 대한 것은 창조주 하느님에 대한 믿음이고, 성자에 대한 것은 예수 그리스도의 죽음과 부활, 승천, 그리고 재림과 심판 등에 대한 믿음이며, 그리고 성령의 존재에 대한 믿음이다. 이외에 죽은 이들의 부활, 영원한 삶 등 인간 죽음 이후에 대한 믿음도 표현되어 있다. 각 그리스도교에서는 교파별로 신경의 내용을 약간씩 달리하기도 한다.

사도신경은 가장 오래된 신앙고백으로 가톨릭뿐만 아니라 개신교에서도 사도신경, 혹은 종도신경으로 믿고 외우는 가장 중요한 신경이다. 성공회에서는 성찬식에서 종전에는 니케아 신경만을 외우던 것을 사도신경이나 니케아 신경 중 하나를 골라서 외우도록 개정하였다.[14] 현재는 니케아 신경보다 사도신경을 외우는 것이 보편화

---

14 김진만, 앞의 책, 118쪽.

되어 있다.

　성공회와 여타 개신교, 그리고 천주교에서 사용하는 사도신경의 전체적인 내용에 큰 차이는 없다. 다만 표현에 있어서 약간의 차이점들이 있다. 다소 다른 점은 예수의 죽음 이후의 부분인데, 현재 천주교에서는 십자가에 못 박혀 죽은 이후 저승으로, 성공회에서는 죽음의 세계로 간 이후 사흘 만에 부활한 것으로 표현되어 있다. 예장통합을 비롯한 대부분의 개신교에서는 이 부분을 언급하지 않고 장사한 지 사흘 만에 부활했다고만 언급하고 있다. 미묘한 차이점은 있겠지만, 천주교와 성공회에서의 의미가 서로 비슷하다고 하겠다.

　성공회에서 살펴볼 또 하나의 교리는 죽음에 대한 것이다. 천주교에서는 죽음 이후 대부분의 신자들이 연옥으로 간다고 믿는다. 그러나 성공회는 1556년 영국성공회의 신학적 선언을 담은 문서인 성공회 39개 신조 가운데 제22조를 통해 연옥 교리를 부정하고 있다. 이 조항에 따르면 연옥에 대한 교리는 성서에 전혀 근거가 없는 것이며 하느님의 말씀에 적대하는 것이다. 연옥 교리는 천주교를 제외한 대부분의 그리스도교 전통에서 부정되고 있다.

　그렇지만 성공회는 연옥 교리를 부인함에도 불구하고 죽은 자를 위해 기도를 한다. 물론 그것은 천주교와 달리 살아있는 사람들의 기도가 죽은 자들의 구원에 영향을 끼칠 것이라고 믿기 때문은 아니다. 아무리 많은 기도를 하더라도 죽은 자의 구원은 전적으로 하느님의 판단에 달려있기 때문이다. 그런데 왜 죽은 자들을 위한 기도를 할까? 그것은 두 가지로 볼 수 있다. 명확히 말하기는 어렵지만 하나는 죽은 자들이 구원되기를 바라는 마음의 표현이며, 또한 하느님이 죽은 자들을 구원해 주기를 기원한다는 의미 정도라고 할 수 있다. 그렇다 하더라도 천주교에서처럼 하느님의 구원에 기도가 영향을 끼칠 것이라고는 생각하지 않는다. 또 다른 하나는 천주교와의 관련성에서 찾을 수 있다. 본래 성공회는 천주교와 많은 부분에서, 특히 전례에서 흡사한 점이 많다. 죽은 자를 위한 의례도 그 연장선에서 이해할 수 있다. 천주교와 분리되기 이전의 예식을 분리되었다고 해서 단번에 폐지하는 것이 아니라 과거 전통의 연장으로 보는 것이 그 하나이다. 그것이 죽은 사람을 나쁘게 하지 않는다면 죽은 사람을 위한 기도는 아름다운 전통이므로 굳이 없앨 필요는 없다고 보기 때문이 아닐까?

Ⅲ. 신자 교육

성공회에서 신도들을 위한 교육은 세례교육과 세례 후의 교육으로 크게 나누어 볼 수 있다. 세례교육이란 그리스도교인이 아닌 사람이 성공회에 입교하기 위해 받는 기본적인 교리교육을 말한다. 이 교육은 일반적으로 성공회에서 마련한 텍스트에 따라서 진행하지만, 최종적으로는 각 교회 관할 사제의 책임하에 교회별로 진행하는 것이 보통이다. 성공회 신도가 아닌 사람들이 성공회에 입교하려면 어떤 교육을 어느 정도로 받아야 하는가에 대한 모든 것이 관할 사제의 책임으로 진행되고 있다. 다시 말해서 입교를 원하는 사람에게 성공회의 일반상식을 알려줄 것인지, 아니면 교리교육을 할 것인가의 여부, 그리고 교리교육을 하려면 어느 정도의 수준으로 할 것인가, 그리고 교육의 성취 수준이 어느 정도 이상 도달했을 때 세례를 시킬 것인가 등등이 관할 사제의 책임으로 진행된다. 또한, 성공회의 각 교회에서 세례교육을 위한 텍스트도 관할 사제가 선택해서 사용한다. 대한성공회 선교교육원 관계자[15]와의 면담에 의하면 현재 대한성공회에서는 세례교육을 위한 교재를 개발하는 중이라고 한다. 따라서 이러한 모습의 교육은 어느 정도 과도기에 있다고 보인다. 그러나 그렇다고 하더라도 새 신도가 되기 위한 교육에 관한 거의 모든 책임과 권한이 각 교회 관할 사제에게 있음은 변하지 않을 것이다.

참고로 현재 대한성공회 서울 주교좌성당에서의 입교절차를 보면, 5주 과정의 1단계 교육과, 3주 과정의 2단계 교육으로 나누어 진행되며, 이 두 과정을 거쳐 세례를 받는 것으로 되어있다. 5주 과정 교육은 '하느님을 만나길－성공회 경험을 통한 안내'라는 내용으로, 그리고 3주 과정은 '감사성찬례와 교회조직 및 운영'이라는 내용을 가지고 교육이 이루어지고 있다. 이러한 두 과정 가운데 하나는 성공회에 대한 일반 상식, 그리고 나머지 하나는 성공회의 의례와 교회 구성에 대한 교육으로 나눌 수 있을 것이다. 교재를 예로 든다면 각 교회에 따라 『하늘나라를 향한 순례－성공회 신앙입문』(서호승 편저, 대한성공회 출판부)이나 『거룩한 교회의 가족이 되려면』(대한성공회 선교

---

15 필자는 성공회의 교육에 대한 사항을 선교교육원 담당자와의 면담을 통해 알 수 있었다. 이 글에서 참고문헌이 달려 있지 않은 사항은 그 면담 내용이 많이 포함되어 있다.

교육원)이라는 교재 등을 사용하고 있다. 그러나 이 교재들의 사용과 선택도 각 교회 관할 사제의 책임에 전적으로 맡겨져 있다.

성공회에서는 그리스도교 내의 다른 교단들에서 세례를 받은 사람들이 성공회에 입교하려는 경우에는 별도로 세례식을 받지 않아도 되도록 하고 있다. 그 범위는 천주교와 정교회, 그리고 큰 의심이 여지가 없는 개신교의 대표적 교단들이 해당된다. 그러나 의심의 여지가 있으면 조건부로 세례를 주고, 확실치 않은 경우에는 세례식을 행하도록 하고 있다. 큰 의심의 여지가 없는 개신교의 교단들이란 장로교, 감리교, 성결교, 침례교의 대표적 교단들, 그리고 한국 개신교의 연합회 등에 가입된 교단들이 해당된다고 할 수 있다. 세례식은 주교나 사제가 해야 하지만, 천주교와 마찬가지로 위급한 상황에서는 누구나 세례를 줄 수 있다.

전통적으로 세례를 받으면 한 번의 영성체를 할 수 있고, 계속해서 영성체하기 위해서는 견진성사를 받아야 한다. 따라서 성공회에 입교한 신자들은 세례식 이후에 견진성사를 위한 교육을 이수하고 견진성사를 받아야 한다. 그러나 견진성사와 영성체와의 이런 관련성에 관한 규정은 점차 사라지고, 현재는 견진성사를 받지 않아도 영성체를 계속할 수 있도록 하는 추세이다.

견진성사는 천주교와 성공회, 그리고 동방정교회에서 행하고 있으며, 개신교의 일부 교단들이 견신례라는 명칭으로 행하고 있다. 다만 그 절차와 시행시기 등에 있어서는 종교전통마다 차이를 보인다. 성공회에서는 천주교와 비슷하게 세례를 받고 일정 기간이 지난 사람들을 대상으로 견진성사를 받도록 하고 있다. 일정 기간이란 세례를 받고 나서 일정 수준에 도달할 수 있도록 하는 교육 기간을 말한다. 따라서 그 기간은 몇 개 단위교회들의 집합체인 교무구에 따라 차이가 있을 수 있다.

대한성공회는 1997년부터 새 예식서를 만들어 사용하고 있다. 여기에서는 기존의 견진성사라는 명칭 이외에 영입 및 복귀 예식이라는 이름을 덧붙이고 있다. 이는 단순히 새로 입교한 사람들을 위한 견진성사와 타그리스도교 교단에서 성공회로 옮겨와서 세례식을 받을 필요가 없는 사람을 위한 영입 예식, 그리고 성공회 신자였지만, 도중에 교회에 나오지 않다가 다시 나오게 된 사람을 위한 복귀 예식 등, 그 대상에 따라 견진성사가 다른 의미를 지니고 있음을 나타낸 것이다. 따라서 성공회에서 견진성사란 세례를 받은 사람의 믿음을 보다 강화한다는 의미를 지니고 있다. 견진성사를 받은 사람은 성령을 받은 것으로 믿는다. 견진성사는 주교만이 베풀 수 있는데, 이것은 천주교의 경우와 비슷하다. 다만 천주교는 주교 이외에 사제 가운데 고위성직자가 주교의 위임을 받아 견진성사를 행할 수 있다. 동방정교회에서는 사제가 주교의 위임을 받아 견진성사를 행하고 있는데, 동방정교회에서는 세례식과 견진성사가 바로 이어지는 특성이 있기 때문이다.

견진성사를 받는 시기는 유아세례를 받은 때에는 어느 정도 성장해서 자신의 신앙을 의식할 수 있게 된 청소년기에, 그리고 성인은 세례식 이후에 도리 문답과 사도신경을 기본으로 한 교리교육을 받고 일정한 수준에 도달했다고 판단되면 견진성사를 받게 된다. 견진교육은 교무구별로 공통의 텍스트를 선정해서 진행되는데 이는 각 교무구의 대표인 총사제의 판단에 따라 행해지는 것이 보통이다. 때로는 총사제의 권한 하에 개별 교회 단위로 견진교육을 진행하기도 한다. 견진교육을 위한 교재로는 성공회 교리해설서인『그리스도인이 되어가는. 새로운 나, 우리』(홍영선 저, 대한성공회 출판부)라는 교재와 견진교리서 등이 사용되고 있다.

세례와 견진성사를 모두 받은 사람들에게 공식적으로 어떤 교육을 더 받아야 한다는 구체적인 지침은 없다. 다만 보다 더 깊은 교리지식 등을 위해 신자들이 자발적으로 이후의 교육에 임하는 형태를 띠고 있다. 이후의 신자들을 위한 교육은 여러 가지 형태로 이루어지고 있다. 첫 번째로 가장 기본적인 교육인 통신성서라는 교육이 있다. 통신성서는 신자들의 가정에 우편을 이용해서 주고받는 형식의 교육이다. 교육을 담당하는 사제가 성서에 대해 설명한 것을 우편으로 가정에 보내면, 신자들이 그것에 대해 다시 질문하거나 자신의 생각을 말하고, 그리고 또 다시 그것에 대해 보충설명을 해주는 방식으로 진행되고 있다. 교육은 쉬운 단계부터 높은 수준에 이르기까지 단계적으로 진행되므로 신자들의 눈높이에 맞는 교육이라는 장점을 지니고 있다. 따라서 통신성서는 다양한 수준의 신자들을 위한 개별적 맞춤교육이라는 특징을 지니고 있다고 할 수 있다.

신자들의 재교육 프로그램의 또 다른 것으로는 제자아카데미(Via Media)가 있다. 이것은 개신교의 다른 교단들에서 시행하는 제자훈련의 성공회식 과정이라고 할 수 있다. 이 프로그램은 2개 학기로 나누어서 1년 단위로 진행된다. 각 학기는 14주 과정을 이수하게 되어있는데, 강사가 돌아가면서 강의를 진행하는 방식을 취하고 있다.

2010년의 일정을 보면 1학기는 4월 8일에 시작해서 7월 8일에 끝나고, 2학기는 9월 2일에 시작해서 12월 9일 끝나게 되어있다. 강의는 매주 목요일에 진행되고 시간은 오후 7시 30분부터 10시까지이다. 프로그램의 구체적 일정과 강좌 내용은 다음과 같다.[16]

<표 1> 1학기 강의 일정

회	날짜	프로그램 및 강좌	강사
1	4.8	개강예배 및 마음열기프로그램	선교훈련원
2	4.15	믿음과 기도생활 1	정길섭
3	4.22	믿음과 기도생활 2	정길섭
4	4.29	믿음과 기도생활 3	정길섭
	5.1	피정 1-1	
	5.5	소풍	
5	5.6	성서통독 1	이경호
6	5.13	기도의 실재 1	변승철
7	5.20	기도의 실재 2	김병내
8	5.27	성서통독 2	이경호
9	6.3	성서통독 3	이경호
10	6.10	성서통독 4	이경호
11	6.17	성서통독 5	이경호
12	6.24	성공회역사와 신학 1	이한오
	6.26	피정 1-2	
13	7.1	성공회역사와 신학 2	이한오
14	7.8	신자생활 1	특강

<표 2> 2학기 강의 일정

회	날짜	프로그램 및 강좌	강사
1	9.2	개강 특별프로그램	선교훈련원
2	9.9	전례신학 1	장창경
3	9.16	전례신학 2	장창경
4	9.30	전례신학 3	장창경
	10.2	피정 2-1	
5	10.7	성공회역사와 신학 3	이한오
6	10.14	성공회역사와 신학 4	이한오
7	10.21	성서통독 6	이경호
8	10.28	성서통독 7	이경호
9	11.4	성서통독 8	이경호
10	11.11	대한성공회 다시보기	안철혁
11	11.18	성공회역사와 신학 5	임종호
12	11.25	성공회역사와 신학 6	임종호
	11.27	피정 2-2	
13	12.2	성공회역사와 신학 7	임종호
14	12.9	신자생활 2	특강
추후공지		졸업식	

---

16 대한성공회 선교훈련원, 『Via Media - 성공회 제자아카데미 2학기 강의 자료집』, 2010, 4~5쪽.

이 프로그램의 주요 교육내용은 기도, 성서, 전례, 그리고 역사, 신학 등 크게 다섯 가지로 나눌 수 있을 것이다. 그렇지만 이 교육과정에서도 지식보다는 영성훈련에 초점을 맞추어 진행되고 있다고 한다. 조별로 나누어 진행되는 이 프로그램의 특징으로는 영성일지를 쓰도록 한다는 점이다. 영성일지를 쓰는 방법은 여러 가지가 있다. 예컨대 일상생활에서 발견되는 사건을 하느님과의 관련성을 주제로 쓰도록 하고 있는데, 단순한 자신의 지식도 중요하겠지만, 성서나 다른 신심서적을 읽거나 아니면 다른 사람의 지도를 받아서 쓰기도 한다. 영성일지를 쓰기 위해 성공회에서는 다섯 가지의 주제를 제시해 주고 그 가운데 한두 가지를 선택해서 영성일지를 작성할 수 있다고 한다.[17] 이 프로그램은 신앙과 일상생활을 연결시켜 파악해 볼 수 있다는 것이 특징적이라 할 수 있다.

성공회의 각 교회에는 신자회장을 비롯한 교회위원들을 두고 있다. 교회위원은 각 교회에서 신자들에 의해 선출된 그 신앙공동체의 지도자라고 할 수 있다. 이들은 교회 행정에 관한 위임과 인적 자원에 대한 책임, 그리고 자산관리에 대한 의무가 있다. 또한, 대의원을 선출하여 교구의회에 파견하며, 선교나 교회운영에 관한 주요 사항을 결정하고 시행한다.[18] 교회위원으로 선출된 신자들은 반드시 교

---

17 다섯 가지 주제는 다음과 같다. 1. "감사합니다"−하느님께 받은 은혜에 대한 감사. 2. "도와주세요"−내 죄를 깨닫고 그것들을 벗어버릴 수 있는 은총을 청함. 3. "사랑합니다"−하느님께 대한 내 응답을 성찰함. 4. "미안합니다"−회개의 행위. 5. "저와 함께 있어 주세요"−행위를 고치겠다는 결심. 이상은 대한 성공회 선교훈련원에서 교육을 받을 신자들에게 나누어 주는 『영성일지』라는 노트의 앞부분에 제시된 것이다.
18 대한성공회 교육훈련국, 『교회위원 교육 자료집』, 대한성공회교육훈련국, 42~47 쪽 참조. 이 자료집은 발행년도가 없다.

회위원 교육을 이수해야 하는데, 성서나 신앙교육 이외에 교회위원으로서의 여러 가지 의무와 책임 등에 대한 교육을 받는다. 교육의 내용을 보면 각 교회의 형편과 상황에 따라 어떤 방향으로 리더십을 행할 것인가, 어떻게 교회를 관리할 것인가에 대한 교육을 시행한다. 교회위원의 규모는 신자들의 다양성을 반영하면서도 지나치게 비대해서 운영이 곤란하지 않도록 하는데 주안점을 두고 있다. 서울교구 법규를 보면 교회위원의 경우 교회마다 최하 5명에서 영성체 참여자 30명마다 1명씩 증원하도록 하고 있다. 그렇지만 교회가 크다고 해서 무한정 교회위원을 늘리는 것은 아니고 가장 클 경우에도 열다섯 명 정도를 유지하도록 하고 있다. 교회위원의 임기는 2년으로 규정하고 있지만, 연임에 대해서는 별도의 규정을 두지 않고 있으며, 한번 연임하면 쉬도록 하여 다른 신자의 참여를 유도하고 있다. 교회위원들의 모임인 교회위원회는 교육위원회, 전례위원회, 재무위원회, 선교위원회 등의 산하 위원회를 둘 수 있다.

　참고로 성공회 각 교회의 회장은 보통 신자회장과 사제회장 두 명을 두고 있다. 신자회장은 교회위원 가운데 신자총회에서 선출하며 사제회장은 관할사제가 교회위원이나 피선거권자 중에서 지명하는데, 교회위원이 아닌 사람이 사제회장이 되면 당연직 교회위원이 된다. 두 사람 모두 사제와 함께 교회를 이끄는 역할을 하지만, 사제회장은 성직자의 사목에 대한 자문, 성직자 부재시 기도의 인도, 성직자의 생활에 대한 조언과 인도 등이 주요 직무이다. 이러한 교육프로그램 이외에 단체장들을 위한 교육 등이 부정기적으로 있으며, 교회별로 독자적으로 진행하는 교육프로그램들이 있다. 예를 들면, 소그

룹 인도자 교육, 부부·부모 소모임 인도자 교육, 새신자 돌봄 및 기초교리 교육, 봉사 교육 등이 있는데, 대략 8주에서 12주 과정으로 각 주제에 맞추어 진행된다. 어린이들을 위한 주일학교 교육과, 중고등학교 학생들을 위한 학생회 교육 등이 별도의 모임을 통해 이루어지고 있다.

Ⅳ. 성직자 양성 교육

성공회의 성직자가 되려면 성공회대학교 신학전문대학원의 M.Div. (Master of Divinty) 과정을 이수하여야 한다. 신학전문대학원의 기원은 1914년 4월 30일 인천 강화에서 개교한 성미카엘신학원이다. 성미카엘신학원은 1982년 4년제 대학 학부 과정의 천신신학교로 개편되기 이전까지 성공회의 성직자를 배출하는 교육기관이었다. 1982년 개교한 천신신학교는 부속기관으로 사목신학연구원을 개원하여 성직자훈련과정을 전담하도록 하였다. 사목신학연구원은 1992년 4년제 대학 학력 인정의 성공회신학대학, 그리고 1994년 종합대학교인 성공회대학교로 바뀔 때까지도 그 체제를 그대로 유지하여 지속적으로 성공회 사제의 배출 요람으로 자리매김해왔다. 1996년에는 신학대학원이 신설되면서 사목신학연구원의 성직훈련과정이 이관되었으며, 2001년에 신학대학원을 폐지하고 대신 신학전문대학원을 신설하여 오늘에 이르고 있다.

신학전문대학원에 입학하려면 우선 신자로서 견진성사를 받고 1년 이상 지나야 한다. 이런 기본적 자격을 지닌 자가 소속 교회의 추천과 교수 성직위원회와의 면담 과정을 거쳐 소속 교구장의 추천을 받아 지원하게 되며, 신학대학원의 입학사정을 통해서 최종적으로 입학이 결정된다. 대학원 과정이기에 학부의 제한을 받거나 아니면 학부의 신학 전공자를 우대할 것으로 생각하기 쉽다. 그러나 사실은 그 반대이다. 성공회대학교 신학전문대학원은 학부에서의 전공에 제한을 두지 않고 있으며, 학부부터 신학만을 전공하기보다 도리어 다양한 다른 학문을 경험하도록 권유하고 있다.

과거 사목신학연구원의 성직훈련과정 기간은 성공회대학교 학부에서 신학을 전공했을 경우, 그리고 성공회대학교에서 인정하는 타교파 신학대학의 신학과를 졸업하거나 신학석사 학위 이상을 취득했을 경우는 원칙적으로 2년으로 하고, 비신학전공의 일반대학을 졸업한 경우는 원칙적으로 3년간, 그리고 이 3년의 첫 1년 동안은 성공회대학교 학부의 시초신학과정 30학점 이상을 이수하도록 규정하였다.[19] 그러나 현재는 이 과정이 통폐합되어 학부의 전공과 상관없이 3년 과정을 이수하도록 하고 있다.

개설 교과목도 변화가 있었다. 과거에는 성서학을 포함한 신학 관련 과목과, 설교를 포함한 목회 관련 과목, 그리고 전례를 위한 과목이 대부분을 차지하고 있었다.[20] 물론 신학대학원의 특성상 그것은

---

19 성공회대학교 기획실, 『대학생활안내 1995~1996』, 성공회대학교 교무처, 1995, 189쪽.
20 1995년 개설된 교과목을 보면 구약주석학, 성공회신학사상, 영성신학(2강좌), 신약주석학, 신약신학, 성공회신학사상, 구약신학(각 3학점) 등 신학관련 과목이 24학점, 설교이론과 실제, 목회상담학, 목회방법(각 3학점), 설교연습(2학점) 등 목

당연한 것이기도 하다. 그러나 현재의 교과목은 과거와 차이를 보이고 있다. 현재의 교과목은 크게 <신학기초과목>, <공통필수과목>, <전공과목>의 3개 교과목군으로 구성되어 있는데, 과거에 비해 보다 구체적인 과목을 제시하고 있으며, 여성신학, 민중신학, 그리고 생태환경 등의 과목과 평화사상에 대한 과목 등이 추가로 개설되어 있는 것이 특징이다.

한편 신학전문대학원의 성직훈련과정에 입학하게 되면 모두 기숙사에 입소하여 학교에서 요구하는 공동체 생활을 지켜야 한다. 과거 2년간의 성직훈련과정이 있을 때는 이 과정이 끝나면 전도사로서 1년 이상 교회기관에서 봉사한 후 부제고시에 응시할 수 있는 자격이 주어졌다. 그러나 3년 과정으로 통합되면서 전도사 과정이 생략되고 바로 부제고시에 응시할 수 있다. 부제고시를 통과하고 나면 다시 2년의 교회 봉사 기간을 경과한 후 사제고시에 응시할 수 있다. 사제고시를 통과하고 사제서품을 받으면 인사발령을 통해 각 교회에 배치된다.

사제서품을 받으면 추가로 교육을 받을 의무는 없다. 다만 성공회에서 마련한 성서신학이나 목회상담 등을 주제로 한 10주 과정, 또는 20주 과정의 교육프로그램에 참여할 수 있는데, 이것도 의무사항이 아니라 자유의사에 맡기고 있다.

회관련 과목이 11학점, 그리고 예전음악(3강좌) 각 2학점, 전례연습 2학점, 그리고 한국교회사 3학점, 교리교수법 3학점 등 총 49학점, 그리고 교회성장학 3학점 등 총 52학점을 필수로 이수해야 한다. 교회성장학도 사실상 목회와 관련이 있다고 하면, 실제로 신학과 목회 관련 과목에 전례 관련 과목이 거의 대부분을 차지하고 있다. 앞의 책, 184쪽.

한편 성공회에서는 성직자와 수도자를 구별하고 있다. 흔히 신부, 사제라고 하면 성직자를 지칭하고, 수사, 수녀라고 하면 수도자를 지칭한다. 성직 지원자가 앞에서 소개한 과정을 거쳐 서품을 받게 되면 성직자가 되는데, 부제, 사제(신부), 주교가 성직자의 명칭이다. 이들의 임무는 성찬례를 행하고 지역교회를 이끄는 역할을 하며, 결혼을 할 수 있다. 수도자도 역시 소정의 훈련 기간을 거쳐야 수사, 혹은 수녀가 되지만, 수도원마다 규칙이 다르다.

성공회는 영국에서 성공회가 형성될 무렵 헨리 8세의 수도원 폐쇄조치로 인해 대부분의 수도원이 사라지고 그 현상은 약 300년 가까이 이어졌다. 그러나 19세기 중엽 옥스퍼드 운동이 일어나면서 수도회가 부활하게 되었다. 현재 세계 성공회에는 다양한 수도회가 창립되어 활동하고 있다. 한국에는 성프란시스 수도회, 성가 수도회, 성분도 수도회, 그리고 예수원 등 4개의 성공회 수도회가 있는데, 성프란시스 수도회는 남자수도회이고, 예수원은 남녀공동체로 운영되며 성가 수도회와 성분도 수도회는 여자수도회, 즉 수녀원이다.

각 수도원에서의 생활은 기도와 노동, 그리고 학문연구 등을 중심으로 진행되며, 결혼하지 않고 독신으로 지낸다. 성찬례를 위해 수도자 가운데 성직훈련과정을 거쳐 서품을 받고 성직자가 되기도 한다. 서품받기 전의 수도자는 기본적으로 평신도와 같다. 수사 신부들은 독신 서원을 한 수도자이기 때문에 결혼은 하지 않는다. 수도원의 임무는 여러 가지가 있지만 주로 사회봉사와 교육, 의료, 그리고 선교 활동 등에 참여하고 있다. 수도회에 따라 재속회라는 별도의 모임을 두고 있는데, 이 모임은 결혼과 관계없이 수도회의 창립 정신에 따라 살아가기 위한 사람들이 가입하고 있다.

수도원에서 수도자가 되기 위한 구체적 교육과정은 수도원마다 차이가 있지만, 큰 틀에서 보자면 한 수도원의 사례를 보아도 파악할 수 있으리라 생각한다. 따라서 여기에서는 성가수녀회의 수련 과정을 중심으로 알아보도록 할 것이다. 성가수녀회는 입회부터 시기별로 4단계의 수련 과정이 있다. 입회자는 처음 6개월간 열망자라는 기간을 거치게 된다. 이 기간은 열망자와 공동체(수도회)가 서로를 알기 위한 기간으로, 이 기간에 기도, 교리와 예전, 성서, 예절, 수도회 역사, 성가 등을 공부하고 공동 노동 등을 하며 지낸다. 다음 단계는 지원자 단계로 역시 6개월의 기간을 지내게 되는데 수도원의 입회 동기를 확인하고 다짐하는 기간으로 되어있다. 이 시기에는 성무일과, 성서, 규칙, 수도회 역사, 수도생활(1), 성가, 피아노, 영어 등의 공부와 기도, 노동 등을 하며 지낸다. 다음 시기는 수련자의 시기로 수도복을 입는 착복식을 거행하면서 이 시기가 시작된다. 수련기는 3년이며 성서, 수도생활(2), 규칙, 교회사, 영성수련, 전례, 성가, 피아노, 영어, 교리교육 연구 등의 공부와 기도, 그리고 노동 등을 하며 지내는 시기이다. 마지막 단계가 정기서약 시기로, 이 시기는 수련기의 흰 베일이 검은 베일로 바뀌며 5년의 기간을 지내게 된다. 수도자로서의 삶을 확인하는 서약을 시작으로 이 시기가 시작되며, 이 서약은 1년마다 갱신하고, 다가올 종신서약을 위한 준비기간이기도 하다. 이 시기는 교육, 또는 훈련과정이라기보다 수도자로서의 책임을 가지고 교회나 분원, 사회복지기관 등에 파견되어 일하는 시기이다. 다만 수도회의 필요에 따라 특별히 전문교육을 받을 수도 있다.

이 시기가 끝나면 서약의 마지막 단계인 종신서약의 단계가 된다. 이때 비로소 수도회의 정식 회원이 되며 일생 동안 가난과 정결, 순명의 생활을 할 것을 서약하며 약속의 표시로 축복된 반지를 끼게 된다.[21]

V. 나가는 말

성공회의 역사는 영국에서 시작되었다. 성공회의 입장에서는 성공회가 초기교회로부터 비롯되었다고 한다. 물론 이 말이 전적으로 틀린 말은 아니다. 그러나 이것은 그리스도교 일반을 말하는 것으로 보아야 할 것이다. 성공회 자체의 역사는 다르게 이해해야 할 것이라고 생각된다. 로마와의 관계를 단절하기는 했지만, 교리적인 차이에서 분열한 것이 아니라 정치적 문제로 인한 것이었다. 로마와의 관계를 단절한 헨리 8세는 천주교의 교리나 전례를 개혁하려 한 것이 아니었다. 성공회가 개신교로 분류되기는 하지만, 이러한 이유들로 인해서 일반적인 특성은 여타 개신교보다는 사실상 천주교와 더 유사하다고 해야 할 것이다. 그러나 천주교와 차이를 보이는 것도 여러 가지가 있다. 연옥, 면죄, 성상 및 유물 등을 인정하지 않는 것, 교황과 추기경 제도가 없는 것, 성직자의 독신 규정이 없는 것이 그것들이다. 이외에 지역에 따라 여성 사제를 인정하기도 한다. 이것

---

21 성가수녀회(http://www.sister.or.kr/).

은 성공회의 자율성 때문이다. 전 세계 성공회는 성공회협의회라는 공동의 기구가 있지만, 관구별로 교회의 운영에 폭넓은 자율성을 확보하고 있다. 교구 운영의 자율성을 가지고 있는 천주교나, 독자적으로 운영되는 여타 개신교 교단의 자율성보다도 훨씬 그 범위가 넓다고 할 수 있다. 이것도 성공회의 주요한 특징이라 해야 할 것이다.

　성공회의 종교교육은 신자들의 경우 세례받기 이전 교리교육을 해야 하며, 이 교육이 일정한 수준에 도달하면 세례를 주고, 세례를 받은 지 3개월이 지나면 견진성사를 받을 수 있는데, 견진성사를 받기 위해서도 별도의 교육을 받아야 한다. 공식적으로 신자들이 받는 것은 이것이 전부라 할 수 있다. 이후의 교육으로 제자교육과 같은 것은 1년을 2개 학기로 나누어서 보다 심화된 성공회 교육을 하는 것으로 되어있다. 신학과 같은 지식교육 프로그램으로 되어있지만, 주안점을 두는 것은 신자들의 영성교육에 있다고 할 것이다. 다만 효율성의 측면에서 보자면 참여율에 따라 달라질 수 있다는 어려움이 예상된다. 성공회의 주일미사 참여율은 천주교보다는 나은 편이지만 여타 개신교에 비해서는 높은 편이 아니다. 따라서 참여율의 측면에서 본다면 높은 교육 효과를 기대하기는 어려울 것으로 생각된다. 그렇지만 헌신도가 높은 신자들의 교육에서는 그 효과를 기대할 만하다. 교회위원 교육의 경우를 통한 신자교육은 이런 점에서 오히려 효율성이 높아질 것이라 생각된다. 왜냐하면 교회위원의 경우 몇 사람이 독점적으로 교회위원이 되는 것을 되도록 피하고 보다 많은 사람이 참여할 수 있도록 유도하고 있으며, 교회위원이 되면 그 교육은 반드시 이수하도록 하고 있기 때문이다.

성직교육은 과거 성미카엘신학원, 그리고 성공회신학교를 거쳐 종합대학으로 발전한 성공회대학교의 신학전문대학원 과정 교육을 거치면 성직자가 될 수 있다. 신학전문대학원 과정을 거치면 모두가 성직자가 되는 것은 아니고 별도로 성직에 지망해야 하며, 성직지망 생은 연구과정을 이수해야 한다. 성직자가 되기 위한 과정에서 천주교와 차별을 보이는 것은 부제와 사제 서품을 받기 위해서는 교회에서 시행하는 고시를 통과해야 한다는 것이다. 이는 다른 개신교와 유사한 모습이다. 천주교의 경우 신학대학의 성직과정을 마치고 순서에 따른 교육을 이수하면 별도의 시험을 거치지 않고 과정에 따라서 부제와 사제서품을 받는다.

또 한 가지 특징적인 것은 성공회 성직 교육 지원자들에게 권하는 사항이다. 지원자들이 성직을 지원하기 위해 대학의 학부에서 신학 교육을 받는 것도 좋지만, 그보다는 다른 학문을 전공하도록 권유하고 있다는 점이다. 다양한 경험을 통해서 성직자들이 대사회적 목회 활동에 도움이 될 수도 있다는 것, 그리고 성직자가 되어서도 보다 유연한 태도를 보일 수 있을 것이라는 장점이 있다고 생각된다. 수도자들의 교육은 각 수도원의 규칙에 따라 다르지만, 기도와 공동 노동, 성서를 비롯한 신학교육, 그리고 예절교육 등 천주교 수도원의 경우와 비슷하다고 하겠다. 사회봉사와 교육, 의료, 선교 활동 등에 많이 참여하는 것도 비슷한 맥락이라 하겠다.

대한성공회의 종교교육에 대해 조사를 하면서 떠오르는 의문은 다른 그리스도교 전통과 비교해볼 때 100여년의 역사를 지닌 대한성공회의 교세가 별로 확장되지 않았다는 것이다. 다른 요소들도 있겠지만 필자 나름대로 생각해 보건대 두 가지의 요인이 작용하지 않았을까 여겨진다. 하나는 성공회 교육, 그리고 성공회의 이념, 교리, 의례 등을 보면 성공회가 천주교를 포함한 여타 그리스도교 교단과 차별화되지 않았다는 것이다. 부분적으로 천주교와 같고, 부분적으로는 개신교와 같은 점이 오히려 성공회의 정체성을 살리지 못하는 것이 아닐까 한다. 두 번째 요인은 성공회의 교회운영, 제도, 교리의 해석 등에 있어서 매우 다양하고 자유롭다는 것이다. 세계성공회의 여러 협의회와 공통기구들이 함께 모여 합의한 사항도 권고 사항일 뿐 강요되지는 않는다. 또한, 함께 합의를 도출하지 못하고 성공회별로 서로 다른 제도를 갖기도 한다. 예를 들어 여성에게 성직을 주는 사항은 전 세계의 모든 성공회가 동의한 것은 아니다. 이러한 제도에 반발하는 성직자나 신자들도 있다. 그러므로 이러한 제도는 성공회의 장점으로 작용하기도 하지만, 도리어 성공회의 분열을 일으키는 요인으로 작용할 수도 있을 것이다.

영국을 비롯한 다른 지역 성공회의 경우를 보면 여성성직자에 관한 사항은 세계의 모든 성공회가 장차 거쳐야 할 문제라고 생각된다. 현재 한국에는 여성 사제와 여성 부제를 두고 있다. 세계적인 추세에 따른 것이라고는 하지만, 여성 성직자를 임명한 다른 국가에서 이에 반대하는 성공회의 남성 성직자들이 대거 천주교로 개종한 사례도 있다. 한국의 성공회는 교세가 그리 크지 않기에 문제가 일어나지 않을 수 있다. 대한성공회 자체에서 많은 고민을 거쳐서 이런 제도를 시행했으리라고 생각된다. 개혁적 모습을 보여준다는 면에서 긍정적으로 작용할 수도 있을 것이며, 이로 인한 발전적 측면도 무시할 수 없을 것이다. 보수 개신교 교단이나 천주교에서는 아직도 여성 성직자제도를 거부하고 있기에 성공회가 더욱 참신하게 보일 것이다.

❖『종교문화비평』19호, 한국종교문화연구소, 2011.3.

제9장

'여호와의 증인'의 역사와 특성

I. 들어가는 말

'여호와의 증인'에 대해 사회에 알려진 것은 많지 않다. 가가호호 방문해서 끈기 있게 자신들의 말을 전하는 것, '양심적 병역 거부'라는 논란의 중심에 놓여 있는 것, 그리고 비수혈 수술, 즉 수혈을 거부한 채 수술한다는 것 등이 일반적으로 이 종교에 대해 알려진 것들의 전부라고 해도 과언이 아니다. 이 가운데 병역 거부에 대한 논란은 주요한 사회적 이슈로 등장해 있다. 현재 그것은 '국방의 의무'라는 국민의 기본적 의무를 기피하는 것은 인정할 수 없다는 주장과, 단순히 징집을 피하기 위한 것이 아닌 양심에 따른 병역 거부권은 인정되어야 한다는 주장이 대립하고 있는 상태다. 그러나 쉽지는 않겠지만, 서구 여러 국가의 사례로 비추어 볼 때, 그리고 현재의 사회적 분위기로 볼 때, 대체로 양심적 병역거부권을 인정하는 쪽으로 결말이 날 것으로 예상된다.

수혈 거부에 대한 논란도 세간의 이목을 집중시키고 있다. 위급상황이 발생해서 반드시 수혈을 통한 수술이 있어야 한다는 의사의 판단에도 불구하고 여호와의 증인 소속 신도들은 수혈을 거부한다는 이유로 비난을 받고 있다. 이에 대해 그들은 수혈하지 않고도 수술이 가능하기에 수혈할 필요가 없다는 입장이다.

이처럼 '여호와의 증인'이라는 종교가 사회적 논란거리의 중심에 있지만, 이 종교에 대해 객관적으로 판단할 만한 자료는 거의 없다고 할 수 있다. 여호와의 증인에 대한 많은 연구들이 있고, 이 종교를 소개하는 저술들은 많다. 그러나 그 대부분은 가톨릭이나 개신교 등 기독교 측에서 나온 것으로, 대체로 그 종파들의 입장에 따른 주관적 판단에 근거해서 이 종교의 이단성을 밝히려는 목적을 지니고 있기에 객관적으로 여호와의 증인을 바라보기에는 무리가 있다.[1]

이에 여기에서는 기존의 주관적 시각과는 달리 객관성을 유지하면서 여호와의 증인에 대해 파악해 보고자 한다. 이 글은 특정한 교리나 의례 등을 중점적으로 분석하기보다는 개괄적으로 소개하는 차원이 될 것이다. 그 이유는 앞에서도 언급했듯이 여호와의 증인에

---

1 학술지에 게재된 논문보다는 주로 신학대학의 학위논문이 많은데, 몇 가지만 사례를 들어보면 다음과 같다. 남승면, 「여호와의 증인」, 대한신학교 석사학위논문, 1986. 이진열, 「여호와의 증인 비판」, 기독신학대학원대학교 석사학위논문, 1999. 이현행, 「여호와의 증인 비판」, 장로회신학대학교 석사학위논문, 1996. 권석현, 「여호와의 증인의 이단성 소고」, 대한예수교장로회 총신대 목회대학원 석사학위논문, 1991. 조광훈, 「"여호와의 증인"의 기독론에 대한 비판」, 고신대학 석사학위논문, 1991. 이영삼, 「여호와의 증인의 교리에 대한 비판적 고찰」, 고신대학 석사학위논문, 1987. 이철수, 「여호와의 증인의 신앙관과 가톨릭 교회의 대처 방안에 관한 연구」, 수원가톨릭대학 석사학위논문, 1991 등이 있다. 비교적 객관적 접근을 한 것으로는 여호와의 증인 신도들의 양심적 병역 거부와 관련된 논문과 무수혈 수술을 다루는 의학 관련 논문들이 있다.

대해 객관적으로 판단할 자료가 거의 없기 때문이다. 이러한 전제를 바탕으로 여호와의 증인의 초기 생성과정, 그리고 한국에서의 전파 과정을 간결하게 개관하고, 그들의 교리와 의례, 주요 활동, 그리고 특성을 살펴볼 것이다. 특히 교리 부분은 기성 기독교계와 논란이 되는 부분을 중심으로 검토해 볼 것이며, 특성 부분은 대체로 사회와의 관련성에 초점을 맞출 것이다.

Ⅱ. 기원과 전개

1. 기원

여호와의 증인은 미국인 찰스 러셀(Charles Taze Russell, 1852~1916)에 의해 조직되었다. 러셀은 1852년 2월 16일 월요일 펜실베이니아(Pennsylvania)주 앨러게니(Allegheny, 현재는 피츠버그주)에서 조지프 러셀(Joseph Lytel Russell)과 앤 엘리자(Ann Eliza Birney)의 다섯 자녀 가운데 차남으로 태어났다. 러셀의 부모는 스코틀랜드-아일랜드계 장로교인이었으며, 신심이 깊어 교회의 신조들을 열심히 믿었다. 이러한 분위기 속에서 러셀도 장로교 교육을 받으며 성장하였지만, 나중에 회중파(조합교회)의 견해를 더 좋아하여 그 교회에 다녔다. 그는 11살 때부터 아버지와 같이 남성복 상점을 경영하였고, 사업이 번창하자 독립해서 독자적으로 자신의 상점을 운영하였다.

그러나 러셀은 성장하면서 교회에서 가르치는 여러 가지 신조들에 대해 강한 의문을 품었다. 특히 그는 인간의 구원이 예정되어 있다는 것에 동의하지 않고 그에 반대하는 견해를 지니게 되었다. 그는 '영원한 고초를 받을 것을 예정해 놓고서 인간을 창조하는데 자기 능력을 사용하시는 그런 하느님[2]이라면 현명한 것도 사랑이 있는 것도 아니다. 그 표준은 많은 인간의 표준보다도 낮은 것이다.'[3]라고 판단하였다. 이와 같은 기독교의 신조들에 등을 돌린 러셀은 동양의 종교, 즉 유교, 불교, 도교, 그리고 힌두교 등을 접해 보기도 하였다.

1869년의 어느 날 저녁, 자신의 상점 근처를 걷던 러셀은 우연히 재림파 교회에 들러 조나스 웬델(Elder Jonas Wendell)의 설교를 듣게 되었다. 러셀이 이 설교에 아주 만족한 것은 아니었지만, 흔들리던 그의 믿음을 회복시키는 데에는 충분하였던 것 같다. 그는 "재림론의 도움으로 알게 된 진리는 하나도 없지만, 재림론은 잘못된 지식을 버리는 데 크게 도움이 되었으며, 따라서 진리를 위해 준비시켜 주었다"[4]고 말하였다. 비록 새로운 지식을 얻은 것은 아니지만, 그는 이 설교를 통해 자신이 의문을 품고 있던 기존의 기독교 교리가 잘못되었음을 확신하였으며, 또한 기독교적 진리에 대한 깊은 믿음을 확신한 것이었다.

---

2 하느님은 영어의 God을 우리말로 바꾸어 표기한 것인데, 현재 가톨릭에서는 하느님으로, 그리고 대부분의 개신교에서는 하나님으로 부르고 있다. 여호와의 증인에서 발행된 서적들을 보면 두 가지를 혼용해서 사용하고 있다. 그런데 여호와의 증인에서 발행된 성서에 관한 사전의 항목에는 분명히 '하느님'이라는 항목이 있고, '하나님'이라는 항목은 기재되어 있지 않다. 그래서 이 글에서는 어떤 참고문헌을 인용하더라도 이 사전에 나타난 예를 따라서 '하느님'이라는 용어로 통일하여 사용할 것이다. 『성경-통찰』 2, 사단법인 워치 타워 성서 책자 협회, 2003, 1073~1108쪽 참조.

3 『여호와의 증인-하느님의 왕국 선포자』, 사단법인 워치 타워 성서 책자 협회, 1996, 43쪽.

4 위의 책, 44쪽.

이같은 과정을 거쳐 러셀은 기존에 자신이 알고 있던 기독교 교리를 버리게 되었으며, 성서에 대한 진리를 확신하여, 성서를 더 깊이 연구할 필요를 느꼈다. 러셀은 1870년 몇몇 친지들과 함께 성서연구반을 조직하고 성서를 연구하기 시작하였다. 이 연구를 통해 성경연구생들은 인간 영혼의 멸성과 불멸성을 이해하게 되었다. 성경을 연구하는 과정에서 러셀은 두 사람의 도움을 받았는데, 한 사람은 펜실베니아 에든버러의 그리스도 재림교회 교역자인 조지 W. 스테트슨(George Washington Stetson)이었으며, 또 한 사람은 뉴욕 브루클린의 사경(査經, Bible Examiner)지 발행인인 조지 스토스(George Storrs)였다.

1876년 1월, 러셀은 「아침의 전령」(Herald of the Morning)이라는 종교 간행물을 접하게 된다. 잡지의 편집인인 바버(Nelson H. Barber)는 이 잡지에서 그리스도는 '인간의 눈에 보이지 않게' 오실 것이며, 이미 그리스도의 임재가 시작되었다고 주장하였다. 러셀은 필라델피아에서 바버와 만나 그리스도의 재림에 관해 여러 가지 의견을 나누고 나서 1874년에 그리스도가 보이지 않게 임재하기 시작하였음을 확신하였다. 그러나 1978년, 바버가 자신의 견해를 부인하는 기사를 「아침의 전령」에 게재하자 러셀은 바버와 결별하게 된다.

러셀은 1879년 7월 「시온의 파수대와 그리스도 임재의 전령」(Zion's Watch Tower and Herald of Christ's Presence)[5]이라는 책자를 발행하였다. 이

---

5 이 책자는 1909년 1월 1일 「파수대와 그리스도의 임재의 전령」(The Watch Tower and Herald of Christ's Presence)으로, 그리고 1939년 1월 1일에 「파수대와 그리스도의 왕국의 전령」(The Watchtower and herald of Christ's Kingdom)으로 바뀌었고, 다시 1939년 3월 1일 「파수대–여호와의 천국 선포」(The Watchtower–Announcing Jehovah's Kinfdom)로 바뀌어 오늘에 이르고 있다. 위의 책, 724쪽. 이하 '파수대'로 생략함.

책자와 다른 출판물을 통해서 러셀과 그의 동료들은 기성 기독교계가 성서와 모순되는 잘못된 교리를 가르쳐 왔다고 주장하면서 자신이 파악한 성서에 대한 새로운 교리를 옹호하였다. 이후 그는 미국 각지를 여행하면서 「파수대」의 독자들이 몇 명이 모이건 관계없이 연설하고, 또 집회를 갖도록 독려하였으며, 그러한 결과로 피츠버그에서는 매주 두 번 이상 집회를 하는 관습이 확립된다.

러셀은 가톨릭의 교황제도를 비롯한 여러 교리들이 비성서적 교리라고 하면서 그 제도에서 벗어나야 한다고 주장하였다. 그에 의하면 루터를 비롯한 종교개혁가들도 교황제도가 잘못되었음을 알고 벗어나려 하였지만, 실상 교황제도를 벗어난 것 이외에는 가톨릭과 큰 차이가 없으며, 그 교리를 그대로 이어받고 있기에 마찬가지로 거짓된 교리를 가르치고 있는 것이다. 또한 러셀과 그의 동료인 성경연구생들은 1914년 10월이면 이방인의 시대가 끝나고 왕들의 시대가 될 것이라고 선언하였다. 1914년 1차 세계대전이 발발하자 그들의 예측이 사실로 판명되는 듯하였지만, 결국 빗나가게 되자 그 의미에 대해 제대로 파악하지 못했기 때문에 성서를 더 배워야 한다고 강조하였다.

1880년에는 「성경 연구생 전도지」(Bible Students' Tracts)를 창간해서 파수대 독자들로 하여금 일반인에게 무료로 나누어 주게 하여 자신들의 교리를 보다 적극적으로 홍보해 나갔다. 1881년에는 '시온의 워치 타워 책자 협회(Zion's Watch Tower Tract Society)'를 조직하여 종교 조직으로 출발하였으며, 같은 해에 영국에 '여호와의 증인'을 선교하기 시작하였다. 1883년에는 중국에서 선교를 시작하였으며, 다음 해에는 아프리카의 라이베리아에서 여호와의 증인이 전해지게 되었다. 그해 12월 15일 펜실베이니아 주에서 '시온의 워치 타워 책자 협회(Zion's Watch Tower Tract Society)'가 법인체로 등록됨으로써 종교단체로서 공식적인 출발을 하게 된다.

1900년에 이르기까지 여호와의 증인은 해외에서는 처음으로 영국에 지부 사무실을 개설하였으며, 28개 나라에서 신도들이 생겨났고, 그 외 13개 나라에서도 선교 활동을 개시하였다. 1916년 10월 31일, 러셀이 열차를 타고 텍사스로 가던 중 사망하자, 이듬해 1월 6일 연례 총회에서 러더퍼드(Joseph Franklin Rutherford)가 만장일치로 후임 회장에 선출되어 러셀의 뒤를 이었다.

대부분의 종교 역사를 보면 창교자가 죽고 나면 분열이 시작된다. 여호와의 증인도 예외가 아니어서 러셀이 죽고 난 이후 후임 회장에 반대하는 사람들이 생겨났다. 이러한 일들은 성경연구생들에게 있어서 이미 예견된 것이기도 하였다. 그들에게 누군가가 러셀을 대신한다는 것은 상상하기 어려운 일이었다. 다시 말해서 성서에 대한 진리를 확신하는 것보다 러셀의 인간적 성품이 더 이들의 마음을 사로잡았던 것이다. 결국, 일부 신도들이 이탈하여 새로운 조직을 형성하였지만, 오래지 않아서 다시 분열하여 여러 종파로 갈라져 그 숫자가 축소되거나, 아예 활동을 중단하게 되었다.

러더퍼드는 1917년 여름에 「성경연구」[6] 제 7권 「종말을 고한 비밀」

---

6 러셀은 1886년 이 책을 「천년기 새벽(Millennial Dawn)」이라는 명칭으로 시작하였지만, 시리즈를 거듭함에 따라 「성경연구(Studies in the Scriptures)」라는 명칭을 같이 사용하다가 1906년부터 「성경연구」를 일반 명칭으로 사용하였다. 이 시리즈의 나머지 부분은 다음과 같다. 제1권 「시대에 관한 하느님의 경륜(The

(The Finished Mystery)을 발행하였다. 이는 러셀이 생전에 완성하려고 했던 시리즈물의 마지막 저술이었는데 묵시록과 에스겔 및 아가서에 대한 내용이 중심을 이루고 있다. 같은 해 12월과 다음 해에 걸쳐 미국과 캐나다에서 「월간 성경 연구생(The Bible Students Monthly)」이라는 전도지 1,000만 부를 인쇄해서 배포하였는데, 그 중심 내용은 '바빌론의 무너짐', 다시 말해서 가톨릭과 프로테스탄트의 기성 기독교들이 곧 사라지게 된다는 것이었다.

이러한 일들이 일어나자 기성 기독교 성직자들은 여호와의 증인 신도들의 출판물을 금지해 줄 것을 정부에 요청하게 되었다. 이에 대해 캐나다에서는 「종말을 고한 비밀」과, 「월간 성경 연구생」을 소유하는 것을 범죄로 규정하였으며, 미국에서는, 1918년 중엽 러더퍼드를 비롯한 협회의 간부 8명이 전쟁을 방해하고 나아가 적국을 이롭게 한다는 혐의로 구속되었다. 구체적인 이유는 이들이 당시 1차 대전이 한창 진행 중인데도 미국 군대에 대한 불복종, 징집 거부 등 군 복무를 거부하고, 교전 상대국인 독일에 (선교를 위해) 송금한 것이 적국을 이롭게 하는 것으로 여겨졌기 때문이었다. 이들은 약 9개월 후 보석으로 석방되었다. 이후 여호와의 증인 신도들은 징집거부, 수혈거부, 국기에 대한 경례거부, 집총거부 등으로 인해 세계 각국에서 끊임없이 국가와 충돌하게 된다. 그러나 그들의 이러한 행동

Divine plan of Ages)」, 제2권 「때는 가까웠다(The Time Is at Hand)」(1889년), 제3권 「주의 왕국이 임하옵소서(Thy Kingdom Come)」(1891년), 제4권 「신원의 날(The Day of Vengeance)」(1897년, 나중에는 「아마겟돈 전쟁(The Battle of ArmaGeddon)」으로 불림), 제5권 「하느님과 사람 사이의 속죄(The Atonement Between God and Man)」(1899년), 제6권 「새로운 창조물(The New Creation)」(1904년) 등이다. 위의 책, 42~53쪽.

들은 양심의 자유나, 종교적 자유를 신장시키는데 기여하기도 하였다.

러더포드는 1920년 3월 21일 뉴욕의 히퍼드롬에서 행한 "지금 살아있는 수백만이 결코 죽지 않을 것이다"라는 주제의 연설에서 1925년을 중요한 해로 여기게 되었다. 1925년까지 남아있는 작은 무리의 사람들이 하늘로부터 상을 받아 죽지 않을 것이라는 희망을 품게 되었다. 또한, 그해에는 예수 이전에 살았던 의인들이 부활해서 지상의 군왕이 될 것이라는 기대도 생겨났다. 그 뒤 1975년에 천년기가 시작된다는 예측도 있었지만, 이 예측도 빗나가고 그때마다 조직을 이탈하는 사람들이 생겨났다.

1931년 러더포드는 '여호와 증인'이라는 명칭을 공식적으로 받아들여 사용하였다. 1942년 러더포드가 사망하자 그의 뒤를 이어 노어(Nathan H. Knorr)가 회장이 되었는데, 이때부터 집중적인 훈련 프로그램이 시작되었다. 1943년 워치타워 길르앗 성서학교를 설립하여 이곳에서 특별 훈련을 받고 양성된 선교인들이 전 세계로 파견되었다. 1977년 노어가 사망하자 83세의 프랜즈(Fredrick W. Franz)가 뒤이어 4대 협회장이 되었으며, 다시 1992년 프랜즈의 뒤를 이어 헨셀(Milton George Henschel)이 5대 협회장이 되었다.

2004년 현재 전 세계 235개국에 660만여 명의 신도가 있으며, 111개 지부에 98,269개의 회중이 조직되어있다.[7]

---

7 『2005 여호와의 증인의 연감』, 사단법인 워치타워성서책자협회, 2005, 30~39쪽.

2. 한국전래

여호와의 증인이 한국에 전래된 것은 1912년 선교사 홀리스터 부부가 한국에 들어오면서부터였다. 처음 홀리스터는 한국뿐 아니라 동양 지역의 대표자로 활동하였다. 그는 1914년 3월 18일 자로『시대에 관한 하느님의 경륜(The Divine Plan of Ages)』을 한국어로 인쇄하였다. 1915년 이후 맥켄지는 주기적으로 한국을 방문하면서 전교를 하기 시작하였다. 이 무렵 한국인 강범식은 이미 여호와의 증인의 신도가 되어 있었다. 그는 처음 번역을 위해 여호와의 증인에 고용되었지만, 여호와의 증인의 교리를 계속 접하게 되면서 신도가 되었다.

1921년에는 미국을 제외한 18개 지부 가운데 하나로 한국지부가 설립되었다. 1922년 러더포드는 강범식에게 2,000달러를 보내 일곱 대의 인쇄기를 갖춘 인쇄소를 한국에 설립하도록 하였다. 이 인쇄소에서는 한국어 외에 중국어와 일본어 서적도 인쇄하였다. 그러나 강범식이 본래의 목적과 달리 다른 책자도 인쇄하자 1927년 박만준이 강범식의 자리를 대신하게 되었다. 1931년에는 도서와 소책자, 그리고 정간물 등을 합해서 모두 19,829에 달하는 책자를 인쇄해서 배포하였다. 1935년에는 교사였던 문태순이 박만준을 대신하였다.

1932년 6월 11일부터 13일까지 한국에서는 처음으로 서울 집회가 개최되어 45명이 참석하였다. 또한, 그해에는 「천국, 세계의 희망」이라는 소책자 50,000부가 한국어로 인쇄되어 배포되었다.

조선총독부는, 1933년 6월에는 서울에서, 그리고 8월에는 평양에서 많은 여호와의 증인 서적들을 압수하여 소각하고, 「황금시대」[8]를 제외한 모든 서적을 금지했다. 1939년 이후에는 궁성요배와 신사참배 등을 거부함으로써 투옥되어 고문을 받고, 옥사하는 사람들도 생겨났다. 이후 이들의 활동은 자연 위축되었으며, 1945년이 될 때까지 별다른 활동을 하지 못하였다.

한국은 일본의 압제에서 벗어났지만, 그것이 바로 여호와의 증인의 활발한 선교활동으로 연결되지는 않았다. 남아있던 몇몇 신도들은 박옥희의 집에서 비밀스럽게 집회활동을 하며 때를 기다리고 있었다. 1948년 8월 최용원이 미군 신문인 「성조」지에 실린 여호와의 증인에 관한 보도를 접하게 되었다. 그 보도의 내용은 미국을 비롯한 여러 국가에서 여호와의 증인이 활발한 활동을 한다는 것이었다. 그리하여 최용원은 미국본부와 연락을 재개하여 소책자들을 전달받았다. 그리고 이듬해 6월 12명의 전도인으로 구성된 하나의 회중이 해방 이후 처음으로 형성되었다. 이들이 본격적으로 활기를 띠기 시작한 것은 1949년 8월 돈 스틸(Donald L. Steel)과 그의 아내 얼린이 내한하고 7개월 후 여섯 명의 선교인이 더 도착한 뒤의 일이었다.

6·25로 인해 1년 이상 일본으로 철수했던 선교인들은 1951년 스틸이 먼저 한국으로 돌아오고, 다음 해에 얼린이 합류하면서 선교활동을 재개하였으며, 한글로 된 출판물을 발간하려고 노력하였다. 1952년 9월 「파수대」를 정부에 등록하고 공식적인 발행을 시작하였으며, 10월 30일자로 '사단법인 워치타워성서책자협회'를 설립하고

---

8 현재는 '깨어라'라는 제목으로 바뀌었다.

문교부에 등록하였다. 1953년에는 7개 회중 417명의 신도가 되었으며, 같은 해 9월1일 한국지부로 독립하였다. 1955년에는 부산에 선교부가 설치되었다. 1956년 4월 27일에는 당시 협회장인 노어가 한국을 방문하여 여호와의 증인 선교에 탄력을 주었다.

1975년 한국의 여호와의 증인 신도는 32,693명이나 되어 일본과 비슷해졌다.[9] 1982년에는 지부 사무실을 서울에서 경기도 안성시 공도면 양기리로 확장 이전하였다. 여기에는 지부 사무실뿐만 아니라 출판사와 인쇄소도 함께 이전하였다. 1985년 8월 한국지부는 회관 수 644개, 신도수 39,654 명으로 불어났다.[10] 2005년 현재 9만여 명의 신도가 활동하고 있으며, 1,403개의 회중조직이 있다.[11]

3. 조직과 활동

여호와의 증인에서는 세계 각 지역에 지부를 두고, 그 지부 아래 지역과 순회구, 그리고 회중으로 구분하여 조직을 형성하고 있다. 각 지역의 지부는 통치체의 감독을 받게 되는데, 처음 7명의 이사들로 구성되었던 통치체는 1971년 11명으로 늘어났고, 그 뒤 18명, 또는 17명이었다가, 1992년에는 12명이 되는 등, 통치체 성원의 숫자

---

9 『여호와의 증인-하느님의 왕국 선포자』, 491~492쪽.
10 문화공보부, 『한국종교편람』, 1984, 765쪽.
11 『2006 여호와의 증인의 연감』, 38~39쪽. 이 연감의 통계표를 보면 전도인 최고숫자와 평균전도인 숫자가 나와 있다. 그 해에 전도활동을 하고 본부에 그 보고서를 제출하면 그것을 근거로 전도인의 숫자를 계산하는 것이다. 여기에 나온 신도의 숫자는 바로 전도인의 숫자를 말한다. 다시 말해서 여호와의 증인에 입교했다고 해서 그것이 전체 신도의 통계롤 잡히는 것이 아니라 입교 후 전도활동을 한 사람들 만을 전체 통계에 넣고 있다.

는 일정하지 않다.

통치체는 지상에서 여호와의 권위를 대리한다고 생각한다. 이들에 의하면 여호와는 아버지이고, 조직은 어머니이며 여호와는 바로 조직을 통해서 자신의 목표를 달성하고자 한다.[12] 여호와의 증인 신도라면 통치체의 권위에 복종하고 그 지도를 따라야 하지만, 그렇다고 해서 통치체의 성원이 모두 절대적이라는 의미는 아니다. 통치체의 성원도 잘못된 일이 있으면, 일반 신도의 비판을 받을 수도 있다. 다만 통치체에서 내려진 결정에 권위를 부여하는 것이라고 생각된다.

각 지부 사무실에는 3~7명 정도로 구성된 지부위원회가 있으며, 이들은 그 지부가 관할하는 나라의 활동을 감독한다. 현재 한국지부는 사단법인 한국워치타워성서책자협회로 등록되어 있고 해밀튼(Milton R. Hamilton)이 이사장으로 있다. 각 지역의 교당은 왕국회관으로 부르고 있는데, 각 지방 회중의 활동 중심지이다. 약 20개의 회중이 1개의 순회구를 이루고 있으며, 각 회중은 약 200명 이하의 신도들로 이루어져 있고, 그 이상이 되면 새로운 회중으로 분리된다.[13]

회중의 직제는 회중을 순회하고 감독하는 순회감독을 중심으로, 장로의회(왕국회관의 운영권자에 해당됨)가 있고, 장로들은 '봉사의 종'의 도움을 받는다. 장로들의 직책은 '파수대 사회자', '신권전도학교 감독자', '서적 연구 감독자', '공개 강연 연사'가 있다. 파수대 사회자는 파수대 집회의 토의에서 사회를 맡는 장로이며, 신권전도학교 감독자는

---

12 Harris, D., *The Jehovah's Witnesses; Their Beliefs & Practices,* London; Gazelle Books, 1999, pp.32~33.
13 「여호와의 증인 어떤 사람들인가? 무엇을 믿는가?」, 워치타워성서책자협회, 2001, 25쪽.

신권전도학교 연설 훈련이나 신권전도학교의 사회나 연설에 대한 조언을 한다. 서적 연구 감독자는 서적은 연구하는 집회의 토의에서 사회를 맡는 장로이며, 공개 강연 연사는 공개적 연설을 수행한다.

'봉사의 종(집사)'은 장로는 아니지만, 회중을 유지 운영하는 데 필요한 일들을 수행하는 사람들이다. 각각의 역할에 따라 '서적(잡지)의 종', '청소, 안내, 연단, 음향의 종', '회계의 종', '구역의 종'으로 구분된다. 서적의 종은 야외에서 서적을 배부하거나 개인적으로 사용할 서적(잡지)을 전도인들의 요청에 따라 여호와의 증인 사무실로부터 받아서 배부하는 일을 한다. '청소, 안내, 연단, 음향의 종'은 왕국회관의 청소, 집회 전후의 안내, 연단 세팅, 음향장치 조절 등의 일을 한다. 회계의 종은 왕국회관 뒤에 배치된 헌금함에서 헌금을 수납하여 장부에 기재하고 회중의 결의에 따른 비용을 지출하며, 월 1회 회중에 회계 내역을 보고한다. 구역의 종은 봉사감독자와 의논하여 회중이 담당하는 전 지역을 100개~200개 정도로 세분화한 구역카드를 작성하여 야외봉사에서 빠짐없이 봉사가 되도록 구역카드를 관리한다.

여호와의 증인 신도들의 중심적 활동은 소위 봉사라고 하는 선교 활동이다. 물론 매주 3차례의 모임을 하지만, 그 이외의 시간을 선교활동에 쏟는다. 물론 모든 사람이 모든 시간을 선교활동에 사용하는 것은 아니다. 맡은 직책에 따라 다양하게 선교활동을 하는데, 그 유형은 대략 3가지로 구분될 수 있다.

첫 번째는 옥외에서 하는 '야외봉사'이고, 두 번째는 집마다 방문하는 '호별봉사' 그리고 마지막으로 각자의 상황에 따라 비정규적으로 선교하는 '비공식 증거'이다. 이 가운데 이들이 주로 행하는 선교

방식은 가정마다 방문해서 '파수대'나 '깨어라'등의 출판물을 나누어주고 성서의 내용을 토론하는 '호별봉사'이다.

여호와의 증인 신도들이나 전도인들은 각 가정을 방문해서 가정이나, 지방, 그리고 세계적인 관심사를 주제로 대화를 하고, 이러한 대화에 집주인이 어느 정도 반응을 보이면 성서를 놓고 토론하거나, 성서에 대해 설명하는 등의 방법으로 선교활동을 펼치는 것이 또 하나의 주요 활동이라고 할 수 있다. 이것은 거리에서 만나는 개인에게도 동등하게 적용되는 선교방법이다.

여호와의 증인 신도들이 적극적으로 선교활동을 펼치는 것은 그들의 교리 때문이다. 이들의 교리에 따르면 선교활동에 충성을 다하는 자들만이 곧 닥쳐올 말세에 구원을 받아 천년왕국에 들어가기 때문이다.[14]

여호와의 증인 신도들은 일주일에 3차례의 모임을 하는데, 이것이 이들의 중심적 의례라고 할 수 있다. 그렇지만, 다른 종교와 달리 이 모임은 기도생활이 중심이라기보다는 오히려 교리나 성서를 연구하고 학습하는 것이 중심을 이루고 있다는 특징을 보인다. 물론 이러한 집회는 기도로서 시작하고, 기도로서 끝을 맺지만, 많은 시간을 연구와 학습에 할당하기 때문이다.

이들의 집회장소는 왕국회관이라고 하는 각 지역의 교당이다. 왕국회관은 주로 실용성을 위주로 건축되는데, 그 이유는 화려한 건축은 여호와보다 그 건축물을 만든 사람들의 오만함을 표시한다는 생

---

14 길병천, 「여호와의 증인 신자의 양심상 집총병역 거부에 관한 법적 고찰」, 한양대학교 행정대학원 석사학위 논문, 1992, 14~15쪽.

각 때문이다. 이들에게 왕국회관은 여호와의 집이 아니라 여호와의 증인들이 만나서 집회를 여는 곳이고, 결혼식과 장례식을 치르는 그들 나름의 종교 생활의 중심지일 뿐이다.[15] 왕국회관에는 따라서 십자가나 성상, 동상 등의 조형물들이 없다.

왕국회관에서 매주 열리는 집회는 두 종류가 있다. 하나는 최근의 관심사를 주제로 공개 강연을 하고, 뒤이어 「파수대」를 자료로 삼아서 어떤 성서 주제나 예언을 연구하는 것이다. 또 다른 집회로는 신도들이 선교를 보다 효율적으로 할 수 있도록(이들의 표현을 그대로 빌린다면 증인들이 좋은 소식의 더 나은 선포자가 되도록) 훈련하고, 다음으로 그 지방 구역에서 수행하는 선교활동을 논의하기 위한 집회가 있다. 이외에 소규모의 인원이 각 가정에 모여서 성서연구를 하는 집회를 합해서 3차례의 집회를 갖는 것이다.[16] 앞에서도 말했듯이 이러한 집회들은 모두 시작과 끝에는 기도가 들어있다. 대부분의 집회에서는 소위 "영적 노래"라고 하는 찬송가 등을 부른다.

Ⅲ. 여호와의 증인의 교리

여호와의 증인은 기성 기독교계에서 이단으로 취급받고 있지만,

---

15 강돈구, 「"여호와의 증인"의 특징과 전개」, 『종교연구』 43, 한국종교학회, 2006, 58쪽.

16 여호와의 증인
(http://www.watchtower.org/languages/korean/library/jt/index.htm?article=
article_07.htm., 검색: 2006.10.13.).

어쨌건 기독교 계통의 신종교인 것만은 분명한 사실이다. 따라서 여기에서는 기성 기독교와 구분되는 차이점, 또는 특성을 중심으로 그들의 교리를 파악해 보고자 한다.

여호와의 증인에는 다른 종교들처럼 그들의 교리를 집약해서 설명하는 기본적 교리서가 없다. 그들은 성서가 모든 교리를 판단할 수 있는 표준이라고 여긴다. 그들에 의하면 성서는 인간에 의해 만들어진 책이 아니라 하느님의 계시를 통해서 기록된 책이기 때문이다. 그들은 다른 기독교계에서 번역한 성서를 사용하지 않고 독자적으로 번역한 성서를 사용하지만, 다른 성서도 보조적으로 사용한다. 그들이 사용하는 성서를 「신세계역 성경(New World Translation of the Holy Scriptures)」라고 부른다.[17] 그들은 대부분의 교리를 이 성서에 근거해서 설명하고, 자신들이 비합리적이라고 생각하는 기성 기독교 교리를 반박하고 있다.

여호와의 증인의 교리가 기성 기독교 교리와 차이를 보이는 가장 두드러진 내용은 삼위일체를 부정한다는 것이다. 중세 무렵부터 삼위일체 교리는 기독교에서 중심적 위치를 차지하고 있다. 삼위일체에 대한 개념은 교파에 따라 다소간의 차이를 보이지만, 일반적인 내용은 하느님이라는 신 안에 세위(三位), 즉 성부, 성자, 성령이 있는

---

17 성서는 여러 해에 걸쳐서 발행되었다. 처음에는 성서 전체가 1950년부터 1960년까지 10년에 걸쳐서 여섯 권으로 나뉘어 발행되었으며, 1961년에 합본 성서가 발행되었다. 1970년에는 2차 개정판이, 1971년에는 각주를 붙인 3차 개정판이, 그리고 1984년에도 새로운 개정판이 발행되었다. 한국어판은 1994년 스물일곱 권의 신약성서가 발행되었으며, 1999년에는 신구약을 합한 새로운 한글 성서가 발행되었는데, 뒤에 색인을 붙인 것이 특징이다. 『신세계역 성경』, 사단법인 워치 타워 성서 책자 협회, 1999, 5쪽.

데, 하느님은 바로 이 세위가 합쳐진 하나의 유일신(一體)이며, 세위는 서로 높고 낮음도 없이 동등하며, 전능하고, 스스로 존재하며, 영원하다는 것이다.

결론부터 말한다면, 여호와의 증인은 이러한 삼위일체 교리가 근거도 없는 잘못된 교리이기에 그것을 믿으면 안 된다고 한다. 삼위일체 교리가 되는 출발점은 325년에 소집된 니케아 공의회이다. 이 공의회는 당시 로마의 황제인 콘스탄티누스가 예수의 신성과 인성에 대한 논쟁을 해결하기 위해 소집하였다. 여호와의 증인에 따르면, 이 공의회에 소집된 300여 명의 주교 대부분은 '하느님과 예수가 하나의 실체'라는 것에 동의하지 않았지만, 콘스탄티누스의 강요에 따라 그 신조에 서명하였다. 그 후에도 계속 논란이 이어지자, 데오도시우스 황제는 381년 콘스탄티노플 공의회를 소집해서 성령을 하느님 및 그리스도와 같은 수준에 놓기로 합의하고 이를 제국 내의 표준으로 확립하였다[18]는 것이다. 여호와의 증인에서는 이러한 삼위일체 사상이 이집트에서 비롯된 이교사상에서 온 것이라고 주장한다.

삼위일체를 부정하면 자연히 예수의 본성에 대해서도 다른 주장이 나오게 된다. 여호와의 증인에 따르면 예수는 하느님으로부터 창조된 피조물이므로 하느님 자신이 아니다. 예수는 하느님의 독생자로서, '모든 창조물 가운데 처음 나신 분'이며, 하느님이 처음으로 창조하신 분이라고 한다. 예수는 땅에 오기 전에 영으로서 하늘에서 살았으며, 하느님의 영적 피조물이며 아들이었다.[19] 아버지와 아들

---

18 「삼위일체를 믿어야 하는가? 예수 그리스도는 전능한 하느님인가?」, 워치타워 성서책자협회, 1999, 8쪽.

의 관계가 동등할 수는 없다. 따라서 예수 그리스도는 하느님보다 열등하다는 것이다. 물론 지상에 인간으로 왔을 때, 인간으로서는 가장 완벽한 존재였지만, 예수가 곧 신은 아니라고 한다.

여호와의 증인은 성서를 근거로 이러한 자신들의 논리를 옹호해 나간다. 한 가지를 예로 들어 본다면, 예수는 죽음이 임박했을 때, "나의 하느님, 나의 하느님, 어찌하여 나를 버리셨나이까?"하고 부르짖는데(마르코 15:34), 만일 예수가 하느님 자신이라면 도대체 누구로부터 버림받은 것이며, 누구에게 하느님이라고 외치느냐는 것이다. 즉, 자신에게 버림받고, 자신에게 외치는 것이 논리적으로 맞지 않기 때문에 예수는 하느님이 아니라는 주장이다.[20] 그래서 예수는 하느님이 창조한 완전한 인간이며, 스스로를 자신보다 우월한 위치에 있는 하느님에게 인간의 죄에 대한 희생물로 바친 것이다. 예수는 영적으로나 인간적으로 모든 인간보다 우위에 있지만, 하느님은 아니며, 시작이 있고, 또한 하느님보다 열등한 존재로 하느님의 명을 충실히 이행하는 존재이다. 현재 예수는 사람도 아니고 전능한 하느님도 아닌, 위력 있는 영적 피조물이자 통치하는 왕이다. 조만간 예수는 고난 많은 이 땅에 자신의 통치권을 행사할 것이다.[21]

여호와의 증인은 성령에 대해서도 기성 기독교와는 다른 교리를 제시한다. 여호와의 증인에 의하면 성령은 신성과 아무런 상관이 없다. 그들은 성령의 인격이나 신성을 모두 부인한다. 그들은 성령에

19 「성서는 실제로 무엇을 가르치는가?」, 워치타워 성서책자협회, 2005, 41쪽.
20 「삼위일체를 믿어야 하는가? 예수 그리스도는 전능한 하느님인가?」, 18쪽.
21 「파수대, 여호와의 왕국 선포, 예수 그리스도는 누구인가?」, 워치타워 성서책자협회, 2005, 6쪽.

대해 "성령은 전능하신 하느님이 당신의 뜻을 이루시기 위해 당신의 종들을 감동시키는 보이지 않는 능동적인 세력"이라고 정의한다. 그들은 「신세계역 성경」 전체에 걸쳐 성령에 관해 언급할 때마다 "영"이란 단어를 대문자로 쓰지 않음으로서 성령의 독립적인 인격을 철저하게 부인하고 있다.[22]

이렇게 해서 여호와의 증인은 기성 기독교의 중심적 교리인 삼위일체를 완전히 부정하고, 여호와 하느님은 오로지 유일한 지고존재이며, 예수 그리스도는 하느님보다 열등한 존재로 하느님 바로 아래 위치하고, 성령은 본래 신성과 인격이 존재하지 않는다는 그들만의 교리를 세웠다.

여호와의 증인의 교리와 기성 기독교의 교리와의 또 다른 차이는 사후세계를 인정하지 않는다는 것이다. 여호와의 증인에 의하면 인간은 영혼(soul)을 소유한 것이 아니고 영혼 그 자체이며, 영혼은 육체와 여호와가 부여한 생명력(life force)의 결합체이다. 그리고 숨이 육체를 떠나고 육체가 흙으로 돌아가면 인간은 더 이상 존재하지 않으며, 부활의 때에 여호와가 자신의 기억에 근거해서 인간을 육적으로 부활시킨다.[23] 이러한 교리를 받아들이면, 죽음 이후에도 영혼은 죽지 않고 살아있다는 기성 기독교의 교리와는 달리 죽음 이후에는 인간이 더 이상 존재하지 않기에 사후세계도 존재할 수가 없는 것이다. 따라서 인간이 사후에 천국이나 지옥에 간다는 말은 성립할 수가 없

---

22 Josh McDowell & Don Douglas Stewart, *Understanding the cults*, Here's Life Publisher, 1982, pp.83~84. 근광현, 『기독교 이단 길라잡이』, 도서출판 누가, 2003, 319~320쪽에서 재인용.
23 강돈구, 앞의 책, 53쪽.

다. 그렇기에 지옥의 존재도 부정한다.

여호와의 증인에 의하면 여호와 하느님은 사랑의 하느님이기에 결코 사람들이 사후에 고통을 당하게 하지 않을 것이다. 그렇기에 다른 종교에서 가르치는 것처럼 악하게 살면 죽은 다음에 고통의 장소(지옥)에서 영원히 고통을 당하는 것이 아니라는 것이다. 그것은 비록 자식이 부모에게 순종하지 않더라도 부모가 자녀를 벌주기 위해 불 속에 넣지는 않을 것이기 때문이다. 다른 종교에서 그처럼 사후세계를 말하는 것은 모두 사탄의 영향을 받았기 때문이다.[24]

본래 인간은 하느님으로부터 완전하게 창조되어 영원한 삶을 살 수 있었다. 그러나 인류의 조상인 아담과 하와가 낙원에서 하느님의 명령을 어기고 죄를 지었기 때문에 죽을 운명을 지니게 되었다. 그 죽음은 아담의 후손인 모든 인간에게 적용되어 아무도 피할 수 없다. 여호와의 증인에 따르면, 아담은 완전성에 가까웠기 때문에 900년이 넘게 살 수 있었다. 그것은 인간의 실제 햇수와 같다. 그런데 후대로 내려오면서 완전성이 점차 상실되어 오늘날에 이르러서는 100년을 넘기기 어렵게 된 것이다. 그런데 하느님은 이러한 인간을 구원하고자 자신의 독생자인 예수 그리스도를 이 땅에 보내셨다. 그래서 인간이 구원될 수 있는 길이 열린 것이다.

그렇지만 예수 이후의 모든 사람이 구원을 받는 것은 아니다. 본인의 죄로 인해 악한 사람이 되면 구원을 받지 못한다. 여호와의 증인에 의하면 구원될 그리스도인들은 두 종류가 있다. 하나는 "기름

---

24 『성서는 실제로 무엇을 가르치는가?』, 64쪽.

부음 받은자"들로 이 세상의 수많은 사람들 가운데 144,000명이 여호와 하느님의 선택을 받는다. 이들은 예수 그리스도와 함께 하늘로 가서 하늘의 왕국을 구성할 사람들이다. 하늘 왕국에서는 예수 그리스도가 하느님을 대신해서 왕이 되고, 나머지 144,000명은 심판관이나 제사장 등 그 맡은 역할을 하며 지상의 인류를 통치한다.[25] 다시 말해서 지상의 나머지 인류를 통치할 통치체의 구성원이 144,000명이고 그들이 예수를 도와서 지상의 왕국을 영원히 다스릴 것이라고 주장하는 것이다. 이들이 한 부류의 그리스도인들로 "적은 무리"에 속하는데, 이들은 그 근거로 묵시록 14장 1~3절과 누가복음 12장 32절을 인용한다.

또 다른 그리스도인은 "적은 무리"에 대비되는 "큰 무리"로서 이 지상에서 부활하여 영원히 살도록 기회가 주어질 사람들이며, 또한 이 큰 무리는 기독교 이전 하느님을 따랐던 충실한 신도들과 현재 살아 있는 여호와의 증인 신도들의 대부분을 포함한다고 한다.[26]

즉, 사람들은 모두 죽으며, 죽음 이후의 세계는 천국이나 지옥, 연옥 등이 존재하지 않는다. 그렇기에 의인이든 악인이든 모두 죽음 이후에는 영혼과 같은 것이 없고, 아무런 의식도 없이 소멸한다. 다만 구원받을 대상만이 나중에 하느님에 의해 부활하며, 그 가운데 선택된 144,000명은 하늘에서 예수를 왕으로 받들고, 예수를 도와 나머지 부활한 의인들을 통치한다. 지상에서는 나머지 부활한 의인들

---

25 여호와의 증인
    (http://www.watchtower.org/languages/korean/library/rq/index.htm?article=
    article_03.htm. 검색: 2006.10.15.).
26 근광현, 앞의 책, 321쪽.

이 지상천국을 이루어 하늘의 통치를 받으며 살아간다는 것이다.

이러한 일들은 언제 일어나는가? 여호와의 증인에 의하면 이러한 일들은 이미 시작되었다. 현재 지상에 예수 그리스도가 임재해 있다. 예수 그리스도는 하늘에서 사탄과 전쟁을 벌여서 사탄을 이 지상으로 추방하였다. 그리고 예수는 적들 속에서 이 땅을 다스리고 있다. 현재는 천년 통치로 넘어가기 위한 과도기이다. 그들은 이 과도기의 시작이 1914년이라고 본다. 러셀은 본래 1914년에 세상이 멸망할 것이라고 했지만, 나중에 그것은 자신이 잘못 판단한 때문이라고 시인하고 1914년이 과도기의 시작이라고 수정하였다.

여호와의 증인 지도자들은 세상 종말의 때를 몇 번 예언하였지만, 모두 이루어지지 않았다. 그렇다고 이들이 세상 종말에 대한 믿음을 버린 것은 아니다. 이들은 아직도 언젠가 분명히 종말이 올 것으로 굳게 믿는다. 지금은 그 종말이 오기 전의 과도기로 악이 아직 지상에 존재하고 있다. 종말은 아마겟돈 전쟁에서 절정을 이룰 "큰 환란"에 의해 있을 것이며, 그 이후 그리스도의 평화로운 천년 통치 기간이 될 것이다.[27]

아마겟돈 전쟁은 이 지상에서 인간과 인간이 싸우는 전쟁이 아니라 하느님의 보이지 않는 군대가 참여하는 싸움이다. 따라서 여호와의 그리스도인 종들이 싸움에 참여하지는 않는다.[28] 다시 말해서 그것은 이 세상의 악인들─사탄의 지원을 받거나, 사탄을 따르는─을 하늘의 군대가 응징해서 모두 멸망시키고 의인들만이 남는 세계를

---

27 「여호와의 증인 어떤 사람들인가? 무엇을 믿는가?」, 15쪽.
28 「성경─통찰」, 2, 1113~1114쪽.

만드는 것이다. 그것이 세상의 종말이다.

따라고 현재 일어나고 있는 세계적 사건들 자체는 나쁜 일이지만, 그것이 의미하는 것은 좋은 것이다. 왜냐하면, 그 이후에 평화로운 세계가 천년 간 이어질 것이며, 남아있는 사람들은 모두 이 세상의 악이 소멸한 가운데 영원한 생명을 얻어 평화롭게 영생할 것이기 때문이다. 여호와의 증인에 의하면 예수는 하느님을 대리해서 이 세상을 천년 간 통치한 뒤, 다시 왕권을 하느님에게 바칠 것이라고 한다.

Ⅳ. '여호와의 증인'에 대한 특성

여호와의 증인을 창시한 러셀은 기성 기독교에서 말하는 지옥에 대한 교리에 회의를 갖는 것으로부터 출발하였다. 그가 처음 지옥의 영원한 형벌이 없음을 확신한 것은 재림파 기독교 지도자인 조나스 웬델의 설교를 듣고 나서부터라고 한다.

러셀은 또한 조지 스테트슨과 조지 스토스로부터도 영향을 받았다. 특히 스토스로부터는 조건부 불멸성－영혼은 멸성이며 불멸성은 충실한 그리스도인들이 얻게 될 선물－에 대한 영향을 받았다. 이후 그는 예수의 재림과 지옥에 대한 자신의 관념을 확실히 하였다. 그러나 예수가 어떻게 재림할 것인가에 대한 확신은 없었다. 이에 영향을 준 것은 「아침의 전령」의 편집인이었던 넬슨 바버였다. 넬슨 바버는 그리스도 재림의 목적이 땅의 가족들을 멸하기 위한 것이 아니라 축복하기 위한 것이며 육체가 아니라 영으로 오실 것이라고 믿

었다.[29]

이러한 사실에 대해 여호와의 증인은 모두 인정한다. 즉, 러셀이 독자적인 깨달음을 통해 이러한 교리를 창시한 것이 아니라 다른 사람들의 도움을 받았음을 모두 밝히고 있다. 다른 종교의 창시자들이 대체로 동시대 누구의 영향을 받았음을 공개적으로 밝히지 않는 것과는 다른 이들만의 모습이라고 할 수 있다.

여호와의 증인에서는 처음 1914년의 1차 세계대전이 아마겟돈 전쟁이며 이때 세상이 멸망하고 천년왕국이 시작될 것이라고 예언하였지만, 예언이 이루어지지 않자, 자신들의 판단이 잘못되었음을 솔직하게 인정하였다. 그렇지만 한편에서는 1914년이라는 시기는 그대로 인정하고 이때가 과도기, 즉 혼돈기의 시작으로 본다. 이후 몇 차례 계속 종말의 때를 예언하였지만, 모두 이루어지지 않자, 현재는 성서를 인용해서 그때는 하느님만이 알 수 있다고 후퇴하였다.

여호와의 증인 신도들은 성서에 근거해서 징집거부, 국기배례거부 등으로 인해 세계 여러 나라에서 국가와 계속해서 충돌하였다. 특히 1차 대전 중인 1919년 미국에서 러더퍼드를 비롯한 지도자들이 전쟁에 대한 반대, 적국에 대한 이적행위 등의 혐의로 투옥되었다. 그들은 많은 사회적 비난을 받았지만, 그러한 것들을 대배교, 즉 이교에 물든 가톨릭을 비롯한 기성 기독교계의 박해로 인식하였다. 물론 기성 기독교계에서는 이들을 이단이라고 몰아세우고, 국가에 이들의 활동을 금지해달라고 요청하기도 하였다.

---

29 「여호와의 증인 하느님 왕국의 선포자」, 45~46쪽.

여호와의 증인은 이 세상의 전쟁이나 정치적 논쟁에 참여하는 것은 하느님이 미워하는 일이기 때문에 피해야 한다고 가르친다.[30] 성서의 가르침을 보더라도, 초기 그리스도인들의 행위를 보더라도 이러한 일은 멀리해야 한다는 것이다. 성서에 의하면(요한 15장 13절, 사도행전 10장 34절, 요한 1서 4장 20-21절 등 참조) 예수는 서로 사랑하도록 가르쳤기 때문에 다른 사람에게 폭력을 사용해서는 안 된다는 것이다. 초기교회, 적어도 기원후 180년경까지는 로마군대에 군인이 된 그리스도인들이 없었으며, 군인이라 하더라도 그리스도인이 되면 군복무를 하려고 하지 않았다고 한다. 또한, 그리스도인들은 행정관이나 방백 등의 공직을 맡지 않거나, 공직에서 물러났다.[31] 따라서 전쟁에 참여하지 않는 것은 물론, 전쟁을 위한 수단인 군 복무에 대해서도 거부해야 하며, 세상의 종말에 모두 파멸될 인간이 세운 국가에서 공직을 맡는 것도 피해야 한다는 것이 그들의 논리다.

현재도 마찬가지지만, 이들은 우선 기성 기독교, 그중에서도 특히 가톨릭을 '큰 바벨론'으로 묘사하여 이들은 처벌을 받고 곧 무너질 것이라고 주장하였다. 가톨릭이 이교를 받아들이고 삼위일체나 지옥과 같은 이교도적 가르침을 전파하기 때문에 그들은 결국 파멸하리라는 것이다. 프로테스탄트는 가톨릭의 잘못된 교계 제도에서 빠져나왔지만, 근본적인 가르침은 그대로 고수하였기 때문에 역시 '바벨론'이며 그들도 곧 무너질, 즉 멸망하게 되리라는 것이 이들의 주장이다. 이들은 기독교 이외의 다른 종교들도 모두 잘못된 가르침을

---

30 「성서는 실제로 무엇을 가르치는가?」, 122쪽.
31 『성경 – 통찰』 1, 201쪽.

전하고 있다고 주장한다. 즉, 여호와의 증인만이 올바른 종교적 가르침을 전파하고 있다는 것이다.

여호와의 증인들은 다른 사람들로부터 수혈을 받거나 다른 사람에게 수혈을 하는 것을 절대적으로 거부하고 있다. 그들은 성서를 근거로 삼아 피가 창조주가 준 생명을 상징한다고 한다. 성서에 보면 하느님은 고기를 먹더라도 피와 함께 먹지 말 것을 선언하였으며(창세기 9장 3-6절), '모든 육체의 생명은 그 피인 즉 무릇 피를 먹는 자는 끊어질 것이다(레위기 17장 14절)'라고 하여 피를 생명과 동일시하고 있다.[32]

따라서 여호와의 증인의 교리에 따른다면 피는 단순히 산소를 운반하고 노폐물을 걸러내는 작용을 하는 물질이 아니라 생명을 상징하기 때문에 피는 존중되어야 한다는 것이다. 이러한 그들의 교리에 따라 실제로 1980년 대법원에서는 장출혈 증세가 심한 11살 딸에 대한 수혈 치료를 거부한 여호와의 증인 신도인 어머니에 대해 유기치사죄를 선고한 사례도 있었다.[33] 물론 이들이 수술 자체를 거부하는 것은 아니다. 비록 수술은 하지만, 존중되어야 할 피가 의료도구로 사용되는 것을 반대하는 것이다. 따라서 이들은 무수혈 수술을 원칙으로 삼는다. 이들은 여기에서 한발 더 나아가 스스로 무수혈 수술에 대한 장점과 무수혈 수술 사례, 그리고 무수혈 수술의 안전성을 사회에 적극적으로 알리고 있다.

---

32 「피─어떻게 생명을 구할 수 있는가?」, 워치타워 성서책자협회, 2000, 3~7쪽.
33 한겨레21
   (http://h21.hani.co.kr/section-021003000/2004/06/021003000200406010
   512029.html, 검색: 2006.10.27.).

그들은 병원에서 강제로 환자에게 수혈하는 것은 잘못된 것이며, 그 선택권은 본인에게 있다고 여기고 있다.[34] 즉, 수술의 방법에 대한 선택권은 의사에게 있는 것이 아니라 환자에게 있는 것이다. 심지어 환자에게는 수술을 거부할 권리도 있다는 것이 이들의 주장이다.

현재는 수혈을 통해서 에이즈와 같은 치명적인 병이 전염되고 있어서 수혈의 위험성도 증가하고 있는데, 여호와의 증인은 이러한 것들이 자신들이 무수혈 수술을 주장하는 합리적 근거로 여기고 있다.

V. 나오는 말

여호와의 증인이 사회적 비난을 받는 부분은 주로 징집반대, 국기에 대한 경례거부, 수혈거부 등이다. 여호와의 증인에 의하면 자신들이 기존의 기독교 교리나 사회제도, 및 관습 등을 거부하는 근거는 성서에 있다. 성서에는 절대로 삼위일체에 대해 언급되어 있지 않다거나, 아니면, 세상의 종말에 대한 것은 성서에 있다는 것, 그리고 피를 신성시하라는 성서의 가르침 등이 그것들이다. 또한 '이웃을 사랑하라'는 성서의 기록에 근거해서 전쟁에 개입하지 말며, 전쟁을 위한 수단인 군대에 가는 것도 거부해야 한다고 주장한다. 더나아가 초기교회 신자들의 행동에 근거해서 국가의 공직을 맡는 일, 즉 공무원과 같은 직업도 가지지 말 것을 주문하고 있다.

---

34 「피—어떻게 생명을 구할 수 있는가?」, 17~21쪽.

여호와의 증인에서 평화를 추구하고, 이웃을 사랑해야 한다고 주장하는 것은 누구나 공감할 수 있는 대목이다. 그들은 양심의 자유, 종교의 자유를 내세워 개인의 자유권 신장과 같은 긍정적 변화도 일어났다. 특히 불과 10여 년 전만 하더라도 우리 사회에서 양심적 병역거부에 대한 논란은 상상도 할 수 없는 일이었지만, 현재는 양심적 병역거부에 대한 논의가 여호와의 증인에 속한 신도뿐만 아니라 사회 일반의 논의로 확대되어 가고 있는 형편이다. 또한, 그들은 종교적 근거를 들어 수혈이 잘못되었음을 지적하고 있는데, 수혈이 에이즈와 같은 심각한 질병의 전달경로로 밝혀지면서 수혈의 위험성이 지적되고 있기도 하다. 여호와의 증인에서 주장하고 있는 이런 내용은 이처럼 긍정적으로 작용하는 부분들이 있다.

그러나 이런 긍정적 측면 못지않게 비판적으로 검토해 볼 부분들도 있다. 여호와의 증인이 평화를 추구하고 이웃을 사랑해야 한다는 것은 이해되지만, 인간세계는 항시 평화주의자들만 있는 것은 아니라는 점이다. 그들의 주장대로 현재가 천년왕국으로 가는 혼돈의 시기로, 누군가가 사탄의 유혹에 빠져서 악행을 저지른다면, 그때는 어떻게 대처해야 할지 의문을 제기하지 않을 수 없다. 악행을 저지르는 사람들에게 평화를 외치며 아무런 대처도 하지 않는다면, 이 세계는 혼돈의 나락으로 빠지고 말 것이다. 그들의 교리에 따라 그들이 지향하는 바가 최후의 날임을 인정한다고 해도 악행이 저질러지는 것을 그대로 보고 있을 수밖에 없고, 그래서 많은 사람이 그 악행으로 희생된다면, 그들이 외치는 평화는 공허한 것이 되고 말 것이다.

수혈거부에 대해서도 비슷한 논리를 제기할 수 있다. 수혈하지 않고 수술하는 방법을 적극적으로 발전시켜야 하겠지만, 예를 들어 교통사고를 비롯한 여러 가지 사고를 당해서 피를 많이 흘렸을 때, 수혈을 통하지 않고는 도저히 가망이 없다고 판단될 때에도 그저 죽어가는 사람을 바라보고만 있어야 하는가 하는 문제가 발생한다. 그들이 주장하듯이 혈액이 생명이라면, 오히려 내 생명을 남을 위해 조금 나누어 준다면, 더 고귀한 이웃 사랑이 아닐까 생각된다. 그것이야말로 진정한 평화를 추구하는 것이며 그처럼 소중한 내 생명을 남을 위해 나누어주는 것이니 오히려 예수의 가르침에 더 알맞을 것이다.

여호와의 증인은 사람이 사람을 지배할 수 없다고 한다. 그렇기에 그들은 가장 최고의 기구인 통치체의 성원도 그냥 형제라고 부른다. 그렇지만, 명칭을 형제라고 부른다고 해서 그들이 곧바로 다른 신도들과 동격일 수는 없다. 왜냐하면, 그들의 결정사항은 여호와의 증인 신도들에게는 절대적이기 때문이다. 또한, 그들은 144,000명에 포함되어 천년왕국 시기가 되면 하늘에 올라가서 예수 그리스도와 함께 지상에 있는 사람들을 다스린다고 한다. 결국, 모든 사람이 평등한 위치에 있다고 하는 그들의 주장은 논쟁의 여지가 있다. 그렇지만, 그들은 절대로 신도들의 지도자가 아니라고 주장한다.

마지막으로 지적할 것은 다른 종교들과의 참종교 논쟁이다. 여호와의 증인에서 주장하는 것은 결국 자신들의 종교만이 참종교요 다른 종교들은 예수의 배반자들이거나 우상이라는 것이다.[35] 그렇지만, 여호와의 증인이 주장하는 것에도 논리적 허점이 있다. 가장 대

---

35 물론 이것은 여호와의 증인 만의 문제는 아니다. 다른 종교들도 대부분 자신의 종교만이 진정한 종교임을 주장한다.

표적인 것이 마지막 시기에 대한 예언이다. 그들은 초창기부터 줄곧 마지막 날을 예언하였지만, 결국 이루어지지 않았다. 그래서 스스로 자신들이 틀릴 수 있음을 시인하였다. 다시 말해서 하느님이나 성서가 틀린 것이 아니라 자신들이 해석을 잘못했거나 판단을 잘못했음을 인정한 것이다. 그렇다면 현재 그들이 주장하는 것도 절대적 진리라고 주장할 근거가 부족하다. 언젠가 다른 종교의 논리를 인정할 수밖에 없는 다른 해석을 내놓을 수도 있다.

다시 말해서 타종교, 다른 사회문화적 관습과 제도에 대해서도 어느 정도 받아들일 수 있는 열린 자세가 필요하다고 본다. 모든 사회의 문화가 역사를 거쳐 내려오면서 변화되어 왔으며, 또 앞으로 어떤 방향으로 변화될지 예측하기 힘들다. 여호와의 증인은 과거 루터가 말했듯이 성서 시대로 되돌아가고자 하지만, 그런 과거에의 회귀가 과연 가능한지 의문이다. 변화의 흐름을 적절히 조절할 수는 있겠지만, 완전한 회귀는 어려울 수밖에 없다.

이 글은 여호와의 증인을 객관적 입장에서 조망해 보고자 하였다. 그러기 위해서는 그들에 우호적인 태도, 즉 그들 처지에서의 관점과 비판적 입장을 동시에 조망하는 것이 순서라고 생각된다. 그러나 여기에서는 여호와의 증인 자체의 주장을 객관적으로 소개하려고 하였다. 이런 태도야말로 그 종교를 이해하기 위한 기초라고 생각되기 때문이다. 그렇지만, 처음의 의도와 달리 그 목적에 부합되지 못하는 부분이 있어 아쉬움이 남는다.

❖ 『종교연구』 47호, 한국종교학회, 2007.6.

제10장

현대 한국 사회에서 '여호와의 증인'의 위치

———————●———————

Ⅰ. 들어가는 말

종교적인 이유로 병역을 거부한 양심적 병역 거부자 3명에 대해 법원이 처음으로 무죄를 선고했다. 서울남부지법 형사6단독 이정렬(李政烈) 판사는 21일 '여호와의 증인' 신자로 종교적 신념에 따라 병역 소집을 거부해 병역법 위반 혐의로 불구속 기소된 오준형(21·무직) 정병무(22·노동)씨 등 2명에 대해 무죄를 선고했다. 또 군 복무 이후 예비군 훈련을 거부해 향토예비군설치법 위반 혐의로 기소된 황선호(32·교직원)씨에 대해서도 무죄를 선고했다.[1]

여호와의 증인에 대한 병역거부 논란은 어쩌면 진부한 주제인지

---

1 『한국일보』 2004. 5. 22.

도 모른다. 그러나 앞의 인용문에서 보듯이 이제는 대체복무를 논해야 할 정도로 인권에 관한 또 하나의 주제를 한국 사회에 던져주고 있다. 사실 한국 사회에서 병역의무 이행은 항상 뜨거운 감자에 속한다. 일반적으로 병역 거부, 내지 기피에 대한 한국사회의 시각은 곱지 않다. 가장 보편적으로 언급되는 것이 '신성한' 국방의 의무를 저버렸다는 것이다. 제아무리 인기 있는 연예인이라도 이 리스트에 오르게 되면 그 인기는 급전직하하게 된다. 대통령 후보가 아들의 병역기피 의혹에 휩싸여 선거에서 패했다거나 공직자의 자녀나 연예인들의 이중 국적 시비도 항상 병역과 연결된다. '양심적 병역 거부자'라는 용어가 등장하고, '대체복무'에 관한 의견이 한편에서 개진되고 있기는 하지만, 아직도 병역거부에 관한 한국 사회의 여론은 비우호적이라고 해야 할 것이다.[2]

여호와의 증인은 한국 사회에서 다른 어떤 것보다도 병역 거부라는 주제로 인해 논란의 초점이 된다. 물론 현재 양심적 병역 거부는 여호와의 증인 신도들만 주장하는 것은 아니다. 양심적 병역 거부는 과거 초기기독교에서도 이미 있었고, 그 외에 메노나이트교, 퀘이커교, 그리고 안식교의 병역거부 사례가 있었다. 한국에서는 대체로 여호와의 증인과 안식교가 병역을 거부하였지만, 정도의 차이는 있었다. 안식교에서는 입대는 하되 집총을 거부하는 반면 여호와의 증인은 입대 자체를 거부하였다. 그러나 안식교 지도부는 1970년대부터 병역거부 신념을 철회하도록 신도들에게 권고함으로써 1975년

---

2 2011년의 병무청에서 실시한 '입영 및 집총 거부자' 대체복무 허용에 대한 여론조사 결과, 찬성 43.5%, 반대 54.1%로 나타났다. 『세계일보』 2012.1.2.

이후 이들의 집총거부가 단절되었으며, 현재는 신자들 자율에 맡기고 있는 형편이다. 반면 여호와의 증인은 아직도 병역 자체를 거부함으로써 적어도 병역에 관한 한 계속 논란의 중심에 있으며, 타종교뿐만 아니라 한국 사회 자체에서도 비난을 받는 형편이다.

이것뿐만 아니라 여호와의 증인에 대한 시각은 수혈거부와 방문선교, 그리고 간혹 일간지 기사에 등장하는 가족 해체 논란 등에 관한 것들이 있다. 병역 거부에 이어 가족 해체나 수혈거부도 역시 비난의 대상이 되곤 한다. 그렇기 때문에 한국 사회에서 여호와의 증인을 대하는 태도는 일반적으로 비우호적인 수준에 있다고 해야 할 것이다. 그 이유는 앞에서 언급한 정도의 문제들 때문이다.

한편 여호와의 증인에 대한 학계의 연구는 그리 많지 않은 편이다. 대부분의 연구 내지는 출판물은 주로 주류 기독교 계열에서 여호와의 증인을 이단 종교로 규정하고 그들을 비판하는 것에 할애하고 있다. 이미 출발부터 이단 종교로 낙인찍고 있기에 객관적인 이해는 요원하다고 하겠다. 한국학술정보(Koreanstudies Information Service System, KISS)에서 '여호와의 증인'이라는 검색어를 치면 24편의 논문이 검색되는데, 종교학적인 입장에서 객관적으로 접근한 것은 두 편에 불과하다.[3] 그러나 이 두 편의 논문은 여호와의 증인에 대해 기존의 시

---

3 그 두 편은 다음과 같다. 강돈구, 「"여호와의 증인"의 특징과 전개」, 『종교연구』 43, 한국종교학회, 2006; 윤용복 「"여호와의 증인"의 역사와 특성」, 『종교연구』 47, 한국종교학회, 2007. 이외에 나머지는 11편이 여호와의 증인 신자들의 수술과 관련된 의학계의 논문이고, 11편은 개신교 측에서 여호와의 증인에 대한 대처법이나 여호와의 증인을 이단으로 비판하는 등 적대적인 입장에서 발표한 글이었다. 이외에 천주교와 개신교에 속하는 신학대학에서의 석사학위논문들이 있다. 석사학위 논문들은 남승면, 『여호와의 증인』(대한신학교 대학원, 1986), 이진열,

각과는 다르게 객관적으로 연구를 시작했다는 점에서 의의를 찾을 수 있지만, 여호와의 증인에 대한 소개 차원에 머무르고 있기에 깊이 있는 연구가 이루어지지 않아 아쉬운 점이 있다.

사실 신종교에 대한 학계의 객관적 연구가 제대로 이루어지지 않은 것은 여호와의 증인뿐만은 아니다. 그 외연을 넓혀보면 한국종교학회 이외에 한국신종교학회가 성립되어 신종교에 대한 활발한 연구가 이루어지고 있음에도 외래 신종교, 그 가운데서도 특히 기독교계 신종교들에 대한 연구는 거의 이루어지지 않고 있는 셈이다. 신종교학회에서 발행하고 있는 『신종교연구』를 살펴보더라도 그 안에 발표된 논문들은 거의 한국에서 자생한 신종교 중심으로 이루어져 있을 뿐 외래 신종교, 특히 외래 기독교계 신종교에 대한 논문은 거의 찾을 수 없다. 물론 전공 학자들이 없는 것이 가장 주요한 요인이 겠지만, 비록 외국에서 전래되었더라도 한국 사회에서 종교활동의 한 부분을 차지하고 있는 이상 연구의 사각지대로 남겨둘 수는 없다. 적어도 학회 차원에서 이러한 부분에 대한 관심을 가지는 것이 옳다고 생각된다.

이러한 문제의식을 바탕으로 이 글은 앞의 글과는 다소 다른 입장에서 전개하려 한다. 우리 사회에 첫발을 디딘 지 백 년이 지났음에도 아직도 여호와의 증인은 우리에게 익숙하지 않다. 따라서 간단하

『여호와의 증인 비판』(기독신학대학원, 1999), 이현행, 『여호와의 증인 비판』(장로회신학대학교 대학원, 1996), 권석현, 『여호와의 증인의 이단성 소고』(대한예수교장로회 총신대 목회대학원, 1991), 조광훈, 『"여호와의 증인"의 기독론에 대한 비판』(고신대학 대학원, 1991), 이영삼, 『여호와의 증인의 교리에 대한 비판적 고찰』(고신대학 대학원, 1987), 이철수, 『여호와의 증인의 신앙관과 가톨릭 교회의 대처 방안에 관한 연구』(수원가톨릭대학 대학원, 1991) 등이다.

게 여호와의 증인의 시작과 한국 전래에 대해 서술할 것이다.[4] 다음으로 한국 종교와 여호와의 증인과의 관계를 검토해보고, 다음으로 한국 사회 안에서의 여호와의 증인에 대한 위치를 점검해 볼 것이다. 이렇게 함으로써 여호와의 증인이 한국 사회 안에서 정착과 적응, 그리고 문제점들이 검토될 것이다.

Ⅱ. '여호와의 증인'의 성립과 한국 전래

1. 성립과 역사

여호와의 증인은 미국인 찰스 테이즈 러셀(Charles Taze Russell, 1852~1916)에 의해 시작되었다. 부모는 장로교인들이었지만, 그는 성장하면서 회중파(조합교회) 교회에 다녔으며, 기독교의 지옥 개념에 의문을 지니고 있었다. 그는 '영원한 고초를 받을 것을 미리 예정해 놓고서 인간을 창조하는 데 자기 능력을 사용하시는 그런 하느님[5]이라면 현명한 것도 사랑이 있는 것도 아니다. 그 표준은 많은 인간의 표준보다도 낮은 것이다.'[6]라고 판단하였다.

---

4 여호와의 증인의 시작과 한국 전래는 앞의 글 261~270쪽을 참고하였다. 이 내용이 이 글과 많은 연관성을 지니는 것은 아니지만, 여호와의 증인이라는 이름이 유명한 것과 반비례해서 그 역사와 관련된 부분에 대해서는 잘 알려지지 않았기에 다시 한 번 소개의 차원에서 서술되었다.

5 여호와의 증인에서 발행된 서적들을 보면 '하나님'과 '하느님'의 두 가지를 혼용해서 사용하고 있다. 그런데 여호와의 증인에서 발행된 성서에 관한 사전의 항목에는 분명히 '하느님'이라는 항목이 있고, '하나님'이라는 항목은 기재되어 있지 않고 있다. 그래서 여기에서는 '하느님'이라는 용어로 통일하여 사용할 것이다. 『성경-통찰』 2, 사단법인 워치 타워 성서 책자 협회, 2003, 1073~1108쪽 참조.

그는 재림파 소속의 조나스 웬델(Elder Jonas Wendell)의 설교를 통해 기존 기독교의 교리들에서 벗어날 수 있는 확신을 얻었다. 이런 과정을 거쳐 러셀은 기존에 자신이 알고 있던 기독교 교리를 버리고 1870년 몇몇 친지들과 함께 성서연구반을 조직하고 성서를 연구하기 시작하였다.

1876년 1월, 러셀은 「아침의 전령」(Herald of the Morning)이라는 종교 간행물의 편집인인 바버(Nelson H. Barber)가 그 잡지에 "그리스도는 '인간의 눈에 보이지 않게' 오실 것이며, 이미 그리스도의 임재가 시작되었다"는 주장을 접하였다. 러셀은 필라델피아에서 바버와 만나 그리스도의 재림에 관해 여러 가지의 의견을 나누고 나서 1874년에 그리스도가 보이지 않게 임재하기 시작하였음을 확신하였다.

러셀은 1879년 7월「시온의 파수대와 그리스도의 임재의 전령」 (Zion's Watch Tower and Herald of Christ's Presence)[7]이라는 책자를 발행하였다. 이 책자와 다른 출판물을 통해서 러셀과 그의 동료들은 기존의 기독교가 성서와 모순되는 잘못된 교리를 가르쳐 왔다고 주장하면서 자신이 파악한 성서에 대한 새로운 교리를 옹호하였다. 이후 러셀에게는 천주교는 물론 종교개혁가들과 이후의 개신교도 잘못된 교리를 가르친다는 이유로 모두 비판의 대상이며 벗어나야 할 대상

---

6 『여호와의 증인-하느님의 왕국 선포자』, 사단법인 워치 타워 성서 책자 협회, 1996, 43쪽.

7 이 책자는 1909년 1월 1일 「파수대와 그리스도의 임재의 전령」(The Watch Tower and Herald of Christ's Presence)으로, 그리고 1939년 1월 1일에 「파수대와 그리스도의 왕국의 전령」(The Watchtower and herald of Christ's Kingdom)으로 바뀌었고, 다시 1939년 3월 1일 「파수대-여호와의 천국 선포」(The Watchtower-Announcing Jehovah's Kinfdom)으로 바뀌어 오늘에 이르고 있다. 위의 책, 724쪽.

이 되었다.

한편 러셀과 그의 동료들은 1914년 10월 이방인의 시대가 끝나고 왕들의 시대가 될 것이라고 하였다. 그러나 이 예언이 결국 잘못된 것으로 판명 나자 그 의미를 제대로 파악하지 못했기 때문에 성서를 더 배워야 한다고 강조하였다.

러셀은 1880년 「성경 연구생 전도지」(Bible Students' Tracts)를 창간였고, 1881년에는 '시온의 워치 타워 책자 협회(Zion's Watch Tower Tract Society)'를 조직하여 성경연구반은 종교조직체로 변모하였으며, 같은 해에 영국에 자신들의 종교를 전하기 시작하였다. 1883년 여호와의 증인[8]은 중국 선교, 다음 해에는 아프리카의 라이베리아에도 선교를 시작하였으며, 그 해 12월 15일 펜실베이니아 주에 '시온의 워치 타워 책자 협회(Zion's Watch Tower Tract Society)'가 법인체로 등록하여 종교단체로서 공식화되었다. 1900년에 28개 나라에서 신도들이 생겨났고, 그 외 13개 나라에도 선교활동을 개시하였다. 1916년 러셀의 사망 이듬해 1월 6일 연례총회에서 러더포드(Joseph Franklin Rutherford)가 만장일치로 후임협회장에 선출되어 러셀의 뒤를 이었다.

러더포드는 1917년 여름에 『성경연구』[9] 제 7권 「종말을 고한 비밀」

---

8 여호와의 증인이라는 명칭은 1931년 러셀의 후계자인 러더포드가 공식적으로 사용하기 시작하지만, 여기서는 편의를 위해 미리 그 명칭을 사용하였다.

9 이 책은 러셀이 1886년 『천년기 새벽(Millennial Dawn)』이라는 명칭으로 시작하여, 나중에 시리즈로 『성경연구(Studies in the Scriptures)』라는 명칭을 사용하게 된다. 그것들은 다음과 같다. 제1권 「시대에 관한 하느님의 경륜(The Divine plan of Ages)」, 제2권 「때는 가까웠다(The Time Is at Hand)」(1889년), 제3권 「주의 왕국이 임하옵소서(Thy Kingdom Come)」(1891년), 제4권 「신원의 날(The Day of Vengeance)」(1897년, 나중에는 「아마겟돈 전쟁(The Battle of ArmaGeddon)」으로 불림), 제5권 「하느님과 사람 사이의 속죄(The Atonement Between God and

(The Finished Mystery)을 발행하였으며, 같은 해 12월과 다음 해에 걸쳐서 미국과 캐나다에서 「월간 성경 연구생(The Bible Students Monthly)」라는 전도지 1,000만 부를 인쇄해서 배포하였다. 이 전도지에는 '바빌론의 무너짐', 다시 말해서 천주교와 프로테스탄트의 기성 기독교들이 곧 사라지게 된다는 내용이 중심을 이루고 있었다. 이렇게 되자 기성 기독교 성직자들은 여호와의 증인 신도들의 출판물을 금지해줄 것을 정부에 요청하게 되었다. 그 결과 캐나다에서는 「종말을 고한 비밀」과, 「월간 성경 연구생」을 소유하는 것을 범죄로 규정하였다. 미국에서는 1918년 중엽 러더포드를 비롯한 협회의 간부 8명이 전쟁활동을 방해하고 나아가 적국을 이롭게 한다는 혐의로 구속되었다. 구체적인 이유는 이들이 당시 1차 대전이 한창 진행 중임에도 군복무에 대한 거부와 교전 상대국인 독일에 (선교를 위해) 송금한 것이 적국을 이롭게 하는 것으로 여겨졌기 때문이었다. 이후 여호와의 증인 신도들은 징집거부, 수혈거부, 국기에 대한 경례거부, 집총거부 등으로 인해 세계 각국에서 끊임없이 국가와 충돌하게 된다.

러더포드는 1925년까지 남아있는 작은 무리의 사람들이 하늘로부터 상을 받아 죽지 않을 것이라고 주장하였다. 예수 이전에 살았던 의인들이 부활해서 지상의 군왕이 될 것이라고도 하였지만, 이러한 것들이 모두 빗나갔고, 1975년이 종말의 시기가 될 것이라고도 하였지만, 이 예측도 빗나갔다.

1931년 러더포드는 '여호와의 증인'이라는 명칭을 공식적으로 사

Man)」(1899년), 제6권 「새로운 창조물(The New Creation)」(1904년) 등이다. 위의 책, 42~53쪽.

용하였다. 1942년 러더포드가 사망하자 그의 뒤를 이어 노어(Nathan H. Knorr)가 협회장이 되었는데, 이때부터 집중적인 훈련 프로그램이 시작되었다. 1943년 워치타워 길르앗 성서학교를 설립하여 이곳에서 훈련을 받고 양성된 선교인들이 전세계로 파견되었다. 1977년에 노어가 사망하자 그의 뒤를 이어 83세의 프랜즈(Fredrick W. Franz)가 뒤이어 4대 협회장이 되었으며, 다시 1992년 프랜즈의 뒤를 이어 헨셀(Milton George Henschel)이 5대 협회장이 되었다. 2012년 말 현재 여호와의 증인은 전 세계 239개국에 약 770만여 명의 신도가 있는 것으로 되어 있다.[10]

2. 한국전래

여호와의 증인은 1912년 선교사 홀리스터 부부의 내한으로 한국에 첫발을 딛게 된다. 이들은 문서선교를 했는데, 1914년 3월 18일자로 한국성경연구원 명칭을 내세워 『시대에 관한 하느님의 경륜(The Divine Plan of Ages)』을 한국어로 인쇄해서 일반인들에게 배포하였다. 1915년 이후 맥켄지 부부가 주기적으로 한국을 방문하면서 선교를 하게 되었다. 이 무렵 한국인 강범식은 이미 여호와의 증인의 신도가 되어 있었는데, 그가 여호와의 증인을 접하게 된 것은 영어 문서를 한국어로 번역하기 위해 여호와의 증인에 고용된 때문이었다.

1921년에는 한국지부가 설립되었으며, 1922년에 러더포드는 강범식에게 2,000달러를 보내 일곱 대의 인쇄기를 갖춘 인쇄소를 한국

---

10 『2013 여호와의 증인의 연감』, 사단법인 워치타워성서책자협회, 2013, 42쪽.

에 설립하도록 하였다. 이 인쇄소에서는 한국어 외에 중국어와 일본어 서적도 인쇄하였다. 그러나 강범식이 본래의 목적과 달리 다른 책자도 인쇄하자 1927년 박만준이 강범식의 자리를 대신하게 되었다. 1931년에는 도서와 소책자, 그리고 정간물 등을 합해서 모두 19,829부에 달하는 책자를 인쇄해서 배포하였다. 1935년에는 교사였던 문태순이 박만준을 대신하였다. 1932년 6월 11일부터 13일까지 한국에서는 처음으로 서울 집회가 개최되어 45명이 참석하였다. 또한, 그 해에는「천국, 세계의 희망」이라는 소책자 50,000부가 한국어로 인쇄되어 배포되었다.

1933년 '여호와의 증인 천국 정부만이 인류의 소망이며 구원이다'라고 여호와의 증인들이 전파하자,[11] 조선총독부는 그해 6월 서울에서, 그리고 8월에는 평양에서 여호와의 증인에서 발행하는 대부분의 서적들을 압수하여 소각하고,「황금시대」를 제외한 모든 서적을 금지시켰다. 1939년 이후 일제가 궁성요배와 신사참배를 강요하자 여호와의 증인 신도들은 이를 거부함으로써 전원 투옥되어 고문을 받고, 옥사하는 사람들도 생겨났다. 이후 이들의 활동은 자연위축되었으며, 1945년이 될 때까지 별다른 활동을 하지 못하였다.

한국은 일본의 압제에서 벗어났을 때 남아있던 몇몇 신도들은 박옥희의 집에서 비밀스럽게 집회활동을 하며 때를 기다리고 있었다. 그러던 중 최용원이 미국본부와 연락을 재개하여 소책자들을 전달받았다. 1949년 6월 12명의 전도인으로 구성된 하나의 회중이 처음

---

11 탁명환,『기독교이단연구』, 한국종교문제연구소·국제종교문제연구소, 1986, 190쪽.

으로 형성되었다. 이들이 본격적으로 활기를 띠기 시작한 것은 1949년 8월 돈 스틸(Donald L. Steel)과 그의 아내 얼린이 내한하고 7개월 후 여섯 명의 선교사들이 더 도착한 뒤의 일이었다.

그러나 이들 선교사들은 6·25로 인해 다시 1년 이상 일본으로 철수해야 했다. 1951년 스틸이 먼저 한국으로 돌아오고, 다음 해에 얼린이 합류하면서 선교활동을 재개하였다. 1952년 9월 「파수대」를 정부에 등록하고 공식적인 발행을 시작하였으며, 10월 30일자로 '사단법인 워치타워성서 책자협회'를 설립하고 문교부에 등록하였다. 1953년에는 7개 회중 417명의 신도가 되었으며, 같은 해 9월1일 한국지부로 독립하였다. 1955년에는 부산에 선교부가 설치되었다.

1975년 한국의 여호와의 증인 신도는 32,693명이나 되어 일본과 비슷해졌다.[12] 1982년에는 지부 사무실을 서울에서 경기도 안성시 공도면 양기리로 확장 이전하였다. 여기에는 지부 사무실 뿐만 아니라 출판사와 인쇄소도 함께 이전하였다. 1985년 8월 한국 지부는 회관 수 644개, 신도수 39,654 명으로 불어났으며,[13] 다시 2005년 현재 1,400여개의 회중과 9만여 명의 신도로 증가하였다.[14]

---

12 『여호와의 증인－하느님의 왕국 선포자』, 491~492쪽.
13 문화공보부, 『한국종교편람』, 문화공보부, 1984, 765쪽.
14 『2006 여호와의 증인의 연감』, 38~39쪽. 이 연감의 통계표를 보면 전도인 최고 숫자와 평균전도인 숫자가 나와 있다. 그 해에 전도활동을 하고 본부에 그 보고서를 제출하면 그것을 근거로 전도인의 숫자를 계산하는 것이다. 여기에 나온 신도의 숫자는 바로 전도인의 숫자를 말한다. 다시 말해서 여호와의 증인에 입교했다고 해서 그것이 전체 신도의 통계로 잡히는 것이 아니라 입교 후 전도활동을 한 사람들 만을 전체 통계에 넣고 있다.

Ⅲ. 한국의 종교에서 여호와의 증인의 위치

흔히 한국사회를 일컬어 다종교사회라고 한다. 공식적으로 알려진 종교단체만 해도 수백 개에 이를 정도이기에 이런 말들이 나왔을 것이다. 그러나 종교와 정치가 분리되지 않는 일부 국가들과 아직도 공산주의를 표방하고 있는 국가들을 일부 제외한다면 대부분의 민주사회를 다종교사회라고 일컬어도 좋을 것이다.

한편 2005년 인구센서스에 따르면 한국인의 53.05%가 앞에서 언급한 많은 종교단체에 속해 있는 종교인들이다. 그러나 내면을 들여다보면 다소 다른 모습을 발견할 수 있다. 전체 종교인구 53.05% 가운데 불교, 개신교, 천주교에 속한 교인들의 숫자가 압도적 다수를 차지한다는 사실이다. 2005년 이후 벌써 8년이 지나고 있으니 이 지형도에 어느 정도 변화는 있겠지만, 당시의 통계로 볼 때 거의 98% 정도의 교인들은 이 세 종교에 속해 있었다. 그 가운데 첫 번째가 불교이고, 두 번째가 개신교였다. 특히 이들 종교인구 가운데 약 55%가 개신교와 천주교를 합한 기독교 계통의 신자들이었다. 다시 말해서 우리 사회는 불교와 기독교라는 두 가지 종교 전통이 중심을 이루는 사회라고 해야 할 것이다. 다른 사회와 비교했을 때 이것이 우리 사회의 특징이 될 것이다. 대부분 사회가 다종교사회이기는 하지만, 그 가운데 중심을 이루는 종교 전통이 있기 때문이다. 그렇기에 우리는 그런 나라들을 불교국가, 기독교국가, 이슬람국가, 힌두교국가 등으로 인식하고 있다. 그러나 우리나라는 불교와 기독교를 양축으로 하기에 특정 종교 국가로 부를 수 없는 종교 지형도를 가지고 있다.

여호와의 증인도 한국 사회에 존재하는 여러 종교 가운데 하나로 자리하고 있다. 대부분 종교의 출발점이 그렇듯이 여호와의 증인도 기존의 종교, 즉 기존 기독교의 성서와 교리가 잘못되었음을 비판하면서 시작된 종교이다. 따라서 출발부터 그들은 기성 기독교계의 반대에 직면하였고[15] 기독교가 있는 대부분 사회에서 이단논쟁의 중심에 서 있는 종교이다.[16] 한국 사회에서도 이런 논쟁은 예외가 아니어서 기성 기독교계에서는 대부분 이들을 이단으로 규정하고 있다.

물론 서로 간의 교리 논쟁은 천주교와 개신교 사이에도 있으며 자신들의 종교가 참 기독교임을 내세우며 서로 간의 비판이 존재하는 것도 사실이다. 사실 이것은 종교들의 특성이기도 하다. 대부분의 종교가 자신들의 종교만이 참 종교이고 구원의 길을 제시해 준다고 믿는다. 특히 같은 뿌리를 지닌 종교들의 경우에는 완전히 다른 전통을 지닌 종교보다 더 치열하게 참 종교임을 주장한다. 흔히 우리 사회에서 어느 하나의 음식이 사회에서 부각되기 시작하면 경쟁적으로 원조라고 주장하는 것과 같은 이치라고 해야 할 것이다. 예를 들어 기독교의 경우 서로 다른 기독교 교단들이 있지만, 각각의 교단들이 저마다 서로 진짜 기독교임을 내세우며 그 종교에 가입해야 바른 구원을 받을 수 있음을 주장하는 식이다.

그러나 현재는 적어도 천주교와 개신교가 서로 공개적으로 이단

---

15 윤용복, 앞의 글, 263~265쪽 참조.
16 그들의 교리가 기성 기독교의 교리와 어떻게 다른가를 비교하는 것은 이 글의 중심에서 벗어나기에 여기에서는 자세히 논하지 않기로 한다. 이에 대한 자세한 사항은 노길명,『한국의 신흥종교』(가톨릭출판사, 1990), 249~261쪽; 탁명환, 앞의 책, 191~202쪽 참조.

이라고 몰아붙이지는 않는다. 그리고 기독교라는 공감대를 서로 형성하며 교리적인 면에서도 큰 차이를 보이지는 않는다. 그들의 주요 논쟁은 주로 제도적인 측면이라고 해도 과언이 아니다. 예를 들어 성직자의 결혼 여부, 교황제도, 여성사제 논쟁, 의례에 대한 입장 등이 그것들이다.

그러나 여호와의 증인은 다른 나라들의 기독교와 마찬가지로 여러 기독교 단체들 가운데 하나가 아니라 대부분의 기독교가 받아들이고 있는 교리와는 다른 교리를 믿는 종교이다. 다시 말해서 이들이 기독교와 정면으로 충돌할 수밖에 없는 이유는 단지 기독교를 부분적으로 비판하는 것에서 그치는 것이 아니라 기성 기독교에서 중심 교리로 삼고 있는 내용을 거부하는 것에 있다. 그들은 대부분의 기독교에서 받아들이고 있는 삼위일체 교리를 부정할 뿐만 아니라 예수가 하느님이라는 것도 잘못된 교리라고 한다. 이는 예수를 신으로 믿고 따르는 기성 기독교의 근간을 건드리는 것이기에 가장 민감하게 반응할 수밖에 없는 내용이다. 이들은 천주교와 개신교에서 발간한 성경들은 자신들의 전통과 사상을 정당화하기 위한 오역들로 가득 차 있다고 주장하며 자신들이 스스로 번역한『신세계역 성경 (New World Translation of Holy Scripture)』이라는 별도의 성경을 가지고 있다. 그들의 주장에 따르면『신세계역 성경』이야말로 완전무결하게 번역된 성경이다. 이것은 그들의 선교활동에서 기존 기독교인들과 열띤 논란과 토론의 대상이 되는 요소이다.[17] 성경의 여러 요소들이

---

17 위의 책, 249~250쪽.

서로 다르기 때문에 어차피 그것은 결국 해석의 문제라기보다는 누가 옳은가의 문제로 귀결되기 때문이다.

여호와의 증인은 교리적으로 기존의 종교들과 사회, 국가체제 등을 모두 거부한다. 그들은 천주교, 개신교는 물론 불교를 비롯한 모든 종교들이 잘못되었다고 생각한다. 그러나 기독교계와 달리 다른 종교들에서는 이들에 대해 종교적으로 구체적인 비판을 가하지는 않는다. 이것은 다른 전통의 종교가 관대하다는 이유도 있겠지만, 더 큰 이유는 서로의 행동 때문이라고 본다. 비록 여호와의 증인이 다른 종교를 거부하기는 하지만, 기독교를 제외한다면 다른 종교에 대해서는 구체적으로 비판하지는 않기 때문이다. 그렇기에 기독교 전통을 제외하면 다른 종교, 특히 불교 등에서도 이들에 대한 비판을 거의 하지 않는다고 보아야 할 것이다.

교리적인 요소 이외에 이들이 기독교와 갈등을 일으키는 또 다른 요인은 이들의 주 선교대상이 기존 기독교인들, 특히 천주교인들이라는 점도 무시하지 못한다. 여호와의 증인 신도들 가운데 천주교에서 개종한 사람들이 다수를 차지한다는 것은 이런 요인을 반증해 주는 것이라고 본다. 특히 이들은 천주교를 비난하는 '십자가를 걸거나 모욕적인 형상과 그림, 즉 성물과 상본을 사용하는 행위, 성인축일을 제정하여 기념하거나 세례를 받을 때 본명을 정해주는 행위, 그리고 천주교에서 사용하는 성물 등도 우상'이라고 하여 천주교와 관련된 행위를 구체적으로 비판한다.[18]

---

18 위의 책, 271쪽.

이런 영향을 받아 일부 극단적 신념을 지닌 신자들은 구체적으로 다른 종교 시설을 파괴하는 행위로 나타나기도 한다. 실제로 제주도에서는 1987년 8월 이후 천주교와 개신교, 그리고 불교와 신당(神堂)에서 종교 성물과 시설 등을 연속적으로 파괴하고 방화까지 저지른 사건이 발생하였다. 경찰에 검거된 범인은 본인을 여호와의 증인 신자라고 자백하고 '우상을 숭배하지 말라'는 교리에 따른 것임을 밝혔다. 정신적으로도 불안정한 상태에서 저지른 사건이었고, 여호와의 증인 측에서는 관련성을 부인하고, 이미 탈퇴한 신도임을 밝혔지만,[19] 이 종교의 영향을 받았음도 부인할 수 없는 것이다.

기독교 전통을 제외하면 여호와의 증인에 대해 구체적인 비난을 가하는 종교는 없지만, 그렇다고 이들과 교류하려는 모습을 보이지도 않는다. 한국의 종교단체들은 여러 종교들이 연합하여 여러 가지 종교연합기구나 모임을 발족하여 활동하고 있다. 그것은 다양한 형태로 나타나는데, 예를 들어 불교의 경우 불교종단협의회가 있고, 기독교의 경우 여러 단체가 있지만, 한기총과 KNCC 등의 연합기구들이 있다. 천주교의 경우는 하나의 종교단체이기에 예외지만 한국에서 발생한 신종교들의 경우에도 '한국민족종교협의회'라는 연합체를 만들어 서로 교류하고 있다. 종교적 전통을 초월하여 연합체를 구성한 사례도 있는데, 한국종교협의회[20], 한국종교인평화회의, 한

19 『제주신문』 1988.1.5.
20 한국종교협의회의 기원은 1965년 12월 21일 6개 종단(불교, 유교, 원불교, 천도교, 천주교, 개신교)의 인사들이 모여 발족한 '한국종교연구회'이며, 이듬해 12월 21일 '한국종교인협의회'로 명칭을 바꾸었다. 윤이흠, 「종교연합운동의 어제와 오늘」, 『한국종교연구』 3, 집문당, 1991, 279쪽. 그러나 1970년 통일교를 회원으

국종교지도자협의회, 한국종교계사회복지협의회 등과 같은 단체들이 그것이다. 물론 각 단체들의 목적과 성격은 서로 다르지만 대체로 각 단체의 목적을 위해 종교간 대화와 협력을 추구한다는 것을 공통점으로 들 수 있다.

그러나 여호와의 증인을 비롯한 대부분의 외래 신종교들이 이러한 모임에 참여하여 활동하는 경우를 찾기는 어렵다. 더욱이 외국에서 전래된 세계적 종교들, 즉 개신교나 천주교는 한국사회에 어느 정도 뿌리를 내리고 한국 개신교, 한국 천주교로서 한국적 특색을 갖추어 나가고 있는데 반해서 여호와의 증인을 비롯한 대부분의 외래 신종교들은 아직까지 한국의 종교라기보다는 외래 신종교의 하나로 인식되고 있다는 점에서도 다른 모습을 보여준다. 이것은 외부에서의 시각도 그러려니와 각 종교 내부에서도 그런 모습을 찾기가 어렵다고 판단된다. 특히 여호와의 증인의 경우 그 홈페이지[21]를 통해서 보더라도 그들의 조직이 세계화되어 일사불란하게 움직이며 지역적 특색을 반영하기가 어렵다는 것을 간접적으로 보여주고 있다.

여호와의 증인에 대한 이런 모습은 그들이 따라야 할 대부분의 지침이 통치체[22]를 통해 내려오기 때문이라고 여겨진다. 통치체란 여

로 받아들이면서 천주교와 개신교는 사실상 탈퇴하고, 현재는 통일교가 주축이 되어 활동하고 있다.

21 여호와의 증인 홈페이지(http://www.jw.org/ko/)를 보면 오른쪽 상단에 세계 각국의 언어를 표시하는 부분이 있다. 이것을 통해 각국의 언어로 들어가면 바뀌는 것은 언어 뿐 나머지는 거의 그대로 있으며 지역적 특색을 전혀 찾아볼 수가 없다.

22 현재 여호와의 증인에서는 세계 각 지역에 지부를 두고 그 지부들은 미국 본부에 있는 통치체의 감독을 받는다. 처음 7명의 이사들로 구성되었던 통치체는 1971년 11명으로 늘어났고, 그 뒤 18명, 또는 17명이었다가 1992년에는 12명이 되는 등 통치체 성원의 숫자는 일정하지 않다. 이들 통치체는 지상에서 여호와의 권위를

호와의 증인에 있어서 이른바 세계본부라고 할 수 있다. 천주교와 비교하자면 로마 교황청과 같은 곳이다. 천주교에서도 중요한 교리 상의 기준이나 지침, 그리고 교회의 운영 지침 등이 교황청에서 하달되기 때문이다. 그러나 천주교는 각 지역에 교구를 두고 대부분의 교회 운영을 주교인 교구장의 자율에 맡기며, 특히 세계 각 지역의 교구는 그 지역 문화와 실정에 어울리는 토착화에도 관심을 쏟도록 하고 있다. 그러나 여호와의 증인에서는 토착화나 자율성은 거의 배제된 것으로 보인다.

여호와의 증인 신도들이 선교활동을 열심히 하며 일반인들과의 접촉을 많이 늘리고 있기는 하지만, 이를 제외한다면 대체로 폐쇄적이고 다소 배타적인 모습을 보인다고 할 수 있다. 다시 말해서 내부인들을 제외하면 그 단체에 대한 정보가 그렇게 잘 알려지지 않았다. 이것은 오히려 여호와의 증인에 대한 인식을 어렵게 하는 요인이 될 수도 있다.

물론 여호와의 증인 신도들이 그토록 열심히 선교활동을 하는 이유는 선교활동에 충성을 다하는 자들만이 곧 닥쳐올 말세에 구원을 받아 천년왕국에 들어갈 것이라는 이들의 교리 때문이다.[23] 그러나 바로 그들의 목적인 선교를 위해서도 보다 개방적이며 이웃 종교들

대신한다고 생각한다. 이들에 의하면 여호와는 아버지이고, 조직은 어머니이며 여호와는 바로 조직을 통해서 자신의 목표를 달성하고자 한다. Harris, D., *The Jehovah's Witnesses; Their Beliefs & Practices,* London; Gazelle Books, 1999, pp.32~33.

23 길병천, 「여호와의 증인 신자의 양심상 집총병역 거부에 관한 법적 고찰」, 한양대학교 행정대학원 석사학위 논문, 1992, 14~15쪽.

과도 같이 어울리는 자세로 나가야 하지 않을까 생각한다. 그들의 교리 자체가 타종교를 인정하지 않는 것이기는 하지만, 사실 이것은 대부분의 종교가 가지고 있는 교리이기도 하다. 그럼에도 불구하고 많은 종교들은 서로 대화하며 평화를 위해 함께 활동하고 있다. 서로 간의 대화는 항상 필요한 것이다.

한편 앞에서도 언급했듯이 여호와의 증인에 대한 비판은 주로 기독교계에서 이루어지고 있다. 기본적으로 주류 기독교계와 교리적으로 어떤 차이를 보이고 있는가를 중심으로 이루어지며, 그렇기에 이들을 이단이라고 규정하고 있다. 그러나 이단이라고 비판하는 것은 같은 기독교인들에게는 어울리는 말이지만, 기독교를 믿지 않는 나머지 사람들에게는 해당하지 않는 말이다. 그렇기에 기독교계에서는 이들을 비판할 때 기독교 교리와의 차이점 이외에 병역거부나 수혈거부와 같이 한국 사회의 중심적 이슈로 부각될 수 있는 주제를 거론한다. 그러나 이런 비판은 한편에서는 정당성을 상실할 수도 있다. 왜냐하면, 비록 내부 교리와는 다른 논리이겠지만, 세계 평화와 양심의 논리를 내세운 병역 거부와, 수술 자체를 거부하는 것이 아니라 단지 수혈을 거부하겠다는 이들의 논리는 무수혈 수술이라는 의학의 또 다른 영역에 관심을 두도록 했기 때문이다. 다시 말해서 현재 한국을 비롯한 극히 일부 국가를 제외하면 양심적 병역 거부를 인정하고 대체복무라는 새로운 제도를 만들어 양심의 자유를 옹호하는 추세로 나가고 있기 때문이다. 이 문제는 종교만의 문제는 아니기에 다음 장에서 거론하기로 한다.

한 가지만 더 언급한다면 여호와의 증인이 한국에 첫발을 내딛던 시기는 일제 강점기가 시작되는 시기이며, 당시 한국 사회의 종교 상황은 유교와 불교, 천도교, 그리고 천주교와 개신교 등이 자리를 잡아가던 시기였다. 특히 당시 한국 사회에서 천주교를 비롯한 기독교는 종교적 측면에서 볼 때 그저 여러 종교 중의 하나일 뿐 주도적인 위치에 있지는 않았다. 따라서 그들이 한국 사회에서 뿌리를 내리는 데 서구 사회와 달리 기독교는 크게 장애물이 되지는 않았을 것이다.

Ⅳ. 한국 사회 안에서의 여호와의 증인

여호와의 증인이 처음 전래되었을 때 그들이 겪게 될 장애물은 한국의 종교상황, 특히 1,900년대 초의 미국의 기독교와 같은 한국의 기독교는 아니었다. 이보다 그들이 고통을 겪게 되는 것은 앞에서도 언급되었듯이 일제에 의해 강요된 징집과 궁성요배, 신사참배와 같은 것들이었다.

한편 해방과 6·25를 거치는 동안 한국 사회는 혼란의 연속이었기 때문에 여호와의 증인이 사회적 관심의 대상이 되지는 않았다. 그러나 이들은 1960년대 이후 병역에 대한 철저한 의무 부과와 함께 논란의 대상이 되기 시작하였으며 오늘날까지도 그 연장선에 있다.[24] 다시 말해 한국 사회에서 가장 뜨거운 논란의 초점은 병역의무와 관련된 것이라고 하겠다. 어찌 보면 다른 것은 이것보다는 부수적인

---

24 정확히는 1959년 9월 9일자 동아일보에 병역거부로 인해 구속된 여호와의 증인 신도에 관한 기사가 게재되었다. 『동아일보』 1959.9.9.

논란이 될 수 있다.

종교적인 이유로 병역의무, 즉 징집을 거부한 것은 여호와의 증인만은 아니었다. 여호와의 증인 외에 안식교에서도 종교적인 이유를 들어 처음 징집을 거부하였다. 그러나 병역의무 위반에 대한 지속적인 처벌로 인해 자율에 맡기고 수동적이기는 하지만 결국에는 병역의무를 이행하는 태도로 바뀌게 된다. 하지만 여호와의 증인에서는 공식적으로 이를 거부하였고, 이에 따라 많은 전과자를 양성함으로써 사회적 비난의 대상이 되었다. 이 글의 맨 처음에 인용된 사항(병역거부와 관련해서 무죄가 선고된 것)은 한국에서 처음 있는 일이며, 그간의 한국사회의 분위기로 볼 때 극히 예외적인 판결이었다. 그러나 그 이후에는 이전과 마찬가지로 대부분의 관련자들이 실형을 선고받고 있다.

2013년 여호와의 증인에서 발행하는 연감에 따르면 한국에서는 매달 약 45명씩 유죄 판결을 받고, 1년 반 동안 교도소에 수감되며, 그 결과 2012년 현재 750명이 수감되어 있다고 한다. 1950년부터 약 1만 7,000여명에게 도합 3만 2,000년의 형기가 선고되었으며, 2012년에는 과거 벌금형에 그치던 예비군 훈련 거부자에게 징역형을 선고하여 법정 구속되었다고 밝히고 있다.[25]

여호와의 증인에서는 이 세상의 전쟁이나 정치적 논쟁에 참여하는 것은 하느님이 미워하는 일이기 때문에 피해야 한다고 가르친다.[26] 성서의 가르침을 보더라도, 초기 그리스도인들의 행위를 보더

---

25 『2013 여호와의 증인의 연감』, 39~41쪽.
26 「성서는 실제로 무엇을 가르치는가?」, 122쪽.

라도 이러한 일은 멀리해야 하며, 또한 예수는 서로 사랑하도록 가르쳤기 때문에 다른 사람에게 폭력을 사용해서는 안 된다는 것이다. 초기교회, 적어도 기원후 180년경까지는 로마군대에 군인이 된 그리스도인들이 없었으며, 군인이라 하더라도 그리스도인이 되면 군복무를 하려고 하지 않았다고 한다. 또한, 그리스도인들은 행정관이나 방백 등의 공직을 맡지 않거나, 공직에서 물러났다.[27] 따라서 전쟁에 참여하지 않는 것은 물론, 전쟁을 위한 수단인 군 복무에 대해서도 거부해야 하며, 세상의 종말에 모두 파멸될 인간이 세운 국가에서 공직을 맡는 것도 피해야 한다는 것이 그들의 논리다.

성서나 초기교회를 근거로 여호와의 증인 신도들은 군사훈련과 관련된 일체를 거부하고 공직도 피해야 하는 것이 근본적인 이유이지만, 이와 함께 또 다른 이유로 들 수 있는 것은 이들이 여호와의 증인 이외의 모든 종교를 부정하는 것은 물론 세상에서 인간이 만든 모든 조직이나 통치제도 자체도 잘못되었음을 지적하고 있다는 것이다. 그들은 자신들이 사용하고 있는 성서에 근거해 인간은 스스로를 다스릴 능력이나 권리를 부여받지 않았으며, 인간은 인간을 구해 낼 수 없다고 주장한다. 그렇기에 인간 정부의 지도자들이 아무리 좋은 동기를 가졌더라도 전쟁의 근본 원인에 대한 해결책은 고안해 낼 수 없을 것이라고 한다.[28]

그렇기에 여호와의 증인에서는 다른 종교만 거부하는 것이 아니

---

27 『성경-통찰』 1, 201쪽.
28 여호와의 증인
　　(http://www.jw.org/ko/bible-teachings/questions/world-peace-elusive/).

라 국가나 사회 자체도 근본적으로는 거부하고 있는 입장이다. 그들은 현 세계가 마귀가 통치하는 세계이며, 따라서 현 정부의 권력은 마귀로부터 받았기 때문에 자신들의 적이라고 한다. 따라서 대한민국을 조국이라고 불러도 안 되고 병역의무는 물론 국가공무원과 같은 직업도 포기해야 하며, 학교에서 가르치는 교육도 성서를 읽고 교리를 이해할 수준의 교육, 고등학교 정도면 충분하다고 주장한다.[29] 그렇기에 병역거부는 인간을 사랑한다는 논리 외에 현 국가체제를 부정하는 논리도 동시에 작용하고 있는 것이다. 이러한 논리로 인해 국기배례에 대한 거부도 당연히 뒤따라오게 된다. 그러므로 여호와의 증인은 한국 사회 일반에게도 국가체제 부정이나 집총거부와 관련해서 주변부에 자리할 수밖에 없는 요소를 지니고 있다.

여호와의 증인의 역사에서 간단히 언급한 대로 이들은 1914년을 시작으로 여러 차례 시한부 종말론을 예언하였다. 마지막으로 이들은 1975년 10월 1일을 세상 종말의 날로 예언하였지만, 종말은 오지 않았다. 그러나 이처럼 종말을 예언할 때마다 소속 신도들은 가정과 직장, 학업까지 포기하면서 말세에 대비하였다. 정상적인 사회생활을 포기한 신도들로 인해 사회적 문제가 나타남은 물론 신도들 스스로도 후일 사회에 복귀하는 데 어려움을 겪게 된다. 그렇기 때문에 한 가족이 모두 여호와의 증인을 신봉하지 않는 한 이런 일들로 인해 가족 간 갈등이 생기게 되고 결국 가정이 파괴되거나 극단적 선택을 하는 원인을 제공하기도 한다.

---

29 노길명, 앞의 책, 267~270쪽

가족 간의 갈등은 시한부 종말론 이외에 개인구원을 강조하는 그들의 교리로 인해서도 발생한다. 개인구원을 주장하는 것은 대부분의 기독교가 마찬가지겠지만, 그것을 얼마나 강조하고 구체적으로 실행에 옮기는가의 차이에 있다고 본다. 이런 사건들이 하나씩 보도될 때마다 여호와의 증인에 대한 사회적 인식은 더욱 부정적으로 변하게 된다. 하나의 사례로 1992년 10월 4일 강원도 원주에서는 여호와의 증인에 다니는 아내에 대한 보복으로 여호와의 증인 교회인 왕국 회관에 휘발유를 뿌리고 불을 질러 수십여 명의 사상자가 발생하였다.[30] 이 사건으로 불을 지른 방화범은 구속되고 재판에서 사형을 선고받게 되었다.[31] 가정의 갈등이 극에 달해 가정이 파괴되고 많은 생명이 목숨을 잃게 된 이런 사건은 물론 여호와의 증인 만의 문제는 아니지만, 어떤 종교가 사회에서 부정적으로 인식될수록 더욱 강하게 나타난다고 할 수 있다. 당시 피해자의 진술에서도 나타나듯이 "자신은 불교 신도인데 아내가 하필이면 기성 교단에서 이단시하고 있는 여호와의 증인 교회를 다니기에 만류해 왔다"라고 하여 자신과 다른 종교를 다니는 불만도 있지만, 그렇더라도 하필이면 왜 이단시하는 교회에 나가는가에 대한 질책도 함께 표출된 것으로 보인다. 이처럼 가족 간의 갈등, 가정 파괴와 같은 논의가 언론에 표출될 때마다 가족제도를 중시하는 한국 사회에서는 더욱 비판의 대상이 될 확률이 높다.

당시 부상자들 가운데는 수혈을 통해 속히 치료받아야 함에도 수

---

30 『한국일보』 1992.10.5.
31 『서울신문』 1993.2.20.

혈 거부 각서를 보이며 수혈을 거부하여 사망자가 더 발생하는 모습도 나타났다. 다시 말해 수혈 거부는 한국 사회에서 여호와의 증인에 대한 또 하나의 이슈를 제공하는 주제이다. 그런데 여호와의 증인 신도들 가운데 일부는 이러한 수혈거부를 본인에게만 국한하는 것이 아니라 아직 본인의 의사를 표현하거나 판단력이 없는 자녀들에게도 수혈을 거부하도록 하기에 사회적으로 더 큰 비난의 대상이 된다.

적어도 한국 사회에서 여호와의 증인에 대한 부정적 시각은 현재까지도 진행형이다. 가장 많이 언급되는 것이 병역거부와 국가체제 부정, 그리고 수혈거부이며, 부수적으로 다소 폐쇄적이며 배타적인 성향도 거론될 수 있다. 그러나 병역거부의 문제는 양심의 자유의 확대라는 인식 아래 과거와 달리 사회적으로 전향적인 움직임을 보이고 있다. 서두에서 언급되었듯이 무죄 판결도 한차례 있었으며 양심적 병역거부자들에 대한 대체복무 제도에 대해서도 논의가 진행되고 있다. 과거 극히 일부분에 그쳤던 대체복무 허용 문제는 현재 더욱 많은 지지자를 얻는 중이다. 특히 대체복무에 관한 한 세계적으로 이를 인정하는 추세로 나가고 있고 유엔에서도 한국에 대체복무를 권고하는 등 시기와 방법의 문제만 남은 것으로 본다.

수혈거부 문제도 아직 많은 논란이 있지만, 다소 긍정적인 방향으로 가고 있다고 본다. 의료계에서는 이들을 위해 무수혈 수술과 같은 의료 기법에 대한 논의와 수술 사례에 대한 보고가 있으며, 한편으로 에이즈와 같은 수혈을 통한 감염에 대해서도 수혈이 만능은 아니라는 인식을 보여주고 있다. 다시 말해 병역거부와 수혈거부의 문제는 인식의 차원에서 대응할 수 있는 공간이 그만큼 넓어지고 있으며 이것은 한국 사회에서 여호와의 증인의 영향을 어느 정도 보여주고 있다고 생각된다.

절대적 신앙에 의한 가족 간의 갈등도 사실 여호와의 증인만의 문제는 아니다. 대부분의 종교에서 나타날 수 있는 문제이다. 다만 정도의 차이가 있으며 그 종교 지도자들의 행동, 그리고 이를 받아들이는 개인의 문제 등 여러 가지가 얽혀 있다. 또한, 각 개인의 신앙적 차원에서의 차이도 분명 존재한다.

여호와의 증인에 있어서 이런 시각이 여타 종단보다도 우세한 것은 기본적으로 이들이 신종교라고 인식되고 있다는 점, 그리고 기성 기독교가 이단시한다는 점이다. 적어도 현재까지는 한국 사회에서 신종교이면서 기성 종단으로부터 이단시되는 종교에 대해서는 부정적 시각이 우세하다. 그러나 더욱 이들을 사회와 분리되도록 하는 요인은 그들 내부에 있다고 본다. 부분적인 폐쇄성과 사회에 대한 적대성 등은 이들을 한국 사회와 분리되도록 하는 근본적 요인이다. 이에 더하여 이들이 한국에 전래된 지 벌써 백여 년이 되었지만, 아직도 한국적인 여호와의 증인의 모습은 찾기가 어렵다.

모든 것이 통치체 중심으로 움직이는 그들의 구조가 가장 기본적인 원인이 될 것이다. 이것은 그들의 폐쇄성과 맞물려 한국 사회와 함께 하는 종교의 모습을 더욱 어렵게 한다. 즉 한국적인 여호와의 증인의 모습은 요원한 것인가의 물음을 묻게 되는 것이다. 현 국가 체제를 부정하고 현 사회를 마귀의 통치로 보며 이를 교리 그대로 적극적으로 실천하는 한 한국 사회에서 여호와의 증인은 여전히 이방인으로 머물 수밖에 없을 것이다. 적어도 타종교에 대한 개방과 대화와 협력, 사회와의 대화와 협력이 이루어지지 않는 한 아마도 영원히 이루어지지 않을 수도 있다.

V. 나가는 말

여호와의 증인과 한국 종교와의 관계는 적어도 우호적인 측면은 아니지만, 병역거부나 양심의 자유 등은 다른 종교에서도 언급될 수 있는 부분이기에 공감하는 측면도 있을 것으로 본다. 그러나 한국의 중심 종교 가운데 하나인 한국기독교와는 상호 대립적인 측면에 있다. 그것은 그들의 교리를 도저히 받아들일 수 없는 기독교의 관점에서도 그럴 수밖에 없지만, 여호와의 증인에서도 기독교계와 공존하기 어려운 교리를 가지고 있기 때문이다. 더욱이 이러한 그들의 교리에 충실하여 다른 종교와의 대화와 협력 등을 전혀 시도하지 않고 있음은 그들을 더욱 고립시키고 있다고 본다. 사실 세상의 모든 종교는 스스로 자신의 종교만이 참종교요 참 구원의 길을 제시하고 있음을 주장한다. 그러나 그러한 교리에 머무르지 않고 많은 종교들은 서로 대화와 협력을 추구한다. 여호와의 증인은 이를 거부하고 스스로만의 진리를 외치고 있다.

간단하게 두 가지만 언급할 것이다. 여호와의 증인에서는 자신들의 교리만이 진리라고 하지만, 적어도 종말에 관한 예언에 있어서 스스로의 오류를 시인하였다. 다시 말해 성서[32]를 중심으로 자신들이 해석한 것이 틀릴 수 있음을 보여주고 있다. 다음으로 그들은 국가체제가 마귀가 통치하는 것으로 말하며 완전히 부정하고 있지만, 그들은 병역거부로 인해 실형을 선고받았을 때 그것이 헌법에 저촉되는 가의 여부를 스스로 신청하기도 하였다. 즉, 마귀가 지배하는 체제에 자신들의 억울함을 풀어달라고 요청한 것이다. 여기서 이렇게 지적하는 것은 그들의 논리적 허구를 들추려는 것이 아니다. 성서를 진실이라고 하더라도 그것을 해석하는 사람에 따라 얼마든지 잘못 해석할 수도 있고, 국가체제를 부정하더라도 개인은 불완전하기 때문에 국가체제의 보호와 협력 아래 살아갈 수밖에 없다는 것이다. 절대적 신앙체계를 지닌 종교의 특성상 자신들의 종교가 가장 완전한 진리임을 거부할 수는 없을 것이다. 그렇다고 하더라도 사회나 다른 종교에 대해 배타적인 태도로 일관하기보다는 사회, 그리고 다른 종교와 대화의 장은 마련하는 것이 필요하지 않을까 생각한다.

이런 지적이 여호와의 증인에게 요청하는 것이라면 사회적으로도 그들에 대한 지나친 적대감이나 배타성은 지양해야 할 것이다. 앞에서 예로 든 원주 방화사건의 경우 언론들은 앞다투어 이 종교의 교리가 이단이거나 사이비 종교라는 것에 초점을 맞추고 있다. 그러나 이런 일은 기성 종교에서도 얼마든지 일어날 수 있는 일이므로 초점은 종교나 신앙심 등 일반적인 종교적 모습에 맞추어져야 온당할

---

32 여호와의 증인에서 사용하는 성서는 기성 기독교계와 다른 성서를 사용하지만, 그 성서의 오류나 참 거짓을 논하는 것은 이글의 범위에서 벗어나고 목적도 아니기에 여기서 말하는 성서는 여호와의 증인에서 번역하여 발행한 것을 말한다.

것이다. 양심적 병역거부만 하더라도 여호와의 증인이 중심이었지만, 과거 안식교에서 행해졌었고, 또 현재는 종교와 관계없이 개인의 양심에 따른 병역거부, 그리고 불교 신자가 거부한 사례도 있었다.[33] 사실 병역거부라 하면 불교계가 앞장서야 할 것이다. 불교의 가장 기본적 교리 가운데 하나가 불살생이기 때문이다. 그러나 고려 시대와 조선 시대를 거치면서 한국의 불교는 호국불교의 성격도 추가되었다. 임진왜란 당시 승병들이 일어나 전쟁을 한 것은 불교의 기본 계율과 전혀 어울리지 않는다. 다시 말해서 교리 자체의 문제를 지적하는 것은 종교에 대한 비판으로는 어울리지 않는다.

이 글의 초점은 현대 한국 사회에서 여호와의 증인의 위치에 맞추어졌다. 한국 사회에서 '여호와의 증인'이라는 단어는 곧바로 '병역기피'와 '수혈거부', 그리고 '이단'이라는 단어를 떠올릴 정도로 익숙한 주제이다. '이단'이라는 용어야 기독교계에서 하는 말이므로 어차피 여기에서 다룰 성질은 아니고 '병역기피'의 문제와 '수혈거부'라는 주제를 피하고 싶었지만, 어쩔 수 없이 또 그 주제를 중심으로 언급할 수밖에 없었다. 관련 논의의 부족과 연구 성과의 부족, 그리고 가장 큰 문제는 연구자 본인의 빈약한 능력일 것이다. 최대한 중립적 위치에서 오로지 이해를 위한 글쓰기를 한다고 시도하였지만, 어설프게 몇 가지 문제만을 지적하고 말았다. 적어도 여호와의 증인이 한국 사회에 존재하고 있는 한 그 종교에 대한 연구가 지속되어야 할 것이다. 이런 과정들을 거쳐서 충분한 논의들이 이루

---

33 『한겨레신문』, 2001.12.18.

어지는 것이야말로 그들을 제대로 이해하고 함께 공존할 수 있는 길이기 때문이다. 따라서 여러 가지 주제로 관련 연구가 지속되기를 바란다.

❖『신종교연구』 30호, 한국신종교학회, 2014.4.

제11장

한국 이슬람교 이해하기

의례와 현재의 모습을 중심으로

———————●———————

Ⅰ. 들어가는 말

국제적으로 커다란 문제 가운데 하나로 2014년부터 시작된 중동 지역의 수니파 이슬람 국가(IS)는 현재까지도 현재 진행형이다. IS는 중동지역에서 나타난 문제로 종교적인 문제, 그 가운데서도 이슬람 교의 이념을 등에 업고 나타났다. 물론 이슬람교의 이념이 이들의 주장과 일치하는 것인가의 문제도 있다. 그러나 중요한 것은 이들이 이슬람교를 전면에 내세우고 있다는 것이다. 과거에도 이슬람교도 들의 테러나 전쟁 등에 관한 사건들이 있었다. 그러자 이슬람교와 관계없는 사람들이 이슬람교와 테러를 연관 지어서 '이슬람=테러' 라고 상상하는 현상이 빈번하게 등장한다. 이에 대해 이슬람교 측의 해명은 그것은 본래 이슬람교의 모습이 아니고 그런 사람들은 이슬 람교도들 가운데 일부에 지나지 않으며, 실제로 대다수 이슬람교도는 그런 테러와 관련이 없다는 것이다. 이런 일련의 과정 이후 한국 사회에서는 이슬람교에 대한 관심이 고조되면서 과거에 품었던 오해의 상당 부분이 해소되어 가고 있다고 본다. 그러나 아직도 진행되고 있는 IS사태로 인해 국제사회의 눈이 이들을 향하고 있으며, 온라인으로 그들의 잔인한 처형장면이 공개되면서 다시금 이슬람교와 테러는 논란의 중심에 서게 되었다. 이슬람교를 믿는 대다수 사람은 이러한 테러와 관련이 없지만, 언론을 통해서 이런 사실을 접하게 되는 일반인들의 눈에 이슬람교에 대한 모습이 다시 부정적으로 비추어지게 될지도 모를 일이다.

이슬람교에 대한 이해가 과거와 많이 달라졌다고는 하지만 그래도 아직 사람들이 쉽게 접하는 이슬람교에 대한 정보는 이런 것들을 통해 다가오게 마련이다. 그리고 아직도 이슬람교는 한국 사회에서 낯선 종교임에 틀림없다. 그렇지만 한국 사회에 이슬람교가 알려지기 시작한 것은 매우 오래전 일이다.[1] 언론에 자주 오르내리고 한국과 오래전부터 접촉하였음에도 불구하고 한국 사회에서 아직도 낯선 종교인 이슬람교는 더는 그저 낯선 종교로 있어선 안 될 것이다. 그 이유는 한국 사회에서 이슬람교가 차지하는 비중이 결코 작다고 할 수 없으며, 특히 현재 무슬림 인구가 빠르게 증가하고 있기 때문이다. 무슬림 인구가 증가하는 요인은 이슬람교로 개종하는 한국인

---

1 이희수, 『이슬람과 한국문화』, 청아출판사, 2013, 62~109쪽. 저자는 이슬람교가 탄생하기 이전 삼국 시대에 이미 중국을 왕래하면서 서역인들과 교류는 시작된 것으로 보고 있다. 이슬람이 출현한 이후인 7세기 중엽 역시 신라인들이 중국을 왕래하면서 무슬림들과의 간접적인 교류가 있었을 것이며, 9세기 중엽 이후에는 직접 해로를 이용하여 신라인들과 교류를 하였을 것이라 한다.

도 있고, 개종하는 한국인보다 훨씬 더 많은 외국 무슬림 인구의 한국 유입이 있기 때문이다. 많은 수의 외국 무슬림들이 한국에 들어오면서 무슬림 인구가 증가하고, 따라서 한국 사회에서 이슬람은 낯선 종교로 남아있을 수 없게 된 것이다. 이슬람교 일반에 대한 이해도 중요하지만, 한국 사회에 뿌리를 내리고 있는 한국에 있는 이슬람교의 이해는 더욱 중요할 것이다.

그간 한국의 학계에서는 다양한 측면에서 이슬람교에 대한 연구가 이루어졌다. 그 연구들은 이슬람교에 대한 연구, 그리고 이슬람 문화권에 대한 연구가 중심을 이루고 있다. 이들 연구에 비해 한국의 이슬람, 또는 한국과 관련된 이슬람 관련 연구는 다소 미흡한 측면이 있다. 따라서 한국 사회에서의 이슬람교에 대한 이해의 측면도 고려되어야 하리라고 본다.

한국 이슬람교 등과 관련된 연구들 가운데 우선 꼽을 수 있는 것으로는 외국 무슬림의 한국 이주와 관련된 연구들인데, 다양한 지역의 무슬림 이주와 관련된 연구논문들이 있다.[2] 두 번째는 이슬람 음식

---

2 조희선 외, 「한국사회 이주 무슬림 연구수행을 위한 모델 연구」, 『한국이슬람학회논총』 18-1, 한국이슬람학회, 2008. 정창근, 김홍배, 「무슬림 이주여성의 인구통계학적 특성과 이슬람 문화몰입이 자녀교육행태에 미치는 영향」, 『한국중동학회논총』 33-3, 한국중동학회, 2013. 안정국, 「한국 이주 인도네시아 여성 무슬림의 혼인과 정착」, 『한국중동학회논총』 30-1, 한국중동학회, 2009. 김효정, 「한국이주 남아시아 남성 무슬림 근로자의 문화적응모델 연구 : 혼인을 통한 문화정체성 형성의 패턴 분석을 중심으로」, 『한국이슬람학회논총』 19-2, 한국이슬람학회, 2009. 김효정, 「한국이주 남아시아 무슬림의 현황과 집단화 - 남아시아 무슬림의 에스닉 집단화에 관한 연구」, 『한국이슬람학회논총』 18-3, 한국이슬람학회, 2008. 안정국, 「한국이주 동남아시아 무슬림의 현황과 사회적 연결망」, 『한국중동학회논총』 29-1, 한국중동학회, 2008. 조희선 외, 「한국이주 무슬림의 혼인현황과 정착과정연구」, 『지중해지역연구』 11-3, 부산외국어대학교 지중해연구소, 2009. 이희수, 조영주, 「한국의 무슬림 이주민들의 한국생활 적응방식과 신앙생활 조사

과 관련된 주제의 논문들이 있다. 할랄음식[3]에 대한 것이 주를 이루고 있기는 하지만, 이슬람 음식점과 관련된 연구도 있다.[4] 종교학 분야에서 이슬람교 관련 연구는 매우 빈약한 편이다.[5] 기독교 측의 이슬람 관련 연구 및 발언 등이 많이 나타나고 있는데 대체적인 주제는 선교대상으로서의 이슬람이나, 이슬람교의 확산에 따른 경계 등이

분석, 『한국중동학회논총』 33-1, 한국중동학회, 2012. 안정국, 「국내 이주 무슬림의 현황과 문화적 갈등」, 『한국이슬람학회논총』 22-1, 한국이슬람학회, 2012. 조희선, 「한국 이주 아랍 무슬림의 혼인과 정착, 그리고 문화적응에 관한 연구」, 『한국중동학회논총』 30-1, 한국중동학회, 2009. 오종진, 「한국 이주 중앙아시아 무슬림의 현황과 조직화 – 우즈베키스탄, 카자흐스탄, 키르기스스탄, 투르크메니스탄, 아제르바이잔, 타지키스탄 출신 무슬림들을 중심으로」, 『한국이슬람학회논총』 18-3, 한국이슬람학회, 2008. 김대성, 「한국 사회내 터키인 무슬림 이주자의 현황 및 사회적 조직」, 『한국이슬람학회논총』 18-3, 한국이슬람학회, 2008. 송도영, 「국내 무슬림 이주자들의 생활영역과 초국적 성격 – 서울 이태원 출입 무슬림의 사례」, 『한국이슬람학회논총』 24-2, 한국이슬람학회, 2014. 이 가운데 이주 무슬림을 주제로 2007년 한국연구재단 중점연구소 분야의 지원을 받아 수행된 연구논문들이 가장 많은 수를 차지한다.

3 할랄음식의 문제는 식물보다는 동물의 고기류를 섭취하는 문제와 관계된다. 동물 가운데 꾸란에서 금기시하는 음식, 즉 하람(haram) 음식은 죽은 짐승의 고기, 피, 돼지고기 및 도살할 때 알아 이외의 이름으로 한 것, 교살된 것, 타살된 것, 추락사한 것, 뿔에 찔려 죽은 것 및 야수에 물려 죽은 것 등으로 규정된다. 김정위, 『이슬람입문』, 서울, 한국외국어대학교 출판부, 1998, 27쪽. 이에 비해 먹을 수 있도록 허용된 음식이 할랄(halal) 음식이다.

4 송도영, 「종교와 음식을 통한 도시공간의 문화적 네트워크 : 이태원 지역 이슬람 음식점들의 사례」, 『비교문화연구』 13-1, 서울대학교 비교문화연구소, 2007. 송도영, 「한국 내 이슬람(할랄) 음식의 소비방식과 공급체계에 대한 문화적 해석」, 『한국중동학회논총』 32-1, 한국중동학회, 2011. 장건, 조성기, 「국내 할랄닭고기 수급실태와 균형수급량 추계」, 『한국이슬람학회논총』 24-1, 한국이슬람학회, 2014. 엄익란, 「이슬람 식품 시장의 할랄 인증제도 의무화에 따른 한국 기업의 대응 방안」, 『한국이슬람학회논총』 23-3, 한국이슬람학회, 2013.

5 이진구, 「다문화시대 한국 개신교의 이슬람 인식 : 이슬람포비아를 중심으로」, 『종교문화비평』 19, 한국종교문화연구소, 2014. 송현동, 「한국 이슬람의 역사적 전개와 특징」, 『한국 종교교단 연구』 II, 한국학중앙연구원 문화와종교연구소, 2007 등이 있다.

제1부 한국 종교교단의 텍스트

주를 이루고 있다.[6] 이외에 한국과 이슬람권과의 교류,[7] 이슬람 금융,[8] 등의 연구들이 있다. 한편 한국 이슬람과 관련된 석사학위 논문들도 많이 있는데, 신학대학을 포함한 기독교계 대학원에서 이슬람의 포교, 이슬람권의 선교, 그리고 이슬람에 대한 경계를 나타내는 논문들이 많은 수를 차지하고 있으며, 또 다른 주제는 이슬람 금융에 관한 논문들이었다.[9]

여기에서는 한국의 이슬람교에 대한 이해에 초점을 맞출 것이다. 한국 이슬람교의 전반적 소개, 한국과 이슬람교 접촉의 역사 및 기본적인 교리에 대해서는 다른 논문이나 저서[10]를 통해 이루어졌기에 여기에서는 논의의 중심을 한국 이슬람의 현재에 두고자 한다. 먼저

6 소윤정, 「이슬람 '수쿠크'의 한국 상황화에 관한 연구」, 『복음과 선교』 21, 한국복음주의선교신학회, 2013. 맹미영, 「한국에서의 수피즘 확산을 통해 바라본 이슬람 선교 정책 이해 – 이슬람 선교 전략의 문화적 측면을 중심으로」, 『복음과 선교』 24, 한국복음주의선교신학회, 2013. 이정순, 「1970년대 이후 한국인의 이슬람 개종 요인 연구」, 『복음과 선교』 16, 한국복음주의선교신학회, 2011. 장훈태, 「기독교에서 바라본 한국의 이슬람 정착과 근본적인 대처 방안」, 『복음과 선교』 19, 한국복음주의선교신학회, 2012. 장훈태, 「현대 이슬람의 한국 포교 전략과 기독교의 대응」, 『복음과 선교』 17, 한국복음주의선교신학회, 2012. 백광현, 「이슬람 바로알기 ; 이슬람 포교의 교두보가 된 한국」, 『활천』 648-11, 기독교대한성결교회 활천사, 2007. 백광현, 「이슬람 바로알기 ; 한국을 공략하는 이슬람의 포교정책」, 『활천』 660-11, 기독교대한성결교회 활천사, 2008. 이만석, 「이슬람을 바로알자 : 이슬람은 국가안보 문제다」, 『한국논단』 244, 한국논단, 2010.
7 Lee, Hee-Soo(Jamil), "Islam in Korea : History, Present Situation and Future Prospect", *Korea Journal of Islamic Culture,* Vol.1-No.1, Korea Institute of Islamic Culture, 1997.
8 온인주, 장병옥, 「한국의 이슬람 금융 도입 가능성과 전망」, 『중동연구』 31-2, 한국외국어대학교 중동연구소, 2012.
9 이것은 국회전자도서관을 검색해서 나온 내용인데, 한국 이슬람과 관련된 석사학위 논문 총 39편 가운데 17편이 기독교계에서 나온 것이며, 이슬람 금융관련 논문은 4편이었고 나머지는 각기 다른 주제들로 이루어져 있었다.
10 이희수, 앞의 책. 송현동, 앞의 글. Lee, Hee-Soo(Jamil), 앞의 글.

이슬람교의 예배, 즉 의례에 관해 알아보고, 이슬람에서 지내는 절기에 대해 파악해 볼 것이다. 다음으로 한국 이슬람교의 현재에 대해 알아보고. 한국 이슬람교의 특징과 미래에 대한 전망을 파악해 볼 것이다.

Ⅱ. 이슬람교의 의례

누구든지 이슬람교가 진리라고 믿고 무슬림이 되고자 한다면, 샤하다(Shahādah), 즉 '나는 알라 이외엔 신이 없음을 증언한다. 나는 또 무함마드가 알라의 사도임을 증언한다(Ashhadu al-lā ilāha illā-Allāh, wa ashha-du anna Muḥammadan rasūlu- Allāh).'를 선서하면 된다. 이 2가지 증언으로서 그는 무슬림이 된 것이다.[11] 무슬림이 되고 나면 행해야 할 것이 신앙고백, 예배, 희사, 단식, 메카로의 성지순례인데, 이것들은 이슬람을 지탱하는 다섯 개의 골격이며 기둥(五柱)이다. 또한, 무슬림이라면 알라 하나님,[12] 천사들, 성서들, 사도들, 마지막 날, 그리고 운명에 대한 여섯 가지(六信)를 믿어야 한다.[13]

---

11 카말 알리 알-문타씨어, 『예배입문』, 하지 사브리 서정길 역, 주한 리비아 국민사무소, 1974, 15쪽.

12 한국 이슬람교에서는 알라를 하느님이 아닌 하나님으로 번역해서 부르는데, 이것은 기독교의 기본 믿음인 삼위일체를 대비시키고 있는 의미가 있다고 본다. I. A. Ibrahim, 『이슬람의 이해를 돕는 간단한 삽화 안내서』, 아미나 옮김, 아담출판사, 2009, 46~47, 65쪽 참조.

13 이에 대한 자세한 설명은 무함마드 A. 수하임, 『이슬람－원리와 개론』, 최영길 역, 알림, 2007, 154~189쪽, 송현동, 앞의 글, 150~156쪽 참조.

이슬람교에서 의례라고 하면 위에서 말한 다섯 기둥을 모두 포함해야 할 것이다. 이 가운데서도 특히 의례의 중심은 예배에 있다. 무슬림은 하루 다섯 차례 ─ 새벽, 낮, 오후, 저녁, 밤[14] ─ 의 예배를 드리는데, 이슬람의 예배는 단 몇 분밖에 걸리지 않을 정도로 다른 종교들에 비한다면 매우 간단하다. 다만 예배에 들어가기 위한 절차가 중시된다. 우선 예배에 들어가려면 의복이나 몸을 깨끗하게 해야 하므로 예배에 앞서 반드시 깨끗한 물로 부분 세정(Udu)을 하거나 전체 세정(Gusl)을 해야 하며, 물을 구할 수 없는 경우, 병중이어서 물을 쓰면 병이 악화하거나 회복이 늦어질 수 있는 경우, 추운 겨울에 찬물을 사용하면 건강을 해칠지도 모를 경우 등은 깨끗한 모래 등을 이용해서 대체 세정을 한다. 많은 경우 부분 세정을 하는데, 순서에 따라 손, 입, 코, 얼굴, 팔, 머리, 귀, 발을 차례대로 씻는다. 예배는 아잔[15]과 이까마[16]가 차례대로 낭송되고 나면 시작된다. 순서는 다음과 같다.[17]

---

14 차례대로 파즈르(Fajr), 주흐르(Zuhr), 아스르(Asr), 마그립(Magrib), 이샤(Isha)라고 부른다. 한국 이슬람에서 매주 금요일 발행하는 주간 무슬림에는 매일의 예배 시간표를 알려주고 있는데, 일정하지 않고, 분단위로 예배시간이 매일 변화된다.

15 아잔이란 예배시간을 알리는 소리로서 그것의 순서는 다음과 같다. (1) 알라-후 아크바르(4회)(하나님은 위대하시다). (2) 아슈하두 알라-일라-하 일랄라(2회)(나는 하나님 외에 신이 없음을 증언하나이다). (3) 아슈하두 안나 무함마단 라수-룰라(2회)(나는 무함마드가 하나님의 사자임을 증언하나이다). (4) 하이야 알랏 쌀라-(2회)(예배보러 올지어다). (5) 하이야 알랄 팔라-(2회)(성공을 빌러 올지어다). (6) 알라-후 아크바르(2회). (7) 라-일라하 일랄라(1회)(하나님 외에 신이 없도다). 한국이슬람교, 『예배입문』, 2012, 15쪽.

16 이까마는 아잔 후, 본 예배가 시작되기 직전에 부르며, '까드 까마릿 쌀라-(예배가 지금 시작된다)'를 아잔의 (5)번 다음에 첨가해서 2회 부른다. 위의 책, 16쪽.

17 위의 책, 8~16쪽.

가. 의도(니야)

먼저 마음속으로 니야를 한다. 예를 들어 주흐르 예배시는 다음과 같은 니야를 한다. "나는 하나님께 주흐르 예배를 드리고자 합니다."

나. 예배의 시작(타크비-라툴 이흐람)

예배 참여자는 예배 시작의 표시로 양손을 귀볼 까지 올리고 "알라 후 아크바르"라고 말한다. 이때 시선은 절을 할 때 코와 이마가 닿을 곳에 둔다.

다. 서있는 자세(끼얌)

다음으로 손을 앞으로 마주 모아 팔짱을 낀 다음 꾸란의 개경장과 짧은 장(혹은 절)을 암송한다.

라. 반절(루쿠)

"알라 후 아크바르"라고 말하며 양 손바닥이 무릎을 감싸게 하고 상반신을 구부려 반절을 한다. 이 자세로 "수브하-나 랍비얄아지-임(위대하신 나의 주님께 영광이 있으시기를)"을 3회 반복하여 암송한다.

마. 허리를 폄(까우마)

그 자세에서 "사미알라-후 리만하미다(하나님께서는 찬미드리는 자의 말을 들으시도다)"를 외우며 허리를 편다. 그리고 "랍바나-라칼함두(오, 주님이시여! 당신을 찬미하나이다)"를 암송한다.

바. 첫 번째 절(싸즈다)

"알라 후 아크바르"를 말하며 엎드려 첫 번째 절을 한다. 이때 양 손바닥과 이마와 코, 발끝과 무릎이 바닥에 닿아야 한다. 그 자세로 "수브하-나 랍비얄아알라(지고하신 나의 주님에게 영광이 있으시기를)"를 3회 외운다.

사. 앉음(잘사)

"알라-후 아크바르"라고 말하며 몸을 일으켜 두 번째 절을 하기 위해 잠깐 앉는다.

아. 두 번째 절

두 번째 절은 첫 번째 절의 요령과 동일하며 두 번째 절이 끝나면 "알라-후 아크바르"를 말하며 일어선다.

자. 타샤후드[18]

두 번째 라크아의 시작은 처음과 동일한 방법으로 하며 모든 예배는 두 라크아가 기본이므로 두 라크아가 끝나면 앉은 자세로 '타샤후드'를 암송한다. "아슈하두 알라-일라-하일랄라"를 암송할 때는 오른손 인지를 세운다.

차. 쌀라-투 알란나비[19]

두 번째 라크아가 끝나면 '타샤후드'를 암송한 후 세 번째 라크아를 계속할 경우 일어서서 처음과 같은 방법으로 계속해서 예배를 하고, 두 라크아로 끝낼 경우 다음 순서로 '쌀라-투 알란나비'를 암송한 후 '쌀람'을 한다.

---

18 모두 아랍어로 암송하지만, 여기서는 번역 내용만을 인용한다. "모든 인사와 예배와 선행은 하나님을 위한 것입니다. 예언자여! 하나님의 평화와 하나님의 자비와 축복이 당신에게 있기를, 우리들에게 그리고 선행하는 하나님의 종들에게도 평화가 있기를. 저는 하나님 외에 신이 없고, 무함마드가 그분의 종이자 사자임을 증언합니다." 위의 책. 24쪽.

19 이것도 아랍어로 암송하지만, 한글만 인용한다. "오 하나님이시여! 당신께서 이브라힘과 이브라힘의 가문 사람들에게 축복을 내리셨던 것처럼 무함마드와 무함마드의 가문 사람들에게도 축복을 내려주소서. 실로 당신은 찬미와 영광을 받으시는 분이십니다.(2회 반복)" 위의 책, 25쪽.

카. 쌀람

고개를 오른쪽으로 돌리면서 "앗쌀라－무 알라이쿰 와라흐마 툴라
－(하나님의 평화와 자비가 당신에게 깃드시기를)"를 말하고, 다시 왼쪽으로
고개를 돌리면서 같은 구절을 반복한다. 이때 시선은 자신의 어깨를
향한다. 이로써 2 라크아의 기본 예배가 끝난다.[20]

　　이상과 같은 순서로 예배를 진행하는데, 혼자 할 수도 있고, 다른
사람과 함께 할 수도 있다. 2인 이상이 되면 반드시 예배를 인도하는
사람이 있어야 하는데, 이 사람을 이맘이라고 부른다. 물론 이때의 이
맘은 지속적인 것이 아니라 단지 예배의 순간만 이맘이 되어 있을 뿐
이다. 실제로 이슬람교에는 고정적인 성직자제도가 없다. 따라서 이
맘은 그저 여럿이 모여 예배를 볼 때 예배를 인도하는 역할을 할 뿐이
다.[21] 그것은 예배에 대한 이슬람의 믿음에 그 원인이 있다. 이슬람교
에 따르면 예배시간은 예배드리는 사람과 하나님과 교통하는 직접적
교류의 순간이다. 따라서 하나님과 예배드리는 사람 사이에는 어떤
중개자도 존재하지 않게 된다.[22] 다른 예배들과 달리 금요합동예배인

20　무슬림이 따라야 하는 하루 다섯 차례의 의무예배 가운데 낮, 오후, 밤의 예배는 4
　　라크아, 저녁예배는 3 라크아, 새벽예배는 2 라크아이고, 나머지는 2 라크아를 기
　　본으로 하되 4 라크아까지 자율적으로 할 수 있다. 금요합동예배도 2 라크아를 한
　　다. 또한 처음 2 라크아 때만 개경장과 꾸란의 짧은 장을 외우고, 3, 4 라크아를 할
　　때는 개경장만 암송한다. 위의 책, 17~26쪽.
21　그러나 현재 한국 이슬람교는 전적으로 이슬람에 헌신한다는 의미에서 전업 이맘
　　제도를 가지고 있으며 이맘은 이사회의 추대로 임명된다. 한국 이슬람교에서 발
　　행하는 『주간 무슬림』을 보면 한국 이슬람 중앙 성원에서 매주 예배를 인도할 이
　　맘이 누구인지를 알려주고 있다.
22　한국이슬람교, 『이슬람은?』, 2014, 4쪽.

주마예배에는 설교가 추가된다. 예배의 중심은 꾸란을 외우는 것이기 때문에 대부분 아랍어가 사용되지만, 금요합동예배에서의 설교 등은 한국어와 영어가 보통 사용되며, 아랍어가 사용되기도 한다.

　오주 가운데 하나인 단식은 라마단 달에 행하는데, 라마단 달은 음력으로 날짜를 정하기 때문에 매년 조금씩 변한다. 단식은 한 줄기 빛이라도 보이기 시작하는 새벽부터 해가 질 때까지 먹지도 마시지도 않는다. 해가 뜨기 전 새벽이나 마그립 예배가 끝난 후에 음식과 물을 먹을 수 있다. 라마단 기간에는 하루 다섯 번의 예배 외에 이샤 예배 후 '타라위흐(Tarawih)'라고 하는 특별 예배를 한다.[23] 라마단 달이 끝난 다음 날, 즉 이슬람력 10번째 달의 첫째 날에 행하는 축제를 '이드 알 피뜨르(Eid al-Fitr)'라고 한다. 이드 알 피뜨르는 무슬림들이 충실하게 단식을 한 결과로써 전능하신 하나님께서 약속하신 보상을 무슬림들에게 내려주는 은총과 축복의 날이다. 사원이나 특별히 마련된 장소에서 축제예배를 드리고 약 3일 동안 친척과 친지들을 방문하여 인사와 선물을 교환하며 축제를 지낸다.[24] 무슬림들은 라마단 단식을 거행하면서 이드 알 피뜨르 예배 전까지 반드시 '자카툴 피뜨르(Zakatul-Fitr)'라고 하는 특별희사를 해야 하는데, 이것은 오주의 하나인 희사와는 다르다. 대략 식사 한 끼에 해당하는 금액을 내면 되는데, 참고로 한국 이슬람에서는 2014년 1인당 6,000원씩 모금하여 천삼백칠십여만 원이 모금되었다고 한다.[25]

23　한국이슬람교, 『라마단과 단식』, 2014, 19쪽.
24　한국이슬람교, 『이슬람은?』, 7쪽.
25　한국이슬람교, 『주간 무슬림』 1189, 2014.

오주의 마지막 기둥인 성지순례는 성인 무슬림이 일생에 적어도 한번은 하나님의 사도인 무함마드의 출생지나 이슬람의 중심지 메카로 가는 것이다. 매년 한 번 이슬람력 마지막 달 8일부터 12일 사이에 한다. 순례자가 메카의 외곽에 이르게 되면 남성은 머리카락을 자르고 몸에는 바느질하지 않은 두 조각의 백색 천으로 만든 이흐람이라는 옷을 걸친다. 여성은 몸매를 가릴 정도의 헐렁한 평복을 입는다. 메카에 입성하면 카바 사원을 일곱 바퀴 돌고, 예배를 올린 다음, 사파 언덕과 마르완 언덕 사이를 빠른 걸음으로 일곱 번 왕복한다. 9일에는 메카에서 13㎞ 떨어진 아라파트 언덕에서 정오부터 일몰까지 서 있게 되는데, 이때 순례자들은 아브라함이 이스마엘을 하나님께 바치려고 했던 일을 상기한다. 메카로 돌아오면서 순례자들은 사탄에게 돌을 던지는 의례를 세 차례에 걸쳐서 한다.[26]

10일에는 순례의 절정을 맞아 순례를 기념하는 이둘 아드하(Idul adha)라는 축제를 하게 되는데, 희생을 통한 축제이므로 '희생제'라고 부른다. 이둘 아드하는 이드 알 피뜨르와 함께 무슬림들의 최대 축제이자 명절이다. 이날 무슬림들은 축제 예배를 한 후 아브라함이 남긴 전통에 따라 양과 염소 같은 가축을 희생 제물로 삼는다.[27] 제물

---

26 김영경, 「이슬람의 종교의례」, 『한국이슬람학회논총』 10, 한국이슬람학회, 2000, 89~91쪽.
27 이슬람식 도살 방법은 다음과 같다. 우선 도살될 동물의 머리를 메카 방향으로 하게 한 다음, '하나님의 이름으로'라는 의미의 '비쓰밀라'와 '하나님은 가장 위대하시다'라는 의미의 '알라-후 아크바르'를 암송한 다음 날카로운 칼로 고통을 최소화하는 빠른 방법으로 도살한다. 목구멍, 숨통, 그리고 목 혈관들을 베어내지만 척수는 베지 않고 죽음에 이르게 하는데, 그 이유는 동물의 피가 다 빠지도록 하기 위함이다. 이슬람에서 피는 불결과 오염, 그리고 병을 일으키는 원인으로 보고 있다. Huseyin Kirdemir, 『한국인들이 이슬람에 대해 궁금해 하는 33가지』, 이형주 역,

로 바쳐진 고기의 3분의 1은 가난한 사람들에게, 3분의 1은 이웃과 친구들에게, 그리고 나머지 3분의 1은 가족과 친척들과 나누어 먹는다.[28]

이슬람교 전통에도 출생, 할례, 결혼, 상례 등 여러 통과의례가 있기는 하지만, 대부분 아랍의 관습적인 의례에 해당하므로 상례를 제외하면 종교적인 의미를 부여하기 어렵다. 예를 들어 출생의례는 매우 간단해서 종교의례라기보다는 태어나는 아기에 대한 기원이라고 보는 것이 적절하다고 판단된다. 아기가 태어나고 조산원이 출산 소식을 전하면 아버지는 첫 번째 의식으로 아기 머리를 메카 방향으로 향하도록 안고 오른쪽 귀에 아잔을, 왼쪽 귀에 이까마를 불러주는데, 이것은 신에게 아기의 탄생을 고하고 신의 은총을 구하는 것이라고 한다.[29]

상례도 매우 간단히 진행된다. 이슬람에서의 상례는 죽음을 맞이하는 순간부터 진행된다고 볼 수 있다. 이슬람 신도가 죽음에 이르렀다고 판단되면 가능한 얼굴을 메카 방향으로 향하도록 해준다. 그리고 샤하다(Shahādah, 신앙고백)의 첫 구절을 수시로 들려준다. 죽어가는 사람도 할 수 있으면 따라서 한다. 숨을 거두게 되면 물과 비누로 시신을 깨끗하게 닦아내고, 아마(亞麻)나 목면으로 짠 백색 천으로 시신을 싸고 끈으로 묶는다.[30] 다음으로 장례 예배를 하게 되는데, 일

아담출판사, 2005, 150쪽.

28 한국이슬람교, 『이슬람은?』, 7~8쪽.

29 이희수, 「이슬람사회의 통과의례 : 아랍 문화권을 중심으로」, 『비교문화연구』2, 서울대학교 비교문화연구소,1995, 176쪽.

30 김영경, 앞의 글, 92~93쪽.

반 예배와 달리 선 자세로 진행된다. 그 절차는 다음과 같다.

1. 장례 예배를 올리기 위한 의도를 다음과 같이 한다. "고인 ○○○ 을/를 위하여 장례 예배를 근행합니다."
2. 총 네 번의 타크비르(알라-후 아크바르)를 하면서 고인의 명복을 비는 예배를 근행하게 되는데, 첫 번째 타크비르 후에는 개경장(알 파-티하)을 외우고 두 번째는 하나님의 사자 무함마드를 위한 기도(쌀라-투 알란 나비)를 한다. 그리고 세 번째 타크비르 후에는 고인에 대한 기도를 한다. 마지막 타크비르를 한 다음 오른쪽으로 한 번의 쌀람(앗쌀라무 알라이쿰 와라흐마툴라)을 하고 예배를 끝낸다.[31]

이슬람교에서는 숨을 거둔 후 24시간 이내, 즉 되도록 빨리 매장[32]하는 것이 일반적이며, 또한 매장이 원칙이다. 관은 사용하지 않으며 시신은 오른쪽 어깨를 바닥으로 해서 옆으로 뉘고 얼굴은 메카 방향을 향하도록 한다. 분묘는 단순해서 지면에서 10여 센티미터 정도 높이로 그것이 무덤임을 알 수 있으면 될 정도로 소박하게 하는 것이 일반적이다. 장례 후 40일간의 애도 기간을 거치면 유족들이 모여 특별예배를 올린다.[33]

---

31 한국이슬람교, 앞의 책, 18~19쪽.
32 2004년 8월 카타르 정부의 재정지원으로 충청북도 충주시 양성면의 진달래 공원 묘지 내에 3800㎡의 대지를 확보하여 무슬림 묘지를 마련하였다. Tamer Musa, 「한국에서 무슬림으로 살아가기 : 한국 무슬림의 이슬람화 과정에 관한 연구」, 서울대학교 국제 대학원 석사학위논문, 2006, 23쪽.

Ⅲ. 한국 이슬람교의 현재

정확한 통계는 나와 있지 않지만, 현재 한국에는 대략 약 19만 명의 무슬림 인구가 있는 것으로 언급되고 있다. 한국인 무슬림이 3만 5천~4만 명 정도로 언급되고 있고, 한국 거주 외국 무슬림들은 15만 명 전후로 추산하고 있다.[34] 외국 무슬림들이 한국에 들어오기 시작한 것은 한국 사회에 외국인들이 본격적으로 들어오게 된 1990년대 부터였다. 1993년 11월 당시 3D업종에 저개발국 외국인 근로자들을 합법적으로 고용할 수 있도록 마련한 산업기술연수생제도가 시행되면서 여러 나라의 외국인 근로자들이 한국 사회에 들어오게 되는데, 이때 외국인 무슬림들도 한국 사회로 입국하게 된 것이다. 또한, 2000년대 들어서는 이들뿐만 아니라 외국인 유학생들이 급증하면서 동시에 이슬람 국가의 유학생들도 한국에 들어오게 되었으며, 국제결혼을 통한 외국인들의 유입도 외국 무슬림들이 한국 사회에 정착하게 되는 또 다른 요인이 되었다. 한국 사회가 국제사회에 개방되면서 많은 외국인이 다양한 목적으로 한국 사회에 진출하게 되고 덩달아 외국 무슬림들의 숫자도 증가하게 된 것이다. 한국 사회가 국

---

33 김영경, 앞의 글, 93~95쪽.
34 각 논문에서 밝힌 숫자가 조금씩 차이를 보이기는 하지만, 대략, 이 숫자에 근접하고 있으며, 필자가 한국 이슬람교 중앙 성원을 방문해서 술래이만 이행래 명예이맘과 면담에서 전해 들은 숫자이기도 하다. 윤희중, 「다문화사회 적응에 대한 국내 이주무슬림의 인식분석-한국사회를 중심으로」, 『중동연구』32-3, 한국외국어대학교 중동연구소, 2013, 160쪽에서는 국내 한 연구소에 조사 의뢰한 결과를 발표한 한겨레신문의 기사를 인용해 2011년 현재 137,000명의 이주 무슬림이 있다고 하고 있다.

제화, 개방화되어 있는 한 외국인들의 숫자는 증가하게 될 것이고, 마찬가지로 이런 추세에 따라 외국 무슬림들의 한국 거주도 지속적으로 증가하게 될 것으로 판단된다.

이렇게 볼 때 한국 사회에서 이슬람은 적어도 불교나 기독교와 같은 주류종교[35]는 아닐지라도 주요 종교로 부상하고 있음에 틀림없다. 물론 외국인 무슬림들의 증가로 인해서 많은 수의 무슬림들이 생겼기 때문에 실제 한국인 무슬림들만의 숫자만 본다면 별로 크게 느껴지지 않을 수도 있다. 그러나 무슬림들은 생활과 종교가 다른 어느 종교보다도 밀접히 연관되어 있고, 앞에서 보았듯이 예배의 특성까지 고려한다면 다른 종교와 같은 기준을 적용할 수는 없다고 본다. 왜냐하면, 특별한 경우를 제외하면 무슬림들은 일상생활에서도 이슬람법 체계인 샤리아를 준수하며 살아가고 있고, 예배의 경우에도 국적과 상관없이 모두가 함께 참여할 수 있도록 하기 때문이다. 이것은 기독교를 비롯한 다른 종교들에서는 볼 수 없는 모습이다. 특히 의례가 거의 정형화되어 있는 천주교도 대부분의 미사 전례가 각국의 언어로 진행되기에 한국에 거주하는 외국인 신도가 한국인들의 미사에 참석하는 것은 다소 어렵다고 생각된다. 따라서 가능하다면 같은 언어를 가진 사람들만의 의례를 진행하게 된다. 그러나 이슬람교의 경우는 국적과 상관없이 공통예배를 보는 것이 가능하기에 금요일에 진행되는 공통예배에는 한국 무슬림들만의 예배나 외

---

35 2005년 통계청 인구주택 총조사에서 우리나라 전체 인구 가운데 총 53.1%가 종교를 가지고 있으며, 불교, 개신교, 천주교가 그 가운데 52%고 나머지 1.1%가 다른 종교를 가지고 있는 것으로 나타나 다종교사회라는 한국 사회는 사실상 불교 전통과 기독교 전통의 종교가 주류를 차지하고 있다.

국 무슬림들만의 예배가 따로 이루어지는 것이 아니라 함께 참여해서 예배를 진행되고 있다. 따라서 이들은 서로 국적이 다름에도 불구하고 무슬림이라는 공동 연대의식을 쉽게 가질 수 있으며 그것은 다른 종교전통들에서는 볼 수 없는 모습이기도 하다. 그러므로 비록 외국의 무슬림이라고 하더라도 현재 한국에서 활동하고 있다면 적어도 그 순간은 한국의 사회와 문화에 영향을 줄 수 있기 때문에 이슬람을 단순히 이방인의 낯선 종교로 볼 것이 아니라, 보다 가까이에 있는 종교로 보아야 할 것이다.

현재 우리나라에 있는 이슬람 성원, 즉 마스지드는 16개이고 그보다 작은 기도소, 즉 무살라는 80~100여 개로 추산된다. 기도소의 숫자는 사실 변동이 큰 편이다. 새로 생겼다가 또 사라지는 일이 자주 반복되기 때문이다. 마스지드라고 하는 성원들 가운데 10곳은 독자적인 건물을 지어서 사용하고 있는데, 순수하게 한국 무슬림들만의 힘으로 이루어진 곳은 없고, 대부분 한국 거주 외국 무슬림들, 외국 무슬림 국가 및 외국 무슬림 독지가의 지원, 또는 그들만의 노력으로 이루어진 곳들이다.[36] 예를 들어 안산, 포천, 부천 등지의 성원은 이곳에 무슬림 노동자들이 많이 모여 있는 관계로, 성원을 마련하는데 외국 무슬림들의 노력이 적지 않게 들었으며, 이후의 종교 활동도 이들이 중심이 되고 있다. 사실상 서울, 부산, 경기도 광주, 전주, 안양 성원을 제외하면 나머지는 모두 이주 외국 무슬림들을 중심으로 운영되는 성원들이다. 이슬람 성원과 관련한 이슬람교만의 특징은 한

---

36 한국 이슬람교 중앙회(http://www.koreaislam.org).

번 이슬람 성원으로 지정되면 특별한 사유가 없는 한 그곳은 영원히 이슬람 성원으로 이용되어야 한다는 것이다. 따라서 현재와 같은 상황이 지속된다면 각 지방의 마스지드가 지어진 곳은 그 지역 이슬람 문화의 중심지 역할을 할 수도 있다.

한국 이슬람교 중앙회의 주요 활동은 전국 이슬람 성원과 이슬람 센터를 지원 및 관리하고 이슬람 선교를 위한 각종 책자 발간, 아랍어 강좌 등의 이슬람 관련 문화강좌 운영, WAMY(세계무슬림청년협의회) 캠프와 이슬람 여름 어린이 캠프 등의 이슬람 선교 캠프 개최, 꾸란 낭송대회 개최, 이슬람 교리 세미나 개최 등이다.[37] 이 밖에도 이둘 아드하와 이드 알 피뜨르 행사를 진행하고 라마단 기간의 날짜와 매일의 예배시간을 정하는 등의 일을 하고 있다. 이와 같은 한국 이슬람교의 운영을 위한 결정사항은 전체 지도자 회의에서 합의로 결정된다.

이슬람교 중앙회에서 발행하는 각종 책자는 이슬람 성원을 방문하는 사람들에게 무료로 배포하고 있다. 그 가운데 1981년 3월 13일 첫 발간을 시작한 『주간 무슬림』은 주보로서 무슬림 및 비무슬림들에게 이슬람에 대한 지식을 제공하고 있다. 현재 매주 발행되고 있는 『주간 무슬림』의 구성을 보면 차례, 금주의 꾸란, 금주의 쿠뜨바(Khutba, 설교), 오늘의 하디스, 파트와(Fatwa), 이슬람의 예절, 주간 소식, 예배시간표, 전국이슬람 성원 연락처의 순으로 이루어져 있다. 이 가운데 꾸란, 하디스, 예절, 주간 소식란은 한글과 영어로 병기되

---

37 김철호, 「이슬람 거리의 형성과 한국인 무슬림의 입교과정」, 영남대학교 대학원 석사학위논문, 2011, 17쪽.

어 있고, 파트와, 예배시간표, 성원 연락처는 한글만으로 되어 있다. 한글만으로 되어 있는 부분이 있기는 하지만, 대부분이 영어로 병기되어 있는 것은 한국 이슬람의 성격을 단적으로 보여주고 있다고 본다. 실제로 매주 금요일 서울 중앙 성원을 가보면 외부의 관광객들 이외에 이슬람식 복장을 한 외국인 무슬림들의 비율이 매우 높은 것을 알 수 있고, 사무실에서 사무를 담당하는 외국 무슬림들도 볼 수 있었다.

한국 이슬람교 중앙회의 산하기구로는 한국 무슬림 신도회, 한국 이슬람 문화연구소, 술탄 마드라사, 자문위원회가 있다. 한국 무슬림 신도회는 청년회, 학생회, 여성회, 장년회로 구성되어 각기 집회, 이슬람 강좌, 무슬림 가족 교육, 친목 도모 등의 활동을 한다. 한국 이슬람 문화연구소는 이슬람을 주제로 각종 세미나 및 강연회를 개최하고 이슬람 관련 책자 번역과 저술 등 이슬람을 연구하는 활동을 하고 있으며, 술탄 마드라사는 무슬림 어린이들을 교육하는 활동을 수행하고 있다. 자문위원회는 선교 활동에 관한 자문 및 지원을 수행한다. 이들은 모두 서울 중앙 성원에 위치하고 있다.[38]

2005년 발간된『한국 이슬람 50년사』를 보면 국제 이슬람 학교 설립, 이슬람 문화센터 설립, 이슬람 대학 건립 등과 같은 미래 선교 계획이 잡혀 있었다. 국제 이슬람 학교는 어린이 대상의 초등학교와 유치원을 개설한다는 계획이고, 이슬람 문화센터는 이슬람에 관심을 지닌 내외국인 모두에게 이슬람 상담을 통해 포교의 교두보 역할

---

38 위의 글.

을 할 수 있도록 할 것이라고 한다. 1970년대 말부터 구체화하기 시작한 이슬람 대학 건립은 비록 처음의 계획에서 축소되기는 하였지만, 진행중에 있다고 언급하고 있다.[39] 그러나 실상 그 이후의 전개 과정을 보면 술탄 마드라사를 제외한 나머지는 중단된 상태다. 한국에서 교육기관을 통한 이슬람 전파가 없었던 것은 아니었다. 1981년 여름부터 육영재단 소속의 부산 남도여중학교에서 이사장의 결정으로 파키스탄인을 초청하여 이슬람을 가르쳤다고 한다. 1983년 이슬람을 받아들인 이 학교의 학생이 300명을 넘고, 1984년에는 450명을 넘어섰다는 것이다. 1983년 육영학원 이사회는 이슬람 고등학교를 세우기로 하고 오마르 압달라 카멜(Umar Abdullah Kamel)이라는 실업가에게 건축비 지원을 제안하였다. 양측의 회의를 거쳐 1984년 3월 20일 합의서가 작성되고, 학교명을 알리 빈 아비 딸립(Ali bin Abi Talib)으로 한 고등학교를 설립하기로 하였다. 학교부지와 일부 건축비, 그리고 운영비 등은 학교 측에서 부담하기로 한 내용이었다. 이 학교가 1986년 3월 1학년 348명을 모집하면서 한국 최초의 이슬람 고등학교가 시작되었다. 그러나 학교 건축 과정에서 계약 사항을 제대로 이행하지 못한 학교 측의 문제로 인해 1987년 학교의 운영권을 다른 인수자에게 넘기면서 최초의 이슬람 고등학교는 문을 닫게 된다.

이슬람 대학의 설립도 비슷한 과정을 밟게 된다. 1978년 한국 이슬람교 연합회는 이슬람 대학의 설립을 추진하기로 하고 모금 운동을 전개하는 한편 1979년 한국을 방문한 사우디아라비아 나이프 빈

---

39 한국 이슬람교 중앙회,『한국 이슬람 50년사』, 한국 이슬람교 중앙회, 2005, 38~39쪽.

압둘아지즈(Naif bin Abdulaziz) 내무부 장관에게 이 안을 제안하였다. 그는 이 안을 한국 정부에 소개하면서 부지 제공을 타진했다. 1980년 한국과 사우디아라비아 양국 정부 사이에 실무접촉이 진행되고 한국 정부는 용인에 13만 평의 부지를 제공하고 이어 1981년 7월 31일 문교부는 6가지의 승인조건을 제시하면서 대학 설립을 인가했다. 그러나 이 역시 처음의 계획대로 제대로 진행되지 못하고 건축이 지연되다가 결국 이 부지를 한국 이슬람교 연합회 재단 이사회 이사 7명 전원의 합의를 거쳐 2005년 9월 26일 용인시에 매각함으로써 이슬람 대학 건립계획은 백지화되어버렸다.[40]

교육기관을 설립하고자 하는 이러한 계획이 제대로 실행되지 못하자 현재 한국 이슬람교에서는 기초부터 다시 시작하려고 계획하고 있다고 한다. 다시 말해서 유치원을 제대로 운영하고 이것이 기초가 잡히면 초등학교, 그리고 단계적으로 중학교, 고등학교 등으로 범위를 확장하려고 한다는 것이다.[41]

한국 이슬람교는 교육기관 외에 사회복지기관 운영이나 활동, 한국 종교들과의 대화창구인 종교연합운동이나 대화운동 등에는 참여하지 않고 있다. 이주 외국인 무슬림들을 위한 법률자문 의료봉사 등의 역할을 일부 했다고는 하지만, 사실 이런 것은 오히려 한국 이슬람교의 활동보다는 개신교를 비롯한 기독교 측의 활동이 더 활발하다고 본다.

---

40 이 과정에 대한 자세한 논의는 최영길, 「한국인을 대상으로 한 이슬람 교육기관 설립과 그 결과에 관한 연구」, 『한국이슬람학회논총』 22-3, 한국이슬람학회, 2012, 7~14쪽 참조.
41 이것은 앞의 각주 34에서와 마찬가지로 면담과정에서 들을 수 있었다.

Ⅳ. 한국 이슬람교 읽기

한국 이슬람교를 어떻게 파악할 수 있을까? 이것은 두 가지로 나누어 볼 수 있다. 하나는 외국의 이슬람교와 대비되는 한국 이슬람교만의 모습, 즉 한국적인 모습을 말할 수 있고, 또 다른 하나는 한국에서 다른 종교들과 대비되는 이슬람교의 차이점을 말할 수 있다는 것이다. 그러나 이 글은 한국에 있는 이슬람교를 언급하는 것이기에 외국 이슬람교보다는 한국 이슬람교만의 모습을 우선하여 볼 것이며 부수적으로 다른 종교와 이슬람교의 차이점도 함께 언급할 것이다. 한국 이슬람교가 외국의 이슬람교, 그리고 한국의 다른 종교들과 차이를 보이는 모습은 한국 이슬람교에서 공식적으로 인정한 교리나 입장을 볼 예정이지만, 그와 무관한 한국 무슬림들의 종교 생활의 특징적 모습도 함께 언급할 것이다.

이슬람교의 주요 특징 가운데 하나는 정교일치를 추구하는 것이며 일상생활도 이슬람법인 샤리아에 기초한다는 것이다. 특히 사우디아라비아를 비롯한 아랍권의 이슬람 국가들은 이슬람교를 국교로 하고 있기 때문에 국민들은 모든 일상생활에서 샤리아의 규제를 받는다. 그렇다면 종교의 자유가 있는 세속국가인 한국의 무슬림들은 어떻게 살아갈까? 스스로 이슬람법의 규제를 받으며 살아갈까? 당연한 말이겠지만 한국의 무슬림들은 샤리아를 기본으로 하되 한국의 국내법과 상충될 경우 국내법을 준수하도록 하고 있다.

이러한 것과 관련해서 한국의 사회 문화 속에 나타나는 한국인 무슬림들의 종교 생활의 특징적인 모습들이 있다. 첫 번째가 한국인 무슬림들은 이슬람의 주요 계율인 오주를 실천하기 어렵다는 것이다. 이슬람교에서는 매주 금요일 낮 예배는 금요합동예배를 하도록 권하고 있지만, 한국 사회는 금요일이 공휴일이 아니어서 무슬림들이 낮 예배에 공동으로 참석하기가 쉽지 않다. 따라서 많은 한국 무슬림들은 개인 예배를 드릴 수밖에 없다. 그러나 이조차도 쉽지는 않다. 무슬림들은 하루에 다섯 번의 기도를 해야 하지만, 바쁜 사회생활로 인해 각 시간에 맞춘 개인 예배조차도 지켜나가기 어렵다는 것이다. 라마단 기간에 하는 단식의례도 한국 무슬림들에게는 수행하기 어려운 의무에 속한다. 가족 전체가 무슬림이 아닌 일부 무슬림들은 성원 등에 모여서 무슬림들끼리 하는 집단 단식을 하기도 하지만 대체로 부분적인 단식에 그치고 있다. 자카트의 의무규정도 한국 무슬림들이 잘 지키지 않는 의무에 속한다. 자카트는 어려움보다는 아직 한국 무슬림들이 필수적 종교 의무라고 여기지 않는 것이 주된 이유라고 본다. 메카로의 성지순례도 강제적인 의무가 아니며 역시 다른 종교적 의무에 비해 덜 중요하게 생각하고 있기 때문에 극히 일부가 그것도 외국 이슬람 단체의 도움으로 다녀오는 정도다.[42]

두 번째로 들 수 있는 것이 식습관의 문제인데, 한국인 무슬림들은 이슬람교에서 규정하는 식습관을 제대로 지키기 어렵다는 것이다. 이슬람교에서는 금기로 여겨지는 음식이 있는데, 그 가운데 가장 문제가 되는 것이 술과 돼지고기이며, 이슬람식으로 도축되지 않

---

42 Bakhromov Alisher, 「한국인의 이슬람에 대한 이해 태도-9·11 테러 전후를 중심으로」, 한국학중앙연구원 한국학대학원 석사학위논문, 2009, 25~26쪽. 자카트 의무나 성지순례 등과 같은 부분은 이슬람교를 방문해서 면담을 통해서도 확인할 수 있는 것들이었다.

은 육류도 역시 문제가 된다. 음식에 관한 금기는 한국인 무슬림들이 종교 생활을 하는 데 있어서 어려운 문제로 등장한다. 한 논문에 따르면 한국 사람이 사회생활을 하면서 단체 회식 등에서 술과 돼지고기는 피할 수 없는 부분으로 이야기되고 있다. 돼지고기는 그래도 어느 정도 소고기나 닭고기 등으로의 대체가 가능하지만, 한국에서 사회생활을 하면서 술과 완전히 단절될 수는 없다. 여기에 할랄 음식에 관한 규정은 한국 무슬림들의 신앙생활을 더더욱 힘들게 만든다.[43] 한국에서 생산된 가공식품이 육류를 재료로 사용했을 경우 할랄 규정을 지킨 것을 찾을 수 없음은 명백하다. 그러나 현재 한국의 소비행태로 보면 가공식품을 멀리할 수는 있지만, 완전히 끊을 수는 없는 형편이다. 사실상 대부분의 한국인 무슬림들은 할랄 음식 규정도 제대로 지키기 어렵다. 이러한 불편한 점 때문에 과거 한국 이슬람교에서는 도축장에 이슬람식 도축을 하도록 계약했었지만, 불편함을 비롯한 여러 가지 문제로 인해 현재는 수입 육류에 의존하고 있다고 한다. 그렇지만 이를 이용하는 사람들은 주로 외국 무슬림들이다.

세 번째로 이야기할 수 있는 것은 한국만의 모습이라기보다는 이슬람교 일반의 특징적 모습이라고 해야 할 것이다. 그것은 다름 아닌 이슬람 의례의 모습인데 대부분 이슬람식 의례가 매우 간단하다는 것이다. 앞에서 소개한 예배, 장례식 등등이 그러하고 결혼식이나 다른 의례들도 대부분 예배를 기초로 하지만 예배 자체가 간단하게 진행되기에 복잡하게 전개될 수 없는 구조이다. 1985년 한국 최

---

43 송도영, 「한국 내 이슬람(할랄) 음식의 소비방식과 공급체계에 대한 문화적 해석」, 226~229쪽.

초의 이맘 윤두영의 장례식을 소개한 신문기사를 보면 10분 만에 이슬람식 장례가 끝났음을 알려주고 있다.[44] 이슬람의 연중행사 중 가장 중요하다고 하는 두 축제일도 전체적인 시간은 길게 이루어지지만 실제로 하는 종교의례 행위는 매우 단순한 것이라고 할 만하다. 한국적인 모습이라고 해봐야 예배시간에 설교할 때 한국어를 사용한다는 정도일 것이다.

이슬람교의 의례와 관련해서 언급할 것은 유교식 의례인 제사와의 유사성과 차이점이다. 차이점이라면 한국의 유교식 제사는 종류가 다양하다는 것이다. 그러나 제사 자체만을 놓고 본다면 단순한 측면이 있다. 제사상을 차리고 여러 절차가 있기 때문에 반드시 같은 구조를 가지는 것은 아니지만 제사의 종류가 다양하더라도 큰 틀에서 조금씩 가감하는 정도이다. 이슬람식의 의례도 이와 유사하다고 말할 수 있다. 또 한 가지는 제사를 지낼 때 제주는 보통 집안의 가장이 담당한다. 말하자면 고정된 사제계층이 따로 있는 것이 아니라 누구든 때에 따라 제주가 될 수 있다. 이슬람교에서도 마찬가지로 원칙적으로 누구나 이맘이 될 수 있다는 면에서 비슷하다고 할 수 있다. 더불어 이슬람은 사제가 없기에 신과 인간이 직접 교감하게 된다. 중개자가 필요없다는 말이다. 유교식 제사에서도 제사에 참여한 사람들은 조상과 직접 교감한다는 면에서 같은 모습을 지닌다. 차이점은 이슬람교에서는 예배의 대상이 알라이고 유교의 제사

---

44 『동아일보』 1985.2.23. 신문에서는 최초의 이슬람식 장례라고 하였지만, 이보다 먼저 1979년 3월 한국 이슬람교 협회 초대 회장이었던 우마르 김진규가 최초의 이슬람식 장례를 했다고 한다. 『한국 이슬람 50년사』, 57쪽.

에서는 조상이라는 점이다.

네 번째로 언급할 수 있는 것은 한국 이슬람교의 신도구조이다. 앞에서도 이야기했지만 다른 종교와 달리 한국의 이슬람교는 외국 무슬림들이 압도적으로 많은 구조이다. 그것은 이슬람 자체의 원인보다는 세계적으로 국제간 인구의 이동이 활발하게 진행되면서 나타난 현상이다. 한국에 외국인이 급증한 일차적 요인은 한국의 노동시장에 부족한 노동 인력을 외국으로부터 수급한 것이다. 다음으로 유학생의 증가인데, 한국의 경우 아무래도 저개발 국가 출신의 유학생이 증가하면서 자연스레 이슬람 국가 출신의 유학생도 동반 증가하고 있다. 국제결혼의 비율이 높아지는 것도 외국 무슬림 숫자의 증가와 직결된다. 한편, 외국 무슬림들의 경우 영구히 한국에 거주하는 것이 아니기 때문에 계속해서 구성원이 변화된다는 특징이 있다.

한국인 무슬림들의 구조적 특징을 본다면 역사와 관련된다. 1950년대 말 한국 이슬람교 초창기에 이슬람으로 개종한 사람들은 숫자도 매우 적었고 대체로 순수한 종교적 동기에서 출발했다고 본다. 그러나 한국에 중동 건설 붐이 일기 시작한 1970~80년대에 많은 한국인 근로자들이 중동에 진출하면서 무더기로 이슬람으로 개종하는데, 순수하게 종교적 동기에서 비롯된 사람들도 있었겠지만, 경제적 동기에서 입교한 사람이 대부분이었다. 이렇게 입교한 사람들 중에서 귀국하고 난 이후에도 계속해서 무슬림으로서의 삶을 지속하는 사람은 미미하다.[45] 따라서 35,000~40,000명으로 보는 한국 무슬

---

45 김철호, 앞의 글, 38쪽.

림의 숫자 가운데, 실제로 제대로 무슬림으로서의 삶을 영위하는 사람이 얼마나 될지는 파악하기 어렵다.

다섯 번째로는 국제결혼을 통한 입교과정에서 남녀 차별에 관한 문제이다. 대체로 이슬람교에서는 여성을 존중하고 보호한다는 논리를 내세우지만, 종교의 자유라는 기준으로 보았을 때 이슬람교로의 입교과정이 근본적으로 남녀를 차별하고 있다고 본다. 무슬림 여성은 비무슬림 남성과의 결혼이 인정되지 않지만 반대의 경우는 허용된다. 따라서 한국인 비무슬림 남성이 무슬림 여성과 결혼하려면 남성이 무슬림이 되던가 아니면 결혼 후 여성이 이슬람을 포기해야 한다.[46] 외국인 남성 무슬림과 결혼한 한국 여성의 경우에는 미리 무슬림이 되던가 아니면 결혼 후 무슬림이 되는 경우가 많다.

이상과 같은 한국 이슬람교의 모습을 전체로 조망하자면 기본적으로 한국의 이슬람교가 아직은 한국적 이슬람교는 아니라는 것이다. 한국의 이슬람교인들은 대부분의 이슬람식 관습을 그대로 따라하려는 모습을 보인다. 예외적인 것은 한국의 실정법에 저촉되는 것은 금지하는 선에서 타협하는 것으로 보인다. 그러나 현실적으로 한국인 무슬림들이 이슬람의 샤리아나 관습을 그대로 받아들이기에는 어려움이 따른다. 가령 예배, 성지순례, 자카트, 금요공동예배, 단식 등을 한국인 무슬림이 그대로 지키는 것은 현실적으로 매우 어려

---

46 결혼 이전에 남성이 무슬림이 되면 되겠지만, 그렇지 않을 경우 여성들이 무슬림 공동체와 단절되는 것으로 보인다. Bakhromov Alisher, 앞의 책, 27쪽. 이정순, 『21세기 한국 이슬람의 어제와 오늘』, 도서출판 대서, 서울, 2012, 58~59쪽. 이 책은 기독교적인 시각이 반영된 것이기 때문에 안의 내용에 모두 동의할 수는 없지만, 실제 개종 사례에 관한 것은 사실이라고 본다.

운 문제이다. 그러나 이런 어려움이 있다고 해서 한국 이슬람교가 '한국인 무슬림은 이런 의무를 똑같이 지키지 않아도 된다'라고 공식화하지는 않았다. 그보다는 정확히 제대로 지키라는 것이 기본적 입장이다. 그렇다면 이러한 것을 어기는 한국인 무슬림들은 죄를 지으며 사는 것이다.

이슬람교는 자주 언론에 오르내리지만, 그리고 우리 주위에 20만에 가까운 사람들이 살면서 신앙생활을 하고 있지만, 무슬림이 아닌 다른 한국인들에게는 아직도 낯선 종교이다. 이슬람교가 아직 우리에게 낯선 이유는 다음의 몇 가지로 말할 수 있다.

첫 번째, 시간적으로 이슬람교는 한국에서 활동을 시작한 것이 이제 막 반세기가 지난 종교이다. 비록 고대부터 이슬람교와 한국사회의 접촉이 있었다고 하더라도 현재 한국 사회에서 활동하고 있는 이슬람 공동체는 1950~60년대부터 본격적으로 생겨나기 시작한 것이다. 그것은 6·25전쟁에 유엔군의 일원으로 참전한 터키군의 포교로부터 비롯된다. 따라서 현대 한국인들에게는 시간적으로도 생소할 수밖에 없다.

두 번째, 이슬람의 종교적 활동 외에 일반인들이 이슬람을 접할 기회가 별로 없다는 점도 이유가 될 수 있다. 비록 한국 사회에서의 활동 시간이 많지는 않았지만, 과거 기독교가 한국 사회에서 했던 활동들과 비교해보면 더욱 쉽게 수긍이 가리라 생각된다. 교육, 의료, 사회복지 등 여러 측면의 활동이 전무한 가운데 특별히 이슬람에 관심을 지니지 않는 한 일반인들은 이슬람과 접하기 어렵다.

세 번째, 현재 한국 사회에서 간접적으로 이슬람을 접하게 될 때

는 긍정적인 모습보다는 부정적 모습이 더 쉽게 대중에게 다가온다
는 것이다. 매스컴은 연일 중동의 불안정한 정세에 대해 보도하고,
일부 종교전통에서는 이슬람교에 대한 위험성을 언급하며 이슬람포
비아를 확산시키고 있다.[47] 더구나 아랍 및 이슬람권에서 간혹 나타
나는 여성에 대한 비인간적인 행위, 알라의 이름으로 나타나는 세계
각 지역의 테러, 그리고 외국인들에 대한 막연한 편견 등이 함께 자
리하면서 이슬람교에 대한 부정적 인식을 확산시키는 것도 이슬람
교에 거리를 느끼게 한다.

한국의 이슬람교는 앞에서도 보았듯이 포교(dawah)를 위해 여러
가지 노력을 하고 있다. 그러나 그들의 포교는 기독교와 포교와는
다르다. 이슬람교에 가입하라고 길거리에서 선전하지 않는다. 그냥
행실을 보여줄 뿐이라는 것이다. 그리고 이슬람교를 알고 싶은 사
람들에게 상담이나 책자 그리고 세미나 등을 통해 알려주는 것이다.
그러나 1950년대부터 시작된 한국 이슬람교는 한 번씩 신자 수가
늘어나는 이른바 붐이 있었지만, 위에서 언급했듯이 한국인 무슬림
들이 한국 사회에서 이슬람교의 신앙생활을 지키기 쉽지 않다는 것,
선교사의 부족, 언론을 비롯한 출판물이나 한국 사회 일부에서의
이슬람교에 대한 왜곡 등으로 인해 여러 가지 어려운 점들을 지니고
있다.[48]

---

47 한국사회에서의 이슬람포비아에 대해서는 이진구, 앞의 글 참조.
48 『한국 이슬람 50년사』, 41쪽.

V. 나가는 말

한국 이슬람교의 현상을 보면서, 그리고 한국 사회에서 나타나는 이슬람교에 대한 왜곡된 정보에 대처하는 한국 이슬람교의 모습을 보면서 몇 가지 지적하는 것으로 이 글을 마치려 한다. 다음에 말하는 순서는 중요도와는 아무런 상관이 없다.

첫째, 흔히 이슬람교에 대한 왜곡이라면 여성 불평등을 우선하여 언급한다. 이에 대한 이슬람교의 대처는 부정으로 나타난다. '그래도 너희에 비하면 우리가 더 낫다, 역사적으로 우리가 먼저 여성 평등을 고려했다'라고 하면서 과거 서구와 그 이외의 다른 나라, 한국까지도 거론한다. 그 말이 틀린 말은 아니지만, 현재는 어떨까? 왜 그동안 다른 종교와 문화가 과거 이슬람교에 비해 뒤처졌던 여성에 대한 평등을 지적하는 처지가 되었을까를 먼저 돌아보는 것이 우선적이어야 하지 않을까? 우리는 아니라고 부정하는 것보다는 그를 통해 아랍국가에서는 관습이라 못하더라도 한국 이슬람교는 할 수 있지 않을까? 예를 들어 터키는 이슬람 국가이지만 세속국가를 표방하면서 종교의 자유를 인정했다. 따라서 여성이 히잡을 쓰든 안 쓰든 자유에 맡기는 것이다. 히잡을 쓰는 것의 장점을 말하기보다는 자율에 맡기는 것이 더 낫지 않을까? 앞에서 거론한 여성은 남성과 달리 무슬림 남성과만 결혼해야 한다고 하는 것도 역시 여성 불평등이라고 본다.

둘째, 예배에서 한국어가 부분적으로 사용된다는 것 이외의 한국 이슬람교의 특성을 파악하기가 어렵다. 무슬림이기 때문에 이슬람교의 축제나 여러 생활양식을 의례화를 통해 받아들이는 것은 인정하지만 무슬림들이 신앙생활을 하면서 문제점들이 있다면 한국의 특성에 맞는 변화가 가능하지 않을까? 지나치게 무리한 요구일지도 모른다. 그러나 『주간 무슬림』에 보이는 것처럼 분 단위까지 예배시간을 지정하고 있는데, 사회생활에서 이미 은퇴한 사람이나 시간을 마음대로 조정할 수 있는 자유 직업인이 아니라면 모두가 죄인이 될 수밖에 없다. 한국 사회에서는 자유 직업인일지라도 사실 지키기 어려울 수 있는 부분이다. 이것은 음식문화에서도 마찬가지로 이야기 될 수 있다.

셋째, 의례, 특히 장례와 관련해서 이슬람교식의 장례는 되도록 빨리 매장하는 것을 원칙으로 한다. 대체로 한국의 무슬림도 이를 따르도록 하고 있는데, 한국의 전통적인 장례와는 다른 모습이다. 특히 24시간 안에 매장한다는 것은 무슬림들 만의 장례라면 모르겠지만, 적어도 한국 사회에서는 무슬림이 아닌 다른 사람들에 대한 기본적인 배려가 있어야 할 것이라고 본다. 사실 이런 장례식의 근원은 아랍이라는 지역의 특성을 반영한 것이 아닌가?

물론 이유야 어디에 있던 우리 사회에 이슬람교에 대한 시각에는 오해와 편견이 많은 것은 사실이다. 그러나 그렇다고 해서 그들이 잘못 알고 있고 우리는 모두 그렇지 않다는 논리로 일관하는 것이 옳은 것일까? 그리고 정말 그들이 모두 오해한 것이고 우리는 전혀 그들의 지적에 수긍하는 면이 없을까? 또한, 문화와 지역적 특성을 고려하지 않고 한 곳의 문화만이 옳다고 주장할 수 있는 것일까?

9·11테러 이후 이슬람교를 소개하는 여러 가지 책자, 강연회, 대

담, 토론 등이 마련되어 한국인들에게 이슬람교에 대한 다양한 정보를 알려주었다. 그런데 이슬람교 관련 서적들을 통해 나오는 논리는 서구 중심적인 시각을 비판하는 흐름이 중심에 있다. 바람직한 현상이라고 할 만하다. 그러면서 대응하는 논리가 이러한 테러는 이슬람교와 관련이 없음을 강조하기 위해 "원래 이슬람은 화해와 용서, 절충과 합의를 통한 '평화'의 메시지였다"라는 것이다. 다시 말해 '이슬람=평화, 미국=평화의 적'이라는 이분법적인 선과 악의 대립 구도를 만들어 낸다.[49] 이슬람은 모두 평화이고 미국은 모두 평화의 적인가? 이런 방법이 과연 이슬람교를 제대로 이해하게 하는 것일까? 하는 의문이 든다.

이슬람에 대한 한국사회의 올바른 이해도 필요하지만, 한국 이슬람교에서 한국 사회에 적응하려는 노력과 함께, 이런 식의 상대적인 논리도 벗어나는 것이 필요하지 않을까?

❖『한국 사회와 종교학』, 서울대학교 출판문화원, 2017.8.

---

49 고병철, 「9·11테러 이후 한국 사회의 이슬람 인식」, 『종교문화비평』 5, 한국종교문화연구소, 2004, 292쪽.

제2부

한국
종교교단의
콘텍스트

제1장

사회복지 영역에서의 국가와 종교

I. 들어가는 말

　인간사회에서 사회복지는 그 모습이 어떠하던 필수적인 요소일 수밖에 없다. 우리나라의 예를 든다면 삼국시대부터 고려, 조선 시기를 거쳐 현대에 이르도록 여러 가지 형태의 복지정책이 존재해 왔다.[1] 물론 시기마다 그 형식이나 목적 등은 다양하게 변해온 것이 사실이다. 그렇기에 사회복지가 무엇인가에 대한 구체적 해답이나 합의된 정의를 도출하는 것은 매우 어렵다. 사회복지란 영어의 social welfare를 번역한 것으로서 대략 '사회적으로 잘 지내는 형태', 달리 말하면, '사회적으로 행복한 상태'를 뜻한다. 이것을 좀 더 풀어서 설명한다면, 사회에서 인간이 행복한 삶을 누리도록 지향하고, 이를 위해 구체적으로 실천하는 활동까지를 포함하는 것[2]으로 생각된다.

1　임희섭, 「한국의 사회복지와 종교」, 『한국사회개발연구』 17, 고려대학교 아세아 문제연구소, 1987, 54~71쪽 참조.

종교와 사회복지와의 관계는 우리나라의 사회복지정책이 존재했던 삼국시대부터 있었을 것으로 생각된다. 삼국시대 불교가 전래된 이후 불교는 국가의 복지 행정에 어떤 형태로든 영향을 주었을 것이다. 특히 불교가 번성하던 고려조에 왕조 중심의 시혜적 민생구호사업들과 민간의 사회복지 활동에 불교가 매우 큰 영향을 끼쳤던 것으로 보고 있다. 이런 상황은 조선 시대, 일제강점기를 거쳐 현대로 이어지고 있다[3]. 유교를 중심으로 한 조선 사회에서는 국가의 정책이 곧 유교의 정책이기에 국가의 복지정책에 유교적 이념이 자리를 잡았다. 조선 후기에 전래된 가톨릭은 100여 년에 가까운 박해가 끝나고, 신교의 자유를 얻는 개항기에 이르러 사회복지에 본격적으로 참여할 수 있었다. 개신교는 전래된 직후부터 간접선교의 한 방법으로 사회사업에 관심을 기울였다. 일제강점기에 창교된 원불교는 "교육, 자선, 교화"라는 3대 실천 목표가 말해주듯 현대에 들어 각종 사회사업에 힘을 기울이고 있다.

이들 각 종교계의 사회복지 사업은 해방 이후 1960년대까지는 대부분 단순 자선 차원에서 이루어져 왔다. 그러나 산업사회를 거치면서 보다 체계화되고 다양한 활동을 전개해 나가기 시작하였으며, 1980~90년대에 이르러서는 사회정의라는 기본적 이념을 사회복지의 근저에 설정하면서 활동을 전개해 나가고 있다. 특히 정부나 지자체의 지원 아래 그들이 담당해야 할 분야까지 떠맡음으로써 그 활동영역

---

2 장종녀, 「한국 시독교회의 사회복지사업에 관한 연구」, 한양대학교 행정대학원 석사학위논문, 1998, 4~5쪽.
3 고경환 외, 『사회복지지출 추계를 위한 한국종교계의 사회복지시설지원금 실태 조사 : 2001~2003』, 보건복지부, 한국보건사회연구원. 2005, 46쪽.

을 공적인 부분까지 확대해 나가고 있는 것으로 보인다.

한편 동서양을 막론하고 근대 이전까지 공적 영역과 사적 영역의 분할이 명확하지 않은 가운데 종교는 양 영역에 걸쳐 혼재해 있었다. 서구의 기독교가 그 출발은 국가로부터 종교의 지위를 인정받기 위해 노력하는 시기였고, 종교로 공인되고 난 이후에는 기독교가 로마의 유일한 종교가 되었다. 그러나 중세시대가 되면 기독교와 국가가 곧 같거나, 아니면 국가가 교회의 지배를 받는 위치에 처하게 된다. 종교개혁 이후 국가와 종교가 차차 분리되어 나가지만 그러한 상황이 본격화된 것은 근대로 접어들면서부터이다.

그리하여 근대성의 지배적인 정치 형태인 자유민주주의 체제에서 종교는 공식적으로 주목받지 못하는 처지에 놓이게 된다. 사적 영역과 공적 영역을 분할하면서 움직이는 근대성의 작동 원리에 따라 종교가 사적 영역에 배당되었기 때문이다.[4] 19세기의 자유주의와 민족주의의 정신적, 정치적 흐름은 국가의 종교적 중립성을 국가와 교회의 분리로 몰고 갔고, 이러한 분위기에서 정교분리 제도가 출현하게 된 것이다.[5]

일부 이슬람국가나 바티칸과 같은 종교를 바탕으로 세워진 특수 국가, 그리고 국교회 제도를 채택하고 있는 영국을 비롯한 유럽의 몇몇 국가 등을 제외한다면 대부분의 현대국가는 종교와 국가는 서로 간섭하지 않는다는 정교분리 제도를 채택하고 있다. 국교회 제도

---

4 장석만, 「신자유주의와 종교의 위치」, 『종교문화비평』, 13, 한국종교문화연구소, 2008. 14쪽.
5 최종고, 『국가와 종교』, 현대사상사, 1983, 26쪽.

를 채택하고 있는 국가들도 대부분 전통적 국교회의 위치가 상실되어 가고 있는 모습이다. 또한, 많은 국가에서 종교는 다른 사적 영역에 속하는 단체들 가운데 하나이며, 그 단체들과 마찬가지로 국가의 지배권 아래에 있는 것으로 보고 있다. 그러나 현실에서 이와 같은 정교분리 제도가 적용되는 모습은 국가마다 다양한 모습을 보여주고 있다. 프랑스와 같이 엄격한 정교분리 제도를 채택하는 국가가 있는가 하면, 독일과 같이 국가와 종교가 다양한 분야에서 상호 협력해 나가는 국가도 있다.

이 글은 근대화 이후 국가와의 관계에 있어서 사적 영역에 편입되었던 종교가 사회복지 활동이라는 사회적 영역을 통해서 그 관계가 재설정되어가는 구조를 파악해 보려고 한다. 다시 말해서 근대화 이후 사적 영역에 편입되어 다른 개별적 단체들과 마찬가지로 국가의 지배권 아래 있던 종교가 사회복지 영역을 매개로 해서 국가와 새로운 관계를 설정하고 있다고 보는 것이다.

이러한 것을 파악하기 위해서는 한국의 사회복지에서 종교의 역할이 어떤 방향으로 전개되어 왔고, 바뀌어 가고 있는가를 살펴보는 것이 중요하다. 이를 위해 이 글은 한국의 주요 종교인 불교, 가톨릭, 개신교, 원불교의 사회복지 사업을 중심으로 파악해 보고자 한다. 이를 위해 제2장에서는 개항 이후 1990년대까지의 종교사회복지 활동이 어떤 변화과정을 거쳤는지를 파악해 볼 것이다. 제3장에서는 1990년대 이후의 종교사회복지의 현황을 알아볼 것이다. 시기를 1990년대로 구분한 것은, 1990년대 이후 사회복지 분야에서 종교의 역할이 변화과정을 보여주고 있다고 판단되기 때문이다. 제4장에서는 종교사회복지의 역사와 변화과정을 분석해서 사회복지 영역을 통해서 종교가 국가와의 관계를 어떤 방식으로 설정해 나가고 있는가를 파악해 보고자 한다.

II. 종교 사회복지의 역사

서론에서도 언급했지만, 우리나라의 사회복지 영역에서 종교의 활동은 비록 모습은 다양할지라도 고대부터 지속적으로 이루어져 온 것으로 보인다. 그렇지만, 조선 시대까지도 종교는 국가와 서로 분리되지 못한 채 공사영역을 넘나들며 그 지위를 확보해 왔다. 통일신라 시대나 고려 시대의 불교가 그러했고, 조선 시대 유교 이념이 국가의 근간이 되었던 것도 마찬가지다. 그렇기에 사회복지에서 종교의 역할도 공적으로는 국가 사회복지제도의 이념적 토대를 제공하기도 하였고,[6] 사적으로는 백성들을 구제하는 일에도 참여하였다.

그러나 유교 중심의 조선 사회는 개항 이후 그 체제가 점진적으로 해체됨과 동시에 천주교와 개신교 등 서구 종교들의 선교 활동이 보장되면서 우리나라에도 신앙의 자유가 생겨났다. 이에 따라 조선 중엽 이후 도성 출입이 금지되었던 승려들의 도성 출입도 허용되고, 한국 신종교의 효시인 동학이 '사면복권'되면서, 다종교사회라는 종

---

6 한국의 전통적 복지관행과 복지제도는 고려시대까지는 불교의 자비사상과 인도주의, 그리고 조선조부터는 유교적 가족주의와 도교사상, 그리고 왕도주의 등에 의해 크게 영향을 받았다. 임희섭, 앞의 글, 58쪽 참조.

교지형이 형성되었다.[7] 따라서 우리나라는 특정 종교 중심의 사회가 아닌 여러 종교가 공존하게 되어 과거와 같은 종교적 역할은 기대하기 어렵게 되었다. 이러한 상황과 함께 근대 서구 이념들이 도입되고 공적, 사적 영역이 구분되면서 종교는 사적 영역에 위치하게 된다. 결국, 일제강점기를 거치면서 종교는 국가의 지배권 아래에 있는 다른 사적 단체들과 마찬가지의 처지에 놓이게 되었다.

20세기 초를 전후로 해서 기독교가 신앙의 자유를 획득함으로써, 우리나라에서도 종교의 자유, 정교분리[8]라는 종교에 대한 근대적 사고가 마련되었지만, 일제강점기로 접어들면서 이러한 기본적 개념이 축소되게 된다. 일제의 종교정책은 공인종교와 정교분리라는 두 개의 범주에 들어가 있다. 조선총독부는 일본 본토에서와 마찬가지로 신도(神道), 기독교, 불교의 세 종교를 공인종교로 하여 종교의 자유를 인정하고, 유교나 신종교, 민간신앙들을 유사종교라고 하여 종교로 인정하지 않았다. 그리하여 우리나라 신종교의 효시로 일컬어지는 동학을 비롯해서 일제강점기에 새롭게 생겨난 많은 신종교들은 유사종교 또는 사이비종교로 전락하게 되었다.

유교는 국가의 지도이념이라는 전통적 권위를 상실한 채, '경학원 규정'에 의해 성균관이 총독부 산하기관이 되면서 종교적 기능이 사라지게 되었으며, '사찰령'과 '사찰령시행규칙'을 통해 전국의 불교사찰을 통폐합함으로써 불교도 조선총독의 통제를 받게 되었

---

7 이진구, 「종교자유에 대한 한국 개신교의 이해에 관한 연구─일제시대를 중심으로」, 서울대학교 박사학위논문, 1996, 53~55쪽을 참고할 것.
8 우리나라에서의 정교분리, 종교의 자유라는 제도의 정착과정에 대한 자세한 사항은 이진구, 위의 책, 28~52쪽 참고.

다.[9] 공인종교로 인정된 기독교의 경우도 종교의 정치불간섭과 국가에 복종하는 것을 기본으로 삼았다. 이처럼 일제강점기에는 다양한 방법으로 모든 종교를 통제하였다. 이러한 사실은 종교의 자유와 정교분리가 매우 제한된 영역에서 이루어지고 있음을 나타낸 것이며, 사실상 일제강점기의 모든 종교는 기본적으로 조선총독부의 지배권 아래에 있었다.

한편 개항기 종교계의 사회복지 활동은 천주교와 개신교 등 기독교 전통의 종교들에 의해 주로 이루어지고 있었다. 기독교의 사회복지 활동은 간접선교라는 측면에서 시행되었는데, 특히 개신교 선교사들은 당시 우리나라에서 가장 효과적인 것이 의료사업과 교육사업이라고 판단하여 이 두 가지에 역점을 두고 진행하였다. 그리하여 당시 근대식 교육기관의 상당수가 기독교계에 의해 이루어지고 있었으며,[10] 의료사업에도 헌신적으로 참여하여 무료진료와 같은 의료활동도 활발히 전개하였다. 천주교는 고아원과 양로원, 시약소같은 복지시설을 설립하여 사회복지 활동을 시작하였다.

일제강점기에 접어들어서 개신교는 신협 운동이나 농촌 개발사업, 농촌계몽사업 등에, 그리고 가톨릭은 교육이나 문화사업 등에 상대적으로 더 힘을 쏟았고, 불교는 빈곤계층에 대한 직접적 지원이나 양로원, 고아원 등을 운영하기도 하였다. 물론 천주교나 개신교

---

9 윤이흠, 「일제강점기의 민족종교운동」『한국민족종교운동사』, 한국민족종교협의회, 2003, 167~179쪽 참조.

10 한일합방 이전까지 장로교와 감리교를 포함한 개신교계 학교와 천주교계 학교는 950여개에 달하고 있다. 민경배, 『한국기독교사』, 대한기독교출판사, 1983, 238쪽.

도 모두 고아원, 양로원 등을 운영하였고, 나환자 시설 등을 통해서도 복지활동을 펼쳤다. 일제강점기 원불교는 신생종교로서 교단의 체제구축과 정비, 그리고 경제적 자립에 모든 역량을 집중할 수밖에 없는 시기이기에 두드러진 사회복지활동은 눈에 띄지 않는다. 특히 일제에 의해 공인종교가 되지 못한 상황에서의 활동은 다른 종교전통들에 비해 열악한 처지에 있을 수밖에 없었다.

일제강점기에 일제가 행한 사회사업은 실제 사회복지 차원에서 이루어진 것이라기보다는 식민화를 위한 정치적 목적을 가진 사업의 성격이었다고 볼 수 있다. 그들은 주로 구호사업에 치중하였는데, 그것도 재해가 발생했을 때 이재민을 구호하는 수준이었을 뿐, 지속적인 구호사업을 전개하지는 않았다. 이러한 일제의 사회사업은 조선 시대 이래 촌락 단위의 자주적, 자조적인 복지관행을 파괴하여 오히려 한국의 사회복지는 크게 후퇴하게 되었다.[11]

해방 이후 미국을 중심으로 한 서구종교단체와 연관을 가진 가톨릭이나 개신교 등 기독교 전통의 종교단체들은 외국종교단체들의 재정적 지원에 의존해서 적극적으로 사회복지사업에 참여하기 시작하였다. 외국종교단체의 후원이 기독교 전통의 종교들이 사회복지활동에 본격적으로 참여하는 하나의 계기가 된 것이다. 그렇지만, 이 시기 종교를 비롯한 민간사회복지사업은 체계적이거나 전문화된 것이 아니고, 다만 외부의 지원에 의존한 사회복지활동이 중심을 이루었기에 전문성을 갖추기에는 역부족이었다.[12]

---

11 임희섭 앞의 글, 58~62쪽.
12 임희섭, 앞의 글, 67쪽.

1950년대 들어서도 이러한 사정은 나아지지 않고 계속 이어졌다. 특히 6·25전쟁으로 인한 막대한 전재민의 발생은 전쟁의 와중에도 국가적 차원에서 대대적으로 구호사업을 전개하지 않을 수 없도록 하였다. 그러나 당시 정부의 재정으로 이러한 사업을 감당하기에는 한계가 있을 수밖에 없었다. 그리하여 1950년대에는 여러 민간 복지시설들이 설립되어 복지사업에 참여하였는데, 이들의 대부분은 외국의 민간원조단체나 국내 종교단체들을 배경으로 활동하였다. 특히 외국종교단체들의 지원에 의존한 천주교나 개신교 등 기독교의 사회사업이 가장 활발하게 진행되었는데[13], 이는 또한 많은 사람들이 기독교로 전향하게 되는 계기로도 작용하였다. 그러나 이 시기까지 종교단체들의 사회복지활동은 전쟁으로 인해 발생한 많은 전재민과 피난민들의 구호사업이 중심을 이루었다.

　이 시기 다른 종교전통들의 사회복지활동은 매우 제한적일 수밖에 없었다. 일제강점기를 거치면서 유교는 완전히 종교로서의 정체성을 상실하게 되었고, 불교 또한 일제의 종교정책과 함께 유입된 일본불교의 잔재로 말미암아 비구승과 대처승 사이의 심각한 내분을 겪고 있는 처지였다. 그리하여 일제강점기부터 사찰에서 운영하고 있던 보육원이나 양로원 등의 복지시설들이 폐쇄되기도 하는 등[14], 복지사업과 같은 다른 곳에 눈을 돌릴 처지가 아니었다. 물론 이 시기에도 불교 사회복지사업이 전혀 없었던 것은 아니지만, 산발

13　위의 글, 71쪽.
14　이남재, 「불교사회복지사업의 회고와 전망」, 『종교사회복지』, 이혜숙 편저, 동국대학교출판부, 2003, 183~184쪽.

적이거나 다른 종교, 특히 기독교 전통에 비해 매우 열악한 수준이었다. 결국, 불교는 1960년대 후반에 이르러서야 종단 차원의 사회복지사업에 눈을 돌릴 수 있었다.

원불교의 경우 1960년대까지도 제대로 된 사회복지에 눈을 돌리지 못하였다. 1950년대는 원불교가 불법연구회에서 단일 교파로 선포되는 전환기였다. 교파가 출범하면서 원불교는 사업기관의 확장, 포교사업의 강화 등 거의 모든 역량을 교단의 체제구축을 위해 사용하였다. 부분적으로 양로원이나 고아원을 설립하였지만, 전쟁으로 인해 발생한 사회적 욕구에 부응하기에는 너무 거리가 있었다. 1960년대에도 사정은 크게 나아지지 않았고 교세 확장과 교육사업 단위사업장 확대, 사회봉사 확대 등 사회복지가 아닌 교육, 문화, 사회봉사와 같은 부분에서 사회적 참여를 강조하였다.[15] 이와 같은 상황은 천도교나 대종교 등을 비롯한 대부분의 다른 신종교들도 크게 다르지 않았다.

1960년대 이후는 우리나라의 사회구조가 전반적으로 급격하게 변화를 이루는 시기이다. 경제개발 5개년 계획이 지속적으로 추진되면서 산업화와 도시화가 이루어지고, 가족제도도 대가족제도에서 핵가족제도로 이행되어 갔다. 이에 따라 도시 빈민, 장애인, 노인 등에 대한 복지 수요가 증가하였다. 이러한 사회적 복지 수요에 대해 정부에서는 과거 구호사업의 수준을 벗어나서 복지 행정을 본격화시키기 시작한다. 따라서 부문별 사회복지 관계 법령을 제정하고

---

15 강일조, 「한국 사회복지의 발달과 종교의 역할－원불교의 사회복지 활동을 중심으로」, 『원불교사상』 25, 원광대학교 원불교사상연구원, 2001, 388~392쪽 참조.

사회복지 행정을 정부 제도 안으로 편입시켰다.[16]

해방 이후 1960년대까지 한국에서 활동하던 외국 원조단체들, 그 가운데서도 외국 종교단체들의 지원을 받았던 단체들은 1970년대 들어 상당수가 그 업무를 축소하거나 한국의 종교단체나 사회복지 단체 등에 이관하였고, 일부는 완전히 한국에서 철수하였다. 이들이 철수하게 된 배경은 여러 가지가 있지만, 우선 한국의 경제발전으로 인해 더는 외국의 원조를 받지 않아도 된다는 판단, 그리고 한국의 외국 원조단체들에 관한 법령 정비로 인한 외부조건의 변화, 외국 원조단체들 자체의 사정 등이라고 할 수 있다.[17]

외국 원조기관들의 부분적인 철수로 인해 한국 사회복지기관들은 이제 스스로 재원을 조달하거나 정부의 재정적 지원에 의존하는 형태로 바뀌게 되었다. 그리하여 국가는 사회복지에 대한 정부지출을 늘려서 국공립 사회복지시설을 운영할 뿐만 아니라 민간복지 시설과 기관을 지원하기 시작하였다. 60년대 관계 법령이 제정되고, 70년대 여러 외국 원조단체들의 철수, 그리고 한국사회의 경제적 발전으로 인한 여러 환경의 변화에 뒤이어서 정부가 사회복지에 개입하는 등 1970년대 들어서면서 사회복지 환경이 급속하게 변화되었다.

이에 앞서 1970년 사회복지사업의 책임이 국가와 지자체, 그리고 법인에 있음을 명확하게 하는 사회복지사업법이 제정되었다. 여기에는 민간이 경영하는 사회복지사업의 공공성과 공정성을 확보하

---

16 위의 글, 391~392쪽.
17 외국원조기관들에 대한 사항은 최원규, 「한국 사회복지의 변천과 외원기관의 역할」, 『한국사회복지의 선택 : 쟁점과 대안』, 남세진 편, 나남출판, 1995, 91~108쪽 참조.

기 위해 사회복지법인 제도도 설치되었다. 이 법에 따르면 사회복지법인은 국가로부터 재원을 지원받을 수 있으며, 국가에 의한 복지 조치 위탁에 대한 수탁 의무가 있고, 국가의 특별 감독을 받으며, 동시에 사회복지사업을 위해 수익사업을 하거나 이용자로부터 비용을 받을 수 있게 되어 있다.[18]

그렇지만 1970년대까지 종교계의 사회복지사업은 사실상 기독교 전통의 종교들에 의해 주도되었다. 그것은 앞에서 이어져 온 관행적 성격도 있지만, 불교를 비롯한 다른 종교전통들은 여전히 스스로의 체제구축에 온 힘을 기울이고 있을 때여서 사회사업과 같은 분야에 눈길을 돌릴 여유가 없었다. 물론 불교나 원불교에서도 부분적으로 고아원이나 양로원 같은 사업을 하고 있었지만, 기독교 전통과 비교해 볼 때 너무나도 미미한 수준이었다. 또한, 전체 사회복지에서 차지하는 종교계의 비중은 상대적으로 축소되어 가고 있었다. 그것은 다른 민간 주도의 사회복지기관이 설립되거나, 정부 주도의 사회복지 행정이 확장된 데 따른 결과였다.

1970년대 한국 사회는 산업화와, 도시화, 그리고 문화의 대중성과 같은 변화가 있었다. 사회복지에서도 산업화에 따른 근로자의 복지문제가 대두됨에 따라 산업복지라는 새로운 복지 분야가 생겨났다. 이러한 사회적 요구에 따라 개신교에서는 산업선교, 또는 도시산업선교라는 이름으로 노동문제에 깊숙이 개입하게 되었다. 도시화에 따른 도시빈민 문제가 야기됨에 따라 도시빈민운동을 통해 빈

---

18 이혜경, 「민간 사회복지부문의 역사와 구조적 특성」, 『동서연구』, 10, 연세대학교 동서문제연구원, 1998, 58~60쪽.

민복지에도 관심을 기울이게 되었다.[19] 그러나 사회복지에서 개신교의 많은 공헌에도 불구하고, 이러한 것들이 뜻있는 목회자나 개인 중심으로 이루어지고, 개신교 전체 교단 내지는 특정 교단 중심의 조직적 차원으로까지 연결되지는 못하였다. 이는 개교회 중심의 개신교적 특성에 기인하는 것이라고도 볼 수 있다.

한편 가톨릭은 1960년대와 마찬가지로 교구와 본당, 그리고 수도회가 각각 여러 영역에서 사회복지 활동을 펼쳤다. 1962년부터 개최된 제2차 바티칸공의회는 한국가톨릭에 많은 영향을 주었다. 1960년대 말부터 가톨릭의 사회복지 분야도 변화를 나타내기 시작하였다. 1960년대 후반 노동운동에의 참여를 시작으로 1970년대 들어 노동운동, 농민운동, 도시빈민운동, 그리고 민주화 운동과 사회정의 실현 운동 등의 형태로 전개되었다. 1975년에는 주교회의 인성회를 출범시켜서 그동안 각 교구, 본당, 수도회나 개인 등 산발적으로 수행되던 사회복지 활동을 인성회가 총괄적으로 수행하게 함으로써 보다 조직적이고 체계적인 사회복지 활동이 가능해졌다.[20]

1980년대 들어서 인구의 고령화, 환경오염, 각종 사회범죄, 산업재해, 핵가족화 등 여러 가지 사회적 변화가 일어났다. 이러한 사회적 변화는 그에 해당하는 각각의 집단에서 사회복지에 대한 욕구도 증가시키게 되었다. 그러면서 과거 수용시설 중심의 사회복지에서 다양한 형태의 사회복지 시설이 증가하기 시작하였다. 또한, 1980년

---

19 장종녀, 앞의 글, 39쪽.
20 이 시기 가톨릭 사회복지에 관해서는 박문수, 「가톨릭교회와 근대적 사회사업의 도입과 발전」, 『가톨릭사회과학연구』 16, 가톨릭사회과학연구회, 2004, 참조.

대 중반 이후 정부의 사회복지정책 기조는 국가 개입의 축소, 가족 기능의 강화, 자원봉사자의 적극적 활용 등으로 이루어졌다. 따라서 이 시기 민간 복지부문을 장려하기 위해 정부 보조금이 증가하였고, 반면 보조금 사용에 따른 행정적 수준의 규제가 강화되었다. 그리고 민간부문의 역할도 한층 강조되었다.[21]

불교계는 1980년대 들어서도 아직 종단 차원이나 불교계 전체 차원의 조직적인 사회복지를 실천하지는 못하고 있었다. 다만 이 시기 들어 개별 사찰이나 승려, 신도 등에 의한 사회복지법인, 또는 시설들이 설립되기 시작하였다. 1980년 이전까지의 불교계 사회복지법인의 숫자가 10개에 그친 데 반해서 1980년대 10년간 9개의 복지법인이 설립됨으로써 복지사업이 증가세를 보이기 시작했다.[22]

조직적 차원에서 본다면 개신교의 경우도 크게 다르지 않았다. 개교회, 또는 목회자가 중심이 되거나, 또는 신도가 중심이 된 사회복지시설이나 사회복지사업의 전개가 있었지만, 역시 교단 차원의 조직적, 체계적인 사회복지사업이나 지원은 존재하지 않았다.

그러나 이것은 개신교의 특성에 기인하는 것이기도 하다. 여전히 개별교회 중심으로 이루어지는 종교활동이 사회복지부문에도 그대로 반영된 결과라고 볼 수 있다. 물론 교단 총회 차원에서 사회복지부분에 대해 논의하고 그것을 지원하기 위한 결정을 내리거나, 아니면 총회 차원의 복지시설이나 기관을 운영하고 있지만, 사회복지의

---

21 강일조, 앞의 글, 395쪽.

22 조기룡, 「불교종단 부설 사회복지법인의 역할 제고방안에 대한 연구 - 대한불교 조계종 사회복지재단을 중심으로」, 『불교학보』 46, 동국대학교 불교문화연구원, 2007, 5쪽, 표 2-2 참조.

가장 큰 주체는 역시 개별 교회나 교역자, 또는 평신도들이다.

이것은 조직화나 체계화의 측면에서 본다면 개신교의 단점이 될 수 있지만, 지속성이나 그 파급 효과로 따진다면 장점으로 생각될 수도 있다. 개신교가 한국에 진출한 이후 초창기에는 가장 많은 사회복지시설을 운영하였고, 현대에 들어서도 종교계 사회복지시설의 가장 많은 수가 개신교 계통의 시설들이다. 개신교에서 사회복지에 대한 학문적 연구나 전문화는 사회복지 관련 학과를 개설하고 있는 개신교 계열의 대학교에서 이루어지고 있다.

가톨릭의 경우 주교회의 산하 인성회에서 전국적 사회복지를 관리하고 있지만, 교구별 조직이나 체계는 아직 미흡하였다. 다만 60년대 대구교구와 인천교구에서 사회복지회를 조직하였고, 70년대 서울교구, 그리고 80년대 들어서 광주, 원주, 전주교구에서 사회복지회를 설립하여[23] 각 교구 산하 사회복지시설이나 사회복지사업에 대한 체계적 지원이나 발전을 유도할 수 있게 되었다.

1980년대에 가톨릭의 사회복지에 대한 변화가 생겨나기 시작하였다. 각 본당은 그 책임자인 본당 신부에게 그 구조가 집중되어 있는데, 본당신부는 일정한 임기가 되면 교체가 되는 형편이다. 그러므로 본당신부가 교체되면 본당신부의 관심도에 따라 본당 차원의 지속적이고 전문적인 사회복지 활동을 기대하기는 어렵다. 결국, 일부 신부들은 본당을 떠나 특수사목의 형태로 사회복지 활동에 전념하게 되고, 본당은 단순히 사회복지시설이나 극빈자에 대해 지원하

---

23 한국카라타스인터내셔널(http://www.caritas.or.kr/v2/org/index.html. 검색: 2008. 9.10.).

는 수준에 머물게 되어 본당 중심의 사회복지 활동은 거의 자취를 감추고 발전이 아닌 퇴보가 되는 형편이 되었다. 그리하여 특수 사목 성직자들과 수도자, 그리고 사회복지에 뜻있는 평신도들로 이루어진 사회복지 현상이 나타난 것이다.[24] 이것은 앞에서 지적한 개신교 개별교회의 장점이 가톨릭의 경우는 단점으로 나타난 모습이라고 볼 수 있다.

원불교는 1980년대 들어서 눈에 띄는 변화를 보이기 시작한다. 자선사업회가 설립되고, 이를 토대로 사회복지법인인 삼동회가 설립되었다. 그러면서 과거 원불교의 사회복지 대상이 아동, 노인 중심에서 부랑인과 정신장애우가 추가되면서 그 영역도 확장되었다. 과거 국가재정에 의존하였던 것과 달리 주체적으로 운영하는 사회복지기관들을 설립함으로써 능동적인 사회복지 활동을 시작하였다. 그러나 아직 전문 인력의 활용이 미흡하였고, 또한 종교적 계율을 학습하는 프로그램을 강조하는 한계를 지니고 있었다.[25]

1990년대 이전까지 종교계의 사회복지 활동은 다양하게 전개되어 왔다. 특히 60년대까지는 기독교 전통의 종교들이 사회복지 분야에서 앞장서서 가장 활발하게 활동해 왔다고 볼 수 있다. 그것은 여러 가지 내부적, 외부적 조건들에 기인한 면도 부인할 수 없다. 서구의 사회복지 문화가 기독교와 함께 들어온 점, 또 해방 이후에는 기독교와 관련된 서구 외원기관들이 내한해서 활동한 점 등등 여러 가

24 심흥보, 「한국 천주교 사회복지사 연구」, 가톨릭대학교 사회복지대학원 석사학위 논문, 1998, 256~257쪽.
25 강일조, 앞의 글, 395~396쪽.

지 요인이 있었다. 이런 점들로 인해 사회복지에 대한 서구적 모델을 가장 먼저 도입한 것도 기독교 전통의 종교들이다. 70년대 이후 여러 민간 복지단체나 법인들이 생겨나면서 종교계의 활동은 상대적으로 축소되었다. 비록 기독교와 비교하면 상대적으로 미약하지만, 그간 개별적으로 꾸준히 활동해 온 불교나 원불교의 사회복지 활동도 80년대 들어서면서 활기를 띠기 시작하였다. 그렇지만 전체적으로 볼 때 이 시기의 종교계의 사회복지 활동은 상대적으로 좀 더 조직화, 전문화, 체계화되어야 할 숙제를 안고 있었다. 이 시기 종교계 사회복지 활동에서 새롭게 추가된 분야는 도시빈민운동이나 노동자농민운동에서 출발해서 민주화 운동으로까지 연결된 것이다. 이는 광주민주화운동 이후 더욱 활발히 전개되었는데, 주로 불교, 개신교, 가톨릭 등 소위 한국의 3대 종교가 주도적으로 활동하였다. 이러한 종교계의 활동은 1980년대 후반 민주화를 이룩하는데 크게 기여한 것으로 평가되고 있으며, 특히 이러한 운동 과정에서 특정 종교를 가리지 않고, 종교들이 연대를 하여 활동하면서 종교연합운동에도 기여한 것으로 평가할 수 있다.

Ⅲ. 종교의 사회복지 현황

1990년대 들어서 사회복지 분야에서 또 하나의 변화가 생겨났다. 종교와 국가 사회복지와의 관계에서 볼 때 이것은 중요한 변화라고 볼 수 있다. 이 시기 국가나 지자체, 또는 도로공사나 주택공사 등의 공기업에서 장애인복지관 같은 사회복지시설이나 지역의 종합사회복지관을 건립하여 그 운영을 종교단체, 정확히 말하면 종교계 사회복지법인에 위탁 운영하기 시작한 것이다. 물론 1980년대에도 종합복지관을 건립하였지만, 그 운영을 종교계에 위탁하지는 않았다. 그런데 1990년대 들어서 지역마다 많은 복지관들이 생겨나면서 일반복지법인이 아닌 종교계에 그 시설의 운영을 위탁하였다. 실제로 1990년 이전까지 각 지역 사회복지관의 숫자는 54개소에 불과했지만, 1991년에서 2000년까지 무려 전국적으로 281개의 사회복지관이 건립되었다.[26] 이러한 상황은 2000년대 이후에도 계속 이어지고 있다.

이외에 종교별로 어린이집, 노인복지관, 장애인복지관 등을 직접 건립하거나 국가나 지자체로부터 수탁 운영하면서 사회복지에서 사회 공적 영역의 일부분을 공식적으로 담당해 나가게 되었다.

이런 외부의 조건과 더불어 종교계의 사회복지 활동도 이 시기에는 많은 변화를 보이고 있다. 우선 불교의 경우 조계종, 천태종, 진각종 등이 복지법인을 설립하여 종단 차원에서 불교계 전체의 사회복지 활동을 지원하게 되었다. 불교계 사회복지법인의 설립은 1990년이후 가장 활발하게 나타났는데, 2000년대까지 불교계 전체 71개 법인 가운데 38개가 1990년대에 설립되었다. 그 가운데 조계종 산하 법인이 55개로 가장 많고 나머지 종단들은 1~2개의 법인을 설립하고 있다.[27] 이 시기 불교의 사회복지 활동은 기존의 양로원이나 고

---

26 보건복지부,『2007년도 전국 사회복지관 현황보고서(2006년말 기준)』, 2007, 7쪽.
27 조기룡, 앞의 글.

아원 중심에서 벗어나 다양한 분야로 확대되었다.

　아동복지의 경우 1980년대 이전까지 고아원 중심의 복지시설을 운영해 오던 불교계는 80년대 후반부터 어린이집과 같은 탁아소와 교육, 복지기능을 갖춘 시설들을 운영하기 시작하여 1990년대 이후 많은 어린이집을 운영해 오고 있다. 2003년도 불교계 어린이집 또는 놀이방은 대략 130여 개소가 있는 것으로 파악되고 있다. 청소년 복지 분야도 같은 맥락에서 파악되고 있다. 단순히 고아들을 위한 시설에서 벗어나 독서실, 수련원, 쉼터, 교육회관, 학습원 등 다양한 형태의 청소년 복지시설들을 운영하고 있다. 노인복지의 경우에도 단순히 무의탁노인들을 위한 무료양로원에서 벗어나 유료양로시설, 유료요양시설 등 여러 가지 형태로 확장되었다. 이외에도 장애인 복지와 여성 복지, 그리고 각 지역주민을 위한 지역 복지 등 그 분야도 넓혀가고 있다.

　불교계 복지시설이 분야별로 생겨나고 다양한 형태로 운영되고 있지만, 아직 타종교, 특히 기독교 전통에 비해 그 분야가 다양하지 못하고, 복지시설의 숫자도 적다. 그러나 뒤늦게 출발하였음에도 사회복지에 대한 인식이 빠르게 확산되어 불교 관련 대학에서 사회복지에 대한 연구와 교육이 이루어지고 있으며, 종단 차원에서도 복지재단을 설립해서 교양대학 등을 통해 사회복지를 활성화시키는데 앞장서고 있다.

　개신교의 경우에도 기존에 활동해 오던 한국장로교복지재단 이외에 감리교 사회복지법인과 한기장 사회복지법인, 그리고 2000년도에 한국기독교사회복지협의회라는 초교파적 복지단체를 출범시켜 기독교 사회복지활동을 보다 조직적, 체계적으로 이끌어 나가기 시작하였다. 이러한 법인이나 관련 단체들의 탄생은 교단 차원, 개신교 전체 차원에서 사회복지 영역에 대한 수요와 공급에 대한 체계적 지원과 그에 대한 연구, 전문화를 이룩할 수 있다는데 그 의의가 크다고 할 수 있다. 이와 함께 이전까지 개별적으로 운영되던 각 시설이 통합된 조직 안에 편입됨으로써 사회의 공적 영역으로의 입지를 굳히는 효과도 나타났다.

일찍이 개신교는 기독교 관련 대학에 사회복지와 관련된 학과를 가장 먼저 개설하였다. 1947년 이화여자대학교에 최초로 '기독교사회사업학과'라는 학과가 생겨났으며, 1953년에는 중앙신학교(현 강남대학교)에 사회사업학과가 만들어졌다. 서울대학교에서는 1958년에서야 사회사업학과가 만들어졌는데,[28] 이를 미루어보아도 한국의 사회복지에서 개신교가 차지하는 위상을 파악할 수 있다. 이를 통해 개신교는 일찍부터 사회복지의 전문성을 확보해 나가기 시작하였다. 1990년대 이후에도 많은 대학, 특히 개신교 계통의 대학에 사회복지 관련 학과가 생겨나서, 전문교육을 받은 사회복지사들을 대거 양성해 내고 있다.

개신교는 사회사업 초창기부터 그 영역을 다양하게 전개해 왔다. 그것은 현재에도 지속되고 있으며 특히 각 지역의 복지관을 중심으로 한 지역사회복지에도 많은 힘을 기울이고 있다.

가톨릭의 경우 기존의 주교회의 인성회가 주교회의 사회복지위

---

28 노치준, 「사회복지를 향한 개신교의 사회봉사」, 『한국사회발전과 기독교의 역할 ─ 기독교와 한국사회 7』, 숭실대학교 기독교사회연구소, 2000, 167쪽.

원회로 개칭되고, 전국 교구마다 사회복지회나 사회복지부(국)와 같은 조직을 두고 사회복지를 교구 차원에서 전담하는 체계를 갖추었다. 이러한 조직을 통해 각 교구에 속한 천주교 관련 사회복지시설, 사회복지사업을 체계적으로 지원하고, 전문 인력을 양성하는 등의 조직적 활동을 전개하고 있다. 가톨릭은 과거 구호사업 위주였던 것에서 벗어나 1960년대 이후 활동영역을 다양화해오고 있다. 특히 나환자들을 위한 사회복지 활동은 국가의 영역을 뛰어넘는 것으로 가톨릭 사회복지의 주요 특징 가운데 하나이다. 이와 함께 꽃동네로 유명해진 대형 사회복지시설도 가톨릭의 특징이라고 할 수 있지만, 사회복지시설의 대형화로 인한 문제점도 노출되고 있다. 가톨릭 관련 대학에도 사회복지 관련 학과가 개설되어 현재 많은 사회복지 전문가를 배출하고 있다.

이런 가톨릭의 활동에서 빼놓을 수 없는 것이 수도회의 활동이다. 현재 사회복지 관련 시설이나 사업 등에서 수도회의 활동은 전국에 걸쳐서 다양하게 진행되고 있다. 이들 가톨릭 수도회들은 지역 사회복지관 운영에도 매우 적극적으로 나서고 있다.

원불교의 사회복지도 1990년대 이후 더욱 활성화되어가고 있는 모습이다. 활동 분야도 점차 다양해지고 종립대학인 원광대학교에 사회복지 관련 학과를 개설하여 전문가를 양성하고 있다. 원불교도 지역 사회복지관을 위탁받아 운영하고 있으며 관련 프로그램도 다양화하고 있다.

Ⅳ. 종교 사회복지를 통한 국가와 종교의 관계

　근대 이전까지 우리 사회는 국가와 종교가 혼재되어 있었다. 조선 시대 이전까지 불교는 왕실과 국가의 정신세계를 이끌었고, 또한 사회의 많은 부분에서 이념적 배경이 되어왔다. 사회복지 분야에서도 마찬가지의 영향을 주었음은 물론이다. 조선 시대에는 유교 이념 자체가 곧 국가와 사회의 기틀이 되었다. 정치를 비롯한 국가의 모든 행정과 사회적 활동은 유교 이념에 맞추어 행해졌다. 국가가 종교이고, 종교가 국가라고도 할 수 있는 시대였다.

　근대 이후 이러한 모습은 사라지고 국가와 종교가 분리되어 각자의 영역으로 떨어져 나갔다. 국가체제는 공적 영역에 남아서 국가와 사회의 중심을 이루었고, 종교는 사적 영역에 편입되어 다른 사적 단체들과 마찬가지의 모습으로 변모해갔다. 이러한 상황은 일제강점기를 거치면서 더욱 명확해짐에 따라 종교는 다른 분야와 마찬가지로 국가의 지배를 받는 형태가 되었다.

　해방 이후 한국 사회에서 종교는 사회복지라는 영역을 통해 자신들의 존재를 각인시켜 나갔다. 특히 1960년대 이전까지 국가적 상황은 사회복지라는 곳에 재정이나 다른 여력을 투입할 만한 조건이 될 수 없었다. 그리하여 해방 이후 1960년대까지 한국의 사회복지는 종교계, 그 가운데서도 특히 기독교 전통의 종교들이 주도해 나갔다. 이 과정에서 가톨릭과 개신교를 막론한 기독교는 정부에 의한 여러 가지 특혜를 받은 것도 사실이다. 군대에 군종 제도를 도입해서 처음 군목을 투입한 것도 기독교이며, 성탄절을 공휴일로 지정한 것도 역시 기독교가 얻은 혜택이다. 당시 기독교의 신도 비율이 우리나라 전체 인구수와 비교해볼 때 불과 10% 전후였음에도 이런 정부 정책이 나온 것은 엄청난 혜택이며, 실제로 이러한 것들은 한국 사회의 문화지형을 바꾸어 놓기까지 하였다. 우리의 전통적 명절뿐 아니라 성탄절 전야의 밤도 우리 문화축제의 한 모습으로 자리를 잡았기 때문이다. 한편 유교와 함께 근대 이전까지 한국 사회의 중심 종교였던 불교는 1970년대에 들어서야 군종 제도에 참여하게 되었으며, 이 무렵 석가탄신일도 국가 공휴일에 포함되었다.

기독교에 대한 이와 같은 혜택이 이루어진 것이 기독교가 사회복지를 주도적으로 담당했기 때문만은 아니다. 미국의 영향, 이승만 정부의 기독교 성향 등 여러 가지가 요인들이 있지만, 사회복지를 통해서 기독교가 한국 사회에 널리 전달된 것도 중요한 역할을 한 것으로 생각해볼 수 있다.

종교적 기반을 지닌 외국 원조기관들의 지원을 등에 업은 기독교가 사회복지 분야에서 활발한 활동을 펼치면서, 1960~70년대 한국 사회에는 기독교인들이 폭발적으로 늘어났다. 1980년대를 전후해서 불교와 기독교는 우리 사회의 2대 종교가 되었다. 그것은 국가적 의례를 통해서도 파악되었다. 대통령 부인의 장례식, 대통령의 장례식, 그리고 외국에서 폭탄테러로 사망한 정부 각료들의 장례식을 국가적 의례로 거행하면서, 불교, 개신교, 가톨릭 등 3개 종교의 종교의식이 의례의 한 부분을 차지하였다. 이러한 구도는 사실상 현재까지도 지속되고 있다. 다양한 종교들이 있기에 한국 사회는 종교백화점이라고 부를 정도이지만, 실상 종교인구의 대부분은 이 두 종교전통에 속해 있다.

1960년대까지의 사회복지사업을 종교계가 주도하였다면, 1970년대 들어서는 국가가 사회복지사업을 주도하기 시작하였다. 1970년 사회복지사업의 책임이 국가와 지자체, 그리고 법인에 있음을 명백히 하는 사회복지사업법이 제정되었다. 비록 아직 재정적인 뒷받침은 충분치 않지만 국가가 민간 사회복지사업에 일정 부분 재원을 지원하고, 동시에 사회복지 활동을 국가가 감독할 수 있는 시스템이 된 것이다. 이전까지 완전히 민간에 의존하던 사회복지 부분이 국가의 영역, 즉 공적 영역 속에 포함되었다. 이러한 과정을 통해 정부가 사회복지를 주도해 나가면서, 그간 사각지대에 있었던 복지시설을 비롯한 다양한 분야의 민간 복지사업이 정부의 감독과 지원을 받게 되었다.

1980년대 들어 정부는 성장 위주의 정책에서 복지정책을 표방하기 시작하였다. 이처럼 상황이 변화하게 된 것에는 여러 가지 원인이 있겠지만, 우선 정권의 정당성을 확보하지 못한 제5, 6공화국이 체제 정당화를 위해 복지사회를 표방하게 되었으며, 다음으로는 국가 경제상황도 복지사업에 어느 정도 재정적 뒷받침을 감당할 정도가 되었기 때문으로 보인다. 이에 앞서 1977년에는 대기업으로는 처음으로 현대그룹이 아산사회복지재단을 출범시켜서 대기업의 사회복지 활동을 시작하였다.

1980년대 5, 6공화국 시절에 다양한 분야의 사회복지 관련 법안이 만들어졌는데, 아동복지법(1981), 심신장애자복지법(1981), 노인복지법(1981), 최저임금법(1986), 모자복지법(1989), 장애인고용촉진 등에 대한 법률(1990) 등이 모두 이 시기에 만들어진 법률들이었다. 그러나 아직 국가의 재원이 충분치 못하여 민간이 복지시설을 설립하면 그 운영권을 민간이 가지고 국가는 운영비용을 보조해주는, 다시 말해서 국가와 민간의 공동 사회복지 형태라는 독특한 구조가 생겨났다.[29] 또한, 이제까지 기독교 중심의 사회복지 활동에서 불교나 원불교의 활동도 활성화되었다.

이러한 상황은 1990년대 들어 다시 한번 변화를 겪게 된다. 지방자치제도가 활성화되면서 지자체마다 독자적인 복지시설들을 건립하기 시작하였고, 중앙정부도 부분적으로 복지시설을 건립하였다. 동시에 건립된 복지시설들을 국가나 지자체가 운영하기보다는 대부분이 민간에 위탁 운영하는 형태의 사회복지 시스템이 도입되었다. 이러한 모습은 2000년대 들어서도 지속되고 있다. 국가나 지자체, 또는 공기업이 사회복지시설을 건립하고, 그 운영을 종교단체나 민간 복지법인에 위탁하면서 동시에 재정적 지원도 하는 형태인데, 이것은 국가나 지방 행정기관 등이 소극적이었던 과거와 달리 더 적극적으로 사회복지에 투자하는 모습이다. 사회복지 시설의 운영을 민간에 맡기면서 사회복지 서비스 부문에서도 더 알찬 효과를 거두도록 하고 있다. 적어도 사회복지 부문에서는 국가가 지원하고, 민간이 집행하는 모습이다.

각 종교는 이러한 복지시설들을 확보해서 운영하기 위해 매우 적극적인 자세를 취하고 있다. 처음 사회복지에서의 종교적 역할은 산

---

29 위의 글, 168~169쪽.

발적, 개별적으로 이루어지던 것이 시간이 지나면서 조직화, 통합화, 전문화되어 갔다. 1980년대 후반부터 이전과는 달리 불교나 원불교에서도 더 적극적으로 사회복지 영역에 발을 들여놓고 있다. 기독교계가 주도하던 종교계 사회복지에 불교나 원불교가 가세함으로써 사회복지 영역에 대한 경쟁체제가 마련되었다고 해도 과언이 아니다.

종교는 국가가 손을 놓고 방치하거나 적어도 국가가 담당하기 어려운 복지부문을 자신의 영역으로 끌어들여서, 복지국가의 역할을 전면적으로 담당하고자 하면서, 상담, 교육 훈련, 오락, 범죄예방의 역할에 그치지 않고, 유아원을 비롯한 다양한 영역의 사회복지 영역을 담당하게 되었다.[30] 그렇게 함으로써 종교의 공적 영역에의 편입이 자연스럽게 이루어져 가고 있다. 특히 1990년대 이후 국가와 종교가 사회복지 분야에서 그 역할을 서로 분담함으로써 적어도 사회복지 분야에서는 근대 이후 정교분리에서 다시 국가와 종교가 혼재하는 양상으로 변모하고 있다고 볼 수 있다.

V. 나가는 말

이 글은 근대화 이후 국가와의 관계에 있어서 사적 영역에 편입되었던 종교가 사회복지 활동이라는 사회적 영역을 통해서 그 관계가

---

30 장석만, 앞의 글, 21쪽.

재설정되어가는 과정을 살펴보았다. 한국 사회에서 근대 이전까지 종교는 공적 영역과 사적 영역의 양 영역에 걸쳐 혼재해 있었다. 특히 조선 시대에는 완전히 국가와 일체를 이루었다고 볼 수 있다. 그러나 근대 이후 한국 사회도 서구화의 흐름에서 자유롭지 못하였다. 그리하여 정교분리, 신앙의 자유와 같은 근대 이념들이 도입되고, 이와 함께 종교는 국가와는 다른 길을 걸어왔다.

해방 이후 국가체제가 정비되기 전에 종교는 사회복지 부분에서 자연스럽게 그 활동영역을 넓혀 나갔다. 경제 성장과 함께 국가가 사회복지 영역에 대해 힘을 쏟기 시작할 때까지 종교는 그 부분에서 중심적 역할을 하였다. 그러나 1970~80년대를 거치면서 많은 민간사회복지 단체들이 출현하고 국가도 사회복지에 관심을 기울이게 되면서 종교의 사회복지 영역은 상대적으로 축소되었다. 그렇지만 종교가 사회복지에 관심이 멀어졌다거나 그 영역을 축소한 것은 아니었다. 오히려 더욱 조직적, 체계적인 사회복지 활동을 펼치고 그 분야도 다양화해나갔다.

이런 과정을 거치면서 근대화 이후 사적 영역에 편입되어 다른 개별적 단체들과 마찬가지로 국가의 지배권 아래 있던 종교가 사회복지 영역을 매개로 해서 국가와 새로운 관계를 설정하고 있다고 보는 것이다. 예외적인 경우가 없는 것은 아니지만, 1990년대 이전까지 우리나라 종교계의 사회복지는 주로 개인이나 성직자들의 주관적 판단에 의존해서 장기적인 계획 없이 이루어져 왔다. 재정을 어떻게 마련할 것인지, 운영 방향은 어떻게 할 것인지 등 체계적인 사업계획 등이 없는 상태에서 출발한 것이다. 그렇지만 그 가운데서도 운영 주체가 교단이나 개별 교당으로 이전하게 되면 지속성을 유지할 수 있었다. 그러나 1990년대 이후에는 많은 사회복지 전문가들이 배출되면서 사회복지 활동이 더 조직화, 전문화, 체계화되어 나갔다.

이런 가운데 1980년대를 거치면서 복지국가를 표방하던 정부가 1990년대 들어서 복지에 많은 예산을 투입하여 사회복지 영역을 국가의 공적 영역으로 완전히 편입시키게 된다. 그리하여 정부의 복지시설을 종교계가 위탁 운영하는 시스템도 출현하게 된 것이다. 이러한 시스템에 대응하여 종교들도 정부나 지자체가 세운 복지시설을 앞장서서 떠안게 되었다. 선교영역뿐 아니라 사회복지 부분에서도 종교들의 경쟁체재가 도입된 것이다.

이러한 분위기는 연구영역에서도 나타난다. 1990년대 이후 종교계 사회복지에 관한 연구들이 쏟아져 나오기 시작하는데, 대부분의 주장들은 종교가 어떻게 사회복지를 효율적으로 할 수 있는가와, 종교가 더욱 적극적으로 사회복지에 참여해야 함을 역설하고 있다. 특히 관련 교계의 논조는 이러한 사회복지가 선교의 한 영역으로 인식되고 있다. 다시 말해서 선교의 새로운 분야로서 사회복지를 통해 선교의 효과를 얻어야 한다는 주장들이 많다. 교계가 사회복지를 간접선교의 수단으로 인식한다는 것은, 곧 선교 활동을 공적 영역에서 제약 없이 펼치겠다고 하는 것과 다름이 없다.

이 글은 한국 사회의 사회복지 변화과정을 파악해서 근대 이후 사적 영역에 머물던 종교가 사회복지 활동을 통해 공적 영역에 진출하는 과정을 분석해 보려고 하였다. 이 글의 한계로 지적할 것은 근대화 이후 신자유주의하에서 두 영역의 분할과정과 그에 따른 사회체제의 재편과정을 제대로 점검하지 못하였다. 그것은 오로지 종교의 영역만을 살피려는 목적에서 나온 것인데, 이 과정은 종교와 관련지어 별도의 논문으로 언급되어야 할 것으로 생각된다.

❖『현대 한국의 종교와 정치』, 한국학중앙연구원, 2009.5.

제2장

해방 이후 한국의 종교와 불교

I. 시작하며

　일제강점기 한국의 종교적 상황은 시기별로 조금씩 차이를 보이지만 대체로 유교, 불교, 기독교, 외래 신종교, 그리고 자생 신종교들로 이루어져 있었다. 유교, 불교, 천주교, 개신교와 천도교는 일제강점기 이전부터 활동하고 있었고, 일제강점기 시절에는 새로운 종교들이 출현하였으며, 또한 외국의 신종교들도 들어와 활동하게 되었다. 다시 말해서 일제강점기에 이미 한국 사회는 매우 복잡한 다종교 사회를 형성하고 있었다. 그러나 일제강점기 다양한 종교들이 활동하고 있었음에도 불구하고 모든 종교가 동등한 지위를 누린 것은 아니었다. 일제의 종교정책에 따라 불교, 기독교, 신도(神道)만이 공인 종교로서의 지위를 누렸을 뿐, 그 이외의 다른 종교들은 유사종교로 분류되어 종교로서의 위치를 인정받지 못하였다.

　한편 조선 사회에서 교육과 정치, 그리고 윤리적 구심점 등 사회적 지배이념으로 작용했던 유교는 일제에 의해 모든 종교적 기능을 빼앗기고 사회적 관습이나 윤리로만 남게 되었다. 공인종교로 분류된 불교의 경우『사찰령』과『사찰령시행세칙』, 그리고『포교규칙』과 같은 법령으로 총독부의 간섭에 놓이게 되었다. 불교는 일본인들이 거주하면서 침투하기 시작한 일본불교의 영향으로 일본식 불교로 변질되어 갔다.

유사종교로 분류된 종교들은 여러 가지 제약 속에서도 종교적인 활동을 이어나갔지만, 1936년 유사종교 금지령이 발표되면서 이들 대부분은 폐쇄되었고 대종교를 비롯한 일부 종교단체만이 만주 등지로 이전하여 종교단체로서의 명맥을 유지하였다. 따라서 1936년 이후 한국 사회에는 공인종교로 분류된 불교, 기독교, 신도를 제외한 다른 종교들의 활동은 거의 찾아볼 수 없게 되었다. 그러나 불교와 기독교는 비록 일부라 할지라도 일제강점기에 행한 각종 친일적 행위들에 대한 비판에서 자유롭지는 못하다

1945년 8·15해방과 함께 한국 불교는 유교 국가인 조선에서의 억압, 그리고 이어진 일제강점기에서의 왜곡과정을 바로 잡을 기회를 맞이하게 되었다. 그러나 해방을 맞이한 한국 사회에는 몇 가지 변수들이 자리하고 있었다. 첫 번째는 해방 직후 한국 사회는 아직 완전한 주권을 갖지 않은 상태였다는 것이다. 비록 일본의 식민지배에서 벗어나기는 하였지만, 한국은 일시적이나마 미국이라는 또 다른 외세의 간섭을 받게 되었다. 두 번째는 한반도가 3·8선을 사이에 두고 남과 북으로 갈렸고, 이와 맞물려 한국 사회는 좌우익의 대립이라는 혼란 상태에 있었다. 세 번째는 과거와 달리 해방된 한국 사회는

다양한 종교들이 공존하는 다종교사회가 되었다. 당시 한국 사회는 불교 이외에도 천주교, 개신교, 천도교, 대종교 등 구한말과 일제를 거치면서 외국으로부터 들어왔거나 아니면 한국에서 생겨난 여러 종교가 존재하였다. 이러한 다종교사회의 모습은 점점 더 확산되어 현대 한국사회의 종교적 특성을 거론할 때면 가장 기본적으로 언급되고 있다.

한편 해방 직후 한국 사회는 일제 잔재의 청산과 새로운 국가의 수립과 같은 민족적 과제도 동시에 안고 있었다. 이러한 상황은 앞에서 언급한 변수들과 함께 한국 사회에서 많은 혼란을 발생시키는 원인이 되었다. 따라서 당시의 사회적 상황은 한국 사회와 문화에 많은 영향을 끼쳤으며, 종교 또한 그러한 영향에서 자유로울 수가 없었다.

그러나 기독교 전통을 제외한다면 유교, 불교, 그리고 신종교들은 일제에 의해 왜곡된 정책들로 인해 현대 다종교사회에 대한 적응력을 갖추지 못한 채 해방을 맞이하였다. 불교와 유교는 일제가 만들어 놓은 법령들로 인해 스스로의 자생능력을 상실하였고, 신종교들 역시 스스로의 발전기회를 박탈당한 채 사회변화에 적응할 힘을 기르지 못하였다.

이 글은 위와 같은 기본적인 관점에서 해방 이후 한국 종교의 변화를 불교를 중심으로 검토해 볼 것이다. 글의 전개 시기는 해방 이후부터 제1공화국까지로 제한한다. 왜냐하면, 해방 직후부터 제1공화국까지 한국 종교의 변화과정이 이후의 한국의 종교적 상황을 형성하는데 가장 많은 영향을 주었으며 또한 현재 종교적 상황의 기본구도를 형성하는 시기였다고 보기 때문이다. 물론 한국 종교계는 해방 이후부터 현재까지도 지속적인 변화를 하고 있다. 그러나 해방 이후부터 제1공화국 시기 종교계 변화의 폭이 가장 컸으며, 그 이후에도 종교별 변화의 흐름이 지속되고 있지만, 이전과 크게 달라지지 않았다고 판단된다. 이것은 불교의 경우도 예외가 아니다.

이에 따라 2장에서는 해방 직후 미군정기 종교계의 모습을 논의할 것이며 3장에서는 정부 수립 이후 4·19혁명까지의 종교계 모습을, 그리고 4장에서는 해방 이후 불교계의 분열에 대해 논의할 것이다.

Ⅱ. 미군정기 한국의 종교

1945년 9월 해방과 함께 점령군으로 한국에 진주한 미군은 포고 제1호를 통해 "오랫동안 조선인의 노예화된 사실과 적당한 시기에 조선을 해방 독립시킬 결정을 고려한 결과, 조선 점령의 목적이 항복문서 조항 이행과 조선인의 인권 및 종교상의 권리를 보호함에 있음을 조선인은 인식할 줄로 확신함"이라고 발표하였다. 종교상의 권리를 보호한다는 말은 기본적으로 종교의 자유를 보장한다는 것을 나타낸다. 이로 인해 일제의 감시와 통제 속에서 신앙의 자유를 사실상 금지당했던 종교들은 그 자유를 인정받게 되었다. 다시 말해서 일제강점기에 억압 속에서도 명맥을 유지해왔던 종교는 물론이고, 일제에 의해 강제로 폐쇄된 종교들까지도 다시 정상적인 활동을

할 수 있다는 것이다. 따라서 신종교들의 경우 이 시기는 일제강점
기에 폐쇄되었던 종단의 재건에 몰두하거나 아니면 국외활동을 하
던 종단들은 국내로 들어와 자리를 잡아가는 시기였다. 한편 이러한
상황은 다양한 종교들이 서로 경쟁할 수 있는 장이 마련되었음을 의
미하는 것이기도 하였다.

　1911년 조선총독부는 경학원규정(經學院規程)을 발표하여 유교가
종교가 아니라 사회교육기관이라는 입장을 취하였다. 또한, 향교재
산관리규칙에 의거 모든 향교 재산을 조선총독부에 속하도록 하였
다. 이에 따라 종교적 기능이 상실된 유교는 해방 이후 종교집단으
로 즉각적인 기능을 발휘하기 어려운 상태에 있었다. 게다가 유교의
재건을 위한 중심인물들이 모두 노령기에 처해 있거나 아니면 독립
투쟁으로 인해 망명 생활을 하던 상황이었다.

　1945년 해방 직후 유교계는 유교의 재건에 착수하였다. 당시 유교
계에는 대동회, 대동유림회, 유림회, 공맹학회, 대성회 등이 병존해
있었다. 1945년 10월 서울 성균관에서 전국 유림회의를 개최하고
유도회(儒道會)를 출범시켰다. 뒤이어 일제강점기 경학원이었던 성균
관을 회복시켜 김창숙이 초대 성균관장이 되고 이듬해에는 대학 설
립에 착수하였다. 1946년 이석구(李錫九) 소유의 재단법인 학린회(學
隣會), 명륜전문학교 재단, 재단법인 선린회를 합하여 1946년 9월 25일
성균관대학의 설립을 인가받았다. 이에 앞서 1946년 6월 김창숙은
미군정청의 문교부장 유억겸에게 1919년 6월 제정된 향교재산관리
규칙의 철폐와 향교의 관리권을 환원하기 위한 교섭을 진행하였다.
그 결과 1948년 도별 향교재단을 설립하고 향교의 재산을 반환받게

되었다.

　해방 이후에는 중국에 있던 임시정부 요인들이 속속 귀국하고 있었다. 이들 가운데 김구, 조성환, 이시영 등이 유교계와 관련을 맺고 유교 재건 활동을 지원하였다. 이 무렵 김구와 김창숙은 남한 단일정부 수립에 적극적으로 반대하고 나섰다.

　해방 직후 유교는 친일 세력을 축출하고 큰 혼란을 겪지 않고 재산의 환수와 조직체를 정비할 수 있었다. 1947년 결성된 좌익 유교단체인 전국 유교연맹이 있었지만, 두드러진 활동을 하지는 않은 것으로 보인다. 미군정하에서 유교는 미군정과도 우호적인 관계를 맺고 있었다. 그러나 일제강점기를 거치는 동안 종교적 기능이 거의 상실되었고, 또한 과거와 달리 다양한 종교들이 공존하는 다종교사회에서 유교가 종교의 역할을 하기에는 한계를 드러내고 있었다.

　해방을 맞이하여 불교는 과거의 영광을 재현할 수 있는 환경을 맞이하였다. 그것은 조선 500여 년간의 억압에서 벗어나는 것이며, 또한 일제강점기의 왜곡된 불교에서 한국 불교의 전통을 바로잡을 기회였다. 일제의 지배에서 벗어나 또 다른 외세의 지배를 받는 것이었지만, 그것은 일시적일 뿐 불교가 다시 일어설 기회는 민주사회에서 종교의 자유를 보장받음으로써 가능한 것이었다.

　그러나 불교는 해방이 되자 총무원을 중심으로 하는 세력과 재야 세력으로 나뉘어 서로 다른 주장을 하기 시작하였다. 즉, 양측은 서로의 혁신안들을 들고 나왔지만, 그 입장은 현격히 달랐던 것이다. 총무원 측은 '조선불교 조계종(朝鮮佛敎 曹溪宗)'이라는 종명(宗名)을 '조선불교'로, 그리고 종정(宗正)과 종헌(宗憲)이라는 명칭을 각각 교정(敎

正)과 교헌(敎憲)으로 변경하고, 종회(宗會) 대신에 중앙교무회(中央敎務會)를 설치한 뒤 중앙총무원 산하기관으로 각 도에 교시원(敎施院)을 두는 혁신안을 마련하였다. 그러나 재야 세력인 불교혁신연맹은 혁명불교연맹과 선학원 등 7개 재야단체와 합동으로 전국승려대회를 개최하여 사찰령, 조계종 총본산 태고사법, 그리고 31본말사법의 폐지를 결의하였다.

불교는 일제에 의해 제정된 사찰령을 비롯한 불교관계 법령의 철폐와 아울러 일본불교의 흔적을 지우는 것도 시급한 과제였다. 게다가 일본불교의 재산인 적산의 처리 문제도 우선 처리해야 할 문제였다. 이를 위해 광복 직후 불교의 김법린(金法麟) 총무원장은 하지 중장과 만나 일본불교의 사원을 조선불교에서 인수하기로 협의하였다. 그리하여 박문사, 동본원사, 서본원사, 화광교원, 조계학원, 용곡대학 등 일본불교 여러 종파의 재산을 선학원이 관리하게 되었다. 그러나 나중에 이들 일본불교의 재산관리권을 두고 선학원 측과 총무원의 갈등이 생겼다.

불교 관계 법령의 처리 문제는 1946년 7월 27일 총무원 측에서 군정장관에게 사찰령 등의 폐지를 신청하면서 시작되었다. 이어 1947년 3월 3일 '불교혁신연맹'은 사찰령, 포교규칙 등 네 가지 법령의 폐지를 입법의원에 제출하였다. 그 결과 그해 8월 8일 사찰령 등의 폐지와 함께 대체법안인 '사찰재산임시보호법안'이 입법의원 본회의를 통과하게 된다. 이에 대해 조선불교총본원과 산하 10여 단체에서는 연명으로 하지 중장과 입법의원의장, 군정장관, 민정장관, 대법원장 등 관계방면에 항의문을 제출하여 반대하였다. 결국, 군정장관 대리는 이 법안의 인준을 거부하였는데, 그 이유는 사찰재산이라는 것이 과거 일본불교의 재산도 포함된 것으로 해석할 수 있고 그렇게 되면 그와 같은 막대한 적산이 조선불교라는 일개 종교단체로 귀속될 우려가 있다는 것이었다.

이러한 현실적 문제 이외에 양측은 이념적 문제로도 갈등을 표출시켰다. 이념적 문제란 다름이 아니라 당시 총무원은 일제의 조선사찰령 이후 지속되어 온 교종을 표방하고 있었고, 재야단체에서는 한국불교의 주류는 선종이라는 입장에 있었기 때문이었다. 즉, 양측은 재산권과 같은 현실적 문제와 아울러 이념적 문제로도 서로 대립한 것이다. 한편 당시 한국 사회의 좌익과 우익의 대립이라는 분위기는 불교에도 영향을 주었다. 재야세력이 총무원측을 친일파라고 몰아세운 것처럼 총무원측은 재야세력을 공산당과 연결지어 비난하고 있어 양측의 대결은 더욱 혼란스러운 모습을 보였다.

이처럼 해방 직후 불교의 총무원 측과 재야세력은 서로 단합하여 불교의 자율성 회복을 위해 노력하기보다는 불교의 지배권을 둘러싸고 서로 내분을 일으키고 있었다.

천주교는 일제강점기 신사참배를 허용하고 황군의 무운 장구를 기원하는 미사나 기도회를 개최하는 등의 친일 행각이 있었지만, 해방 직후 미군과 밀월관계를 형성하며 좋은 분위기를 만들어나갔다. 해방 직후 서울교구장인 노기남 주교는 미군을 명동성당으로 초청하여 미군을 위한 미사를 거행하고 환영회를 개최하였으며, 미군정청에 유력인사의 명단을 작성해 주는 역할도 하였다. 또한, 소위 공산당원 위폐사건으로 폐쇄상태에 있던 정판사라는 인쇄소를 불하받아 대건인쇄소로 이름을 바꾸고『경향신문』을 비롯한 천주교 출판물을 발행하기 시작하였다.

해방 직후 천주교는 해외로부터 귀국한 임시정부 요인들의 환영식을 명동성당에서 개최하며 임시정부를 지지하는 듯한 모습을 보였다. 그러나 미군정은 임시정부의 정통성을 인정하지 않고 있었다. 미군정과 임시정부를 모두 지지하던 천주교는 결국 미군정에 적극적인 협조를 함으로써 유리한 위치를 점하게 되었다. 이승만을 중심으로 한 남한 단일정부 수립을 추진하는 측과 김구와 같이 단일정부 수립에 반대하는 측이 서로의 주장을 펼칠 때 천주교는 이승만 측을 지지하는 선택을 하였다. 또한, 좌익과 우익이 대립할 때 동유럽과 북한사회에서 천주교에 대한 탄압이 점증하는 것에 경계심을 갖고 공산주의에 반대하는 태도를 보이게 되는데 이것은 미군정의 이념에도 부합하는 것이었다.

개신교의 경우 일제강점기 부분적인 반대가 있었음에도 신사참배를 허용하고 역시 친일적 행각을 보였지만, 해방 이후에는 미군정의 여러 혜택에 힘입어 천주교와 더불어 사회의 중심 세력으로 등장하였다. 개신교는 해방이 되자 일제강점기 폐쇄되거나 적산으로 넘어간 노회와 교회, 그리고 교단들의 재건을 위해 활발히 움직이기 시작하였다. 한편 이 시기 미군은 한국어 통역요원으로 한국에서 선교활동의 경험이 있었던 미국 선교사들과 미국에 유학경험이 있는 한국인들을 채용하였는데, 미국 선교사들은 물론이요, 한국인들도 대부분 개신교인들로 구성되었다. 이들은 단지 통역만을 담당한 것이 아니라 미군정과 한국 개신교의 가교역할을 하며 개신교 중심의 정책을 펼치는 일에도 영향력을 발휘하였다. 따라서 적산을 불하함에 있어서도 개신교인들은 다른 어떤 종교보다도 적극적으로 움직였다.

북한 공산주의의 박해를 피해 월남한 개신교인들은 북한에서의 경험을 토대로 절대적인 반공 세력이 되었으며, 자신들의 교회를 세우기 위해 개별적으로 미군정청과 교섭을 벌여 일본 종교인들이 남겨둔 적산을 불하받아 교회를 세울 수 있었다. 예를 들어 개신교 목사들인 한경직과 김재준 등은 미국 유학경험을 살려 미군정청의 통역 고문으로 활동하면서 미군정청의 인사들과 개인적 유대관계를 맺고, 이를 바탕으로 천리교 등의 적산을 인수하여 교회를 세울 수 있었다.

한편 한국에 진주한 미군은 1945년과 1946년 성탄절을 공휴일로 지정했는데, 이때 성탄절의 공휴일은 제도화된 것이 아니라 임시 공휴일의 성격을 지닌 것이었다. 이어서 1947년 12월 24일에는 야간 통행금지가 일시적으로 해제되어 성당과 교회에서는 자정 미사와 예배를 할 수 있었다. 미군정이 끝난 1949년 개천절과 함께 성탄절이 대통령령으로 공휴일이 되었는데, 개천절은 종교적 의미와 함께 국가와 민족과도 관련된 행사였고 성탄절은 순수하게 종교와 관련된 최초의 공휴일이 되었다. 이처럼 천주교는 미군정의 친기독교정책에 힘입어 개신교와 더불어 국가적 종교의 위치에 서게 되었다.

특히 천주교와 개신교는 미군정의 통치 전략인 친미, 반공이데올로기에 잘 부합되는 종교였다. 천주교와 개신교 모두 반공의 논리에 엄격하였으며, 특히 당시 한국의 개신교 대부분은 공산주의와의 관계를 유신론과 무신론의 대결 구도로 놓고 반공적 입장을 견지하는 '기독교 근본주의'적 성향이 강하였다. 기독교가 미군정에 익숙한 종교일 뿐만 아니라 반공, 친미 노선에서도 서로 일치하고 있었기 때문에 미군정은 기독교에 의존하였고 또한 기독교에 편향된 정책을 펼치고 있었다. 특히 개신교는 1947년 3월부터 일요일마다 서울방송을 이용하여 종교방송을 하는 등 사실상 국가 종교의 지위를 누리고 있었다.

이러한 기독교에 비해 신종교들은 일제강점기에 대부분 폐쇄되었거나 아니면 중국 등에 본부를 이전하여 활동하던 상황이었다. 폐쇄의 운명을 맞았던 신종교들은 해방 이후 다시 교단을 재건하기 위해 노력하였으며, 외국으로 나가 활동하던 신종교는 귀국해서 국내에 다시 자리를 잡기 위한 활동을 시작하였다.

일제강점기 교단 차원에서 친일 활동을 선언했던 천도교는 해방 이후 친일 행적의 청산을 필요로 하였다. 이에 천도교는 1945년 10월 천도교 임시대회를 열어 친일 행적의 상징이었던 최린을 출교 처분하였다. 미군정하에서 정치적인 문제에 적극적으로 대응하여 '조선적 신민주주의'라는 정치 노선을 표방하고 정당조직과 종단조직을 통한 이원적 활동도 전개하였다. 그러나 천도교는 구파와 신파가 갈라져 서로 갈등을 일으켰다.

중국에서 독립운동을 활발히 벌였던 대종교는 1946년 3월 환국해서 적산사찰인 천대사(千代寺)에 총본사를 설치하였다. 1946년 7월부터 국학강좌, 교리강수회(敎理講修會)를 개최하고 매년 개천절 경축식을 거행하기도 하였다. 일제강점기에 폐쇄처분을 받았던 증산계열의 종단들은 해방이 되자 교파별로 복구운동을 벌이는 한편, 새로운 교파가 생겨났다. 1946년 모악교가 생겨났고, 동아홍업사가 대법사로 바뀌었다. 원불교는 해방 이후 전재동포구호사업, 한글보급, 교육사업 등을 실시하였다, 1946년 불법연구회를 원불교로 개칭하였고 1947년 재단법인을 설립하였다.

이처럼 신종교들이 각기 활동을 벌이기 시작하였지만, 대체로 민족주의적인 성향에 좌익과 우익의 갈등과 같은 문제로 인해 미군정에 호의적인 반응을 받기는 어려웠다. 기독교 중심의 시각에서 신종교를 일제강점기와 같이 유사종교로 본다든지, 아직 조직의 틀도 제대로 확립되지 않은 상황, 그리고 미군정의 정치노선과 맞지 않은 신종교들을 미군정이 지지할 수는 없었을 것이다.

Ⅲ. 이승만 정부와 한국의 종교

미군정의 뒤를 이어 출범한 이승만 정부는 출범부터 종교편향에 관한 문제를 안고 있었다. 1948년 5월 31일 대한민국 최초의 제헌의회가 열리던 날 회의에 앞서 이승만 의원은 목사인 이윤영 의원에게 하나님께 감사기도를 드릴 것을 요청하여 기도를 한 일이 있었다. 이때 이승만이 기도를 요청한 이유는 대한민국이 수립되는데 사람의 힘만이 아니라 하나님의 힘도 작용했기에 감사의 기도를 드려야 한다는 것이었다.

대한민국독립민주국 제1차 회의를 여기서 열게 된 것을 우리가 하나님에게 감사해야 할 것입니다. 종교사상(宗敎思想) 무엇을 가지고 있든지 누구나 오늘을 당해 가지고 사람의 힘으로만 된 것이라고 자랑할 수 없을 것입니다. 그러므로 하나님에게 감사를 드리지 않을 수 없습니다. 나는 먼저 우리가 다 성심으로 일어서서 하나님에게 우리가 감사를 드릴 터인데 이윤영 의원 나오셔서 간단한 말씀으로 하나님에게 기도를 올려주시기 바랍니다.(국회속기록 제1호)

새로이 건국된 대한민국은 다양한 종교가 종교의 자유를 누리며 권리에서도 동등한 위치를 지니고 있음에도 불구하고 정부의 공식적인 행사에 특정 종교의 의식을 행하고 있었던 것이다.

정부가 수립되고 1950년 발발한 6·25전쟁은 어렵사리 회복되어 가던 유교에 치명타를 안겨주었다. 전국의 많은 향교와 서원들이 불에 타고 그간 추진해오던 여러 가지 움직임들에 제동이 걸리게 되었다. 특히 전쟁 중이던 1952년 김창숙은 이승만 대통령의 하야 성명을 발표하고, 이어서 이시영, 김성수 등과 반독재호헌구국선언을 하면서 유도회는 이승만 정부와 정면으로 맞서게 되었다. 종전 후인 1955년부터 정치세력이 성균관과 유도회에 개입하게 되어 유교는 정치적 소용돌이에 휩싸이게 되었다. 그 결과 1956년 12월 14일과 15일 이틀간 두 파로 나누어진 유도회 총회가 열렸는데, 한 파는 김창숙을 중심으로 한 정통파이고 또 다른 하나는 이에 반대하는 농은파(農銀派)였다. 정치세력이 개입한 이 분규는 7년간 지속되었으며, 1963년 12월이 되어서야 유도회와 성균관 수습위원회가 구성되어 수습단계로 접어들게 된다.

함께 힘을 모아서 발전을 위해 정진해야 할 시기에 외부 세력에 의해 일어난 분규는 씻을 수 없는 상처를 안겼으며, 정신적, 재정적으로도 커다란 손실을 입게 되었다. 법에 호소했던 이 분규는 1970년 3월 대법원 확정판결을 통해 종식되었다. 이러한 중앙의 혼란과는 상관없이 지방의 향교는 이에 동조하지 않고 제자리를 지켰다는 것은 그나마 다행이었다.

해방 공간에서의 유교는 조선 시대와 같이 국가 종교로서의 위치를 차지하고 있는 것이 아니었기 때문에 일제에 의해 빼앗긴 종교기능을 되살리기는 어려웠다. 그러나 유교 스스로도 종교적 기능보다는 철학, 윤리, 사회 및 정치이념에만 치중하는 쪽으로 방향을 선회하는 모습을 보였다. 그 하나의 사례가 성균관대학의 출범시 유학과가 아닌 동양철학과를 설치하여 여기에서 유교의 교육을 담당하였다는 것이다. 이것은 유교 스스로 자신의 정체성을 철학으로 인정하고 있는 것이었고 따라서 종교로서의 역할보다는 문화, 이념, 윤리로서의 영향에 치중하겠다는 것이었다.

제1공화국이 출범한 후인 1954년 5월 23일 이승만 대통령은 유시를 통해 왜색불교의 잔재를 일소한다는 명분으로 절에서의 음주, 가무를 금지하고 왜색승려는 절에서 나가라고 하였다. 정교분리의 헌법 조항을 위반하고 정치가 종교에 간섭하는 사태가 벌어진 것이다. 그러나 재야불교세력은 이를 환영하고 대처승을 공격할 기회로 삼았다. 이것은 불교분쟁을 더욱 심화시켰다. 그리하여 사찰의 인수문제 등에 있어서 행정당국의 간섭을 받았을 뿐만 아니라 법원의 판결에 의존하는 상황으로까지 치닫게 된다. 스스로 불교 자체의 문제를 해결하기보다는 외부의 힘에 의존해서 해결하려고 한 것이다. 이러한 불교의 내분은 결국 비구승과 대처승이 결별하여 조계종과 태고종이라는 종단으로 양분되는 결과를 표출하였다.

왜색불교 논쟁과 이념 논쟁, 그리고 재산권을 둘러싼 갈등으로 인해 미군정하에서의 불교는 불안정한 위치에 있었다. 미군정기 일시적이지만 불교는 성탄절이 공휴일로 지정되는 것을 지켜보았고, 1949년에는 성탄절이 개천절과 함께 공식적인 국가 공휴일이 되었음에도 불구하고 불교에서는 아무런 대응이 없었다. 다만 1950년대부터 석가탄신일을 공휴일로 지정해 주도록 정부에 요청하는 움직임을 보였지만, 지속적이지는 못했다. 정부 출범 당시 국가기관의 공적 자리에서 기독교 의례가 행해지는 것에도 아무런 대처를 하지 못하였다. 일제강점기 일본불교 승려들이 담당했던 형무소의 교화 활동이 개신교 목사들의 전유물이 되었을 때도 부분적인 반발은 있었지만 그대로 넘겨주었으며, 6·25전쟁 당시 군종병과에 기독교만 참여하였음에도 제대로 된 대응을 하지 못하였다.

그간 불교계에서는 지속해서 과거 정부의 친기독교정책에 대해 비판해왔지만, 불교 내부의 분열로 인해 정부의 그와 같은 잘못된 정책에 한목소리로 대응하지 못한 점도 부인할 수 없는 사실이다.

군종병과는 1965년에 들어서야 조계종을 중심으로 군승종 제도의 도입을 원하는 청원서를 국방부에 제출하였다. 그 뒤 계속해서 이 제도의 도입운동을 펼친 결과 1968년에 가서 처음으로 군승을 배출하게 된다. 석가탄신일의 공휴일 문제도 1950년대부터 나타나지만, 역시 1960년대 들어서 조계종을 중심으로 본격적인 활동을 펼치게 되어 1975년에 가서야 공휴일로 지정되었다.

불교계의 갈등은 외부의 세력이 작용한 것이 근본적 원인이다. 일제에 의해 변질된 불교의 모습으로 해방을 맞이하면서 불교의 갈등은 시작되었다. 이에 더하여 해방 이후에는 이승만 정권이 갈등에 불을 지핀 꼴이 되었다. 그러나 미군정기로부터 이승만 정부에 이르기까지 지속적으로 펼쳐진 친기독교정책에 불교계는 적절히 대응하지 못하고 서로 간의 분열된 모습으로 일관하였다.

해방 당시 기독교인은 남한 전체 인구의 5%에도 미치지 못하였다. 그러나 천주교와 개신교는 미군정에 의해 많은 혜택을 받았다. 이러한 혜택은 이승만 정부에서도 이어졌다. 우선 1949년 순수하게 종교적 기념일이었던 성탄절이 국가 공휴일로 지정되었다. 미군정기 개별적인 접촉을 통해 여러 가지 혜택을 받았던 개신교는 1952년 제2대 대통령 선거에서 한국기독교연합회의 이름으로 이승만을 대통령으로 선출할 것을 촉구하였다. 이후에도 개신교는 계속해서 이승만을 지지하면서 정권과 결탁하는 모습을 보였다. 개신교 내부에서 정치에 참여하는 교회를 비난하면서 이에 반대하는 목소리가 없었던 것은 아니었지만, 큰 흐름을 거스르기는 어려웠다.

한편 해방 직후, 그리고 건국 직후에 서로 친밀한 관계를 유지했던 이승만 정부와 천주교의 관계는 보도연맹사건(1950), 국민방위군사건(1951), 거창 양민학살사건(1952), 부산정치파동(1952) 등을 거치면서 변화하기 시작하였다. 이승만에게 1948년 제2대 국회의원 선거는 불리하게 작용하고 있었다. 부산정치파동으로 인해 이승만은 비난을 받는 처지가 되었고, 이승만의 정적이면서 천주교 신자였던 장면은 대통령 진입이 좌절되었다. 이 무렵 천주교 측에서는 『천주교회보』나 『경향신문』, 『경향잡지』 등의 천주교계 출판물을 통해 천주교 측 인사들이나 아니면 천주교에 우호적인 사람들에게 투표하도록 호소하고 있었다. 특히 1956년에는 제4대 부통령 선거에 입후보한 장면을 당선시키기 위해 『천주교회보』, 『경향신문』, 『경향잡지』에 많은 지면을 할애하여 장면을 소개하고 그를 공개적으로 지지하며 투표를 독려하였다.

천주교가 계속해서 이승만 정부에 반대하며 비판적인 태도를 유지하자 결국 이승만 정부는 1959년 4월 30일 『경향신문』에 대해 폐간 명령을 내려 더는 신문을 발행하지 못하게 되었다. 『경향신문』은 4·19혁명 후 다시 복간되었다.

한편 6·25전쟁은 민족에게 큰 비극을 안겨다 주었다. 그리고 전쟁 이후 수많은 외국의 구호품들이 전달되었다. 이러한 많은 구호품들은 대부분 서양, 그 가운데에서도 특히 미국을 중심으로 지원되었다. 그런데 이러한 구호품 가운데 상당수가 천주교와 개신교의 교회를 통해 전달되었다는 사실이다. 즉, 외국의 천주교회와 개신교회를 통해 모금된 구호 물품이 정부와 정부가 아닌, 교회와 교회를 통해 전달된 것이다. 특히 미국의 천주교는 가톨릭구제회라는 단체를 통해 전쟁 초기부터 구호물품을 전달하기 시작하였다. 모든 구호물품이 교회를 통해 국민에게 전해진 것은 아니지만, 많은 구호품을 배분하는 과정에서 천주교와 개신교의 선교와 입지가 유리해진 것은 주지의 사실이다.

1954년 개신교는 최초로 종교방송국의 인가를 받아 종교방송국을 개국하였고, 뒤이은 1956년 역시 극동방송국을 개국함으로써 선교에서 유리한 지위를 차지하게 되었다. 이승만 정부와 대립하고 있던 천주교는 4·19 직후인 1960년 9월부터 방송국을 개국하는 대신 중앙방송과 각 지방방송국의 방송시간을 할당받아 천주교 방송을 하였다. 1950년대 기독교의 또 다른 모습의 하나는 초창기부터 분열되기 시작한 개신교의 분열이 더욱 가속화된 점이다. 그리고 1950년대부터 은사집회나 치유집회 등으로 유명해진 인사들 가운데 일부가 독자적인 세력을 형성하기 시작하였다. 그들은 이를 바탕으로 결국 새로운 종교단체를 출범시켰는데 이들 가운데 유명한 것으로는 문선명의 통일교와 박태선의 천부교, 그리고 나운몽의 용문산기도원 등이 있다.

　　한국에서 자생한 신종교들은 해방 이후 교세의 급격한 위축을 겪는 종단들이 있는가 하면 분열과 창종을 거듭하면서 활발한 활동을 벌여나가는 신종교들도 있었다. 보국당과 청우당이라는 정당조직과 천도교총부와 천도교총본부라는 종단조직으로 나뉘어 신구파가 갈등하던 천도교는 다시 통합하기는 하였지만, 이후 활발한 활동을 전개하지는 못하였다. 처음 활발한 활동을 시작했던 대종교는 6·25 이후에는 급격히 교세가 위축되었다. 이 시기 증산계열 종교는 재건되거나 새롭게 설립되어 많은 종단들이 출현하게 되었다. 우선 일제 강점기에 폐쇄되었던 무극대도교가 1948년 태극도로 교명을 바꾸어 재건되었고, 1949년 선불교와 증산교단통정원이 설립되었으며, 1955년에는 증산대도회가 설립되었다. 재단법인 설립 이후 원불교는 학교 설립에 박차를 가하여 1951년 원광초급대학을 설립하였으며, 1953년 이를 다시 원광대학으로 개편하였다. 원불교는 이후 독자적인 종단체제를 유지한 채 오늘에 이르고 있다. 반대로 증산계열의 종교들은 많은 분파를 생성시켰다. 일제강점기에 역시 활동이 금지되었던 외래 신종교들도 활동을 재개하였는데, 외래 신종교들 가운데는 특히 기독교계 신종교들이 많았고, 일본계, 중국계 신종교들도 부분적으로 활동하기 시작하였다.

Ⅳ. 해방 이후 불교계의 갈등과 분열

조선 시대 숭유억불정책으로 인해 승려의 신분은 천민의 그것과 같아서 도성 출입까지도 금지될 정도로 불교계는 피폐해진 상황이었다. 구한말 근대화의 물결 속에 종교의 자유도 이루어지고 승려의 도성 출입금지도 해제된다. 그런데 승려들의 도성 출입이 허가된 것은 1895년 일본 승려인 사노가 총리대신이던 김홍집에게 요청하면서 이루어진 것이었다. 한편 1877년 일본불교는 진종(眞宗) 대곡파(大谷派) 본원사(本願寺)가 처음 부산에 문을 연 이래로 1910년까지 100여 개의 일본불교 사원이나 포교소가 전국 각 지역에 세워졌다.

일제강점기 일제는 사찰령을 통해 한국 불교를 30개 교구로 나누고 교구마다 본사와 그 밑에 말사들이 소속되도록 하는 본말사(本末寺) 체제를 만들고 각 사찰의 주지는 총독이나 지방장관의 승인을 받아 임명하도록 하였다.

이처럼 해방 직후 한국불교는 일본불교의 영향으로 인한 왜색불교, 그리고 일제가 제정한 사찰령을 비롯한 법령의 규제에 묶여 있었다. 따라서 해방 이후 한국 불교의 가장 시급한 과제는 일제가 제정한 사찰령 등의 법령의 규제에서 벗어나는 것과 함께 왜색불교로부터의 탈피를 통해 한국불교 고유의 전통을 되찾는 것이었다.

그러나 해방 이후 한국의 불교는 사회적 혼란과 정치권의 간섭 등으로 인해 이러한 과제를 앞에 두고 혼란과 갈등을 겪게 되었다. 기득권을 유지하려는 대처승들에 맞서 비구승들은 왜색불교를 일소한다는 명분으로 대처승들을 일거에 사찰에서 몰아내려고 하였다. 1954년 5월 21일 시작된 이승만 대통령의 '왜색 승려인 대처승은 사찰에서 물러날 것'을 주장하는 유시는 총 7차례에 걸쳐 행해졌는데, 이러한 대통령의 유시는 비구와 대처 사이의 갈등에 기름을 부은 꼴이 되었다. 처음에는 이승만 대통령의 독자적인 의지에 따른 유시였지만, 나중에는 비구 측이 정부에 요구하였고, 정부는 이에 적극적으로 호응하여 유시를 발표하였다. 이러한 유시에 발맞추어 비구측은 이것을 불교 정화의 기회로 삼아 적극적으로 정화를 주도해 나갔다.

그러나 이러한 움직임과는 다른 주장들도 있었다. 즉 단번에 모든 대처승들을 몰아내지 말고 점진적으로 바꾸어 나가야 한다는 주장이 그것이다. 효봉은 대처승들의 절을 모두 빼앗지 말고 비구승은 3대 사찰만을 맡아서 총림을 이루자고 하였다. 조선불교 2대 교정(教正)이 된 송만암도 이러한 입장과 비슷하였는데, 그는 왜색불교를 정화하는 것은 필요하지만 대처승들이 가지고 있던 기득권을 없앨 수는 없다고 보았다. 현실적으로 이판과 사판제도를 살려서 교화승(대처승)과 수행승(비구승)의 구별을 나누고 서로 업무를 나누어 맡으면 해결될 것으로 생각하였다. 물론 이러한 제도를 지속적으로 유지하는 것이 아니라 일시적으로 유지하는 것이며, 그 시기는 현재 존재하고 있는 대처승이 없어질 때까지로 한정한 것이었다. 즉, 더 이상의 대처승은 받아들이지 말고 현재 있는 대처승은 그대로 유지시키며, 앞으로는 비구승만을 계속해서 받아들이도록 하자는 것이다. 그러나 두 스님의 이러한 제안은 받아들여지지 않았고 기득권은 대처승들이 지니고 있었기 때문에 해결은 요원하였다.

사실상 대처승의 완전한 축출은 현실적으로 어려운 문제이기도 하였다. 당시 비구승의 숫자는 200명 정도였고 대처승 숫자는 7,000여 명에 이른다는 사실을 고려하면 이승만의 유시나 비구측의 주장은 가능하지도 않았고, 혼란만 초래할 것은 뻔한 것이었다. 비구측의 세력이 절대적 열세이기 때문에 비구 스스로의 힘으로만 정화를 이룬다는 것은 불가능했던 것이다. 비구측의 주장대로 일거에 모든 대처승들을 몰아낸다고 하더라도 그토록 적은 숫자로 모든 사찰을 일거에 다 맡아서 온전히 꾸려나가기도 어려운 것이었다.

이러한 현실을 무시한 채 명분만을 앞세운 정화라는 목적을 비구측의 주장대로 실행하려면 결국 외부의 힘을 빌려서 할 수밖에 없었다. 불교의 정화를 위해 끌어들인 외부 세력은 이후 끊임없이 불교의 발목을 잡는 요인이 되었다. 이승만 대통령의 유시는 불교계의 갈등을 증폭시켰을 뿐 실질적인 해결책은 될 수 없었다. 기득권을 지닌 대처승들은 자신들의 권리를 빼앗기지 않으려고 비구측의 요구나 여러 중재안을 받아들이지 않았다. 비구측에서도 대처승의 즉각적인 완전 축출을 요구하는 목소리가 컸다.

이들의 갈등은 정권이 바뀌면서도 이어졌는데, 이승만 정권 시기 법정소송에서는 비구측에게 유리하게 전개되었고, 4·19 후 들어선 장면 정권에서는 다시 대처승에게 유리하게 되었지만, 군사쿠데타 이후 들어선 박정희 정권에서는 비구측의 승리로 종결되었다. 그 결과 비구를 중심으로 한 대한불교조계종(曹溪宗)과 대처를 중심으로 한 한국불교태고종(太古宗)의 두 종파가 생겨났고 비구와 대처간의 분쟁은 형식적으로 결말을 보았다. 그러나 모든 비구들이 조계종이 된 것은 아니고 비구측의 정화운동에 반대하던 일부 비구승들은 자신들의 소속을 태고종으로 결정하기도 하였다.

이처럼 해방 이후 불교계의 혼란이 이어지는 가운데 일부에서는 이러한 혼란과 무관하게 수행에 정진하며 불법에 몰두하는 분위기도 형성되었다. 해방 직후부터 시작된 이러한 분위기는 전체에서 보면 큰 흐름은 아니었지만, 독자적인 틀을 형성해 나가고 있었다. 이런 흐름 가운데 일부가 근대적 의미의 새로운 종단을 창립하는 구체적 움직임을 보이기 시작하였다.

근대적 의미의 불교 종단은 1908년 발족한 원종(圓宗)이 그 출발점이었다. 원종은 조선불교중앙회소 겸 중앙포교소를 운영하고 기관지 『원종(圓宗)』도 간행하였다. 그러나 원종의 대표자였던 이회광은 1910년 원종과 일본불교 조동종(曹洞宗)과 연합하는 맹약을 하였는데, 이것은 한국불교 전체를 일본불교의 일개 종파와 연합을 시도하는 어처구니없는 친일적 행각이었다.

이후 한국불교는 1929년 '조선불교선교양종(朝鮮佛教禪教兩宗) 승려대회'를 개최하고 이를 중앙통제기구로 삼았고, 1941년에는 태고사를 총본산으로 한 조계종을 선포하여 대표기구로 삼은 채 해방을 맞이하였다.

해방 이후 불교계가 중심을 잡지 못한 채 갈등만 거듭한 상황에서 독자적인 노선을 추구하던 세력은 별도의 종단을 창립하기 시작하였다. 1950년대 말부터 시작된 이런 종단 창립 움직임은 60년대를 거쳐 70년대까지 이어지게 된다. 이들이 새롭게 종단을 창립하게 된 근본적인 요인은 해방 이후 이어져 온 비구와 대처의 대립과 갈등, 그리고 그 결과 두 개의 종단으로 분열되었기 때문이었다. 왜냐하면, 불교계가 끊임없이 분쟁을 일으키자 정부에서도 불교를 제대로 관리할 수 있는 법적 조치를 마련하려 하였는데, 그 결과로 나타난 것 가운데 하나가 1962년 5월 31일 공포된 <불교재산관리법>이었기 때문이다. 이 법은 일제의 사찰령에 뿌리를 두고 있으며, 특히 불교종단의 내부 인사 및 종통에 관한 분쟁으로부터 재산분쟁에 이르기까지의 분쟁에 국가권력이 개입해서 해결하도록 한 비민주적인 악법이었다. 이 법은 1987년 11월 28일 <전통사찰보존법>이 공포되기까지 불교단체에 적용되었다.

이 법에 따르면 전국에 산재한 사찰을 비롯한 불교신행단체들은 특정 종단에 소속되어야 했다. 따라서 조계종이나 태고종 어디에도 속하지 않은 사찰이나 단체들은 결국 독자적인 종단을 새롭게 구성하지 않을 수 없게 된 것이다. 물론 이것은 앞에서도 언급했듯이 근대적 의미의 종교단체로 정부에 정식으로 등록된 것을 말하는 것이다. 그러나 이미 1950년대에 재단법인으로 등록하여 활동한 대한불교진각종(大韓佛敎眞覺宗) 같은 종단도 있었다. 1960년대 새롭게 정부에 등록된 종단은 1963년의 대한불교원효종(大韓佛敎元曉宗), 대한불교용화종(大韓佛敎龍華宗), 1964년 대한불교미륵종(大韓佛敎彌勒宗), 1965년 대한불교불입종(大韓佛敎佛入宗, 觀音宗으로 변경), 한국불교여래종(韓國佛敎如來宗), 대한불교화엄종(大韓佛敎華嚴宗), 대한불교정토종(大韓佛敎淨土宗), 1967년 대한불교천태종(大韓佛敎天台宗), 1968년 대한불교일승종(大韓佛敎一乘宗), 1969년 대한불교총화종(大韓佛敎總和宗), 대한불교법화종(大韓佛敎法華宗), 한국불교법화종(韓國佛敎法華宗) 등이 있다. 1970년대에는 1970년의 대한불교법상종(大韓佛敎法相宗), 1972년 대한불교보문종(大韓佛敎普門宗), 불교총지종(佛敎總指宗), 대한불교진언종(大韓佛敎眞言宗), 1977년 대한불교원융종(大韓佛敎圓融宗), 1979 천화불교(天華佛敎) 등이 있다.

이 종단들이 정부에 불교단체로 정식 등록한 것은 이 시기이지만 각 종단의 기원이 되는 고승 대덕들의 독자적인 활동은 대부분 이미 일제강점기부터 진행되어 오고 있었다. 해방을 맞아 이런 흐름은 더욱 가속화되었으며 이들은 불교의 갈등과는 무관하게 독자적인 수행과 깨달음을 통해 하나의 줄기를 이루고 있었다. 1960년대 새롭게 불교단체로 등록한 종단들은 1969년 3월 한국불교종단협의회를 발족시켜 오늘에 이른다.

V. 나가는 말

조선 시대의 대표적 종교로 자리했던 유교는 일제강점기를 거치면서 크게 위축되었다. 해방 이후 유교의 재건을 위해 유교측에서 큰 노력을 기울였지만, 정치권의 영향으로 인해 분열된 모습을 보이기도 하였다. 그렇지만 유교는 종교단체로서의 활동보다는 윤리, 철학, 사회계몽에 더욱 치중하는 모습을 보여 왔다. 현재 진행되고 있는 유교의 대사회적 활동을 보더라도 이것은 자명하다. 향교 등에서는 어린이와 청소년을 위한 예절교육, 한문교육, 동양철학 강좌 등을 개최해서 스스로의 정체성을 확립해 가고 있는 것이다.

이런 이유로 유교가 종파나 교파로 분열하지는 않겠지만, 이념이나 철학적 논쟁이 있을 가능성은 존재한다. 또한, 앞으로도 단지 철학이나 이념, 윤리로서의 정체성을 가지고 있으면서 종교단체로서의 성격은 점점 더 사라지리라 생각된다. 1990년대에 유교의 종교화를 선언하였지만, 이런 선언을 한다고 해서 유교가 곧 종교적 정체성을 확립하는 것은 아니라고 본다. 성균관대학도 후일 동양철학과를 유학대학으로 승격시키고 유학과와 동양철학과를 다시 설치하였지만, 대세를 되돌리기에는 너무 늦지 않았나 생각한다.

불교의 갈등과 분열은 근본적으로 외부 세력의 작용에 의한 결과였다. 조선 시대 억불정책으로 침체 상태에 빠졌던 불교는 조선이 개항하면서 전통을 되찾고 근대적 불교로 전환하는 호기를 맞았다. 그러나 곧바로 이어진 일제강점기는 불교의 왜곡과 의존적 경향을 만들어 놓았다. 그 원인은 다음과 같은 것들이라고 본다.

첫 번째, 조선 시대 도성 출입이 금지되었던 승려들은 일본 승려의 도움으로 도성 출입이 허가되었다. 왜색불교라 하더라도 수백 년간 이어진 차별에서 벗어난다는 기쁨은 아마도 일본불교에 대한 경계심을 사라지게 했을 것이다. 1910년 이회광의 친일적 행위도 그런 연장선에 있지 않았을까 생각된다. 이와 함께 이미 전국 도처에서 활동하고 있었던 일본불교로 인해 전통불교를 되살리지도 못한 채 쉽게 왜색불교에 물들어가는 원인이 되었다.

두 번째, 일제강점기를 맞아 불교와 관련된 사찰령과 같은 법령은 불교의 자주성을 완전히 말살시켰을 것이다. 법령이 비록 일제의 강압에 의한 것일지라도 모든 것이 일제의 간섭에 놓이도록 한 것은, 문제가 생겼을 때 외부, 특히 국가권력에 의존하도록 만든 것이다.

세 번째, 해방 이후 불교는 미군정과 제1공화국이라는 기독교 중심의 정권과 마주해야 했다. 그러므로 종교의 자유를 보장받은 상태에서도 기독교에 비해 상대적으로 불리한 위치에 있을 수밖에 없었다. 특히 이승만은 전통불교를 보호한다는 명분으로 불교의 갈등을 심화시켰을 뿐, 근본적인 해결책을 제시하지 못하였다. 이 글의 논의에서는 벗어나는 것이지만 박정희 군사정권에서 공포된 <불교재산관리법>은 불교의 분열을 조장하는 악법이었다.

이상이 불교에 직접적인 피해를 준 외부의 원인이라면 불교가 이처럼 그 피해를 볼 수밖에 없는 요소도 있다. 그것은 불교적 전통에 기인한다. 불교는 지역마다 독자적인 불교 전통을 만들었다. 다른 종교들도 그렇지만, 불교는 다른 종교들과 비교할 수 없을 정도로 토착적인 요소가 강하다. 그래서 한국불교, 중국불교, 일본불교, 티베트불교, 태국불교 등으로 부르며 각각은 독자적인 불교의 세계를 구축하는 것이다. 기독교도 물론 한국기독교, 일본기독교, 미국기독교라고 부를 수는 있지만, 서로 다른 지역의 기독교라 하더라도 연대성을 지니고 있다. 그러므로 예를 들어 한국의 기독교가 어떤 피해를 본다면 해외의 기독교가 어떤 움직임을 보이게 마련이다. 더욱이 해방 이후의 세계는 서구세계가 힘의 중심에 있다. 즉 한국의 기독교는 해외의 기독교와 연결되어 있으며, 또한 그 연결의 중심이 서구세계, 특히 미국이라는 것이 기독교의 든든한 배경이 되었다. 그것은 6·25전쟁 이후 구호물자의 보급에서도 여실히 증명된 것이다. 그러나 불교는 기독교와 같은 이런 연대성이 미약하므로 설혹 국가로부터 불교가 차별을 받는다고 하더라도 기독교만큼 해외의 지지를 받기란 어렵다. 현재는 지구적 상황이 달라서 비록 지역적 불교라고 하더라도 어느 정도 연대성을 지닐 수 있지만, 그것이 해방 직후 1960년대라면 이런 추측이 가능하다고 본다.

그러나 이런 여러 외부적 요인들 외에 가장 근본적으로 불교 내부에서 스스로 문제를 해결하려는 의지가 부족하였다. 눈앞의 목적을 이루기 위해 필요하다면 어떤 수단도 동원될 수 있었다. 대통령의 유시까지 사전에 제시할 정도로 목적을 위해 수단과 방법을 가리지 않는 것은 결국 부메랑이 되어 스스로를 옥죄게 되었다. 이후의 정권에서도 불교는 여러 가지로 차별을 당하게 되는데 가장 근본적인 원인은 결국 불교 스스로 문제를 해결하려는 의지가 부족했기 때문이었다고 본다. 현실을 무시한 채 지나친 이상에만 집착한 결과로 불교의 분열과 갈등은 두고두고 진행되었고, 외부의 세력까지 서슴없이 불교에 개입하게 되었다.

기독교는 천주교와 개신교 모두 서구의 기독교와 연결되어 있다는 점이 유리하게 작용하였다. 미군정과 이승만 정권은 모두가 기독교적인 배경하에 있었고 따라서 기독교는 미군정과 이승만 정권 모두와 우호적인 관계가 형성되었다. 다만 천주교는 이승만 정부와 시작은 좋았지만, 곧바로 적대적 입장을 취하여 서로 갈등 관계를 형성하였다. 그러므로 미군정에서 혜택을 받았던 천주교는 이승만 정부에서는 도리어 『경향신문』이 폐간되는 등의 힘든 시기를 겪기도 하였다.

신종교들의 경우 미군정과 이승만 정부 모두에서 유사종교의 취급을 받았다. 해방 직후까지도 큰 세력을 형성하였던 천도교와 대종교는 이후 급속하게 쇠퇴하게 되었다. 증산계열의 종단은 새로운 교파가 계속해서 생겨났고, 기존 교파에서 또 새로운 교파가 파생하는 등 지속적인 분열 현상도 보여 왔다. 그러나 이 교파들을 증산계열이라는 하나의 전통으로 묶어서 본다면 전체적으로는 지속적인 성장세를 나타내고 있다. 이 교파들 가운데 현재 가장 큰 종단은 대순진리회이다. 해방 이후 새롭게 출발한 원불교는 급속한 것은 아니지만 꾸준한 성장세를 유지하고 있으며, 특히 분열과 갈등을 겪은 다른 종교들과 달리 하나의 종단을 유지해왔다. 이러한 모습은 신종교임에도 불구하고 원불교를 한국사회의 4대 종교로 보는 결과로 이어졌다. 그것은 국가적 의례에도 잘 나타나고 있는데, 예를 들어 과거 김대중, 노무현 대통령의 장례식에서 원불교는 불교, 천주교, 개신교와 함께 종교의례에 참석하여 원불교식 의례를 거행하였다.

❖『일대사인연 반세기와 미래』, 범성, 2015.10.

제3장

종교다원주의와 불교

Ⅰ. 들어가는 말

현대사회의 문화는 기본적으로 복합적인 양상을 나타낸다. 그것은 급속하게 변화하는 사회적 환경에 기인하는 것이기도 하지만, 다른 문화권의 문화가 유입되어 기존의 문화와 혼합되기 때문이기도 하다. 교통의 발달은 물론이요, 각종 전파 매체와 인터넷의 발달로 전 세계에서 벌어지고 있는 일들을 실시간으로 지구의 반대편에서 볼 수 있기 때문에, 어느 한 문화권에서 유행하고 있는 문화적 현상은 즉시 다른 문화권으로 유입되어 전파된다. 따라서 고유한 문화의 정체성을 계속 지켜나가기도 쉽지 않게 되었다. 이러한 이유로 현대 세계에서 어느 한 사회의 문화는 복합적일 수밖에 없다. 그것은 또한 현대 사회가 세대 간, 계층 간, 그리고 집단 간의 갈등이 표출되는 원인을 제공하기도 한다.

종교에서도 마찬가지로 이와 같은 모습이 나타나게 된다. 과거에는 특정 종교가 사회의 중심에 위치하면서, 가치관의 구심점 역할을 하였다. 그러나 해상교통의 발달과 함께, 서양의 문물, 특히 세계적 제도종교 가운데 하나인 기독교가 동양의 여러 나라에 전파되었다. 우리나라에도 18세기에 기독교(천주교)가 들어오게 되었는데, 이 과정에서 당시 조선 사회는 커다란 사회적 혼란을 겪게 된다. 물론 이러한 혼란이 일어나게 된 이유는 정치적 요소도 있었지만, 종교 자체가 지닌 특성 때문이기도 하였다.[1] 개항기로 접어들면서 한국 사회는 여러 종교들이 생겨나거나, 혹은 외부에서 유입되어 소위 종교 백화점이라 부를 정도로 다양한 종교들이 공존하는 사회를 이루게 되었다.

물론 현대사회에서의 종교는 매우 다양하며, 또한 정치와 종교가 분리되어 있으므로 특정 종교의 가치관만이 통용되기는 어려운 것이 사실이다. 특정 종교가 그 사회의 중심적 위치를 점하고 있는 사회도 있지만, 그런 사회조차도 하나의 종교만 존재하는 것은 아니며, 이슬람 국가를 제외한다면, 특정 종교의 가치관이나 도덕을 모두에게 강요할 수 없는 사회가 바로 현대사회라고 할 수 있다. 그 가운데서도 특히 현대 한국 사회는 이러한 모습을 보여주는 대표적 사례일 것이다.

1999년 통계청에서 발표한 한국 사회의 종교인구 비율은 전체 인구의 53.6%이고, 이 가운데 불교가 49.0, 개신교가 34.7, 천주교가 13.0%이고, 유교가 1.2%, 그리고 원불교와 대종교를 비롯한 민족종

---

1 종교는 다른 문화 현상과 달리 절대성을 주장하며, 상대성을 인정하지 않는 특징을 보인다. 이러한 특성 때문에 종교간 갈등이 표출되게 된다.

교와 여러 외래 신흥종교들이 각각 그다음을 점하고 있다. 이전의 통계와 비교해 볼 때, 종교인구의 비율이 증가하고 있으며, 특히 6~70년대와 달리 불교 인구의 비율이 증가한다는 특징을 보이고 있다.

이러한 비율만 놓고 보더라도 현대 한국사회의 모습은 특정 종교가 중심적 위치를 차지하지 못하고 있다. 과거 국가적 의례에 불교, 천주교, 개신교의 성직자들이 차례로 종교적 의례를 수행하는 현상들이 있었는데, 이는 그러한 것의 구체적 사례라고 해도 좋을 것이다. 이러한 현상들에 대해 다양한 종교를 모두 받아들인다는 다원적 입장도 있을 수 있지만, 다른 문화 현상과는 다르게 절대성을 주장하는 종교의 특성을 고려한다면, 그보다 더 우스꽝스러운 모습도 없을 것이다. 물론 종교적 절대성을 주장하는 것은 종교들 자체의 입장이다.

현재 한국 사회의 종교지형을 보면, 불교와 기독교(천주교 포함)를 중심축으로 다른 종교들이 주변에서 활동하고 있는 모습이다. 사실상, 한국 사회는 기독교 전통 간의 갈등, 기독교와 불교의 갈등 등, 주로 절대적 유일신을 주장하는 기독교와의 갈등이 문제시되어왔다.

모든 기독교인이 다 그런 것은 아니지만, 기독교의 경우 타종교 전통이 대화상대나 공존해야 할 대상이 아니라 선교의 대상으로 여기고 있는 것이 사실이다. 그러므로 기독교적 입장에서 종교에 대한 다원주의적 태도 내지, 종교 간 대화의 태도에 대해 한계점을 지적하게 된다.

이러한 면에서 보자면 불교는 유리한 입장을 지니고 있다고 할 수 있다. 인도에서 발생한 불교가 아시아의 각 지역으로 전파되면서,

그 지역의 고유한 신앙과 마찰을 일으키지 않았을 뿐만 아니라, 오히려 고유의 신앙과 결합하여 지역마다 특색있는 불교의 모습을 생성시켜 왔기 때문이다. 이런 역사적 사실로 볼 때 불교는 다원 종교 사회에서 종교적 갈등을 완화하고, 서로 간의 대화와 협력의 길로 나아갈 중심적 역할을 할 수 있으리라 생각된다. 그러나 아직껏 불교에서는 이에 대한 이론적 논의나 구체적 실천을 위한 토론의 장이 제대로 활성화되어 있지 않은 것도 사실이다.

이 글에서는 다종교[2] 현상의 일반적 의미와 그에 대한 기독교적 대응양상, 그리고 전통적으로 불교에서 타종교에 대해 어떠한 입장을 취해왔는가를 보고, 다종교사회에서 불교가 취해야 할 위치에 대해 고찰해 볼 것이다.

Ⅱ. 한국에서 다종교사회의 의미

일반적으로 어떤 사회가 다종교적이라고 하면, '종교가 하나가 아니라 여러 종교가 있음'을 뜻한다. 이것은 단순하게 종교의 숫자가 여럿이라고 선언하는 데 그치는 것이 아니라 종교적 신념이나, 종교가 발생한 문화적 토양이 다른 것들이 한 사회 안에 혼재되어 있음을 말한다.

---

2 이 글에서 다종교, 다원주의, 다원 종교라는 용어를 사용하고 있는데, 여기에 특별한 의미가 있는 것은 아니며, 모두 같은 의미로 편의에 따라 사용하고 있다. 즉, '여러 종교가 공존하고 있음'을 말하는 의미로 단순하게 사용하고 있다.

과거 전통사회에서는 여러 종교가 있었더라도 대개 특정 종교 중심의 가치관이 사회의 중심 이념으로 작용하였다. 과거 유럽은 기독교 문화권에 속해 있었지만, 기독교 이외의 종교들이 함께 공존하고 있었다. 그러나 유럽은 기독교적 가치관이 중심을 이루는 사회였다. 현대세계의 이슬람 국가들도 마찬가지다. 비록 그 사회에 다른 종교들도 함께 있지만, 이슬람법이나 이슬람적 가치관의 규제를 받고 있다.

그렇지만 현대사회에서 다종교 현상을 말할 때 제기되는 것은 과거 유럽이나 현대 이슬람 세계와는 다른 현상을 말한다. 즉, 어느 사회 안에서 특정 종교가 사회의 중심적 위치를 차지하거나, 또는 국가적 종교가 되는 것을 인정하지 않음을 말한다. 유럽에는 다양한 종교들이 있지만, 가톨릭이나 개신교 등의 기독교 전통을 국교로 삼는 나라도 있고, 어떤 종교도 지지하지 않는 나라도 있다. 영국이나 스페인, 덴마크, 노르웨이 등이 전자에 속한다면, 프랑스나 독일 등은 후자에 속한다.[3] 법률적으로 어떻게 규정하든 아직도 유럽이나 미주 지역은 대부분 기독교적 전통이 우세하며, 그 가치관이 중심적 가치관으로 작용을 하고 있다. 그러나 이슬람교도들이나 동양인들의 이주가 늘어나면서 유럽지역도 다종교사회가 되었다.

근대로 접어들면서 유럽 사회는 다양한 종교전통들과 만나게 되고, 또 다종교화되면서 기독교적 가치관이 중심을 이루었던 전통적인 관념을 수정하지 않으면 안 되었다. 이러한 것이 원인이 되어 나타난 결과가, 틸리히(P. Tillich)의 '타종교에도 삶의 궁극적인 뜻이 있

---

3 한국종교사회연구소 편, 『한국의 종교와 종교법』, 민족문화사, 1991, 232~251쪽 참조.

음을 인식해야 한다.'던가, 라너(K. Rahner)의 '교회밖에도 구원이 있
다.'라는 소위 '익명의 기독교인(anonymous Christian)'이라는 말이었다.
더 개방적인 모습으로 타종교를 대해야 한다는 신학자들이 있고, 아
시아적 신학을 주장하는 동양의 신학자들이 있지만, 결국 그들이 주
장하는 신학적 이론의 대부분은 선교적인 목적을 지닌 것이었다.[4]
이러한 기독교의 모습은 다종교 현상을 인정하고 타종교들과도 대
화하겠다는 자세를 보였지만, 한계를 지닌 것일 수밖에 없다.

　한국 사회 안에도 다양한 종교들이 존재하고 있다. 그리고 그 가
운데 특정 종교의 가치관이 한국사회의 중심축을 이루지 못하고 있
는 것도 사실이다. 그렇지만 한국사회의 내면을 조금 더 들여다보면
상황은 다소 다르게 나타난다. 한국사회의 경우, 신도 수나 사회적
영향력 등을 고려해 볼 때, 불교와 기독교(천주교와 개신교 포함)가 종교
의 주류를 이루고 있으며, 다른 종교들은 상대적으로 주변적 위치를
차지하고 있다. 그것은 여러 가지 사회적 상황을 보더라도 알 수 있
다. 그러므로 사실 이 두 종교가 다른 종교들보다 더 우위에 있는 모
습을 보이지만, 상대적으로 두 종교만을 놓고 볼 때, 어떤 종교가 더
우위에 있다고 이야기하기는 어렵다.[5]

　전래된 역사나 문화적 측면을 고려한다면, 불교가 앞서 있는 것이

4　김종서, 「기독교와의 대화 : 타종교의 입장」, 『종교다원주의와 종교윤리』, 집문당,
　1994, 232~240쪽.
5　우리 사회의 종교를 이야기할 때, 어떤 특정 종교가 사회의 어떤 분야에서도 지배
　적인 영향력을 행사하지 못한다고 흔히 말한다. 그렇지만, 현실적으로는 그렇지
　않다. 각종 선거철만 되면, 후보자들은 기독교나 불교의 성직자들을 만나서 협력
　을 청하지만, 다른 종교단체들을 방문하는 일은 드물다. 앞서 말한 국가적 의례도
　마찬가지 사례이다.

사실이다. 불교는 우리나라에 전래된 지 1,600년이 지났을 정도로 매우 오래되었으며, 우리 문화의 상당 부분이 불교에 스며들어 있고, 또한 불교 문화의 여러 측면이 우리 사회의 문화에 녹아들어 있기 때문이다. 현재 한국 사회에서 문화적 유물로 지정된 것들의 대부분이 불교 유물이라는 것이 이러한 사항들을 대변해주고 있다.

기독교는 불교보다 훨씬 이후에 한국에 전래되었다. 전래된 지 불과 200여 년에 지나지 않지만, 기독교가 한국의 문화적 기반 형성에 이바지한 부분이 매우 크다고 하는 것은 틀림없다. 특히 서구의 의술이나 교육, 과학 등 서양문물이 도입되는데 많은 기여를 하였다. 또한, 현재 우리가 사용하는 시간도 기독교의 영향임은 말할 것도 없다.[6]

구한말과 일제강점기를 거치며 많은 신종교가 태어나거나 외부에서 유입되었는데, 이 가운데 한국에서 탄생한 신종교들은 대부분 민족종교라는 틀로 그 범주가 설정되었다. 이 민족종교들은 일제강점기를 거치며 민족의 자주와 독립이라는 독특한 임무를 수행하며 자신들의 위상을 정립하였다. 그러나 해방 이후 이 민족종교들의 영향력은 일부를 제외하면 급격히 감소하였다. 일제강점기와 해방 이후 도입된 외래 신종교들의 영향력도 그렇게 두드러진 것은 아니었다.

일반적으로 한국의 종교다원 상황은 세계종교사에서 그 유래를 찾기 어려우며, 어떤 종교도 주도적인 위치에 있지 못한 전형적인 종교

---

6 일주일의 시간 단위와 일요일의 공휴일 개념, 그리고 성탄절 등이 모두 그것이다. 물론 석가탄신일도 공휴일로 지정되었지만, 그것은 한참 후의 일이다.

다원 상황이라고 일컬어진다. 그러나 이것은 다소 오해를 불러일으킬 수 있다. 비록 우리 사회가 다종교사회라고 하지만, 사실상 불교와 기독교라는 두 종교가 중심을 이루고 있으며, 다른 종교전통들은 대체로 하위에 속해 있기 때문이다. 국가적 의례도 그렇지만, 공휴일의 지정에서도 이미 어느 종교가 중심에 있는지를 웅변해주고 있다.

그러나 그렇다 하더라도 단지 이와 같은 사회적 모습만 가지고 그 사회의 중심 종교로 자리매김하고 그 종교의 가치관을 사회의 중심적 가치관으로 인정할 수는 없을 것이다. 다시 말해서 사회적 영향력과 상관없이 모든 종교를 동등한 차원에서 바라보아야 한다. 그렇게 된다면 어떤 종교라도 같은 종교의 위치에 있을 수밖에 없다. 그러므로 한국사회의 다종교적 상황은 모든 종교가 동등한 입장이라는 전제를 바탕으로 출발하지 않으면 안 될 것이다.

Ⅲ. 타종교 전통에 대한 불교의 입장

불교의 뿌리인 인도종교 전통은 다양한 종교적 기반을 지니고 있으며, 그 다양한 종교적 기반들이 힌두교라고 하는, 말 그대로 인도인들의 종교가 되었다. 이것은 다양한 종교들을 하나로 통합한 것으로 보일지 모르지만, 사실상 그것은 그 다양성을 그대로 다 받아들이고 인정하는 것이다. 그러기에 인도인들의 종교(힌두교)가 된 것이다. 불교가 출현할 당시의 인도 사회에는 자이나교를 비롯한 다양한 사상(종교)들이 유행하고 있었다. 이러한 그들의 견해를 불교에서는

62견(見)으로, 자이나교에서는 363견(見)으로 정리하고 있다.[7] 그러나 이것은 단지 숫자일 뿐이며, 사실은 그만큼 다양한 종교사상들이 출현해서 함께 공존하고 있음을 묘사한 것이라고 여겨진다. 이러한 인도종교의 흐름은 근대로 이어져서, 근대 인도의 종교지도자 가운데 하나인 라마크리슈나는 힌두교뿐만 아니라 기독교나 이슬람 등 다른 종교들도 모두 참 종교라고 하였으며, 그의 제자인 비베카난다는 1893년 시카고의 제1회 세계종교회의에서 '모든 종교가 결국은 하나로 귀착됨'을 역설하여 많은 호평을 받았다.

불교에서도 그런 전통은 붓다 시대부터 있었다. 자이나교의 창시자인 마하비라를 따르던 재가 신도가 붓다의 신도가 되기를 간청했을 때, 붓다는 그에게 옛 스승을 계속 따르라고 권유했다. 인도의 위대한 불교도인 아소카왕은 모든 종교를 존중하고 후원했으며, '다른 종교를 비난하지 말고 존중해야 하며, 다른 종교의 교의에도 귀를 기울일 것'을 선언하였다.[8] 불교의 이런 전통은 후대에도 이어져, 신을 인정치 않는 불교의 입장에도 불구하고 많은 힌두교의 신들이 불교로 유입되어 신앙대상이 되었다.

대승불교 운동으로 인해 불교가 다시 한번 크게 융성하던 때, 불교는 남방국가뿐만 아니라 북방의 중국과 한국, 일본으로 전파되었다. 대승불교의 전파는 불교의 유연성과 관용성을 다시 한번 확인시킨 계기가 되었다. 그리하여 중국불교, 한국불교, 일본불교, 티베트

---

7 藤田宏達 외, 권오민 옮김, 『초기·부파불교의 역사』, 민족사, 1989, 26쪽.
8 Walpola Rahula, 진철승 역, 『스스로 찾는 행복,−붓다의 가르침』, 대원정사, 1988, 18~19쪽.

불교 등의 이름을 붙일 만큼 불교가 전파된 지역마다 특색있는 모습의 불교들이 형성되었다. 다시 말해서 불교가 새로운 지역에 전파되면, 그곳의 고유신앙들과 습합되어 그 지역만의 특색을 지닌 새로운 모습의 불교들이 생성된 것이다.

이러한 관용과 이해의 정신은 처음부터 불교 문화의 가장 소중한 이념이었다. 불교가 2500여 년에 걸친 포교의 과정에서 한 방울의 피도 흘리지 않았고 어떠한 박해의 사례도 없었던 것은 바로 이러한 정신 때문이었다. 불교는 평화적으로 아시아 대륙에 전파되어 오늘날 5억 이상의 신도를 확보했다. 어떠한 이유나 형태로든 폭력은 붓다의 가르침에 절대적으로 어긋난다.[9] 비폭력은 불교를 전파하기 위해서도 마찬가지이며, 타종교에 대해서도 그것이 어떤 형태로 다가오든 마찬가지라고 생각된다. 비폭력은 처음 무력을 사용해서 전파된 이슬람이나, 수많은 박해를 받으며 전파된 기독교와 구별되는 불교의 소중한 이념이다.

타종교와 비교해서 나타낼 수 있는 불교만의 또 다른 특징은 대승불교에서 나온 공(空)사상이다. 이것은 말 그대로 이 세상의 모든 것은 사실 실체가 없이 텅 비어 있다는 것이다. 그것은 인과율에도 적용될 수 있다. 세상에서 일어나는 모든 현상이 어떤 원인이 있는 것처럼 말하지만, 그것은 그 현상을 설명하려는 방편에 불과한 것이다. 공사상에 의하면 이런 것도 사실 그 실체는 없는, 즉 그 현상을

---

9 위의 책. 물론 붓다의 가르침이 그렇다고 해서 불교에 전혀 폭력이 없었다고 말하기는 어렵다. 예를 들어 한국불교가 호국불교로서의 성격을 지녔다고 할 때, 승려들도 직접 전쟁에 참여한 역사적 사실이 있거니와, 현대의 군승제도 등도 이에 해당한다고 할 것이다.

일으킨 근본 원인이란 존재하지 않는다는 것이다. 그렇기에 내 종교의 가르침이 진리이고 다른 종교의 가르침은 잘못된 것이라고 주장한다 한들, 불교의 공사상 앞에서는 설득력을 잃게 되는 것이다.[10]

초기불교는 물론이고 대승불교로 발전한 이후에도 불교의 타종교에 대한 기본적인 입장은 관용과 이해, 그리고 타종교에 대한 존중이 계속되어 왔던 것이다.

Ⅳ. 다종교사회에서 한국불교의 위치

불교가 우리나라에 처음 전래된 것은 고구려 소수림왕 2년(372년)이었다. 유교는 그보다도 훨씬 이전에 들어와 있었지만, 불교가 전래되는 데는 아무런 문제가 없었다. 이러한 상황은 백제도 크게 다르지 않았다. 다만 신라는 불교가 도입될 당시 다소의 마찰이 있었고, 이차돈이 순교한 이후에야 공식적으로 불교가 전파되기 시작하였다. 불교가 전래되고 난 이후, 고구려, 백제, 신라의 종교적 상황은 유교와 불교가 서로 조화를 이루고 있었으며, 각각 고유의 기능을 담당하고 있었다.

삼국시대에는 도교도 전래되었는데, 유교, 불교, 도교와 같은 세계적 종교들이 유입된 것은 한국의 사회, 문화, 사상의 변천을 뜻하는 커다란 사건이었다. 이처럼 서로 다른 종교들이 들어왔음에도 불

---

10 공(空)사상과 종교다원주의의 논의에 관한 것으로는, 윤이흠, 「종교다원주의의 불교적인 조명」, 『한국종교연구』 5, 집문당, 2003, 356~361쪽 참조.

구하고 각 종교가 서로 마찰을 일으킨 경우는 거의 없었다. 신라 말기 최치원이 난랑비 서문에서 유·불·도 삼교를 통합한 현묘한 도가 바로 우리 전통종교의 모습이라고 한 것은 서로 다른 종교들에 대한 조화와 관용에서 나온 태도이다. 원광의 세속오계는 유교와 불교의 조화를 추구하는 것이었으며, 원효의 화쟁사상(和諍思想)은 서로 다른 종교들의 평등을 인정하는 것으로, 타종교에 대해 어떠한 태도를 보여야 할 것인가를 설명해주고 있다.

고려 시대에 이르러 불교는 또 한 번 중흥의 시대를 맞게 된다. 고려 시대 국가의 통치원리는 유교를 기준으로 삼았다. 그러나 불교가 크게 융성하게 되면서 차차 사치와 타락의 길을 걷게 되고, 이러한 불교의 모순된 모습은 유학자들의 비판 대상이 되기도 하였다. 그러나 그것은 이념적인 것보다는 불교의 현실적 타락을 지적하는 경향이 우세하였다. 이러한 모습은 고려말까지 이어졌지만, 그럼에도 불구하고 큰 종교적 충돌은 없었다. 또한, 가뭄이나 기근 등의 천재지변이 발생하면, 불교를 신봉하면서도 국왕은 기우제와 같은 기복 행위를 하였는데, 여기에는 무당이나 성황당 신앙 등이 함께 관련되어 있었다. 즉 유교와 불교가 서로 보완관계로 유지되면서도, 민간의 신앙들도 함께 수용되는 조화로운 종교적 모습이 나타나고 있었던 것이다. 그러나 고려말에 이르면 성리학자들에 의해 불교를 배척하는 흐름으로까지 이어지고, 조선 시대로 접어들면서 억불숭유의 국가정책을 채택하게 된다.

조선 시대로 접어들면서 불교를 억압하여 많은 사원의 재산을 관청에 귀속시키고, 승려의 사회적 신분을 하층민으로 내리는 정책을 취하였다. 그 대신 유교를 사회의 정통이념이자 국가적 종교로 삼았다. 그리하여 조선 초에는 유교 이념을 정착시키기 위한 많은 업적이 이루어졌다. 이러한 분위기는 조선 시대 전체를 관통하였다. 다만 임진왜란 당시 많은 승려들이 의병운동을 일으키고 난 이후, 승려의 사회적 위치가 현격히 향상되기도 하였다. 그러나 조선 후기로 넘어가면서 다시 불교에 대한 억압이 이어지게 된다. 조선 시대의 타종교에 대한 억압은 고유 민간신앙도 예외가 아니었다.

국가적 이념으로 유교와 불교의 차별화가 이루어진 조선 시대였지만, 일반 국민의 실제 종교 생활은 다른 것이었다. 국가의 지도이념은 유교가 중심이 되었지만, 실제 민간에서의 종교 생활은 민간신앙이나 불교가 담당하였다. 즉, 국민들은 사찰이나 무당 등을 찾아가 정신적 안심 입명을 원하였으며, 많은 조선 시대 유학자들은 불교와 사상적인 교류를 지속하였다. 조선 초기에는 왕실에서도 여러 가지 불교 서적을 간행하거나 불사 등을 행하여 유교에서 메우지 못하는 종교적 심성을 불교를 통해 보완하였다. 민간신앙에 대해서도 무당들을 통해 치병 의식을 행하거나 전국의 성황당에 관작을 내리는 등의 기복 행위를 왕실에서 앞장서서 행하기도 하였다. 조선 후기로 오면서 불교 사찰은 유학자들이 학문을 수련하는 장소로 이용되기도 하였다. 그리하여 한국에 처음 천주교가 전래될 때, 당시 천주교를 도입하는 데 적극적으로 앞장섰던 젊은 남인 학자들은 경기도 광주의 주어사에서 천주교 서적을 읽으며, 서로 토론을 하는 장소가 되기도 하였던 것이다.[11] 그들은

---

11 천주교 내부에서도 천진암이 천주교의 발상지라고 주장하기도 하고 주어사가 발상지라고 주장하기도 하지만, 현재 천주교에서 성지화 작업을 크게 벌이고 있는

단순히 책만 읽는데 그친 것이 아니라 사찰에서 기도를 하는 등 종교적 활동도 한 것으로 알려졌다.

조선 왕조는 공식적으로 유교 이외의 다른 종교를 배척하였지만, 성리학에서 부족한 기복과 안심 입명 등에 대한 종교적 욕망을 충족시키기 위해 사실상 다른 종교의 도움을 받고 있었다. 유교적 이념에 입각해서 건설된 절대 왕조가, 서양종교인 기독교가 들어오기 전까지는 종교적 갈등으로 인한 박해나 대량 순교와 같은 극한 상황을 일으키지 않았던 것이다. 이처럼 표면적으로는 특정 종교 중심의 사회였지만, 내면적으로는 각각의 종교가 고유의 기능을 하는 조화와 관용의 정신이 숨쉬는 사회가 조선 시대였다. 그것은 국가가 위기에 처했을 때 일치단결하는 힘을 발휘하기도 하였는데, 즉 임진왜란이 일어나자 선비들은 물론 승려들까지 의병을 일으켜, 종교를 구별하지 않고 국가를 보호하는 일에 앞장섰다.

이처럼 조선 시대에도 종교들이 배타적인 태도보다는, 각기 부족한 점을 보충하며 조화로운 태도를 유지하고 있었다. 이러한 종교적 조화의 분위기가 깨어지기 시작한 것은 서양의 종교인 천주교의 전래로부터 비롯되고 있다. 물론 당시의 사회적 분위기가 새로운 개혁을 요구하는 방향으로 나가고 있던 것은 사실이었다. 즉 실학이 대두하고 정감록 사상이 유행하는 등 사회적으로 어수선한 분위기였다. 그러나 이들은 대체로 조선 사회에서 수용될 수 있는 것이었다

곳은 천진암이 있었던 곳이다. 그곳이 천진암이었던 주어사였던 모두가 불교 사찰임은 마찬가지이다. 현재 천진암이 있던 곳은 경기도 광주시에 속하지만, 주어사가 있던 자리는 여주시에 속해 있다.

면, 절대 유일신을 신봉하는 천주교의 전래는 그간 조화로운 사회를 유지해왔던 조선 사회에서는 받아들이기 힘든 것이었다. 즉, 유교 사상의 중심인 조상제사를 미신이라 하여 거부한 천주교인들은 조선 왕조에서 보면, 조선 왕조의 이념을 거부하는 것이며, 그것은 왕조를 부정하는 것이기 때문에 박해가 불가피하게 되었다.[12] 물론 여기에는 여러 가지 정치적인 이유도 있지만, 근본에 있어서 유교와 천주교의 충돌이 불가피하게 된 것이다.

천주교의 전래에 대한 반작용으로 생겨난 것이 동학이었으며, 동학의 영향을 받아 19세기 말에서 20세기 초에 걸쳐 많은 신종교, 즉 민족종교들이 탄생하게 되었다. 동학뿐만 아니라 그 이후의 민족종교 대부분은 동서양의 대표적 종교사상을 통합하여 새로운 종교적 교리를 탄생시켰다.

한국 사회에 전래된 불교는 제도종교로서의 위상과 함께 우리 민족의 종교적 생활과 종교문화를 풍요롭게 하는데 기여해왔다. 유교를 숭상하며 억압을 받던 조선 시대에도 종교로서의 유교의 부족한 부분을 충족시키며 항상 우리의 종교 생활과 밀접히 관련되어 왔다. 서양의 종교인 기독교가 전래되고, 일제강점기를 거치면서 큰 혼란을 겪었지만, 불교가 기독교와 함께 우리 사회의 중심 종교임은 틀림없는 사실이다.

---

12 윤이흠 외, 『한국인의 종교』, 문덕사, 1994, 35~39쪽.

V. 나가는 말

현대사회의 특징 가운데 하나로 다원적 문화 현상을 들 수 있다. 시공간적으로 다른 문화와의 접촉이 손쉽게 이루어질 뿐 아니라, 서로 다른 문화적 배경을 지닌 사람들이 동일한 공간에서 생활하는 일이 허다하기 때문이다. 그렇지만 이러한 것들을 모두 통합하여 또 다른 새로운 문화를 창출하려고 시도하지는 않는다.

종교에서도 마찬가지이다. 다종교사회에서 요청되는 것이 이들을 통합해서 새로운 종교문화를 창출하는 것은 아니다. 그러한 작업은 본래의 의도와는 달리 결국 또 하나의 종교를 만들어낼 뿐이기 때문이다. 그것은 역사적 사실로도 증명된다. 우리에게 요청되는 것은 다종교상황을 있는 그대로 받아들이고, 그것이 종교적 풍요로움을 가져다준다는 인식이다. 그것은 다양한 문화가 존재하는 사회가 문화적 풍요로움을 누리는 것과 마찬가지이다.

이런 점에서 불교는 유리한 입장을 지니고 있다. 그것은 붓다의 가르침에서도 나타나고 불교의 역사나 사상에서도 뒷받침되고 있다. 그렇기에 다종교사회에서 불교에 요청되는 것은 타종교의 차원을 넘은 입장을 지닐 필요가 있다는 것이다. 묵묵히 전통불교의 길, 한국적 불교의 길을 걸을 때 이러한 것이 해결되리라 생각한다.[13]

---

13 이러한 견해에 동조하지 않을 수 있다. 즉, 공격적인 선교정책을 취하는 기독교에 대응하려면 불교도 달라져야 한다고 말할 수도 있다는 것이다. 그러나 그것은 일순간의 대응일 뿐이다. 이 글의 앞부분에서 보듯이 우리나라의 경우만 보더라도 경제개발이 한창이던 1960년대에서 1980년대까지는 기독교인들의 수가 폭발적으로 증가했지만, 1990년대로 접어들면서 기독교인의 수가 감소세로 돌아선 반면, 불교인의 수는 증가하고 있다. 우리나라뿐 아니라 세계적으로도 불교인의 수

물론 그렇다고 불교를 포기할 것은 아니다. 기독교나 불교, 이슬람이 모두 다 다양한 교파를 가지고 있다. 그리고 동일한 종교전통, 동일한 교파에 속한 신도라 하더라도 그들 나름대로 신앙하는 양태는 다양하다. 그러나 그들 모두, 예를 들면 불교의 어느 한 파, 기독교의 어느 한 파에 속한 신도들이 신앙하는 양태는 다양하지만, 그것 때문에 그들이 서로 이질감을 느끼거나 혼자서 독백을 하지는 않는다. 서로 간에 교감이 생기는 것이다. 이것을 보다 넓힌다면, 서로 다른 종교전통이라 하더라도 스스로의 신앙과 교리체계 안에서 다원주의를 인정하고 받아들일 때 종교 간의 갈등과 마찰이 해소될 수 있다고 생각한다.

　더 나아가 의례나 수행 등에서 서로의 장점을 받아들여 자신의 종교를 보다 발전시키는 것도 필요할 것이다. 이러한 면에서도 불교는 대단히 유리한 위치에 있다고 할 수 있다. 불교의 다양한 수행전통은 타종교에 많은 도움을 주리라 생각되기 때문이다. 타종교의 성직자들이 불교적 수행을 하는 것이 전혀 낯설지 않은 것이 현실이다.

　반대로 불교에서 타종교의 장점을 받아들일 수도 있을 것이다. 하나의 사례로 사찰에서 불공을 드릴 때 염불하는 것을 들 수 있다. 사실 불경을 전문적으로 배우지 않은 사람이라면, 염불의 의미가 무엇인지 알 수가 없다. 그것은 마치 제2차 바티칸공의회 이전 한국의 가톨릭에서 미사를 라틴어로 진행하는 모습과 같은 것이다. 시골의 촌

는 계속 늘어나고 있는 추세이다. 그것은 서구에서도 마찬가지이다. 여러 가지 요인이 있겠지만, 앞에서 거론한 불교적 전통도 크게 작용을 했으리라 여겨진다. 세계의 불교현황에 대해서는 Christmas Humpreys, 「오늘날의 불교 교세」, 『현대사회와 불교』, 한길사, 1986, 128~141쪽 참조.

로들이 그저 뜻도 모르고 앵무새처럼 따라서 외우기만 하거나 아니면 가만히 지켜보고만 있었던 것이 당시 천주교의 미사에서 볼 수 있는 모습이었다. 그러나 바티칸공의회 이후 자국어로 미사를 지낼 수 있게 됨에 따라 그 의미를 알고 미사를 지낼 수 있었다. 여러 가지 세부적인 문제점이 있을 수 있지만, 불교에서도 이런 점은 개선할 여지가 있다고 생각된다. 물론 주문을 외우는 것 자체의 종교적 의미를 모르는 것은 아니다. 그러나 그러한 의미가 종교적 활동의 전부는 아니라고 생각되며, 신도들이나 불교에 관심이 있는 사람들의 다양한 욕구에 부응하기 위해서도 필요하다고 생각된다.

불교의 의례를 통일시킬 필요성도 있을 수 있다. 물론 종파에 따라 다를 수는 있지만, 적어도 같은 종단 안에서는 그런 체계적인 작업이 필요할 것이다. 이러한 것들을 통해 서로 간의 종교에 대해 더 깊이 알게 되고, 그러면서 어느 정도 서로 간에 대해 동질성을 느낄 때 진정한 의미의 종교적 대화가 가능하고 종교 간의 갈등도 줄어들 것이다. 물론 그것은 기독교의 경우에도 마찬가지이다.

이상으로 다종교사회에서 불교의 위치에 대해 여러 가지로 고찰해 보았다. 앞으로 다종교사회에 대한 불교적 논의에 관해서도 많은 연구가 필요하다고 생각된다. 물론 다종교사회에 대한 불교적 논의가 기독교와 현격한 차이를 보일 것이다. 이것는 불교에서 앞으로 풀어가야 할 문제라고 생각된다. 다종교사회에 대한 종교 간의 대화나 대응은 필연적이기 때문이다.

❖『교불련 논집』제10호, 한국교수불자연합회, 2004.8.

제4장

신원사와 중악단의 상관성

Ⅰ. 시작하는 말

산악, 또는 산악과 관련된 초자연적 존재에 대한 숭배는 거의 전 세계적인 현상이다. 세계의 대표적 종교의 역사에서도 산악과 관련된 다양한 신화들이 존재한다. 모세와 시나이산과 관련된 유대교의 신화, 메카 부근의 히라산 동굴과 무함마드와 관련된 이슬람 신화 등이 있으며, 상상의 산이기는 하지만 인도에서도 수미산과 관련된 신화가 있다. 불교는 수미산을 중심으로 하는 우주관을 가지고 있기도 하다. 오래전 필자가 처음 네팔을 여행할 때 경험한 것은 왜 사람들이 산을 그토록 신성시하는가를 각인시켜주는 계기가 되었다. 산을 돌고 돌아 포카라 분지에 들어섰을 때 구름 위에 둥실 떠서 인간세계를 내려다보는 듯한 모습의 웅장한 설산은 하늘 위에 또 하나의 세계가 있음을 연상시켜 주기에 충분하였다.

신화 속의 산은 신, 또는 신적인 존재가 지상으로 내려오는 장소,

또는 신이 거주하는 장소이다. 시나이산에서 야훼 하느님은 모세를 만나 십계명을 전했으며, 히라산의 동굴에서 무함마드는 신의 사자인 가브리엘 천사로부터 신의 말씀을 들었다. 힌두교의 쉬바신은 카일라사산에 거주한다고 한다. 산은 또한 사람들이 신을 숭배하는 장소이기도 하다. 그러므로 산은 또한 신의 세계와 인간의 세계를 연결해주는 장소이기도 하다. 따라서 산은 성스러운 장소이면서 동시에 인간이 다가갈 수 있는 현세적인 장소이다.

한민족도 이러한 산악숭배의 전통에서 예외가 아니었다. 한민족은 고대로부터 산을 숭배해 왔는데, 이런 한민족의 산악숭배 현상은 산신숭배로 나타난다. 단군신화에 의하면 태백산에 내려온 하늘의 아들인 환웅은 곰에서 인간으로 변신한 웅녀를 산에서 만나 한민족의 조상이라고 일컬어지는 단군을 낳았고, 단군은 고조선을 건국하여 다스리다가 산신이 되었다고 한다. 단군이 산에서 태어나고 또 마지막에 산으로 들어가 산신이 되었다고 하는 신화는 한민족의 산신신앙의 주요 모티브라고 할 수 있다. 이후 부족국가와 삼국시대, 그리고 고려와 조선을 거쳐 근현대에 이르기까지 한민족의 산신숭배는 지속되어 왔다. 이러한 산신숭배의 현상은 때로는 개인적으로, 때로는 마을공동체에서, 그리고 때로는 국가적인 숭배의 모습으로 나타났다.

삼국시대에 세계종교인 불교가 한반도에 전파되었다. 중국을 통해 전래된 불교는 중국식 불교였지만, 한국에 전래된 이후에는 한국적 불교가 되었다. 이처럼 한국적 불교가 된 이유는 불교가 각 지역에 전파될 때마다 그 지역의 종교와 습합되어 지역적 특성을 나타내게 된 때문이었다. 따라서 불교는 처음 인도에서 시작되었지만, 중국불교, 티베트불교, 한국불교, 일본불교, 태국불교 등으로 불리게 된다. 이 땅에 전해진 불교는 이전 한민족의 종교 신앙을 배척하는 것이 아니라 그 안에 수용하면서 고유의 종교로 자리 잡게 되었다. 불교가 수용한 대표적인 것이 바로 한민족이 고대부터 숭배해오던 산신신앙이다. 불교는 삼국시대와 고려 시대에 중심 종교의 역할을 하면서도 한민족의 산신숭배 현상을 받아들여 한국적 불교를 탄생시켰다. 산에 자리한 가람의 배치에서 산신각이나 칠성각 등이 한자리를 차지한 것은 이러한 한민족의 산신숭배 현상들을 반영한 것이었다.

이 글은 계룡산 지역에서 가장 오래된 사찰 가운데 하나인 신원사와 그 뒤의 산신제단인 중악단[1]을 중심으로 한국의 산신숭배와 불교와의 관계를 살펴보고자 한다. 역사적 기록이 남아있는 삼국시대를 본다면 계룡산은 백제의 중요한 산신숭배 장소였으며, 통일신라에서도 역시 중요한 기도처로 남아있었다. 신라만큼은 아닐지라도 신라의 뒤를 이은 고려에서도 계룡산에 대한 신앙은 어느 정도 이어졌을 가능성이 있다. 왜냐하면, 고려의 뒤를 이은 조선에서도 계룡산은 주요 기도처로서 작용하였기 때문이다.

여기에서는 먼저 신원사와 중악단의 기원과 역사를 간결하게 파악해 볼 것이다. 이 역사를 통해 둘 사이의 상관관계를 추정해 볼 수

---

1 중악단은 계룡산사(鷄龍山祠), 계룡단(鷄龍壇), 계룡산단(鷄龍山壇), 중악단(中嶽壇) 등 여러 명칭이 있는데, 특별히 명칭을 구분해서 언급할 경우를 제외하고 중악단으로 통일해서 사용할 것이다.

있을 것이라는 기대감 때문이다. 다음으로 이 역사를 기반으로 신원사와 중악단 사이의 관계를 살펴볼 것이며, 그리고 그 관계가 지니는 의미가 무엇인가를 파악해 볼 것이다. 이 글을 전개하면서 어려운 점은 과거 신원사와 중악단 사이의 관계를 밝혀줄 만한 사료를 찾기가 어렵다는 것이다. 또한, 관련 연구서들도 단편적이거나 특정 목적에 따라 서술되었다는 문제들도 있다.[2]

Ⅱ. 기원과 역사

1. 신원사

신원사는 백제 의자왕 11년(651년) 보덕화상에 의해 창건되었으며, 계룡산에서 가장 오래된 사찰로 알려져 있다.[3] 신라 말 도선국사가 이곳을 지나가다가 법당만 남아 있던 절을 중창하였고, 고려 성종 때

---

2 이러한 연구서들로는 유적이나 유물, 그리고 건축과 벽화를 중심으로 서술된 것들로 다음과 같은 것들이 있다. 백제문화개발연구원,『계룡산 지역의 유적과 유물』, 재단법인 백제문화개발연구원, 1995; 이왕기,『한국의 건축 문화재 – 충남편』, 기문당, 1999; 사단법인 성보문화재연구원,『한국의 사찰벽화 – 충청남도·충청북도』, 문화재청·성보문화재연구원, 2007. 계룡산 산신을 종합적으로 조사 연구된 것으로는 공주시·공주민속극박물관,『계룡산 산신제 복원 조사보고서』(1997)가 있다.

3 연구자들에 따라 신원사의 창건연대가 정확한가에 대한 문제가 있는 듯하다. 예를 들어 이왕기는 연대를 정확히 밝혀 놓았지만, 윤용혁은 정확한 연대보다는 유물을 통해 백제의 사찰이라고 말하고 있다. 윤용혁에 의하면 신원사 경내에서 백제의 연화문 와당이 발견되었기 때문에 비록 정확한 연대는 아닐지라도 신원사의 기원을 백제까지 소급시키고 있다. 이왕기 앞의 책, 106쪽. 윤용혁,「계룡산의 문화사적 의미」,『역사민속학』20, 한국역사민속학회, 2005, 364쪽. 박용진,「백제와당에 관한 연구」,『공주교대논문집』5, 공주교육대학교, 1968, 40~43쪽, 참조.

인 984년에는 여철화상(如哲和尙)이 대웅전을 중수하였으며, 충렬왕 24년(1298년)에는 정암(淨庵)화상이 중건하였다. 이러한 역사로 보면 백제가 멸망한 후 신라 말경까지는 쇠락하다가 도선국사가 중창하면서 다시 번성했을 것으로 보인다. 한편 고려조에는 사찰로서의 명맥을 유지하면서 존속했을 것이다.

조선 건국 직후인 태조3년(1394년)에 무학대사가 신원사를 다시 중창하였다고 하는데, 무학대사의 위치와 태조 이성계와의 관계를 생각해 본다면, 신원사의 기원은 백제 말엽이지만 고려보다는 이 무렵에 다시 크게 중흥되었을 것으로 생각된다.[4] 이후 신원사는 정유재란 당시 갑사 등과 함께 큰 피해를 보았기 때문에 다시 중건된 것으로 알려져 있다. 신원사가 현재의 모습을 갖추게 된 것은 조선 고종 13년(1876년)에 보련(寶蓮)화상이 중건하면서부터이다.

그러나 갑사를 비롯한 계룡산 지역의 다른 사찰들과는 달리 신원사에 대한 기록이 상대적으로 많지 않다는 것은 신원사의 역사를 파악하기가 쉽지 않음을 나타내고 있다. 조선 후기 몇몇 지지나 지리서 등에 거론되는 정도이다. 그것은 조선 왕조가 유학을 중심으로 한 국가이며 조선초의 억불정책을 지속해왔다는 것을 생각한다면, 이해가 되는 부분이다. 그러나 한편으로 갑사 등을 비롯한 다른 사찰들에 대한 언급이 상대적으로 많았다는 점에서 신원사가 조선 시대에 번성한 절은 아닐 것이라는 의구심도 들게 한다. 그러나 중악단의 위치를 생각한다면 조선 초기에서 중기까지, 그리고 고종 시대에 신원사

---

4 무학대사가 이때 사찰을 크게 중창하면서 영원전도 지었다고 한다. 한국정신문화연구원, 「공주군지」, 『한국민족문화대백과사전』, 한국정신문화연구원, 1995.

의 위치는 일반 대중보다는 왕조나 국가에 더 중요성이 있을 것으로 보인다.

2. 중악단

중악단은 신원사에 속한 계룡산신의 기도처이다. 명확하지는 않지만, 중악단의 기원은 조선 건국 직후 이성계에 의해 마련된 계룡산신의 기도처에서 유래한 것으로 보는 것이 일반적이다. 계룡산에 대한 신앙은 여타 산악에 대한 신앙과 마찬가지로 고대부터 비롯되었을 것이다. 계룡산이 국가적으로 주목받게 된 것은 475년 고구려 장수왕의 남하 정책에 의해 한강 유역의 도성이 함락되자 백제의 문주왕이 도읍을 금강 중류의 웅진(공주)로 옮겨가게 되면서부터이다. 이전까지의 계룡산은 백제에서 별로 주목을 받지 못하고 지방적 차원에 머물렀을 것이다. 그러나 백제가 도읍지를 계룡산 옆의 공주로 옮기면서 왕도의 산악으로서 정치적 중요성을 지니게 되었으며, 따라서 그 중요성은 지방적 차원에서 국가적 차원으로 바뀌어서 인식되었을 것이다.[5]

백제가 멸망한 이후에도 계룡산의 중요성은 통일신라에서 그대로 수용된 것으로 보인다. 계룡산은 신라에서 오악의 하나인 서악에 편성되어 중사로 모셔졌는데, 그 이유는 통일신라에서 계룡산의 위치도 중요성을 띠고 있었고, 또한 백제에서 계룡산이 가지고 있었던 막대한 비중 때문이기도 하였다. 즉, 신라는 계룡산을 서악에 편입

---

5 윤용혁, 앞의 글, 361~362쪽.

시킴으로서 통일 이후에도 백제 세력에 대한 회유를 통해 통일사회의 정치적 안정을 기대한 것으로 볼 수 있는 것이다.[6]

고려에서 계룡산에 대한 기록은 거의 찾아볼 수 없다. 다만 몇 차례 대대적인 전란 속에서 피란지로서 기능하였으며, 계룡산 주변의 불교사찰들로 인해 불교적 성지로 발전하였다고 한다.[7]

조선 시대에 이르러 계룡산은 다시 중요한 산으로 부각되었다. 고려말 이성계가 왕조를 새로 세우고자 전국의 명산을 다니면서 산신 기도를 했는데, 그 가운데 계룡산에서의 기도를 통해 조선을 건국하였다고 해서 산신을 위한 단을 짓게 했다는 것[8]에서 계룡산은 건국 초기부터 주목을 받게 된다. 이성계는 무학대사의 꿈에 계룡산신이 나타났다는 말을 듣고 단을 세웠다는 설화도 있다. 신라에서 오악의 하나로 편성되었던 계룡산은 조선 태조 2년 정월에 지리산, 무등산 등과 함께 호국백의 봉작을 받는다. 이로써 고려 시대에 비중이 떨어진 위치에 있던 계룡산은 조선 시대 들어서 다시 중요성이 부각된다. 같은 해 2월 이성계는 계룡산으로 내려가서 계룡산 주변의 지형을 직접 살펴보고 그곳을 새로운 왕국의 수도로 건설하려고 하였다. 그리하여 같은 달인 2월에 수도 건설을 시작하였지만, 주변의 반대와 하륜의 반대 상소 등으로 인해 건설 공사는 1년도 채 안 된 그해 12월에 중지되었다. 그렇지만 한 국가의 수도로 삼으려 했었다는 상

---

6 이필영, 「계룡산 중악단(中嶽壇)의 역사」, 『계룡산 산신제 복원 조사보고서』, 공주시, 공주민속극박물관, 1997, 94쪽.

7 윤용혁, 「계룡산의 연혁과 역사」, 『계룡산지』, 충청남도, 1994, 55쪽.

8 사단법인 성보문화재연구원, 『한국의 사찰벽화-충청남도·충청북도』, 문화재청·성보문화재연구원, 2007, 117쪽; 정종수, 『계룡산』, 대원사, 1998, 93~94쪽.

징성으로 인해 조선 시대 계룡산은 계속해서 주목을 받는 명산의 위치에 있게 된다.

태종 13년(1413년)에는 계룡산신에게 제사를 지냈다는 기록이 보이는데, 아마도 태조 이성계 시대부터 지속적으로 제사를 지내왔으리라 생각된다. 다음 해인 태종 14년(1414년)에는 악(嶽)·해(海)·독(瀆)을 중사(中祀)로 삼고, 여러 산천(山川)을 소사(小祀)로 삼았는데, 계룡산은 산천에 해당되어 소사에 편입되었다. 세종대에는 악·해·독·산천의 단묘와 신패의 제도를 마련하였는데, 계룡산에는 묘(廟)에 계룡산지신(鷄龍山之神)을 쓰도록 하였다.

세조실록에는 가뭄이 들어 비를 내리게 하려고 명산대천에 제를 올렸다는 기록이 있다. 성종 때는 왕의 병을 낫게 하려고 역시 명산에 관리를 파견하여 제를 올리도록 하고 있다. 인조 12년(1634년)에는 제천 등의 지역에 기상이변이 발생하자 계룡산 등에 향축(香祝)을 보내어 제사를 지내도록 하고 있다. 가뭄 등의 기상이변과 같은 재난을 막기 위해, 그리고 왕의 치병을 위해서도 산천은 중요한 기도의 대상이었던 셈이다.

한편 중종 25년(1530년)에 간행된『신증동국여지승람』에는 계룡산에 제를 지내는 곳으로 계룡산사(鷄龍山祠)를 언급하고 있으며, 봄과 가을에 향과 축문을 내려 제사를 지내게 한다고 하였다.[9]

숙종 29년(1703년)에는 다른 명산대천이 모두 소사에 기록되었는데 한라산이 누락되어 있음을 지적하여 한라산을 이에 편입시켰다.

---

9 "鷄龍山祠在鷄龍山南新羅擬五岳載中祀本朝以名山爲小祀每春秋降香祝以祭",『新增東國輿地勝覽』卷 十七.

제사를 지내는 시기와 방법은 다른 명산의 관례에 따라 제사를 지내도록 하고 있는데, 다른 명산의 사례로 치악산과 계룡산의 제례와 축문식을 언급하면서 정월·2월·7월에 시행하도록 하고 있다. 이로 본다면 이 무렵에도 계룡산에서는 일 년에 세 차례의 제사가 행해지고 있었음을 알 수 있는데, 정월에는 고유제를 지낸 것으로 나타나고 있다.[10]

또한 『여지도서』, 『충청도읍지』 등의 기록을 보면 1700년대까지는 계룡산사로 불렸는데, 1859년의 『공산지』에는 계룡단(鷄龍壇)으로, 다시 1865년의 『대동지지』에는 계룡산단(鷄龍山壇)으로 불리고 있는데, 그 위치로 보건대 모두 현재의 중악단을 지칭하는 것으로 보인다.[11] 중악단의 최초 명칭이 무엇이었는가는 파악하기 어렵지만, 적어도 계룡단이나 중악단 등은 아닐 것이다.

1897년 고종은 계룡단을 중악단으로 개칭하여 묘향산(상악, 또는 북악), 지리산(하악, 또는 남악)과 함께 삼악으로 삼았다고 하지만, 왕조실록에서는 찾을 수 없다. 그러나 고종 21년(1884년)에 계룡산을 백두산(白頭山), 금강산(金剛山), 지리산(智異山), 태백산(太白山) 등과 함께 나라를 수호하는 다섯 산(五岳)으로 하여 기도를 올리자고 하는 김상봉의 상소가 있었다. 이를 보건대 19세기 계룡산은 이전까지 사전이 제시

---

10 이필영, 앞의 글, 106~107쪽.

11 "鷄龍山祠在鷄龍山南新羅擬五岳中祠本朝以名山爲小祠每春秋降香祝以祀", "神院寺在州南五十里", 『輿地圖書』 六册. "神院寺在州南四十里鷄龍山下", "鷄龍山祠在府南四十里". 『忠淸道 邑誌』 二十一册 「公州牧邑誌」. "鷄龍壇在府南四十里", 『公山誌』 卷之一. "神院寺在府南四十里東有鷄龍壇下有隱岩珠溪", 『公山誌』 卷之二. "鷄龍山壇新羅以西岳載中祀高麗以南岳載中祀本朝以名山載小祀", 『大東地志』 卷五.

하는 규범에서 이탈시켜서 명산에서 악(岳, 嶽)으로 승격시키려는 시도가 있었음은 분명하다.[12] 1923년 동아일보에서의 계룡산에 대한 다음의 기록이나 무라야마(村山智順)의 설명이 있지만, 이것이 어느 정도나 사실에 부합되는 것인지는 명확하지 않다.

> "…… 신원사라는 절이오 그중에 아직 단청이 새로온 서향으로 안즌 연각이 잇스니 커다란 글자로 중악단이라는 액이 걸렸다. 이것은 본래 계룡산신사라던 것인데 광무년간에 광무황제께서 '그거 계룡산신사가 쓰겠느냐 중악단이라고 해라' 하셔서 그렇게 승격이 된 것이다. 대개 '광무황제께서 대한뎨국대황뎨폐하가 되신이깐두루 중원의 오악을 본바드셔서 오악을 뎡할터인데 악이 될만한 다섯 개가 없사오니깐으로 둘을 줄여서 삼악만 뎡'한 것이다. 지리산이 남악 계룡산이 중악 또 어디가 북악이더라 그것은 잊어 버렸다. ……"(一記者, 「鷄龍山記 : 신원사의 유래」, 『동아일보』, 1923년 11월)

> "대한제국의 설립(1897년) 다음 해에 고종이 계룡신사를 폐하고 천자오악봉작의 옛 뜻에 따라 이를 중악단이라 고치고 더불어 새로운 제국의 신기원을 연다는 뜻으로 신원사도 신원사로 개명했다고 한다." (村山智順, 최길성 역, 1990. 702~703쪽)

한편 고종 40년(1903년)의 기록을 보면, 오악(五嶽)·오진(五鎭)·사해

---

12 이필영, 앞의 글, 110쪽.

(四海)·사독(四瀆)을 새롭게 봉하고 있는데, 중악(中嶽)은 삼각산, 동악(東嶽)은 금강산, 남악(南嶽)은 지리산, 서악(西嶽)은 묘향산, 북악(北嶽)은 백두산으로 삼고 있다. 또한 오진(五鎭) 중 중진(中鎭)은 백악산, 동진(東鎭)은 오대산, 남진(南鎭)은 속리산, 서진(西鎭)은 구월산, 북진(北鎭)은 장백산으로 하고 있는데, 오악, 오진 가운데 계룡산은 어느 곳에도 들어 있지 않다.

이러한 사실로 미루어 보건대 중악단의 기원은 조선 건국 직후부터 비롯되며, 그 명칭은 계룡산사(鷄龍山祠), 계룡단(鷄龍壇), 계룡산단(鷄龍山壇) 등으로 불렀고, 소사에 편입되어 있다가, 대한제국의 설립 후 중악단으로 개칭하고 승격된 것으로 생각된다. 그렇지만, 이전까지와는 달리 대한제국의 설립 이후에는 오악이나 삼악보다는 왕실 중심의 기도처로서 중요성이 있었던 것이 아닐까도 추측해볼 수 있다. 그렇다고 해서 중악단의 중요성이 퇴색되는 것은 아닐 것이다. 왜냐하면, 전제국가에서 왕실이 갖는 위치나 중요성은 다른 것과는 비교가 되지 않기 때문이다.

Ⅲ. 신원사와 중악단의 상관성

불교는 전통적으로 전래되는 지역의 기존 신앙을 존중하고 그 중심 요소를 포용하고 수용해 왔다. 우리나라에 전래된 불교의 경우도 예외가 아니었다. 불교가 한반도에 전래된 것은 삼국시대이다. 4세기 후반부터 고구려를 시작으로 백제, 그리고 신라에 차례로 불교가 전해졌다. 그런데 삼국에 전해진 불교를 앞장서서 수용한 것은 왕실이었다. 왕실에서는 국가체제를 정비하고 왕권을 강화할 목적에서 불교를 적극적으로 받아들이고 신봉하여 백성들에게도 전파되도록 하였다. 불교가 전래되기 이전 한민족의 주류 종교 신앙은 무속을 중심으로 한 민간신앙의 형태였다. 이미 유교도 전해졌지만, 유교는 백성들의 종교적 욕구를 충족하기에는 역부족이었다. 이런 시기에 고도의 사상적 체계를 갖춘 불교의 전래는 왕실은 물론 백성들의 종교적 욕구도 채워줄 수 있었다.

불교는 인도에서 발생한 종교다. 그러나 그 불교가 중국에 전해진 뒤로는 중국식 색채가 가미된 중국의 불교가 되었다. 우리나라의 불교는 중국을 통해 한반도에 전래되었다. 그런 불교가 한반도에 전래되었으니 곧 한반도에는 인도불교가 아닌 중국불교가 전해진 것이다. 그런데 이 땅에 들어온 불교는 중국적인 불교로 그대로 있지 않았다. 왕실에서 앞장서서 받아들였던 불교는 왕실불교, 국가불교, 호국불교가 되었으며, 그것은 바로 한국불교의 특징으로 자리 잡았다. 특히 한국불교의 호국적 특징은 국가가 어려움에 부닥칠 때마다 여러 가지 형태로 빛을 발하였으며, 그 정신은 면면히 이어져 내려왔다. 특히 국가의 억불정책으로 인해 숨을 죽이고 있던 조선 시대에도 그 정신은 그대로 이어져 임진왜란 당시 승병들이 뛰어난 활약을 보였던 사례도 있다.

한편 삼국시대에 전래된 불교는 한민족이 이전부터 지녀왔던 신앙들을 그 체계 안으로 받아들였다. 특히 산신 신앙은 중국불교의 특색과 더불어 거의 초기부터 수용되기 시작하였다. 불교는 인도에서 중국으로 전래되면서 초기에는 도시에 사찰을 세웠지만, 수행도량으로서의 사찰은 산세가 수려한 산악에 위치하게 되었다. 물론 인도에서도 이상향으로서 히말라야를 수미산으로 생각하여 이곳을 우주의 중심으로 생각하였지만, 산중에 가람을 배치하는 일반적 형태는 중국불교의 모습이라고 할 수 있다. 이런 모습은 삼국에 전래될 때에도 유지되어 초창기에는 도시에 사찰을 건립하여 일반인들에게 불교를 전파하는데 주안점을 두었지만, 차차 불교가 중심 종교로 자리를 잡아가면서 산중에 사찰이 들어서게 되었다.

사찰이 산중에 들어서면서 불교는 본래 우리 민족이 지니고 있던 산악숭배, 산신숭배의 신앙과 조우하였다. 이 과정에서 불교는 고유의 보살신앙 등을 통해 토착적인 산신숭배를 불교의 안으로 흡수해 나갔다. 예컨대 강원도 오대산의 경우 신라의 고승 자장율사에 의해 명칭이 생겨났는데, 그 기원은 중국의 오대산이었다. 중국의 오대산은 문수보살이 1만의 다른 보살들과 함께 머물고 있다는 문수보살의 성지이다. 자장율사는 중국의 오대산에서 기도 중 문수보살을 친견하고 돌아와서 신라에서도 그와 같은 곳을 찾으려 하였다. 그러던 중 강원도의 오대산이 중국의 오대산과 비슷하여 바로 문수보살의 성지로 하기에 이르렀다. 그리하여 부처님의 진신사리로 적멸보궁을 세우고 월정사를 비롯한 사찰을 창건한 곳이다.

자장율사는 이처럼 처음으로 한국의 산에 불교적 의미의 이름을 붙였다. 그 이후 한국의 주요한 산들은 불교적인 어원이나 의미를 지닌 명칭을 지니게 되었는데, 금강(Vajra)산, 설악산(눈덮인 산, 설산, 히말라야 산), 가야산(보드가야), 지리산(지혜의 산) 등등의 이름이 바로 그것이며, 이것은 한민족의 고대 산신신앙과 관련되어 있다고 보아야 할 것이다.[13] 다시 말해서 한국의 고대 산신신앙을 불교신앙 안으로 받아들여서 전통적 산신에 대한 기도처가 아닌 불교적인 기도처로 변화시켰을 것이다.

그렇다면 계룡산이라는 명칭, 또는 계룡산에 대한 신앙도 불교와의 관련성에서 생각해 볼 수 있을 것이다. 계룡산도 백제 말기부터 중요한 산이 되었다. 앞에서 보았듯이 그 무렵 계룡산에 사찰도 생겨났다. 정확한 연대는 모르지만, 계룡산에 있는 신원사, 갑사, 동학사 등의 주요 사찰들은 백제의 웅진 천도 이후 생겨났으며, 아무리 늦어도 통일신라 시기에는 모두 생겨난 것들이다. 계룡산의 이름이 불교와 어떤 연관이 있는지는 좀 더 조사해 보아야 하겠지만, 어떤 식으로든 불교와 관련이 되었을 것으로 추측된다. 다른 주요 산들이 그럴진대 계룡산도 역시 불교적인 요소를 가지고 있을 것으로 생각된다. 그것은 계룡산에 주요 사찰들이 많이 있었다는 것에서도 엿볼 수 있는 대목이다[14]. 계룡산이 백제와 신라에서 중요한 위치를 점하고 있었고, 앞에서 보았듯이 주요한 산들이 대부분 불교적 성지로 변화되어 갔으므로, 계룡산도 불교적 성지로 변화되었을 것이다. 이것은 그 이후 계룡산 주변에 많은 사찰들이 생겨난 것으로 파악될 수 있는 부분이다.

한편 한국의 산악이 불교적인 모습으로 되는 과정은 결국 한국의

---

13 Grayson, James Huntley, *Korea: A Religious History,* London: Oxford, 1989, p.53.
14 계룡산의 사찰과 관련해서는 추만호, 「공주의 절터와 절」,『공주의 역사와 문화』, 충청남도 공주시, 공주대박물관, 1995 참조.

전통신앙에서 성스러운 장소였던 산악이 불교적으로 변화되어 간다는 것을 뜻한다. 산악신앙의 불교화는 단순히 명칭을 불교적으로 만들거나 사찰을 건립하는 것에서 그치지 않았다. 예를 들어 한국의 산에는 다양한 모습의 마애불을 비롯한 여러 불상이 곳곳에 있다. 그 불상들은 산에 있는 사찰들과는 무관하다. 언제 누가 조각을 했는지는 정확하지 않지만, 바위 절벽이나 산의 정상 등에 만들어진 다양한 불상들은 일반 대중들의 기도처 역할을 해왔다. 유명한 팔공산의 갓바위를 비롯한 여러 이름 없는 마애불들은 모두 그런 기도의 장소들이었던 것이다. 이러한 현상들은 산악, 또는 산신에 대한 신앙이 불보살에 대한 신앙으로 자리바꿈한 것으로 이해될 수도 있다. 산신에게 기원할 것을 바위에 새겨진, 또는 조각된 불상 앞에서 기원하는 것으로 변화되었다고 생각할 수 있는 것이다.

앞에서 밝혔듯이 계룡산의 중요성은 백제 말기에 나타나는데 이 무렵 창건된 신원사는 바로 이러한 측면에서 고찰해 볼 수 있을 것이다. 다시 말해서 처음부터 산신당, 또는 산신을 위한 기도처와 신원사가 따로 건립되었다기보다 신원사라는 사찰 자체가 산신을 위한 기도처이면서 동시에 불교사찰로 자리한 것으로 볼 수 있다. 신원사의 과거 명칭이 신원사(神院寺)였다는 데서도 추론해 볼 수 있을 것이다. 이 명칭대로라면 이곳은 신들의 거처, 또는 신들에게 기도하는 장소가 된다. 그 의미가 불교의 신들을 위한 장소라기보다는 도리어 계룡산의 산신을 위한 기도처로서의 신원사가 아니었을까 하는 것이다. 그렇다면 사실상 현재 중악단의 위치가 조선시대 이전부터 존재했는가 아닌가는 큰 의미가 없을 것이다. 왜냐하면, 신원사는 불교사찰이면서 동시에 계룡산신을 위한 기도처로서 기능했을 것이기 때문이다. 다만 여기서 계룡산신은 불보살의 형태로 변화되어 숭배되었을 것이다. 그렇게 본다면 신원사는 국가적으로 볼 때 백제나 신라에서는 계룡산의 중심사찰이었을 것이다.

계룡산은 통일신라로 이어지면서도 그 중요성은 줄어들지 않고 오악의 하나로 편성되어 중사로 모셔졌다. 그러나 신라 말기로 접어들면서 계룡산은 국가적 기도처의 기능이 약화되었을 것이다. 그리하여 신라 말기 도선국사가 신원사를 중창했을 것으로 추측해볼 수 있다. 계룡산의 기도처 기능이 약화되었다고 보는 이유는 고려 시대에 계룡산에 대한 기록이 별로 등장하지 않고 있기 때문이다. 그만큼 고려 시대에는 계룡산에 주목하지 않았다는 것인데, 왕조가 바뀌었다고 해서 그러한 기능이 일순간에 바뀌는 것은 아니기 때문이다. 그것은 앞서 통일신라에서 백제와 마찬가지로 계룡산을 중시한 데서도 알 수 있는 것이다. 따라서 신라 말기에는 상대적으로 계룡산의 중요성이 약화되어 있었고, 그것은 뒤를 이은 고려에서도 그대로 유지된 것이라고 보아야 할 것이다. 다만 고려 시대 계룡산은 국난을 당했을 경우 백성들의 피난처로서 기능했다고 전해진다.[15]

조선을 개국한 이성계는 설화에 나타나듯이 계룡산신에게 기도를 한 후 그 힘에 의해 조선을 개국할 수 있었다거나 무학대사에게 산신이 현몽하였는데 이를 안 태조가 중악단(아마도 당시에는 鷄龍神祠)

---

15 윤용혁, 「계룡산의 연혁과 역사」, 55쪽.

의 창건을 명하고 처음 산신에게 제사를 올렸다고[16] 하는 데서 알 수 있듯이 고려 시대에 주목을 받지 못했던 계룡산은 조선의 개국과 함께 다시 중요한 위치에 오르게 된다. 동시에 신원사도 무학대사에 의해 중창되면서 국가 기도처를 담당하는 사찰로서 다시 주목받는 위치로 올라섰을 것이다.

그러나 조선조의 신원사는 과거와는 다른 위치에 있었을 것이다. 비록 무학대사에 의해 중창되어 주목을 받기는 했지만, 그것은 일시적인 위치에 있었을 것으로 생각된다. 중악단이라는 국가적 기도처가 별도로 존재하고 또한 조선은 출발부터 억불정책을 펴왔기 때문이다. 과거에는 신원사 자체가 국가적 기도처의 위치를 지키고 있었을 것이지만 조선조에서는 그 기도처가 별도로 만들어진 상황에서, 그리고 조선 초기 왕실에서 불교를 신봉했다고는 하지만, 국가적 정책으로 불교를 억압하는 상황에서는 신원사의 지위도 상대적으로 약화되었을 것이다. 그러나 비록 별도의 기도처가 형성되었다고 하더라도 신원사와 중악단과의 관계는 계속 유지되었을 것이다. 그 관계는 신원사가 중악단을 관리하는 형태가 되었을 것으로 생각된다. 효종 때 중악단이 폐지되었다고는 하지만, 신원사가 그 자리에 있음으로 인해서 후일 고종대에 중악단이 다시 부활하는 계기를 마련해 줄 수 있었을 것이다. 현재의 신원사 자리는 정유재란 때 소실되어 옮겨온 것으로 본래의 자리는 중악단 아래였다고 이야기되고 있다.[17] 이와 같은 구조는 후일의 가람의 배치에도 영향을 주지 않았을

---

16 정종수, 앞의 책, 94쪽.
17 이남석·소재구, 「계룡산의 불교유적」, 『계룡산지』, 충청남도, 1994, 131쪽.

까 생각해본다. 가람에서 산신각이 위치한 곳은 사찰의 앞이 아니라 사찰의 뒤편, 다시 말해서 사찰의 위쪽이기 때문이다.

그런데 중악단은 신원사에 속해 있으면서도 우리나라 사찰의 보편적 형태와는 배치의 형태가 다르다. 다시 말해 우리나라 사찰의 일반적 구조인 사찰 한편, 특히 뒤쪽에 자그마하게 부속 건물 정도로 배치된 산신각의 형태와 달리 사찰과는 별개의 형태로 배치되어 있다는 점이다. 고종 대에 계룡단을 중악단으로 승격시키면서 그렇게 배치했을 수도 있지만, 이것은 본래에도 그런 위치에 있었을 것이다. 왜냐하면, 사찰에서 산신각 등이 보편적으로 나타나는 시기는 18세기 이후로 보기 때문이다.[18]

이런 현상은 초기에 한반도의 성스런 장소를 불교가 받아들여 불교화시켜가는 형태였지만, 점차로 불교와 대비되는 독자적인 산신 숭배 현상을 반영한 것이라고 볼 수도 있다. 그렇지만, 가람에 배치된 산신각 등은 독립적인 산신의 형태로 존재한 것이 아니라 불교를 외호하는 수호신으로 자리하게 된다.

불교에서 외호신에 대한 신앙은 우리나라만의 모습은 아니다. 인도불교에서 이미 다양한 힌두교 신격들을 받아들여 나타난 모습들이다. 즉, 불교는 출발부터 외부의 신격을 받아들임에 있어 아무런 제한이 없었던 것이다. 신라 시대에도 나타난다는 설명도 있지만, 앞에서 보았듯이 불교가 들어온 이후 적어도 조선 시기 이전까지는

---

18 윤열수, 『산신도』, 대원사, 1998, 41쪽. 김형우는 사찰에 산신각이 나타난 것은 비교적 최근의 일이라고 한다. 18세기 이전에는 사찰에 산신각이나 산신도가 거의 보이지 않고, 대부분 그 이후에 생겨난 것이라고 한다. 이에 대해서는 김형우, 『한국 사찰의 산신신앙연구』, 국립문화재연구소, 1996, 17쪽 이하 참조.

산악신앙이 산악의 불보살 신앙으로 바뀌어 가는 형태였을 것으로 보인다. 따라서 사찰과 관련된 산신각, 내지 산신에 대한 기도처는 존재하지 않았을 것이다. 그렇기에 이성계의 명에 의해 중악단을 세웠다면 신원사와는 별도의 산악 기도처였을 것이다.

통일신라와 고려, 그리고 조선을 거치면서 신원사는 몇 차례의 중수와 중창을 한 것으로 알려져 있다. 그 이면에는 그만큼의 성쇠를 반복하였다는 이야기도 될 수 있다. 그렇지만 신원사는 중악단의 위상으로 인해 창건 직후부터 국가적 기도처로서의 위치를 지녔다고 할 수 있다. 물론 이것은 어디까지나 추정에 불과하다. 특히 고려 시대를 거치면서 계룡산의 중요성은 상대적으로 약화되기 때문에 더욱 그 근거를 추정하는 것이 어렵다.

계룡산이 백제와 통일신라에서 중요성을 지녔던 것은 사실이지만, 그것이 현재의 중악단과 관계되는지는 알 수가 없다. 그러나 현재 신원사(新元寺)라는 명칭은 고종의 명에 의해 바뀌었다고 한다. 앞의 기록들에서도 나타나듯이 과거의 명칭은 신원사(神院寺)였다. 신원사는 계룡산 신앙을 불교적인 입장에서 수용하여 계룡산을 불교적인 기도처로 만드는 중심적인 위치에 있었을 것으로 보인다. 조선 시대 들어서는 중악단이 별도로 마련되어 전통적인 계룡산신 신앙이 다시 부활했을 것이며, 이것은 후대로 그대로 전해졌을 것이다. 물론 이러한 상황이 되면 순수한 전통 산신신앙보다는 불교적 색채, 유교적 색채가 가미된 신앙의 형태로 전해졌을 것으로 보인다.

Ⅳ. 상관성의 의미

불교는 전통적으로 불교가 전래되는 나라의 고유 신앙을 존중하고 그 중심 요소를 수용해 왔다. 그것은 불교적 전통과도 무관하지 않다. 깨달음을 얻는 방법이 다양하기 때문에 한 가지만을 고집하지 않는 것과, 깨달음을 얻는 데 도움이 된다면 어떤 방법이라도 '방편(方便)'으로 인정되어 허용되므로 불교 외적인 신까지도 수용할 수 있었다.[19] 불교 외적인 신을 수용함에서는 있는 그대로 받아들이는 것이 아니라 불교적 신으로 변화시켰다. 산신을 받아들임에서도 불보살의 형태로 변화되거나, 아니면 불교를 외호하는 수호신의 형태로 나타났다. 불보살의 형태는 고유 신앙이 완전히 불교화된 것을 의미하며, 수호신의 형태는 불교적인 신앙을 중심으로 산신신앙이 부수적인 역할을 하는 정도에 그친다는 것을 의미한다. 앞의 형태는 불교 전래 초기부터 나타난 현상으로 조선 시대 이전까지 나타났을 것으로 보이며 뒤의 형태는 조선 후기에 나타나는 모습으로 보인다.

처음 불교가 전해지고 나서 고유의 산악신앙이 완전히 불교화되어 갔음에도 불구하고 완전히 사라지지 않고 천 년 이상 시간이 지난 이후에 불교를 외호하는 수호신의 형태로 다시 나타난 것은 아주 특이한 현상으로 볼 수 있다. 삼국시대와 고려 시대를 거치면서 불교는 주로 왕실과 귀족들에 의해 앞장서서 신봉되었고, 또한 일반 민중들에게도 퍼져 나갔을 것이다. 그러나 민중들은 불교를 신봉하면

---

19 David A. Mason, 신동욱 옮김, 『산신』, 한림출판사, 2001, 134쪽.

서도 전통신앙을 함께 유지하였을 것이다.

산신신앙도 그런 차원에서 보아야 할 것이다. 근본적으로 산신신앙은 한민족 내면에 깊이 뿌리박힌, 마치 유전자와도 같은 신앙의 형태이기 때문이다. 조선 초기에는 억불정책에도 불구하고 왕실이 불교를 신봉하였지만, 차차 중기로 넘어오면서 불교는 점점 더 쇠락하여 갔다. 적어도 왕실과 상류층에서는 불교를 멀리하게 되었으며, 심지어 승려의 신분도 하층민으로 전락하였다. 이런 상황에서 불교가 일반 민중들과 종교적으로 완전히 단절했다면 이 땅에서 불교는 사라졌을지도 모른다. 사찰, 특히 조선 시대 사찰은 모두 산속에 있었고, 또한 그 산을 둘러싼 사람들은 대부분 일반 민중들이었다. 따라서 민중들의 종교적 욕구를 수용하기 위해 외호신의 형태로서의 산신각이 생겨났을 것이다. 민중들은 사찰의 산신각을 찾아가 자신이 필요로 하는 다산, 치병, 풍년 등을 위한 기도를 했을 것이다. 민중들이 산신각을 찾아 기도하면서 한편으로는 사찰의 법당도 찾게 되었을 것이다.

그러나 중악단의 경우는 이것과는 다른 형태로 나타났다. 처음 계룡산 신앙은 완전히 불교화되었으며 신원사가 그 중심적 역할을 했을 것이다. 다시 말해 국가적인 기도처가 별도로 존재한 것이 아니라 불교 사찰이 그 역할을 맡았으며, 기도의 대상도 고유의 산신이 아니라 불보살화된 산신이 대상이었을 것으로 보인다.

그러나 조선 시대에 들어서면서 산신신앙이 다시 불교에서 분리되었으며, 특히 중악단은 국가적, 또는 왕실의 산신 기도처로서 작용했을 것이다. 이에 따라 신원사는 불교 사찰로서의 위치에 있으면서도 동시에 중악단을 관리하는 독특한 형태로 자리했을 것으로 보인다. 그것은 조선 후기에 나타나는 불교를 외호하는 수호신을 모시는 산신각의 형태가 아니라 적어도 종교적으로는 동등한 위치에서 서로 다른 신앙의 형태로 자리했을 것이다. 고종 대에 중악단이 부활해서도 이러한 현상은 변화되지 않았다. 따라서 표면적으로는 신원사가 중악단을 관리하는 형태지만, 종교적인 측면에서 보자면 서로 다른 두 종교의 공존형태라고 할 수 있는 것이다.

　조선 후기 신원사와 중악단과의 관계를 어느 정도 유추해 볼 수 있는 것으로는 조선 후기의 공주 유학자가 쓴 『계룡당기(鷄龍堂記)』가 있다. 이것을 언제 누가 썼는 가는 분명하지 않지만, 이필영 교수는 신원사(新元寺)를 신원사(神院寺)로 표기하였고 신원사가 사찰로서의 활동을 하고 있었던 것으로 미루어 18세기 말 이전으로 보고 있다. 아래 인용문은 이필영 교수의 글에서 재인용한 것이다.

　　　"太祖의 꿈을 解夢해 준 神母는 鷄龍山 四連峰에 살았었다. 그녀(鷄
　　龍山)를 上峰의 西麓에서 祭祀지내는데, 每年 春二月과 秋八月에 擇日
　　祭를 모셨다. 正初에는 告由行事가 있었다. 香과 祝은 京師(國都)에서
　　내린다. 祭官 二人도 京師에서 差出된다.

　　　公州 監營에서는 執禮 以下 六人을 邑內 鄕校에서 選任하고 公州牧
　　에서 決裁하고 身分을 밝혀 差備하는데, 이들 任員이 不參하려 하면
　　다른 方法으로 制裁를 可함으로 반드시 參禮하게 한다.

　　　내(著者)가 執事의 任務를 띠고 이곳에 와보니 儒生 一·二人이 神院
　　寺에 먼저 와 있었다. 잠시 후 祭官 二人이 들어오고 幣帛이 험한 길에

到着하였다. 寺僧들이 엎드리는데 모두 祭官二人의 아래였다. 祭官이 公州 儒生을 相對하는데 냉랭(泠泠)하여 自笑하였다. 대화를 나누는 중에 洞口가 소란해지고 횃불이 별처럼 번쩍이더니, 首僧이 달려와 아뢰기를 祭物이 當到했다고 했다. 祭官 二人이 下堂하고 儒生은 東西로 나누어 섰다."[20]

중악단의 제사는 국가적인 제사이므로 중앙정부에서 향과 축문을 내리고 제관도 파견한다. 나머지 제물은 공주 지역에서 모두 마련하고 또한 제관을 제외하면, 제사에 참여하는 다른 사람들도 모두 공주 지역 사람들이다. 그런데 중악단의 제사에는 신원사의 승려들도 참여했을 것이다. 물론 참여시의 위치가 어떠했는가는 잘 알 수가 없다. 중악단의 옆에 자리하고 있기에 단지 편의를 주는 선에 그칠 수도 있고, 아니면 조금 더 적극적으로 뒷받침을 했을 수도 있다. 그렇지만 폐백이 오고, 제물이 도착했다는 것으로 보아 제사에 관한 사항은 대부분 공주 지역에서 마련했을 것이다. 다만 중악단이 신원사의 옆에 있기에 평소에 관리하는 정도이고, 제사 때면 어느 정도 편의를 보아주는 정도였을 것으로 생각된다. 비록 중악단이 국가의 제사 장소이기는 하지만 평상시 일반인들도 기도를 위해 찾았을 것이다. 공존하면서 관리하는 형태(?)라고 해야 할지도 모르겠다. 이야말로 종교적으로는 한 곳에서 서로 다른 신앙이 공존하는 병렬종교현상의 모습이라고 할 것이다.

---

20 이필영, 앞의 글, 106쪽.

신원사와 중악단의 이런 관계는 역사적인 면에서도 다소 독특한 형태라고 해야 할 것이다. 불교와 산악신앙의 전형적인 역사적 변화 과정은 초기에 불교가 산악신앙을 흡수해서 불국토, 불보살 신앙으로 바꾸어 놓았지만, 후대로 올수록 산악신앙은 다시 살아나 결국 불교를 외호하는 산신각의 형태로 바뀌는 것이다. 그런데 중악단은 신원사의 부속적인 기도처, 즉, 중악단의 산신은 불교를 외호하는 수호신이 아니라 독자적인 산신의 모습을 그대로 유지하게 되었다. 국가적 기도처로서의 중요성도 잘 유지하고 있다. 적어도 조선 시대에는 아마도 오히려 신원사가 중악단을 위해 존재한다는 의미까지도 있지 않았을까 생각된다. 그러나 그보다는 국가적 기도처로서의 기능을 인정하고 중악단을 불교 안에 수용하기보다 동등한 위치에서 받아들이고 인정하였다는 면에 의미가 있다고 해야 할 것이다.

한편으로 이 둘의 관계는 문화의 다양성 측면에서도 의미를 부여할 수가 있다. 앞에서 보았듯이 불교가 전해지는 지역의 종교문화는 거부되기보다 불교문화에 흡수되는 것이 일반적이다. 이를 통해서 지역마다 특색있는 불교문화의 모습이 나타난다. 그러나 이러한 현상이 반드시 좋은 면만 지니는 것은 아니다. 문화적인 측면에서 보자면 그 문화를 흡수해서 변형된 모습으로 나타내기보다는 오히려 고유의 종교문화를 보존해주고 지켜주는 것이 필요하다. 이런 면에서 산신각의 형태로 남아있는 다른 지역의 산신신앙과 달리 신원사에서의 산신 신앙은 고유의 형태를 그대로 유지하고 있다는 것에 중요성을 부여할 수 있다. 물론 산신제의 성격이나 형태가 어떠한가에 대해서는 다시 논의해야 할 것이지만 일단 고유의 신앙형태가 그대로 유지되었다는 측면만으로도 큰 의미가 있다고 해야 할 것이다.

한민족은 고래로 특정 신앙만을 고집하지는 않았다. 불교가 들어와서도 고유의 신앙이 그대로 유지되었고, 유교를 국교로 정한 조선 시대에도 그 정신은 변하지 않았다. 그리하여 엄격한 유교 집안에서도 가장은 유학을 논하지만, 집안에서는 필요에 따라 무당을 불러 굿을 한다거나 아니면 영험한 산신을 찾아가 일상 대소사를 기원하였다. 억불정책을 썼던 조선에서도 처음 왕실은 불교를 신봉하고 여러 불경을 번역하여 간행하기도 하였다. 이런 모습들은 한민족의 내면에는 다양한 종교를 모두 수용할 수 있는 넉넉한 정신을 소유하고 있었음을 보여준다. 조선 후기에 절대 유일신을 신봉하는 서학이 들어와 사회적으로 큰 갈등을 일으키고 많은 사람들이 그 종교로 인해 목숨을 잃기는 하였지만, 이전까지는 종교로 인한 사회적 갈등은 크게 경험하지 못하였다. 산신신앙과 불교가 같은 자리에서 공존할 수 있다는 것은 이러한 우리의 사회상을 잘 반영하고 있는 것으로도 해석될 수 있다.

V. 맺는 말

신원사의 역사를 파악하는 것은 대부분 단편적인 것에 불과하다. 그런 면에서 신원사의 역사적 의미, 종교적 의미 등을 파악해내는 것은 매우 어려운 일이라 하지 않을 수 없다. 역사적인 기록에 등장하는 신원사는 조선 후기 몇몇 지지나 지리서 등에 거론되는 정도이다. 중악단의 기원은 조선 건국 직후부터 비롯되지만, 최초의 명칭이 무엇이었는가는 명확하지 않다. 조선 중기 이후의 지지나 지리서 등에 나타난 명칭은 계룡산사(鷄龍山祠), 계룡단(鷄龍壇), 계룡산단(鷄龍山壇) 등이다. 이로 미루어 보건대, 중악단이 처음 생겨난 이후 역사가 흐르면서 그 명칭은 계속 변해왔을 것으로 추정된다. 그렇지만 계룡산이 명산에 들어 소사에 편입되어 있다가, 고종 시대 대한제국의 설립 후 중악단으로 개칭되어 승격된 것으로 본다면 계룡산은 조선 시대에도 계속 주목을 받았고, 근대로 넘어오면서 더욱 중요성이 부각되었을 것으로 보인다. 이전까지와는 달리 대한제국의 설립 이후에는 오악이나 삼악보다는 왕실 중심의 기도처로서 중요성이 있었던 것이 아닐까도 추측해볼 수 있다.

신원사는 출발부터 국가적 중심 기도처로서 역할을 했을 것으로 보인다. 그것은 계룡산신 자체보다는 불교식으로 변한, 다시 말해서 불보살적인 계룡산신이었을 것이다. 그러나 조선 시대에 다시 불보살과 산신의 분리가 이루어져서 산신을 위한 제단인 중악단이 생겨났을 것이며, 이후 신원사는 그 중악단과 공존하는 위치에 있게 되었을 것으로 보인다. 그것이 오늘날 보이는 신원사와 중악단의 시작일 것이다. 불교 기도처로서의 신원사와 한민족 고유의 산악 기도처로서의 중악단이라는 서로 다른 종교신앙들이 공존하는 현상은 한민족의 다종교적 성향을 반영하고 있다고 해석될 수 있다.

이 현상을 잘 분석하고 연구해서 발전시킨다면 그것은 현재 한국 사회에서 나타나고 있는 종교적 갈등을 해소하는 데에도 기여할 수 있으리라 생각한다. 신원사와 중악단의 공존현상은 현대 다종교적인 한국사회에 전해주는 메시지로서도 충분하다고 여기기 때문이다.

제5장

중국 산동성의 한국종교

I. 들어가는 말

산동성(山東省)은 대문구문화(大汶口文化)와 용산문화(龍山文化)와 같은 중국 신석기문명의 중요한 발상지 가운데 한 곳으로 알려져 있으며, 공자와 맹자를 비롯한 여러 사상가들이 활동한 지역이기도 하다. 공자로부터 비롯된 유교는 한대 이후 2천여 년 동안 중국의 중심사상으로 자리를 잡게 된다. 따라서 이 지역은 수천 년간 중국사상과 문화의 근간이 되어왔다. 19세기 후반에는 산동 지역에서 의화단 사건이 일어나게 되는데, 이 사건은 서양의 문화, 특히 기독교 문화와 중국문화가 충돌하여 일어난 것이었다.

한편 근대 이후 중국은 서구 열강의 거센 도전을 받게 되는데, 특히 산동을 중심으로 한 해안 지역에서 그 영향이 두드러져 1897년 칭다오(青岛)가 독일에 할양되었고, 다음 해에는 웨이하이(威海)가 영국에 할양되었다. 이후 산동성의 대부분 지역이 독일의 영향권 아래

들어가게 되었고, 1937년 중일전쟁 이후에는 일제에 점령당하기도 하였다.

산동 지역은 고대부터 한반도, 일본과 활발한 교류가 있었던 지역이기도 하다. 특히 통일신라 시대에는 신라와 당의 교류가 활발히 이루어지고, 그에 따라 신라인들의 집단 거주지인 신라방, 신라인들의 사찰인 신라원 등이 세워지는데, 이러한 교류의 중심에는 산동 지역이 있었다. 20세기 초 한국 기독교의 최초 해외 선교지역도 산동 지방이었다. 당시 한국의 기독교는 전래된 지 수십 년에 불과해서, 아직 완전한 자립교회가 되기 이전이었음에도 산동 지역에 최초로 한국인 선교사를 파견하였다.

이와같이 이 지역은 그 지리적 특성으로 인해 고대부터 근대까지 우리나라와 일본과의 교류에 있어 중심지 역할을 하였고, 근대 들어서는 서구인들이 중국에 진출하는 창구기능을 하였다.

현대에 들어서도 산동성은 대외교류의 중심적 기능을 수행하고 있다. 특히 산동성은 중국의 동북삼성을 제치고 한국인들의 경제활동이 가장 활발한 지역이며, 한국인들이 가장 많이 거주하는 지역이 되었다. 이 지역에 많은 한국인들이 거주함에 따라 동북삼성에 거주하는 많은 조선족도 산동 지역으로 이주하여 한국인들과 더불어 살아가고 있으며, 현지 거주 한인들을 대상으로 한 한국종교들의 활동도 활발해지게 되었다. 현재 이 지역에서 활동하고 있는 종교는 개신교·가톨릭·불교, 그리고 원불교가 있지만, 그 활동상황은 많은 차이를 보여주고 있다.

산동성과 관련한 연구로는 경제적 교류나 활동, 그리고 문화교류와 관련된 역사 관련 저서나 논문들이 대부분이고 종교, 특히 산동성의 한국종교와 관련된 연구는 전무한 실정이며, 선교와 관련한 개신교의 자료들과 연구가 일부 있을 뿐이다.[1] 따라서 본 연구는 이런 점을 고려하여 이 지역의 한국종교에 대한 전반적 개괄과 함께 그 특성들을 고찰해 볼 것이다. 이를 위해 산동성의 종교정책과 종교현황, 그리고 산동성 한국종교의 진출에 대한 간단한 역사와 현재 산동성의 한국종교 현황을 검토하면서 각 부분에 대한 특성들을 논하도록 할 것이다. 산동성 한국종교의 현황은 자료가 거의 전무한 실정이므로, 필자가 현지답사를 통해 조사한 것을 중심 내용으로 삼을 것이다.

II. 산동성의 종교현황

1. 개혁개방 이후 산동성의 종교정책

산동성은 중국 동부 연안에 자리하고 있으며, 반도의 서북쪽은 발해, 동부와 남부는 황해와 접해 있다. 성도(省都)는 공자의 고향인 취푸(曲阜)와 태산이 가까운 지난(济南)시이며, 인구는 대략 9,417만여 명(2008년 통계)이다. 성 전체는 17개 지역시(地级市)로 나뉘어 있고, 그

---

1 개신교의 김태균 목사, 김교철 목사 등이 산동성에 관한 자료를 모아 정리하여 온라인상에 게재한 정도이다. 특히 김교철 목사는 일제강점기에 개신교에서 산동성에 파견한 선교사들 각각에 대한 연구도 하고 있다(http://www.inbora.com, http://www.kidok.net/, 검색: 2009.8.18.). 논문으로는 최재건, 「한국 장로교회의 중국 산동성 선교」,『한국교회사학회지』18, 한국교회사학회, 2006 이 있다.

아래 31개의 현급시(縣級市)와 41개의 시할구(市轄区), 그리고 60개의 현(县)으로 구성되어 있다(<표1> 참조).[2] 인구의 구성을 보면 한족(漢族), 회족(回族), 만족(滿族), 장족(藏族), 조선족(朝鮮族) 등 54개의 민족이 있으며, 그중 한족이 99% 이상을 차지하고 있다.

산동성에 있는 태산은 예로부터 중국인들 신앙의 중심에 있는 산이다. 태산의 신 '태산부군(泰山府君)'은 사람의 생사를 담당하며, 사람의 혼백을 불러들여, 생명의 장단을 관리하는 것으로 여겨졌다. 이러한 신앙을 정치에 활용한 것이 봉선의식(封禪儀式)이다. 진시황제나 한무제 등의 중국 황제들은 태산에서 봉선의식을 행하였다. 도교의 발달로 태산의 신은 '동악대제(東岳大帝)'로 숭상되었으며, 각지에 동악묘(東岳廟)가 세워졌다. 또한, 태산과 함께 칭다오(青島)의 노산(崂山)은 도교의 명산이기도 하다.[3] 태산을 중심으로 한 산동성은 중국의 종교, 및 사상사에서 주요한 위치를 점하고 있다.

산동성의 종교정책은 중국 정부의 종교정책을 기본으로 하고 있는데, 중국의 종교정책은 마르크스-레닌의 무신론에 주요 근원을 두고 있다. 중화인민공화국이 수립된 이후 중국은 지속해서 종교에 대한 압박 정책을 펼쳐왔다. 외국의 선교사들을 모두 체포하여 본국으로 추방했고, 문화대혁명 기간에는 종교적 활동을 철저하게 탄압하여 모든 종교적 활동은 사라지게 되었다.

문화대혁명이 끝난 1978년 말 개최된 제11회 중국 공산당 중앙위

---

2 『山东省地图册』, 山东省地图出版社, 济南, 2010, 6쪽.
3 우정하, 「중국 각 성(省)에 대한 연구분석(6)」, 『중국학논총』 25, 국민대학교 중국문제연구소, 2009, 21~22쪽.

원회 전체회의(삼중전회)에서, 중국 정부는 경제개혁과 개방정책을 확정하고 종교정책부문에서도 과거 강제적으로 종교문제를 처리한 것과 달리 비록 제한적 범위이기는 하지만 종교의 존재를 인정하고 허용하는 쪽으로 노선을 정하였다. 그리하여 1979년 중국 공산당 내부 문건인 「종교정책에 관한 선전요강(關於宗敎政策的宣傳提綱)」을 통해 현 단계에서는 종교가 필요함을 인식하고 신앙의 자유를 인정하도록 하였다.

1982년의 헌법에서는 "공민은 종교 신앙의 자유가 있음"을 명확하게 확정하였고, 같은 해 3월에는 「아국사회주의시기종교문제의 기본관점과 기본정책에 관한 통지(關於我國社會主義時期宗敎問題的基本觀點和基本政策的通知, 이하 간략히 19호 문건)」를 공표하였는데,[4] 이후의 종교관련 정책은 이 19호 문건을 기반으로 하고 있다.

〈표 1〉 山東省 县级以上 行政区划表

省辖市	市辖区	县级市	县	비고
济南市 (省都)	市中区、天桥区、历下区、槐荫区、历城区、长清区	章丘市	平阴县、济阳县、商河县	6区1市 3县
青岛市	市南区、市北区、四方区、李沧区、黄岛区、崂山区, 城阳区	胶州市、即墨市、平度市、胶南市、菜西市		7区5市
淄博市	张店区、临淄区、淄川区、博山区, 周村区,		桓台县、高青县、沂源县	5区3县

---

4 行政院大陸委員會編印, 『大陸宗敎槪況(1996年~2001年)』, 臺北: 行政院大陸委員會, 2002(民國91), p.12.

枣庄市	市中区、山亭区、台儿庄区、峰城区、薛城区	滕州市		5区1市
东营市	东营区、河口区		垦利县、利津县、广饶县	2区3县
烟台市	芝罘区、福山区、牟平区、莱山区	龙口市、莱阳市、莱州市、蓬莱市、招远市、栖霞市、海阴市	长岛县	4区7市1县
潍坊市	潍城区、奎文区、坊子区,寒亭区	青州市、诸城市、寿光市、安丘市、高密市、昌邑市	昌乐县、临朐县	4区6市2县
济宁市	市中区、任城区	曲阜市、兖州市、邹城市	汶上县、泗水县、微山县、鱼台县、金乡县、嘉祥县、梁山县	2区3市7县
泰安市	泰山区、岱岳区	新泰市、肥城市	宁阳县、东平县	2区2市2县
威海市	环翠区	宋成市、文登市、乳山市		1区3市
日照市	东港区、岗山区		五莲县、莒县	2区2县
莱芜市	莱城区、钢城区			2区
临沂市	兰山区、河东区、罗庄区		沂南县、沂水县、莒南县、临沭县、郯城县、苍山县、费县、平邑县、蒙阴县	3区9县
德州市	德城区	乐陵市、禹城市	陵县、宁津县、庆云县、临邑县、齐河县、平原县、夏津县、武城县	1区2市8县
聊城市	东昌府区	临津市	高唐县、茌平县、东阿县、阳谷县、莘县、冠县	1区1市6县
滨州市	滨城区		沾化县、博兴县、邹平县、惠民县、阳信县、无棣县	1区6县
菏泽市	牡丹区		鄄城县、郓城县、巨野县、成武县、单县、定陶县、曹县、东明县	1区8县

19호 문건의 전문은 내용이 많아 모두 소개하기보다 특징적인 것 몇 가지를 간추려서 소개하기로 한다. 그 내용을 보면, "종교는 사회주의 사회에서 최종적으론 소멸되어야 할 것이지만 다양한 요인에 의해 사회주의 사회에서도 장기적으로 존재하며, 당의 종교정책은 문화대혁명 시기의 일시적인 파괴를 제외하면 일관되게 종교신앙 자유 정책을 관철해 왔다. 종교계의 인사, 특히 종교를 직업으로 삼고 있는 전종(專從) 종교인을 단결시키고 교육하여 애국적인 사회주의 건설에 매진케 해야 하며, 애국 종교조직이 자발적인 활동을 하는 것이 중요하다. 그리고 젊은 애국적인 전종 종교인을 양성하는 것이 급선무"[5]라고 하는 것 등이 있다.

　다시 말해서 종교란 언젠가 최종적으로 사라질 것이지만, 그것을 강제로 없애기보다 자연적으로 소멸할 때까지 기다릴 것이며, 그때까지는 신앙의 자유를 인정하겠다는 것과 함께, 문화대혁명 시기 종교탄압에 대한 잘못을 인정한다는 것이다. 신앙의 자유를 인정하되 그것은 애국적이고 사회주의 건설에 이바지해야 하는 방향으로 나가야 함을 나타낸다고 하겠다.

　이상과 같은 내용 이외에 특히 주목되는 것은 신앙의 자유도 무조건 허용되는 것이 아니라 일정한 제한을 두고 있다는 것이다. 예를 들면 공산당원은 종교를 믿거나 종교활동에 참가할 수 없으며, 18세 이하의 아동은 입교나 출가 등을 허가하지 않는다는 것이다. 또한, 종교활동이 사회주의제도에 반대할 수 없고, 민족단결을 해치거나

5　차차석, 「불교사학 및 응용불교 : 현대 중국 종교정책의 변화과정과 전망」, 『한국 불교학』 47, 한국불교학회, 2007, 477쪽.

사회치안에 위해를 가하는 등의 조직에 참여할 수 없음을 나타내고 있다.[6]

현재 중국 내의 종교단체를 관리하고 감독하기 위한 중국의 종교 관련 법령은 ①『종교사무조례』, ②『중화인민공화국내 외국인 종교활동 관리규정』, ③『중화인민공화국내 외국인 종교활동 관리규정 실시세칙』 등이 있다. 『종교사무조례』는 2004년 11월 30일 국무원령 제426호로 공포된 것으로, 1994년 1월 31일에 공포되었던『종교활동 장소 관리조례』를 보다 구체화하여 종교단체의 설립·변경·취소, 그리고 종교출판물, 종교학교 설립, 종교활동 장소, 종교교직자, 종교의 재산, 법률적 책임 등에 대해 다루고 있다. 『외국인 종교활동 관리규정』은 1994년 국무원령 제144호로 반포된 것이다. 중국은 헌법과 형법[7]에 종교의 자유를 명시함과 동시에 위와 같은 조례와 규정을 두어 종교단체의 관리를 감독하며, 외국인의 종교활동도 이 규정에 따라 관리하고 있다.

한편 「종교사무조례」를 기반으로 각 부분에 좀 더 세밀한 부분을 규정한 법령들이 있는데 그것들은 국가 종교사무국령 제2호 「종교활동 장소 설립 비준과 등기 방법(宗教活动场所设立审批和登记办法, 2005년 4월)」, 국가종교사무국령 제3호 「종교교직자 등록 방법(宗教教职人员备案

---

6 行政院大陸委員會編印, 앞의 책, 13쪽.
7 중화인민공화국 헌법 제36조는 "중화인민공화국 공민은 종교신앙의 자유를 가지며 어떠한 국가기관이나 사회단체 그리고 개인이 공민에게 강제로 종교를 믿게 해서는 안 된다"고 규정하고 있으며, 형법 제251조에서는 "국가기관의 종사자가 불법으로 공민의 종교신앙자유를 박탈하고 소수민족 풍속습관을 침범하는 것에 대하여 2년 이하의 유기징역 또는 구금형에 처한다"고 하고 있다. 강준영, 「중국 개혁개방과 종교의 부활」, 『중국학연구』, 24, 중국학연구회, 2003, 16쪽 참조.

办法, 2006년 12월)」, 국가종교사무국령 제4호「종교활동 장소 주요교직 임직 등록 방법(宗敎活動場所主要敎職任職備案办法, 2006년 12월)」, 국가종교 사무국령 제5호「티베트불교의 라마지위 전승제도 관리 방법(藏传佛 敎活佛转世管理办法, 2007년 7월)」, 국가종교사무국령 제7호「종교활동 장 소의 재무 감독 관리 방법(宗敎活動場所财务監督管理办法, 2010년 1월)」,[8] 등이 있다. 각 법령의 제1조에는 모두「종교사무조례」에 근거해서 그 법 들을 제정했음을 밝히고 있어 이 법령들이「종교사무조례」에서 규 정한 종교활동 장소, 종교교직자, 티베트불교의 라마 승계, 그리고 종교 재무 등을 보다 구체적으로 규정하고 있음을 보여주고 있다. 다만「종교활동장소의 재무 감독 관리방법」은「종교사무조례」이외 에「중화인민공화국 회계법」,「민간비영리조직 회계제도」등에 근 거해서 제정하였다고 하여, 특히 종교단체의 재정, 회계 부문을 보 다 구체적으로 감독하도록 하고 있다.

산동성의 독자적 종교 관련 법령으로는「종교사무관리조례」가 있 고, 나머지는 모두 위의 법령들을 따르고 있다.「산동성 종교사무관 리조례」는 2000년 9월[9]에 공포되었으며, 2004년 11월[10] 다시 부분 적으로 개정되었다. 이 조례의 제3조에도 "종교단체와 종교사무는 외국세력의 지배를 받지 않는다."고 규정하여 외국인들의 중국 내 선교활동에 대한 규제 조항을 마련하고 있다.「산동성 종교사무관리

---

8 山东省人民政府(http://www.sara.gov.cn/gb/zcfg/gz/default.htm. 검색: 2009.9.3.).

9 行政院大陸委員會編印, 앞의 책, 267~275쪽.

10 山东省人民政府
    (http://www.sdmw.gov.cn/zcfg/200909/da3a45e6-8060-4fae-81f6-72b7a42
    cfdff.htm. 검색: 2009.9.15.).

조례」는 「국가종교사무조례」를 다소 단순화해서 제정하였다. 「국가
종교사무조례」가 7개의 장으로 나뉘어서 모두 48조로 구성되어 있
는 데 반해서, 「산동성 종교사무관리조례」는 6장 38조로 되어 있다.
「산동성 종교사무관리조례」가 「국가종교사무조례」에 비해 더 구체
적으로 규정해 놓은 것은 대외교류의 부분이다. 「국가종교사무조례」
는 한 개의 조(제4조)로 간단히 규정하고 있지만, 「산동성 종교사무관
리조례」는 별도의 장을 마련하여 4개 조(제 26조~제 29조)에 걸쳐 대외
교류를 다루고 있다.

> 제4조. 각 종교는 독립, 자주, 자영의 원칙을 견지하며, 종교단체, 종
> 교활동 장소, 종교 사무는 외국세력의 지배를 받지 않는다.
> 종교단체, 종교활동 장소, 종교교직자는 우호와 평등의 기초 위에
> 대외교류를 전개한다. 기타 조직이나 개인은 대외 경제 합작이나 문화
> 교류 활동 중에 부가적인 종교적 조건을 받아들여서는 안 된다.(「국가
> 종교사무조례」)[11]

> 제26조 종교단체, 종교활동 장소와 종교계 인사는 국가관련 규정에
> 따라 외국 종교계와의 교류와 학술교류를 전개할 수 있다.
> 제27조 종교단체, 종교활동 장소는 국가관련 규정에 따라 외국종교
> 조직과 개인의 기부를 받을 수 있다.

---

11 山東省人民政府
(http://www.sdmw.gov.cn/zcfg/200909/58e3b470-1fb5-45e8-b794-1c1dafd4a
fe7.htm 검색: 2009.9.15.).

어떤 조직이나 개인도 외국조직과 개인이 제공한 종교운영수당과 전교경비를 받을 수 없다. 경제무역, 문화, 교육, 위생, 과학기술, 체육, 관광 등의 대외교류 활동 중에 부가적인 종교적 조건을 받아들여서는 안 된다.

제28조 종교단체와 종교계 인사가 초대에 응하거나 외국을 방문하는 것, 또는 외국 종교조직의 초청, 종교계 인사의 내방은 마땅히 관련 국가규정에 따라 처리해야 한다.

제29조 본성 행정구역 내의 외국인이 종교활동을 하는 것은 마땅히 『중화인민공화국경내외국인종교활동관리규정』과 본 조례를 준수해야 한다.(「산동성 종교사무관리조례」)[12]

「국가종교사무조례」에서는 상호평등의 관계에서 외국과의 종교교류 활동을 할 수 있도록 하고 있다. 그렇지만, 그 구체적인 내용은 「산동성 종교사무조례」에 의해 규정되고 있는데, 종교교류 이외에 학술교류도 할 수 있고, 종교적 조건을 전제로 하지 않는다면 외국 종교조직의 기부도 받을 수 있도록 하고 있다는 점이 특색이라고 할 수 있다. 이는 산동성이 대외교류에서 중요한 위치를 차지하고 있고, 또한 산동성에는 이미 많은 외국인들이 거주하고 있다는 점도 고려하고 있기 때문이라고 생각된다.

이외에 다른 조항들은 기본적으로 「국가종교사무조례」를 부분적

---

12 山東省人民政府
    (http://www.sdmw.gov.cn/zcfg/200909/da3a45e6-8060-4fae-81f6-72b7a42
    cfdff.htm. 검색: 2009.9.18.).

으로 간략히 해놓은 정도이다. 다만 2004년 새로이 변화된 내용들은 기존의 입장이 완화되거나 또는 강화된 내용들도 있는데, 이는 사회적 환경의 변화에 맞추어 부분적으로 개정한 것이 아닌가 생각된다. 변화된 내용을 간단히 살펴보면 다음과 같다.[13]

종교인 양성교육에 대하여 이전의 조례(제7조)는 반드시 종교사무기관의 허가를 받아야 한다고 명시하였지만, 바뀐 조례 제7조는 "종교단체가 종교인 양성교육을 할 때에는 반드시 종교사무기관에 등록해야 한다."고 하여 허가제를 등록제로 바꾸었다는 점이다. 이는 과거와 달리 종교인 양성제도가 어느 정도 정립되었고, 종교인을 양성교육하기 위한 학교도 자리를 잡았기 때문이 아닌가 생각된다.

조례의 제11조는 종교건물의 신축, 철거, 이전 등에 관한 내용인데, 종교건물을 신축, 철거, 이전할 때에는 미리 신청서를 제출하여 현지 종교사무기관을 거쳐 성 종교사무기관의 심사와 허가를 받도록 하고 있다. 새롭게 달라진 것은 종교활동 장소의 범위 밖에서 새로운 종교건물을 신축하거나 재건축할 때 관련 국가규정을 따르게 하고 있다는 점이다. 이전 조항에는 이것이 없었지만, 새롭게 부가된 것으로 보아서는 종교활동 장소가 난립할 것을 우려하여 관련 규정에 따르도록 규제를 하려 함이 아닌가 여겨진다. 이와 관련된 조항이 제14조의 내용인데, 그 내용을 보면, "종교 소유의 건물은 성이나 시의 계획에 따라 건설하고, 철거, 이전하되, 철거 이전 주관기관은 사업을 결정하기 전에 마땅히 관련 종교단체, 종교활동 장소 관리

---

13 2000년의 내용은 『大陸宗敎槪況(1996年~2001年)』에서, 그리고 2004년의 내용은 위 사이트에서 인용한 내용이다.

조직과 종교사무기관의 의견을 구해야 한다."고 되어 있다. 다시 말해서 종교소유의 건물은 함부로 지어져서는 안 되며 성이나 시정부의 동의를 얻어야 한다는 것이다.

마지막으로 제18조의 내용인데, 이전 18조에는 종교활동 장소, 또는 종교학교 내에서 상업, 서비스 네트워크 전람회 등의 활동, 그리고 영화나 TV드라마의 촬영 등의 활동은 종교사무부서의 동의를 얻고 수속을 거쳐야 한다고 되어있는데, 새로운 제18조에는 종교학교가 누락되어 종교학교에서의 상업적 활동을 금지한 것으로 보인다. 제17조의 내용도 부분적으로 변경되었지만, 허가에 관한 내용이라 크게 달라진 것 같지는 않다.

2. 산동성의 종교현황

산동성에는 현재 불교, 도교, 이슬람교, 천주교와 기독교(개신교) 등의 5가지 종교가 있다. 불교와 도교는 모두 천년 이상의 역사가 있다. 이슬람교는 13세기부터 회족 무슬림의 이주 경로를 따라 번성하고 발전했다. 천주교와 기독교(개신교)는 19세기 중엽의 아편전쟁 이후에 비교적 신속하게 전파될 수 있었다. 1940년대 말, 산동성의 종교인 숫자는 약 60만 명이었다.[14]

그러나 중국의 공산화 이후 산동성의 종교는 중국의 다른 지역과 마찬가지로 그 활동에 많은 제약을 받게 되었다. 1966년에 일어난 중국의 문화대혁명은 근근이 명맥을 유지하던 중국의 종교를 완전

---

14 山东省地方史志编纂委员会,『山东省志—宗教志』, 山东人民出版社, 济南, 1998, 299쪽.

히 말살하여 그 자취조차 찾기가 어렵게 되었는데, 이는 산동성의 경우도 마찬가지였다. 문화대혁명이 끝난 1978년의 개혁개방정책 이후 중국 정부는 종교의 역할을 부분적으로 인정하였다. 또한, 당장 종교가 소멸하지는 않지만 언젠가는 소멸할 것이라는 인식 아래 종교의 자유를 부분적으로 허용하기 시작하였다.

산동성지(山東省誌)에 따르면 1950년대부터 산동성의 천주교, 기독교계에서 반제애국운동과 삼자애국운동이 일어나 교회 내의 제국주의 세력을 완전히 제거하였고, 불교, 도교와 이슬람교는 종교의 봉건적 특권과 억압적 착취제도를 폐지하였으며, 각 종교들은 잇따라 애국조직을 만들고, 인민정부에 협조하여 종교신앙 자유 정책이 실행될 수 있도록 하였다고 한다.[15]

이것은 중국 정부의 입장에서 보는 시각이고 대개는 공산 중국의 건립 이후 중국 정부가 직접 나서서 친정부 종교인들로 하여금 이러한 운동을 전개하도록 하는 한편 친정부조직을 만들도록 하였다고 보는 것이 일반적이다. 그 이유는 이런 종류의 조직이 비록 민간단체의 형태로 설립된 것이기는 하지만, 실질적으로 통전기관 및 종교사무기관의 감독을 받기 때문이다. 또한, 이들 애국 종교조직의 임무는 중앙공산당 및 정부 기관의 종교정책을 협력·집행하고, 민간의 종교활동이 '합법'인지 아닌지를 감독하는 것이다. 중국에서의 종교활동 및 중국의 종교단체는 모두 '애국 종교조직'의 인가 감독을 반드시 받아야 하며, 그렇지 않으면, 즉 '탈법'을 행한 것이 인정되

---

15 위의 책.

면, 공안 기관은 관련 규정에 의해 단속 처벌할 수 있다.[16]

현재 대륙의 전국적인 '애국 종교조직'은 7개가 있다. 각각 '중국불교협회', '중국도교협회', '중국이슬람교협회', '중국천주교애국회', '중국천주교주교단', '중국기독교삼자애국운동위원회', '중국기독교협회' 등이다.[17] 이러한 조직은 각 성급 및 그 하위 단위에도 조직되어 있다. 산동성에는 '불교협회', '도교협회', '이슬람교협회', '천주교애국회', '천주교교무위원회', '천주교교구', '기독교삼자애국운동위원회', '기독교협회'가 조직되어 활동하고 있다. 또한, 중국 정부와 마찬가지로 종교는 불교·도교·이슬람교·천주교(공교)·기독교(개신교)의 다섯 가지로 규정하고 있다.[18]

1946년 국민당 정부가 산동성을 관리하고 있을 당시 불교도의 숫자는 6개 종파에 대략 7만여 명 전후인 것으로 조사되고 있다. 그러나 1948년에서 1950년대 초에 각 종파는 모두 해산되었고, 따라서 그 종파들의 활동도 정지되었다. 이러한 상황에서도 친정부적 종교인들의 종교활동은 그럭저럭 명맥을 유지할 수 있었는데, 1965년 산동성에는 152개소의 사찰과 463명의 승려가 있었다고 한다. 그러나 이마저도 문화대혁명 기간에 완전히 자취를 감추게 되었다. 1980년대에는 그간 중단되었던 불교의 활동이 재개되었다. 1987년 12월

---

16 行政院大陸委員會編印, 앞의 책, 6쪽.
17 「大陸宗教政策」, 『大陸宗教現況簡介』, 臺北: 行政院大陸委員會, 1996(民國85年), p.15. 行政院大陸委員會編印, 앞의 책에서 재인용.
18 山東省人民政府
(http://www.sdmw.gov.cn/zcfg/200909/da3a45e6-8060-4fae-81f6-72b7a42cfdff.htm, 「산동성종교사무조례」 제 37조. 검색: 2009.9.28.).

지난에서 불교대표회의가 열려 산동성 불교협회가 조직되었다. 1990년 산동성에서 개방된 사찰은 9개소이고 70인의 승려와 수천 명의 거사가 있었다.[19]

천주교는 16세기부터 부분적으로 전래되다가 17세기 들어 정식으로 산동 지역에 들어왔는데, 주로 예수회나 방지거회 같은 선교 및 수도단체들이 중심이었다. 1696년 중국에는 12개 교구가 있었는데, 산동 지방은 북경대목구 소속이었다. 1839년에 산동대목구가 설립되었고, 이후 산동 지역은 비록 대목구나 지목구의 형태들이기는 하지만 지속적으로 교구들이 분할되었다. 1946년 4월 당시 산동 지역에 있던 8개의 대목구들이 모두 교구로 승격되어 정식 교계제도가 마련되었다. 그러나 중화인민공화국이 성립된 후 로마와의 관계가 단절되면서 중국천주교는 독자적 길을 걷게 된다. 1949년 통계에 따르면, 산동성의 성당 및 강당이 모두 974곳이었으며, 사제 433명(중국인 147명), 수사 55명(중국인 32명), 수녀 636명(중국인 361명)이었고, 신자 수는 약 32만 4천여 명에 달했다고 한다.[20]

1957년 친정부인사들을 중심으로 '산동성천주교교우애국회'(1964년 '산동성천주교애국회'로 명칭 변경)가 조직되어 사실상의 종교자유는 사라졌지만, 그래도 종교의 명맥은 유지해 나갈 수 있었다. 1958년 산동성의 교구는 9개 그리고 감목구가 2개가 있었다. 1960년대 통계로 천주교 성당이 114곳(1964년), 사제 54명(1961년), 수사 10명, 수녀 134명(1961년), 신자 수 13만 명(1966년) 등으로 대폭 축소되었다. 그러나 불

---

19 山東省地方史志編纂委員会, 앞의 책, 323~325쪽.
20 위의 책, 559~576쪽.

교와 마찬가지로 천주교도 문화대혁명을 거치면서 종교활동이 완전히 사라졌다.

개혁개방 이후 종교의 자유가 주어지면서, 천주교의 활동이 되살아나기는 하였지만, 그것은 외국, 특히 로마에 종속되지 않는 독립적 애국종교조직을 중심으로 한 활동이었고, 이 조직에 속하지 않고 로마와 연결되거나 독자적으로 종교활동을 하는 것은 철저히 금지되었다. 1987년에는 '산동성 천주교교무위원회'가 조직되어 기존의 '산동성 천주교애국회', 그리고 산동성의 각 교구와 함께 사실상 산동성의 천주교를 이끌고 있다.

1983년 개방 이후 산동성에는 13개 성당이 개방되고, 47곳의 활동 장소가 있었고, 1990년에는 11개 교구에 90개의 성당이 있고, 활동 장소가 107곳에 달하게 되었다. 6명의 주교와 34명의 사제, 그리고 25명의 수사, 60명의 수녀가 활동하였으며, 신자 수는 15만여 명이라고 한다.[21]

개신교는 1830년대 산동성에 전래되지만, 아편전쟁 이전까지는 산발적인 선교활동에 그쳤다. 그러나 아편전쟁 이후 미국, 영국, 프랑스 등과 맺은 1858년의 천진조약과 1860년의 북경조약으로 인해 서구의 선교사들은 중국에서의 종교자유와 종교재산의 종교단체 소유를 인정받았다. 이러한 조치 이후 영국, 미국, 프랑스 등에서 선교사들이 대거 산동성으로 들어와 선교활동을 펼치면서 서양 선교사들의 활동이 광범위하게 확대되었다.

---

21 위의 책.

이러한 서구 선교사들의 세력 확장은 중국인들에게 반감을 불러일으키는데, 여기에 종교적으로 대응하는 방식은 크게 두 가지로 나타나게 되었다. 하나는 기독교를 서구 세력과 동일하게 보고 적대적으로 하는 행위였다. 19세기 말과 20세기 초에는 중국에 민족주의 사상이 고조되고 반제국주의 운동이 펼쳐지고 있었다. 중국인들의 일부는 기독교가 식민주의와 제국주의의 선봉과 조력자 역할을 한다고 여겨 기독교에 적대적인 행위를 취하였다. 그 결과 1900년 반기독교운동의 절정인 의화단 사건이 산동에서 발생하였다.

　　이와는 다른 또 하나의 대응 방식은 자립 중국교회의 탄생이었다. 비록 초기에는 외국의 선교사들이 중국에 기독교를 전해주었지만, 1885년 이후부터는 중국인들의 기독교가 생겨나기 시작하였다. 그 첫 모습이 1885년 결성된 '산동수은포도회(山東酬恩布道會)'였는데, 이 선교회는 외국 선교사가 아니라 중국인 40여 명이 모여 설립한 것이었다. 이후 중국인 자치교회들이 속속 생겨서 1920년대 말이 되면 산동 지역에 10여 개 이상의 자치교회가 생겨난다. 1928년에는 중화기독교회산동대회가 지난에서 개최되었는데, 이 무렵 산동성에서 중화기독교 소속으로 한국인을 담당하는 구회(노회)도 결성되었다. 이 구회의 운영주체는 조선예수교장로회에서 파견된 한국인 선교사들이었고, 내양(萊陽)을 중심으로 그 주변 지역을 관할하는 것이었다. 1942년 산동성에는 271개의 교회가 있었으며, 신도 수는 5만여 명으로 추산되고 있다.[22]

22　위의 책, 625쪽. 다른 노회의 통계는 나와 있지만, 칭다오분회의 통계가 누락되었고, 소규모의 자립 중화기독교회들이 누락되어 실제 숫자는 이보다 많다고 보아

1950년대 중화인민공화국이 성립된 이후 개신교에서는 친정부 종교인들을 중심으로 소위 삼자애국운동을 전개하였다. 이후 중국 정부는 기독교의 모든 교파를 인정하지 않고 오로지 단 하나의 기독교만을 인정하는 정책을 취하게 된다. 1954년 전국 기독교단체인 '중국기독교삼자애국운동위원회'가 성립되었으며, 뒤이어 지난, 칭다오, 옌타이 등이 각각 '삼자애국운동위원회'를 설립하게 된다. 1958년 8월 지난에서 개최된 산동성 기독교대표회의에서 '산동성 기독교삼자애국운동위원회(이후 삼자위원회)'가 설립되어 오늘에 이른다. 그리고 개방 이후인 1981년 3월에는 '산동성 기독교협회'가 설립되어 앞의 '삼자위원회'와 함께 산동성의 기독교를 담당하고 있다. 산동성지에 나온 산동성 기독교 신자 분포표를 보면, 부분적으로 차이는 있지만, 1990년 산동성의 기독교 총신자 수가 대략 31만여 명인 것으로 보고되고 있다.[23]

산동성에는 이상에서 언급한 불교와 천주교, 기독교의 조직들 이외에 도교협회와 이슬람교협회가 있어 각각의 종교를 관할하고 있다.

야 한다.

23 위의 책, 648쪽. 그러나 또 다른 연구결과에 의하면 2008년 중국전체의 기독교인 총수가 2천만여 명이며, 2005년 상해의 기독교인이 18만여 명, 그리고 2008년 북경의 기독교인이 약 5만여 명이라고 한다. 지역에 따라 차이는 있을 수 있겠지만, 이것이 1990년대의 통계이고 다른 지역들과 중국 전체와 비교해볼 때 통계가 불완전하다고 생각된다. 段琦, 唐晓峰, 「2008年中国基督教现状及研究」, 『中国宗教报告(2009)』, 主编, 金泽, 邱永辉, 社会科学文献出版社, 北京, 2009, p.135.

Ⅲ. 산동성의 한국종교

1. 산동성 한국종교의 역사

역사적으로 산동성은 한반도와의 교류의 중심에 있었다. 삼국시대 신라는 지리적으로 중국과 가장 먼 곳에 있었지만, 551년 외교관계를 수립하였다. 당나라 시기에는 신라와 중국의 관계가 한층 밀접히 연결되어 정치·군사적 관계뿐만 아니라 경제·문화의 교류도 활발히 이루어졌다. 이 시기 신라인들은 당나라에 유학하였는데, 특히 불교 승려도 중국에서 불교를 공부하기 위해 많이 유학하였다. 이들은 유학 후 다시 귀국하기도 하였지만, 일부는 중국에 머물며 중국 불교계에서 많이 활동하였다.

일제강점기에는 한국의 기독교가 산동성에서 선교활동을 하였다. 만주 지역에는 이미 1882년부터 한국의 개신교 신자들이 활동하였지만, 그것은 한국인을 상대로 한 선교활동이었으며, 한국과 거의 동시에 개신교가 전파되기 시작하였다. 따라서 이것은 사실상 한국의 개신교가 해외를 대상으로 선교를 하였다기보다는 기독교를 받아들이는 과정의 하나였다고 할 수 있다.

그러나 산동성에서의 선교는 이것과는 다른 형태였다. 한국에 진출한 장로교단은 1907년 조선 예수교 장로회 독노회를 조직하였다. 그러나 아직 완전한 형태의 총회로 승격하지 못하였음에도 해외선교에 눈을 돌리게 되었다. 그리하여 1912년 황해도 노회가 중국 선교안을 제기하자 그해 가을 총회에서 노회를 '조선 예수교 장로회 총회'로 승격하기로 하는 한편 중국에 선교사를 파송하기로 결정하였다. 그리고 이듬해인 1913년 5월 첫 선교사로 박태로 목사를 선임하여 산동성으로 파송하였다. 그리고 뒤이어 사병순·김영훈 목사가 산동성의 선교사로 파송되었는데, 초창기부터 산동성에는 목사 8명에 여선교사 1명이 선교를 위해 파송되었다.[24] 한국에 기독교가 들어온 이후 처음으로 해외 선교를 시작하게 된 것이다.

이들이 선교지로 삼은 곳은 산동의 내양(萊陽) 지역이었는데, 이는 미국북장로교선교부·중국교회·조선예수교 장로회 총회가 논의하여 할양받게 된 지역이었다.[25] 그러나 타국에서 생활의 여러 가지 불편함 등으로 인해 박태로 선교사는 질병을 얻어 1918년 사망하였고, 나머지 선교사들도 1917년 철수하여 잠시 공백기가 발생하기도 하였다. 1920년대 새로운 선교사를 파견하면서 다시금 중국선교가 활성화되었다.

중국선교가 활기를 띠면서 1932년 한국 선교사들이 관할하는 내양 지역에 "내양노회"가 설립되어 중국의 16개 노회 가운데 하나가 되었다. 내양노회는 전란으로 다시 폐지되고, 1938년 칭다오 선교구가 신설되었다. 한국 선교사들의 선교 노력 결과 1942년에는 교회 수 35개, 세례교인 1,716명으로 성장하게 되었다.[26] 그러나 1945년 이후 공산 정권이 중국을 장악함에 따라 중국에 남아있던 모든 외국인 선교사들이 본국으로 추방되었고, 산동성에서의 한국 선교도 막을 내리게 되었다.

---

24 「김교철 목사의 한국교회 해외선교행전(32) - 중화민국 산동 선교사 김영훈 목사」, 『인천기독교신문』, 2009년 4월 19일.
25 최재건, 앞의 글, 222쪽.
26 위의 글, 234쪽.

공산화 이후 종교활동에 커다란 제약을 받고 있었던 중국에 다시 종교의 자유가 나타난 것은 개혁개방 이후의 일이다. 이와 함께 1992년 한중수교 이후 산동성에는 과거처럼 다시금 한국인들이 진출하기 시작하였다. 물론 한국인들이 산동 지역으로 가게 된 주된 원인은 경제적인 것이었다. 저임금의 중국 노동시장을 이용할 수 있고, 또한 외국으로의 연결이 용이한 칭다오, 웨이하이, 옌타이 지역이 한국인들이 주로 거주하는 지역이 되었다.

한국인들이 산동성에 거주하게 되면서 한국의 종교도 함께 산동성에 진출하였다. 한국과 중국이 수교하던 해에 칭다오에 있던 한국인 개신교 신자들이 모여 칭다오 한인교회를 설립하였다. 처음에는 담임 목사가 없이 신자들끼리의 공동체로 지내다가 1990년대 말에 가서야 담임 목사가 교회를 맡게 되었다. 그러나 지리적인 문제와 신자 수의 증가 등으로 인해 2002년 황도 한인교회, 2003년 청양 한인교회, 2006년 천태 올림픽교회가 창립되었다. 그 후에도 칭다오 한인교회는 지속적으로 발전하여 현재 칭다오뿐만 아니라 산동성 전체에서 가장 큰 한인교회의 하나가 되었다. 웨이하이에 있는 웨이하이 한인교회도 1994년 신도들이 모여 예배를 보는 형태로 시작되었다. 1996년 웨이하이시 종교국으로부터 정식 한인교회로 인준을 받으면서 웨이하이의 중심적 한인교회가 되었다. 옌타이에 있는 산동한인교회는 1999년 설립되었는데, 대한예수교장로회 소속 선교사들이 파견되어 설립한 교회이다. 이들 세 교회는 각각의 지역에서 대표적 교회의 하나로 알려져 있다. 이 교회들 외에도 계속해서 교회들이 설립되었고 가장 최근에는 2007년에 출범한 공동체도 있지만, 이런 교회들은 잘 알려지지 않고, 또한 외부로 드러낼 수도 없는 위치에 있기에 소규모 공동체로 활동하고 있다.

천주교는 1994년 한인 천주교 신자들이 모여 한인 교우회를 창립하고 칭다오 주교좌성당에서 함께 미사에 참석하면서 시작되었다. 1995년 말부터는 수원교구에서 월 1회 사제를 파견하여 미사와 세례 등의 의례를 주관하며 지내게 되었다. 1997년 10월 대구교구 소속 사제가 본당 신부로 부임하면서 대구교구 소속 칭다오 한인 본당이 되어 산동성 최초의 한인본당이 되었다. 1998년부터는 칭다오 주교좌 성당에서 한국인 신자들만의 미사를 드리게 되었다. 2000년대 들어 옌타이, 웨이하이, 칭다오의 청양(城阳)에 공소가 만들어졌다. 그리고 2005년에 옌타이, 웨이하이, 칭다오의 청양에 새로운 한인 본당이 설립되었으며, 웨이하이와 청양은 대구교구, 옌타이는 인천 교구 소속의 사제들이 파견되어 한인 신자들을 대상으로 사목활동을 하고 있다.

불교의 경우 불교 신자들의 모임은 비교적 초창기부터 있었지만, 2000년대 들어서 한국인 대상의 사찰이 생겨났는데, 칭다오가 중심이 되었다. 대구 관음사의 자매 사찰인 칭다오 관음사가 2006년 칭다오시의 허가를 받아 출범하면서 공식적인 한국 사찰이 되었으며, 한국인 승려가 대구 관음사에서 파견되어 칭다오 지역 한국인 불교 신자들의 신앙생활을 돕고 있다. 웨이하이에도 2002년부터 불교 신자들의 모임이 생겨나, 법당 등을 마련하여 신자들끼리 신앙생활을 하고 있지만, 아직 승려는 없다.

2. 산동성 한국종교의 현황

현재 산동성에 있는 한국의 종교는 개신교, 천주교, 그리고 불교 등이다. 이 가운데 개신교의 활동이 가장 활발하며, 한인교회의 숫자도 50여 개 전후로 추정된다. 그 가운데 반 이상이 칭다오에서 활동하고 있는 것으로 보이며, 웨이하이와 옌타이 등 한국인들이 많이 거주하는 지역을 중심으로 한국인들의 숫자에 비례해서 교회의 숫자도 나타나고 있다. 천주교의 경우에는 칭다오시에 하나, 그리고 칭다오시의 청양구에 하나, 웨이하이, 옌타이 등 모두 4곳의 공동체를 가지고 있다. 불교의 경우는 칭다오에 대구의 관음사(대한불교조계종 소속)에서 지원을 받아 설립한 칭다오 관음사를 비롯해서 웨이하이와 옌타이를 포함해서 모두 5곳 정도의 불교 모임이 있다.

개신교의 신자 수는 면담했던 교역자[27]의 답변이 지역마다 조금씩 상이한데 예를 들어 칭다오의 경우는 전체 한국인의 약 5% 정도가 교회에 출석하는 것으로 추정하고 있으며, 웨이하이나 옌타이의 경우는 그보다는 조금 많아서 6~8% 정도로 보고 있다. 이러한 추정을 근거로 한다면 산동 지역 한국인 전체의 약 5~6% 정도가 교회에 출석하는 것으로 추정된다. 현재 산동성의 한국인의 숫자를 대략 11만~12만 명 정도로 추산해 본다면 교회에 출석하는 기독교인의 숫자는 7천여 명 정도는 될 것으로 보인다.

천주교는 칭다오의 경우 필자가 실제 주일미사에 참석해 본 결과

---

27 여기에서는 면담 대상자의 신원과 대상일시를 정확하게 밝히지 않을 것이다. 면담자의 신원이 이 글을 통해 밝혀질 경우 그들에게 조금이라도 피해가 갈 것이 우려되기 때문이다.

주일미사에 참석한 인원수가 250여 명 전후인 것으로 보았다. 국내에서 천주교 신자의 주일미사 참석율과, 중국 지역의 특성상 지리적으로 주일미사에 참석하기가 곤란한 경우들을 종합해 본다면 아마도 칭다오의 경우 최소한 800여 명 이상의 천주교인이 있을 것으로 추정된다. 이것은 산동성 전체로 확대해서 본다면 아마도 산동성 전체로는 4,000여 명 전후의 한국인 천주교 신자들이 있을 것으로 보인다. 그렇지만 이것은 어디까지나 추정치일 뿐 실제로는 어느 정도인지 파악할 수는 없다. 다만 각각의 장소에서 종교활동을 펼치고 있으며, 그 활동은 점차 발전해나가고 있음은 분명하다. 이것은 개신교의 경우에도 마찬가지이다.

불교의 경우는 이러한 추정을 한다는 것 자체가 무리일 수 있다. 따라서 비록 추정치라고 하더라도 산동성에 거주하는 한국인 가운데 불교인들이 어느 정도나 되는 가는 말하기 어렵다. 다만 사찰을 찾아 신앙생활을 하는 사람들은 주로 사찰이 있는 곳에서 그다지 멀지 않은 지역에 거주하는 한국인 불교 신자들인 것으로 보인다. 사찰에 따라서는 한국인 승려가 있는 곳이 있고, 또 아예 없는 곳도 있으며, 한국과 중국을 오가며 신자들의 신앙생활을 돕고 있는 승려도 있다. 불교, 천주교, 개신교 가운데 불교의 활동이 가장 침체되어 있었다.

한국인들이 가장 많이 거주하는 칭다오와 옌타이, 웨이하이의 3지역에 주로 종교교당[28]들이 있지만, 근래에는 웨이팡(潍坊) 등에도

---

28 중국에서의 교회, 또는 교당은 한국에서의 개념과는 다르다. 중국의 교회라는 장소는 한국과 달리 종교적 활동 모임을 갖겠다는 신고와 허가로 이루어진다. 다시 말하면 어느 한 곳의 땅을 사서 건물을 지어 교회로 삼거나 또는 건물을 사거나 임대해서 교회라고 해서 모든 것이 해결되지는 않는다. 시나 성의 종교사무국에 어

한국인들이 거주하기 시작하면서 2~3개의 교회가 생겨나고 있는 것으로 알려져 있다.

개신교의 교회나 교인들의 숫자가 그저 추정으로밖에 말할 수 없는 것은 중국 정부의 공식적인 허가를 받은 몇몇 교회를 제외하면 드러나지 않는 종교활동들이 있기 때문이다. 공식적으로 인정을 받고 활동하는 경우는 명확하게 드러나지만, 일일이 신고하기가 어려워 비공식적으로 활동하는 경우들도 있다. 또한, 칭다오나 웨이하이, 옌타이와 같이 한국인들이 많이 거주하는 지역의 목사들이 서로 교류 활동을 하지만, 모두가 하는 것은 아니고 일부만 모임에 나온다고 한다. 필자가 만나본 한 교회의 목사는 종교활동은 모두 허가를 받아야 한다는 중국의 법으로 본다면 자신들의 모임 자체도 불법일 수 있기 때문에 목사들의 모임 자체가 활성화되어 있지 않고, 목사들 자신도 모임에 소극적이라고 한다. 또 다른 이유로는 아마도 이들의 모임을 통해 종교활동의 모든 것이 중국에 노출될 것을 염려하기 때문일 수도 있을 것이다.

느 지역에서 종교적 모임(예배, 또는 미사 등)을 갖겠다고 신고하고 또 종교사무국으로부터 허가를 받으면 그 이후부터 합법적으로 종교 활동을 할 수 있는 것이다. 이 모임의 장소는 유동적일 수 있다. 어느 한 곳을 임대해서(중국의 법제상 기본적으로 부동산을 소유하는 것이 불가능하기 때문에) 종교 활동을 할 수 있지만, 임대 기간이 끝나고 임대를 해주지 않겠다고 하면 모임의 장소가 사라지기 때문에 더이상 교회로서의 기능을 할 수 없다. 이런 이유로 한국에서처럼 고정된 장소의 교당을 생각할 수는 없다. 물론 특별한 이유가 없으면 한 곳에 계속해서 머무를 수도 있지만, 일부는 호텔 등을 매주 빌려서 사용하기도 하기 때문에 비용 문제라던가 장소의 적합성 등으로 인해 불편을 겪고 있다. 그러므로 이 글에서 교회, 또는 교당이라고 말은 하지만, 실상 그것은 국내적 개념이고, 중국 현지의 개념으로 본다면, 종교적 모임을 임시로 허가 받은 장소, 그리고 종교적 모임을 할 수 있는 허가라고 생각하는 것이 더 올바른 개념이다. 그것도 항상 마음대로 할 수 있는 것은 아니며 대체로 일요일에만 국한되는 경우가 많다. 이러한 사정은 불교보다는 천주교, 천주교보다는 개신교의 경우가 사정이 더욱 어려운 것으로 보인다.

공식적으로 중국 정부의 허가를 받고 종교활동을 하는 경우에는, 예외가 있기는 하지만, 대체로 교파를 초월해서, 다시 말해서 특정 교단 소속임을 나타내지 않고 종교활동을 하고 있다. 그러한 경우는 그 지역에서 가장 오래되고, 가장 큰 교회일 경우가 많다. 예를 들어 칭다오 한인교회가 그 대표적 사례의 하나인데, 이 교회는 현재 특정 교파를 구분하지 않는 연합 교파적 성격을 가지고 있다. 이는 기본적으로 중국당국이 개신교의 교파를 인정하지 않고 오로지 천주교와 대비되는 기독교로서의 하나만을 인정하기 때문이지만, 이 지역 한인 개신교 신자들의 신앙 활동을 담당하는 선교사가 처음부터 이 지역이 국내가 아닌 외국이기에 교파를 구분하지 않고 연합적인 성격의 교회를 내세우고 있기 때문이기도 하다. 또한, 국내의 특정 교파 예컨대 대한예수교장로교파와 연결되어 활동을 하고 있는 경우에도 중국 내에서는 교파를 인정하지 않기 때문에 공개적으로 드러내놓고 교파를 알리고 있지는 않다.

예배를 볼 때 허가된 장소에서만 가능하며 오로지 한국인들만 참석할 수 있고, 중국인이나 중국의 조선 동포가 참석하는 것은 허용되지 않는다. 만일 이런 금지사항이 지켜지지 않는다면 비록 그것이 실수나 우연이었다고 하더라도 교회의 활동 허가를 취소하는 등의 제재가 가해질 수 있다. 이런 것을 방지하기 위해 교회 앞에 중국인의 출입을 금한다는 안내 표지를 붙여놓기도 하고, 큰 교회의 경우에는 교회 앞에 종교사무국에서 파견한 사람들이 중국인들의 출입을 감시하고 있기도 하다. 그렇지만 개신교는 가정예배의 경우가 아니면 대체로 건물을 임대해 교회로 사용하고 있기에 평일에도 교인들과의 교류는 이어지고 있다.

산동성에서 활동하는 선교사들에 대한 정확한 정보는 거의 파악할 수가 없었다. 그 이유는 우선 이들의 활동이 공식적으로 중국의 법률에 저촉되기 때문에 공개적으로 드러내놓고 활동할 수 없기 때문이다. 또 다른 이유로는 선교사들의 활동이 직접선교보다는 간접선교의 형태를 띠고 있기 때문이다. 이들은 한류 붐을 이용한 한국어 강습이나 직업교육 등과 같이 사회사업 활동을 하고 있다. 이러한 사회사업 활동을 하면서도 종교와 관련된 행위를 하지는 못한다. 이러한 일이 발각되기라도 하면 즉각 추방되기 때문이다. 이런 이유들로 인해 본인이 스스로 선교사임을 드러내지 않고 있으며, 중국에 있는 한인교회와의 교류도 거의 하지 않고 있다. 따라서 중국 현지 목사들도 이들에 대해 아는 것이 거의 없다. 따라서 이들의 숫자가 어느 정도인지, 구체적으로 어떤 활동을 많이 하고 있는지에 대해서는 파악이 불가능하였다. 이러한 상황은 산동성 만의 경우는 아니고 중국 전체에 해당하는 것이다.

천주교의 종교활동은 주로 현지의 성당을 임대해서 사용하고 있다. 이것은 성당이 있는 다른 지역들, 예컨대 헤이룽장성이나 랴오닝성, 지린성 등의 경우와 같다. 그러나 성당을 항상 사용할 수 있는 것은 아니고 일요일 미사 시간만 사용할 수 있으며 그 외 평일에는 신자들이 모여 미사를 할 기회가 거의 없다고 볼 수 있다. 다만 부분적으로 호텔 등을 이용해서 세례식 등의 의례를 행하고 있다.

한편 산동성에 많은 한국인들이 거주함에 따라 동북삼성에서 살던 많은 조선동포들이 산동성으로 이주하였다. 그 결과 현재는 한국인

보다도 많은 조선족들이 산동성에 거주하게 되었다. 조선족들은 산동성에 거주하면서 그들만의 종교공동체를 형성하였다. 그리하여 현재는 칭다오시에 10여 곳의 조선족 교회가 한족교회와 별도로 성립되었으며, 이는 옌타이와 웨이하이 등의 경우에도 마찬가지이다. 산동성 전체로 본다면 조선족들의 개신교 공동체는 대략 20여 곳으로 추정되고 있다. 이들은 한족 교회나 한국 교회와 교류를 거의 하지 않고 있다. 다만 목회자들끼리의 개인적인 친분 교류는 이어지고 있다. 천주교나 불교 공동체의 모임은 거의 활성화되지 못하고 있는데, 이는 이들을 이끌 성직자의 부재가 기본적 원인으로 생각된다.

현재 산동성의 한국종교는 개신교의 교회가 가장 많은 숫자를 차지하고 있고, 더불어 신앙생활을 하는 한국 종교인의 숫자에서도 가장 많다고 할 수 있다. 다음으로 천주교의 본당이 4곳 있어 한국천주교에서 파견된 사제가 신자들의 신앙생활을 돕고 있다. 한국의 불교는 주로 칭다오에 있으며 한국과 달리 개신교나 천주교에 비해 많이 활성화되어 있지는 않다. 이것은 한국인이 거주하는 중국의 다른 지역에도 마찬가지라고 생각된다.

그러나 산동성은 다른 지역과 달리 많은 한국인이 거주하는 지역이다. 정확한 통계는 아니지만, 2010년 산동성의 한국인은 대략 11~12만여 명으로 추산되고 있다. 미국에서 촉발된 세계 금융위기의 여파로 산동성에 거주하던 한국인의 30% 이상이 근래 산동성을 떠난 것으로 보인다. 가장 많은 칭다오가 6만여 명, 옌타이 3만여 명, 그리고 웨이하이 2만여 명, 그리고 나머지 지역에 1만여 명 정도가 남아있는 것으로 보고 있다. 산동성에 어느 정도 뿌리를 내리고 살아가는 한국인들도 있지만, 이주한 지 오래되지 않은 사람들도 있고 또한 경제적인 수준에서도 많은 차이를 나타내고 있다.[29]

이런 모습은 종교공동체에서도 나타나고 있다. 종교인들의 모임에서도 차별성이 보이고 여기서 소외되어 종교를 떠나는 사람도 있다고 한다. 즉, 종교공동체 안에서 사회적, 경제적 신분의 차이가 그대로 나타나 이들 간에 보이지 않는 계급사회가 형성되어 서로 교류를 거의 하지 못하고 있다는 것이다. 중국의 다른 지역도 마찬가지겠지만, 특히 칭다오, 옌타이, 웨이하이를 중심으로 한 산동성 지역에 이주한 거의 모든 한국인은 경제적인 이유로 한국에서 중국으로 이주하였다. 국적은 중국인이 아니라 한국인이지만, 생활권은 한국이 아닌 중국에 두고 있는 것이다. 그런데 다른 지역에서는 잘 드러나지 않는 한국인끼리의 신분상의 서열화가 이 지역에 나타나고 있으며, 종교공동체에서도 그것이 반영되어 있다고 한다. 이것은 중국의 다른 지역과는 다른 특징이라고 생각된다.

한편 산동성에 있는 한인 종교공동체는 거의가 중국의 종교관련 법률을 어기지 않으려 주의하고 있다. 그것은 특히 개신교나 천주교에서 더 주의를 기울이고 있다. 그러나 종교마다 조금씩 차이를 나타내고 있기도 하다. 개신교의 경우는 일부 조선동포 목사와 개인적 친분 관계는 갖지만, 교회끼리 직접 교류한다거나 조선동포나 중국인들을 대상으로 선교를 비롯한 어떠한 종교적 접근도 하지 않고 있다. 현지 선교 목적으로 와 있는 한국인 선교사들은 직업교육이나

---

29 이것은 현지의 한 교회 목사의 면담에서 나온 내용을 근거로 하였다. 이후의 내용은 그와의 면담 내용을 정리한 것이다.

한국어 교육과 같은 사회사업을 주로 하면서 되도록 직접적 선교는 자제하고 있는 듯이 보인다.

천주교는 대체로 중국천주교의 협조를 얻어 중국인 성당을 이용하여 미사를 드리고 있다. 여기서 말하는 중국천주교는 물론 중국 정부의 공식적 승인을 받은 천주교애국회 소속을 말한다. 중국천주교와의 교섭은 한국천주교 소속의 각 교구가 담당하고 있다. 본당 신부의 사목활동을 돕기 위해 한국인 수녀도 파견되어 있지만, 국내와 달리 중국의 관련법 때문에 수도복을 착용하지는 못한다.

불교의 경우는 잠재적 신도가 많을 것으로 보이지만, 칭다오를 제외하면 사실상 한국 불교계에서 이곳의 불교 신도를 위해 승려를 파견하는 일에는 소홀한 것으로 보인다. 예를 들어 불교 신도들이 공동체를 구성해서 승려를 파견해 주도록 요청하는 곳이 있음에도 불구하고 경제적 조건과 같은 이유로 인해 직접적 도움을 주지는 못하고 있다. 한국의 종교인구 가운데 불교 신도 수가 거의 반에 육박한다는 현실을 생각한다면, 산동성에는 많은 잠재적 한국인 불교 신도가 있을 것으로 생각되며, 이들의 신앙생활을 위해서 불교계가 좀 더 노력해야 할 것으로 보인다.

원불교를 비롯한 한국의 신종교들도 기회가 주어진다면 불교·개신교·천주교와 마찬가지로 종교활동을 할 수 있겠지만, 중국의 종교 조례가 "종교는 도교·불교·이슬람교·천주교·개신교(기독교) 만을 인정"하고 있기 때문에 현실적으로 어려움이 있다. 앞으로 중국 종교정책의 변화에 따라 이 종교들도 중국에서 활동할 수 있지 않을까 본다.

Ⅳ. 나가는 말

　산동성은 중국의 대표적인 대외경제교류지역이다. 상하이나 톈진 등의 일부 대도시들을 제외한다면 중국에서 대외교류가 가장 활발한 지역은 산동성일 것이다. 특히 외국인들의 진출입이 활발하고 많은 외국인들이 거주하고 있는 지역인 만큼 외국인과의 교류에 있어 이제까지 해오던 정책을 그대로 유지할 수 있을 것인가의 여부는 종교의 입장에서 큰 관심사라 아니할 수 없다. 비록 외국 종교 세력의 지배를 받지 못하도록 규정하고 있지만, 동등한 종교교류, 학술교류는 허용하고 있기 때문에 밑으로부터의 변화는 어느 정도 감지될 수 있다. 물론 당장 가시적인 변화는 일어나지 않겠지만, 평등한 입장에서의 교류라고 할지라도 지속적인 교류는 중국의 종교 환경에도 영향을 줄 수밖에 없을 것이다. 본 연구를 위해 직접 면담을 하면서 필요할 것으로 생각한 몇 가지를 서술하는 것으로 마무리를 하고자 한다.

　중국의 다른 지역도 그렇지만, 선교에 관한 한 산동성에서 한국의 개신교는 다른 어느 종교보다 앞장 서 있다. 국내와 달리 오로지 중국인, 조선동포, 한국인을 구별해서 선교해야 한다는 어려움을 제외한다면, 아직도 이 지역에서 개신교는 계속해서 발전해 나갈 수 있을 것이다. 특히 종교적인 문제에 있어 대단히 민감하게 여기는 중국 당국과의 마찰을 피한다면 부작용도 최소화할 수 있으리라 생각된다. 다만 지나치게 중국 정부의 눈치를 보면서 중국교회나 조선족교회와의 교섭을 꺼리는 것은 바람직하지 않다고 생각된다. 종교사무조례에도 분명 중국종교가 외국의 종교와 교류할 수 있다고 명시되어 있기 때문이다. 그 기준을 어떻게 마련하느냐는 것은 또 다른 문제이기는 하지만, 적어도 한국교회가 서구교회와는 달리 독자성을 가지고 중국교회와 교류할 것이며, 중국인에게 직접 선교를 하지 않는다는 점만 분명히 보여준다는 전제하에서 교회끼리의 동등한 교류를 위한 길을 모색하면 풀릴 문제라고 생각된다.

한국의 천주교는 중국천주교와의 협력을 통해 산동성 내 한국인 신자들의 신앙생활을 돕고 있다. 이것은 매우 바람직한 현상이다. 그러나 일부 선교사들이 중국인에 대해 직접적 선교활동을 하는 것은 피해야 할 것이다. 그것이 빌미가 되어 자칫 그간 한국인들의 신앙생활을 돕기 위해 파견되어 있던 한국인 성직자들의 신분까지도 어려워질 수 있고 중국천주교와의 동등한 교류에도 문제가 생길 수 있기 때문이다. 적어도 중국에서 아직 종교적 목적을 위한 비자를 발급하지 않는 이상 그들의 지적을 받는다면 언제라도 종교인은 그 지역에서 추방될 수 있는 것이다.

불교의 경우는 개신교, 천주교보다는 상대적으로 중국 정부가 온건한 태도를 나타내고 있는 것 같다. 필자가 2010년 2월에 산동 지역을 방문했을 때 불과 몇 개월 전에 방문했을 때에는 있었던 교회의 간판이 사라지고 없었다. 그 이유는 시정부가 간판을 철거하라고 명령했기 때문이었다. 그러나 그와는 달리 불교는 크게 간판을 걸어놓았고, 신분확인 절차도 교회처럼 엄격하지도 않았다. 이처럼 불교에 대해 상대적으로 규제가 느슨한 이유는 아직도 기독교의 뒤에는 서구 세력이 있을 것이라는 생각을 하고 있기 때문일 것이다. 이런 점을 고려한다면 불교는 더 적극적으로 중국, 특히 한국인들이 많이 모여 있는 산동성에 관심을 가져야 하리라고 생각한다.

❖『인문과학』46집, 성균관대학교 인문과학연구소, 2010.

제6장

중국 흑룡강성의 한국종교

Ⅰ. 시작하는 글

　유사 이래 중국과 한국은 정치, 경제, 사상 등 거의 전 분야에 걸쳐 서로 영향을 주고받았다. 그러나 교류의 측면에서 본다면 한국의 문물이 중국에 전해진 경우들도 많지만, 그보다는 오히려 한국이 중국의 영향을 훨씬 많이 받아왔다. 정치제도, 사상, 문화 등 다양한 분야에서 중국은 한국에 영향을 주었으며, 그 가운데서도 중국의 문자인 한자는 고대부터 우리 사회의 유일한 기록수단이었다. 기록수단으로서의 한자는 한글이 창제된 조선 시대에도 그 지위를 잃지 않았으니, 비록 부분적인 한글의 사용은 있었지만, 중요한 기록물들 대부분은 한자로 표현되었다.

　종교사상의 측면에서도 중국은 우리에게 막대한 영향을 주었다. 불교는 비록 인도에서 발생하였지만, 중국으로 유입된 이후 중국적인 불교로 변화과정을 거치면서 우리나라에 전래되었다. 통일신라와 고려 시대를 거치면서 한국의 불교가 중국에 영향을 주었지만, 중국불교도 한국에 지속적인 영향을 끼쳤다. 유교와 도교도 중국에서 발생해서 한국에 전래되었다. 유교는 이후 한국의 정치와 사회, 사상 등에 많은 영향을 끼쳤으며, 특히 조선은 유교를 근본으로 하는 국가로 자리매김하였다. 도교는 비록 현재 한국에서 사라지기는 하였지만, 그 사상이나 정신은 아직도 우리의 내면에 스며들어 있다고 해도 과언이 아니다.

한편 17세기 이후에는 서양문물이 중국을 거쳐서 한국에 유입되었으며, 이러한 과정에서 18세기 이후 천주교도 중국을 발판으로 해서 본격적으로 한국에 전래되기 시작하였다. 개신교의 공식적 유입은 서구 선교사들이 직접 내한해서 이루어졌지만, 이미 서구 선교사들이 한국에 진출하기 이전에도 중국을 통한 개신교의 유입이 이루어지고 있었다. 구한말 일제강점기에는 많은 한국인들이 중국에 진출하여 정착하게 되었고, 이 가운데 상당수의 한국인들이 일제에 맞서서 독립운동을 전개하였다. 이렇듯 중국은 한국에 문물을 전해주는 주요 통로의 역할을 하고 있었으며, 그 과정에서 한국의 정치, 경제, 사상 등에 많은 영향을 끼쳤다. 이러한 상황은 1945년 해방 직전까지도 지속되었다.

해방 이후 한국은 남과 북으로 갈라지고, 중국은 사회주의 국가인 중화인민공화국이 되면서 중국과 북한은 계속 교류가 있었지만, 남한과의 관계는 단절되었다. 종교를 인정하지 않는 북한과 중국의 국가체제 때문에 사실상 두 국가 사이의 종교교류는 사라진 것으로 볼 수 있다. 이러한 상황은 1976년까지 지속되었다.

1992년 한중수교 이후 그간 단절되었던 한중간의 교류가 활성화되기 시작하였고, 이는 한국의 종교들도 앞다투어 중국에 진출하는 계기가 되었다. 초창기에는 연길을 중심으로 한 동북 삼성을 중심으로 활동하였고, 이후 한국과 중국의 활발한 경제교류에 힘입어 한국인들이 많이 진출한 지역을 중심으로 그 범위를 넓혀가고 있다.

　동북 삼성은 과거부터 중국 조선동포의 근거지였으며, 한중수교 이후에는 한국인들이 가장 먼저 방문을 한 곳이기도 하다. 마찬가지로 한국의 종교도 가장 먼저 이 지역들을 대상으로 활동하기 시작하였다. 따라서 중국에 있는 한국의 종교를 파악할 때 가장 먼저 동북 삼성을 주목해야 할 것이라고 본다. 이러한 이유로 여기에서는 현재 중국의 동북 삼성 가운데 하나인 흑룡강성의 한국종교 진출 상황을 파악해 보고자 한다. 특히 흑룡강성은 동북 삼성의 다른 지역들보다 상대적으로 연구가 이루어지지 않았다. 이는 종교학뿐만 아니라 다른 인문사회과학에서도 마찬가지이다.

　본 연구를 위해 현지 조사가 중요하다는 판단에서 중국에 진출한 선교사와 현지 조선동포들을 면담하였다. 처음 계획했을 때 어느 정도 어려움은 예상했지만 생각했던 것보다 더 많은 어려움이 있었다. 중국의 특성상 관련 종교인들을 면담하는 것도 힘들었고, 통계자료를 수집하기도 쉽지 않았다. 국내에서의 자료수집이나 관련자들의 면담도 다른 국가들과는 달리 중국에 대해서는 비공식적인 경우가 많았다. 특히 기존의 중국 관련 연구서의 대부분이 대체로 연길을 중심으로 한 연변조선족자치주에 초점을 맞추다 보니 흑룡강성에 대한 기존 연구서들을 접하기도 어려웠다. 본 연구도 그러한 한계상

황을 절감하면서 그 안에서 이루어진 것이기에 이 글의 한계도 미리 시인하지 않을 수 없다.[1]

Ⅱ. 한국인의 흑룡강성 이주

1. 흑룡강성 개황

흑룡강성은 중국동북부에 위치하고 있으며, 중국의 가장 북쪽에 있는 성이다. 2007년 말 흑룡강성 전체 인구는 약 3,824만여 명이며, 그 가운데 94.98%가 한족이고, 나머지 5.02%가 54개 소수민족으로 구성되어 있다. 소수민족단위의 행정구역으로는 자치현(杜尔伯特蒙古族自治县) 1개, 민족구(齐齐哈尔梅里斯达斡尔族区) 1개, 그리고 69개의 민족향(民族乡)이 있다. 민족향 가운데 조선족향이 19개소가 있는데, 이것은 24개의 만족향(满族乡) 다음으로 많은 것이다.[2]

과거 숙신(물길, 후에 말갈, 여진, 만주족), 예맥, 동호 등의 민족이 살아왔던 이 지역은 고대에 부여, 고구려, 그리고 발해의 영토가 되었다가, 다시 여진의 근거지로 남아있었다. 근대로 접어들면서 러시아의 남하정책으로 인해 흑룡강성 지역을 비롯한 만주 지역은 점차로 러시아의 세력권에 들어오게 된다. 이러한 러시아의 남하정책은 다른 서

---

1 이런 이유에서 4장의 흑룡강성의 한국종교는 현지 조사와 현지 종교인들의 면담을 통해 주로 이루어졌다. 마찬가지로 면담자들이 혹시 불이익을 받을 경우를 고려해서 공식적으로 알려진 경우가 아니면 면담자들의 신원이나 종교활동의 장소 등을 정확하게 밝히지 않았다.

2 黑龙江省人民政府(http://www.hlj.gov.cn/zjhlj/rk/).

구 열강의 반발에 직면하게 되고, 또한 일본과의 전쟁(1904~1905)에서 패배하게 되자 한계에 부닥치게 되었다. 결국, 러시아는 장춘 이북의 흑룡강성 지역만을 소유하는 것으로 매듭지어진다.[3] 1932년부터는 흑룡강성이 일제의 괴뢰정권인 만주국의 일부가 되었다가 1945년 일제의 패망 이후 중국의 영토가 되었으며, 1954년 하얼빈을 성도로 하는 오늘날의 흑룡강성 행정구역이 확정되었다.

현재 이 지역에는 한족이 인구의 중심을 이루고 있지만, 실제로 이 지역에 중국의 한족들이 진출하기 시작한 것은 청대 후기의 일이다. 청나라는 본래 만주 지역에 한족들이 들어오지 못하도록 하는 정책을 취하였다. 그러나 청조의 세력이 약화되고, 러시아를 비롯한 서구 세력과 일본 등이 경제적 이득을 위해 이 지역으로 세력을 확장하면서 한족들도 진출하기 시작하였다. 이와 더불어 구한말과 일제 강점기 동안 한국인들도 대거 만주 지역으로 진출하면서 이 지역에 토대를 마련하게 된다.

러시아의 남하정책으로, 그리고 러시아에 공산정권이 수립됨으로 인해 하얼빈에는 러시아인들이 이주하게 된다. 이러한 이유로 현재 흑룡강성에는 러시아정교회가 있고, 이외에 불교, 도교, 천주교, 개신교, 이슬람 등의 종교들이 혼재하고 있다. 다만 중국 정부나 흑룡강성 정부에서 소위 이단이라고 일컫는 종교에 대해서는 종교허가를 금지하고, 선교를 허가하지 않음에 따라 공식적으로 그런 종교들은 존재하지 않는다. 그러나 공개적으로 드러나지는 않았지만, 여

---

3 고구려연구재단 편, 『만주-그 땅, 사람 그리고 역사』, 고구려연구재단, 2005, 118~155쪽 참조.

호와의 증인을 비롯한 몇몇 종교단체들이 활동하고 있는 것으로 보인다.

2. 한국인의 이주

흑룡강성의 한국종교 진출[4]은 구한말과 일제강점기에 한국인들의 간도 이주로부터 비롯된다. 흑룡강성을 포함한 간도 지역 조선족의 기원은 토착설과 원말명초, 명말청초의 이주, 17세기 중엽부터의 이주[5], 그리고 19세기 중엽부터의 이주를 들고 있지만, 오늘날 우리가 조선족이라고 부르는 사람은 대체로 19세기 이후 이주한 동포들을 가리키고 있다. 그 이전 이주했던 조선인들은 타민족과 통혼하면서 점차 동화되어 사실상 그 구분이 모호해졌다고 할 수 있다.

19세기 중엽부터 부분적으로 이루어지던 한국인들의 간도 이주는 19세기 말~20세기 초가 되면서 점차 그 규모가 커지게 되었다.

---

4 한국종교의 중국진출은 한국인의 중국이주 등의 경우와 마찬가지로 만주, 또는 간도지방을 중심으로 전개되며, 이에 관련된 연구도 대부분 같은 방향으로 이루어지고 있다. 현재의 행정구역처럼 흑룡강성만을 별도로 구분해서 전개된 경우는 거의 나타나지 않고 있기에 그 부분만을 파악해내기가 어려웠다. 특히 이들 연구의 대부분도 오늘날 연길시를 중심으로 한 길림성이나 봉천(오늘날의 심양)이 위치한 요령성을 중심으로 이루어져 있기에 따로 떼어서 본다는 것이 쉽지 않으며, 따라서 당시 종교적 통계들은 이 글에서 제외하고 하얼빈을 비롯한 도시 중심의 역사적 기록만을 찾아서 서술될 수밖에 없었다.

5 토착설이란 과거 고조선부터 고구려, 발해를 거쳐 이 지역에 뿌리를 내리고 살아왔던 것을 뜻하며, 명말청초에도 부분적으로 조선인들이 이 지역으로 이주한 것을 말한다. 특히 명·청전쟁 시기 명나라를 지원하기 위해 출병했다가 포로로 잡혀서 그대로 남아있게 된 사람들과 정묘호란과 병자호란 때에 납치되거나 볼모로 잡혀간 사람들도 포함되어 있다. 그리고 17세기 중엽에는 강을 건너 만주 지역에서 농사를 짓기 위해 월경한 농민들이 있었다. 이윤기,『잊혀진 땅 간도와 연해주』, 화산문화, 2005, 32~35쪽. 임채완 외『재외한인 집거지역 사회 경제』, 집문당, 2005, 159~172쪽 참조.

처음 생계를 위해 새로운 개척지를 찾아 떠난 한국인들의 간도 이주
는, 일제에 의해 한일합방이 이루어진 1910년 이후에는 주로 정치적
이유에 의해 이루어졌다. 이 시기에도 간도 이주는 급증하였으며,
같은 이유로 1919년 3.1운동 이후에도 대규모의 이주가 이루어졌
다. 1931년 만주사변 이후의 만주국 시기에는 일제에 의한 계획적인
이주정책이 시행되었다. 특히 1937년 7월 중일전쟁으로부터 1940
년까지의 집단이민 시기에 일제는 만주국을 대륙 침략의 병참기지
와 물자보급기지로 만들기 위해 이른바 '공업은 일본, 농업은 만주'
라는 구실로 계획적인 한국인의 만주 이주를 시행하였다.[6] 결국, 한
국인들이 간도로 이주한 이유는 경제적인 것과 정치적인 것, 두 가
지로 요약해 볼 수 있다.

처음 압록강과 두만강 건너편 지역에서 출발한 이주의 역사는 시
간이 가면서 점차 그 범위를 서쪽, 남쪽, 북쪽으로 넓혀가게 되었다.
따라서 한국인들의 중국 이주 역사는 19세기 중엽부터 이루어져서
오늘날의 조선족을 형성했지만, 흑룡강성 지역은 다른 지역보다 더
늦은 시기에 한국인들의 거주지가 형성되었다고 볼 수 있다.[7] 특히
일제에 의한 계획 이주가 절정에 달하던 시기에 흑룡강 지역의 조선

---

6 최봉룡, 「만주국의 종교정책과 재만 조선인 신종교의 대응」, 한국학중앙연구원
   박사학위논문, 2006, 33쪽.
7 1922년 만주로 이주한 한국인의 전체 숫자는 515,865명인데, 이 가운데 현재의 흑
   룡강성 지역에는 9,217명이 분포하고 있는 것으로 조사되고 있다. 9,217명 가운데
   79%인 7,300여명은 구 러시아의 연해주와 인접한 영안, 목릉, 동녕, 밀산 지역에
   정착하고 있으며, 또한 이들의 상당수가 본국으로부터 직접 이주한 사람들이기보
   다는 이미 만주지역에 들어왔다가 재이주한 사람들이라고 한다. 최봉룡, 앞의 글,
   30쪽. 홍종필, 「在滿朝鮮人移民의 分布狀況과 生業」, 백산학회 편, 『中國內朝鮮
   人의 生活像 論攷』, 백산자료원, 2000, 16~19쪽.

인들도 급증했다. 2005년 발간된 흑룡강성지(黑龍江省誌)에 따르면 1885년에 흑룡강성 조선족의 첫 집거촌－동녕현 삼차구 '고안촌'이 형성되었으며, 1940년에 이르면 흑룡강성 조선족은 59개현에 약 153,357명에 달했다고 한다.[8]

Ⅲ. 흑룡강성 한국종교의 시작과 전개

1. 개신교의 전파과정

만주 지역 한국인의 개신교는 장로교로부터 출발한다. 당시 한국인 매약상이었던 김청송이 1882년 봄에 로스(John Ross)에게 세례를 받으면서 한국의 개신교가 시작되었다. 이후 김청송은 한국인들을 대상으로 전도하여 1884년 75명의 남자가 로스로부터 세례를 받았고, 1898년에는 집안현에 한국인 첫 장로교회인 이양자(裡楊子)교회가 설립되었다.[9] 이양자교회를 출발점으로 뢰석구교회(1903년), 신풍교회(1908년), 왕청문교회(1910년), 요천수교회(1910년) 등 새로운 한인 교회가 속속 설립되었다. 이 교회들은 모두 이양자교회의 직간접 영향으로 세워진 교회들이라고 할 수 있다.[10]

흑룡강성은 동북 삼성의 다른 지역에 비한다면 비교적 늦은 시기

---

8 徐景祥 主編, 『黑龍江省誌·民族誌資料編』(上), 哈爾濱出版社, 2005, p.2.
9 고병철, 「일제하 재만한인의 종교운동」, 한국학중앙연구원 박사학위논문, 2005, 34~35쪽.
10 북경대학 조선문화연구소 편, 『중국조선민족문화사대계 6, 종교사』, 민족출판사, 2006, 154~155쪽.

에 한국인들의 이주가 이루어졌다. 따라서 이 지역 한국인 교회의 설립도 다른 지역에 비해 늦은 시기인 1930년대에 이루어졌다. 장로교의 경우 1930년대에 북만주 지역에 33개소의 조선족장로교회가 설립되었는데, 신도가 3,620명에 달했다. 이 교회들 가운데, 목릉현 팔면통에 설립된 팔면통교회는 1932년 4월에 김진영에 의해 설립되었으며, 의란현의 육하장교회, 투도구교회, 삼도강자교회, 신성촌교회, 그리고 요하현 요하진의 요하교회는 1932년 5월 권중홍이 동시에 설립한 교회이다. 이들 교회의 신도 수는 모두 570명으로 한 사람이 가장 짧은 기간에 발전시킨 기록을 갖고 있다.[11]

감리교는 장로교에 비해 다소 늦은 1907년에 만주지역에서 선교 활동을 시작하여, 그 해에 와룡동교회, 그리고 1908년에 모아산교회가 설립된 이후 만주지역에서 활발한 활동을 펼쳤다.

지금의 흑룡강성 지역인 북만주지역의 선교는 1911년 미국감리교 조선연회가 손정도를 중국 선교사로 파견하면서 시작되었다. 손정도는 1912년 하얼빈에 정착하였지만, 민족의식을 고취하고 신흥무관학교 설립에도 관여하는 등의 이유로 일제에 체포되어 이 지역에 대한 조선감리교회의 선교가 중단되었다. 1918년 동북지방에 선교사로 파송되었던 배형식의 선교활동으로 인해 1920년 8월 하얼빈 도리구에 신도 수 105명의 교회가 설립되었다. 1922년에는 영안현 해림역에 해림교회가, 그리고 1925년에는 영안현 남관에 영안교회가 설립되어 북만주지방의 감리교세가 확대되기 시작하였다. 1920년대 북만주지

---

11 위의 책, 177~181쪽.

방의 감리교회는 모두 7개에 신도 수가 570여 명에 달하였다.[12]

1931년부터 개신교 조선감리교회 만주선교연회를 개최해오던 만주선교연회는 1939년 북만과 동만의 두 개 지방분회로 분리되었는데, 흑룡강 지역은 북만분회에 속하게 되었다. 감리교회는 1930년대 들어서도 계속 설립되었다. 1935년 주하현 신춘가에 주하교회가 설립된 것을 시작으로 1938년 9월 영안현에 산시교회까지 모두 9개의 교회가 새로 설립되었으며, 신도 수는 1,300여 명에 이르렀다.[13]

성결교의 만주 선교는 1915년 박장환과 한치국, 그리고 1919년 박기래 등이 용정으로 이주하면서 시작되었다. 교단 차원의 선교는 1920년대 들어서면서부터이다. 북만주 지역은 이보다 더 늦은 1930년대에 시작한 것으로 보인다. 1930년대에 흑룡강 지역에는 목단강과 하얼빈교회가 설립되어 활동하고 있었다. 침례교나 안식교도 중국 선교활동을 하였지만, 흑룡강 지역의 선교는 활발하지 못했던 것으로 보인다.

이외에 조선기독교회가 1935년에 초교파적으로 조직되어 활동하였는데, 그 주축은 감리교 출신 인사들이었으며, 일제와 만주국의 언론, 결사, 종교의 자유를 억압하는 정책에 저항하는 종교단체였다. 이들은 단시일에 교회를 확장하고, 신학교를 설립하는 등 활발한 활동을 벌여, 1939년에 흑룡강 지역에 하얼빈교회를 비롯한 6개의 교회가 설립되었고, 신도 수도 500여 명에 이르렀다. 그러나 만주지역에 진출한 장로교를 비롯한 조선족 개신교 계통의 모든 교파는 일제와 만주

---

12 위의 책, 194~204쪽.
13 위의 책, 203~208쪽.

괴뢰국의 압박에 못 이겨 1940년 만주조선인기독교연맹을 결성하기로 결정하고 일제의 정책에 순응하는 단체로 변질하게 된다. 그리하여 동북지역을 신경, 봉천, 안동, 목단강, 산성진, 용정의 6개 교구로 재편하였다.[14] 이 단체가 친일적 종교단체로 변질되어 활동할 동안 일부 목회자와 신도들은 여기에서 벗어나 자신의 뜻과 양심에 따라 활동하였다. 이러한 상황은 이후 1945년 해방이 될 때까지 지속되었다.

2. 천주교의 전파과정

간도로 이주한 한국인들에게 처음 천주교가 전해진 것은 1896년의 일이다. 1896년에 회령에서 원산까지 스스로 찾아와 세례를 받았던 김영렬[15]은 다음 해에 박연삼을 비롯한 12명의 남자와 그 가족들을 더 데리고 와서 세례를 받게 하였다. 이들은 모두 간도지방으로 돌아가 선교활동을 펼치게 되니 이것이 간도지방 한국천주교의 시작이었다. 이들의 활동으로 간도지방의 천주교 신도가 급속히 늘고 1898년에는 회령에 공소가 신설되었다.[16]

---

14 위의 책, 219~228쪽.

15 김영렬은 그의 스승이면서 동료였던 김이기로부터 천주교에 입교하라는 말을 듣고 김이기의 사후 천주교를 찾아 나섰다. 김이기와 김영렬, 그리고 간도에 천주교가 처음 전래된 것에 대한 자세한 사항은 한홍렬, 「연길교구 천주교회약사」, 『가톨릭청년』41, 가톨릭청년사, 1936, 2~21쪽. 한윤승, 「간도천주교회전래사, 연길교회의 향도 김이기와 그 제자」, 『가톨릭청년』41, 가톨릭청년사, 1936, 22~29쪽 참조.

16 한국교회사연구소 역편, 『함경도 선교사 서한집Ⅰ』, 한국교회사연구소, 1995, 253~264쪽, 한국교회사연구소 역편, 『서울교구연보(Ⅰ)』, 한국교회사연구소 1984, 230쪽. 이들 12명은 예수의 12사도와 같은 숫자이기에 당시 원산본당 주임 브레신부는 이들을 '북관의 12종도'라는 명칭을 붙여주었다. 이들이 세례를 받고 모두 돌아간 것은 아니고 이 가운데 4명은 원산에 정착하였다고 한다. 간도로 돌아간 이들은 한국천주교가 간도지방에 뿌리내리는데 많은 공헌을 하였다. 브레신부는 이

이와 같은 활발한 선교활동으로 인해 1898년 176명이었던 신도 수가 1899년에 260명, 1900년에는 507명으로 급속하게 증가하여, 1904년이 되면 천주교 신도 수는 1,076명에 이르게 되고, 11여 개의 공소도 생겨났다[17]. 1909년에는 간도지역 한국천주교의 최초 본당인 삼원봉본당과 용정본당이 설립되었다. 이후 이들 지역을 중심으로 간도와 만주 각 지역으로 한국천주교가 퍼져나가게 되었다. 특히 1910년 설립된 팔도구본당은 한국천주교에서 간도지역의 못자리라고 부를 정도였는데, 이 지역의 천주교 신도들이 간도 곳곳으로 퍼져 나갔고, 이때 천주교도 같이 전파되었다. 이러한 사실은 흑룡강 지역에서 만난 60대 천주교 신도와의 면담에서도 확인되었는데, 그 지역 천주교 신도들의 대부분이 팔도구 출신이라고 증언하였다.

1920년 8월 5일 교황청은 원산대목구[18]를 서울대목구에서 분리

들의 선교활동으로 인해 이후 매년 간도지방으로 사목활동을 다녀오게 되었고, 1909년 간도 최초의 한국천주교 본당이 생기는 기틀이 되었다.

17 한국교회사연구소 편,『함경도 천주교회사』, 한국교회사연구소, 1995, 135~136쪽.

18 교황은 교계제도(敎階制度) 즉 자립교구제도가 설정이 안 된 지역에 자립교구에 준하는 대목구(代牧區)와 지목구(知牧區) 등을 설정하였는데, 라틴어로는 대목구를 Vicariatus Apostolicus(영어는 Apostolic Vicariate), 지목구를 Praefectura Apostolica(영어는 Apostolic prefecture)라고 한다. 대목구를 풀어서 말하면 교황 대리 감목구이며 말 그대로 대목구장이 교황을 대리해서 교황의 이름으로 통치하는데, 이는 지목구의 경우에도 마찬가지이다. 통상적으로 대목구장은 명의주교, 즉 주교품을 받은 사제가 되고, 지목구장은 주교품을 받지 않은 사제가 된다. 대개 선교 지역의 복음화의 정도에 따라 자치 선교구, 지목구, 대목구, 교구의 순서로 교계가 설정되지만, 반드시 이 순서대로 진행되지는 않는다. 예를 들어 조선대목구는 처음부터 대목구가 되었고, 후일 서울대목구와 대구대목구로 분리되었다가 대교구가 되었으며, 한국에 정식 교계 제도가 설정된 1962년 이후에는 수원교구를 비롯한 몇몇 교구들이 지목구와 대목구를 거치지 않고 바로 교구가 되기도 하였다. 이 준교구제도는 1622년 그레고리오 15세 교황이 포교성을 설치하고 교황 대리를 선교지방에 파견하면서 생겨났다. 정진석,「대목구와 지목구」,『한국가톨릭대사전』3, 한국교회사연구소, 1996, 1594~1595쪽.

설정하고 베네딕도회 샹트 오틸리엔 연합회의 수도자들에게 맡겼다. 1921년 3월 19일 교황청은 북만주교구에 속해 있던 연길과 의란 지역을 원산대목구에 편입시켰다. 이러한 상황으로 볼 때 비록 시기적으로 다른 지역에 비해 다소 늦기는 하였지만, 1910년대 후반이면 흑룡강성 지역에도 한국천주교 신도들이 나타나고 있었던 것으로 보인다. 간도의 점증하는 신도들로 인해 1928년에는 연길지목구가 신설되었으며, 1937년 대목구로 승격되었다.

연길지목구가 분할 설정되면서 지리적으로 이 지역과 멀리 떨어져 있던 흑룡강성의 의란 지역을 독립된 포교지로 설정하였다. 당시 의란포교지에는 러시아와의 접경지에 푸진(富錦)과 자무쓰(佳木斯)의 2개 본당이 있었는데, 한국인 본당이 아니라 중국인 본당이었다. 푸진본당은 1924년, 그리고 자무쓰본당은 1926년에 각각 설립되었다. 당시 이 지역을 담당한 베네딕도회는 각 본당에 2명의 신부가 있도록 했는데,[19] 아마도 한국인과 중국인을 포함한 선교활동을 계획했던 것이 아니었나 생각된다. 연길지목구 설정 당시 영안현은 의란포교지가 아닌 연길지목구에 그대로 소속되어 있었으며, 이것은 1935년 목단강본당이 설정될 당시까지도 그대로 유지되었다.[20]

1933년 9월 1일 교황청에서는 의란포교지를 베네딕도 수도회 관할에서 카푸친 수도회 북부 관구로 위임하는 결정을 내렸다. 분할 당시 의란포교지에는 1,272명의 신도가 있었으며, 19개의 공소가 있었는데[21],

19 위의 책, 287~289쪽.
20 북경대학 조선문화연구소 편, 앞의 책, 265~277쪽.
21 위의 책.

이로 미루어 볼 때, 흑룡강성 지역의 선교활동은 1920년대 들어서야 본격적으로 진행된 것으로 보인다.[22] 1930년을 전후로 해북진 선목촌에도 한국인 천주교신자들이 활동하고 있었다. 1927년 하얼빈에서 한국인 신자 한 사람이 이 지역에 대해 전해 듣고 이주하여 농토를 임대해 농사를 짓기 시작한 것이 출발점이다. 몇 년이 지나 다른 지역의 천주교 신자들이 모이고, 또 새로 입교하는 사람들도 생겨나 한국인 천주교 공동체를 구성하고 교육기관을 세우는 등의 활동이 있었으며, 1942에 조선인 임만복 신부가 본당신부로 부임해서 사목활동을 하기도 하였다.

3. 신종교의 전파과정

신종교 가운데 흑룡강성까지 진출한 종교단체는 대종교와 천도교이다. 원불교와 증산교를 비롯한 청림교, 시천교, 제우교, 태을교, 보천교 등은 주로 연길, 훈춘 등의 지역을 중심으로 활동하였다.[23] 대종교의 경우 1910년 10월 25일 북간도 화룡현 삼도구에 지사를 설립하였다.[24] 이러한 상황으로 미루어 볼 때 이미 이 지역에 대종교

---

22 '흑룡강신문'의 기획시사에 따르면 조선인천주교는 1920년대 하얼빈 도리구에 천주교교회당이 있었고 신도수가 50명 정도였다고 한다. 『흑룡강신문』, 2007. 5.19.

23 물론 현재의 흑룡강성 지역까지 이들의 활동이 전혀 없지는 않았겠지만, 관련 자료나 문헌을 거의 찾을 수 없고, 또 있다고 하더라도 그 활동이 다른 종교에 비해 크지 않을 것으로 판단되어 제외시킨 것이다. 유교와 불교의 경우도 간도지역에서 활동을 펼쳤지만, 기독교나 대종교, 천도교에 비해 크지 않았고, 또한 그 활동무대가 흑룡강성 지역에까지 미치지 못했기에 마찬가지로 이 글에서는 제외하였다. 신종교들의 만주 이주 과정은 최봉룡, 앞의 책 참조. 1930년대 해립, 신안진 등에 조선족 사찰이 있었다고 하지만, 명확하지는 않다.

24 고병철, 앞의 책, 48쪽.

인들이 있었을 것으로 추정된다. 1911년에는 윤세복·윤세용 형제가 환인현으로 이주하여 포교활동을 시작하였다. 1914년에는 총본사를 화룡현 삼도구 청파호로 이전하여 본격적인 만주 시대를 열었다. 같은 해에 포교구역을 남도본사구(전라도, 경상도, 강원도, 경기도, 충청도, 황해도), 동도본사구(동만, 연해주, 함경도), 서도본사구(남만, 중국, 몽골, 평안도), 북도본사구(북만, 흑룡강성)의 4개 본사로 확정하였다. 이 과정에 남도본사만 서울에 있을 뿐, 나머지 본사와 총본사가 모두 중국에 설치되어 있었다. 민족의 시조인 단군을 숭배하는 종교인 데다가 이런 상황까지 겹치자, 대종교는 일제뿐만 아니라 중국 지방당국에 의해서도 탄압을 받는다. 하나의 사례로 화룡현 지사는 1915년 11월 대종교 해산명령을 내리기도 하였다.[25]

1920년 대종교는 총본사를 밀산으로 이전하였으며, 2년 후 다시 영안현 남관으로 이전하여 흑룡강성을 중심으로 활동하였다.[26] 영안으로 이전한 후 대종교는 시교당 건립을 위해 활발한 활동을 펼쳤다. 특히 동녕과 영안의 조선족 집거구역에 시교당 건립이 활발히 진행되었다. 이 무렵 흑룡강성 대종교의 활동무대는 영안, 동녕, 밀산, 목단강, 그리고 하얼빈 등이었으며, 특히 영안과 동녕, 밀산이 주요 활동 지역이었다고 볼 수 있다. 그렇지만, 1926년 길림성장겸 독군인 장작림에 의해 대종교포교금지령이 내려지면서 대종교의 호교 활동은 다시 위기를 맞게 되었다. 이에 1928년 대종교 총본사는 영안현 해림에서 밀산현 당벽진으로 이전하기로 하였다. 1934년 1월

---

25 북경대학 조선문화연구소 편, 앞의 책, 306쪽.
26 大倧教倧經倧史編修委員會,『大倧教重光六十年史』, 大倧教總本司, 1970, p.1068.

에는 다시 총본사를 다시 영안현 동경성으로 옮기고 대종학원을 설립하는 한편 포교활동을 활발히 전개하였다. 이러한 것은 모두 일제와 만주국의 끊임없는 대종교 압박에서 기인한 것이었다. 1937년 6월 말 기준 대종교는 시교당이 52개소, 신도가 28,653명인데, 이 가운데 절반 이상이 조선족이 집거한 연변일대에 있었다고 한다.[27] 이같이 본다면 아무리 적게 잡아도 12,000명에서 13,000명의 대종교 신도가 흑룡강 지역에 분포하고 있었다고 볼 수 있다. 이렇듯 활발한 활동을 펼치던 대종교는 1942년 11월 19일 일제에 의해 간부급 인사들이 대대적으로 구속되면서 그 활동이 중단되었다.

손병희에 의해 1905년 12월 동학이 천도교로 개칭되기 이전 이미 동북지방에 동학신도들이 활동하기 시작하였다. 1908년 7월에는 북간도교구가 설립될 정도로 포교활동이 활발하였는데, 특히 연길을 중심으로 한 북간도교구 지역은 다른 지역보다 천도교의 활동이 활발하였다.

북만지방에는 1920년 이후 남만지역의 일부 천도교 신도들이 수분하로 피난하면서 선교가 시작되었다. 특히 만주국이 건립된 후, 천도교는 북만지역으로 교세가 확장되어 나갔다. 1932년 3~8월 사이에 하얼빈에 천도교교회, 신안진에 천도교영안종리원, 동경성에 천도교동경성전도실 등이 설립되었다. 그렇지만 신도 수가 많이 증가하지는 못한 것으로 보인다. 영안과 동녕, 그리고 하얼빈을 합해 대략 300여 명의 신도가 있었다.

---

27 북경대학 조선문화연구소 편, 앞의 책, 309~313쪽.

4. 해방 이후의 한국종교

해방이 되자 만주에 거주했던 많은 한국인들이 귀국하게 되었다. 해방 직후 214만 명에 달했던 동북 한국인은 140만 명으로 축소되고 70만 명은 귀국하였다고 한다.[28] 물론 이 숫자가 정확한 것은 아닐지라도 어쨌건 당시 만주 한국인의 상당수가 귀국하였음은 틀림없는 사실이다.

이러한 귀국 과정에서 각 종교의 지도자급 인사들과 혹은 과거 한국에 기반을 가졌던 사람들, 그리고 민족주의자들 대부분이 귀국 대열에 합류했을 것으로 보인다. 대종교를 비롯한 신종교인들의 경우도 대부분 국내로 귀국하여 활동하게 된다. 그리하여 중국 내에서 한국 신종교는 사라지게 되었다.

개신교의 경우 해방 직전 5만여 명의 신도들이 있었다. 그러나 당시 만주 한국인 전체 교회의 핵심역할을 했던 심양 서탑교회의 경우 해방 이후 1951년까지 20여 명이 예배에 참여하였으며, 그나마 1951년 이후에는 서탑교회에서 쫓겨나 동(東)교회에서 중국침례교회 교인들의 예배에 함께 참여하였다고 한다. 1957년 7월부터는 연경신학원 출신으로 당시 아직 목사 안수를 받기 전인 오애은 집사의 인도로 예배가 진행되었다. 그러나 이마저도 문화혁명이 일어난 이후 완전히 금지되었다.[29] 중국 조선인 교회의 중심지라고 할 수 있는 서탑교회의 이러한 상황으로 미루어보면 흑룡강성 지역의 상황도 추측이

---

28 손춘일, 「중국 조선족 민족과정과 간민회」, 『북간도 한인의 삶과 애환, 그리고 문화』, 명동학교 100주년 기념 국제학술대회 자료집, 2008, 85쪽.

29 인병국, 『조선족교회와 중국선교』, 에스라 서원, 1997, 37~39쪽.

가능하리라 생각된다.

해방 이후인 1946년 중국 공산당이 만주지역을 장악하였지만, 공식적으로 종교의 자유는 인정되었으며, 이것은 1954년 반포된 중국의 첫 헌법에서도 명문화되었다. 그러나 무조건적인 종교의 자유는 아니었다. 소위 자치(自治), 자양(自養), 자전(自傳)의 삼자(三自)에 기반을 둔 종교만이 허용되었다.[30] 결국 지도자들과 교인들이 대부분 사라지고 난 뒤 얼마 남아 있지 않은 교인들에 의해 겨우겨우 명맥을 유지하고 있던 조선족 교회는 삼자(三自)에 맞지 않는 종교, 서양의 종교라는 인식하에 중국당국의 많은 제약을 받았다고 볼 수 있다. 특히 조선족이 가장 많이 거주하는 목단강 지역의 경우는 교회가 여러 곳 있었지만, 1959년에 시작된 반우파투쟁으로 인해 모두 파괴되거나 몰수당하였다.

종교활동에 제약을 받은 것은 천주교도 마찬가지였다. 천주교의 경우 연길교구를 담당한 베네딕도회 수도사들은 해방 직후 그대로 남아있었다. 물론 한국인 천주교 신도들의 상당수가 귀국 대열에 합류한 것은 사실이지만, 아직도 남아있는 신도들이 있었고, 본당이나 교구도 그대로 있었다. 그러나 1949년 중국 공산당이 만주지역을 장악하게 되자 당시 만주지역을 담당하던 베네딕도회 외국인 수도자

---

30 물론 삼자교회가 1949년부터 바로 생겨난 것은 아니다. 본래 삼자애국운동은 중화인민공화국이 성립되면서 나타난 대중운동이었다. 개신교에서 이것이 공식적으로 나타난 것은 1951년 4월의 일이었다. 당시 중국에 있던 개신교 지도자들이 모여서 '중국기독교 항미원조 삼자애국혁신운동위원회 준비위원회'를 설립하면서 종교계에 공식적으로 등장한 것이다. 그 3년후인 1954년 7월에는 '중국기독교 삼자애국운동위원회(약칭 삼자회)가 출범하면서 공식기구가 된다. 이후 중국의 종교, 특히 천주교와 개신교는 이 삼자운동에 기반한 종교만이 인정되었다.

들은 모두 체포되어 수용소에 감금되었다. 2년간의 수용소 생활을 마친 수도자들은 다음 해부터 차례차례 만주를 떠나야 했다. 그리하여 1952년 8월 이후 만주에는 외국인 수도자들이 하나도 남지 않게 되었으며[31], 남아있는 신도들은 개신교와 마찬가지로 종교활동에 위축을 받게 되었다. 한국인 신부와[32] 중국인 신부들이 있었지만, 조선족과의 언어문제, 그리고 광범위한 관할 지역 등의 이유로 인해 조선족 상대의 사목활동을 펼치는 데는 한계가 있을 수밖에 없었다. 즉 남아있는 한국인 신부들이 독일인 신부들이 사목활동을 펼쳤던 지역까지 담당하는 것은 거의 불가능하였기에 신도들도 제대로 된 신앙생활을 할 수가 없었던 것이다.

흑룡강성의 경우는 타지역보다 더 지도력의 공백이 생겨 개신교나 천주교 모두 명맥을 유지하기도 힘든 상태로 변하였다. 과거 별도의 교구를 설정해서 연길교구와 의란포교지에 의해 관리되었던 조선족 천주교회는 이제 중국의 흑룡강교구에 속하게 되었다. 이는 교황청에 의한 것이 아니라 외국의 간섭을 배제하고 독자적 종교활동을 하게 한다는 중국당국의 결정이었다. 따라서 조선족 천주교회는 중국의 교구에 편입되어 중국교회에 속하게 되었다. 교황청과의 관계도 단절되었다. 그렇지만 중국인 신부와 남아있는 한국인 신부에 의해 그나마 근근히 명맥을 유지하면서 힘들게 이어져 온 종교활동은 1966년 문화대혁명이 발생하면서 완전히 단절되고 중국 내에서

---

31 서지훈, 「연길교구」, 『한국가톨릭대사전』 9, 2001, 한국교회사연구소, 6142쪽.
32 1949년 하얼빈시 도외천주교회당에 조선족 신부 김선영과 임만복이 있었다고 한다. 『흑룡강신문』, 2007.5.19.

종교활동은 자취를 감추게 된다. 이러한 상황은 모택동 사후인 1979년 국가종교국이 업무를 재개하고 국민에게 종교의 자유가 주어지면서 막을 내렸다.

구한말 일제강점기 한국종교의 중국진출은 한국인의 간도 이주와 궤를 같이한다. 다시 말해서 부분적 예외가 있기는 하지만, 한국개신교, 한국천주교, 그리고 한국의 신종교들이 만주지역에 진출한 것은 한국인 선교가 주목적이었다. 물론 이 시기는 개신교나 천주교 모두 아직 독자적 역량을 갖추지 못한 시기이기도 하였다. 개신교는 비교적 이른 시일에 한국인 지도자급 인물들을 배출해내기 시작하였지만, 천주교는 상대적으로 외국인 선교사들에 더 많이 의존하고 있었다. 그리하여 외국인 선교사가 중국 땅에서 한국인을 대상으로 선교하는 형식이 발생한 것이다. 따라서 이 시기는 한국종교의 중국 진출이라기보다 중국에 있는 한국 종교인들이라고 하는 것이 더 어울릴 듯하다. 개신교의 경우 중국에 있는 한국인이 외국인에 의해 최초의 입교자가 되었으며, 천주교의 경우는 외국 수도회가 중국에 있는 한국인을 담당하고 있었기 때문이다.

Ⅳ. 흑룡강성 한국종교의 현재

1. 조선족의 종교현황

1979년 종교의 자유가 주어지면서 그간 비밀리에 집회를 갖던 종교인들이 공개적으로 활동을 할 수 있게 되었다. 국가에서 몰수했던 종교관련 시설을 각 종교단체에 되돌려주기 시작하였다. 이 무렵 동북지역에서 가장 활발하게 움직이기 시작한 것은 개신교와 천주교였다. 조선족교회의 경우, 삼자교회를 중심으로 활동하기 시작하였는데, 그 중심에는 과거 중심지였던 심양의 서탑교회가 있었다. 서탑교회는 1979년 9월 5일 다시 예배를 시작하였다. 서탑교회가 있는 심양을 중심으로 요녕성, 길림성, 그리고 마지막으로 흑룡강성에 교회가 재건되어 나갔다.

하얼빈의 남강교회는 1980년 성탄절에 다시 문을 열었다. 1983년 조선족 신자들이 이 교회에 다녔는데 7~8명 정도였다. 그러나 점차로 신도가 늘어나 1989년 200여 명이 되었다. 언어의 문제로 인해 한족을 대상으로 한 예배가 끝나면 다시 조선족 예배가 시작되었다. 조선족 신도 수가 계속 불어나자 하얼빈시 도외구에 1,600개의 좌석을 갖춘 새 교회 건물을 지어 '임마누엘교회'라고 이름을 짓고 2005년 8월 26일 입당예배를 보았다. 2007년 현재 조선족 신자가 500여 명이다. 한족 신자도 있지만, 조선족 위주로 운영되고 있다. 이 교회의 5개 분당이 있는데, 여기 신도 수를 모두 합하면 880여 명이다. 신도의 구성은 노동자, 농민이 중심이지만 점차 지식인들의 입교가 늘어나고 있다고 한다.[33] 목단강의 평안교회도 문화혁명이 시작되면서 문을 닫았지만, 1986년 10월에 교회 건물을 지을 수 있었다.[34]

천주교도 이 무렵부터 다시 활동을 재개하였다. 1983년 하얼빈시 남강구에 있는 천주교회당이 다시 문을 열고 1~2년이 지나자 조선

---

33 『흑룡강신문』, 2007.2.3.
34 인병국, 앞의 책, 41~42쪽.

족 신자가 50명으로 늘어났다고 한다.[35] 과거 파괴되었던 성당을 신축하거나, 아니면 정부에 몰수되었던 건물이 천주교에 되돌려졌다. 이처럼 신앙의 자유가 주어지면서 그때까지 신앙을 지키며 홀로 숨어서 신앙생활을 하던 사람들이 성당으로 모이기 시작하였지만, 그 수는 해방 무렵에 비하면 미미한 수준이었다. 본당마다 100여 명 남짓에 불과하였다.

현재 흑룡강성 지역 조선족 동포들의 종교는 대부분 기독교 전통에 속해 있다. 몇몇 곳의 사례를 들어보면 이것은 자명해진다. 목단강 해림시(牧丹江海林市)의 경우 모두 61개소의 종교활동 장소가 있다. 그중 53곳의 종교활동 장소가 개신교 활동 장소로 나타나고 있는데, 이것은 이 지역 전체 종교활동 장소 총수의 86.89%에 달하는 것이다.[36] 현재 흑룡강성 지역의 하얼빈과 목단강을 잇는 지역에서 공식적으로 인정받은 조선족교회는 대략 60~70여 개 정도 있는 것으로 알려지고 있다. 각 가정을 중심으로 한 가정교회들까지 합한다면 그 숫자는 훨씬 늘어날 것으로 보인다. 이 교회들 대부분은 하얼빈과 목단강을 연결하는 라인에 있는 조선족 집단 거주 지역에 분포한다.

필자가 직접 목단강을 방문해서 확인한 것만 해도, 현재 목단강 시내 조선족 거리 부근에 건물을 지닌 교회가 3곳이 있었으며, 한 곳은 최근에 새로 건물을 세워서 독립적으로 종교활동을 하고 있었다. 특히 시 종교사무국에서 각 지역에 한 곳의 교회를 허가해주는 것과 달리 근거리에 또 다른 조선동포의 교회가 당국의 정식 허가를 받고

---

35 『흑룡강신문』, 2007.5.19.
36 徐景祥 主編, 앞의 책, 58쪽.

활동하고 있었다. 교회 한 곳의 담임목사와 면담을 통해 그곳의 신도 수가 300여 명이라는 것을 알 수 있었는데, 그곳은 목단강에서 가장 큰 교회라고 하였다.

오상시에도 조선족교회가 있는데, 그 교회는 분열된 상태였다. 그 이유는 한국의 서로 다른 두 교파가 이 교회의 신축을 지원하였는데, 서로 주도권을 벌이다가 결국 조선족 교인들까지 분열시킨 계기가 되었다.[37] 목단강의 경우에도 같은 조선족교회들이 멀지 않은 거리에 나란히 있었다. 위에서 언급했듯이 두 곳 모두 시당국의 허가를 받은 곳이긴 하지만, 교파를 인정하지 않는 중국의 특성상 그 연유가 궁금하여 담임목사에게 문의한 결과, 서로 간의 갈등이 주원인이었다. 그와 함께 담임목사는 한국교회와의 교류를 달갑지 않게 생각하였다. 그 이유로 교류를 원하면 한국교회는 조선족교회가 물질적인 것을 원하는 것처럼 대우한다는 말을 하였다. 그러나 조금 더 깊이 생각해보면 오상시의 교회분열에서 보듯이 한국교회가 조선족교회의 처지나 입장을 전혀 고려하지 않고 한국교회의 위치에서만 처신하는 것이 가장 큰 문제라고 여겨진다. 달리 말해서 한국교회와의 접촉으로 인해 물질적 측면은 도움을 받겠지만, 교회가 분열한다든가 하는 등의 문제가 발생했기 때문이라고 생각된다.

하얼빈이나 치치하얼 등의 대도시들에는 조선동포만을 위한 교회는 없었지만, 주요한 큰 교회에 조선동포들을 위해 한국어로 진행되는 예배를 할 수 있는 공간을 제공하고 있었다. 이러한 도시들 외에

---

37 한국문화인류학회, 『중국 흑룡강성 한인동포의 생활문화』, 국립민속박물관, 1998, 170~172쪽.

조선족진이 형성된 시골마을에도 부분적으로 개신교 신앙이 전파되어 있었다.

흑룡강성의 천주교는 모두 흑룡강교구 소속이다. 본래 흑룡강교구는 1931년 설립된 중국교구였다. 그러나 해방 이후 중국당국에 의해 모든 조선족 천주교회도 이 교구에 속하게 된다. 목단강에는 조선동포들이 모여 사는 조선족 거리에 천주교회가 세워져 있는데, 한족과 조선족이 함께 사용하지만, 조선족 중심의 성당이라고 할 수 있다.[38] 현재 주임신부는 한족 출신의 사제인데, 한국어를 구사하는데 한계가 있어 대축일과 같은 때나 판공 때의 경우 길림성에 있는 조선족 사제들의 도움을 받는 형편이다. 이곳의 신도 수도 대략 350여명이라고 하지만, 실제로 매주 미사에 참석하는 숫자는 100여 명 전후라고 한다. 이러한 차이가 나는 것은 경제적인 이유에서 젊은이들이 대도시나 한국으로 많이 유출되었기 때문이라고 한다. 특히 조선족의 유출문제는 이 지역을 매우 심각하게 하여 개신교나 천주교 모두 어려움을 겪고 있으며, 가정이 파괴되기도 하는 등의 사회적 문제도 나타나고 있다. 기성세대들은 이러한 인구의 유출로 인해 조선족사회가 단절될 것을 가장 걱정하고 있었다.[39]

목단강 부근의 시골 지역으로 가면 목단강본당 소속의 공소들이

38 이 성당은 인천교구의 송림동본당(당시 주임신부 이용길)에서 지원하여 건축에 착수하였으나, 완공 무렵인 1998년 건축비가 증가하여 서울교구 시흥동 성당과 성가소비녀회의 지원이 추가로 있었다. 목단강시에서도 여러 가지로 도움을 주었다고 한다. 본당의 주보 성인은 성 김대건 안드레아 신부이다.
39 이러한 사실은 필자가 목단강의 60대 천주교 신도와 개신교 목사와의 면담을 통해서도 확인한 경우지만, 한 지방언론사의 현지취재에서도 나타나고 있다. 『영남일보』, 2004년 11월 1일, 11월 22일자 참조.

있다. 이 공소에 소속된 신도들의 사목은 목단강본당 주임신부보다
는 이웃 길림교구 소속의 조선족 사제들에 의해 이루어지는 경우가
더 많다.

해북진에 있는 성당은 대구대교구 김영환 신부(몬시뇰)가 국내에서
헌금을 받아 2000년 10월 완공한 성당이다. 이 성당의 건립은 다소
독특하게 해륜시인민위원회의 부탁을 받아 건립하게 되었다.[40] 중
국의 가톨릭 신도들의 요청이 아닌 정부 차원의 요청을 받은 것이다.

하얼빈의 경우 하얼빈시 남강구 동대직가에 흑룡강 교구 주교부
성당이 있다. 이 성당 2층에 '하얼빈조선족천주교회'라고 하여 100
여 명이 들어갈 수 있는 공간을 조선동포 신도들을 위한 성당으로 삼
고 있다. 이곳의 주임신부는 한족 출신의 사제이기 때문에 조선동포
들을 대상으로 하는 미사를 위해서는 하얼빈에서 200여 킬로 떨어
진 곳의 주임을 맡은 조선족 출신의 사제가 매주 이곳을 방문하고 있
다. 이곳의 천주교 신도는 200여 명으로 알려졌지만, 미사에 참석하
는 숫자는 100명을 넘지 못한다.

중국천주교 전체의 문제겠지만, 흑룡강성의 천주교에도 갈등이
존재한다. 즉 아직도 많이 남아있는 지하교회 소속 성직자, 신도들
과 '중국천주교애국회' 소속의 성직자, 신도들과의 갈등이 그것이
다. 지하교회에 속한 사람들은 '애국회'에 소속된 사람들을 변절자
이며, 바른 신앙생활을 하는 것이 아니라고 하여 이들과의 타협을 거
부한다. 그러나 정부의 공식 인정을 받아 신앙생활을 하는 사람들은

---

40 『가톨릭신문』, 2003.10.5.

공식적으로 신앙생활을 할 수 있게 된 것만으로도 다행이라고 여기고 있다. 또한, 그간 자신들도 신앙 때문에 고초를 겪었는데 그러한 것을 제대로 알아주지 못하는 지하교회 사람들을 이해할 수 없다는 반응이다. 애국회에 속한 천주교를 '지상교회', 그리고 여기에 속하지 않은 천주교를 '지하교회'라고 하는데, '지상교회'와 '지하교회'로 구분하지 않고 중국정부에서 승인한 '공식교회'와 '비공식교회'로 일컫기도 한다.

그렇지만, 중국정부가 '지하교회' 성직자들의 활동에 많은 제약을 가하는 것도 사실이다. 이들의 면면은 제대로 드러나고 있지 않다. 다만 간혹 언론을 통해 보도되고 있을 뿐이다.

흑룡강성의 조선족은 이 지역 소수민족 가운데 만족, 몽고족, 회족 다음으로 많은 30여만 명으로 추산되고 있으며,[41] 길림성의 장춘과 연길을 축으로 하는 접경지역인 하얼빈과 목단강 지역을 잇는 라인에 많이 분포하고 있으며, 치치하얼과 수화, 가목사를 비롯해서 목단강 동쪽인 계서, 칠대하, 영안 등의 지역들에도 거주하고 있다. 흑룡강성은 아니지만, 내몽고자치구에도 일부 거주하고 있다.

흑룡강성 조선동포들의 종교적 상황은 이상의 조선동포 거주 현황과 맞물려 분포되어 있다. 즉, 조선동포들이 모여 사는 지역에는 조선동포들 만의 종교단체들이 구성되어 있으며, 그렇지 않은 곳에서의 신앙생활은 한족 종교공동체에 나가거나 아니면 종교활동을

---

41 1990년의 인구조사에서 45만 여명의 조선동포가 흑룡강성에 거주하는 것으로 알려졌다. 임채완 외, 앞의 책, 229쪽. 그러나 한중수교 이후 한국이나 중국의 여타 대도시로의 진출로 인해 실제로 흑룡강성에 거주하는 조선동포들의 수가 많이 줄어든 것으로 이야기되고 있다.

중단하고 있는 상태가 일반적이라고 한다.

현재 중국의 조선족교회, 조선족천주교회는 공식적으로 모두 중국의 교회이다. 물론 언어나 문화적 문제로 인해 한족교회와 분리되어 존재하기는 하지만, 그것은 다민족국가인 중국적 특성에서 오는 문제라고 할 수 있다. 조선족이던, 한족이던, 몽골족이던 중국정부 입장에서는 모두가 중국국민일 뿐이며, 중국 내에 존재하는 종교는 모두가 중국의 종교라는 시각이다. 따라서 흑룡강 조선족의 종교현황도 그런 시각에서 바라볼 필요가 있다.

2. 한국종교의 현황

흑룡강성에는 한국인을 대상으로 하는 한인교회와 한인성당 등이 있다. 하얼빈에는 중국당국의 공식적인 허가를 받아 문을 연 교회가 있다. 하얼빈 한인교회는 흑룡강성 최초로 중국당국에서 인정한 한인교회라고 한다. 이 교회의 담임목사는 감리교 소속이지만, 현재는 초교파적으로 활동하고 있다. 중국에서 교파를 인정하지 않은 탓도 있겠지만, 공식적으로 인정받고 신앙생활을 할 수 있는 곳이 없다는 것도 하나의 이유로 생각된다. 이곳의 신도는 300명 전후인데, 그 가운데 거의 절반 이상의 신도들이 흑룡강성에 유학한 한국학생들이라고 한다. 따라서 방학 기간의 예배에는 100명 남짓의 신도들이 참석한다. 치치하얼에도 있지만, 하얼빈에 비해 활동이 활발한 편은 아니다. 하얼빈의 경우에도 방학 무렵이 되면 교회활동이 매우 위축된다.

하얼빈이나 치치하얼과 같은 대도시에는 한국인 신도들이 여러 가지 사회사업을 위해 진출해 있다. 특히 하얼빈에 많이 있는 것으로 알려져 있는데, 정확한 규모는 파악하기 어렵다. 이런 어려움의 가장 큰 이유는 개인적 신심에서 활동하거나, 아니면 개교회별로 파견하거나, 또는 교단별로 독자적으로 파견하는 등 사례가 다양한데, 이들이 어떤 중앙조직에 신고하고 활동하는 경우는 많지 않으며, 또한 그곳에서 공동모임을 하는 경우도 거의 없기 때문이다.

이들이 벌이는 활동은 교육사업이나 복지사업, 또는 의료 등이다. 특히 교육사업의 경우 한류 붐을 타고 중국 젊은 세대의 한국어학습 욕구를 충족시키는 한편, 이들의 취업에도 도움을 주고 있다. 흑룡강성에서 젊은이들을 대상으로 교육사업을 펼치고 있는 한 신도의 말을 빌리면, 현재는 과거와 달리 중국인들에게 직접적인 선교는 가급적 자제하고 있다고 한다. 이들에게 직접 전해줄 수 있는 것은 윤리나 도덕적 측면에 대한 가르침 정도이다.

이처럼 활동하는 신도들의 규모가 어느 정도인가는 현지에서 만나는 사람마다 답변이 다른데, 어떤 신도는 2~3천 명이라 하고, 또 어떤 사람은 4~5백 명 수준일 거라고 하니 정확한 판단은 어렵다. 다만 현지 조선족들의 답변과, 또 한인들의 말을 대략적으로 종합해서 판단하면 많아야 3백에서 5백 명 사이에 그치지 않을까 여겨진다.

천주교가 중국 선교를 위해 노력하기 시작한 것은 한중수교 직후부터였다. 1990년 초 수원교구는 길림교구와 자매결연을 하고 활동하였지만, 중국의 국내법으로 인해 직접적인 선교보다는 간접적 지원에 그쳤다. 중국 선교의 출발점은 1999년 12월 북한선교를 위한 사제모임이 '민족화해위원회'라는 공식적 기구로 출범하면서부터였다. 이 위원회를 통해 2000년부터 북한선교를 위해 중국에 파견되어 나갔던 사제들이 중국 선교에도 관심을 기울이면서 중국 선교를 위한 활동을 시작하게 되었다. 그 결과 수원교구는 2008년 4월 중국 선교위원회를 출범시키고, 관할구역을 동북삼성(길림성, 요녕성, 흑룡강성)으로 정하였다.[42] 물론 다른 교구들도 중국의 각 지역에서 여러 가지 활동을 벌이고 있지만, 모두가 중국 국내법 테두리 안에서 이루어지도록 노력하고 있다. 한국 각 교구의 활동은 중국 각 교구의 요청이나 아니면 중국 각 교구의 협력하에 이루어지고 있다. 그렇기에 성직자들을 파견하는 목적은 한인사목이 중심이며, 필요에 따라 중국천주교와 협력하는 일이 부수적으로 이루어지고 있다.

천주교의 각 교구와는 별도로 수도회에서도 독자적으로 중국에서 여러 가지 활동을 하는 것으로 보인다. 수도회의 활동이 시작된 것도 한중수교 이후이다. 1994년 국내의 한 남자수도회 소속 수사가 흑룡강 지역의 목단강, 도화진 등을 방문하여 선교활동을 하다가 적발되기도 하였다. 이후 이 수도회는 이러한 직접적 선교를 피하고 각 지역의 성당 건축문제를 중심으로 흑룡강교구와 협력하는 쪽으로 선교의 방향을 전환하기도 하였다. 이들의 활동은 단지 조선족 마을에만 국한된 것으로 보이지는 않는다. 이들 외에도 수녀회 등에서도 활동을 하고 있지만, 중국의 국내 상황으로 인해 여러 가지 어

---

42 그러나 중국의 법적인 제약으로 인해 중국인에 대한 직접적 선교보다는 성소계발과 중국천주교의 문서선교 지원과 같은 간접선교를 한다는 방침을 정하였다 (http://www.catholictimes.org/view.aspx?AID=164522&S=중국선교위원회). 이러한 목적에서 평신도 단체인 중국성소후원회, 직암선교후원회 등이 중국선교위원회 산하 단체로 발족되었다.

려움을 겪고 있다. 직접적 선교활동이 아닌 사회사업 등을 펼치려고 하였지만, 그마저도 여의치 않아 준비단계에 머물러 있는 곳도 있고, 양로원과 같은 사회사업을 하는 곳도 있다. 그러나 중국에서는 수도 자의 신분을 인정하지 않기 때문에 수도복을 착용할 수 없는 것은 물론, 비자 문제 등 여러 가지 생활상 불편함도 많은 것으로 보인다. 각 수도회에서 펼치는 중국 내 활동이 어느 정도인지 정확히 파악하기는 어렵다. 가장 큰 이유는 중국 내의 상황이 모든 것을 드러내놓고 활동하기가 어려운 점을 꼽을 수 있지만, 수도회의 독자적인 활동도 하나의 이유가 될 수 있다.

흑룡강교구의 하얼빈에 있는 성당의 1층은 한족을 위한 대성당으로 사용되고 2층에 조선족과 한국인들을 위한 소성당이 마련되어 매주 이곳에서 조선족과 한국인을 위한 미사가 진행된다. 현재 수원교구 소속 신부가 하얼빈에 파견되어 한인사목을 돌보고 있는데, 조선족 사제와 공동으로 미사를 진행할 경우도 있고, 형편에 따라 한국인 사제가 미사를 진행하기도 한다. 조선족 사제가 매 주일 참석하기 어려운 이유는 자신의 본당을 우선으로 관리해야 하며, 또한 지리적으로 먼 거리에 있기 때문에 매주 하얼빈까지 오기가 어렵기 때문이라 생각된다. 한국인 신도 수는 최고로 많아야 100명을 넘지 못한다. 개신교도 마찬가지지만, 한인천주교회의 특성상 신도 수는 매우 유동적이다. 하얼빈에 장기적으로 거주하는 한국인들보다는 한국을 수시로 왕래하는 사람들이 많기 때문이다.

하얼빈을 제외한다면 흑룡강성은 다른 동북삼성에 비해 한국인들의 진출이 많지 않다. 치치하얼에도 일부 한국인들이 있지만, 조선족이 가장 많은 목단강 지역에는 극히 일부만이 있는 것으로 알려져 있다. 현지조사를 수행하면서 목단강의 조선족 거리에 있는 조선족들에게 한국인들의 존재를 문의한 결과 거의 보지 못한다고 한다. 따라서 목단강 지역에는 한인교회나 신도들의 모임을 파악할 수가 없었다. 한중 수교 이후 잠시 한국교회와 연결된 조선족 교회가 있었지만, 현재는 교류가 거의 없는 실정이다. 따라서 목단강 지역에는 한국교회나 한국인 개신교 신도들이 거의 없거나, 있어도 극히 일부에 불과할 것으로 보인다.

교회관계자나 성당관계자들의 말을 빌리면 하얼빈에는 기독교계 신종교들의 전도활동도 있다고 한다. 그들은 특정지역에 장소를 정해놓고 하기보다는 가정방문을 통한 선교를 한다. 그들이 이처럼 선교를 하는 것은 본래의 선교방침도 있겠지만, 외국의 종교인들이 직접 중국인들을 대상으로 하는 선교는 명백한 불법이기 때문일 것이다. 더욱이 이들 신종교들은 대부분 중국당국에서 이단으로 분류해 놓은 교파들이기 때문에 활발한 활동을 펼치는 것은 어려울 것으로 생각된다.

해방 이전 천도교나 대종교를 신봉했던 사람들 가운데 극히 일부분이 아직도 이 종교들에 대한 신앙을 가진 것으로 확인되었다. 집안에 대종교의 신앙대상인 단군상을 안치하고 숭배하는 모습을 필자가 확인하였다. 그렇지만, 이 종교는 중국에서 종교로 인정받지 못하고 있고, 또한 한국의 종교이기에 드러내놓고 신앙활동을 하지는 못하고 있었다. 또한, 이러한 이유로 서로 간의 교류도 거의 이루어지지 않고 공동으로 모여 집회를 하는 일도 없으며, 단지 개인적 신앙 활동 차원에 머무르고 있었다. 따라서 그 규모를 파악한다는 것은 거의 불가능하였다. 한국의 신종교 가운데, 대순진리회의 지원을 받는 단기대학 정도의 학교가 있다. 종교단체의 교육사업 지원이지만 순수하게 중국의 교육사업을 지원하는 것으로 인정되기에 중국 당국의 인정을 받고 있다.

V. 마무리글

흑룡강성에 많은 조선족이 있지만, 현재는 그 수가 급속히 줄어들고 있다. 물론 이는 연변의 경우에도 마찬가지이다. 경제적인 문제로 인하여 중국의 대도시와 한국으로 유입되는 조선족들이 많은 것이 그 주요 이유이다. 한편 중국에서 사회적 신분상승을 위해서는 중국의 공용어인 중국어 교육은 필수이다. 따라서 현재의 신세대들은 조선족 학교보다는 한족학교를 선호한다. 또한, 중국의 인구정책과 맞물려서 젊은 세대의 출산율도 급속히 감소하고 있다. 이러한 요인들로 인해 흑룡강성 각지의 조선족 학교 숫자도 급감하고 있으며, 조선족 공동체도 급속히 파괴되어 가고 있다. 이전 세대의 언어, 문화 등도 단절되어 가고 있으며, 궁극적으로 조선족이라는 정체성의 상실도 염두에 두어야 할 것으로 생각된다.

선교 차원에서도 이러한 사실을 고려해야 할 것으로 보인다. 한족과의 중간 매개로서의 조선족의 위치를 재고해 보아야 할 것이다. 조선족들의 정체성이 사라지면 지금보다 훨씬 힘든 결과가 나타날 수 있다. 조선족은 중국 내에서도 가장 자부심이 높은 민족이다. 이러한 자부심을 같은 동족의 국가에서 무너뜨린다면 그들은 결국 한민족에 뿌리를 둔 조선족이 아니라 그저 중국의 국민으로만 남으려 할 것이다. 적어도 모국에서, 그리고 모국의 종교가 오직 선교에만 몰두하여 그런 현상을 부추겨서는 안 될 것이다. 앞의 사례에서 보듯이 그들에게 갈등의 원인을 제공하는 것이 한국의 종교라면 그것은 중국에서도 환영받지 못할 것이다. 한국 사회 나아가 한국의 종교에 자부심을 느끼도록 지속적인 관심을 보일 필요가 있다. 앞에서 서술한 내용을 중심으로 몇 가지 특성을 지적하는 것으로 이 글을 마무리하려고 한다.

현재 중국 조선족의 종교는 공식적으로는 중국의 종교에 속해 있다. 해방 이전 조선족들은 지금과는 다른 입장에 있었다. 기독교의 경우 그 정체성을 다시 논의해 보아야 하겠지만, 당시 조선족들이 신봉한 종교는 한국의 기독교, 한국의 천주교라고 해야 할 것이다. 흑룡강성의 경우 한국인이나 한국종교의 진출이 다른 지역에 비해 다소 늦기는 하였지만, 이와 같은 모습은 다른 동북 삼성과 크게 다르지 않았다. 그러나 해방이 되고 중국에 공산정권이 수립되면서 모든 외국인 선교사들이 추방되고 중국에 남아있던 한국인들은 중국의 소수민족 정책에 따라 중국인의 신분으로 남게 된다. 따라서 이후부터는 사실상 중국에 진출한 한국종교가 아닌 중국종교로 변모하였다. 중국 소수민족의 종교인 것이다. 중국의 종교정책은 외국인의 간섭을 철저히 배제한 중국인들의 종교를 표방하고 있다. 따라서 현재 조선족이 신봉하는 종교는 공식적으로 중국의 종교에 속한다.

현재 흑룡강성의 공식적인 한국종교는 한국인들을 위한 종교이다. 중국의 종교정책은 외국인이 중국인들을 대상으로 직접 선교하는 것을 금하고 있다. 이러한 중국의 종교상황으로 인해 현재 흑룡강성에 있는 한인교회, 한인천주교회는 중국인들이나 조선족에 대한 직접적 선교를 하지 않는다. 종교의례를 할 때도 한인교회에 중국인이나 조선족의 참여를 금하고 있다. 따라서 중국에 있는 한인교회나 한인천주교회는 중국에 진출한 한국인들을 대상으로 한 종교이다.

한국인들의 중국 선교는 처음 직접 선교를 하였지만, 현재는 간접선교를 중심으로 하고 있다. 한중수교 이후 처음 중국에 선교를 위해 진출한 것은 개신교와 천주교 등 기독교 전통의 종교였다. 이들의 선교활동은 중국인들을 대상으로 한 직접적 선교였다. 그러나 이러한 것은 중국당국의 의혹을 받게 되고 일부는 체포되어 추방되는 사례도 생겨났다. 현재 활동하는 종교인들은 중국법에 저촉되지 않고 중국법을 존중하는 입장에서 활동하기 위해 노력하고 있는 것으로 보인다. 직접적 선교활동은 자제하며, 간접선교를 중심으로 활동하는 모습이 여러 곳에서 확인되었다.

흑룡강성의 한국종교는 천주교와 개신교 등의 기독교 전통이 중심이다. 흑룡강성은 청도, 대련 등과 같이 한국인들과의 교류가 활발한 다른 지역과 비교해 볼 때 한국인들과의 교류가 상대적으로 적은 지역에 속한다. 물론 중국에서 조선족이 2번째로 많은 성이기는 하지만, 경제교류가 아직 활성화되어 있지 않다. 그렇기에 많은 한국인들이 진출해 있는 중국의 다른 지역과 달리 흑룡강성에는 천주교와 개신교 이외에 다른 한국종교는 없다고 해도 과언이 아니다.

흑룡강성은 다른 지역보다 다소 늦게 한국인들이 이주하였기 때문에 한국인의 종교도 동북 삼성의 다른 지역보다 늦게 나타난다. 초창기 한국인들의 주 활동무대는 지금의 연길조선족자치주에 해당하는 길림성과 심양이 있는 요녕성이었다. 독립운동도 이들 지역이 중심지 역할을 했음은 물론이다. 물론 흑룡강성 지역도 그런 역할을 하지 않은 것은 아니지만, 다른 두 지역과 비교해볼 때 주변적 위치에 있는 것으로 생각된다. 현재 흑룡강성의 조선족 인구는 연변이 있는 길림성 다음으로 많다. 그러함에도 불구하고 국내와 중국에서 조선족이나 중국의 한국인에 관한 연구의 초점은 주로 연변에 맞추어지고 있는 것이 이러한 현실을 말해주고 있다.

서론에서도 언급한 것처럼 현지조사와 면담 등을 통해 본 연구를 진행하였지만, 관련 연구서의 부족과 중국의 종교상황이라는 특수성과 맞물려서 기대만큼의 성과를 내지는 못하였다. 다만 흑룡강성과 이 지역의 종교상황에 대한 연구의 관심을 돌리는 것에 일조한 것으로 만족하지 않을 수 없다. 이는 전적으로 필자의 책임임을 통감하며, 중국 내 상황변화와 종교단체들의 풍부한 자료의 축적을 기대한다.

❖『종교문화비평』제17호, 한국종교문화연구소, 2010.

근대 인도의 종교운동

힌두교 전통을 중심으로

───────●━━━━━━●───────

Ⅰ. 들어가는 말

힌두교는 역사적으로 다양한 변화과정을 거쳐왔다. 처음 베다 경전을 중심으로 한 다신교적 종교로 출발해서, 우파니샤드를 거치면서 힌두교 고유의 특색인 업(karma)과 윤회(samsara)를 바탕으로 한 종교가 나타나게 되었다. 기원전 6세기 무렵에는 불교와 자이나교를 위시한 여러 종교사상이 나타나 힌두교를 개혁하는 데 이바지하였다. 여러 철학 학파들도 나타나 다양한 사상들을 전개하였는데, 이러한 일련의 움직임들은 대부분 토착민의 사상이 새롭게 인도를 지배하게 된 아리아인들에게 흡수된 것으로 여겨지고 있다.[1]

---

[1] 본래 인도아대륙에는 여러 토착민이 살고 있었다. 세계 4대 문명의 하나로 일컬어지고 있는 인더스 문명도 이들 선주민의 업적이었다. 그러나 기원전 1,500년경부터 인도 서북부 지방을 통해, 새로운 종족이 인도로 침입해 들어와 선주민들을 정복하고 새로운 삶의 근거를 마련하였는데, 이들이 바로 아리안(Āryan)족이었다.

그러나 인도에는 외부의 영향도 많이 있었다. 그 가운데 대표적인 것이 알렉산더 대왕의 동방원정으로 접촉하게 된 그리스 문화일 것이다. 또한, 중세로 접어들면서 이슬람 세력과 끊임없이 접촉해왔다. 이 무렵 이슬람 세력과의 접촉은 경제적인 측면도 있었지만, 대체로 이슬람의 인도 침입이라는 무력을 통한 접촉이었다. 이슬람은 8세기 초부터 인도를 침입하기 시작하여 끊임없이 인도를 괴롭혔다. 이들은 인도에 침입하여 사원을 약탈하고 모든 것을 파괴해 버리고는 물러갔다. 그러나 13세기 초부터 인도에 이슬람 왕조가 생겨나기 시작하였으며, 16세기 들어서 무굴제국이 건설되어, 인도 전역을 통치하게 되었다.

무굴제국의 치세 동안에는 이슬람의 영향을 받아 시크교라는 새로운 종교가 출현하였다. 이 종교는 15세기의 인물인 카비르(Kabir)의 영향을 받은 나나크(Nanak, 1469~1539)라는 사람에 의해 창시되었다. 초기 시크교의 종교적 관심은 이슬람과 힌두교 사이의 화해, 즉 이슬람의 유일신인 알라와 힌두교의 신은, 그 이름만 다를 뿐 근본적으로 같은 신임을 강조하는 데 있었다. 특히 나나크는 이슬람의 일신교와 형제애의 이념을 도입하였으며, 힌두교의 카스트 제도를 배척하고 모든 사람이 평등하다는 점을 주장하였다.

영국의 지배가 본격화되면서 인도 사회에는 서구의 문화와 사상들이 들어오기 시작하였다. 기독교의 선교 활동도 그 가운데 하나이

이들은 원래 코카서스 지방의 초원지대에서 살았던 유목민으로, 기원전 2,000년경부터 초원을 떠나 각 지역으로 이동하기 시작하였는데, 지금의 유럽 제민족과 이란족 등이 이들이며, 아리아인들은 그 가운데 한 종족이다. 이들을 총칭해서 인도유럽어(Indo-European)족이라고 한다. 길희성, 『인도철학사』, 민음사, 1984, 21쪽.

다. 이러한 사회적 분위기 속에서 서구의 근대적 지식을 접한 지식인들이 주도하는 종교 및 사회개혁 운동의 바람이 불기 시작하였다. 이러한 운동이 시작된 원인은 영어교육의 확대로 새로운 지식층이 생겨나면서 새 경제계층이 성장하고 민족의식이 싹트는 등의 여러 가지 요소들도 작용하였지만, 특히 기독교 사상의 영향을 받아 그것에 긍정적, 또는 부정적 반응이 나타나면서 생겨난 현상들이기도 했다. 개혁 운동들은 19세기에 활발하게 나타났는데, 당시 인도에 존재했던 여러 종교에서 다양한 움직임들이 있었다. 특히 힌두교에서 각각의 특색을 갖춘 많은 종교개혁 운동들이 나타났다.

19세기에 시작된 이러한 종교개혁 운동 가운데, 근대 인도의 아버지라고 불리는 람모한 로이(Raja Rammohan Roy)가 시작한 브라흐모 사마지(Brāhmo Samāj)는 가장 처음 생겨난 종교개혁운동이었다. 람모한 로이는 브라흐모 사마지를 통해 종교개혁운동을 벌이고, 사회의 여러 가지 악습을 철폐하는 데 큰 노력을 기울였다.

다야난다 사라스와띠(Paṇḍit Dayānanda Sarasvati)가 봄베이에서 창시한 아리아 사마지(Ārya Samāj)는 서구의 종교, 즉 기독교가 인도에 들어오는 것을 막고, 기독교를 공격하기 위해 시작되었다. 다야난다의 종교개혁운동의 목적은 초기 힌두신앙으로 되돌아가자는 것이었다. 이를 위해 그는 베다를 신앙의 중심 경전으로 삼았다. '베다로 돌아가라'는 것은 그의 종교개혁의 키워드였다.

위의 두 가지가 종교개혁운동과 함께 교육, 사회, 정치 등의 개혁을 위해서도 노력한 운동이었던 것에 반해, 라마크리슈나(Ramakrishna)는 순수한 종교적 활동에 중심을 둔 종교운동을 시작하였다. 그는 자신의 종교적 체험을 바탕으로 새로운 종교 사상을 전하는 데 심혈을 기울였다.

이들 외에도 다른 힌두교 종교개혁운동도 있었으며, 이슬람과 조로아스터교도들의 종교개혁운동도 있었다. 그러나 이 글에서는 위의 3가지 종교운동들을 중심으로 살펴보고자 한다. 그 이유는 당시이 운동들이 사회에 가장 많은 영향을 끼쳤고, 또 이들 각각은 그 나름의 특성들을 지니고 있기 때문이다. 글의 전개 과정은 각 운동들의초기 성립과정과 그 사상을 살펴보고 마지막으로 각각의 특성이 무엇인가를 파악해 볼 것이다. 라마크리슈나가 전개한 운동은 위의 두운동과는 달리 라마크리슈나 자신이 생전에 어떤 조직을 만들지 않았기 때문에 라마크리슈나의 종교관을 중심으로 파악해 보고, 라마크리슈나 미션의 성립과정을 간략히 알아보도록 할 것이다.

Ⅱ. 브라흐마 사마지

1. 초기 역사

1815년 람모한 로이(Raja Rammohun Roy)는 소규모의 지식인 모임을 만들었다. 그들은 모두 동포들을 깨우치려는 희망을 가진 사람들이었다. 이들을 중심으로 **Atmiya Sabba**, 즉 친선협회(Friendly Association)를 창설하였다.[2] 이 협회는 힌두교 역사상 최초의 주간 모임이었다.

---

2 이 집회는 매주 한 번씩 열렸다. 람모한 로이는 캘커타에 두 채의 집을 가지고 있었는데, 처음에는 이 가운데 하나인 Maniktala에 있는 집 정원에서 모임을 했으며, 2년 후에는 또 다른 하나의 집인 Simla에 있는 집으로 옮겨서 만났다. 진행방법은 힌두교 경전에서 발췌한 텍스트들을 암송하고, 람모한 로이와 그의 친구들이 지

처음 몇 년간 이 모임은 매주 람모한 로이의 집에서 개최되었지만, 완전히 공개적인 모임이 아니라 람모한 로이와 그의 친구들이 주로 참석한 모임이었다. 이 모임은 토요일 저녁에 행해졌으며, 힌두교 경전에서 발췌한 것을 암송하고, 람모한 로이와 그 친구들이 작곡한 신에 대한 찬가를 부르는 정도였다.[3]

1821년 람모한 로이는 세람포르의 기독교 선교사였던 아담(William Adam) 등과 함께 유니테리언 협회를 조직하고, 여기에서 기독교와 힌두교 양쪽의 유니테리언들이 모두 모여 종교의식을 지내기 시작하였다. 람모한 로이는 아담과 함께 자신을 따르는 제자들을 데리고 영어로 예배를 하게 된다. 그와 아담을 묶어주는 것은 신의 단일성, 유일성이라는 것 말고는 다른 공통점이 없고 서로 다른 종교, 즉 힌두교와 기독교의 유니테리언이었으므로 두 사람은 결국, 1828년에 결별하게 되었다.

같은 해 8월 20일, 캘커타에서 람모한 로이는 힌두교 유니테리언들만의 모임으로 브라흐마 사바(Brahma Sabhā)라는 이름의 협회를 설립하고 종교의식을 지내게 되었다. 이 명칭은 후에 브라흐마 사마지(Brāhma Samāj[4], 또는 Brāhmo Samāj)로 바뀌게 된다. 사마지의 창립 의도는 '모든 종교의 유일한 신을 진실로 숭배하는 사람들의 모임'이었다.

은 신학적 찬가들을 부르는 것 등이었다. Collet, Sophia Dobson, *Life and Letters of Raja Rammohun Roy,* Calcutta : B. M. Press, 1913, pp.31~32.

3 *Ibid.* pp.31~32.

4 Brāhmo Samāj란 말은 진정한 하나의 신을 숭배하는 자들의 모임을 의미한다. Brāhmo는 Brāhma, 즉 우주의 지고적 신을 숭배하는 사람이란 의미이며, Samāj 란 Society, 즉 사람들의 공동체를 나타내는 말이다. Sastri, Sivanath, *History of Brahmo Samaj,* Calcutta : Brahmo Mission Press, 1974, p.1.

람모한 로이는 이 운동을 통해서 힌두교도들의 삶과 종교를 근본적으로 바꾸려 하였다.[5]

브라흐마 사바는 처음 캘커타의 Chitpore Road 48번가에 있는 집을 빌려서 시작되었다. 브라흐마 사바는 이 셋집에서 잠시 모임을 하다가 1830년 1월 23일 협회 자체의 건물을 갖게 되었다.[6] 초창기의 이 모임은 상당히 즉흥적인 것으로 체계적인 조직이나 신조, 교리 등도 없었다.

이 모임도 아트미아 사바처럼 매주 토요일 저녁에 개최되었다. 예배도 진행되었는데, 우파니샤드에서 발췌된 텍스트를 산스크리트어 그대로 암송하고, 이것을 다시 벵골어로 번역해서 읽었으며, 벵골어로 설교가 진행되었다.[7] 의식에 참여한 사람들이 보이지 않도록 칸이 쳐진 한쪽 방에서는 두 명의 텔루구 브라만이 베다를 암송하기도 하였다. 설교문은 람모한 로이가 주로 작성하였다. 나중에는 산스크리트어나 벵골어로 된 찬가[8]들도 불렀는데, 그것은 람모한 로이

---

5 Walker, Benjamin, *Hindu World, I*, London : George Allen & Unwin Ltd, 1968, p.311.

6 Tagore, Saumyendranath, *Raja Rammohun Roy*, New Delhi : Sahitya Akademi, 1989, p.45.

7 의식은 네 부분으로 나뉘어 진행되었는데 그것은 다음과 같다.
   1. 우파니샤드에서 발췌한 구절을 산스크리트어로 암송하였는데, 그것은 단지 브라만들만이 들어갈 수 있는 방에서 이루어졌다.
   2. 위의 구절들을 벵골어로 번역해서 읽어준다.
   3. 벵골어로 설교한다.
   4. 람모한이 작곡한 신에 대한 찬가를 부른다.
   Zachariah, Aleyamma, *Modern religious and secular Movements in India*, Bangalore : Theological Book Trust, 1998, p.15.

8 당시 람모한 로이가 지었다는 찬가에는 다음과 같은 것이 있다.
   유일신을 명상하라,

와 그의 동료들이 만든 것들이었다.[9] 1830년 타고르와 람모한 로이를 비롯한 몇몇에 의해 협회의 신조가 만들어지게 되었다.[10]

이러한 모습으로 비추어 볼 때 람모한 로이는 처음부터 조직적인 종교단체를 만들 생각은 없었던 것으로 보인다. 그러나 회원들이 모이고 예배를 지내면서 체계적인 조직을 구성할 필요성을 느꼈고, 종교단체에 어울리는 신조도 생각해 내게 된 것이다. 사마지의 신조에는 어떠한 우상적 요소도 인정하지 않는다는 것이 특히 강조되어 있다.

이 협회를 설립한 뒤, 람모한 로이는 복장을 변화시켜 이슬람교도의 복장을 받아들이기도 하였다. 그리고 스스로는 평상시에도 이러한 복장을 갖추려고 노력하였다. 사마지에 참석할 때, 자신은 물론, 그의 제자들도 늘 이러한 옷을 입도록 하였다. 평상복 차림으로 예배하러 온 제자를 꾸짖도록 친구들에게 말하기도 하였다. 그는 예배의

그는 지상과 바다, 대기에 충만하시고,
무한한 이 우주를 창조하셨네.
그분은 모든 것을 아시지만, 아무도 그를 알 수가 없네.
그분은 주님중의 주님이시며, 신중의 신이시며, 지배자중의 지배자이시네.
받들어야할 이 분을 알게 해 주시기를.

말을 능가하는 존재,
어떻게 말로 표현할 수 있을까?
우주는 그분의 그림자로 드리워져 있네.
경전에서 말한 모습이 아니시네.
어디에서 그분의 모습을 알 수 있을까?
그대가 알고자 한다면, 성심껏 묵상하라.
그러면 그대는 참 진리에 이를 것이요, 무지에서 자유로울 것이네.
나는 다른 길을 모르겠네.
Collet, *Op. cit.*, p.140.
9 Farquhar, *Op. cit.*, p.34.
10 Collet, *Op. cit.*, p.159.

식에 매우 주의를 기울이고 경건함을 나타내려 하였다. 사마지에 갈 때면 반드시 걸어서 갔다. 단지 돌아올 때만 마차를 이용했다. 그는 잘못이 있는 제자들을 별로 꾸짖지는 않지만, 심각한 잘못을 했을 때는 제자를 길들이는 데 주저하지 않았다. "술을 과도하게 마셨을 경우 그는 6개월 동안이나 그 규율을 어긴 사람을 만나지 않았다. 그리하여 그 제자가 그 버릇을 고쳤다."[11]

람모한 로이가 인도를 떠나 유럽으로 간 이후, 협회에 참가한 사람들은 브라흐마 사바를 브라흐마 사마지라고 부르게 되었다. 람모한 로이가 유럽으로 떠난 이후 브라흐마 사마지는 데벤드라나트 타고르의 영향을 받게 된다.

2. 람모한 로이의 종교관

람모한 로이는 어린 시절 파트나에서 이슬람 사상을 접하게 되는데, 이때의 영향으로 그는 절대적 유일신 교리를 신봉하게 되고, 기독교에 관해서도 기독교의 주류인 삼위일체설을 배척하고 유니테리언 신봉자를 옹호하게 된다. 그가 동인도회사의 근무를 그만두고 캘커타에 거주하면서 서양인 선교사들과 접촉하는 과정에서 기독교, 특히 그중에서도 유니테리언파에 많은 공감을 가졌다. 그가 세람포르에서 성서를 번역하는 일을 맡았으면서 선교사 아담이 유니테리언파로 개종하는 데 영향을 끼쳤으며, 아담이 주도하는 유니테리언 집회에 참석한 것이 그러한 사실을 잘 말해주고 있다. 그에게

---

11 *Ibid.* pp.136~137.

있어서 기독교 전통에서 믿고 있는 삼위일체는 변질된 것이었다.

그는 이슬람과 기독교의 영향을 받고 있음에도 불구하고 자신의 사상적 뿌리를 힌두교 전통에서 찾아내려 하였다. 그리하여 그는 힌두교의 수많은 경전 가운데 우파니샤드를 자신의 사상적 기반으로 삼았다. 동시에 그는 우파니샤드뿐만 아니라 베단타 수트라(Vedānta sūtras)도 우파니샤드와 거의 동일한 권위를 가진 것으로 보고 그것을 연구하였으며, 그것을 통해서도 일신교에 대한 교리를 입증하려고 하였다. 그는 베단타 수트라를 번역하고, 또 그것을 간결하게 요약하여 출판하기도 하였다. 그리하여 람모한 로이는 우파니샤드와 베단타의 일신론적 사상을 근거로 힌두교의 다신교적 특성을 비난하고 그것을 개혁하고자 하였다. 특히 그는 힌두교도들이 보편적으로 믿고 행하는 것들이 우상숭배이며 그것은 브라만 사제들이 멋대로 과거의 것을 변질시킨 것이라고 몰아붙였다.

힌두교의 다른 교파들뿐 아니라 대부분 브라만도 그들이 계속하고 있는 그러한 우상숭배를 절대로 정당화할 수 없다. 그러한 주제에 대해 질문을 받으면, 그들은 그들의 행동을 정당화하는 합리적인 논증을 예로 들지 않고, 그들의 조상을 절대적 전거로 인용하는 것으로 충분하다고 생각한다. 그리고 그들 중 일부는 내가 진실하고 영원한 신을 숭배하기 위해 우상숭배를 버렸기 때문에 내게 악의를 품게 되었다. <중략>

힌두 신학, 법학, 문학의 전 체계는 베다 속에 담겨 있으며, 베다는 창조와 동시에 생겨났다고들 주장한다. 베다의 경전들은 엄청나게 방대하며, 매우 고귀하면서도 은유적인 문체로 기록되어 있어, 겉보기로는 혼란스럽고 모순적인 수많은 구절로 이루어져 있다. 2천여 년 전에, 위대한 비야사(Vyāsa)[12]가 이 자료들에서 제기되는 지속적인 난점들을 성찰하고는, 훌륭한 안목으로 전체 베다 경전들에 대한 완벽하면서도 간결한 요약본을 구성하였으며, 또한 모순되는 것처럼 보이는 텍스트들을 조화시켰다. 그는 이 저작을 베단타라고 명명하였는데, 이 말은 두 개의 산스크리트 단어로 구성된 것으로, 모든 베다의 해답(The resolution of all the Vedas)이라는 뜻이다. 베단타는 모든 힌두인들에 의해서 항상 공경 받아왔다. 그리고 베다 경전들의 보다 더 산만한 논변들 대신에 베단타는 언제나 베다 경전들과 동일한 정도의 권위를 가지고 거론되었다. 그러나 산스크리트어의 어두운 커튼 안에 감춰져서, 그리고 브라만들만이 해석할 수 있고, (그들만이) 어떤 책이라도 접근할 수 있었기 때문에, 베단타는 계속 인용되었지만, 대중에게는 잘 알려지지 않았다. 사실 힌두인들의 관습이 베단타의 가르침에 맞추어서 나오는 것은 거의 없다.[13]

---

12 여기에서 언급된 베다는 물론 우파니샤드를 가리킨다. 본래 베다는 만트라(Mantra), 브라흐마나(Brāhmana), 우파니샤드의 세 부분(아란야카, Āranyaka를 별도로 구분하면 네 부분)으로 이루어져 있기 때문이다. 샹카라(Śankara)로부터 그 이후의 전통은 베단타 수트라(Vedānta-Sūtra)를 바다라야나(Bādarāyana)의 저술로 간주한다. 그러나 한편에서는 그것이 바다라야나의 저술이 아니라는 주장도 제기되고 있다. 또한 인도 전통에서는 바다라야나와 비야사를 동일인물로 간주하지만, 그 반대의 주장도 제기되고 있다. 저술연대도 명확하지 않지만, 인도의 학자들은 대체로 기원전 500년에서 기원전 200년 사이에 만들어진 것이라고 본다. Radhakrishnan, Sarvepalli, *Indian Philosophy,* Vol.2, London : George Allen & Unwin Ltd, 1966, pp.432~433. 또 다른 한편으로 현재의 형태로 완성된 시기는 대체로 기원 후 400~500년 사이로 추정되기도 한다. 길희성, 앞의 책, 199쪽.
베단타 수트라를 또한 브라흐마 수트라(Brahma sūtras)라고도 하는데, 그 이유는 그것이 브라흐만에 대한 교의를 논하고 있기 때문이며, 또한 샤리라카 수트라(Śāriraka Sūtra)라고도 불린다. Radhakrishnan, *Op. cit.,* p.431.
13 Roy, *To The Believers of The Only True God,* 1816, p.1.

즉 브라만 사제들은 자신들만이 경전을 읽고 해석할 수 있는 특권을 가지고 있었기 때문에 의도적이든 아니든 멋대로 경전을 해석하여 경전 본래의 의미를 없애고 고대와는 완전히 다른 종교적 모습을 만들어 왔다는 것이다. 따라서 람모한 로이는 자신의 신앙을 정당화하고 힌두교의 본래 모습, 즉 초기 선조들의 신앙을 되찾고자 경전이 지닌 진정한 의미를 사람들에게 알려주기 위해 노력하고 있다고 역설하였다.

"신은 눈으로 볼 수도 없고, 말로 표현할 수도 없으며, 어떠한 다른 감각기관으로도 알 수 없다. 또 신은 고행이나 경건한 제의를 통해서도 이해할 수 없다."[14] "신은 보이지 않음에도 불구하고 모든 것을 본다. 결코, 소리가 들리지 않지만, 모든 것을 듣는다. 그는 길지도 짧지도 않다. 이성적 능력으로는 이해할 수 없으며, 말로써 설명해도 이해할 수 없다. 베다나 인간의 개념으로 설명할 수 없다." 비야사는 또한 베다에 부합되는 다양한 주장들의 결과를 통해서 신에 대한 명확하고도 궁극적인 지식이 이해할 수 있는 수준을 넘어서 있다는 것을 알았다. 즉 무엇이던, 어떻게든, 신은 명확하게 확인할 수가 없다. 그러므로 그는 두 번째 텍스트에서 신의 본질을 정의하려고 하려 하지 않으면서, 신의 (활동의) 결과와 신의 업적을 통해 신을 설명했다. 그것은 마치 우리가 태양의 참 본질을 알지 못하면서, 태양이 시간을 연결하는 원인이라고 설명하는 것과 같은 것이다. "세상의 탄생과 유지, 그리고 파멸

---

14 『문다카 우파니샤드』, 3장 2편 8절

을 주도하는 그는 신이다." 우리는 우주의 각 부분의 탄생과 유지, 그리고 소멸뿐만 아니라 잡다하고 경이로운 우주를 본다. 그러므로 우리는 당연히 그 전체를 주재하는 존재를 생각해 낸다. 그리고 그를 신이라 부른다. 마찬가지로 항아리의 모습에서 우리는 그것을 만든 사람이 존재한다고 결론짓듯이. 마찬가지로 베다는 다음과 같이 신(의 존재)을 언명한다. "우주를 생겨나게 했고, 우주의 주재자, 그리고 우주를 만든 자, 그는 신이다"[15]

람모한 로이에게 있어서 신은 완전히 활동하는 존재이다. 그 신은 기독교의 하느님이며, 이슬람의 알라와 같은 모습이다. 태양을 보고 시간을 연결짓고, 항아리를 보고 그 생산자를 연상할 수 있듯이, 우주를 보고 그것을 창조하고 주재하는 신을 유추해낼 수 있다. 그에게 있어서 신은 유한한 존재인 인간의 이성으로는 파악해 낼 수 없는 존재지만, 창조주로서, 주재자로서의 신은 분명히 존재하고 있다.

이렇게 해서 우파니샤드는 그의 유일신론의 근원, 더 나아가 그의 모든 사상의 근원이 되었다. 그러나 람모한 로이는 우파니샤드에서 가르치고 있음에도 불구하고 윤회를 인정하지 않았다. 이것은 그에게 이슬람과 기독교가 얼마나 큰 영향을 주었는가를 보여주는 것이다. 브라흐마 사마지에서 가르친 윤리는 예수의 가르침에서 따온 것이었다. 람모한 로이의 머릿속에는 이슬람의 유일신론과 기독교의 윤리적, 도덕적 원리들이 뒤섞여 있었다.

---

15 Roy, *Abridgment of the Vedent.*

그의 이와 같은 주장은 마치 힌두교 전체를 부정하는 것과 같다. 왜냐하면, 힌두교를 비롯한 인도종교의 근간은 윤회와 업을 바탕으로 하고 있기 때문이다. 그가 기본으로 삼고 있는 우파니샤드 이래로 인도 전통에 뿌리를 둔 종교는 항상 윤회와 업이라는 인생관을 바탕에 깔고 출발하기 때문이다.

람모한 로이가 의도하는 힌두교의 개혁은 과거, 특히 우파니샤드의 정신으로부터 단절된 힌두교의 참모습을 되찾고 우상숭배와 미신에서 벗어나는 것이었다. 그에게 있어 힌두교의 참모습이란 절대적 유일신을 신봉하는 것이다. 그가 일신론적 종교관의 전거를 우파니샤드에서 찾고 있지만, 그의 이런 종교관은 어렸을 때 받은 이슬람의 영향이 그 밑바탕을 형성하고 있었다. 여기에 서구 사상, 즉 기독교의 영향도 매우 컸다고 보인다.

그에게 기독교와 이슬람의 영향이 절대적이라는 것은 그가 제정한 브라흐마 사마지의 신조에도 나타나 있다.

건물, 토지, 재산, 그 외 부동산과 그 부속물들은 공적 모임의 장소로 모든 계층의 사람들이 차별 없이 언제나 이용할 수 있다. 그것은 그들 스스로 질서 있는 맑은 정신, 그리고 경건하고 신앙심 깊은 태도로 신을 예배하고 찬미할 때 가능하다.

우주의 주재자요 보존자인 신을 예배하고 찬양하는 데 있어 어떤 다른 이름이나 별칭, 명칭 등으로 불러서는 안되고 영원히 파악할 수 없는, 불변하는 분으로 불러야 한다.

조각상이나 동상 등의 형상, 그림, 회화, 초상화나 그와 같은 어떤 것들도 건물이나 토지 등의 부동산 안에서는 허용되지 않는다. 어떠한 희생제의나 제물, 헌금이나 봉헌 등도 그 안에서 허용되지 않는다. 어떠한 동물이나 살아있는 생명을 내부에서, 즉 상술한 부동산 안에서 종교적 목적이나 먹기 위해 죽이는 것도 허용되지 않는다.

　내부에서 음식을 먹거나 술을 마시는 것(사고로 인해 생명을 보존하기 위해 필수적인 것들은 예외), 연회를 하거나 소동을 벌이는 것은 허용되지 않는다.

　상술한 예배나 찬양하는 데 있어서, 어떤 물체, 어떤 생물, 또는 무생물, 그것은 과거나 현재, 그리고 미래에도, 예배의 대상이 되지 못한다.[16]

　다시 말해서 이들에게 신은 절대적이다. 그분을 위해서라면 무엇이든 할 수가 있다. 신의 이름을 달리 부를 수 없다는 내용은 기독교의 십계명 가운데 두 번째인 '하느님의 이름을 헛되이 부르지 말라'는 것을 연상시킨다. 눈에 보이는 어떤 대상도 숭배할 수 없다는 내용은 바로 이슬람의 우상숭배금지와 같다. 즉 이슬람 사원 안에는 어떠한 모습의 조각상이나 동상, 그리고 그림이나 회화 등을 갖추고 있지 않다. 브라흐마 사마지의 사원 내부에서 종교적 집회 이외의 다른 어떤 것도 허용하지 않는다고 하는 것은, 신약성서에서 예수가 성전을 장사꾼들의 소굴로 만들었다고 비판한 것과 마찬가지다.

16　Collet, *Op. cit.*, pp.160~161. Farquhar, *Op. cit.*, p.35.

Ⅲ. 아리아 사마지

1. 초기 역사

아리아 사마지의 창립자인 다야난다 사라스와티(Dayānanda Saraswati)는 22살 때 종교적 진리를 찾아 집을 떠났다. 그는 인도 전역을 돌아다니며 진리를 깨닫기 위해 노력하였다. 그는 이름난 학자들, 현자들, 그리고 고행자들을 찾아 이곳저곳을 돌아다녔다. 히말라야나 갠지스, 자무나 등의 성스러운 산과 강을 돌아다니며 스승을 찾아다녔다. 또한, 그는 숲속에 들어가서 얼마간 홀로 요가를 수행하기도 하고, 히말라야나 갠지스강 부근을 돌아다니며, 다른 사람들과 함께 수행하기도 하였다.

1868년 그간의 가르침과 수행으로 깨우침을 얻은 다야난다는 이제 사람들에게 자신의 사상을 알려주어야 한다는 의무감을 느꼈다. 이제부터 혼자만의 고행과 수련, 학습이 아닌, 스승으로서 다야난다의 공적인 삶이 시작된 것이다.

그가 전국을 돌아다니며 경험한 것은 이슬람교가 깊게 뿌리를 내리고 있다는 것과 기독교의 확산, 그리고 힌두교 전통의 취약성이었다. 그는 이슬람이 여전히 흔들리지 않는 것을 보았고, 기독교가 그 탄탄한 조직, 사회봉사 행위, 다양한 학교들을 바탕으로 급속도로 확산하고 있음을 알았다. 힌두교는 곳곳에 무지와 미신, 염세주의와 무기력이 분명한 가운데, 붕괴상황에 저항할 조직된 힘이 없었다. 그는 학교에서 가르친 근대 과학의 강력한 영향이 급속도로 신세대들 사이에서 옛 신앙에 대한 믿음을 무너뜨리리라는 것을 알았다.

자신의 조국이 이처럼 본질에서 서구적 삶과 신앙의 이상으로 점차 빠져들고 있다는 생각이 그를 혼란스럽게 했다. 그래서 그는 가능하다면 이 조류를 막기로 하였다. 영어교육을 결코 받아본 적도 없고, 힌두교 경전 이외에 다른 것은 거의 배워보지 못했기 때문에 그는 매우 제한된 세계관을 가지고 있었다. 그는 미래에 자신이 싸워야 할 세력들에 대해 불완전하게 알고 있었다. 그는 아마도 이슬람과 기독교를 피상적으로 공부했던 것 같다. 그리고 너무 일찍 베다의 일신론이 그들보다 우월하다고 결정을 내렸다. 그는 인류의 발전 물결을 뒤로 되돌릴 수 없다는 것을 알았다. 그래서 그는 베다를 통해 그러한 것을 해결하려 하였다. 루터가 16세기에 "성서로 되돌아가라."라고 외쳤던 것처럼, 다야난다도 이제 일관되게 "베다로 돌아갈 것"을 주장하였다. 그러므로 그가 파악했던 것처럼 자신의 주된 의무는 인도가 버려왔던 과거의 길로 되돌아가도록 하는 것과 과거 베다의 교훈이 모든 현실적 삶의 요구를 충분히 만족시킬 수 있다는 것을 설교하는 것이었다.

그러면 어떻게 자신의 사상을 사람들에게 전파할 것인가? 우선 그는 힌두교의 권위자들을 자신이 설득하면 대중들에게 자신의 사상을 효과적으로 전달할 수 있을 것으로 생각했다. 그래서 그는 정통 브라만 학자들을 설득하려고 하였다. 그들에게 진리를 확신시키기만 한다면, 그들이 자신의 강력한 후원자가 될 것이라고 확신하였다. 이러한 목적을 가지고 그는 카시와 바라나시 등으로 가서 몇몇 브라만 학자들과 공개 토론을 벌였다. 양측 모두 승리를 주장했지만, 최종 결과는 이 토론을 통해 다야난다를 지지하는 사람은 아무도 없었다는 것이었다. 그는 이 일을 포기해야 했다.

다음으로 그는 학교를 설립해서 젊은이들을 가르치려고 하였다. 이것은 기독교가 학교를 통해 효과적으로 선교를 하고 있다는 것과, 젊은 학생들을 제대로 가르치기만 하면 그들이 자신의 사상을 전파할 것이라는 생각에서였다. 학교를 설립하면서 월급 받기를 원하는 교사를 확보하는 것은 쉬운 일이었지만, 교사들은 다야난다의 새로운 사상을 가르치지 않았다. 새로운 시대의 선구자가 되어야 할 학생들을 제대로 훈련하지 못하게 되자 이 방법도 포기하게 되었다.

그가 다음으로 채택한 것은 강연과 인쇄물을 통해 사람들에게 직접 호소하는 방법이었다. 그는 많은 사람을 불러 모아서 강연하고, 개인들과 직접 대화를 나누기도 하였다. 그러나 여성들과 말하는 것은 끝까지 거부하였다. 그는 특히 교육수준이 높은 사람들과 공개 토론을 벌여서, 우상숭배가 베다에서 가르친 것이 아니라는 사실을 입증하려고 노력하였다.

그는 여전히 산야신으로 살며, 성대(聖帶)를 착용하고 단지 최소한의 의복만을 입었다. 또한, 그는 오로지 산스크리트어로만 강연을 하였고, 책도 산스크리트어로 인쇄하여 사람들에게 배포하였다. 따라서 교육을 많이 받은 사람을 제외한 대중들에게는 자신의 사상을 효과적으로 전달할 수가 없었다. 이것이 그에게는 큰 핸디캡이었다. 그러나 일부 식자층이나 영향력 있는 사람들, 그리고 부유층들이 그를 따르게 되었다.

1872년 말에 그는 4달간 캘커타로 여행했다. 여기에서 그는 강연과 대화와 토론을 하며 보냈다. 그러나 무엇보다도 브라흐마 사마지의 가르침과 그 지도자들을 만난 것이 그에게는 매우 중요한 사건이었다.[17] 특히 케샵 찬드라 센(Keshab Chandra Sen)의 만남을 통해 그는 아주 소중한 두 가지 변화를 갖게 되었다. 즉, 캘커타에서 돌아온 이후 그는 산야신의 표식인 성대(聖帶)를 사용하지 않았다. 그리고 대중에게 다가가는 매개체로 힌디어를 사용하기 시작했다. 이러한 변화는 케샵의 조언에 따른 것이었다.

그는 인도에서 활동하고 있는 기독교 선교단체나, 다른 힌두교 단체들, 즉 브라흐마 사마지와 프라르타나 사마지가 협회를 조직해서 효과적으로 그들의 사상을 전달하고 있는 것을 보았다. 그리하여 그는 자신의 사상을 효과적으로, 그리고 지속해서 전파하기 위해서는 조직이 필요하다는 것을 깨달았다. 그래서 그는 1875년 4월 10일 뭄바이에서 아리아 사마지를 창립하였다.

1877년 다야난다는 라호르(Lahore) 힌두교도들의 초청을 받아 라

---

17 케샵 찬드라 센과의 만남을 통해 두 사상을 조화시키려는 노력도 있었지만, 차이점이 두드러져서 성사되지 못했다. 우선 브라흐마 사마지는 베다의 무오류에 대한 교리나, 윤회와 업의 교리와는 관계가 없었기 때문이다. 다야난다 스스로도 그 차이점을 지적하고 자신의 관점에서 본 브라흐마 사마지의 한계를 지적하였다. "그들이(브라흐마 사마지) 모든 점에서 옳은 것은 아니다. 베다의 학문을 알지 못하는 사람들의 원칙이 어떻게 전부 옳을 수 있겠는가. 그들은 많은 사람을 기독교의 마수에서 구해냈고, 어느 정도 범위에서는 우상을 제거했으며, 그리고 몇몇 가짜 경전의 올가미로부터 사람들을 보호했다. 이것들은 모두 옳은 점들이다. 그러나 그들은 애국심이 결핍되어있다. 그들은 그들의 생활방식 중 많은 것을 기독교에서 빌려왔다.(중략) 그들의 국가를 찬양하고 그들의 선조들을 찬미하는 대신 그들은 국가와 선조들의 죄악을 이야기한다.(중략) 브라흐마 사마지의 책들은 그리스도, 모세, 마호메트 등의 성인을 포함하고 있다.(중략) 이것은 그들의 종교가 책 속에서 언급된 예언자들에게서 그 교의를 끌어냈다는 것을 보여준다." Karunakaran, K. P., *Religion and Political Awakening in India,* Meerut : Meenakash Prakashan, 1969, pp.57~58.

호르로 갔다. 이곳에서 큰 성공을 거두고 라호르에 아리아 사마지를 세우게 되었는데, 그 발전 속도가 매우 빨라 곧 뭄바이에 있는 본부를 능가하게 되었다. 그렇게 되자 라호르가 아리아 사마지의 본부가 되었다. 이후 6년간 그는 펀자브 등을 다니며 정력적으로 강연을 하였다. 그리고 가는 곳마다 기회가 생기면 사마지를 조직하였고, 그 조직의 영향은 근대 교육을 받은 사람들 사이에서 급속도로 번져갔다.

1875년 뉴욕에서 신지협회(神智協會, Theosophical Society)를 창설한 올콧트(Olcott) 대령과 블라바츠키(Blavatsky) 부인은 1878년 다야난다에게 편지를 보내 두 운동의 연합을 요청하였다. 다야난다가 그 제안을 수락하자, 1879년 1월 신지협회의 지도자들이 인도로 와 두 협회는 연합하게 되었다. 그러나 1881년, 상호 비난과 악감정으로 인해 연합은 깨어지고 말았다. 이보다 앞서 아리아 사마지를 세우기 직전, 뭄바이에서 프라르타나 사마지와 합치려는 시도도 있었지만, 이두 단체는 차이점이 너무 커 좌절되었다.

다야난다는 기독교와 이슬람을 근절시키고 인도인들을 베다의 본래 정신으로 되돌리기 위해 아리아 사마지를 설립하였지만, 사마지의 운동이 미처 자리를 잡기도 전에 세상을 떠났다. 그에게 있어서 힌두교와 그 기초를 이루는 베다는, 영원하고 오류가 없으며, 신성하므로 베다에 기반한 종교라야만 진정한 모든 사람의 종교였다.[18] 그러므로 모든 다른 종교는 불완전하고 베다에 근거한 힌두교만이 진정한 종교이다. 따라서 다른 종교의 확산을 막고, 다른 종교

---

18 Chand, Tara, *History of the Freedom Movement in India,* Vol.2, New Delhi, 1967, p.422.

의 신도들을 힌두교로 개종시키는 것이 아리아 사마지의 의무였다.

다야난다의 죽음이 유아기에 있던 사마지의 회원들에게 충격적이었던 것은 사실이었지만, 그가 행하던 일은 계속 진행되었다. 오히려 그 후 가파른 상승세를 보이기 시작하였다. 사마지 창립자의 업적을 빛내기 위한 많은 기금이 모여, 1887년 라호르에 다야난다 앵글로 베딕 칼리지(The Dayānanda Anglo-Vedic College)가 문을 열었다. 이것을 통해 아리아 사마지의 젊은 회원들이 영국식 근대 교육을 받게 되었고, 또한 사마지의 종교를 교육하면서 다야난다의 헌신과 열정을 기리게 되었다.

그러나 대부분 종교단체가 그러하듯이 아리아 사마지도 창립자가 죽은 이후 분열의 길을 걷게 되었다. 아리아 사마지는 1892년 '개화파'와 '마하트마파'로 분열하였다. 개화파는 진보적이며, 근대 교육과 자유로운 식사를 옹호하였다. 또한, 그들에게는 아리아 사마지가 유일한 보편종교이며, 따라서 그들은 전 세계에 사마지를 가르쳐야 한다고 선언하였다. 이들은 기독교의 운동을 모방하여 여러 단체를 만들고, 다야난다 칼리지를 통해 교육사업도 활발히 진행하였다.[19]

마하트마파는 옛 힌두식 교육을 선호하며, 채식주의의 입장이다. 이들은 사마지가 가르치는 것은 순수한 힌두교일 뿐, 보편종교는 아니라고 주장하였다. 이들도 교육적인 노력을 기울였다. 그들에게 진

---

19 이러한 일들은 모두 1800년대 말에서 1900년대 초에 일어나는 일들이다. 그들은 지역협회와 여성 아리아 사마지, 그리고 청년 아리아협회(Young Men's Ārya Association, Y. M. C. A.를 모방한 것), 고아원 등등의 조직이 있었는데, 대부분 기독교 운동을 모방한 것들이다. 또한, 1887년 개교한 다야난다 앵글로 베딕 칼리지에서 힌디 문학, 고전 산스크리트어와 베다, 영문학과 과학 등등의 교육을 장려, 강화시켰다. Farquhar, *Op. cit.*, p.125.

정한 힌두식 교육은, 힌두식 가정과 도시 생활, 그리고 서구 문명의 오염으로부터 학생을 구원하는 것이었다.

2. 다야난다의 종교관

아리아 사마지의 교리나 사상은 먼저 창립자인 다야난다의 사상이 중심적으로 반영되어 있다. 그의 사상은 베다의 내용을 독자적으로 해석하면서 성립된 것이다. 따라서 베다의 사상을 살펴보고, 아리아 사마지의 계율과 신조, 교리 등을 살펴보아야 할 것이다.

다야난다는 1875년, 카스트나 국적과 관계없이 누구에게나 개방된 보편종교로서의 아리아 사마지를 설립하였다. 그에게 있어서 베다는 영원한 신의 말씀이며, 따라서 그것은 역사적이거나 일시적인 내용이 아니다. 베다는 완전한 지식을 담고 있다. 비록 유럽인들이 과학의 힘을 빌려서, 인상적인 기술적 업적에 도달하게 되었지만, 그러한 성취가 이미 고대 베다에 담겨 있다고 하는 것을 안다면, 그것이 그리 놀랄 일은 아니다.[20]

그는 람모한 로이가 그랬던 것처럼 인도의 고대 경전에 종교적 진리가 있다고 생각하였다. 그것이 바로 베다였다. 또한, 람모한 로이가 우파니샤드의 과거 사상이 시대를 거치는 동안 변질되어 본래의 의미가 제대로 전달되지 않았다고 하는 것과 마찬가지로 베다도 본래의 의미가 변질되었다고 주장하였다. 따라서 현재 힌두인들이 여러 신을 믿고 있지만, 그것은 베다를 잘못 해석한 데서 기인한 것이었다.

---

20 Baird, Robert D. & Bloom, *Alfred, Indian and far eastern religious Traditions*, New York : Harper & Row, 1971, p.109.

그렇다면 다야난다가 기존의 베다를 보는 시각과 어떤 관점에서 차이를 보이며, 과거의 신앙은 어떠했을까? 베다(Veda)라는 말은 지식을 뜻하며, 힌두교도들의 경전에 붙이는 일반적인 용어이다. 그렇지만 대개는 고대의 4베다를 지칭하며, 그 가운데 가장 대표적이고 오래된 것이 리그베다이다.

다야난다는 베다에 순수한 일원론이 있다고 주장하였으며, 그것은 절대적으로 오류가 없다고 하였다. 그는 베다에서 허용했다는 카스트 제도는 부정하였지만, 윤회와 업은 인정하였다. 다야난다에 의하면 베다에 등장하는 다양한 신들의 이름은 하나의 신의 여러 가지 속성들 때문이다. 베다는 수천 년 전 선사시대의 사람들에게 신이 현자들을 통해 인간에게 계시한 말씀이다. 이 과정에서 인도 고대 신학자들의 견해가 덧붙여졌을 따름이다.

이러한 다야난다의 주요 신념은 다음과 같이 요약될 수 있다.

a. 오로지 하나의 신만이 존재한다. 그 신만을 숭배해야 한다. 그 신은 형상이 아니라 영적으로 숭배되어야 한다.

b. 4개의 베다가 신의 지식이다. 그 안에는 모든 종교적 진리, 그리고 모든 과학이 적어도 처음부터 담겨 있다. 그것들은 신의 영원한 말씀이다. 그 안에는 일시적이거나 부분적인 것이 아무것도 없다. 특별한 때와 장소를 언급하는 것으로 보이는 모든 것은 오해에서 그렇게 보이는 것이다. 베다에 다신교는 없다. 그 안에 등장하는 많은 신의 이름은 참 유일신을 다른 이름으로 부르는 것이다. 이 말은 단지 찬가들을 모아 놓은 것에만 해당한다. 브라흐

마나는 별로 권위가 없다. 다른 여러 힌두교 서적들은, 현자들과 다른 영감을 받은 사람들이 쓴 것이기 때문에 가치가 있다. 그러나 베다와 마찬가지의 권위가 있는 것은 아니다. 따라서 그것들이 베다를 부정하게 되면 따를 필요가 없다.

c. 베다는 윤회와 업을 가르친다.

d. 속죄는 영원히 불가능하다.

e. 구원은 윤회에서 벗어나는 것이다.[21]

그가 지닌 중심 사상은 베다에 근거한 것이다. 그에 따르면 여태까지 정통 힌두교에서 여러 신을 숭배하는 것은 하나의 신을 가르친 베다를 잘못 해석한 결과인 것이다. 또한, 베다 이외의 다른 힌두교 경전들은 오류가 있을 수 있는데, 사람들이 그 오류를 참이라고 믿는 바람에 잘못된 종교적 관습이 전해 내려온 것이다. 그렇지만, 베다는 일신론이 아니라 자연적 다신론을 보여주고 있다.

다시 아리아 사마지의 10개의 기본 원리(The Ten Principles) 가운데 신에 관해 규정한 앞의 2개의 원리를 보자.

1. 신은 모든 참지식의 근원이며, 그 지식으로 알려진 모든 것의 원인이다.

2. 신은 진리이며, 모든 지식이며, 지복이고, 형체가 없고, 전능하고, 공정하며, 자애롭고, 스스로 존재하며, 무한하고, 변하지 않는다.

---

21 Farquhar, *Op. cit.*, pp.113~114.

시작이 없고, 비할 수 없으며, 만물의 후원자이며, 주인이다. 모든 곳에 존재하며, 모든 것을 알고, 소멸하거나 죽지 않으며, 두려움에서 자유로우며, 영원하고 성스러우며, 우주의 근원이다. 그만이 숭배받을 자격이 있다.[22]

다야난다는 업과 윤회도 베다에서 가르치고 있다고 했지만, 윤회와 업에 관해 설명하는 것은 베다의 만트라가 아니라 우파니샤드이다. 업과 윤회를 받아들이면서, 동시에 절대적 일신론을 주장하는 것은 업이나 윤회, 특히 속죄가 불가능하다고 하는 그의 신념과는 논리적으로 모순되는 내용이다. 따라서 그는 기독교나 이슬람에 적대적이었지만, 결국, 그 종교의 신 관념을 받아들인 것이라고 볼 수 있다. 물론, 그것은 브라흐마 사마지의 영향을 받은 개념일 수도 있다.

업과 윤회를 받아들이는 것에 있어서 또 한 가지 모순점은 그가 카스트를 부정한 점이다. 업과 윤회의 교리를 받아들인다면 카스트는 절대로 없어질 수 없는 것이다. 아리아 사마지에서는 이론적으로 카스트와 조혼을 부정하였지만, 회원들의 실생활에서는 그것이 지켜지지 않았다는 점에서 그 모순점이 잘 드러난다.

그렇지만, 이러한 모순에도 불구하고 아리아 사마지가 인도에서 많은 영향을 끼친 것은 사실이다. 샤르마(D.S. Sarma)는 다음과 같이 말한다.

---

22 Farquhar, *Op. cit.,* p.120.

그것의 철학은 부적절한 것일 수 있다. '베다로 돌아가라'는 외침이 힌두교 정신 전통의 연속성에 충분치 못할 수 있으며, 베다를 해석하는 것은 독단적일 수도 있다. 그러나 현대에 그것이 힌두교를 부흥시키는 데 놀라운 역할을 해왔고, 앞으로 해나갈 것이라고 하는 사실은 부정하지 못한다.[23]

비록, 해석의 오류가 있고, 정통 힌두교의 위치에서 벗어나기는 했지만, 그것이 인도에 끼친 영향은 결코 간과할 수 없다는 이야기이다.

Ⅳ. 라마크리슈나 운동(Ramakrishna Mission)

1. 창립과 발전

라마크리슈나(Sri Ramakrishna Paramahansa)는 브라흐마 사마지나 아리아 사마지처럼 어떤 조직을 세우지 않았다. 또한, 체계적인 교의나 신조 등도 만들지 않았다. 물론 자신의 사상을 계속해서 전해줄 후계자로 비베카난다(Swami Vivekananda)를 택하였지만, 구체적인 조직이나 신조 등을 내세우지는 않았다. 그러므로 실질적인 라마크리슈나 운동의 시작은 라마크리슈나 사후의 일이다. 즉, 비베카난다의 정력적인 활동이 라마크리슈나 운동의 시작이며, 발전과정이라고

---

23 Sarma, D.S., *Renascent Hinduism,* Bombay : Bharatiya Vidya Bhavan, 1966, p.389.

할 수 있다. 그 이전까지는 라마크리슈나의 종교적 가르침이 그 운동의 모태가 되는 것이라고 말할 수 있다. 특히 그는 제자들과 일반인들에게 그때그때 질문과 답, 또 상황에 따른 설교 등을 통해 자신의 생각을 가르쳤다. 따라서 여기에서는 비베카난다가 활발히 전개한 라마크리슈나 운동을 간결하게 설명하고자 한다.

비베카난다는 1863년 캘커타에서 출생하였으며 본래 이름은 나렌드라나트 다타(Narendra Nath Datta)였다. 그의 가문은 크샤트리아 계급에 속했다. 그는 대학에서 서양 학문을 배웠다. 라마크리슈나를 만나기 전, 비베카난다는 브라흐마 사마지의 회원이었다. 그는 종교 경험, 특히 신의 실재를 경험하기를 강렬히 원했기 때문에 그러한 것과 거리가 먼 브라흐마 사마지는 그에게 만족스럽지 못하였다. 그는 라마크리슈나로부터 신의 존재를 확신하는 말을 듣고, 그의 제자가 되어 6년간 생활하였다.

비베카난다는 스승이 죽자 제자들을 이끌게 되었다. 그 제자들이 라마크리슈나 교단의 중추가 되었으며, 산야신이 되어 바랑고라(Barangora, 캘커타와 다크시네스와르의 중간)에 허름한 수도원에서 생활하였다. 여기에서 이들은 새로운 이름을 갖게 되었는데, 비베카난다도 마찬가지였다.

1888년 비베카난다는 수도자로서 방랑 생활을 시작하였다. 그는 바라나시, 아요디아, 아그라를 비롯한 인도 곳곳을 여행하였다. 처음 몇 년간 그는 동료 수도자들 몇몇과 함께 여행하였다. 그러나 1891년 그는 홀로 걸어서 인도 전역을 돌아다녔다. 이 여행을 통해 그는 인도의 참상을 파악하였다. 그래서 그는 인도, 특히 가난한 인도인을 위한 봉사에 힘썼다.

1893년 그는 시카고에서 개최된 제1회 세계종교회의에 참석하여, 그곳에 모인 사람들에게 깊은 인상을 남겼다. 당시 그의 나이 30살이었다. 그는 미국을 순회하며 힌두교에 대해 미국인들에게 강연하는 한편, 자선사업 기금도 모았다. 이 강연 활동을 통해 미국에 그의 제자들이 생겼다. 따라서 그는 인도 내에서보다 해외에서 먼저 라마크리슈나 운동의 기틀을 다졌다고 볼 수 있다.

1895년에는 프랑스와 영국을 방문하였다. 영국에서도 마르가레트 노블(Margaret Noble)을 비롯한 여러 제자를 얻었다. 나중에 라마크리슈나 교단과 힌두교 전통, 신화 등에 관한 책들을 써서, 이를 서구 세계에 알리는데 이바지한 그녀는 니베디타(Sister Nivedita)로 더 잘 알려져 있다. 다시 미국으로 돌아온 비베카난다는 요가와 베단타 철학에 대해 강연하였다. 특히 하버드 대학에서는 그의 베단타 철학에 대한 강연을 듣고, 동양철학 교수직을 제안했지만, 산야신이었던 비베카난다는 그 제안을 받아들일 수 없었다.

1896년 그는 뉴욕 베단타협회(the Vedānta Society of New York)를 조직하여, 베단타 철학을 알리고 자신이 없을 때도 그 일을 계속 수행해가도록 하였다. 그는 또한 미국인 제자들 가운데 몇몇을 인도로 보내 서양의 과학과 조직을 가르치도록 하였다. 1897년 인도로 돌아온 비베카난다는 두 곳에 수도원을 세웠다. 캘커타 근교의 벨루르(Belur)와 히말라야의 마야바티(Mayavati)에 문을 연 두 수도원은 젊은이들을 받아들여, 라마크리슈나 교단의 산야신으로 교육하려는 목적이 있었다. 그해에 인도에는 광범위한 기근이 발생하였다. 이에 비베카난다는 기금을 모으고 봉사자를 모집하여 몇몇 곳에 센터를 세우고 기근으로 고통받는 사람들을 구호하였다.

1900년 파리의 종교회의에 참석한 비베카난다는 나빠진 건강으로 인해 인도로 돌아오지 않을 수 없었다. 그러나 그는 다시 마드라스에 수도원을 세우고, 또한 마드라스와 바라나시에 사회봉사센터를 설립하였다. 1902년 그는 39세의 나이로 세상을 떠났다.

비베카난다의 활동은 그 후 미국의 베단타 협회를 중심으로 활발히 전개되어 오늘에 이르고 있다.

2. 라마크리슈나[24]의 종교관

라마크리슈나는 자신의 종교적 체험을 바탕으로 제자들과 주위에 모여든 사람들에게 그 가르침을 전하였다. 그러나 그는 체계적인 교의나 신조 등을 세우지 않고 그때그때 질문에 답하였으며, 상황에 따른 해답을 제시하였다. 따라서 여기에서는 체계적인 교의나 신조 등을 놓고 분석하기보다 그의 중심적 사상을 분석해본다.

라마크리슈나는 힌두교 전통을 기반으로 하면서도 다야난다와는 달리 기독교와 이슬람교의 교리도 이해하고 인정하였으며, 두 종교에 맞는 수행도 경험하였다. 그렇게 함으로써 그가 다다른 것은 모든 종교는 다 진실한 것이며, 신앙의 방법에 있어서만이 차이

---

24 라마크리슈나의 원래 이름은 가다다르 채터르지(Gadādhar Chatterji)인데, 가다다르라는 이름은 비쉬누신의 별칭으로 '곤봉을 소유한 자'를 뜻한다. 이 이름은 그의 부친이 비쉬누의 성지인 가야(Gayā)로 순례여행을 떠났을 때, 꿈속에서 비쉬누신이 나타나 말하기를 자신이 아들로 화신할 것이라고 하여 붙여진 이름이었다. Nikhilananda, Swami, Trans., *The Gospel of Sri Ramakrishna,* New York : Ramakrishna-Vivekananda Center, 1992, p.4.

점을 지닌다고 보았다. 이것은 그의 진실한 종교체험으로 도달한 결론이었다.

그는 수행 중에 힌두교의 제신들, 칼리, 쉬바, 비쉬누를 보았으며, 알라와 예수 그리스도도 경험하였다. 따라서 그에게 있어서 힌두교 아닌 다른 종교들도 다 참 종교일 수밖에 없었다. 다만 서로 다른 종교적 차이점은 같은 목표를 향한 서로 다른 길이다.[25]

나는 서로 다투며 종교에 대해 말하고 있는 사람들을 본다. 힌두교 도들, 무슬림들, 브라흐마들, 샥티파, 비쉬누파, 쉬바파, 이들 모두는 서로 다툰다. 그들은 크리슈나라고 불리는 신이 쉬바라고도 불리고, 샥티, 예수, 또는 알라라고 불린다는 것을 이해할 능력이 없다. "단지 하나의 라마만이 있다. 그는 천 개의 이름을 가지고 있다.[26]

이러한 것은 우리가 동일한 대상, 예를 들어 아버지를, 영어로 파더(father), 독일어로 바터(Vater) 등 서로 다르게 부르는 것과 같은 이치다. 이는 모든 문화가 서로 기반이 다른 데서 기인하는 것이며, 각각의 종교를 믿는 사람은 그 종교를 진실하게 믿으면 되는 것이다. 차이탄야(Chaitanya)도 다음과 같이 말한다.

사람들은 신을 다양한 방식으로 알고 있다. 그러나 그것은 모두 맞는 것이다. 신은 여러 가지 형태로 자신을 드러낸다. 신의 모든 형상이

---

25 Zachariah, *Op. cit.,* p.74.
26 Nikhilananda, *Op. cit.,* p.423.

아름다운 것은 아니다. 예를 들어 가네샤(Gaṇeśa)[27]와 칼리의 형상은 모든 사람에게 아름답지 않다. 그러나 많은 사람은 그러한 형태로 신에게 이끌린다. 그리고 신은 신봉자들이 좋아하는 모습으로 그들에게 나타난다.[28]

따라서 힌두교에서 말하듯이 신들이 다양하게 실제로 존재하는 것이 아니다. 라마크리슈나도 바로 그와 같은 입장이다. 이렇게 볼 때 그는 유일신 개념을 인정하고 있다고 말할 수 있다. 또한, 이런 입장은 타종교에 배타적으로 되기 어렵다.

그렇지만 타종교를 인정한다고 해서 그가 다른 종교의 개념이나 사상을 제대로 받아들인 것은 거의 없다. 그는 철저히 힌두교도였다. 죄에 대한 개념을 보자.

> '나는 죄인이다, 나는 죄인이다'라고만 말하는 바보는 참으로 자신을 속된 마음에 빠뜨린다. 오히려 '나는 신의 이름을 찬미하고 있다'라고 말하는 것이 낫다. 내가 어떻게 죄인일 수 있는가?[29]

---

27 쉬바와 파르바티의 아들이며, 지혜와 학문의 신으로 알려져 있다. 코끼리 머리를 하고 뚱뚱하며 키가 작고, 네 개의 팔과 하나의 이빨을 가지고 있다. 가네샤가 코끼리 얼굴을 하고 있는데 대한 이야기가 전해진다. 어느 날 어머니인 파르바티를 찾아온 아버지 쉬바를 가네샤가 쫓아내자 쉬바가 화를 내며 그의 머리를 잘랐다. 그러자 어머니가 너무 슬퍼했기 때문에 쉬바가 불쌍히 여겨 제일 처음 눈에 띄는 동물의 머리를 가네샤의 목에 얹어 주기로 하였는데, 바로 그 동물이 코끼리였기 때문에 코끼리 머리를 하게 되었다고 한다. 고전학습연구회, 『인도의 신화』, 홍신문화사, 1994, 50쪽.

28 Lokeswarananda, Swami, *The Way to God As Taught By Sri Ramakrishna*, Calcutta : The Ramakrishna Mission Institute of Culture, 1992, p.337.

29 Nikhilananda, *Op. cit.,* p.274.

당신에게 그것은 항상 죄악이오! 그것은 기독교의 견해가 아니오? 전에 어떤 사람이 내게 성경을 주었소. 나는 그 한 부분을 들었는데, 거기에는 한 가지−반복되는 죄악−로 꽉 차 있었소.[30]

앞의 인용은 사람이 마음먹은 대로 달라질 수 있다는 것을 설명하기 위해 한 것이고, 두 번째 인용은 브라흐마 사마지의 회원 중 하나가 자신이 죄를 많이 지어 자신의 마음 안에는 신이 존재하지 않을 것이라고 염려하며 질문한 것에 대한 대답이다. 사실 죄악−특히 아담과 이브에 의한 원죄−에 관한 것은 기독교 신앙에 있어서 기본적이다. 라마크리슈나는 성서를 읽고 그것이 기독교의 입장이라고 비판하며, 힌두교의 견해를 따를 것을 주문하고 있다.

마찬가지로 브라흐마 사마지나 아리아 사마지와는 달리 그는 우상숭배도 종교 생활에 필요한 것으로 받아들이고 있다. 즉, 우상을 통해서 여러 신을 숭배해왔던 힌두교 신앙은 신을 숭배하는 인간의 정신을 발전시키는 데 유용하다고 여겼다. 또한, 각각의 우상 하나하나에도 신성(神性)이 깃들여 있기에 우상을 숭배하는 신앙은 타당한 것이다.

그러나 전통적인 방법으로 지식을 추구하기 위해 세상을 등져야한다는 태도는 그에게서 보이지 않는다. 오히려 그 반대로 현실 생활에 더 충실해야 함을 역설하고 있을 뿐이다. 즉, 부모와 처자식에게 자신의 의무를 다해야 비로소 인간이라고 할 수 있다는 것이다.

---

30 *Ibid.* p.627.

V. 맺음말

이제까지 이 글에서는 19세기 인도에서 발생한 종교개혁운동 가운데 대표적인 것으로 꼽히고 있는 3가지의 종교운동을 선택해서 그 발생 과정과 역사, 그리고 교리와 사상 등을 알아보았다. 브라흐마 사마지와 아리아 사마지, 그리고 라마크리슈나 운동 등을 선택한 이유는 각각 서론에서 제기한 종교운동의 특색을 잘 보여줄 수 있다고 생각했기 때문이었다. 또한, 다른 종교운동들보다도 힌두교 전통이 인도의 대표적인 종교이며, 따라서 인도 종교운동의 성격을 판단하는데 가장 적절할 것으로 판단되었다.

이렇게 해서 각 종교운동을 살펴본 결과, 우선 19세기에 발생한 인도의 종교운동은 고전 종교문화의 부흥 운동, 즉 신고전주의 운동이라고 할 수 있다. 이 글에서 살펴본 종교운동들은 모두 그 실질적 내용이 어떠하든 상관없이 모두 과거 힌두교 전통을 되살리자고 주장하고 있기 때문이다. 고전 시대의 종교적 성격에서 많이 변질되었기 때문에 그 시대의 정신을 되살리고자 한 것이다.

람모한 로이가 시작한 브라흐마 사마지는 우파니샤드의 사상을 중심으로 삼으면서도, 이슬람과 기독교적 요소가 짙게 배어 있었다. 신에 대한 관념에 있어서 그는 절대적 유일신을 주장하였는데, 이것은 이슬람의 신관과 같은 것이라고 말할 수 있다. 즉, 기독교의 주류는 삼위일체설을 신봉하고 있지만, 람모한 로이는 유니테리언의 입장이기 때문이다. 브라흐마 사마지의 의례를 보면 기독교적 요소가 나타나고 있다. 람모한 로이는 예수의 윤리를 적극적으로 옹호하고,

성서를 벵골어로 번역해서, 그에 대한 자신의 생각을 설명하기도 하였다.

이렇게 볼 때 그는 힌두교를 표방하면서도 실상 그 내용은 기독교와 이슬람의 사상이 주류를 이루고 있다고 할 수 있다. 유일신관에 있어서, 의례에 있어서, 그리고 조직이나 사상에 있어서도 모두 힌두교보다는 이 종교들에 더욱 가깝기 때문이다.

다야난다가 깨달은 것은 다른 어느 것도 아닌 절대적 유일신에 대한 관념이었다. 그러면서 그는 베다가 바로 그것을 제공해주고 있으며, 따라서 베다는 바로 신의 말씀으로 기록된 것으로 절대적이라고 여겼다. 또한, 베다에 나타난 다양한 신들의 이름은 절대적 유일신의 다양한 이름들일 뿐이라고 여겼다.

그의 신관을 보면 절대 유일신 개념은 브라흐마 사마지와 마찬가지로 기독교와 이슬람의 신관이다. 또한, 사마지의 조직은 브라흐마 사마지를 모방해서 만든 것이다. 따라서 다야난다가 표면상으로는 적극적으로 타종교에 배타적 태도를 보이지만, 사실 그 내용에서는 타종교의 중심적 요소를 수용한 것으로 볼 수 있다.

라마크리슈나 운동의 경우 라마크리슈나의 종교체험을 바탕으로 교리와 사상이 전개되었다. 라마크리슈나의 주장은 모든 종교가 다 동일한 목표를 향해 가는 것이라고 하였으며, 각각의 종교들에서 믿는 신도 모두 동일한 신의 다른 이름에 불과하다고 주장한다. 그러면서도 힌두교도들의 우상숭배도 필요하다는 견해를 보인다. 우상숭배에 관한 라마크리슈나의 입장은 그것이 신에 대한 지식이 없는 자들에게는 효과적인 신앙수단이 되기 때문이다.

그러나 라마크리슈나의 입장은 오히려 힌두교의 다신교를 옹호하는 입장에 있다고 해석할 수도 있다. 라마크리슈나가 다양한 신들을 체험한 것은 그가 주장하듯이 하나의 신을 체험한 경우일 수도 있지만, 그 반대로 다양한 신들을 체험한 것이라고 할 수도 있기 때문이다. 즉, 알라, 예수, 칼리, 크리슈나, 쉬바가 모두 다른 신들로서 그들을 각각 경험한 것이다. 오히려 필자는 후자의 입장이 더욱 강하게 나타난다고 보고 있다. 즉 그는 다양한 신들의 체험을 통해 다양한 신들이 실재하는, 즉 다신교를 옹호하는 그런 입장에 있다고 생각된다.

❖『종교문화비평』 제4호, 한국종교문화연구소, 2003.

참고문헌

제1부 한국 종교교단의 텍스트

제1장 | 대종교의 역사와 특성

강돈구, 『한국 근대종교와 민족주의』, 집문당, 1992.

강수원 엮음, 『대종교요감』, 대종교총본사, 1991.

강천봉 엮음, 『대종경전총람(大倧經典總覽)』, 대종교총본사, 1986.

김교헌 엮음, 윤세복 번역, 『홍암신형조천기』, 대종교출판사, 2002.

김영숙, 「신교원류」, 『임오십현순교실록』, 대종교총본사 편, 개천 1971.

김용국, 「대종교와 독립운동」, 『민족문화논총 : 노산이은상박사고희기념
　　　논문집』, 삼중당, 1973.

김호일, 「나철의 민족종교 중광과 항일독립운동」, 『인문학연구』 34, 중앙
　　　대학교 인문학연구소, 2002.

나정길, 「대종교와 천부경」, 『신종교연구』 16, 한국신종교학회, 2007.

나철 지음, 서일 주석, 「신리대전」, 『대종경전총람』, 대종교총본사, 1986.

대종교종경종사편수위원회 편, 『대종교중광60년사』, 대종교총본사, 1970.

박미라, 「근대유교의 단군국조론연구」, 『한국사상과 문화』 28, 한국사상
　　　문화학회, 2005.

박미라, 「이병헌의 사상과 민족종교의 관계에 대한 연구－대종교와 천도
　　　교의 교리를 중심으로－」, 『한국사상과 문화』 24, 한국사상문화학
　　　회, 2004.

박영석, 「대종교」, 『한민족독립운동사』, 국사편찬위원회, 1987.

박영석, 「대종교와 민족의식과 항일민족독립운동」, 『한국학보』 9-2, 일지사, 1983.

박환, 「나철의 인물과 활동 - 대종교 창시 이전을 중심으로」, 『동아연구』 17, 서강대학교 동아연구소, 1989.

삿사 미츠아키(佐佐充昭), 「일제하 대종교 남도본사의 활동」, 『종교학연구』 22, 서울대학교 종교학연구회, 2003.

서영대, 「한말의 단군운동과 대종교」, 『한국사연구』 114, 한국사연구회, 2001.

신철호, 『한국중흥종교 교조론 : 홍암 라철 대종사』, 대종교총본사, 1992.

우성조, 「대종교는 어떤 종교인가?」, 『한민족문화연구』 3, 한민족문화학회, 1998.

원영진, 「신종교의 수행 : 대종교의 수행」, 『신종교연구』 14, 한국신종교학회, 2006.

윤관동, 「근대 한국선도의 제천의례 연구 - 대종교를 중심으로 -」, 『도교문화연구』 24, 한국도교문화학회, 2006.

윤승용, 「한국 신종교의 형성과 전개 그리고 전망」, 『신종교연구』 15, 한국신종교학회, 2006.

이욱, 「대종교의 선의식과 단군의례」, 『신종교연구』 8, 한국신종교학회, 2003.

이현희, 「대종교의 광복투쟁과 임정주석 이동녕」, 『류병덕화갑기념한국철학종교사상사』, 원광대학교 종교문제연구소, 1990.

이현희, 「대종교의 민족사적 위치」, 『종교신학연구』 2, 서강대학교 신학연구소, 1989.

정열모 간편, 『역해종경사부합편』, 대종교총본사, 1949.

정영훈, 「대종교와 유교」, 『동양철학연구』 29, 동양철학연구회, 2002.

조원섭, 「항일투쟁과 민족교육가운데서의 대종교의 역할」, 『연변문사료』 8, 연변조선족자치주위원회 문서사료위원회, 1997.

최혜경, 「우천(藕泉) 조완구(趙琬九)와 민족독립운동」, 『경주사학』 24·25, 경주사학회, 2006.

강돈구, 「대순진리회의 종교교육」, 『한국종교교단연구』Ⅶ, 한국학중앙연구원 출판부, 2012.

고남식, 「대순진리회의 생사관 연구」, 『신종교연구』23, 한국신종교학회, 2010.

고병철, 「대순진리회의 전개와 특징」, 『한국종교교단연구』Ⅱ, 한국학중앙연구원 문화와종교연구소, 2007.

금장태, 「조상숭배의 유교적 근거와 의미」, 『한국문화인류학』18, 한국문화인류학회, 1986.

금장태, 『유교사상과 종교문화』, 서울대학교출판부, 1994.

김탁, 「한국 신종교의 조상숭배」, 『종교연구』20, 한국종교학회, 2000.

대순종학 교재연구회 『대순사상의 이해』, 대진대학교 출판부, 2003.

대순진리회 교무부 편, 『대순회보』7, 대순진리회 출판부, 1987.

대순진리회 교무부 편, 『전경(典經)』, 대순진리회출판부, 2010.

이경원, 「강증산의 후천개벽론」, 『한국종교』35, 원광대학교 종교문제연구소, 2012.

이경원, 「대순진리회의 교리 체계와 사상적 특징에 관한 연구」, 『대순사상논총』16, 대진대학교 대순사상학술원, , 2003.

이욱, 「제사의 종교적 의미에 대한 고찰」, 『유교사상연구』16, 한국유교학회, 2002.

장병길, 『대순종교사상』, 대순진리회출판부, 1989,

장재진, 『근대 동아시아의 종교다원주의와 유토피아』, 산지니, 2011.

차선근, 「근·현대 한국의 신선세계론 – 대순진리회의 신선세계를 중심으로 – 」, 『東亞道文化國際學術研討會論文集』, 北京大學宗敎文化研究院, 2012.

차선근, 「근대 한국의 신선 관념 변용」, 『종교연구』62, 한국종교학회, 2011.

통계청, 『2011 사회조사 결과』, 2011.

Helen Hardacre, "ancestor worship", *Encyclopedia of Religion,* 2nd ed., Lindsay Jones, Editor in Chief, Macmillan Reference USA, Michigan, 2005.

『중화경』

『채지가』, 대순진리회 교무부, 1978.

고남식, 「한국인의 정체성과 대순사상의 종교교육」, 『종교교육학연구』 16, 한국종교교육학회, 2003.

고병철, 「대순진리회의 전개와 특징」, 한국학중앙연구원 문화와종교연구소 편, 『한국 종교교단 연구 II』, 한국학중앙연구원 2007.

김탁, 「증산교의 신관」, 『증산교학』, 미래향문화, 1992.

대순종교문화연구소, 『대순진리 講話[I]』, 대순진리회 출판부, 1987.

대순종교문화연구소, 『대순진리 講話[II]』, 대순진리회 출판부, 1989.

박규태, 「일본인의 신관념－생신(生神)관념을 중심으로」, 『한국종교연구회보』 7, 한국종교연구회, 1996.

박마리아, 「대순진리회와 도교의 신앙체계에 관한 비교」, 『신종교연구』 24, 한국신종교학회, 2011.

辛一鎬, 「神明에 대한 小攷」, 대순진리회연구위원 편, 『대순논집』, 대순진리회 출판부, 1992.

신재식, 「기독교 역사 속의 신 담론」, 서울대학교 종교문제연구소 편, 『종교와 역사』, 서울대학교 출판부, 2006.

안진태, 『신화학 강의』, 도서출판 열린 책들, 2001.

윤용복, 「대순진리회의 조상의례와 특징」, 『종교연구』 69, 한국종교학회, 2012.

윤이흠, 「신관의 유형」, 서울대학교 종교문제연구소 편, 『신화와 역사』, 서울대학교 출판부, 2003.

이경원, 『한국 신종교와 대순사상』, 도서출판 문사철, 2011.

이경원, 『한국의 종교사상－궁극적 실재의 문제－』, 도서출판 문사철, 2010.

장병길, 『대순진리의 진의』, 대순진리회 출판부, 1989.

『大巡聖蹟圖解要覽』
『대순전경』
『선도진경』
『전경』
『증산대도전경』

대순진리회(http://www.daesoon.org)

제4장 | 대순진리회의 후천개벽(後天開闢) 세계관

김재천, 「지상천국건설에 나타난 세계관 연구」, 『대순사상논총』 15, 대진
　　대학교 대순사상학술원, 2002.
대순종학 교재연구회, 『대순사상의 이해』, 대진대학교 출판부, 2013.
대순진리회 교무부, 『대순진리회요람』, 2003.
박광수, 「원불교의 후천개벽(後天開闢) 세계관」, 『원불교사상과 종교문화』
　　44. 원광대학교 원불교사상연구원, 2010.
워궈칭(于国庆), 「대순진리회 구천상제(九天上帝) 신앙과 도교 보화천존
　　(普化天尊) 신앙비교」, 『대순사상논총』 21, 대진대학교 대순사상
　　학술원, 2013.
이경원, 『한국 신종교와 대순사상』, 도서출판 문사철, 2011.
장병길 편, 『천지공사론』, 대순종교문화연구소, 1989.
장병길, 『대순종교사상』, 대순종교문화연구소, 1989.
정대진, 「대순사상 연구를 위한 제언」, 『대순사상논총』 1, 대진대학교 대
　　순사상학술원, 1996.
차선근, 「근대 한국의 신선 관념 변용」, 『종교연구』 62, 한국종교학회, 2011.
최수빈, 「도교에서 바라보는 저세상 : 신선(神仙)과 사자(死者)들의 세계
　　에 반영된 도교적 세계관과 구원」, 『도교문화연구』 41, 한국도교
　　문화학회, 2014.

『전경』

제5장 | 유교와 대순진리회의 심성론(心性論) 비교 연구

김경호, 「율곡학파의 심학과 실학」, 『한국실학연구』 28, 한국실학학회,
　　2014.
김낙진, 「퇴계 이황과 율곡 이이의 심성론 비교」, 『율곡학연구』 12, 율곡학
　　회, 2006.
대순진리회 교무부, 『대순진리회요람』, 2003.
서용화, 「퇴계의 인간관 연구」, 『퇴계학보』, 70, 퇴계학연구원, 1991.
성백효 역주, 『역주 심경부주』, 사단법인 전통문화연구회, 2018.
윤지원, 「선진유가인성론소고」, 『공사논문집』 65, 공군사관학교, 2014.

이경원, 「대순사상의 심체론 연구」, 『신종교연구』 6, 한국신종교학회, 2002.

이경원, 「안심 안신에 관한 심성론적 해석」, 『대순사상논총』 7, 대진대학교 대순사상학술원, 1999.

이동희, 「주자 심성론의 특징과 그 계승성」, 『공자학』 1, 한국공자학회, 1995.

이상은, 「선진유학의 근본문제와 전승관계에 관한 고찰 - 공자·맹자·순자의 천인관, 심성론을 중심으로 -」, 『동양철학연구』 17, 동양철학연구회, 1997.

임부연, 「정약용 마음론의 구조와 쟁점 - 주희와의 비교를 중심으로 -」, 『종교학연구』 20, 서울대학교 종교학연구회, 2001.

임헌규, 「유가의 인성론과 심성론」, 『동방학』 5, 한서대학교 동양고전연구소, 1999.

장병길, 『증산종교사상』, 한국종교문화연구소, 1976.

정대진, 「안심 안신의 이해」, 『대순사상논총』 7, 대진대학교 대순사상학술원, 1999.

조장연, 「율곡의 인성론 연구 - 사단칠정과 인심도심의 관계를 중심으로 -」, 『한문고전연구』 12, 한국한문고전학회, 2006.

朱熹, 『中庸章句』

차선근, 「근대 한국의 신선 관념 변용」, 『종교연구』 62, 한국종교학회, 2011.

차선근, 「대순진리회 마음관 연구 서설 - 해원과 감응을 중심으로 -」, 『신종교연구』 36, 한국신종교학회, 2017.

최치봉, 「주자학으로 본 대순사상의 마음에 관한 연구 - 허령, 지각, 신명을 중심으로 -」, 『대순사상논총』 31, 대진대학교 대순사상학술원, 2018.

馮友蘭, 박성규 옮김, 『중국철학사』 상권, 까치글방, 2013.

『孟子』
『書經』
『栗谷全書』
『전경』

제6장 | 갱정유도의 역사와 사상

갱정유도 본부 편,『갱정유도 개설』, 갱정유도본부, 1989.
갱정유도 운영위원회 편,『평화와 통일』, 도서출판 늘ᄒ늘, 2001.
김홍철,「갱정유도-그 역사와 사상」,『주간종교』, 1989.
김홍철,「갱정유도의 새세계 건설이념과 방향」,『평화와 통일』, 도서출판
　　　늘ᄒ늘, 2001.
김홍철,「영신당의 개벽사상과 한국의 미래」,『민족종교의 개벽사상과 한
　　　국의 미래』, 한국민족종교협의회, 2004.
김홍철,「회문산과 갱정유도」,『순창의 역사와 문화』, 전북전통문화연구
　　　소, 2002.
노길명,「근대 민족사에 대한 갱정유도의 대응」,『평화와 통일』, 도서출판
　　　늘ᄒ늘, 2001.
김홍철, 류병덕, 양은용,『한국신종교실태조사보고서』, 원광대학교 종교
　　　문제연구소 편, 1997.

『萬民解冤經』
『符應經』

제7장 | 대한불교천태종의 역사와 특성

김의숙,『구인사의 달』, 북스힐, 1999.
천태종성전편찬회 편저,『천태종성전』, 대한불교천태종, 1971.
대한불교천태종 총무원 엮음,『믿음으로 피운 연꽃, 대한불교천태종 신행
　　　수기모음』1, 도서출판 열린불교, 1997.
대한불교천태종 총무원,『불교의 첫걸음』, 1994.
대한불교천태종,『宗憲宗法 및 宗令』, 1994.
대한불교천태종총본산구인사 남대충 편,『천태종약전』, 도서출판 불교사
　　　상사, 1979.
박상국,「묘법연화경」,『한국민족문화대백과사전』8, 한국정신문화연구
　　　원, 1989.
박형철 편저,『상월조사와 천태종』, 대한불교천태종, 1981.
서인렬,「법화경의 성립과 구성에 관한 고찰」,『중앙승가대학논문집』

Vol.9, 중앙승가대학교, 2001.

이봉춘, 「근세 天台宗의 전개와 동향」, 『천태학 연구』 창간호, 천태불교문
　　화연구원, 1998.

이영자, 「천태사교의(天台四敎儀)」, 『한국민족문화대백과사전』 21, 한국
　　정신문화연구원, 1991.

이효원, 「차안의 구원론과 주문 중심주의」, 『종교연구』 33, 한국종교학회,
　　2003.

천태종성전편찬회, 『천태종교전 I 』, 대한불교천태종, 1972.

천태종총본산구인사 남대충, 『천태종약전』, 천태종총무원, 1979.

천태학연구회, 『천태종통기』, 대한불교천태종총본산 구인사, 1983.

최기표, 「상월원각 대조사의 생애와 업적」, 『천태학연구』 5, 천태불교문화
　　연구원, 2003.

최동순, 「현대 한국 천태종의 수행구조와 원융삼제의 적용」, 『한국불교
　　학』, 한국불교학회, 2004.

대한불교천태종(http://www.cheontae.org/)

제8장 | 대한성공회(大韓聖公會)의 종교교육

김진만, 『거룩한 공회 - 대한 성공회 교회 해설 - 』, 맑은 울림, 2004.

대한 성공회 선교훈련원, 『영성일지』, 대한성공회선교훈련원, 2010.

대한성공회 교육훈련국, 『교회위원 교육 자료집』, 대한성공회교육훈련국,
　　발행일자 미상.

대한성공회 선교훈련원, 『Via Media - 성공회 제자아카데미 2학기 강의
　　자료집』, 대한성공회교육훈련국, 2010.

성공회대학교 기획실, 『대학생활안내 1995~1996』, 성공회대학교 교무처,
　　1995.

오덕교, 『종교개혁사』, 합동신학대학원출판부, 2005.

이재정, 『대한성공회백년사』, 대한성공회출판부, 1990.

조현범, 「대한성공회의 역사와 특징」, 『한국종교교단연구』 II, 한국학중
　　앙연구원 문화와 종교연구소, 2007.

Gonzalez, Justo, 서영일 역, 『종교개혁사』, 은성, 1992.

Spitz, Lewis w., 서영일 역,『종교개혁사』, 그리스도교문서선교회, 1989.
Walker, Williston, 이영헌 외 역,『세계그리스도교회사』, 대한그리스도교
　　　서회, 1975.

대한성공회(http://www.skh.or.kr/)
성가수녀회(http://www.sister.or.kr/)

제9장 I '여호와의 증인'의 역사와 특성

강돈구, 「"여호와의 증인"의 특징과 전개」,『종교연구』43, 한국종교학회,
　　　2006.
권석현, 「여호와의 증인의 이단성 소고」, 대한예수교장로회 총신대 목회
　　　대학원 석사학위논문, 1991.
근광현,『기독교 이단 길라잡이』, 도서출판 누가, 2003.
길병천, 「여호와의 증인 신자의 양심상 집총병역 거부에 관한 법적 고찰」,
　　　한양대학교 행정대학원 석사학위 논문, 1992.
남승면, 「여호와의 증인」, 대한신학교 석사학위논문, 1986.
문화공보부,『한국종교편람』, 1984.
사단법인 워치타워성서책자협회, 「여호와의 증인 어떤 사람들인가? 무엇
　　　을 믿는가?」, 2001.
사단법인 워치타워성서책자협회,『2005 여호와의 증인의 연감』, 2005.
사단법인 워치타워성서책자협회,『삼위일체를 믿어야 하는가? 예수 그리
　　　스도는 전능한 하느님인가?』, 1999.
사단법인 워치타워성서책자협회,『성경－통찰』1, 2003.
사단법인 워치타워성서책자협회,『성경－통찰』2, 2003.
사단법인 워치타워성서책자협회,『성서는 실제로 무엇을 가르치는가?』,
　　　2005.
사단법인 워치타워성서책자협회,『여호와의 증인－하느님의 왕국 선포자』,
　　　1996.
사단법인 워치타워성서책자협회,『파수대, 여호와의 왕국 선포, 예수 그리
　　　스도는 누구인가?』, 2005.
사단법인 워치타워성서책자협회,『피－어떻게 생명을 구할 수 있는가?』,
　　　2000.

사단법인 워치타워성서책자협회,『신세계역 성경』, 1999.
이영삼,「여호와의 증인의 교리에 대한 비판적 고찰」, 고신대학 석사학위
    논문, 1987.
이진열,「여호와의 증인 비판」, 기독신학대학원대학교 석사학위논문, 1999.
이철수,「여호와의 증인의 신앙관과 가톨릭 교회의 대처 방안에 관한 연구」,
    수원가톨릭대학 석사학위논문, 1991.
이현행,「여호와의 증인 비판」, 장로회신학대학교 석사학위논문, 1996.
조광훈,「"여호와의 증인"의 기독론에 대한 비판」, 고신대학 석사학위논
    문, 1991.

McDowell, Josh & Don Douglas Stewart, *Understanding the cults,*
    Here's Life Publisher, 1982.
Harris, D., *The Jehovah's Witnesses; Their Beliefs & Practices,* London;
    Gazelle Books, 1999.

한겨레21(http://h21.hani.co.kr/)
여호와의 증인(https://www.watchtower.org/lanauages/korean/)

제10장 | 현대 한국 사회에서 '여호와의 증인'의 위치

강돈구,「"여호와의 증인"의 특징과 전개」,『종교연구』43, 한국종교학회,
    2006.
길병천,「여호와의 증인 신자의 양심상 집총병역 거부에 관한 법적 고찰」,
    한양대학교 행정대학원 석사학위논문, 1992.
노길명,『한국의 신흥종교』, 가톨릭출판사, 1990.
문화공보부,『한국종교편람』, 문화공보부, 1984.
사단법인 워치타워성서책자협회,『2006 여호와의 증인의 연감』, 2006.
사단법인 워치타워성서책자협회,『2013 여호와의 증인의 연감』, 2013.
사단법인 워치타워성서책자협회,『성경-통찰』1, 2003.
사단법인 워치타워성서책자협회,『성경-통찰』2, 2003.
사단법인 워치타워성서책자협회,『성서는 실제로 무엇을 가르치는가?』,
    2005.
사단법인 워치타워성서책자협회,『여호와의 증인-하느님의 왕국 선포자』,

1996.

윤용복, 「"여호와의 증인"의 역사와 특성」, 『종교연구』 47, 한국종교학회, 2007.

윤이흠, 「종교연합운동의 어제와 오늘」, 『한국종교연구』 3, 집문당, 1991.

탁명환, 『기독교이단연구』, 한국종교문제연구소·국제종교문제연구소, 1986.

『서울신문』
『세계일보』
『제주신문』
『한겨레신문』
『한국일보』

Harris, D., *The Jehovah's Witnesses; Their Beliefs & Practices,* London; Gazelle Books, 1999.

여호와의 증인(http://www.jw.org/ko/)

제11장 | 한국 이슬람교 이해하기―의례와 현재의 모습을 중심으로

김대성, 「한국 사회내 터키인 무슬림 이주자의 현황 및 사회적 조직」, 『한국이슬람학회논총』 18-3, 한국이슬람학회, 2008.

김영경, 「이슬람의 종교의례」, 『한국이슬람학회논총』 10, 한국이슬람학회, 2000.

김정위, 『이슬람 입문』, 서울, 한국외국어대학교 출판부, 1998.

김철호, 「이슬람거리의 형성과 한국인무슬림의 입교과정」, 영남대학교 대학원 석사학위논문, 2011.

김효정, 「한국이주 남아시아 남성 무슬림 근로자의 문화적응모델 연구 : 혼인을 통한 문화정체성 형성의 패턴 분석을 중심으로」, 『한국이슬람학회논총』 19-2, 한국이슬람학회, 2009.

김효정, 「한국이주 남아시아 무슬림의 현황과 집단화―남아시아 무슬림의 에스닉 집단화에 관한 연구―」, 『한국이슬람학회논총』 18-3, 한국이슬람학회, 2008.

맹미영, 「한국에서의 수피즘 확산을 통해 바라본 이슬람 선교 정책 이해 - 이슬람 선교 전략의 문화적 측면을 중심으로」, 『복음과 선교』 24, 한국복음주의선교신학회, 2013.

무함마드 A. 수하임, 『이슬람 - 원리와 개론』, 최영길 역, 알림, 2007, 2008.

백광현, 「이슬람 바로알기 ; 이슬람 포교의 교두보가 된 한국」, 『활천』 648-11, 기독교대한성결교회 활천사, 2007.

백광현, 「이슬람 바로알기 ; 한국을 공략하는 이슬람의 포교정책」, 『활천』 660-11, 기독교대한성결교회 활천사, 2008.

소윤정, 「이슬람 '수쿠크'의 한국 상황화에 관한 연구」, 『복음과 선교』 21, 한국복음주의 선교신학회, 2013.

송도영, 「국내 무슬림 이주자들의 생활영역과 초국적 성격 - 서울 이태원 출입 무슬림의 사례」, 『한국이슬람학회논총』 24-2, 한국이슬람학회, 2014.

송도영, 「종교와 음식을 통한 도시공간의 문화적 네트워크 : 이태원 지역 이슬람 음식점들의 사례」, 『비교문화연구』 13-1, 서울대학교 비교문화연구소, 2007.

송도영, 「한국 내 이슬람(할랄) 음식의 소비방식과 공급체계에 대한 문화적 해석」, 『한국중동학회논총』 32-1, 한국중동학회, 2011.

송현동, 「한국 이슬람의 역사적 전개와 특징」, 『한국 종교교단 연구』 II, 한국학중앙연구원 문화와종교연구소, 2007.

안정국, 「국내 이주 무슬림의 현황과 문화적 갈등」, 『한국이슬람학회논총』 22-1, 한국이슬람학회, 2012.

안정국, 「한국 이주 인도네시아 여성 무슬림의 혼인과 정착」, 『한국중동학회논총』 30-1, 한국중동학회, 2009.

안정국, 「한국이주 동남아시아 무슬림의 현황과 사회적 연결망」, 『한국중동학회논총』 29-1, 한국중동학회, 2008.

엄익란, 「이슬람 식품 시장의 할랄 인증제도 의무화에 따른 한국 기업의 대응 방안」, 『한국이슬람학회논총』 23-3, 한국이슬람학회, 2013.

오종진, 「한국 이주 중앙아시아 무슬림의 현황과 조직화 - 우즈베키스탄, 카자흐스탄, 키르기스스탄, 투르크메니스탄, 아제르바이잔, 타지키스탄 출신 무슬림들을 중심으로」, 『한국이슬람학회논총』 18-3, 한국이슬람학회, 2008.

온인주, 장병옥, 「한국의 이슬람 금융 도입 가능성과 전망」, 『중동연구』

31-2, 한국외국어대학교 중동연구소, 2012.

윤희중, 「다문화사회 적응에 대한 국내 이주무슬림의 인식분석 – 한국사회를 중심으로」, 『중동연구』 32-3, 한국외국어대학교 중동연구소, 2013.

이만석, 「이슬람을 바로알자 : 이슬람은 국가안보 문제다」, 『한국논단』 244, 한국논단, 2010.

이정순, 「1970년대 이후 한국인의 이슬람 개종 요인 연구」, 『복음과 선교』 16, 한국복음주의선교신학회, 2011.

이정순, 『21세기 한국 이슬람의 어제와 오늘』, 도서출판 대서, 2012.

이진구, 「다문화시대 한국 개신교의 이슬람 인식 : 이슬람포비아를 중심으로」, 『종교문화비평』 19, 한국종교문화연구소, 2014.

이희수, 「이슬람사회의 통과의례 : 아랍 문화권을 중심으로」, 『비교문화연구』 2, 서울대학교 비교문화연구소, 1995.

이희수, 조영주, 「한국의 무슬림 이주민들의 한국생활 적응방식과 신앙생활 조사 분석」, 『한국중동학회논총』 33-1, 한국중동학회, 2012.

이희수, 『이슬람과 한국문화』, 청아출판사, 2013.

장건, 조성기, 「국내 할랄닭고기 수급실태와 균형수급량 추계」, 『한국이슬람학회논총』 24-1, 한국이슬람학회, 2014.

장훈태, 「기독교에서 바라본 한국의 이슬람 정착과 근본적인 대처 방안」, 『복음과 선교』 19, 한국복음주의선교신학회, 2012.

장훈태, 「현대 이슬람의 한국 포교 전략과 기독교의 대응」, 『복음과 선교』 17, 한국복음주의선교신학회, 2012.

정창근, 김홍배, 「무슬림 이주여성의 인구통계학적 특성과 이슬람 문화몰입이 자녀교육행태에 미치는 영향」, 『한국중동학회논총』 33-3, 한국중동학회, 2013.

조희선 외, 「한국사회 이주 무슬림 연구수행을 위한 모델 연구」, 『한국이슬람학회논총』 18-1, 한국이슬람학회, 2008.

조희선 외, 「한국이주 무슬림의 혼인현황과 정착과정연구」, 『지중해지역연구』 11-3, 부산외국어대학교 지중해연구소, 2009.

조희선, 「한국 이주 아랍 무슬림의 혼인과 정착, 그리고 문화적응에 관한 연구」, 『한국중동학회논총』 30-1, 한국중동학회, 2009.

최영길, 「한국인을 대상으로 한 이슬람 교육기관 설립과 그 결과에 관한 연구」, 『한국이슬람학회논총』 22-3, 한국이슬람학회, 2012.

카말 알리 알-문타씨어,『예배입문』, 하지 사브리 서정길 역, 주한 리비아
　　국민사무소, 1974.
한국 이슬람교 중앙회,『한국 이슬람 50년사』, 한국 이슬람교 중앙회, 2005.
한국이슬람교,『라마단과 단식』, 한국이슬람교, 2014.
한국이슬람교,『예배입문』, 한국이슬람교, 2012.
한국이슬람교,『이슬람은?』, 한국이슬람교, 2014.
한국이슬람교,『주간 무슬림』1189, 2014.

Bakhromov Alisher,「한국인의 이슬람에 대한 이해 태도-9·11 테러 전
　　후를 중심으로-」, 한국학중앙연구원 한국학대학원 석사학위논
　　문, 2009.
Huseyin Kirdemir,『한국인들이 이슬람에 대해 궁금해 하는 33가지』, 이
　　형주 역, 아담출판사, 2005.
I. A. Ibrahim,『이슬람의 이해를 돕는 간단한 삽화 안내서』, 아미나 옮김,
　　아담출판사, 2009.
Lee, Hee-Soo(Jamil), "Islam in Korea : History, Present Situation and
　　Future Prospect", *Korea Journal of Islamic Culture,* Vol.1-No.1,
　　Korea Institute of Islamic Culture, 1997.
Tamer Musa,「한국에서 무슬림으로 살아가기 : 한국 무슬림의 이슬람화
　　과정에 관한 연구」, 서울대학교 국제대학원 석사학위논문, 2006.

『동아일보』

한국 이슬람교 중앙회(http://www.koreaislam.org)

제2부 한국 종교교단의 콘텍스트

제1장 | 사회복지 영역에서의 국가와 종교

강일조,「한국 사회복지의 발달과 종교의 역할-원불교의 사회복지 활동
　　을 중심으로」,『원불교사상』25, 원광대학교 원불교사상연구원,
　　2001.
고경환 외,『사회복지지출 추계를 위한 한국종교계의 사회복지시설지원금

실태조사 : 2001~2003』, 보건복지부, 한국보건사회연구원. 2005.

노치준, 「사회복지를 향한 개신교의 사회봉사」,『한국사회발전과 기독교의 역할－기독교와 한국사회 7』, 숭실대학교 기독교사회연구소, 2000.

민경배,『한국기독교사』, 대한기독교출판사, 1983.

박문수, 「가톨릭교회와 근대적 사회사업의 도입과 발전」,『가톨릭사회과학연구』16, 가톨릭사회과학연구회, 2004.

보건복지부,『2007년도 전국 사회복지관 현황보고서(2006년말 기준)』, 2007.

심흥보, 「한국 천주교 사회복지사 연구」, 가톨릭대학교 사회복지대학원 석사학위논문, 1998.

윤이흠, 「일제강점기의 민족종교운동」『한국민족종교운동사』, 한국민족종교협의회, 2003.

이남재, 「불교사회복지사업의 회고와 전망」,『종교사회복지』, 이혜숙 편저, 동국대학교출판부, 2003.

이진구, 「종교자유에 대한 한국 개신교의 이해에 관한 연구－일제시대를 중심으로－」, 서울대학교 박사학위논문, 1996.

이혜경, 「민간 사회복지부문의 역사와 구조적 특성」,『동서연구』, 10, 연세대학교 동서문제연구원, 1998.

임희섭, 「한국의 사회복지와 종교」,『한국사회개발연구』17, 고려대학교 아세아문제연구소, 1987.

임희섭, 「한국의 사회복지와 종교」『한국사회개발연구』17, 고려대학교 아세아문제연구소, 1987.

장석만, 「신자유주의와 종교의 위치」,『종교문화비평』, 13, 한국종교문화연구소, 2008.

장종녀, 「한국 시독교회의 사회복지사업에 관한 연구」, 한양대학교 행정대학원 석사학위논문, 1998.

조기룡, 「불교종단 부설 사회복지법인의 역할 제고방안에 대한 연구－대한불교조계종 사회복지재단을 중심으로」,『불교학보』46, 동국대학교 불교문화연구원, 2007.

최원규, 「한국 사회복지의 변천과 외원기관의 역할」,『한국사회복지의 선택 : 쟁점과 대안』, 남세진 편, 나남출판, 1995.

최종고,『국가와 종교』, 현대사상사, 1983.

한국카라타스인터내셔널(http://www.caritas.or.kr/)

제2장 | 해방 이후 한국의 종교와 불교

강돈구, 「미군정의 종교정책」, 『종교학연구』 12, 1993.

국회사무처, 『제1회 국회속기록』 1, 1948.

김방룡, 「해방후 한국불교의 분열과 신생종단 성립과정」, 『종교문화연구』 3, 한신대학교 종교와문화연구소, 2001.

노길명, 「광복 이후 한국 종교와 정치간의 관계」, 『종교연구』 27, 한국종교학회, 2002.

문규현, 『민족과 함께 쓰는 천주교회사 II - 1945년부터 - 』, 빛두레, 1994.

박명수, 「다종교 사회에서의 한국 개신교와 국가권력」, 『종교연구』 54, 한국종교학회, 2009.

박승길, 「미군정의 종교 정책과 기독교의 헤게모니 형성: 1945~1948」, 『사회과학연구집』 5, 대구효성카돌릭대학교 사회과학연구소, 1998.

송기춘, 「미군정기 및 대한민국 건국 초기의 종교관련제도의 정립과 관련한 헌법적 논의 - 입법의원과 제헌국회에서의 논의를 중심으로 - 」, 『법과 사회』 24, 법과사회이론학회, 2003.

이원규, 「종교사회학적 관점에서 본 한국교회와 근본주의」, 『종교연구』 28, 한국종교학회, 2002.

정병조, 「한국불교의 성찰과 전망」, 『1945년 이후 한국종교의 성찰과 전망』, 민족문화사, 1989.

정병조, 「해방후의 불교」, 『한국종교연감』, 고려한림원, 1993.

최근덕, 「광복 이후의 한국유교사」, 『한국종교연감』, 고려한림원, 1993.

한국문화정책개발원, 『우리나라의 종교정책에 관한 연구』, 1997.

한국법제연구회 편, 『미군정법령총람』, 한국법제연구회, 1971.

한국종교사회연구소 편, 『한국종교연감』, 고려한림원, 1993.

허명섭, 「제1공화국 시대의 한국 교회 - 정부 당국과의 관계를 중심으로」, 『성결교회와 신학』 19, 2008.

『경향잡지』

『동아일보』

『매일경제』

제3장 ┃ 종교다원주의와 불교

김종서, 「기독교와의 대화 : 타종교의 입장」, 『종교다원주의와 종교윤리』, 집문당, 1994.
藤田宏達 외, 권오민 옮김, 『초기·부파불교의 역사』, 민족사, 1989.
윤이흠 외, 『한국인의 종교』, 문덕사, 1994.
윤이흠, 「종교다원주의의 불교적인 조명」, 『한국종교연구』 5, 집문당, 2003.
한국종교사회연구소 편, 『한국의 종교와 종교법』, 민족문화사, 1991.

Christmas Humpreys, 「오늘날의 불교 교세」, 『현대사회와 불교』, 한길사, 1986.
Walpola Rahula, 진철승 역, 『스스로 찾는 행복, – 붓다의 가르침』, 대원정사, 1988.

제4장 ┃ 신원사와 중악단의 상관성

공주시·공주민속극박물관, 『계룡산 산신제 복원 조사보고서』, 1997.
김형우, 『한국 사찰의 산신신앙연구』, 국립문화재연구소, 1996.
박용진, 「백제 와당에 관한 연구」, 『공주교대논문집』 5, 공주교육대학교, 1968.
백제문화개발연구원, 『계룡산지역의 유적과 유물』, 재단법인 백제문화개발연구원, 1995.
사단법인 성보문화재연구원, 『한국의 사찰벽화 – 충청남도·충청북도』, 문화재청·성보문화재연구원, 2007.
윤열수, 『산신도』, 대원사, 1998.
윤용혁, 「계룡산의 문화사적 의미」, 『역사민속학』 20, 한국역사민속학회, 2005.
윤용혁, 「계룡산의 연혁과 역사」, 『계룡산지』, 충청남도, 1994.
이남석·소재구, 「계룡산의 불교유적」, 『계룡산지』, 충청남도, 1994.
이왕기, 『한국의 건축문화재 – 충남편』, 기문당, 1999.
이필영, 「계룡산 중악단(中嶽壇)의 역사」, 『계룡산 산신제 복원 조사보고서』, 공주시, 공주민속극박물관, 1997.
추만호, 「공주의 절터와 절」, 『공주의 역사와 문화』, 충청남도 공주시, 공주

대박물관. 1995.
한국정신문화연구원, 「공주군지」, 『한국민족문화대백과사전』, 한국정신
　　문화연구원, 1995.

David A. Mason, 신동욱 옮김, 『산신』, 한림출판사, 2001.
Grayson, James Huntley, *Korea: A Religious History,* London: Oxford,
　　1989.

『公山誌』
『大東地志』
『新增東國輿地勝覽』
『輿地圖書』
『忠淸道 邑誌』

제5장 | 중국 산동성의 한국종교

「大陸宗敎政策」, 『大陸宗敎現況簡介』, 臺北, 行政院大陸委員會, 1996.
강준영, 「중국 개혁개방과 종교의 부활」, 『중국학연구』24, 중국학연구회,
　　2003.
段 琦, 唐晓峰, 「2008年中国基督敎现状及研究」, 『中国宗敎报告(2009)』,
　　主编, 金 泽, 邱永辉, 社会科学文献出版社, 北京, 2009.
山东省地方史志编纂委员会, 『山东省志一宗敎志』, 山东人民出版社, 济南,
　　1998,
우정하, 「중국 각 성(省)에 대한 연구분석(6)」, 『중국학논총』25, 국민대학
　　교 중국문제연구소, 2009.
차차석, 「불교사학 및 응용불교 : 현대 중국 종교정책의 변화과정과 전망」,
　　『한국불교학』47, 한국불교학회, 2007.
최재건, 「한국 장로교회의 중국 산동성 선교」, 『한국교회사학회지』18, 한
　　국교회사학회, 2006.
行政院大陸委員會編印, 『大陸宗敎槪況(1996年~2001年)』, 臺北: 行政院
　　大陸委員會, 2002.
『山东省地图册』, 山东省地图出版社, 2010,

『인천기독교신문』

山東省人民政府(http://www.sd.gov.cn/, 구 www.sara.gov.cn/)

제6장 | 중국 흑룡강성의 한국종교

고구려연구재단 편,『만주-그 땅, 사람 그리고 역사』, 고구려연구재단,
　　2005.
고병철,「일제하 재만한인의 종교운동」, 한국학중앙연구원 박사학위논문,
　　2005.
大倧敎倧經倧史編修委員會,『大倧敎重光六十年史』, 大倧敎總本司, 1970.
북경대학 조선문화연구소 편,『중국조선민족문화사대계 6, 종교사』, 민족
　　출판사, 2006.
徐景祥 主編,『黑龍江省誌·民族誌資料編』(上), 哈爾濱出版社, 2005.
서지훈,「연길교구」,『한국가톨릭대사전』9, 한국교회사연구소, 2001.
손춘일,「중국 조선족 민족과정과 간민회」,『북간도 한인의 삶과 애환, 그
　　리고 문화』, 명동학교 100주년 기념 국제학술대회 자료집, 2008.
이윤기,『잊혀진 땅 간도와 연해주』, 화산문화, 2005.
인병국,『조선족교회와 중국선교』, 에스라 서원, 1997.
임채완 외『재외한인 집거지역 사회 경제』, 집문당, 2005.
정진석,「대목구와 지목구」,『한국가톨릭대사전』3, 한국교회사연구소,
　　1996.
최봉룡,「만주국의 종교정책과 재만 조선인 신종교의 대응」, 한국학중앙
　　연구원 박사학위논문, 2006.
한국교회사연구소 역편,『서울교구연보(Ⅰ)』, 한국교회사연구소 1984.
한국교회사연구소 역편,『함경도 선교사 서한집Ⅰ』, 한국교회사연구소,
　　1995.
한국교회사연구소 편,『함경도 천주교회사』, 한국교회사연구소, 1995.
한국문화인류학회,『중국 흑룡강성 한인동포의 생활문화』, 국립민속박물
　　관, 1998.
한윤승,「간도천주교회전래사, 연길교회의 향도 김이기와 그 제자」,『가톨
　　릭청년』41, 가톨릭청년사, 1936.
한흥렬,「연길교구 천주교회약사」,『가톨릭청년』41, 가톨릭청년사, 1936.

홍종필, 「在滿」朝鮮人移民의 分布狀況과 生業」, 백산학회 편, 『中國內 朝鮮人의 生活像 論攷』, 백산자료원, 2000.

『가톨릭신문』
『영남일보』
『흑룡강신문』

가톨릭신문(http://www.catholictimes.org/)
블로그(http://blog.daum.net/sunkbs119/3798336)
黑龙江省人民政府(http://www.hlj.gov.cn/zjhlj/rk/)

부록 | 근대 인도의 종교운동—힌두교 전통을 중심으로

고전학습연구회, 『인도의 신화』, 홍신문화사, 1994.
길희성, 『인도철학사』, 민음사, 1984.

Baird, Robert D. & Bloom, Alfred, *Indian and far eastern religious Traditions,* New York : Harper & Row, 1971.

Chand, Tara, *History of the Freedom Movement in India,* Vol.2, New Delhi, 1967.

Collet, Sophia Dobson, *Life and Letters of Raja Rammohun Roy,* Calcutta : B. M. Press, 1913.

Karunakaran, K. P., *Religion and Political Awakening in India,* Meerut : Meenakash Prakashan, 1969.

Lokeswarananda, Swami, *The Way to God As Taught By Sri Ramakrishna,* Calcutta : The Ramakrishna Mission Institute of Culture, 1992.

Nikhilananda, Swami, Trans., *The Gospel of Sri Ramakrishna,* New York : Ramakrishna-Vivekananda Center, 1992.

Sarma, D. S., *Renascent Hinduism,* Bombay : Bharatiya Vidya Bhavan, 1966.

Sastri, Sivanath, *History of Brahmo Samaj,* Calcutta : Brahmo Mission Press, 1974.

Tagore, Saumyendranath, *Raja Rammohun Roy,* New Delhi : Sahitya

Akademi, 1989.

Walker, Benjamin, *Hindu World, I*, London : George Allen & Unwin Ltd, 1968.

Zachariah, Aleyamma, *Modern religious and secular Movements in India,* Bangalore : Theological Book Trust, 1998.

찾아보기

저자 약력

윤용복

서울대학교 인문대학 종교학과 졸업
서울대학교 대학원 종교학과(석사)
서울대학교 대학원 종교학과(철학박사)

서울대학교, 인하대학교, 동국대학교, 감리교신학대학교, 가톨릭대학교
등에서 강의. 한국학중앙연구원 연구원. 한국종교사회연구소 소장.
사단법인 아시아종교연구원 원장(현)

아시아종교연구원 총서 02
한국의 종교교단과 콘텍스트

초 판 인 쇄	2022년 10월 28일
초 판 발 행	2022년 11월 03일
저　　　자	윤용복
발 행 인	윤석현
발 행 처	박문사
책 임 편 집	최인노
등 록 번 호	제2009-11호
우 편 주 소	서울시 도봉구 우이천로 353
대 표 전 화	02) 992 / 3253
전　　　송	02) 991 / 1285
전 자 우 편	bakmunsa@hanmail.net

ⓒ 윤용복, 2022 Printed in KOREA.

ISBN 979-11-92365-22-0 93200　　　　　정가 48,000원